de Gruyter Texte

Paul Tillich

Ausgewählte Texte

Herausgegeben von
Christian Danz, Werner Schüßler
und Erdmann Sturm

Walter de Gruyter · Berlin · New York

∞ Gedruckt auf säurefreiem Papier,
das die US-ANSI-Norm über Haltbarkeit erfüllt.

ISBN 978-3-11-020526-8 gb.
ISBN 978-3-11-020527-5 brosch.

Bibliografische Information der Deutschen Nationalbibliothek

Die Deutsche Nationalbibliothek verzeichnet diese Publikation in der Deutschen Nationalbibliografie; detaillierte bibliografische Daten sind im Internet über http://dnb.d-nb.de abrufbar.

© Copyright 2008 by Walter de Gruyter GmbH & Co. KG, D-10785 Berlin

Dieses Werk einschließlich aller seiner Teile ist urheberrechtlich geschützt. Jede Verwertung außerhalb der engen Grenzen des Urheberrechtsgesetzes ist ohne Zustimmung des Verlages unzulässig und strafbar. Das gilt insbesondere für Vervielfältigungen, Übersetzungen, Mikroverfilmungen und die Einspeicherung und Verarbeitung in elektronischen Systemen.

Printed in Germany

Druck und buchbinderische Verarbeitung: AZ Druck und Datentechnik GmbH, Kempten
Einbandgestaltung: Hansbernd Lindemann, Berlin
Unter Verwendung eines Fotos von Paul Tillich aus dem Universitätsarchiv Frankfurt am Main.

Inhalt

Vorwort 7

Einleitung 9

1. Über die Idee einer Theologie der Kultur 25
2. Kairos 43
3. Die Überwindung des Religionsbegriffs in der Religionsphilosophie 63
4. Grundlinien des Religiösen Sozialismus 81
5. Kirche und Kultur 109
6. Rechtfertigung und Zweifel 123
7. Das Dämonische. Ein Beitrag zur Sinndeutung der Geschichte . . . 139
8. Die Idee der Offenbarung 165
9. Gläubiger Realismus 173
10. Das religiöse Symbol 183
11. Der Protestantismus als kritisches und gestaltendes Prinzip 199
12. Philosophie und Schicksal 223
13. Christologie und Geschichtsdeutung 237
14. Zehn Thesen 261
15. Natural and Revealed Religion 265
16. The Permanent Significance of the Catholic Church
    for Protestantism 277
17. The Two Types of Philosophy of Religion 289
18. The Problem of Theological Method 301
19. Biblical Religion and the Search for Ultimate Reality 313
20. Das Neue Sein als Zentralbegriff einer christlichen Theologie 345
21. Existential Analyses and Religious Symbols 367
22. The Word of God 383

23. The Impact of Psychotherapy on Theological Thought 393
24. The God above God 401
25. Zur Theologie der bildenden Kunst und der Architektur 407
26. Christianity and the Encounter of World Religions 419
27. The Significance of the History of Religions for the
    Systematic Theologian 455

Personenregister 471

Sachregister.. 474

Vorwort

Die vorliegende Studienausgabe bietet eine Auswahl von wichtigen Texten Paul Tillichs in chronologischer Reihenfolge. Auf diese Weise soll dem Leser die werkgeschichtliche Entwicklung des Denkens von Tillich erschlossen werden.

Die Herausgeber haben Herrn stud. theol. Christopher Arnold (Wien) für seine Hilfe bei der Erstellung der Register zu dem Band zu danken. Für ihre Hilfe beim Korrekturlesen danken wir Frau Dipl.-Theol. Christine Görgen (Trier) und Frau stud. theol. Susanne Münch (Trier). Unser Dank gilt ebenfalls dem Lektor des Verlags Walter de Gruyter, Herrn Dr. Albrecht Döhnert, für die Aufnahme des Bandes in die Reihe *de Gruyter Texte* sowie die gute und konstruktive Zusammenarbeit.

Wien, Trier und Münster im Juni 2008
Christian Danz, Werner Schüßler und Erdmann Sturm

Einleitung der Herausgeber

Paul Tillich gehört zu den wichtigsten protestantischen Theologen und Religionsphilosophen des 20. Jahrhunderts. Seine Wirkung reicht weit über die engen Fachgrenzen der Theologie hinaus auf Religions- und Kulturwissenschaften sowie in eine breitere an religiösen Fragen interessierte Öffentlichkeit. Dies mag vor allem daran liegen, dass Tillich in seinen Schriften die überlieferte Sprache der christlichen Religion verlassen und neue Wege der Deutung der Religion eingeschlagen hat. Insbesondere seine späten, in den USA verfassten Bücher *The Courage to Be*[1] oder *Love, Power, and Justice*[2] sowie seine drei Predigtbände[3] machten ihn zu einem der meistgelesenen zeitgenössischen religiösen Schriftsteller. Bereits der junge Tillich suchte die Religion in den vielfältigen Formen des kulturellen Lebens. Diesem Interesse verdankt sich die Breite der Themen, welche Tillich in seinem Werk behandelt. Sei es Religionsgeschichte, Kunst, Architektur, Politik oder Psychologie und Philosophie, die unterschiedlichsten kulturellen Felder macht Tillich transparent für das in der Religion Letztgemeinte. Eben darauf zielt die bekannte Formulierung, Religion sei das, was den Menschen unbedingt angeht. In der Religion geht es Tillich zufolge weder um einen von der Kultur abgesonderten Bereich noch um Beziehungen zu einer höheren, ›jenseitigen‹ Welt, sondern um die Tiefendimension des kulturellen Lebens selbst. In den unterschiedlichsten Dimensionen des menschlichen Lebens thematisiert Tillich die Religion und ihr unbedingtes Anliegen. Die Faszination, die von Tillichs Schriften ausgeht, darf man denn auch in dem dadurch geöffneten weiten Horizont sehen, in den er die religiösen Themen stellt.

Die vorliegende Auswahl von Texten möchte in das Denken von Paul Tillich einführen. Der Band bietet in einer chronologischen Reihenfolge zentrale Schriften aus seinem Gesamtwerk. Dadurch soll die werkgeschichtliche Entwicklung des Denkens von Tillich nicht nur in der Vielfalt der Themenstellungen vorgestellt, sondern auch der Weg hin zu seinem späten Hauptwerk, der dreibändigen *Systematischen Theologie*,[4] transparent gemacht werden. Die

---

[1] New Haven 1952, in: P. Tillich, Religiöse Schriften (= Main Works/Hauptwerke, Bd. V), hrsg. v. R.P. Scharlemann, Berlin/New York 1988, S. 141–230 (im Folgenden zitiert als MW), dt. Übers.: Der Mut zum Sein, Stuttgart 1953.
[2] New York/London 1954, in: ders., Sozialphilosophische und ethische Schriften (= MW III), hrsg. v. E. Sturm, Berlin/New York 1998, S. 583–650, dt. Übers.: Liebe, Macht, Gerechtigkeit, Tübingen 1955.
[3] P. Tillich, The Shaking of the Foundations, New York 1948; The New Being, New York 1955; The Eternal Now, New York 1963; dt. Übers.: In der Tiefe ist Wahrheit. Religiöse Reden, 1. Folge, Stuttgart 1952; Das Neue Sein. Religiöse Reden, 2. Folge, Stuttgart 1957; Das Ewige im Jetzt. Religiöse Reden, 3. Folge, Stuttgart 1964.
[4] P. Tillich, Systematic Theology, Vol. I–III, Chicago 1951–1963 (= dt.: Systematische Theologie, Bd. I–III, Stuttgart 1955–1966, Berlin/New York 8/41987).

Auswahl der in diesen Band aufgenommenen 27 Schriften Tillichs umfasst einen Zeitraum von 46 Jahren und dokumentiert Arbeiten aus dessen deutscher sowie amerikanischer Wirkungszeit. Aufgenommen wurden solche Texte, die für die Entwicklung von Tillichs Theologie und Religionsphilosophie ebenso markant sind, wie sie die Breite der Themen anzeigen, die Tillich im Verlauf seines Lebens bearbeitet hat. Dass in einer solchen Auswahl andere grundlegende Schriften vermisst werden, lässt sich nicht vermeiden. Insofern kann natürlich diese Auswahl das Studium der *Gesammelten Werke*[5] Tillichs oder der *Main Works*[6] nicht ersetzen. Unberücksichtigt für die vorliegende Ausgabe blieben vor allem größere Schriften Tillichs wie die *Religionsphilosophie* von 1925 oder *Der Mut zum Sein*, die zum Teil in Einzelausgaben noch greifbar sind.[7]

Das Werk Tillichs ist, wie wiederholt festgestellt wurde, nicht von dessen Biographie zu trennen.[8] Die folgende Einleitung möchte in gebotener Kürze anhand der in diesem Band versammelten Texte einen Einblick in das theologische und religionsphilosophische Werk Tillichs geben.

1. Studium und Berliner Zeit

Paul Tillich wurde am 20. August 1886 in Starzeddel bei Guben (in der Provinz Brandenburg, im heutigen Polen) geboren, wo sein Vater Johannes Tillich Pfarrer war.[9] Tillichs Vater wurde 1900 an das Königliche Konsistorium in Berlin berufen, so dass die Familie nach Berlin umzog. Nach dem 1904 am Friedrich-Wilhelm-Gymnasium abgelegten Abitur studierte Paul Tillich ab dem Wintersemester 1904/05 in Berlin, Tübingen, Halle und Berlin Theologie. Prägend für das Denken des jungen Theologen war vor allem seine viersemestrige Hallenser Studienzeit seit dem Wintersemester 1905/06. In Halle wurde Tillich,

---

[5] P. Tillich, Gesammelte Werke Bd. I–XIV, hrsg. v. R. Albrecht, Stuttgart 1959–1975 (im Folgenden zitiert als GW); ders., Ergänzungs- und Nachlaßbände zu den Gesammelten Werken Bd. I–XV, Stuttgart 1971ff. (im Folgenden zitiert als EGW)

[6] P. Tillich, Main Works/Hauptwerke Bd. I–VI, hrsg. v. C. H. Ratschow, Berlin/New York 1987–1998.

[7] P. Tillich, Der Mut zum Sein, Stuttgart 1969; repr. Berlin/New York 1991.

[8] So das Urteil von C.H. Ratschow, Einführung: Paul Tillich. Ein biographisches Bild seiner Gedanken, in: Tillich-Auswahl, Bd. 1: Das Neue Sein, hrsg. v. M. Baumotte, Gütersloh 1980, S. 11–104.

[9] Zur Biographie Tillichs siehe W. Pauck/M. Pauck, Paul Tillich: His Life and Thought, Vol. I: Life, New York 1976 (= dt.: Paul Tillich: Sein Leben und Denken, Bd. 1: Leben, Stuttgart 1978), R. Albrecht/W. Schüßler, Paul Tillich – Sein Leben, Frankfurt/Main 1993. Einen einführenden Überblick über das Werk Tillichs bieten R. Albrecht/W. Schüßler, Paul Tillich – Sein Werk, Düsseldorf 1986; W. Schüßler, Paul Tillich, München 1997; W. Schüßler/E. Sturm, Paul Tillich. Leben – Werk – Wirkung, Darmstadt 2007. Zur Deutung des Gesamtwerkes von Tillich siehe G. Wenz, Subjekt und Sein. Die Entwicklung der Theologie Paul Tillichs, München 1979; C. Danz, Religion als Freiheitsbewußtsein. Eine Studie zur Theologie als Theorie der Konstitutionsbedingungen individueller Subjektivität bei Paul Tillich, Berlin/New York 2000.

der sich schon früh für Philosophie interessierte, in Gestalt des Privatdozenten der Philosophie Fritz Medicus (1876–1956) mit der beginnenden Fichte-Renaissance bekannt.[10] Tillich hat sich, was oft übersehen wird, intensiv mit der Philosophie Fichtes beschäftigt. Davon zeugt nicht nur eine in Halle angefertigte Seminararbeit zum Thema *Fichtes Religionsphilosophie in ihrem Verhältnis zum Johannesevangelium*,[11] sondern auch die mit seinem Freund Friedrich Büchsel geführten Debatten[12] sowie sein Breslauer Promotionsvortrag über *Die Freiheit als philosophisches Prinzip bei Fichte*.[13] Sein Hallenser theologischer Mentor war nicht, wie Tillich selbst später behauptete, Martin Kähler, sondern Wilhelm Lütgert (1867–1938).[14] Die in Halle geführten Debatten um eine Grundlegung der Theologie auf einer idealistischen Basis haben das weitere Denken Tillichs tiefgreifend beeinflusst. Davon zeugen seine beiden Dissertationen zur Religionsphilosophie Schellings, die er nach dem im Frühjahr 1909 in Berlin abgelegten ersten theologischen Examen anfertigte. Sowohl die 1910 an der Universität Breslau eingereichte philosophische Doktor-Dissertation mit dem Titel *Die religionsgeschichtliche Konstruktion in Schellings positiver Philosophie, ihre Voraussetzungen und Prinzipien*[15] als auch die bei Lütgert geschriebene Dis-

---

[10] Siehe hierzu F.W. Graf/A. Christophersen, Neukantianismus, Fichte- und Schellingrenaissance. Paul Tillich und sein philosophischer Lehrer Fritz Medicus, in: ZNThG 11 (2004), S. 52–78.

[11] P. Tillich, Fichtes Religionsphilosophie in ihrem Verhältnis zum Johannesevangelium, in: ders., Frühe Werke, hrsg. v. G. Hummel/D. Lax (= EGW IX), Berlin/New York 1998, S. 4–19. Zur Textgeschichte siehe ebd., S. 1–3. Es muss allerdings offen bleiben, ob Tillich diese Seminararbeit bei Fritz Medicus geschrieben hat, wie die Herausgeber behaupten. Siehe hierzu F.W. Graf/A. Christophersen, Neukantianismus, Fichte- und Schellingrenaissance, S. 52 Anm. 2.

[12] Siehe hierzu den Briefwechsel zwischen Tillich und Friedrich Büchsel, in: P. Tillich, Briefwechsel und Streitschriften. Theologische, philosophische und politische Stellungnahmen und Gespräche, hrsg. v. R. Albrecht/R. Tautmann (= EGW VI), Frankfurt/Main 1983, S. 14–27. 62–74.

[13] P. Tillich, Die Freiheit als philosophisches Prinzip bei Fichte, in: ders., Religion, Kultur, Gesellschaft. Unveröffentlichte Texte aus der deutschen Zeit (1908–1933). Erster Teil, hrsg. v. E. Sturm (= EGW X), Berlin/New York 1999, S. 55–62.

[14] Siehe hierzu Tillichs Lebenslauf aus seiner halleschen Promotionsakte, in: G. Neugebauer, Tillichs frühe Christologie. Eine Untersuchung zu Offenbarung und Geschichte bei Tillich vor dem Hintergrund seiner Schellingrezeption, Berlin/New York 2007, S. 402f. Unter dem Dekanat von Wilhelm Lütgert wurde Tillich am 24. Dezember 1925 der Doktor der Theologie ehrenhalber verliehen. Siehe hierzu P. Tillich, Impressionen und Reflexionen. Ein Lebensbild in Aufsätzen, Reden und Stellungsnahmen (= GW XIII), Stuttgart 1972, S. 582f.

[15] P. Tillich, Die religionsgeschichtliche Konstruktion in Schellings positiver Philosophie, ihre Voraussetzungen und Prinzipien, in: ders., Frühe Werke (= EGW IX), Berlin/New York 1997, S. 156–272. Siehe hierzu auch ders., Gott und das Absolute bei Schelling, in: ders., Religion, Kultur, Gesellschaft (= EGW X), S. 9–54. Zu den Hintergründen von Tillichs philosophischer Dissertation siehe G. Neugebauer, Tillichs frühe Christologie, S. 146ff.

sertation *Mystik und Schuldbewußtsein in Schellings philosophischer Entwicklung*,[16] mit der Tillich am 22. April 1912 an der Theologischen Fakultät der Universität Halle zum Licentiaten der Theologie promoviert wurde, lassen bereits die Grundzüge des theologischen und religionsphilosophischen Programms von Tillich erkennen. Beide Arbeiten zielen auf eine eigenständige Antwort auf die ›Krisis des Historismus‹ (Ernst Troeltsch) durch die Konstruktion einer Motive des Deutschen Idealismus aufnehmenden Geschichtsphilosophie. Dieses Programm einer geschichtsphilosophischen Grundlegung von Theologie und Religionsphilosophie hat Tillich in den Schriften vor dem Ersten Weltkrieg wie dem Kasseler Vortrag *Die christliche Gewißheit und der historische Jesus*[17] von 1911 oder der *Systematischen Theologie* von 1913[18] weiter ausgeführt.

Nach dem Vikariat von 1911 bis 1912, dem zweiten theologischen Examen im Juli 1912 und der im August 1912 erfolgten Ordination war Tillich bis September 1914 Hilfsprediger in Moabit. Am 1. Oktober wurde Tillich, der im September 1914 Greti Wever geheiratet hatte, als Kriegsfreiwilliger eingezogen. Der Erste Weltkrieg, den Tillich als Feldgeistlicher an der Westfront erlebte, führte wie auch bei anderen seiner Zeitgenossen zu einer tiefgreifenden Krisis. »Wir erleben«, schreibt Tillich am 10. Dezember 1916 an seinen Vater, »eine der furchtbarsten Katastrophen mit, das Ende des ganzen Weltzustandes, den man später mit dem Ausdruck Wachsen und Verbreiten der europäischen Kultur benennen wird. Dieser Weltzustand geht zu Ende und das ist von schwersten Wehen begleitet«.[19] Bereits am 30. Mai 1914 stellte Tillich bei der Theologischen Fakultät Halle ein Gesuch zur Habilitation.[20] Nur unter Schwierigkeiten und mit Unterstützung seines Lehrers Wilhelm Lütgert nahm die Hallenser Fakultät die theologische Habilitationsschrift *Der Begriff des Übernatürlichen, sein dialektischer Charakter und das Prinzip der Identität, dargestellt an der supranaturalistischen Theologie vor Schleiermacher*[21] an und habilitierte Tillich am 22. Juli 1916.

---

[16] P. Tillich, Mystik und Schuldbewußtsein in Schellings philosophischer Entwicklung, in: ders., Frühe Hauptwerke (= GW I), Stuttgart ²1959, S. 13–108.

[17] P. Tillich, Die christliche Gewißheit und der historische Jesus, in: ders., Briefwechsel und Streitschriften (= EGW VI), S. 31–50. Kritische Edition der Thesen zum gleichen Thema in: Theologische Schriften, hrsg. v. G. Hummel (= MW VI), Berlin / New York 1992, S. 21–37.

[18] P. Tillich, Systematische Theologie von 1913, in: ders., Frühe Hauptwerke (= EGW IX), S. 278–434. Zur Textgeschichte siehe ebd., S. 273–277.

[19] Brief Tillichs an seinen Vater vom 10.12.1916. Zit. nach C.H. Ratschow, Einleitung, S. 38.

[20] Zu den universitätsgeschichtlichen Hintergründen von Tillichs Hallenser Habilitation siehe F.W. Graf/A. Christophersen, Neukantianismus, Fichte- und Schellingrenaissance, S. 55–59.

[21] P. Tillich, Der Begriff des Übernatürlichen, sein dialektischer Charakter und das Prinzip der Identität, dargestellt an der supranaturalistischen Theologie vor Schleiermacher, in: ders., Frühe Werke (= EW IX), Berlin / New York 1998, S. 435–592.

Einleitung der Herausgeber 13

In die Zeit des Ersten Weltkriegs fällt ein Umbau der bisherigen Theologie und Religionsphilosophie Tillichs. Davon gibt der zwischen 1917 und 1918 geführte Briefwechsel Tillichs mit seinem Freund Emanuel Hirsch Auskunft. Das markanteste Kennzeichen von Tillichs Umformung seiner Vorkriegstheologie ist die neue sinntheoretische Grundlegung der Religionsphilosophie. »Ich lehre also«, so Tillich in seinem Brief vom 9. Juni 1918, »den Monismus des Sinnes, der sich nach zwei Seiten den Widersinn, das Irrationale entgegensetzt, das Sein und das Übersein!«[22] Tillich hat, wie der Briefwechsel mit Hirsch erkennen lässt, während des Kriegs die in der zeitgenössischen Philosophie geführten Debatten um den Sinnbegriff ausführlich zur Kenntnis genommen. Im Dezember 1917 schreibt er an Hirsch, dass er damit begonnen habe, seine »größte Lücke auszufüllen«, indem er »die moderne Philosophie energisch in Angriff genommen« habe und bereits so weit sei, dass ihm »die Literatur übersichtlich, die Richtungen einigermaßen deutlich, die Hauptprobleme verständlich geworden sind«.[23] Die Autoren, die Tillich in diesem Schreiben nennt, Edmund Husserl, Heinrich Rickert, Hermann Lotze, Christoph von Sigwart, Wilhelm Windelband, Emil Lask, Eduard von Hartmann, Hans Lipps, Hermann Ebbinghaus, gehören zu den führenden Vertretern der sinntheoretischen Debatten in den ersten Jahrzehnten des 20. Jahrhunderts.[24] In den Vorträgen und Schriften Tillichs nach dem Krieg wird diese neue sinntheoretische Fassung des Religionsbegriffs in ihren Aufbauelementen und Konsequenzen weiter ausgearbeitet.

Am 1. Januar 1919 wurde Tillich, der im April 1918 psychisch zusammenbrach und daraufhin im August als Garnisonspfarrer nach Berlin-Spandau abkommandiert wurde, aus dem Militärdienst entlassen. Da die Anstellungsmöglichkeiten an der Hallenser Fakultät ungünstig waren, ließ sich Tillich im Februar 1919 auf Anraten Lütgerts an die Berliner Theologische Fakultät umhabilitieren.[25] Er erwog, sich der Fakultät mit einer umfangreichen Skizze zu seinem gegenwärtigen theologischen Denken vorzustellen. Der Ausarbeitung, die er aber dann der Berliner Fakultät doch nicht vorlegte und die er selbst auch nicht veröffentlichte, gab er den Titel *Rechtfertigung und Zweifel.*[26] In seinem Gießener Vortrag *Rechtfertigung und Zweifel* von 1924 (Nr. 6 in der vorliegenden Ausgabe, S. 123–137) hat er

---

[22] Brief Tillichs an Hirsch vom 9.6.1918, EGW VI, S. 127. Siehe hierzu C. Danz (Hrsg.), Theologie als Religionsphilosophie. Studien zu den problemgeschichtlichen und systematischen Voraussetzungen der Theologie Paul Tillichs (= Tillich-Studien Bd. 9), Wien 2004.
[23] Brief Tillichs an Hirsch vom Dezember 1917, EGW VI, S. 98f.
[24] Zu dem problemgeschichtlichen Hintergrund siehe U. Barth, Die sinntheoretischen Grundlagen des Religionsbegriffs. Problemgeschichtliche Hintergründe zum frühen Tillich, in: ders., Religion in der Moderne, Tübingen 2003, S. 89–123.
[25] Siehe hierzu das Schreiben Lütgerts an Tillich vom 28.11.1918, in: Die Korrespondenz zwischen Fritz Medicus und Paul Tillich, hrsg. v. F.W. Graf/A. Christophersen, in: ZNThG 11 (2004), S. 126–147, hier S. 145f.
[26] P. Tillich, Rechtfertigung und Zweifel (1. Version), in: ders., Religion, Kultur, Gesellschaft (= EGW X), S. 128–185; 2. Version, ebd., S. 185–230 Zur Textgeschichte siehe ebd., S. 127f.

zentrale Gedanken dieser frühen Skizze aufgenommen. Die in dem Manuskript von 1919 ausgeführte Grundlegung der Theologie und Religionsphilosophie bildet den gedanklichen Hintergrund seines Vortrags vor der Berliner Abteilung der Kant-Gesellschaft vom 16. April 1919 mit dem programmatischen Titel *Über die Idee einer Theologie der Kultur* (Nr. 1, S. 25–41). Der Konflikt zwischen der modernen Kultur und der Religion soll durch eine Theologie der Kultur überwunden werden. »*Was in der theologischen Ethik letztlich beabsichtigt war, kann seine Erfüllung nur finden in einer Theologie der Kultur, die sich nicht nur auf die Ethik, sondern auf alle Kulturfunktionen bezieht. Nicht theologische Ethik, sondern Theologie der Kultur.*« (29)[27] Die methodische Grundlage dieser Kulturtheologie ist eine Religionsphilosophie, die Religion nicht mehr als Bestandteil der Kultur versteht. In dem Beitrag *Kirche und Kultur* von 1924 (Nr. 5, S. 109–122) findet dieser Gedanke noch einmal eine Vertiefung.

Tillich erhielt als Privatdozent an der Berliner Fakultät, an der er von 1919 bis 1924 lehrte, einen Lehrauftrag für ›Geschichte der Religionsphilosophie‹. Die in den letzten Jahren edierten Berliner Vorlesungen Tillichs lassen die Weiterentwicklung des in dem Vortrag von 1919 umrissenen Programms einer Kulturtheologie erkennen.[28] In diesen Vorlesungen, aber auch in den in der Berliner Zeit entstandenen Vorträgen und Aufsätzen arbeitet Tillich seinen nach dem Ersten Weltkrieg neu bestimmten Religionsbegriff und die mit diesem verbundenen kulturtheologischen Implikationen weiter aus. Die methodische Grundlage von Tillichs Theologie und Religionsphilosophie bleibt jedoch auch in der Berliner Zeit eine Geschichtsphilosophie, welche auf die Normativität des eigenen Standpunkts zielt. Diese Geschichtsphilosophie soll, wie es in dem Aufsatz *Kairos* von 1922 (Nr. 2, S. 43–62) heißt, »mehr« sein als »Logik der Geschichtswissenschaft« (43). In die Berliner Privatdozenten-Zeit Tillichs fällt auch sein Engagement für den religiösen Sozialismus, der die Realisierungsgestalt seiner seit den 20er Jahren ausgearbeiteten Kulturtheologie darstellt. Tillich gehörte neben Carl Mennicke, Adolf Löwe, Alexander Rüstow, Eduard Heimann u.a. dem Berliner Kreis der religiösen Sozialisten, dem sogenannten Kairos-Kreis, an. 1923 publizierte Tillich in den von Mennicke herausgegebenen *Blättern für Religiösen Sozialismus* seine programmatische Schrift *Grundlinien des Religiösen Sozialismus. Ein systematischer Entwurf* (Nr. 4, S. 81–108). Er beschreibt in diesem Vortrag den religiösen Sozialismus als die geschichtsbewusste Avantgarde, der die Aufgabe obliegt, die Krise der modernen Gesellschaft zu überwinden: »Der religiöse Sozialismus ist eine Gemeinschaft von solchen, die sich im Bewußtsein des Kairos verstehen und um das Schicksal, um die Gnade der Theonomie ringen.« (107)

---

[27] Im laufenden Text eingeklammerte Ziffern beziehen sich auf die Seitenzahlen der vorliegenden Ausgabe.
[28] P. Tillich, Berliner Vorlesungen I (1919–1920) (= EGW XII), Berlin/New York 2001, ders., Berliner Vorlesungen II (1920–1924) (= EGW XIII), hrsg. und mit einer historischen Einleitung versehen v. E. Sturm, Berlin/New York 2003.

Tillichs bedeutendste Schrift aus seiner Berliner Zeit stellt das umfangreiche *System der Wissenschaften nach Gegenständen und Methoden* von 1923 dar. In dieser wissenschaftssystematischen Schrift, die ganz im Kontext der um die Jahrhundertwende geführten Debatten um Wissenschaftssystematik steht, fasst Tillich seine wissenschaftstheoretischen Überlegungen der frühen 20er Jahre zusammen.[29] Für die werkgeschichtliche Entwicklung von Tillichs Religionsphilosophie und Theologie ist dieses Werk in mehrfacher Hinsicht von Bedeutung. Nicht nur dass Tillich in dieser Schrift seine Sinntheorie mit einer Geistphilosophie verbunden hat, sondern auch die Theologie erfährt eine Einordnung in das Wissenschaftssystem. Die noch im Kulturvortrag von 1919 sowie in den ersten Berliner Vorlesungen verwendete Rede von den Kulturwissenschaften wird durch den sinntheoretisch gefassten Begriff der Geisteswissenschaften ersetzt. Mit dem *System der Wissenschaften* kommt Tillichs frühe Theologie und Religionsphilosophie zu einem ersten Abschluss. Allerdings ist seine berufliche Situation nach wie vor äußerst prekär.

2. Die Marburger, Dresdner und Frankfurter Zeit: religiöse Geschichtsphilosophie der Kultur

Die berufliche Situation Tillichs änderte sich erst im Jahre 1924. Zum 1. Mai 1924 erhielt Tillich einen vergüteten Lehrauftrag an der Marburger Theologischen Fakultät und nahm im Sommersemester seine Lehrtätigkeit als außerordentlicher Professor auf. In Marburg fühlte sich Tillich, der am 22. März 1924, nach seiner inzwischen erfolgten Scheidung von Greti Wever, Hannah Werner geheiratet hatte, nicht sonderlich wohl. Der Kontakt zu den Kollegen der Theologischen Fakultät blieb reserviert. Nach zwei Semestern Lehrtätigkeit in Marburg wechselte er zum 1. Mai 1925 auf eine Professur für Religionswissenschaft an die Technische Hochschule Dresden, wo er bis zu seiner Übernahme des Frankfurter Lehrstuhls für Philosophie und Soziologie im Frühjahr 1929 lehrte. Zugleich nahm er seit 1927 an der Universität Leipzig eine Honorarprofessur für Religions- und Kulturphilosophie wahr. In den in der Marburger und Dresdner Zeit entstandenen Texten arbeitet Tillich seine geschichtsphilosophisch grundgelegte Theologie und Religionsphilosophie weiter aus. 1925 erscheint seine *Religionsphilosophie*,[30] in der er den Ertrag seines bisherigen

---

[29] P. Tillich, Das System der Wissenschaften nach Gegenständen und Methoden, Göttingen 1923, jetzt in: ders., Philosophische Schriften, hrsg. v. G. Wenz (= MW I), Berlin/New York 1989, S. 113–263. Siehe hierzu P. Ziche, Orientierungssuche im logischen Raum der Wissenschaften. Paul Tillichs System der Wissenschaften und die Wissenschaftssystematik um 1900, in: C. Danz (Hrsg.), Theologie als Religionsphilosophie. Studien zu den problemgeschichtlichen und systematischen Voraussetzungen der Theologie Paul Tillichs (= Tillich-Studien Bd. 9), Wien 2004, S. 49–68.
[30] P. Tillich, Religionsphilosophie, in: ders., Frühe Hauptwerke (= GW I), Stuttgart ²1959, S. 297–364.

Denkens prägnant zusammenfasst. Tillichs Religionsphilosophie, die dieser als eine Kategorienlehre der Religion versteht, steht in einem Wechselverhältnis zur Theologie, die bereits im Kulturvortrag von 1919 als »*konkret-normative Religionswissenschaft*« (27) verstanden wird. Diese Zuordnung von Religionsphilosophie und Theologie erfährt in der in Marburg begonnenen und 1925 bis 1927 in Dresden gehaltenen Dogmatik-Vorlesung seine Ausführung.[31] Tillichs Vorlesung, die erst aus dem Nachlass ediert wurde, versteht die Dogmatik als konkret-normative Religionswissenschaft auf dem Hintergrund der in den frühen 20er Jahren erfolgten Klärung seiner Sinntheorie und führt diese auf einer offenbarungstheologischen Grundlage aus. Grundlegende Aspekte dieser Offenbarungstheologie entfalten die Aufsätze *Das Dämonische* (Nr. 7, S. 139–163), *Die Idee der Offenbarung* (Nr. 8, S. 165–172), *Gläubiger Realismus* (Nr. 9, S. 173–182) sowie *Das religiöse Symbol* (Nr. 10, S. 183–198), die in der zweiten Hälfte der 20er Jahre entstanden sind. In dem Aufsatz *Das Dämonische* von 1926 vertieft Tillich seine in der Dogmatik-Vorlesung als Sinndeutung der Geschichte konzipierte Geschichtsphilosophie. Die für die Sinndeutung der Geschichte grundlegende Funktion des Offenbarungsbegriffs fasst Tillich in seiner Leipziger Antrittsvorlesung mit dem Titel *Die Idee der Offenbarung* zusammen. In den 20er Jahren bestimmt Tillich den Offenbarungsbegriff mit der Metapher des ›Durchbruchs‹. »Das Unbedingte«, so Tillich in seiner Leipziger Antrittsvorlesung, »bricht als Fremdes in das herein, dessen Eigenes es ist: es offenbart sich.« (169) Der Offenbarungsbegriff steht für das Geschehen der Selbsterfassung des Kulturbewusstseins in seiner Tiefenstruktur. Deshalb kann das Unbedingte »nur am Gegenstand, am Bedingten« (169) erscheinen und zwar indirekt, als dessen Negation. Die konkreten kulturellen Formen, an denen das Unbedingte erscheint, haben keine gegenstandskonstitutive Funktion mehr, sondern dienen der Selbstverständigung des konkreten Geistes. Die religiösen Ausdrucksformen bestimmt Tillich seit den 20er Jahren als religiöse Symbole. Sie verweisen nicht, wie Tillich in dem Aufsatz *Das religiöse Symbol* von 1928, in dem er seine diesbezüglichen Überlegungen zusammenfasst, auf irgendwelche Gegenstände, sondern sind »Veranschaulichung dessen [...], was die Sphäre der Anschauung unbedingt übersteigt, des im religiösen Akt Letztgemeinten, des Unbedingt-Transzendenten« (184).

In der zweiten Hälfte der 20er Jahre baut Tillich seine Religions- und Kulturtheorie zu einer Protestantismustheorie aus. Der Protestantismusbegriff fungiert hierbei freilich nicht als Bezeichnung für eine christliche Konfession, sondern als eine geschichtsphilosophische Deutungskategorie. Er steht für ein konkretes geschichtsbewusstes Denken. In ihm als einer Haltung des Bewusstseins sind, wie Tillich in seinem Beitrag für das zweite Buch des Kairos-Kreises *Der Protestantismus als kritisches und gestaltendes Prinzip* (Nr. 11, S. 199–221) aus dem Jahre 1929 geltend macht, Kritik und Gestaltung verbunden.

---

[31] P. Tillich, Dogmatik-Vorlesung (Dresden 1925–1927) (= EGW XIV), hrsg. und mit einer historischen Einleitung versehen v. W. Schüßler / E. Sturm, Berlin / New York 2005.

Am 1. April 1929 übernahm Tillich an der Universität Frankfurt/Main den Lehrstuhl für Philosophie und Soziologie einschließlich Sozialpädagogik. Tillich, der in seiner deutschen Zeit nie auf einen Lehrstuhl für Systematische Theologie berufen wurde, verdankt die Berufung auf die Frankfurter Professur vor allem dem preußischen Kultusminister Carl Heinrich Becker, der sich für ihn bereits in Marburg eingesetzt hatte. Mit der Berufung auf den Frankfurter Lehrstuhl stand Tillich auf der Höhe seiner Wirksamkeit in Deutschland. Fritz Medicus, sein ehemaliger Hallenser Lehrer, würdigte in der *Neuen Zürcher Zeitung* Tillichs Berufung als eine Verheißung.[32] Die Frankfurter Antrittsvorlesung galt mit *Philosophie und Schicksal* (Nr. 12, S. 223–235) einem Thema, dessen geschichtsphilosophische Dimension Tillich in zahlreichen anderen Texten bereits erörtert hatte. Wie stark die Geschichtsphilosophie im Mittelpunkt von Tillichs Denken in den 20er Jahren steht, wird auch daran ersichtlich, dass er sich diesem Thema bereits in seiner ersten Frankfurter Vorlesung annimmt.[33] Im Jahre 1932 antwortet Tillich auf eine Anfrage von Medicus, ob er in dem von ihm geplanten *Grundriß der philosophischen Wissenschaften* die Religionsphilosophie übernehmen wolle, dass er hierzu im Moment außerstande sei. Stattdessen schlägt er vor, »eine Arbeit zu schreiben, die etwa den Titel ›Wahrheit und Geschichte‹ hätte«.[34] In die 1930 erschienene Aufsatzsammlung *Religiöse Verwirklichung*[35] hat Tillich mit *Christologie und Geschichtsdeutung* (Nr. 13, S. 237–260) einen Beitrag aufgenommen, in dem er seine geschichtsphilosophischen Reflexionen aus den 20er Jahren bündelt. Tillich arbeitet in diesem Text die Christologie als Geschichtsreflexion aus: »›Christologie und Geschichte‹ ist die Verbindung zweier Begriffe, die abgesehen von dieser Verbindung nicht vollständig behandelt werden können. Irgendwo trifft die christologische Untersuchung notwendig auf den Geschichtsbegriff, und irgendwo führt die Wesensanalyse der Geschichte notwendig zur christologischen Frage.« (238) Die Grundgedanken dieser Christologie als Sinndeutung der Geschichte nimmt Tillich in der späteren *Systematischen Theologie* auf.

Tillichs Frankfurter Lehrtätigkeit währte nur vier Jahre. Am 13. April 1933 wurde Tillich als Professor beurlaubt. Seine Schrift *Die Sozialistische Entscheidung* wurde Anfang 1933, kurz nach ihrer Veröffentlichung verboten und die Restbestände eingestampft.[36] Schon ein Jahr zuvor hatte sich Tillich in seinen

---

[32] F. Medicus, Paul Tillichs Berufung nach Frankfurt, in: P. Tillich, Impressionen und Reflexionen. Ein Lebensbild in Aufsätzen, Reden und Stellungnahmen (= GW XIII), Stuttgart 1972, S. 562–564.

[33] P. Tillich, Vorlesungen über Geschichtsphilosophie und Sozialpädagogik (Frankfurt 1929/30), hrsg. und mit einer historischen Einleitung versehen v. E. Sturm (= EGW XV), Berlin/New York 2007.

[34] P. Tillich an Fritz Medicus (7.7.1932), in: Die Korrespondenz zwischen Fritz Medicus und Paul Tillich, S. 134.

[35] P. Tillich, Religiöse Verwirklichung, Berlin 1930.

[36] P. Tillich, Die Sozialistische Entscheidung, in: Sozialphilosophische und ethische Schriften (= MW III), Berlin/New York 1998, S. 273–419.

Zehn Thesen (Nr. 14, S. 261–263) entschieden gegen jeden Versuch einer Annäherung des Protestantismus an den Nationalsozialismus ausgesprochen. Im Sommer 1933 erreichte Tillich das Angebot, als Gastprofessor am Union Theological Seminary in New York zu lehren und gleichzeitig auch Vorlesungen an der gegenüber gelegenen Columbia University zu halten. Ende des Jahres 1933 traf Tillich mit seiner Familie in New York ein, noch in der Hoffnung, schon bald nach Deutschland zurückkehren und in Berlin einen Lehrstuhl für Systematische Theologie übernehmen zu können. Jedoch erhielt Tillich bald nach seiner Ankunft in den USA die endgültige Entlassung aus dem Dienst.

3. Tillichs Lehrtätigkeit in Amerika und seine späten Schriften

Tillich hatte große Schwierigkeiten, sich in dem neuen Umfeld in den USA zurechtzufinden. Nicht nur die mangelnden Sprachkenntnisse trugen hierzu bei, sondern auch sein theologisches und religionsphilosophisches Denken. Es bewegte sich von Anfang an in den Debatten um eine Weiterführung des Neukantianismus auf der Grundlage einer Rezeption von Motiven des Deutschen Idealismus. Seine erste größere Veröffentlichung in der Emigration widmet sich denn auch folgerichtig dem Thema, welches auch in der deutschen Zeit im Zentrum stand, der religiösen Deutung der Geschichte. 1936 erscheint die Aufsatzsammlung *The Interpretation of History*.[37] Tillich wollte sich mit diesem Buch dem amerikanischen Publikum vorstellen. Eingeleitet wird der Band durch die autobiographische Skizze *On the Boundary*. Die übrigen Aufsätze hatte Tillich bereits in Deutschland veröffentlicht. Sie behandeln die philosophischen, politischen und theologischen Elemente seiner im Zusammenhang mit dem religiösen Sozialismus entwickelten Geschichtsphilosophie. »Jeder Gedanke, auch der abstrakteste«, so heißt es im Vorwort zu dieser Aufsatzsammlung, »muß seine Basis in unserer realen Existenz haben, die in unserer Zeit nicht nur in Europa, sondern auch in diesem Lande *unsere geschichtliche Existenz* ist. Die fundamentale Frage in der Philosophie und Theologie von heute liegt im rechten Verstehen unserer geschichtlichen Existenz.« Tillich will mit diesem Buch »aus der Erfahrung der Krisen und Katastrophen der letzten drei Jahrzehnte in Mitteleuropa« einen Beitrag zur geschichtlichen Standortbestimmung und Verantwortung auch jenseits des Atlantiks leisten.[38] Der publizistische Erfolg des Buches blieb jedoch gering.

In dem Vortrag *Natural and Revealed Religion* (Nr. 15, S. 265–275) aus dem Jahre 1935 nimmt Tillich auf dem Hintergrund der aktuellen religiösen Lage in Deutschland und der Auseinandersetzung Karl Barths mit der natürlichen Theologie das Thema der geschichtlichen Offenbarung wieder auf. Geschichtliche

---

[37] P. Tillich, The Interpretation of History, New York/London 1936.
[38] Ebd., S. VIIf. (Preface, dt. Übers.).

Einleitung der Herausgeber 19

Offenbarung ist für ihn Offenbarung, die sich als Kritik und Transformation der religiösen Erfahrung des Menschen versteht. Erstmals begegnen wir in diesem Vortrag der Methode der Korrelation von Frage und Antwort: »Revelation is an answer which is understandable only if there has been a question. Answers without preceding questions are meaningless. Therefore the questioning for revelation must precede revelation, but this questioning is not possible without a certain knowledge of the subject for which the question is asked.« (272)

Im September 1940 wurde Tillich zum ›Professor of Philosophical Theology‹ am Union Theological Seminary ernannt. Nach sieben Jahren der Unsicherheit, in denen er dort als ›Lecturer‹ und später als ›Associate Professor‹ tätig war, hatte er damit in den USA wieder eine feste Anstellung bekommen. Während des Kriegs engagierte sich Tillich in dem ›Council for a Democratic Germany‹ und übernahm dessen Leitung. Auf die Realpolitik vermochte der Council freilich wenig Einfluss auszuüben. Interne Interessenkonflikte im Council sowie die Abkommen von Jalta und Potsdam führten 1945 zu dessen Auflösung.[39] In 109 Rundfunkreden wandte sich Tillich von 1942 bis 1944 über die *Voice of America* an seine deutschen Landsleute.[40]

Seit den späten 20er Jahren erweiterte Tillich seine sinntheoretische Grundlegung von Theologie und Religionsphilosophie durch eine Ontologie. Der Begriff des Seins ist zwar als Bestandteil seiner Geistesphilosophie in seinen Schriften von Anfang an präsent, aber in dem 1927 verfassten *System der religiösen Erkenntnis* nimmt Tillich eine ausdrückliche Korrektur an seiner bisherigen »Lehre von den Sinnprincipien« vor und spricht von »Seins- und Sinnprincipien«.[41] Tillichs Ontologie ist ein Resultat seiner sinntheoretischen Geistesphilosophie, wie er sie nach dem Ersten Weltkrieg ausgearbeitet hat.[42] In seiner amerikanischen Zeit tritt diese Ontologie immer stärker in den Vordergrund. Die Unbedingtheitsdimension des religiösen Bewusstseins wird nun von Tillich ontologisch beschrieben. Gott, so Tillich in zahlreichen Publikationen, sei nicht ein Seiendes neben oder über anderem Seienden, sondern das Sein-Selbst. In seinem Aufsatz *The Two Types of Philosophy of Religion* (Nr. 17, S. 289–300) aus dem Jahre 1946 unterscheidet Tillich zwischen einer kosmologischen und einer ontologischen Fassung der Religionsphilosophie. Es ist die alte Frage Tillichs nach dem Verhältnis von Gott und dem Absoluten, welche er im Lichte dieser typologischen Rekonstruktion der Geschichte der Religionsphilosophie

---

[39] Vgl. P. Liebner, Paul Tillich und der Council for a Democratic Germany (1933–1945), Frankfurt/Main 2001.
[40] Eine Auswahl dieser Reden in: P. Tillich, An meine deutschen Freunde. Politische Reden Paul Tillichs während des Zweiten Weltkrieges über die »Stimme Amerikas«, hrsg. v. K. Schäfer-Kretzler (= EGW III), Stuttgart 1973.
[41] P. Tillich, Das System der religiösen Erkenntnis (1. Version), in: ders., Religion, Kultur, Gesellschaft. Unveröffentlichte Texte aus der deutschen Zeit (1908–1933). Zweiter Teil, hrsg. v. E. Sturm (= EGW XI), Berlin/New York 1999, S. 79–116, hier S. 91 Anm. c.
[42] Zu Tillichs Ontologie siehe G. Neugebauer, Tillichs frühe Christologie, S. 349–353.

bearbeitet. »The religious and the philosophical Absolutes, *Deus* and *esse* cannot be unconnected!« (290) Viele der Texte Tillichs, die in den späten 40er Jahren entstanden sind, stehen im Zusammenhang mit der Publikation des ersten Bandes seines späten Hauptwerks, der *Systematic Theology*, deren erster Band 1951 erscheint.[43] In dem 1947 publizierten Artikel *The Problem of Theological Method* (Nr. 18, S. 301–312) arbeitet er mit der Methode der Korrelation diejenige Methode aus, mit der er dann in der *Systematischen Theologie* den gesamten theologischen Stoff strukturiert. Mit der Schrift *The Courage to Be* von 1952 gelingt Tillich in den USA der Durchbruch.[44] Es ist Tillichs bekannteste Schrift, die ihn weit über die Grenzen von Theologie und Philosophie einem an religiösen Fragen interessierten Publikum bekannt macht. In ihr wird die Frage der geschichtlichen Existenz existenzphilosophisch gedeutet. Sein wird als Leben verstanden. Auf diese Weise wird das Nichtsein ontologisch grundlegend wie das Sein. Tillich behauptet freilich die logische und ontologische Priorität des Seins gegenüber dem Nichtsein. Angst und Mut werden als Schlüssel zum Verständnis des Seins selbst verstanden. Das Sein hat das Nichtsein ›in sich‹. Im Prozess des göttlichen Lebens ist es ewig gegenwärtig und ewig überwunden. Der Beitrag *The God above God* von 1961 (Nr. 24, S. 401–405) greift noch einmal einen zentralen Gedanken dieser Schrift auf, dass nämlich der Gott über Gott die letzte Quelle des Mutes zum Sein ist.

Auch seine Schrift *Love, Power, and Justice* von 1954 hatte eine breite Wirkung.[45] Geschichtliche Existenz heißt nun: Besinnung auf den Sinn- und Seinsgrund unseres Lebens. Es handelt sich, wie der Untertitel der Schrift sagt, um *Ontological Analyses and Ethical Applications*. Liebe, Macht und Gerechtigkeit sind in der Existenz voneinander getrennt, sie stellen sich gegeneinander. Essentiell, im göttlichen Grund, sind sie geeint. In Gottes *neuer* Schöpfung sind sie *wieder* geeint. Der Mensch ist zwar von seinem Seinsgrund, von sich selbst und von seiner Welt entfremdet, aber er kann die Verbindung mit dem schöpferischen Grund nicht völlig zerreißen. Die wiedervereinigende Liebe, die Macht, die sich dem Nichtsein entgegensetzt, und die schöpferische Gerechtigkeit sind in ihm noch lebendig. In Gottes neuer Schöpfung, der Geistgemeinschaft, werden Liebe, Macht und Gerechtigkeit in ihrer ontologischen Struktur bejaht, aber ihre entfremdete und zweideutige geschichtliche Wirklichkeit wird verwandelt in eine Manifestation ihrer Einheit in Gott, dem Sein selbst.

Mit der mehr und mehr in Tillichs theologischem und philosophischem Denken in den Vordergrund tretenden Ontologie wird freilich die Frage nach deren Verhältnis zum Personalismus der biblischen Religion virulent. Tillich

---

[43] P. Tillich, Systematic Theology, Vol. I, Chicago 1951, dt.: Systematische Theologie, Bd. 1, Stuttgart 1955; überarbeitet ²1957.

[44] P. Tillich, The Courage to Be, in: ders., Religiöse Schriften (= MW V), Berlin/New York 1988, S. 141–230.

[45] P. Tillich, Love, Power, and Justice, in: ders., Sozialphilosophische und ethische Schriften (= MW III), Berlin/New York 1998, S. 583–650.

thematisiert deren Verhältnis in zahlreichen Schriften, am eindrücklichsten in der kleinen Schrift *Biblical Religion and the Search for Ultimate Reality* von 1955 (Nr. 19, S. 313–344). Diese Schrift geht auf eine Vorlesung Tillichs aus dem Jahre 1951 zurück und versucht zu zeigen, dass zwischen der ontologischen Frage und der biblischen Religion kein Widerspruch besteht.

In den 50er Jahren ist Tillich auf dem Höhepunkt seines Erfolgs in den USA. 1955 wird er University Professor an der Harvard University in Cambridge. Tillich ist ein gefragter Redner. Einladungen zu zahllosen Vorträgen erreichen ihn. 1957 erscheint der zweite Band der *Systematic Theology*.[46] Die hier von Tillich ausgeführte Christologie fasst den Ertrag seiner Überlegungen zur Christologie als Geschichtsreflexion, wie sie in seinen Schriften seit den frühen 20er Jahren begegnen, zusammen. Den Grundbegriff seiner späten Christologie, das Neue Sein, hat Tillich 1955 in seinem Beitrag *Das Neue Sein als Zentralbegriff einer christlichen Theologie* (Nr. 20, S. 345–365) ausgeführt. Der Beitrag geht auf einen Vortrag Tillichs im Sommer 1954 auf der Eranos-Tagung in Ascona zurück. 1957 erscheint die für einen breiteren Leserkreis konzipierte Schrift *Dynamics of Faith*.[47] Die Themen, die Tillich in den Schriften und Vorträgen dieser Jahre bearbeitet, sind äußerst weit gestreut. Die bereits zu Beginn der 20er Jahre ausgeführte Symboltheorie nimmt er auf der Grundlage seiner späten Ontologie in zahlreichen Beiträgen auf. Die 1940 im *Journal of Liberal Religion* erschienene englische Übersetzung des Symbol-Aufsatzes von 1928 hatte im amerikanischen Diskussionskontext Widerspruch hervorgerufen.[48] In dem Beitrag *Existential Analyses and Religious Symbols* von 1956 (Nr. 21, S. 367–381) fasst Tillich seine Symboltheorie auf dem Hintergrund seiner Existenzphilosophie noch einmal zusammen. In der Philosophie, Literatur und Kunst der Gegenwart sieht er eine Hinwendung zu existentiellen Fragen. Sie eröffnen einen neuen Zugang zum Verständnis der religiösen Symbole. »For religious symbols are partly a way of stating the same situation with which existential analyses are concerned; partly they are answers to the questions implied in the situation.« (369) Jede Existentialanalyse aber setzt für Tillich die Unterscheidung zwischen Essenz und Existenz voraus. Sie ist für ihn von grundlegender Bedeutung für das Gespräch mit der Psychoanalyse und Psychotherapie und für sein Verständnis der Heilung. In dem Beitrag *The Word of God* von 1957 (Nr. 22, S. 383–391) expliziert Tillich seine Symboltheorie noch einmal in Bezug auf die Frage, wie der Ausdruck „Wort Gottes" zu verstehen ist.

---

[46] P. Tillich, Systematic Theology, Vol. II, Chicago 1957; dt.: Systematische Theologie, Bd. 2, Stuttgart 1958.

[47] P. Tillich, Dynamics of Faith, in: ders., Religiöse Schriften (= MW V), Berlin / New York 1988, S. 231–290.

[48] P. Tillich, The Religious Symbol, in: Journal of Liberal Religion, Vol. 2, No. 1, 1940, S. 13–33. Der Text ist aufgenommen in: P. Tillich, Religionsphilosophische Schriften, hrsg. v. J. Clayton (= MW IV), Berlin / New York 1987, S. 253–269.

Seit seiner New Yorker Zeit hat sich Tillich ausführlich mit Psychotherapie und Tiefenpsychologie befasst. In dem Aufsatz *The Impact of Psychotherapy on Theological Thought* von 1960 (Nr. 23, S. 393–400) geht er der Bedeutung der Psychotherapie für die Theologie nach. Auch explizit kulturtheologische Themen wie Kunst und Architektur, die Tillich bereits in seinem Kulturvortrag von 1919 thematisiert hatte, werden im Spätwerk Tillichs wieder aufgenommen. Im Juni 1961 hält Tillich bei der Eröffnung der 11. Tagung für evangelischen Kirchenbau in Hamburg einen Vortrag mit dem Titel *Zur Theologie der bildenden Kunst und der Architektur* (Nr. 25, S. 407–417). Tillich beginnt seinen Vortrag mit einer eindrücklichen Bezugnahme auf die Zeit nach dem Ersten Weltkrieg. »Die Ehre, an dieser Tagung den einleitenden Vortrag halten zu dürfen, verdanke ich letztlich einem Erlebnis, das sich unmittelbar nach meiner Rückkehr aus dem ersten Weltkrieg in dem Berliner Kaiser-Friedrich-Museum abspielte: Ich stand vor einem der runden Madonnenbilder von Botticelli. Und in einem Moment, für den ich keinen anderen Namen als den der Inspiration weiß, eröffnete sich mir der Sinn dessen, was ein Gemälde offenbaren kann. Es kann eine neue Dimension des Seins erschließen, aber nur dann, wenn es gleichzeitig die Kraft hat, die korrespondierende Schicht der Seele zu öffnen.« (407)

1962 endete Tillichs Berufung als Harvard University Professor. Noch im selben Jahr wurde er John Nuveen Professor of Theology an der Universität Chicago. Der dritte und letzte Band der *Systematic Theology* erscheint 1963.[49] In den letzten Jahren seines Lebens hat sich Tillich wieder verstärkt Fragen zugewandt, die ihn bereits am Beginn seiner akademischen Karriere beschäftigt haben, nämlich der Religionsgeschichte und dem Problem der Stellung des Christentums unter den Weltreligionen. Die Beschäftigung mit der Religionsgeschichte, die sich freilich durch das gesamte Werk Tillichs zieht, wird nun flankiert durch persönliche Kontakte mit Vertretern nichtchristlicher Weltreligionen. Von Mai bis Juni 1960 besuchte Tillich Japan und führte intensive Gespräche mit Vertretern des Shintoismus und des Buddhismus. An der Universität von Chicago hielt er gemeinsam mit dem Religionsphänomenologen Mircea Eliade Seminare. In seinen Bampton Lectures von 1963 mit dem Titel *Christianity and the Encounter of the Word Religions* (Nr. 26, S. 419–453) hat Tillich seine Sicht der Stellung des Christentums unter den Weltreligionen auf dem Hintergrund einer modernitätstheoretischen Deutung der Religionsgeschichte noch einmal prägnant ausgeführt. In dieser Vorlesung konstruiert er, wie bereits zu Beginn der 20er Jahre, eine religionsgeschichtliche Typologie. Diese soll sowohl einer Strukturierung des an seinen Rändern unscharfen religiösen Feldes dienen als auch dem interreligiösen Dialog. Vermöge der religionsgeschichtlichen Typologie könne, so Tillichs Überzeugung, im religiös Fremden das Eigene und im Eigenen das Fremde erkannt werden. »If the Christian theologian discusses

---

[49] P. Tillich, Systematic Theology, Vol. III, Chicago 1953; dt.: Systematische Theologie, Bd. 3, Stuttgart 1966.

with the Buddhist priest the relation of the mystical and the ethical elements in both religions and, for instance, defends the priority of the ethical over the mystical, he discusses at the same time within himself the relationship of the two in Christianity. This produces (as I can witness) both seriousness and anxiety.« (439) Diese typologische Betrachtung hatte Tillich auch schon in seinem Beitrag *The Permanent Significance of the Catholic Church for Protestantism* von 1941 (Nr. 16, S. 277–287) für den interkonfessionellen Dialog fruchtbar zu machen versucht. Auch Tillichs letzter Vortrag *The Significans of the History of Religions for the Systematic Theologian* (Nr. 27, S. 455–470), den Tillich am 11. Oktober 1965 hielt, galt dem Problem einer religionsgeschichtlichen Grundlegung der Theologie. Am Tag nach dem Vortrag erlitt Tillich eine Herzattacke, von deren Folgen er sich nicht wieder erholte. Er starb am 22. Oktober 1965.

4. Zur Textgrundlage und editorischen Gestaltung der vorliegenden Auswahl

Die Textgrundlage der vorliegenden Tillich-Auswahl bilden in der Regel die von Carl Heinz Ratschow herausgegebenen *Main Works/Hauptwerke* (De Gruyter – Evangelisches Verlagswerk GmbH, Berlin/New York 1987–1998). Die Herausgeber haben jedoch alle in diesen Band aufgenommenen Texte noch einmal anhand des jeweiligen Erstdrucks verglichen und – wenn nötig – korrigiert. Tillichs Vortrag *Über die Idee einer Theologie der Kultur* von 1919 (vgl. Text Nr. 1) sowie sein Aufsatz *Das Dämonische. Ein Beitrag zur Sinndeutung der Geschichte* von 1926 (vgl. Text Nr. 7) wurden nicht aus den *Main Works/Hauptwerken* übernommen, sondern auf der Grundlage der Erstdrucke neu gesetzt.

Ein knapper editorischer Bericht informiert über die verschiedenen Druckfassungen des jeweiligen Textes sowie den Entstehungskontext. Die Siglen A, B, C etc. stehen in chronologischer Reihenfolge für die unterschiedlichen Druckfassungen des jeweiligen Textes. Die Sigle A bezeichnet den Erstdruck eines Textes. Allen in dem Band mitgeteilten Texten liegt A als Druckfassung zugrunde. Der ursprüngliche Seitenumbruch ist im Text mit dem Zeichen | markiert, die darauf bezogenen Seitenangaben werden in der Kopfzeile am inneren Rand kursiviert mitgeteilt.

Änderungen und Ergänzungen, welche ein Text in den unterschiedlichen Druckfassungen erfahren hat, werden am Ende jedes Textes in den Anmerkungen mitgeteilt. Im Haupttext sind sie durch hochgestellte Kleinbuchstaben gekennzeichnet.

Bei Texten, welche Tillich in einer späteren Druckfassung mit Anmerkungen versehen hat, werden diese durchnummeriert im Anmerkungsteil wiedergegeben. Sind die Texte im Erstdruck bereits mit Anmerkungen von Tillich versehen, dann wurden sie im Haupttext belassen.

Orthographie und Interpunktion des jeweiligen Erstdrucks der Texte wurden in der Regel beibehalten.

Textgrundlage: Text Nr. 2: MW IV, S. 53–72; Text Nr. 3: MW IV, S. 73–90; Text Nr. 4: MW III, S. 103–130; Text Nr. 5: MW II, S. 101–114; Text Nr. 6: MW VI, S. 83–97; Text Nr. 8: MW VI, S. 99–106; Text Nr. 9: MW IV, S. 183–192; Text Nr. 10: MW IV, S. 213–228; Text Nr. 11: MW VI, S. 127–149; Text Nr. 12: MW I, 307–319; Text Nr. 13: MW VI, 189–212; Text Nr. 14: MW III, S. 269–271; Text Nr. 15: MW VI, S. 213–223; Text Nr. 16: MW VI, S. 235–245; Text Nr. 17: MW IV, S. 289–300; Text Nr. 18: MW IV, S. 301–312; Text Nr. 19: MW IV, S. 357–388; Text Nr. 20: MW VI, S. 363–383; Text Nr. 21: MW VI, S. 385–399; Text Nr. 22: MW IV, S. 405–413; Text Nr. 23: MW II, S. 309–316; Text Nr. 24: MW VI, S. 417–421; Text Nr. 25: MW II, S. 333–343; Text Nr. 26: MW V, S. 291–325; Text Nr. 27: MW VI, S. 431–446.

1. Über die Idee einer Theologie der Kultur
(1919)

A. *Druckvorlage: Religionsphilosophie der Kultur. Zwei Entwürfe von Gustav Radbruch und Paul Tillich (Philosophische Vorträge, veröffentlicht von der Kant-Gesellschaft, hg. von Arthur Liebert, Nr. 24), Berlin: Verlag von Reuther & Richard, 1919, S. 27–52.*
B. *2. Aufl. von A, Berlin 1921, S. 27–52.- Reprographischer Nachdruck von B. Darmstadt: Wissenschaftliche Buchgesellschaft, 1968.*
C. *GW IX (1967), S. 13–31. Stilistische Überarbeitung von A.*
D. *On the Idea of a Theology of Culture, in: Paul Tillich, What is Religion? Edited and with an Introduction by James Luther Adams, New York, Evanston, London: Harper & Row Publishers, 1969, S. 155–181 (übersetzt von William Baillie Green). D folgt A, in Abschnitt 2 aber B.*
E. *Tillich-Auswahl, hg. von Manfred Baumotte, Gütersloh: Gütersloher Verlagshaus Mohn, 1980, Band 2, S. 70–88. E übernimmt C.*
F. *Paul Tillich: Theologian of the Boundaries, ed. Mark Kline Taylor, London: Collins, 1987, S. 35–54. F übernimmt D.*

„Die beiden hier vereinigten Vorträge wurden an zwei aufeinanderfolgenden Abenden in der Berliner Ortsgruppe der Kant-Gesellschaft gehalten. Von Vertretern sehr verschiedener Wissenschaften mit verschiedenen Ausgangspunkten und verschiedenen Interessenrichtungen entworfen, zeigten sie eine so ungewollte und unerwartete Übereinstimmung, dass die Vortragenden darin nicht das Walten des Zufalls, vielmehr den Ausdruck der philosophischen Lage dieser Zeit finden zu müssen glaubten. Unter diesem Eindrucke setzten sie sich über die Bedenken hinweg, die der Veröffentlichung bloßer Entwürfe geplanter größerer Arbeiten entgegentreten mögen. Sie wählten auch bei der Veröffentlichung die Form des Vortrages, weil nicht besser der bescheidene Zweck dieses Heftes ausgedrückt werden konnte: die fruchtbare Aussprache, die sich in der Kantgesellschaft an diese Vorträge knüpfte, in einem erweiterten Kreise fortzusetzen." So das von Gustav Radbruch und Paul Tillich verfasste Vorwort zur ersten Auflage, mit Datum „im Dezember 1919".

Gustav Radbruch, Prof. der Rechte an der Universität Kiel, hatte seinen Vortrag „Über Religionsphilosophie des Rechts" am 20. März 1919 vor der Berliner Abteilung der Kant-Gesellschaft gehalten, Paul Tillich referierte dortselbst am 16. April 1919.

Tillichs Vortrag, von ihm als „Entwurf" bezeichnet, stellt eine wichtige Station seines philosophischen und theologischen Denkens dar. Mit dem Titel des Vortrags lässt es sich seitdem als „Theologie der Kultur" charakterisieren. Seine an der Berliner Universität in den Jahren von 1919 bis 1924 gehaltenen Vorlesungen hat Tillich selbst Vorlesungen zur „Theologie der Kultur" genannt (vgl. GW XII, S. 68). Im Vorwort für eine vierzig Jahre später publizierte Sammlung kulturtheologischer

Aufsätze aus der amerikanischen Zeit erinnert er an seinen Berliner Vortrag (" my first important public speech") und gibt der Aufsatzsammlung den Titel „Theology of Culture" (ed. Robert V. Kimball, London, Oxford, New York 1959).

Unmittelbare Kontexte des Vortrags sind die Schrift "Der Sozialismus als Kirchenfrage. Leitsätze von Lic. Dr. Paul Tillich und Dr. Carl Wegener" (Berlin 1919, in: P. Tillich, MainWorks/Hauptwerke, Band 3, S. 31–42) sowie die für Hörer aller Fakultäten an der Berliner Universität im Sommersemester 1919 gehaltene Vorlesung „Das Christentum und die Gesellschaftsprobleme der Gegenwart" (in: P. Tillich, Berliner Vorlesungen I [1919–1920] = EGW XII, S. 27–258).

Meine Damen und Herren!

1. Theologie und Religionsphilosophie.

In den Erfahrungswissenschaften ist der Standpunkt etwas, das überwunden werden muß. Die Wirklichkeit ist Maßstab der Richtigkeit, und die Wirklichkeit ist *eine.* Von zwei widersprechenden Standpunkten kann nur einer richtig oder beide falsch sein. Der Fortschritt der wissenschaftlichen Erfahrung entscheidet. Er hat entschieden, daß die Erde ein schwebender Körper, keine schwimmende Platte, daß die fünf Bücher Moses aus verschiedenen Quellen, nicht von Moses stammen. Die entgegengesetzten Standpunkte sind Irrtümer. Er hat noch nicht entschieden, wer der Verfasser des Hebräerbriefes ist. Von den verschiedenen Annahmen ist eine oder keine richtig.

Anders in den systematischen Kulturwissenschaften: *In ihnen gehört der Standpunkt des Systematikers zur Sache selbst,* er ist ein Moment in der Entwicklungsgeschichte der Kultur, er ist eine bestimmte, konkret-historische Verwirklichung einer Kulturidee, er ist nicht nur kulturerkennend, sondern auch kulturschöpferisch. Hier verliert die Alternative: ‚richtig-falsch' ihre Gültigkeit, denn die Stellungen des Geistes zur Wirklichkeit sind mannigfaltig: Eine gothische und eine barocke Ästhetik, eine katholische und eine modern-protestantische Dogmatik; eine romantische und eine puritanische Ethik können nie einfach als richtig oder falsch gekennzeichnet | werden. Aus diesem Grunde ist es auch unmöglich, brauchbare Allgemeinbegriffe von Kulturideen zu bilden. Was Religion oder Kunst seien, ist auf dem Wege der Abstraktion nicht zu erfahren: Sie vernichtet das Wesentliche, die konkreten Formen, und muß alle noch kommenden Konkretionen außer Acht lassen. *Jeder kulturwissenschaftliche Allgemeinbegriff ist entweder unbrauchbar oder er ist ein verhüllter Normbegriff,* er ist entweder Umschreibung eines Nichts oder er ist Ausdruck eines Standpunktes; er ist eine wertlose Hülse oder er ist eine Schöpfung. Der Standpunkt wird ausgesprochen von einem einzelnen; ist er aber mehr als individuelle Willkür, ist er Schöpfung, so ist er zugleich in höherem oder geringerem Maße Schöpfung des Kreises, in dem der einzelne steht; und da dieser Kreis und seine eigentümliche Geistigkeit nicht ist ohne die geistigen Kreise, die ihn umfassen, und die Schöpfungen der Vergangenheit, auf denen er ruht, so ist der individuellste Standpunkt fest eingebettet in den Boden des objektiven Geistes, den Mutterboden jeder Kulturschöpfung. Ihm entnimmt der konkrete Standpunkt die allgemeinen Formen des Geistigen, ªwährend er durch die von dort aus gesehen immer engeren Kreise und geschichtlichen Bestände konkreter Geistigkeit seine eigene konkrete Begrenzung findet,ª bis er in schöpferischer Selbstsetzung die neue individuelle und unvergleichbare Synthese von allgemeiner Form und konkretem Inhalt schafft. Dem entsprechen drei Formen der nicht empirischen Kulturwissenschaft: die Kulturphilosophie, die sich auf die allgemeinen Formen, das Apriori aller Kultur richtet, die Geschichtsphilosophie der Kulturwerte, die durch die Fülle der Konkretheiten von den allgemeinen Formen zu dem eigenen individuellen Standpunkt überleitet und diesen dadurch rechtfertigt, und endlich die normative Kulturwissenschaft, die den konkreten Standpunkt zu systematischem Ausdruck bringt.

Somit sind zu unterscheiden: Kunstphilosophie, d. h. phänomenologische und geltungsphilosophische Darstellung des Wesens oder Wertes „Kunst" auf der einen, und Ästhetik, d. h. systematisch-normative Darstellung dessen, was als schön | zu gelten hat, auf der andern Seite. Oder Moralphilosophie, die fragt, was ist das Sittliche, und normative Ethik, die fragt, was ist sittlich. Ebenso ist zu unterscheiden Religionsphilosophie einerseits und Theologie andrerseits. *Theologie ist also konkret-normative Religionswissenschaft.* In diesem Sinne ist nun der Begriff in unserm Zusammenhange gemeint, und in diesem Sinne kann er meines Erachtens allein auf wissenschaftliche Brauchbarkeit Anspruch machen. Damit ist ein Doppeltes verneint: Theologie ist nicht Wissenschaft von einem besonderen Gegenstand neben andern, den wir Gott nennen; einer solchen Wissenschaft hat die Kritik der Vernunft ein Ende gemacht. Sie hat auch die Theologie vom Himmel auf die Erde herabgeführt. Theologie ist ein Teil Religionswissenschaft, nämlich der systematisch-normative Teil. Zweitens ist Theologie nicht wissenschaftliche Darstellung eines besonderen Offenbarungskomplexes. Diese Auffassung setzt einen supranatural-autoritativen Offenbarungsbegriff voraus, der durch die Welle der religionsgeschichtlichen Einsichten und die logische und religiöse Kritik am begrifflichen Supranaturalismus überwunden ist.

Aufgabe der Theologie ist es demnach, von einem konkreten Standpunkt aus auf Grund der religionsphilosophischen Kategorieen und unter Einbettung des individuellen Standpunktes in den konfessionellen und den allgemein religionsgeschichtlichen und den geistesgeschichtlichen überhaupt ein normatives Religionssystem zu entwerfen. Das ist kein versteckter Rationalismus, denn es ist Anerkennung des konkreten religiösen Standpunktes, und es ist kein versteckter Supranaturalismus, wie er selbst noch bei unserer historisch-kritischen Schule vorliegt, denn es ist geschichtsphilosophische Durchbrechung aller autoritativen Schranken des individuellen Standpunktes. Es ist orientiert an Nietzsches Erfassung des „Schöpferischen" auf dem Boden von Hegels „objektiv-geschichtlichem Geist."

Noch eine Bemerkung über das Verhältnis von Kulturphilosophie und normativer Kultursystematik: Sie gehören zulsammen und stehen in Wechselwirkung: Nicht nur ist die Theologie orientiert an der Philosophie der Religion, sondern auch umgekehrt. Wie im Anfang gesagt, ist jeder philosophische Allgemeinbegriff leer, der nicht erfaßt ist zugleich als Normbegriff auf konkreter Grundlage. Nicht darin liegt also der Unterschied zwischen Philosophie und Normwissenschaft, sondern es ist ein Unterschied der Arbeitsrichtung. Die Philosophie erarbeitet das Allgemeine, Apriorische, Kategoriale auf Grund breitester Empirie und im systematischen Zusammenhang mit den andern Werten und Wesensbegriffen. Die Normwissenschaften erarbeiten das Besondere, Inhaltliche, Gelten-Sollende in speziellen Systemen für jede Kulturwissenschaft.

Aus der Kraft einer konkreten, schöpferischen Verwirklichung gewinnt der höchste Allgemeinbegriff seine inhaltsvolle und doch umfassende Lebendigkeit, und aus der zusammenfassenden Fülle eines höchsten Allgemeinbegriffs entnimmt das normative System seine objektive wissenschaftliche Bedeutsamkeit: In jedem brauchbaren Allgemeinbegriff steckt ein Normbegriff, und in jedem schöpferischen Normbegriff steckt ein Allgemeinbegriff: Dies ist die Dialektik der systematischen Kulturwissenschaft.

2. Kultur und Religion.

Von Alters her stand in der systematischen Theologie neben der Dogmatik die theologische Ethik. In der neueren Theologie zerfällt das System gewöhnlich in Apologetik, Dogmatik und Ethik. Was ist das für eine eigenartige Wissenschaft, die sich neben die allgemeine philosophische Ethik als theologische stellt? Man kann darauf verschiedene Antworten geben. Man kann sagen, die philosophische Ethik beschäftige sich mit dem Wesen des Sittlichen, nicht mit seinen Normen; dann unterscheiden sich beide wie Moralphilosophie und normative Ethik; aber warum soll die normative Ethik eine theologische sein? Die Philosophie oder besser die Kulturwissenschaft kann es sich nicht nehmen lassen, auch ihrerseits eine normative Ethik zu schreiben. Insofern nun beide als gültig auftreten, hätten wir die alte doppelte Wahrheit auf ethischem | Gebiet grundsätzlich zugestanden. Man kann aber auch antworten: Auch das sittliche Leben will konkret werden, auch in der Ethik muß es einen Standpunkt geben, der nicht nur Standpunkt eines einzelnen ist, sondern herausgeboren ist aus einer konkreten ethischen Gemeinschaft mit geschichtlichen Zusammenhängen. Eine solche Gemeinschaft ist die Kirche.

Diese Antwort ist richtig, wo immer die Kirche die übergreifende Kulturgemeinschaft ist, wo immer es eine kirchlich geleitete Kultur gibt, und nicht nur die Ethik, sondern auch die Wissenschaft, die Kunst und das Gesellschaftsleben von der Kirche geführt, censuriert, in Grenzen gehalten, systematisiert werden. Diesen Anspruch aber hat die Kirche auf protestantischem Boden längst aufgegeben. Sie erkennt eine außerkirchliche übergreifende Kulturgemeinschaft an, in welcher der individuelle Standpunkt verwurzelt ist in dem gegenwärtigen Standpunkt der Kulturgemeinschaft überhaupt. Da ist ebensowenig Platz für eine prinzipiell theologische, wie für eine deutsche oder arische oder bürgerliche

Ethik, Ästhetik, Wissenschaft, Gesellschaftslehre, obgleich diese Konkretionen natürlich für die faktische Gestaltung des individuellen Standpunktes eine große Rolle spielen. Sobald die Kirche eine weltliche Kultur prinzipiell anerkennt, kann es eine theologische Ethik ebensowenig mehr geben, wie eine theologische Logik, Ästhetik und Soziologie.

Meine Behauptung ist nun die: *Was in der theologischen Ethik letztlich beabsichtigt war, kann seine Erfüllung nur finden in einer Theologie der Kultur, die sich nicht nur auf die Ethik, sondern auf alle Kulturfunktionen bezieht. Nicht theologische Ethik, sondern Theologie der Kultur.* Das erfordert zunächst einige Bemerkungen zu dem Verhältnis von Kultur und Religion. Die Religion hat die Eigentümlichkeit, keiner besonderen psychischen Funktion zugeordnet zu sein; weder die Hegelsche Fassung, die die Religion dem Theoretischen, noch die Kantische, die sie dem Praktischen, noch die Schleiermachersche, die sie dem Gefühl zuweist, haben sich halten können. Die letztere kommt der Wahrheit am nächsten, insofern sie die | Indifferenz des eigentlich Religiösen gegen seine kulturellen Ausprägungen zum Ausdruck bringt. Aber das Gefühl begleitet *jedes* kulturelle Erlebnis, ohne daß man es darum religiös nennen könnte. Wird aber ein *bestimmtes* Gefühl gemeint, so ist mit dieser Bestimmtheit schon ein theoretisches oder praktisches Moment gegeben. Die Religion ist kein Gefühl, sondern ein Verhalten des Geistes, in der Praktisches, Theoretisches und Gefühlsmäßiges in komplexer Einheit verbunden sind. Wenn wir nun meiner Meinung nach die richtigste Systematisierung die gesamten Kulturfunktionen scheiden in solche, durch die der Geist den Gegenstand in sich aufnimmt, intellektuelle und ästhetische, zusammengefaßt als theoretische im Sinne von Theorie, Anschauung, und in solche, durch die der Geist in den Gegenstand eingehen will, ihn nach sich gestalten, individual- und sozialethische (mit Einschluß von Recht und Gesellschaft), also praktische, so ergibt sich für die Religion, daß sie Aktualität nur finden kann in Beziehung auf ein theoretisches oder praktisches Verhalten. *Die religiöse Potenz, d. h. eine bestimmte Qualität des Bewußtseins, ist zu unterscheiden von dem religiösem Akt, d. h. einem selbständigen theoretischen oder praktischen Vorgang, der jene Qualität enthält.* Durch die Verbindung von religiösem Prinzip und Kulturfunktion kann nun eine spezifisch religiöse Kultursphäre entstehen, ein religiöses Erkennen: Mythos oder Dogma, ein Gebiet religiöser Ästhetik: Kultus, eine religiöse Formung der Person: Heiligung, eine religiöse Gesellschaftsform: Kirche, mit ihrem besonderen Kirchenrecht und ihrer besonderen Gemeinschaftsethik. In solchen Formen ist Religion aktuell, nur in der Verbindung mit außerreligiösen Kulturfunktionen hat das religiöse Prinzip Existenz. Das Religiöse bildet kein Prinzip im Geistesleben neben andern; der Absolutheitscharakter jedes religiösen Bewußtseins würde derartige Schranken durchbrechen. *Sondern das Religiöse ist aktuell in allen Provinzen des Geistigen.* Es scheint aber aus dem Gesagten eine neue Begrenzung gegeben zu sein. In jeder Provinz des Geisteslebens gibt es nun einen besonderen Kreis, eine besondere Einflußsphäre des Religiösen. Wie sind diese | Sphären abzugrenzen? Hier liegt in der Tat das Gebiet der großen kulturellen Konflikte zwischen Kirche und Staat,

Religionsgemeinschaft und Gesellschaft, Kunst und Kultusform, Wissenschaft und Dogma, die die ersten Jahrhunderte der neuen Zeit erfüllt haben und auch jetzt noch nicht völlig zur Ruhe gekommen sind. Ein Konflikt ist nicht möglich, solange die Kulturfunktionen von der Religion her in Heteronomie gehalten werden. Er ist überwunden, sobald die Kulturfunktionen restlos ihre Autonomie erkämpft haben. Wo aber bleibt dann die Religion? Solange noch in irgend einer Form neben der Wissenschaft ein Dogma, neben der Gesellschaft eine „Gemeinschaft", neben dem Staat eine Kirche steht, die bestimmte Sphären für sich in Anspruch nehmen, ist die Autonomie des Geisteslebens bedroht, ja aufgehoben. Denn es entsteht dadurch eine doppelte Wahrheit, eine doppelte Sittlichkeit, ein doppeltes Recht, von denen je eines nicht aus der Gesetzmäßigkeit der betreffenden Kulturfunktion geboren ist, sondern aus einer fremden Gesetzlichkeit, die die Religion gibt. Diese Doppelheit muß unter allen Umständen aufgehoben werden; sie ist unerträglich, sobald sie ins Bewußtsein tritt; denn sie zerstört das Bewußtsein.

Die Lösung ist nur vom Religionsbegriff aus zu gewinnen. Ohne eine Begründung denn das hieße eine Religionsphilosophie im Kleinen zu geben will ich den hier vorausgesetzten Religionsbegriff hinstellen. Religion ist [b]Erfahrung des Unbedingten und das heißt Erfahrung schlechthinniger Realität auf Grund der Erfahrung schlechthinniger Nichtigkeit; es wird erfahren die Nichtigkeit des Seienden, die Nichtigkeit der Werte, die Nichtigkeit des persönlichen Lebens; wo diese Erfahrung zum absoluten, radikalen Nein geführt hat, da schlägt sie um in eine ebenso absolute Erfahrung der Realität, in ein radikales Ja.[b] Nicht um eine neue Realität handelt es sich, neben oder über den Dingen; das wäre ja nur ein Ding höherer Ordnung, das wieder unter das Nein fiele. Sondern durch die Dinge hindurch zwingt sich uns jene Realität auf, die das Nein und Ja über die Dinge zugleich ist; es ist nicht ein Seiendes, es ist nicht die Substanz, nicht die Totalität des | Seienden; es ist, um eine mystische Formel zu gebrauchen, das Überseiende, was zugleich das Nichts und das Etwas schlechthin ist. *Doch auch das Prädikat „ist" verhüllt schon den Tatbestand, da es sich nicht um eine Seins-, sondern um eine Sinnwirklichkeit handelt und zwar um die letzte, tiefste, alles erschütternde und alles neu bauende Sinnwirklichkeit.*

Von hier aus ist nun ohne Weiteres deutlich, daß von besonderen religiösen Kultursphären im eigentlichen Sinne nicht gesprochen werden kann. Liegt es im Wesen der religiösen Grunderfahrung, die *gesamte* Erkenntnissphäre zu verneinen und durch die Verneinung hindurch zu bejahen, so ist kein Platz mehr für ein besonderes religiöses Erkennen, für einen besonderen religiösen Gegenstand oder besondere Methoden der religiösen Erkenntnis. Der Konflikt zwischen Dogma und Wissenschaft ist überwunden. Die Autonomie der Wissenschaft ist restlos gewahrt, jede Heteronomie durch die Religion unmöglich gemacht, dafür aber die Wissenschaft als Ganzes unter die „Theonomie" der paradoxen religiösen Grunderfahrung gestellt. Ebenso in der Ethik: Eine besondere, auf den religiösen Gegenstand bezügliche Personal- oder Gemeinschaftsethik, neben der Individual- oder Sozialethik kann es nicht mehr geben. Auch die

Ethik ist schlechterdings autonom, aller religiösen Heteronomie frei und ledig und doch als Ganzes „theonom" im Sinne der religiösen Grunderfahrung; die Konfliktsmöglichkeiten sind radikal ausgeschaltet. Damit ist das Verhältnis von Religion und Kultur prinzipiell geklärt. Die spezifisch religiösen Kultursphären sind grundsätzlich aufgehoben. Die Frage, welche Bedeutung ihnen dennoch zukommen möge, kann erst nach Beantwortung der Frage nach dem Sinne einer Theologie der Kultur entschieden werden.

3. Kulturtheologie.

Es war in den letzten Ausführungen mehrfach von Autonomie und Theonomie der Kulturwerte die Rede gewesen. Dem müssen wir noch weiter nachgehen; und zwar möchte ich den Satz aufstellen, daß die Autonomie der Kulturfunktionen | begründet ist in ihrer Form, den Gesetzen ihrer Anwendung, die Theonomie aber in ihrem Gehalt, der Realität, die vermittelst dieser Gesetze zur Darstellung oder Durchführung kommt. Es kann nun das Gesetz ausgesprochen werden: *Je mehr Form, desto mehr Autonomie, je mehr Gehalt, desto mehr Theonomie.* Eins kann aber nicht sein ohne das andere; eine Form, die nichts formt, ist ebenso unfaßbar, wie ein Gehalt, der nicht in einer Form steht. Es wäre ein Rückfall in die schlimmste Heteronomie, wollte man den Gehalt losgelöst von der Form erfassen wollen; es würde sich sofort eine neue Form bilden, die nun in Gegensatz träte zu der autonomen und sie in der Autonomie einschränkte. Das Verhältnis von Gehalt und Form muß gedacht werden als eine Linie, deren eines Ende die reine Form, deren anderes der reine Gehalt bedeutet. Auf der Linie selbst aber sind beide immer in Einheit. *Die Offenbarung des überwiegenden Gehalts besteht nun darin, daß die Form immer unzulänglicher wird, daß die Realität in überschäumender Fülle die Form zerbricht, die sie halten soll; und doch ist dieses Überschäumen und Zerbrechen selbst noch Form.*

Aufgabe einer Theologie der Kultur ist es nun, diesen Prozeß in allen Gebieten und Schöpfungen der Kultur zu verfolgen und zum Ausdruck zu bringen. Aber nicht vom Standpunkt der Form her; das wäre Aufgabe der betreffenden Kulturwissenschaft selbst, sondern vom Gehalt her, als Kulturtheologie und nicht als Kultursystematik. Es kommt darauf an, daß die konkreten religiösen Erlebnisse, die in allen großen Kulturerscheinungen eingebettet liegen, herausgestellt und zur Darstellung gebracht werden. Daraus ergibt sich neben der Theologie als normativer Religionswissenschaft die Notwendigkeit einer theologischen Methode, wie es neben der systematischen Psychologie eine psychologische und ebenso eine soziologische u. s. w. Methode gibt. Diese Methoden sind universell, jedem Gegenstand angepaßt und haben doch eine Heimat, die bestimmte Wissenschaft, in der sie geboren sind. *Ebenso die theologische Methode, die eine universelle | Anwendung der theologischen Fragestellung auf alle Kulturwerte ist.*

Wir hatten der Theologie die Aufgabe zuerteilt, auf Grund der allgemeinen religionsphilosophischen Begriffsbildung und vermittelst einer geschichtsphilosophischen Einordnung einen konkreten religiösen Standpunkt zu systematischem Ausdruck zu bringen. Dem entspricht die Aufgabe der Kulturtheologie. Sie leistet eine allgemeine religiöse Analyse sämtlicher Kulturschöpfungen, sie gibt eine geschichtsphilosophische und typologische Einordnung der großen Kulturschöpfungen unter dem Gesichtspunkt des in ihnen realisierten religiösen Gehaltes, und sie schafft von ihrem konkreten religiösen Standpunkt aus den idealen Entwurf einer religiös erfüllten Kultur. Es ist also eine Dreiheit von Aufgaben, die ihr zufällt, entsprechend der Dreiheit der kultursystematischen Wissenschaften überhaupt und systematischen Religionswissenschaft insbesondere. *1. Allgemeine religiöse Analyse der Kultur. 2. Religiöse Typologie und Geschichtsphilosophie der Kultur. 3. Konkrete religiöse Systematisierung der Kultur.*

Bei der kulturtheologischen Analyse ist auf ein Doppeltes zu achten, zuerst auf das Verhältnis von Form und Gehalt. *Gehalt* ist etwas anderes als *Inhalt*. Unter Inhalt verstehen wir das Gegenständliche in seinem einfachen Sosein, das durch die Form in die geistig-kulturelle Sphäre erhoben wird. Unter Gehalt aber ist zu verstehen der Sinn, die geistige Substanzialität, die der Form erst ihre Bedeutung gibt. Man kann also sagen: *Der Gehalt wird an einem Inhalt mittelst der Form ergriffen und zum Ausdruck gebracht.* Der Inhalt ist das Zufällige, der Gehalt das Wesentliche, die Form das Vermittelnde. Die Form muß dem Inhalt angemessen sein, darum bilden nicht etwa Formkultur und Inhaltskultur einen Gegensatz; vielmehr stehen beide an einem Pol, an dem anderen aber steht Gehaltskultur. Das Zerbrechen der Form durch den Gehalt ist identisch mit dem Unwesentlich-Werden des Inhaltes. Die Form verliert ihre notwendige Beziehung auf den Inhalt, weil der Inhalt hinschwindet vor der überwiegenden Fülle des Gehaltes. Dadurch gewinnt die Form etwas Losgelöstes, Freischwebendes,| sie steht in unmittelbarem Bezuge auf den Gehalt; sie verliert den natürlichen und notwendigen Bezug auf den Inhalt; sie wird Form im paradoxen Sinne, indem sie sich in ihrer Natürlichkeit zerbrechen läßt durch den Gehalt. Dieses ist das erste, was zu beachten ist; denn in dem Gehalt kommt eben die religiöse Realität mit ihrem Ja und Nein über die Dinge zum Vorschein. Und dieses ist dann das zweite: Das Verhältnis des Nein und Ja, die Beziehung und die Kraft, in der das eine und das andere zum Ausdruck gebracht ist. Hier gibt es unendlich viele Möglichkeiten, weil die Beziehungen und das Wechselverhältnis unendlich reich sind.

Aber es gibt doch auch wieder eine bestimmte Begrenzung; und das führt zu der zweiten Aufgabe der Kulturtheologie: der typisierenden und geschichtsphilosophischen. Die Begrenzung ist gegeben durch das Bild der Linie mit dem formalen und gehaltlichen Pol, von dem oben die Rede war. Dieses Bild führt auf drei entscheidende Punkte, aus denen sich die drei Grundtypen ergeben: die beiden Pole und der Mittelpunkt, in dem Form und Gehalt im Gleichgewicht stehen. Daraus ergibt sich für die Typologie folgende Grundordnung: *Die typisch profane und formale Kulturschöpfung, die typisch religiöse und gehaltsüberwiegende Kulturschöpfung und die typisch gleichgewichtige, harmonische oder klassische Kulturschöpfung.* Diese allgemeine Typologie läßt nun Raum für Zwischenstufen und Übergänge und sie wird außerordentlich mannigfaltig durch die verschiedenen konkreten Religionsformen, die in sie eingehen. Wird diese Typenlehre auf die Gegenwart bezogen und mit der Vergangenheit in systematische Beziehung gesetzt, so entsteht eine geschichtsphilosophische Einordnung, die dann unmittelbar zur dritten, eigentlich systematischen Aufgabe der Kulturtheologie ᶜhinüber führtᶜ.

In wieweit kann der Kulturtheologe religiöser Kultursystematiker sein? Diese Frage ist zunächst nach ihrer negativen Seite hin zu beantworten: Er kann es nicht sein von Seiten der Form der Kulturfunktionen; das wäre ein unerlaubter Eingriff und Heteronomie der Kultur. Er kann es nur von | Seiten des Gehalts; aber der Gehalt kommt zur kulturellen Bestimmtheit nur in der Form; insofern muß gesagt werden: *der Kulturtheologe ist nicht direkt kulturschöpferisch.* Weder auf wissenschaftlichem, noch auf sittlichem, noch auf rechtlichem, noch auf künstlerischem Gebiet ist der Kulturtheologe als solcher produktiv. Aber er nimmt den autonomen Produktionen gegenüber auf Grund seines konkreten theologischen Standpunktes eine kritische, verneinende und bejahende Stellung ein; *er entwirft mit dem vorhandenen Material ein religiöses Kultursystem durch Ausscheidung und Vereinigung nach Maßgabe seines theologischen Prinzips.* Er kann auch über das vorhandene Material hinausgehen, aber nur in Forderung, nicht in Erfüllung; er kann der vorhandenen Kultur vorwerfen, daß er in ihren Schöpfungen nichts finde, was er als Ausdruck des in ihm lebendigen Gehalts anerkennen könnte; er kann ganz im allgemeinen die Richtung zeigen, in der er die Erfüllung eines wahrhaft religiösen Kultursystems sieht, aber er kann das System nicht selber schaffen. Versucht er es doch, so hört er damit auf, Kulturtheologe zu sein, und wird an einer oder mehreren Stellen Kulturschöpfer, tritt damit aber in die volle und gänzlich autonome Kritik der Kulturformen, die ihn dann oft mit souveräner Kraft zu ganz anderen Zielen führen wird, als er sie erreichen wollte. Darin liegt die Begrenzung der systematischen Aufgabe des Kulturtheologen. Eben daraus aber ergibt sich seine universale Bedeutung. Fern von jeder Beschränkung auf ein bestimmtes Gebiet kann er vom Gehalt her die übergreifende Einheit der Kulturfunktionen zum Ausdruck bringen, er kann die Beziehungen zeigen, die von einer Erscheinung der Kultur zur anderen führen, durch die substantielle Einheit des in ihnen zum Ausdruck gebrachten Gehaltes; *er kann dadurch die Einheit der Kultur vom Gehalt her in der gleichen Weise verwirklichen helfen, wie es der Philosoph von den reinen Formen, den Kategorien her tut.*

Kulturtheologische Aufgaben sind oft gestellt und gelöst worden von theologischen, philosophischen, literarischen und politischen Kulturanalytikern (z. B. Simmel); aber die Aufgabe | als solche ist nicht erfaßt und in ihrer systematischen Bedeutung erkannt worden; man hat nicht gesehen, daß es sich hier um eine Kultursynthese von eminenter Bedeutung handelt, eine Synthese, die nicht nur die verschiedenen Kulturfunktionen zusammenfaßt, sondern auch den kulturzerstörenden Widerspruch von Religion und Kultur überwindet durch den Entwurf eines religiösen Kultursystems, in dem an Stelle des Gegensatzes von Wissenschaft und Dogma eine an sich religiöse Wissenschaft, an Stelle der Unterscheidung von Kunst und Kultform eine an sich religiöse Kunst, an Stelle des Dualismus von Staat und Kirche eine an sich religiöse Staatsform u. s. w. tritt. Erst in dieser Weite des Zieles ist die kulturtheologische Aufgabe erfaßt. Einige Beispiele sollen erläutern und weiterführen.

4. Kulturtheologische Analysen.

Im Folgenden möchte ich mich wesentlich auf den ersten, analytischen Teil der kulturtheologischen Arbeit mit gelegentlichem Übergreifen auf den zweiten, typologischen Teil beschränken, da ich es hier vermeiden möchte, ein konkretes theologisches Prinzip begründungslos einzuführen; für die Erfüllung der geschichtsphilosophischen und systematischen Aufgabe der Kulturtheologie wäre das aber nötig. Immerhin werden einige systematische Andeutungen durch die Analyse hindurchschimmern.

Ich beginne mit einer kulturtheologischen Betrachtung der Kunst und zwar der expressionistischen Richtung in der Malerei, weil sie mir ein besonders eindrucksvolles Beispiel für das oben besprochene Verhältnis von Form und Gehalt zu sein scheint, und weil jene Begriffsbestimmungen mit unter ihrem Eindruck gebildet sind.

Deutlich ist zunächst, daß hier der Inhalt in höchstem Maße bedeutungslos geworden ist, der Inhalt nämlich im Sinne der äußeren Tatsächlichkeit der Dinge und Vorgänge. Die Natur ist ihres Scheines entkleidet, man sieht ihr auf den Grund. Auf dem Grund aber alles Lebendigen wohnt das Grauen, sagt Schelling, und dieses Grauen weht uns an aus den | Bildern der Expressionisten, die mehr wollen, als bloße Vernichtung der Form um des flutenden Lebens willen, wie Simmel meint, *in denen vielmehr ein formzersprengender religiöser Gehalt nach Form ringt, diese den meisten so unverständliche und ärgerniserregende Paradoxie*; und dieses Grauen scheint mir auch mit Schuldgefühl vertieft zu sein, nicht im eigentlich ethischen, sondern mehr im kosmischen Sinne, die Schuld der bloßen Existenz: die Erlösung aber ist der Übergang der einzelnen Existenz in die andere, das Verwischen der individuellen Zuspitzung, die Liebesmystik des Einswerdens mit allem Lebendigen.

So kommt ein Nein und Ja in großer Tiefe in dieser Kunst zum Ausdruck, das Nein aber, das Form-Vernichtende scheint mir noch durchaus die Überhand zu haben, wenn auch nicht in der Absicht der Künstler, in denen ein leidenschaftlicher Wille zu einem neuen, unbedingten Ja lebendig ist.

Daß hier eine starke religiöse Leidenschaft nach Ausdruck ringt, kann man durch vielfache Äußerungen dieser Künstler bestätigt finden, und es ist kein Zufall, wenn in den lebhaften Debatten, die sich vor diesen Bildern entspinnen, die begeisterten Vertreter des Expressionismus sich ständig auf Weltanschauung und Religion, ja auf die Bibel selbst berufen. Der religiöse Sinn dieser Kunst wird von ihren Trägern weithin bewußt bejaht.

Ein Beispiel aus der Wissenschaft. Die autonomen Formen der Wissenschaft sind zu vollendeter Klarheit gebracht in der Neukantischen Schule. Hier ist wahrhaft wissenschaftliche und unreligiöse Philosophie. Die Form regiert schlechthin. Die Gegenwart will darüber hinaus, aber auf keinem Gebiet wird es ihr schwerer als hier; zu rücksichtslos hatte in der idealistischen Periode der Gehalt, das Realitätserlebnis, die Form überflutet und nicht nur das, sondern ᵈsichᵈ auch eine neue Form geschaffen, die im Namen der Intuition den autonomen wissenschaftlichen Formen entgegentrat. Dieser Kampf war nicht ein innerwissenschaftlicher, sondern er war der alte Kampf zwischen einer besonderen religiösen und einer profanen Erkenntnisweise; es war ein Stück Heteronomie, gegen das die | Wissenschaft reagieren mußte und mit Recht in voller Schärfe reagiert hat. Wenn nun jetzt, wo dieser Kampf auch gegen das materialistische Schattenbild des Idealismus restlos durchgeführt ist, eine neue Bewegung zur Intuition sich geltend macht, so ist das Mißtrauen der Wissenschaft wohl begreiflich, aber nicht notwendig. Denn eine neue intuitive Methode kann doch niemals in Konkurrenz treten wollen mit den autonomen wissenschaftlichen Methoden; sie kann nur da einsetzen, wo der Gehalt selbst die Form dieser Methoden sprengt und der Weg ins Metaphysische sich öffnet. *Metaphysik ist ja nichts anderes, als der paradoxe Versuch, das alle Form Überragende, das Unbedingtheitserlebnis in Formen zu bringen;* und wenn wir von hier aus in der Gegenwart gibt es ja noch keine große Metaphysik auf Hegel zurückblicken, so finden wir in ihm eine der tiefsinnigsten Erfassungen der Einheit des Nein und Ja, freilich unter einem starken optimistischen Überragen des Ja. Es fehlt ihm das Erlebnis des Grauens, das bei Schelling und Schopenhauer so tief vorliegt und keiner modernen Metaphysik fehlen dürfte.

Wir kommen auf das Gebiet der praktischen Werte, zunächst der Individualethik. Für eine Kulturtheologie würde auf diesem Gebiet Nietzsche ein glänzendes und charakteristisches Beispiel geben können. Seine scheinbar gänzlich antireligiöse Orientierung macht eine theologische Analyse seiner Lehre von der Gestaltung der Persönlichkeit besonders interessant; es ist nun festzustellen, daß der Gegensatz zwischen Tugend-Ethik und Gnaden-Ethik in seiner Verkündigung enthalten ist und es seit Jesu Kampf gegen die Pharisäer und Luthers Kampf gegen Rom kaum ein gewaltigeres Zerbrechen der personal-ethischen Formen durch den Gehalt gegeben hat. „Was ist das Größte, das Ihr erleben könnt: die Stunde, wo Ihr sagt: Was liegt an meiner Tugend? Noch hat sie mich nicht rasen gemacht!" Die Tugend aber, die rasen macht, steht jenseits von Tugend und Sünde. Machtvoll steht das theologische Vernichtungsurteil über jedem Einzelnen: „Verbrennen mußt du dich wollen in deiner eigenen Flamme: Wie wolltest du neu werden, wenn du nicht erst Asche geworden | bist"; zugleich aber erhebt sich das Ja mit unerhörter Inbrunst und Leidenschaft, ob als Predigt des Übermenschen oder als Hymnus an den hochzeitlichen Ring der Ringe, den Ring der ewigen Wiederkunft. Dieses Realitätserlebnis, das Nietzsche dem Persönlichen gegenüber gemacht hat, übersteigt die individualethische Form so weit, daß er sich selbst den Antimoralisten κατ' ἐξοχήν nennen konnte, wie Luther zum Libertinisten gestempelt werden mußte von allen, deren personales Denken sich in den Kategorieen Tugend und Lohn vollzieht.

Es ist vom Standpunkt der Form aus schlechterdings paradox, wie ein überwältigender metaphysischer Gehalt die ethischen Inhalte gleichgültig macht, die ihnen angepaßte Form zerbricht und nun doch von sich aus in dieser zerbrochenen Form eine höhere Art der Personwerdung darbietet, als es in jenen Formen hätte geschehen können. *Die Person, die im Sinne Nietzsches jenseits von Gut und Böse steht, ist eben, absolut betrachtet, „besser", wenn sie auch relativ, formal-ethisch betrachtet, „schlechter" ist, als der „Gute und Gerechte".* Sie ist „fromm", während der Gerechte „unfromm" ist.

In der Sozialethik ist es die allenthalben sich neu regende Liebesmystik, die eine theonome Überwindung der autonomen ethischen Form bedeutet, ohne in die Heteronomie einer spezifisch religiösen Liebesgemeinschaft zurückzufallen. Ob in den Reden der idealistischen Sozialisten und Kommunisten, ob in den Gedichten eines Rilke und Werfel, ob in der Neuverkündigung der Bergpredigt durch Tolstoi, überall wird die an Kant orientierte formale Ethik der Vernunft und Humanität durchbrochen. Die von Kant geprägten Formeln der ethischen Autonomie, seine Forderung, gut zu handeln um des Guten willen, sein Formalgesetz der Allgemeingültigkeit, sind unantastbare Fundamente der autonomen Ethik, und keine Auffassung der Ethik als göttliches Gebot oder der Liebe als des Gesetzes Überwindung darf diese Grundlegung erschüttern; aber der Inhalt dessen, was Liebe ist, schäumt über den engen Becher dieser Form in unerschöpflichem Strom. Die bloß daseiende, in Einzelwesen zerspaltene Welt wird vernichtet, als leere, unwirkliche Hülle erlebt. *Wer vom einzelnen aus denkt, kann nie zur Liebe kommen, denn die Liebe steht jenseits des einzelnen; wer vom Zweck aus denkt, weiß nicht, was Liebe ist; denn die Liebe ist reines Seins-, reines Realitätserlebnis.* Wer der Liebe eine Grenze oder eine Bedingung setzen will, der weiß nicht, daß sie universell, kosmisch ist, eben weil sie alles Reale als Reales bejaht und umfaßt.

Und nun die Theologie des Staates: Sie zeigt den in den verschiedenen Staatsformen eingebetteten Gehalt, sie zeigt, wie dieser Gehalt über die Form des Staates hinauswächst oder umgekehrt die Form des Staates den Gehalt erdrückt. Die rationalen Staatstheorien, aus denen im Kampf gegen die Theokratie der autonome Staat heranwuchs, führten zu einem abstrakten, über der Gesellschaft schwebenden Staat, von dem es im „Zarathustra" heißt, er sei das „kälteste aller kalten Ungeheuer". „Glaube und Liebe schaffen ein Volk, aber das Schwert und hundert Begierden schaffen den Staat", glänzende Charakterisierung des unreligiösen Macht- oder Nützlichkeitsstaates. Und es wird auch nicht besser, wenn dieser abstrakte, autonome Staat mit allen Funktionen der Kultur behängt wird, wie bei Hegel und zum Gott auf Erden wird, denn nun wird der Geist selbst zu einer Macht- oder Nützlichkeitssache. Der religiöse Gehalt sprengt die autonome Form des Staates, das ist der tiefste Sinn des idealistischen „Anarchismus"; aber nicht zu Gunsten einer neuen Theokratie, sondern einer Theonomie, eines Aufbaus aus den Gemeinschaften heraus und ihrem geistigen Gehalt; auch das ist noch Gesellschaftsform, noch Staat, aber es ist es durch die Negation, durch das Zerbrechen der autonomen Form des Staatlichen, und diese Paradoxie selbst ist die Form des „Anarchismus". Ein solcher aus den Kulturgemeinschaften aufgebauter, im paradoxen Sinn so zu nennender „Staat" ist nun das, was im kulturtheologischen Sinne als „Kirche" zu bezeichnen ist: *Die universelle, aus Geistesgemeinschaften aufgebaute, alle Kulturfunktionen und ihren religiösen Gehalt in sich tragende Menschengemeinschaft, deren Lehrer die großen schöpferischen Philosophen, deren Priester die Künstler, deren Propheten die Seher einer neuen Ethik der Person und der Gemeinschaft, deren Bischöfe die Führer zu neuen Zielen der Gemeinschaft, deren Diakonen und Armenpfleger die Leiter und Neuschöpfer des wirtschaftlichen Prozesses sind.* Denn auch die Wirtschaft kann ihre bloße Autonomie und Selbstzwecklichkeit zerbrechen durch den Gehalt der religiösen Liebesmystik, die nicht produziert um der Produktion, sondern um des Menschen willen und doch nicht heteronom den Produktionsprozeß beschneidet, sondern ihn theonom leitet als die universale Form der ehemaligen spezifisch kirchlichen Armenpflege, die auf dem sozialistischen Boden mit dem Begriff des Armen aufgehoben ist.

Damit wollen wir die Reihe der Beispiele abschließen; sie ist fast zu dem Entwurf eines Systems der Kulturtheologie ausgewachsen; sie kann jedenfalls zeigen, was gemeint ist. Es könnte hier nun die Frage gestellt werden, warum die ganze Arbeit auf die Analyse der Kultur beschränkt ist, warum die Natur (oder die Technik) ausgeschlossen sind. Die Antwort ist die, daß die Natur für uns überhaupt nur durch die Kultur hindurch zum Gegenstand werden kann; nur vermittelst der Geistesfunktionen, als deren Inbegriff im subjektiven wie im objektiven Sinne wir Kultur auffassen, ist Natur für uns bedeutungsvoll. Ihr „An-Sich" ist schlechterdings unerreichbar und nicht einmal soweit erfaßbar, daß wir positiv von einem solchen „An-Sich" reden können. Wenn aber die Natur nur durch die Kultur hindurch für uns Realität gewinnt, so ist es berechtigt, ausschließlich von „Kulturtheologie" zu reden und einen Begriff wie „Naturtheologie" abzulehnen. *Was in der Natur an religiösem Gehalt vorhanden ist, das liegt beschlossen in den Kulturfunktionen, insofern sie sich auf Natur beziehen.* Der religiöse Gehalt einer „Landschaft" ist ein religiös-ästhetisches, der religiöse Gehalt eines astronomischen Gesetzes ein religiös-wissenschaftliches Phänomen; die Technik kann durch ästhetische, sozialethische, rechtliche Auffassungen hindurch religiös wirken; immer aber handelt es sich um Kulturtheologie. Diese umfaßt ohne weiteres die gesamte Natur und Technik mit. Eine eigene Naturtheologie würde die Mythologie der „Natur an sich" voraussetzen, d. h. sie ist undenkbar.

5. Kulturtheologie und Kirchentheologie.

Eine Frage ist jedoch noch zu erledigen, die mehrfach zurückgestellt war: Was wird aus der spezifisch religiösen Kultur, aus Dogma, Kultus, Heiligung, Gemeinschaft, Kirche? In wiefern gibt es noch eine besondere Sphäre des Heiligen? Die Antwort hat von dem Polaritätsverhältnis auszugehen, das zwischen dem profanen und dem religiösen Moment der Kulturlinie besteht: Sie sind realiter nirgends auseinander, aber sie sind in abstracto unterschieden, und diese Unterscheidung ist der Ausdruck für eine psychologische Notwendigkeit allgemeinster Art. Wir sind immer wieder gezwungen, Dinge, die real ineinander sind, für unser Bewußtsein zu trennen, damit überhaupt etwas erlebt wird. Damit wir in der Kultur religiöse Werte erleben können, damit wir eine Kulturtheologie treiben können, damit wir die religiösen Elemente unterscheiden und benennen können, muß eine spezifisch religiöse Kultur vorangegangen sein. Damit wir den Staat als Kirche, die Kunst als Kultus, die Wissenschaft als Glaubenslehre auffassen können, müssen Kirche, Kultus, Dogma vorangegangen sein und nicht nur vorangegangen. Damit wir das Heilige irgendwie unterschieden vom Profanen erleben können, müssen wir es herausheben und in eine besondere Sphäre des Erkennens, der Anbetung, der Liebe, der Organisation zusammenfassen. Der profane Pol der Kultur, die exakte Wissenschaft, das formal Ästhetische, die formale Ethik, das bloß Staatliche und Wirtschaftliche nimmt uns gänzlich in Anspruch, wenn ihm der entgegengesetzte Pol nicht ein Gegengewicht hält; eine allgemeine Profanisierung, Entweihung des Lebens wäre unvermeidlich, wenn nicht eine Sphäre des Heiligen im Gegensatz und Widerspruch sich konstituierte. Dieser Widerspruch ist unüberwindlich, solange Form und Inhalt unterschieden werden müssen, so lange wir in der Sphäre der Reflexion und nicht der Intuition zu leben gezwungen sind; er gehört zu den tiefsten tragischen Widersprüchen des Kulturerlebens. Das aber ist das Große der Entwicklung der letzten Jahrhunderte, daß sie uns gelehrt hat, diesen Widerspruch zu durchschauen, ihm die reale grundsätzliche Bedeutung zu nehmen; damit hat er die letzte Schärfe verloren.

Daraus ergibt sich nun auch das Verhältnis der Kulturtheologie zur Kirchentheologie. Unsere ganze Entwicklung ist ausgegangen von der Kultur und ihren Formen und hat gezeigt, wie durch das Einströmen des Gehaltes in die Form die Kultur an und für sich religiöse Qualität erhält und wie sie schließlich um der Bewahrung und Erhöhung ihrer religiösen Qualität willen eine spezifisch religiöse Kultursphäre aus sich herausstellt, nicht als eine Sphäre mit selbständiger logischer, sondern teleologischer Dignität. Für den Kirchentheologen ist nun diese Sphäre als Ausdruck einer bestimmten religiösen Konkretheit gegeben; sie ist nicht jetzt aus der Kultur geschaffen, sondern sie hat eine selbständige Geschichte, die weit hinter die der meisten Kulturschöpfungen zurückreicht; sie hat ihre eigenen Formen ausgebildet, deren jede eine eigne Geschichte hat, eine Selbständigkeit und Kontinuität trotz aller Einwirkungen der autonomen Kulturformen. Ja, sie hat von sich aus auf das Werden dieser Formen den allergrößten Einfluß geübt. Das ist alles zutreffend; aber es entscheidet noch nicht über die Stellung zur Kulturtheologie.

Es sind drei Stellungen möglich, die der Kirchentheologe zur Kultur einnehmen kann: Er kann sie unter den Begriff „Welt" zusammenfassen und dem „Reiche Gottes", das in der Kirche realisiert ist, gegenüberstellen. Dadurch wird bewirkt, daß die spezifisch religiösen Kulturfunktionen, insofern sie die Kirche ausübt, an der Absolutheit des religiösen Prinzips teilnehmen und es absolute

Wissenschaft, Kunstform, Sittlichkeit u. s. w. gibt, nämlich die in der Kirche, ihrem Dogma, ihrem Kultus etc. realisierte. Von dieser typisch katholischen Stellungnahme aus kann es einen Weg zur Kulturtheologie nicht geben.

Die zweite Stellungnahme ist die altprotestantische, in der Kirche, Kultus und Ethik freigegeben, in ihrer Relativität | durchschaut sind, aber die erkenntnismäßige Bindung, die absolute Wissenschaft als supranaturale Offenbarung festgehalten wird. Seit der Theologie der Aufklärung ist diese Stellungnahme erschüttert; denn sie ist prinzipiell inkonsequent; die Bevorzugung der intellektuellen Sphäre ließ sich nicht aufrecht erhalten, nachdem die Absolutheit ihres einzig möglichen Trägers, der Kirche, fallen gelassen war.

Die dritte Stellungnahme zu finden, ist die Aufgabe der gegenwärtigen und kommenden protestantischen Theologie. Sie wird einerseits die Unterscheidung von religiöser Potenzialität und Aktualität, von religiösem Prinzip und religiöser Kultur streng durchführen und den Charakter der Absolutheit allein dem religiösen Prinzip, aber keinem einzelnen, auch nicht dem historisch grundlegenden Moment der religiösen Kultur zuerteilen; sie wird anderseits ihr religiöses Prinzip nicht nur abstrakt fassen und seine konkrete Erfüllung jeder Mode der Kulturentwicklung überlassen, sondern sie wird die Kontinuität ihres konkreten religiösen Standpunktes durchzuführen suchen. Nur unter Voraussetzung dieser Stellungnahme gibt es ein positives Verhältnis von Kulturtheologie und Kirchentheologie.

Der Kirchentheologe ist in diesem Verhältnis grundsätzlich der konservativere, auswählende, nicht nur vorwärts, sondern auch rückwärts gewandte. „Die Reformation geht fort" ist sein Grundsatz, aber es ist Reformation, nicht Revolution; denn die Substanz seines konkreten Standpunktes bleibt erhalten, und die neue Formgebung auf allen Gebieten muß sich der alten anpassen.

Der Kulturtheologe hat derartige Rücksichten nicht zu nehmen; er steht frei in der lebendigen Kulturbewegung, offen nicht nur für jede andere Form, sondern auch für jeden neuen Geist. Zwar lebt auch er auf dem Boden einer bestimmten Konkretheit; denn *leben* kann man nur in einem Konkreten; aber er ist jederzeit bereit, diese Konkretheit zu erweitern, zu verändern; er hat als Kulturtheologe kein Interesse an einer kirchlichen Kontinuität; er ist damit freilich auch im Nachteil gegenüber dem Kirchentheologen, weil er in Gefahr ist, religiöser Modeprophet einer in sich unsicheren, zwiespältigen Kulturentwicklung zu werden.

So sind beide auf ein Verhältnis gegenseitiger Ergänzung angewiesen; am besten wird das erreicht durch Personalunion, die freilich nicht unter allen Umständen wünschenswert ist; denn die Typen müssen sich frei entfalten können; *jedenfalls ist ein realer Gegensatz in dem Augenblick nicht mehr möglich, wo der Kulturtheologe die Notwendigkeit des konkreten Standpunktes in seiner Kontinuität, und der Kirchentheologe die Relativität jeder konkreten Form gegenüber der ausschließlichen Absolutheit des religiösen Prinzips selbst anerkennt.*

Über den Unterschied aber von Kulturtheologie und Kirchentheologie greift hinaus das kulturtheologische Ideal selbst: Es fordert eine Kultur, in der zwar nicht der Unterschied von profanem und heiligem Pol aufgehoben ist; das ist in der Welt der Reflexion und Abstraktion unmöglich; in der aber ein einheitlicher Gehalt, eine unmittelbare geistige Substanz die gesamte Kulturbewegung erfüllt und sie dadurch zum Ausdruck eines allumfassenden religiösen Geistes macht, dessen Kontinuität eins ist mit der Kontinuität der Kultur selbst; dann ist der Gegensatz von Kulturtheologie und Kirchentheologie aufgehoben, denn er ist nur der Ausdruck für eine nach Gehalt und Sinn zwiespältige Kultur.

Aber auch in einer neuen Einheitskultur wäre dem Theologen die Bearbeitung der überwiegend religiösen Kulturelemente anvertraut und zwar auf dem Boden einer spezifisch religiösen Gemeinschaft; nicht real unterschieden von der übrigen Kulturgemeinschaft. Sondern wie die Pietistengemeinschaften sich gern als „ecclesiola in ecclesia" bezeichnen, so soll die Kirche im Sinne der Kulturtheologie ecclesiola in der ecclesia der Kulturgemeinschaft überhaupt sein. *Die Kirche ist gewissermaßen der Kreis, der idealiter beauftragt ist, die in der Kulturgemeinschaft lebendigen religiösen Elemente durch Schaffung einer spezifisch religiösen Sphäre dem Zufall zu entziehen, sie zu sammeln, zu konzentrieren, theoretisch und praktisch, und sie da\durch zu einem kraftvollen, ja dem kraftvollsten, alles tragenden Kulturfaktor zu machen.*

Gestatten Sie mir nun zum Schluß ein paar Worte über die wichtigsten Träger der kulturtheologischen Arbeit, die theologischen Fakultäten. Welches ist der Sinn der theologischen Fakultäten, und welchen Sinn bekommen sie in unserm Zusammenhang? Die theologischen Fakultäten werden unter zwei Voraussetzungen mit Recht mißtrauisch von der Wissenschaft betrachtet: Erstens, wenn man Theologie als wissenschaftliche Erkenntnis Gottes im Sinne eines besonderen Gegenstandes neben anderen definiert. Zweitens, wenn man Theologie als Darstellung einer bestimmten begrenzten Konfession mit autoritativen Ansprüchen auffaßt. In beiden Fällen ist die Autonomie der anderen Funktionen bedroht, auch wenn äußerlich alles nebeneinander hergeht. Aber eine Universitas litterarum, als systematische Einheit gedacht, ist dann nicht möglich. Diese Bedenken hören sofort auf, wenn man Theologie als normative Religionswissenschaft definiert und sie mit der normativen Ethik, Ästhetik u. s. w. in Parallele setzt, und sich zugleich klar macht, was in den Kulturwissenschaften „Standpunkt" bedeutet, wie wir es im Anfang getan haben. Die theologischen Fakultäten erhalten aber nicht nur eine Gleichberechtigung neben den anderen, sondern sie bekommen, ähnlich wie die speziell philosophischen eine ganz allgemeine überragende Kulturbedeutung, wenn man sich auf den kulturtheologischen Standpunkt erhebt. Dann erfüllen die theologischen Fakultäten eine der größten und schöpferischsten Aufgaben innerhalb der Kultur. Im Zeitalter des Liberalismus, der individualistischen und antithetischen Kultur ist die Forderung nach Abtrennung der theologischen Fakultäten erhoben worden. Der Sozialismus hat sie unbesehen aus seiner Feindschaft gegen die bestehenden Kirchen mit übernommen. Sie widerspricht seinem Wesen, denn sein Wesen ist Einheitskultur. Freilich hat er keinen Platz für eine Hierarchie oder Theokratie oder Heteronomie des Religiösen; wohl aber braucht er zu seiner eigenen Vollendung den übergreifenden religiösen Gehalt, der allein die Autonomie des Einzelnen, sowie der einzelnen | Kulturfunktion durch die Theonomie ihrer selbstverzehrenden Vereinzelung entheben kann. Und darum brauchen wir für die neue, auf sozialistischem Boden sich erhebende Einheitskultur theologische Fakultäten, deren erste grundlegende Aufgabe eine Theologie der Kultur ist. Die Theologie, seit fast 200 Jahren in der unglücklichen, aber notwendigen Lage eines Verteidigers, der eine schließlich unhaltbare Stellung verteidigt und Position nach Position aufzugeben gezwungen ist, muß wieder im Angriff kämpfen, nachdem sie auch den letzten Rest ihrer unhaltbaren, kulturheteronomen Stellung aufgegeben hat. Sie muß kämpfen unter dem Banner der Theonomie, und sie wird unter diesem Banner siegen, nicht über die Autonomie der Kultur, aber über die Profanierung, Entleerung und Zerspaltung der Kultur in der letzten Menschheitsepoche. Sie wird siegen, denn die Religion ist, wie Hegel sagt, der Anfang und das Ende von allem, ebenso ist sie die Mitte, die alles belebt, beseelt, begeistet.

Anmerkungen

a-a   fehlt in B
b-b B: Richtung auf das Unbedingte. Durch das Seiende, durch die Werte, durch das Personleben hindurch wird offenbar der Sinn unbedingter Wirklichkeit, vor dem alles Einzelne und die Totalität alles Einzelnen, vor dem jeder Wert und das System der Werte, vor dem Persönlichkeit und Gemeinschaft zerbrechen in ihrem Eigen-Sein und Eigen-Wert. Wo dieses machtvolle unbedingte Nein vom Unbedingten her über alles Bedingte bejaht wird, da ist Religion. Aber dieses Nein ist nur die Kehrseite des Ja: der unbedingten Gewißheit, der unbedingten Hingabe, der unbedingten Verantwortung gegenüber dem Unbedingten als Realität in allem Seienden, als Notwendigkeit in allen Werten, als Sinn in allem Personleben. Wo die Beziehung zu Welt und Leben in dieser letzten Tiefe wurzelt, da ist Religion. Weil aber kein Bewußtsein möglich ist, ohne in irgendeiner Form an irgendeinem Punkte auf Unbedingt-Wirklichem zu ruhen, so ist Religion eine notwendige, ja die alles tragende Funktion des Geistes, diejenige, in der der Geist auf das gerichtet ist, was tiefer ist als er selbst, weil es ihm selbst Wurzel und Halt, Sinn und Bestand gibt.
c-c B: hinüberführt
d-d   fehlt in B

2. Kairos (1922)

Druckvorlage: Die Tat, Monatsschrift für die Zukunft deutscher Kultur, hrsg. von Eugen Diederichs, Jena, 14. Jahrgang, Heft 5, August 1922, S. 330–350.
Der Text wurde in dieser Form nicht mehr abgedruckt, vgl. S. 327. Zur Geschichte des Textes, der in G. W. VI, S. 9–28 gedruckt ist, vgl. G. W. XIV, S. 42 und 141.
Carl Mennicke war Schriftleiter dieses Heftes. Von ihm stammt der Beitrag „Religiöse Weltgestaltung" (S. 322–330); weitere Beiträge sind von Wilhelm Loew, „Von der inneren Lage des religiösen Sozialismus in der Zeitbewegung" (S. 350–355), Hans Hartmann, „Zur Kritik des Sozialismus" (S. 355–363), Eduard Heimann, „Die geistige Krise des Sozialismus" – der Aufsatz ist W. Rathenau gewidmet – (S. 363–374), Emil Fuchs, „Die Aufgabe religiöser Gemeinschaften. Religiöse Sozialisten und Kirchen" (S. 375–385) und Günther Dehn, „Die Gottesfrage" (S. 385–392).
Mennicke schrieb im Vorwort über sich und die Autoren: „Sie wurden zusammengeführt durch die Gewißheit, daß im Sozialismus der gegenwärtigen abendländischen Menschheit die entscheidende Frage gestellt ist" (a.a.O., S. 321).

Diese Worte sollen ein Aufruf sein zu geschichtsbewußtem Denken, zu einem Geschichtsbewußtsein, dessen Wurzeln herabreichen in die Tiefen des Unbedingten, dessen Begriffe geschöpft sind aus der Urbeziehung des menschlichen Geistes und dessen Ethos unbedingte Verantwortlichkeit für den gegenwärtigen Zeitmoment ist. Die Form aber dieses Rufes soll nicht Predigt oder Agitation, nicht Romantik oder Poesie sein, sondern ernste Begriffsarbeit, Ringen um eine Philosophie der Geschichte, die mehr ist als Logik der Geschichtswissenschaft und ihr an Schärfe und Sachlichkeit doch nicht nachsteht. Es wäre ein sinnloses Unterfangen, eine solche Aufgabe in knappen Aufsatzgrenzen angreifen zu wollen, wenn mehr beabsichtigt wäre, als *einen* konkreten Begriff in helleres Licht zu stellen, einen Begriff, der, wenn er selbst hell geworden ist, für viele andere erleuchtend sein kann, ein Begriff, der nicht nur für diesen Aufsatz, sondern für den Geist, aus dem dieses ganze Heft geschrieben ist, symbolhafte Bedeutung haben kann, der Begriff des „Kairos". Aufruf zu einem Geschichtsbewußtsein im Sinne des Kairos, Ringen um eine Sinndeutung der Geschichte vom Begriff des Kairos her, Forderung eines Gegenwartsbewußtseins und Gegenwartshandelns im Geiste des Kairos, das ist hier gewollt.

I

Es war ein feines Gefühl, das den Geist der griechischen Sprache hieß, den Chronos, die formale Zeit, mit einem anderen Wort zu bezeichnen als den Kairos, die „rechte Zeit", den inhalts- und bedeutungsvollen Zeitmoment. Und es ist kein Zufall, daß dieses Wort da seinen prägnantesten und häufigsten Gebrauch fand, wo die griechische Sprache das Gefäß für den geschichts-dynamisch geladenen Geist des

Judentums und Urchristentums wurde, im Neuen Testament. Sein „Kairos" war noch nicht gekommen, heißt es von Jesus; und dann irgendwann einmal war er gekommen „En Kairo", im Augenblick der Zeitenfülle. Die Zeit ist nur für die abstrakt-gegenständliche Reflexion leere Form, die jeden beliebigen Inhalt aufnehmen kann; für das Leben aber und das Bewußtsein um schöpferisches Geschehen ist sie geladen mit Spannungen, mit Möglichkeiten und Unmöglichkeiten, ist qualitativ und inhaltsvoll; nicht jedes ist zu jeder Zeit möglich, nicht jedes zu jeder Zeit wahr, nicht jedes in jedem Moment gefordert. Verschiedene „Herrscher", d. h. kosmische Gewalten, regieren zu verschiedenen|Zeiten, und der alle anderen Engel und Mächte überwindende „Herr" regiert in der Schicksals- und Spannungs-vollen Zeit zwischen Auferstehung und Wiederkunft, der „gegenwärtigen Zeit", die anders ist in ihrem Wesen als jede andere der Vergangenheit. In dieser gewaltigen, aufs tiefste erregten Geschichtsbewußtheit wurzelt die Idee des Kairos; von hier aus soll sie geformt werden zu einem Begriff bewußten geschichtsphilosophischen Denkens.

Es ist kein überflüssiges Unternehmen, zum Geschichtsbewußtsein aufzurufen; denn es ist dem Geist keineswegs selbstverständlich, daß er geschichtlich ist; vielmehr ist die geschichtsunbewußte Geisteslage weitaus häufiger, nicht nur aus Stumpfheit und Geistlosigkeit – das war immer und wird immer so sein –, sondern aus tiefen Instinkten seelischer und metaphysischer Art. Die geschichtsunbewußte Lage kann doppelt verwurzelt sein: in dem Bewußtsein um das Jenseits der Zeit, das Ewige, das keinen Wechsel kennt und keine Geschichte, und in der Gebundenheit an das Diesseits aller inhaltsvollen Zeit, an die Natur und ihren ewiggleichen Lauf und Wechsel, an die Wiederkehr der Zeiten und Dinge. Es gibt eine mystische Geschichtslosigkeit, die alles Zeitliche anschaut als durchsichtige Hülle, als Trugschleier und Gleichnis des Ewigen, und sich darüber erheben will zu zeitloser Schauung des Zeitlosen; und es gibt eine naturalistische Geschichtslosigkeit, die verharrt in dumpfer Gebundenheit an den Naturlauf und ihn sich weihen läßt vom Ewigen her durch Priester und Kult; für weite Gebiete asiatischer Kultur ist mystische Geschichtslosigkeit die seelische Grundstimmung; für weitaus die meisten primitiven und bäuerlichen Gesellschaften naturgebundene Geschichtsunbewußtheit. Dem gegenüber ist Geschichtsbewußtsein ein relativ Seltenes und im Grunde ein Sondergut der semitisch-persischen und christlich-abendländischen Entwicklung, aber auch das nur in den Durchbrüchen neuer Lebendigkeit, in den höchsten Augenblicken der schöpferischen Welterfassung. Um so entscheidender für die gesamte Menschheitsentwicklung ist es, daß dieses Bewußtsein im Abendland in voller Kraft und Tiefe wieder und wieder sich durchringt. Denn eins ist sicher: Ist es erst einmal da, so zwingt es nach und nach alle Völker in seinen Bann; denn geschichtsbewußtem Handeln kann nur geschichtsbewußtes Handeln begegnen; und wenn Asien in stolzem Selbstgefühl uralten Besitzes sich wehrt gegen das Abendland, so hat es sich schon in dem Maße, in dem diese Abwehr bewußt geschieht, auf den Boden des geschichtlichen Denkens begeben, ist durch den Kampf selbst getreten auf das Herrschaftsgebiet des Gegners.

Nun aber ist im Abendland selbst dem geschichtlichen Denken ein Gegner erwachsen, hervorgebrochen aus mystischer Weltbetrachtung, genährt durch naturalistische Geistesrichtung, geformt durch rationales mathematisches Erkennen: die technisch-mathematische Welterklärung der Naturwissenschaft, die rationale Auffassung der Wirklichkeit als Maschine mit ewig gleichen Bewegungsgesetzen und mit unendlich sich wiederholendem berechenbaren Naturprozeß. Der schaffende Geist, der | als *eine* seiner Schöpfungen diese Begriffsbildung hervorgebracht hat, gerät so in ihren Bann, daß er sich selbst zu einem Teil dieser Maschine, zu einem Stück dieses ewig gleichen Werdens machte, daß er sich über seinem Werke vergaß, daß er sich selbst, verzichtend auf seine Schöpferkraft, zum Ding machte. Diese rationale Geschichtsunbewußtheit ist die Gefahr des Abendlandes; sie bedeutet den Verlust eines Besitzes: eine weit größere Gefahr als die des Nie-besessen-Habens. – An die materialistisch-denkenden unter den Sozialisten richtet sich dieses Wort; es will den Widerspruch offenbaren, in dem sie stehen, wenn sie als Erben einer machtvollen Geschichtsphilosophie, als wichtigste Träger des gegenwärtigen Geschichtsbewußtseins eine Philosophie verehren, die alle Geschichte ausschließt und nur einen sinnlosen Naturprozeß kennen dürfte. „Materialistische Geschichtsauffassung", das wäre Widerspruch in sich, wenn es etwas anderes sein sollte als „ökonomische" Geschichtsauffassung, wenn es etwas mit „Materialismus" zu tun hätte. Leider ist das Wort hier oft zum Verführer geworden gegen die Sache. Niemand hat ein höheres Recht, Protest zu erheben gegen den bürgerlich geschichtslosen Materialismus als gerade die unerhört geschichtsbewußte Bewegung des Sozialismus. Je stärker sie aber diesen Protest erhebt, je mehr sie zeugt von dem Kairos, desto weiter rückt sie ab von allem Materialismus, desto machtvoller offenbart sie ihren Glauben an die neuschöpferische Kraft des Lebendigen.

So soll der Aufruf zum Geschichtsbewußtsein aufrütteln aus dumpfer Naturgebundenheit wie aus mystischer Weltübersteigung und zugleich entgegenwirken der bewußten rationalen Naturversunkenheit, in welcher der Schöpfer, der geschichtstragende Geist, sich gleichmacht dem Geschöpf, das ihm zu dienen bestimmt ist, der technisch-beherrschten Natur. Im Bewußtsein des Kairos findet der Geist seine Würde zurück.

II

Aus dem Blick für die Zweiheit ist die erste großen Geschichtsphilosophie geboren: Der Kampf zwischen Licht und Finsternis, zwischen Gut und Böse ist ihr Inhalt. Die Weltgeschichte ist der Austrag dieses Widerstreites; in ihr geschieht schlechthin Neues, Einmaliges, unbedingt Entscheidendes: Niederlagen und letzter Sieg des Lichtes. So sah es Zarathustra, der persische Prophet. Und die jüdische Prophetie nahm in dieses Bild hinein die ethische Art ihres Gottes der Gerechtigkeit. Die Epochen des Kampfes sind die Epochen der Geschichte. Die Zeit ist bestimmt durch die jenseitigen, im Diesseits sich vollziehenden Ereignisse. Die wichtigste Zeit ist die letzte Epoche, die des Entscheidungskampfes, über die hinaus eine neue Epoche nicht mehr gedacht werden kann. In absoluten Begriffen denkt dieses Geschichtsbewußtsein; der absolute Widerspruch von Licht und Finsternis, von Gut und Böse, die unbedingte und endgültige Entscheidung, das unbedingte Nein und das unbedingte Ja, die miteinander ringen. Von packendster Gewalt, von höchster Dramatik, von letzter Verantwortung des einzelnen ist diese Geschichtsdeutung bewegt. Sie ist die große, ur|sprüngliche Form des menschlichen Geschichtsbewußtseins: die religiös-absolute Geschichtsphilosophie. – Sie kann zwei Grundformen annehmen. Sie kann die epochalen Unterschiede unterordnen dem Gesichtspunkt des dauernden Kampfes, der gleichmäßig durch die ganze Geschichte geht, und das Spannungselement verneinen durch den Gedanken der ewigen Vorherbestimmung: dieses die erste, konservativ-absolute Auffassung, am gewaltigsten durchgeführt in Augustins Lehre von dem Kampfe des Gottesreiches und Weltreiches. Das prädestinatianische Denken entwertet hier das epochale Denken, und die Gleichsetzung des Gottesreiches mit der werdenden und gewordenen Kirche nähert die Auffassung im Durchschnittsdenken der kultisch-naturalen Geisteslage an. Demnach lebt in diesem Geschichtsbild die absolute Spannung und trägt in sich eine dauernde machtvolle Geschichtsbewußtheit. – Die zweite Form der absoluten Geschichtsphilosophie ist allein durch die Spannung auf die letzte Periode bestimmt: Das Reich Gottes ist nahe herbeigekommen, die Entscheidung steht bevor, der große, eigentliche Kairos ist erschienen, der alles umwälzt und neuschafft: die revolutionär-absolute Auffassung, die ebensogut religiös-jenseitig ausgestaltet sein kann wie naturrechtlich-diesseitig, die ebenso im jenseitigen Himmelreich wie im diesseitigen Vernunftreich das Ziel der Geschichte erblicken kann. Auch hier wird das epochale Denken zurückgedrängt durch das absolute Nein, das auf alle Vergangenheit, und das absolute Ja, das auf die Zukunft fällt. Und in dem Maße, in dem das kommende Reich in den Farben des idealen Naturrechts ausgemalt wird, nähert sich die Auffassung der rational-technischen an, wie an den „Utopien" zu ersehen ist. Dennoch ist diese Geschichtsdeutung fundamental für alles lebendige Geschichtsbewußtsein als diejenige Auffassung, in welcher der Begriff des Kairos zuerst erfaßt ist.

In beiden Formen der absoluten Geschichtsphilosophie, der konservativen wie der revolutionären, ist entscheidend, daß *eine* Wirklichkeit absolut gesetzt ist, sei es die Kirche, sei es die Summe der Prädestinierten, sei es das diesseitige Vernunftreich, sei es das jenseitige Himmelreich; dadurch kommt die absolute Spannung in das Geschichtsbewußtsein hinein; aber dadurch wird auch erreicht, daß alle übrigen Wirklichkeiten entwertet werden. In der Augustinischen Auffassung, die im Grunde dem Selbstgefühl aller christlichen Konfessionen entspricht, ist nur die Kirchengeschichte im eigentlichen Sinne Objekt der direkten geschichtsphilosophischen Wertung. Ihre inneren Spannungen und deren Ausgleich, ihre Abwehrkämpfe nach außen, sind die Gesichtspunkte, unter denen die übrigen Ereignisse einbezogen und gewertet werden. Geschichte im prägnanten Sinne ist heilige Geschichte; alles übrige ist doch nur Geschehen. Nachwirkungen epochalen Denkens zeigen sich in der heiligen Geschichte selbst, insofern sie Offenbarungsgeschichte ist und die Offenbarung sich in Stufen vollzieht. Die höchste Stufe aber liegt in der Vergangenheit. „Als die Zeit erfüllt war", das trifft einmal zu in den „Heilstatsachen" der evangelischen Geschichte. Und es kehrt wieder in der unbekannten Zukunft, die als Wiederkunft|des Herrn und Anbruch des Himmelreiches bezeichnet wird. Aber diese radikalen Kairosmomente, die der revolutionär-absoluten Auffassung entstammen, sind in der konservativ-absoluten aufgehoben dadurch, daß sie in eine einmalige Vergangenheit und in eine unbestimmte Zukunft verlegt sind. Die Gegenwart ist nicht von ihnen erfüllt. In der Gegenwart handelt es sich darum, den Kampf für Gott und gegen die Welt durchzuführen, die praktisch ein Kampf für die Kirche oder die reine Lehre oder die Theokratie ist; es ergeben sich dieser typisch-kirchlichen Auffassung gegenüber also zwei Forderungen: den Kairos universalgeschichtlich zu fassen und ihn nicht zu beschränken auf die Vergangenheit und Zukunft, sondern ihn zu einem allgemeinen und auch gegenwartsbedeutenden Prinzip der Geschichtsphilosophie zu erheben.

Wieder und wieder brechen aus dem kirchlich-konservativen Bewußtsein die sektenhaft revolutionären Impulse hervor, wobei es für die Kairosstimmung gleichgültig ist, ob das Unbedingte, das hervorbricht, jenseitig gedacht und von Gottes Tun erwartet wird, oder jenseitig gedacht, aber durch menschliches Tun vorbereitet, oder diesseitig als eine Schöpfung des menschlichen Geistes und eine Tat revolutionierender Umwälzung. Die naturrechtlichen Utopien wie Demokratie, Sozialismus und Anarchismus sind einfach in das Erbe der religiös-jenseitigen Utopien eingetreten, und das Bewußtsein des Kairos, der Zeitenfülle, ist in ihnen genau so stark und genau so unbedingt wie in der spezifisch religiösen Enderwartung. – Auch hier wird das epochale Denken eingeschränkt durch die Einmaligkeit des Kairos. Im Unterschiede von der konservativen Auffassung liegt er in der Gegenwart: „Das Reich ist nahe herbeigekommen." Damit aber sind Vergangenheit und Zukunft geschichtslos gemacht; in der Zukunft liegt das Vollkommene; in ihr geschieht nichts Neues. In der Vergangenheit aber gab es höchstens einen Moment, der Bedeutung hat, der, in dem die ursprüngliche Vollkommenheit verlorenging; was dazwischen liegt, ist geschichtsphilosophisch unerheblich. Darin besteht die sogenannte „Ungeschichtlichkeit" aller endgerichteten Spannung der Sekte gegenüber der traditionsbewußten Kirche, der Demokratie gegenüber der kultisch-aristokratischen Tradition, der Sozialisten gegenüber dem bürgerlichen Historizismus, daß sie gegenüber der absoluten Spannung, in der sie steht, alle Einzelverläufe der Geschichte entwertet, daß sie nach vorn gestreckt ist auf das Kommende und nach rückwärts nur insoweit, als dort in einem Jenseits der Geschichte das Ideal als einstmals verwirklicht gesucht wird. So wird die paradoxe Tatsache verständlich, daß mit höchstem Geschichtsbewußtsein ungeschichtliches Denken gegenüber der empirischen Geschichte verbunden sein kann, und es ist unzweifelhaft, daß die gegenwärtigen Träger des großen geschichtlichen Denkens die Glaubenden des Kairos sind und nicht die Vertreter „historischer Schulen". Daß der Geschichtsschreibung der letzten Jahrzehnte bei aller Größe der Forscherenergie die innere Größe mangelte, liegt an der Weltenferne, in der diese Historie dem epochalen Denken, dem Bewußtsein des Kairos stand. Die Geschichte blieb für | sie etwas bloß Gegenständliches, das man höchstens mit Kausalerklärungen und Analogien für die Gegenwart „fruchtbar" machen konnte; sie war aber nicht der Ort der absoluten Entscheidungen, in die auch der Betrachtende unmittelbar, in jedem Augenblick gestellt wird. Demgegenüber gibt die revolutionär-absolute Geschichtsphilosophie der Geschichte ihre

Größe zurück, um den Preis freilich, daß sie alles in der Geschichte verliert, bis auf den Augenblick des Kairos. Daraus ergibt sich die Forderung an diese Form der Geschichtsdeutung; den Kairos als ein universales Prinzip epochaler Geschichtsphilosophie zu erfassen und ihn loszulösen von der Einmaligkeit des gegenwärtigen Momentes.

Was gibt den Grund dieser Forderungen an die absoluten Theorien? Das Absolute selbst: Es verbietet die Ineinssetzung seiner selbst mit irgendeiner Wirklichkeit, einer transzendenten oder immanenten; es gibt kein absolutes Reich der Erwählten und keine absolute Kirche, es gibt keinen absoluten Himmel und kein absolutes Reich der Vernunft und Gerechtigkeit: Ein unbedingt gesetztes Bedingtes, eine Einzelwirklichkeit, die mit göttlichen Prädikaten ausgestattet wird, ist widergöttlich, ist „Götze". Der Götze aber ist außerstande, allumfassend zu sein, er muß alle Wirklichkeit von sich ausschließen, die ihm nicht gemäß ist. Das Unbedingte aber umfaßt alles Bedingte und wird von keinem erfaßt. Nur die Kritik, die vom Unbedingten ausgeht, zerbricht die absolute Kirche und die absolute Gesellschaft und das absolute Jenseits. Darum ist absolutes Kirchentum und absoluter Utopismus in gleicher Weise Götzendienst und darum ist jene Forderung an die absoluten Standpunkte – nicht aus Kritik und nicht aus „geschichtlichem Sinn", sondern aus der lebendigen Erfassung der Unbedingtheit des Unbedingten – unabweisbar.

Dieser Forderung ist gerecht geworden eine gegenwärtige Richtung, die sich herausgearbeitet hat, teils aus augustinisch-pietistischer, teils aus sozialistisch-utopischer Geschichtsauffassung: ein Flügel der religiös-sozialen Bewegung, vertreten durch die Namen Barth, Gogarten usw. Hier ist das Verhältnis des Unbedingten zur Geschichte, wie überhaupt zu aller Wirklichkeit unter dem wichtigen Begriff der „Krisis" gefaßt. Das Unbedingte erhebt nicht ein Bedingtes einfach zur Göttlichkeit, sondern es stellt jedes Bedingte unter das Nein und vernichtet seinen Anspruch auf Selbständigkeit vor ihm. Die Geschichte ist demgemäß konstante Krisis des Bedingten durch das Unbedingte. Die absolute Spannung ist da, aber sie besteht nur zwischen dem Unbedingten und Bedingten, nicht zwischen zwei Arten des Bedingten, deren eines göttlich, deren anderes widergöttlich wäre. Dadurch wird die Geschichte in jedem Augenblick zu einem Kairos. Eben dadurch aber wird die Geschichte für das Unbedingte indifferent. Den beiden Grundformen, der absoluten Geschichtsphilosophie, der konservativen und revolutionären, tritt als dritter Typus der „indifferente" gegenüber. Der Gedanke der „Krisis" unterscheidet diese Form von der Geschichtsunbewußtheit; aber er hängt doch zweifellos (vermittelt durch den lutherischen Rechtfertigungsgedanken) mit dem mystischen Typus der Geschichtslosigkeit zusammen. Der Begriff des Geschichts- und Tat-überlegenen „Humors", | der den unbedingten Ernst der Aktivität nicht findet, erinnert an die romantisch-ironische und mystisch-traumhafte Weltüberlegenheit. Es wird in echt lutherischer Ruhe vergessen, daß die „Krisis" eine reine Abstraktion bleibt, wenn sie sich nicht durch positive Neuschöpfung äußert; denn das Negative wird nicht durch Negatives, sondern durch Positives überwunden. Die Krisis vollzieht sich durch Neuschöpfung; und in der Neuschöpfung ist mehr als bloße Krisis; es ist Realisierung des Unbedingt-Wirklichen, wenn auch in der Form des Bedingten, die zu neuer Krisis treibt; dadurch aber bekommt der handelnde Wille, der sich auf das Bedingte richtet, einen unbedingten Ernst. Durch ihn vollzieht sich der Sinn des Unbedingten, der „göttliche Wille" nach seiner positiven und negativen Seite. Der indifferent-absoluten Geschichtsphilosophie gilt das Wort Hegels, daß die Idee „nicht so ohnmächtig ist, es nur bis zum Ideal, bis zum Sollen zu bringen und nur außerhalb der Wirklichkeit ... vorhanden zu sein".

Es finden sich also in allen drei Formen der absoluten Geschichtsphilosophie Nachwirkungen der geschichtsunbewußten Lage, in der konservativ-absoluten Übergänge zur kultisch-naturalistischen Geisteslage, in der revolutionär-absoluten Zusammenhänge mit dem rationalen Naturideal, und in der indifferent-absoluten Analogien zur mystischen Ungeschichtlichkeit. Dennoch enthält die absolute Geschichtsphilosophie ein doppeltes unverlierbares Element aller Geschichtsphilosophie: die absolute Spannung und das epochale Denken und insofern die Grundideen des Kairos. Gehindert wird die konsequente Durchführung des Ansatzes entweder dadurch, daß *ein* Bedingtes unbedingt gesetzt oder im Gegensatz dazu alles Bedingte nur negativ gewertet wird. Das führt zu dem Gegensatz der absoluten zu der relativen Geschichtsphilosophie.

III

Auch in der relativen Form der Geschichtsphilosophie unterscheiden wir drei Typen: den klassischen, den fortschrittlichen und den dialektischen. Das allgemeine Merkmal der relativen Richtungen ist die objektiv gegenständliche Stellung zum Geschehen, das reflektierende Heraustreten aus der Unmittelbarkeit des geschichtlichen Lebens und demgemäß der Verlust der absoluten Spannungen. Dafür ist gewonnen eine gleichmäßige und universale Würdigung aller Erscheinungen auf Grund eines geschichtlichen Sinnes, der imstande ist, sich in jede Einzelerscheinung einzufühlen. So erobern die relativen Deutungen erst eigentlich die Fülle der geschichtlichen Wirklichkeit und geben die Möglichkeit, sie einzuordnen in eine allgemeine Geschichtsphilosophie. Sie machen den Kairos zum allwirksamen Prinzip, aber unter Preisgabe seines absoluten Sinnes.

Die klassische Geschichtsphilosophie kann unter das Motto gestellt werden, daß „jedes Zeitalter unmittelbar zu Gott ist". In jedem ist Entfaltung des menschlichen Wesens in der Fülle seiner Möglichkeiten, in jedem Zeitalter, in jedem Volk wird ein ewiger Gottesgedanke verwirklicht. Die Geschichte ist der große Wachstumsprozeß des Baumes der | Menschheit; so etwa bei Herder, bei Goethe, nicht ohne den Einfluß von Leibniz und damit der gleichen lutherischen Grundstimmung, die zu der indifferent-absoluten Auffassung geführt hat. Nur daß hier die Beziehung auf das Absolute fehlt und die Idee der Menschheit an ihre Stelle getreten ist. Und so wird denn auch der Gedanke der Krisis hier wirksam, freilich nicht vom Absoluten, sondern vom Biologischen her. Zeitalter und Völker sind nicht zu jeder Zeit in gleicher Weise Offenbarungen der Humanitas. Es gibt Unterschiede zwischen Blüte und Verfall, zwischen schöpferischer und erstarrter Periode; die Lebendigkeit des schöpferischen Prozesses ist der Wertmaßstab für die Perioden. So wird die klassische Geschichtsphilosophie zu einem Blick auf die Bergesketten der großen Kulturen unter Verhüllung der Niederungen; aber in diesem Bild liegt zugleich die starke Abhängigkeit dieser Richtung von der primitiv-naturalistischen Geschichtslosigkeit und die Möglichkeit, jederzeit in einfachen Traditionalismus umzuschlagen. Der Kairos kann hier nur bedeuten: neues schöpferisches Leben in einem Teil oder einer Zeit des Menschheitslebens. – Eine negativ gerichtete Abart dieser klassischen Geschichtsphilosophie mit noch stärkerem biologischen Einschlag ist Spenglers Physiognomie der Kulturkreise. Hier ist jede Kultur ein Baum für sich mit tausendjähriger Lebensdauer und definitivem Absterben. Die Geschichte ist zerrissen in einzelne auf verschiedenem geographischen Boden erwachsende Lebensprozesse, die nichts miteinander zu tun haben. Der Kairos ist rein negativ der Übergang aus der schöpferischen in die technische Periode der Entwicklung. – Übergreifendes, menschheitliches allgemein-epochales Denken ist in dieser ganzen klassischen Geschichtsdeutung unmöglich. Sie hat alle Epochen und alle Völker in ihren Bereich gezogen, aber es ist ihr infolge ihrer Gebundenheit an Naturbegriffe nicht möglich, sie aus dem naturhaften Nebeneinander zu befreien und in einen kraftvollen geschichtlichen Zusammenhang zu bringen.

Damit steht sie im Gegensatz zu der entwicklungsgeschichtlichen Auffassung, die im Unterschied von der klassisch-relativen, als fortschrittlich-relative zu charakterisieren wäre. Sie wird am besten verständlich durch die Einsicht in ihre Entstehung. Sie kann bezeichnet werden als die relativisierende Abschwächung der revolutionär-absoluten Auffassung. Sie ist vorgebildet in der Abschwächung des endgerichteten religiösen Enthusiasmus, wenn das Ende ausbleibt und aus der gespannten Wartezeit eine entspannte kirchliche Entwicklungszeit wird. Doch wird auf religiösem Boden das fortschrittliche Element abgeschwächt durch die absoluten Spannungen innerlicher Art, wie sie etwa dann zur Ausbildung der Augustinischen Geschichtsphilosophie führen können. Ganz frei wird das fortschrittliche Denken dagegen, sobald die Enderwartung innerweltlich-politischen Charakter angenommen hat und die revolutionäre Erhebung gelungen ist. In diesem Augenblick tritt die vom Unbedingten her notwendige Enttäuschung ein; es wird offenbar, daß einem Bedingten das Prädikat der Unbedingtheit nie und nimmer zukommen kann. Diese metaphysische Enttäuschung (die|nicht zur Kritik an dem revolutionären Enthusiasmus an und für sich berechtigt, auf profanem so wenig wie auf religiösem Gebiet) führt dann zur Hinausschiebung des Ideals in unbestimmte Ferne und für die Gegenwart zu technisch-rationaler Annäherungsarbeit. Unter dem Eindruck der biologischen Naturentwicklung und des Fortschritts in den empirisch-technischen Wissenschaften und der Bedeutung, die sie für die zivilisatorische Zusammenfassung der Menschheit in wachsendem Ausmaße gewinnen, kann der Fortschrittsgedanke zu geschichtsphilosophischem Rang erhoben werden. Er kann in der Idee einer Erziehung des Menschengeschlechts den offenbarungsgeschichtlichen Standpunkt nachbilden und wie dieser in einer Stufenkonstruktion der Entwicklung Elemente epochalen Denkens in sich aufnehmen. Er kann in dieser Form Schwung und Begeisterung in sich tragen und den Vorwurf, eine Ermattungserscheinung zu sein, von sich weisen. Je mehr er das aber mit Recht kann, desto mehr nähert er sich der revolutionär-absoluten Stimmung. In dem Maße, in dem er das Ideal als unbedingte Forderung empfindet, in dem Maße wird das wartende Hinausschieben unmöglich, in dem Maße wird die endgerichtete Spannung wach. So kann die Intensivierung des Fortschrittsglaubens zur revolutionär-absoluten Auffassung führen. Umgekehrt kann der Fortschrittsgedanke sich in bewußter Nüchternheit halten und die Verwirklichung des Ideals ins Unendliche hinausschieben. Dann gibt es keinen entscheidenden Kairos für ihn; dann ist immer „noch" Zeit. Und der Rest von Kairos-Bewußtsein äußert sich in Kritik an dem Gegebenen als – „unzeitgemäß", als „akairos". Dadurch kommt in die fortschrittliche Geschichtsphilosophie eine kritische Negativität, der ebenso der entschlossene neuschaffende Wille der revolutionären, wie die beruhigende Positivität der klassischen Geschichtsdeutung fehlt.

Eine Verbindung der klassischen mit der fortschrittlichen Auffassung ist die dialektische; sie ist die höchste der relativen Deutungen des Geschehens und außerordentlich folgenreich. Sie lebt in den drei vielfach voneinander abhängigen Formen der theologischen, idealistischen und soziologischen Geschichtsphilosophie.

Die theologische Form ist vorgebildet in der Verkündigung der drei Zeitalter des Vaters, des Sohnes und des Geistes durch Joachim von Floris, sie ist aufgenommen in der Idee der drei Zeitalter durch deutsche Aufklärer und Idealisten und wirkt nach in den drei Stadien, dem theologischen, metaphysischen und positivistischen der Geschichtsphilosophie Comtes. Die idealistische Form der dialektischen Geschichtsphilosophie ist so typisch und eindrucksvoll von Hegel vertreten, daß es ausreichend ist, auf ihn Bezug zu nehmen, während die soziologische Form teils in der französisch-sozialistischen Romantik mit ihrer Unterscheidung der kritischen und organischen Perioden, teils in der ökonomischen Geschichtsauffassung des Marxismus bedeutungsvoll vertreten ist.

Allen drei Formen ist gemeinsam, daß sie eine positive Würdigung aller Perioden der Geschichte kennen und daß die Stadien mehr sind als bloße Stufen, über die man hinausgeht. Sie unterscheiden sich aber von der klassisch-biologischen Geschichtsdeutung dadurch, daß sie alles einzelne in einen Zusammenhang übergreifender Art bringen, von dem aus dann doch das Vergehende dem Folgenden gegenüber relativ unvollkommen wird. Darin liegt das fortschrittliche Element, das die dialektische Auffassung trotz häufiger Proteste gegen den Fortschrittsgedanken in sich trägt. Entscheidend aber ist, daß das Ziel der Entwicklung und demgemäß der Wertmaßstab, nach dem die ganze Reihe beurteilt wird, nicht ein unendliches Ideal ist, sondern das letzte Stadium, das teils schon da ist, teils unmittelbar bevorsteht, d. h. der Fortschrittsgedanke wird in der utopisch-revolutionär durchglühten Form des Glaubens an ein absolutes Zeitalter aufgenommen. Auf diese Weise findet sich in der dialektischen Geschichtsphilosophie ein Kairos erster Ordnung, das Hereinbrechen des letzten Stadiums, und verschiedene Male ein Kairos zweiter Ordnung, der Übergang von einem Stadium in das nächste; auch in dem Wechsel von kritischen und organischen Perioden ist entsprechend dem Wertmaßstab das Werden einer organischen Periode ein Kairos erster Ordnung, ihr Übergang in die kritische Periode ein Kairos zweiter Ordnung. Nun widerspricht diese Unterscheidung aber dem Wesen des dialektischen Prinzips, das in jeder Erscheinung die notwendige Positivität und Negativität zugleich anerkennen muß. Auch der „Geist" ist relativ zu „Vater" und „Sohn", auch die „positive Philosophie" relativ zur Idee der Philosophie überhaupt, der „Volksgeist", der das Zeitalter des absoluten Geistes trägt, relativ zu den übrigen Volksgeistern, die sozialistische Gesellschaftsform relativ zu möglichen anderen, die noch keimhaft in ihr beschlossen sind, d. h. das dialektische Prinzip ist der kulturphilosophische Ausdruck für die Idee der Krisis des Bedingten durch das Unbedingte in der absoluten Geschichtsdeutung. Konsequent wäre demgemäß für alle diese Richtungen die Bejahung eines unbegrenzten dialektischen Prozesses, in dem jeder endliche Zustand durch die ihm innewohnende Zwiespältigkeit zum Zerbrechen getrieben wird. Ein absoluter Zustand als Ende des dialektischen Prozesses ist ein Widerspruch gegen das dialektische Prinzip. Von Rechts wegen kann Kairos in der dialektischen Geschichtsphilosophie nur die Geburt eines Zeitalters aus dem Schoße eines anderen nach dem berühmten Marxschen Bilde bedeuten. Dem Kairos fehlt die Spannung der revolutionär-absoluten Anschauung. Wo sie doch hereinkommt, da geschieht es widerrechtlich durch die Einwirkung jener. So ist der Enthusiasmus der Sekte, die das Dritte Reich, oder der Sozialisten, die die neue Gesellschaft erwarten, nicht ein Produkt der dialektisch-relativen, sondern der revolutionär-absoluten Auffassung; das gleiche gilt für die religiöse Richtung, die bei Comte das positivistische Zeitalter und bei Hegel der absolute Staat erhält; nur daß dort das Absolute bevorsteht und so die revolutionäre Stimmung begründet, hier der absolute Zustand prinzipiell da ist und es sich im Sinne der konservativ-absoluten Anschauung um bloße Durchführung und Verteidigung handelt. So zeigt die dialektische Geschichtsphilosophie, in der mehr als in der klassischen und fortschrittlichen die innere Span|nung, die Dynamik des geschichtsbewußten Geistes lebt, daß starke Geschichtsbewußtheit nicht möglich ist ohne die absoluten Spannungen, die allein die absolute Geschichtsphilosophie geben kann. Dem Kairos wird seine Tiefe genommen, wenn er sich in den unendlichen Wiederholungen des dialektischen Prozesses selbst immer wiederholt. Aller geschichtsbewußte Wille aber geht auf ein Endgültiges, Unbedingtes.

Wir haben die Unterschiede innerhalb der dialektischen Auffassung für unseren Zweck vernachlässigen können. Nicht auf die Probleme der historischen Kausalität kommt es hier ja an, sondern auf den Grad und die Art der Geschichtsbewußtheit. Und es ist eben das Eigentümliche, daß stärkste Bejahung des Kairos sich verbinden kann mit Theorien der historischen Kausalität, die grundsätzlich die Geschichte zu einem unschöpferischen, fest determinierten Naturprozeß herabdrücken würden. Das trifft nicht nur auf die positivistische und ökonomische, sondern ebenso auf die logisch-idealistische Geschichtsphilosophie zu. Genau wie eine deterministische Freiheitslehre immer eine Tat des Freiheitsbewußtseins ist, so ist eine deterministische Geschichtstheorie immer eine Tat schöpferischen Geschichtsbewußtseins. Der Widerspruch, der in beiden liegt, wird übersehen. Es ist aber an der Zeit, eine Theorie der geschichtlichen Kausalität zu schaffen, die aus der geschichtsbewußten Geisteslage geboren ist, und nicht aus der rational geschichtsunbewußten. (Vgl. meine Bemerkungen über das historische Schicksal in „Masse und Geist". Berlin 1922. Verlag der Arbeitsgemeinschaft.)

IV

Die Betrachtungen der letzten beiden Abschnitte haben uns das Ringen um eine Geschichtsdeutung gezeigt, die dem Sinn des Kairos gemäß ist. Nicht in kritischer Absicht haben wir die verschiedenen Auffassungen dargestellt und schematisiert, sondern um aus ihnen die Forderungen zu entnehmen, die die Idee des Kairos an eine Geschichtsdeutung stellt. Es sind nun zunächst zwei Hauptforderungen, die sich aus den beiden Hauptgruppen der Geschichtsauffassung herleiten lassen: aus den absoluten Formen die Forderung der absoluten Spannung des Geschichtsbewußtseins, aus der relativen Form die Forderung universalen epochalen Denkens. Zu verwerfen ist dagegen: einerseits jeder Versuch, *eine* historische Erscheinung allen anderen gegenüber absolut zu setzen; andererseits die Gleichmachung aller Epochen in einem Prozeß endloser Wiederholung relativer Dinge. Es ist also an eine kairosbewußte Geschichtsphilosophie die Doppelforderung zu stellen: die absolute Spannung mit dem Universalismus der Relativen zu vereinigen. Diese Forderung aber enthält eine Paradoxie: Das, was im Kairos geschieht, soll absolut und doch nicht absolut sein. Es soll ein relatives geschichtliches Sein (nicht im einfachen, sondern im paradoxen Sinne) absolut gesetzt werden.

Es gibt nun aber für diese Forderung keine andere Erfüllung als die, daß das Bedingte sich selbst aufhebt und sich dadurch zum Organ macht für das Unbedingte. Nicht im Bedingten an sich liegt der Grund, der zur absoluten Spannung treibt, sondern in der Richtung des Bedingten auf das Unbedingte, in der Hinwendung oder Abwendung. In jedem vollkommenen Geschichtsbewußtsein, in jedem vollkommenen Glauben an den Kairos liegt als letzte Tiefe die Hinwendung auf das Unbedingte; und welchen Inhalt das annimmt oder besser, welches Symbol es sich wählt, ob Kirche oder tausendjähriges Reich, ob Vernunftstaat oder drittes Zeitalter, das ist für das Wesen gleichgültig, wenn auch keineswegs für die geschichtlichen Wirkungen. Entscheidend aber ist, daß es als Symbol, als sekundäres Element, als Parodoxie durchschaut wird. Die absoluten Inhalte haben als hätte man sie nicht, das heißt sie paradox haben, in ihnen aber die Richtung auf das Unbedingte unbedingt bejahen, daß ist die Grundlage vollkommenen Kairos-Bewußtseins.

Auf dieser Grundlage, die zugleich die kritische Norm gegen alle Abweichungen ins falsch Absolute und falsch Relative ist, erhebt sich nun die Frage: Was bedeutet für einen geschichtlichen Zusammenhang Hinwendung bzw. Abwendung dem Unbedingten gegenüber, was bedeutet es, daß eine Zeit sich zum Organ des Unbedingten macht oder sich ihm verschließt? Zunächst sind hier alle individualistischen Vorstellungen von Güte oder Frömmigkeit vieler oder weniger in einer Zeit fernzuhalten. Die Summe aller Frommen kann in einer „unfrommen" Zeit größer sein als in einer „frommen" und umgekehrt; natürlich liegen Beziehungen vor; aber sie sind sehr verwickelt; und zunächst muß der Unterschied erkannt werden. Vielmehr ist ein dem Unbedingten zugewandtes Zeitalter ein solches, in dem alle Lebensfunktionen ihren tragenden Grund in dem Bewußtsein des Unbedingten haben, in dem dieses Bewußtsein nicht ein Problem, sondern die letzte unerklärbare Gegebenheit ist. Das findet seinen Ausdruck zunächst in der allbeherrschenden, unerschütterlichen Kraft der religiösen Sphäre; aber es ist nicht so, als ob die Religion als besondere Form des Lebens die übrigen Formen regierte, sondern sie ist das Lebensblut, das innere Schwingen, der letzte Sinn alles Lebens. Das „Heilige" durchglüht, erfüllt, begeistet die gesamte Wirklichkeit und alle Seiten des Daseins. Es gibt keine profane Natur und Geschichte, kein profanes Ich und keine profane Welt. – Die Geschichte ist heilige Geschichte, alles Geschehen trägt mythischen Charakter, ob es als einmaliger Prozeß oder als stets wiederkehrendes Stadium gedacht ist; Natur und Geschichte gehen ineinander über; die Natur ist erfüllt vom Wunderbaren, und in Natur und Geschichte steht der Mensch lebendig eingeschlossen in unmittelbarem, intuitivem Teilhaben. Eine gegenständlich rationale Betrachtung der Dinge ist unmöglich; die Trennung von Subjekt und Objekt fehlt, die Voraussetzung der Ding-Werdung der Dinge. Darum ist das Verhältnis zu den Dingen und dem Weltgeschehen nicht das der rationalen technischen Beherrschung, sondern der innerlich „magischen" Einwirkung, und es werden die Dinge nicht erfaßt nach den wissenschaftlich ausdrückbaren Formen ihrer Existenz, sondern nach der symbolischen Form ihrer Bedeutung. Den stärksten Eindruck von dieser Geisteslage kann man vielleicht auf dem Gebiet der Kunst mit ihrem überindividuellen Schöpfertum und ihrer Aufhebung aller naturalen Formen zu Gunsten eines großen symbolischen Stiles gewinnen. – Wie in dem Welterfassen in Denken und Anschauung, so ist es im Welthandeln, dem sittlichen und sozialen. Außerreligiöse ethische Ideale sind ebenso unmöglich wie außerkultische Gemeinschaftsbildungen. Das Sakramentale ist Träger des Sittlichen, und abgesehen davon ist das Sittliche nicht. Daraus folgt, daß der einzelne nichts ist, abgesehen von der Kulteinheit, zu der er gehört, und daß die Gemeinschaftsformen eine Weihe erhalten, die sie in der Tiefe des Unbedingten verwurzelt und widerstandsfähig macht gegen individualistische Auflösungstendenzen, sei es geistiger, sei es seelischer, sei es wirtschaftlicher Art. Individuelle Religion, individuelle Kultur, individuelles Gefühlsleben, individuelle Wirtschaftsinteressen sind in dieser Geisteslage unmöglich. Dennoch ist es nicht richtig, den Begriff Gemeinschaft hier anzuwenden. Die Einheit ist naturhaftmystisch; sie liegt noch vor der ethischen Gemeinschaftsidee. Sie ist substantiell, nicht aktuell. – Wir wollen solche Geisteslage theonom nennen, nicht in dem Sinn, daß in ihr ein Gott Gesetze gibt, sondern in dem Sinne, daß die innere Gesetzmäßigkeit eines solchen Zeitalters durch die unmittelbare Erfülltheit mit dem Bewußtsein des Unbedingten bestimmt ist.

Für die geschichtsphilosophische Frage scheint sich nun die einfache Konsequenz zu ergeben, daß die Erhaltung dieser Geisteslage die immer gleichmäßige Aufgabe und der Wechsel von Verlust und Wiedergewinnen das Prinzip der epochalen Geschichtsbetrachtung ist. So ist es aber nicht. Es wäre schlechterdings unverständlich, wie eine so ungeheuer feste Bewußtseinshaltung verlorengehen sollte, wenn in ihr nicht ein Prinzip wirksam wäre, das vom Unbedingten her nicht nur negativ, sondern auch positiv gewertet werden müßte. Ohne ein solches Prinzip bliebe es beim bloßen Geschehen, käme es nicht zur Geschichte und Geschichtsbewußtheit. Dieses Prinzip aber ist die Autonomie. Sie wendet sich den theoretischen und praktischen Formen der Dinge und Gemeinschaften zu; sie setzt an

Stelle der mystischen die rationale Natur, an Stelle des mythischen das historische Geschehen, an Stelle der magischen Kommunion die technische Beherrschung. Sie konstituiert die Gemeinschaften vom Zweck her und die Sittlichkeit von der individuellen Vollkommenheit. Sie löst auf, um rational zusammenzustellen. Sie macht die Religion zur Sache persönlicher Entscheidung und stellt das Innenleben des einzelnen auf sich selbst. Und mit der geistigen und ethischen Individualisierung entfesselt sie auch die Kräfte der autonomen Politik und Wirtschaft. Sie treibt zur Geschichte und trägt in sich das Bewußtsein geschichtlicher Schöpferkraft.

Die Autonomie ist immer als Tendenz vorhanden; sie stößt und drängt unter der Decke jeder theonomen Geisteslage: „Der heimliche Impressionist, der in jedem echten Künstler ist" (Hartlaub), und der heimliche Astronom, der in jedem echten Astrologen, und der heimliche Mediziner, der in jedem echten Medizinmann ist, die Macht der technisch-|wissenschaftlichen Notwendigkeit in Krieg, Jagd und Ackerbau, die rationalisierende Kraft der Zentralisation von Religion und Staaten, die individualisierende Kraft lebendiger Frömmigkeit und nicht zuletzt der Kampf der ethischen gegen die kultische Heiligkeit, das alles ist in jedem Augenblick wirksam und will die Bande der theonomen Geisteslage sprengen. Der Ausgang dieses Kampfes kann sehr verschieden sein. Die theonome Haltung kann so stark sein, daß die Autonomie fast kampflos unterliegt: so in den primitiv gebliebenen Bewußtseinslagen. Oder sie kann einen bestimmten Grad von Rationalisierung erreichen, bei dem dann Halt gemacht und den Formen, die so geschaffen sind, die theonome Weihe gegeben wird: so in China. Oder die Rationalisierung kann sofort durch die Weltformen hindurchstoßen zu dem Weltprinzip und zur innerreligiösen Mystik werden: so in Indien. Oder sie kann nach einem sieghaften Durchbruch ausgestoßen werden: so im gegenreformatorischen Katholizismus. Oder sie kann zu völligem Siege gelangen, wie in Griechenland und im Abendland des Protestantismus und der Aufklärung. In den gewaltigen Krisen, die diesen Entscheidungen vorausgehen, ist der weltgeschichtliche Kairos gegeben; in ihm werden Jahrtausende der Menschheitsgeschichte bestimmt. Weitaus die größte, ja die eigentlich entscheidende Wendung ist aber da gegeben, wo die Autonomie rein zur Entwicklung kommt; denn damit ist eine Geschichtsbewußtheit geboren, die, einmal vorhanden, ihrem Wesen nach alle Völker in den weltgeschichtlichen Strom hineinreißen muß, wenn auch in der Form des Widerstrebens und der Abwehrkämpfe. Weltgeschichte im universalen Sinn ist nur auf dem Boden der autonom-schöpferischen Geistigkeit, d. h. tatsächlich im Zusammenhang mit der christlich-abendländischen Entwicklung möglich.

Die Autonomie ist also das tragende Prinzip der Geschichte. Wenn nun Hinwendung zum Unbedingten die Tendenz des Kairos ist, so würde Aufhebung der Geschichte, Wiederherstellung der Theonomie Ziel der geschichtlichen Aufgabe, Sinn des geschichtlichen Werdens sein. Nun aber ist die Autonomie – wenn sie auch Hinwendung zu den Eigengesetzen der Kultur ist – doch nicht Abwendung von dem Unbedingten, sondern Bejahung des Unbedingten durch jene Formen hindurch. Denn auch die autonomen Formen stehen unter dem Unbedingten, dem Unbedingten freilich des Geltens, der Wahrheit und Wirklichkeit, der Rechtheit und Güte. Und auch sie können gar nicht anders als den Gehalt des Unbedingten in sich aufzunehmen, wenn sie nicht leer bleiben wollen. Der Unterschied ist der, daß hier das Unbedingte sich offenbart, vermittelt durch den freien, autonomen Kulturprozeß, dort aber sich unmittelbaren Ausdruck schafft, indem statt der kulturell-autonomen Form der Dinge und der Kultur religiös-symbolische Formen die Verwurzelung im Unbedingten offenbaren. Mittelbare, kulturschöpferische Richtung auf das Unbedingte in der Autonomie, unmittelbare, symbolschöpferische Richtung auf das Unbedingte in der Theonomie, das ist der Unterschied und die Einheit der beiden fundamentalen Geisteshaltungen. |

Damit aber scheint ein Relativismus behauptet zu sein, zwar enger begrenzt als derjenige der indifferent-absoluten Richtung, aber doch nicht weniger folgenreich; denn wie soll ein geschichtliches Handeln und Werten im Sinne des Kairos stattfinden, wenn beide Grundmöglichkeiten der Bewußtseinslage in gleicher Weise die unbedingte Spannung in sich tragen: Bleibt dann nicht immer noch die Wahl, also ein letztes alles relativisierendes Element? Darauf ist zu antworten, daß es in Wahrheit keine Wahl gibt. Denn die theonome Lage ist ihrem Wesen nach eindeutig bestimmt; wo eine Wahl möglich ist, da ist schon keine theonome, sondern eine autonome Geisteslage, und zwar eine solche, die unter der Krisis steht und darum nur einen Ausweg offen läßt, den zur neuen Theonomie.

Theonomie und Autonomie sind geschichtsphilosophisch nicht gleichartig. Das ist der Grund der Eindeutigkeit des Kairos. Gesucht werden darf immer nur die Theonomie. Die Autonomie aber ist Schicksal, sie bringt in die ruhende Festigkeit theonomer Geisteslagen die Bewegung; nicht ohne den Widerstand der Theonomie zu erwecken; aber dieser Widerstand ist nicht mehr Theonomie, denn Theonomie ist immer unmittelbar, ungewollt, substanzhaft. Sondern er ist Heteronomie; er ist der Versuch der symbolischen Form, sich den Eigengeltungen des Logischen oder Ethischen gegenüber zu behaupten; es ist die „Religion", die jetzt nicht mehr das Lebensblut der Kultur ist, sondern selbst „Kultur" („unzeitgemäße" Kultur) und nun die übrige Kultur vergewaltigen will. Demgegenüber ist es Richtung auf das Unbedingte und zuletzt Richtung auf eine neue Theonomie, die Autonomie der Kultur zu bejahen. Denn das bedeutet nicht, eine autonome Geisteslage schaffen zu wollen. In allem schöpferischen Handeln ist der Wille, zu einer neuen Unmittelbarkeit durchzustoßen; denn alles Schaffen kommt aus dem Unmittelbaren des Gehaltes, ist Durchbruch des Gehaltes in die autonome Form. Es ist nun aber die Tragik der Autonomie, daß sie den Gehalt, aus dem sie schöpft, erschöpfen muß und daß sie mit Hilfe der autonomen Form niemals zu einem neuen Gehalt dringen kann; es ist vom Boden des individuellen Schöpfertums unmöglich, einen universalen Gehalt zu geben; deswegen steht jede autonome Periode notwendig in dem Augenblick in der Krisis, in dem ihr Kampf gegen die Heteronomie siegreich beendet ist, in der Krisis, die als „Anomie", als Selbstzerstörung der übergreifenden Form bezeichnet werden kann. (Vgl. „Masse und Geist".)

Es ist jetzt möglich, den Sinn des Kairos eindeutig zu bestimmen: Er ist das Hereinbrechen einer neuen Theonomie auf dem Boden einer autonom gelösten oder aufgelösten Kultur. Dieses Hereinbrechen aber hat seine Vorbereitung in dem

Kampf der Autonomie gegen die Heteronomie, bis zu dem Moment, wo die Autonomie in Anomie umzuschlagen droht oder wirklich umgeschlagen ist. Insofern es nun ohne Autonomie keine Geschichte gibt, kann man sagen, daß der Sinn der Geschichte die Verwirklichung theonomer Geisteslagen auf autonom gelockertem Boden ist. Die Wendung zum Unbedingten enthält also | immer zwei Momente; das autonome Bewußtsein der geschichtsbildenden Schöpferkraft und die Hingabe dieser autonomen Kraft zur Erfüllung mit dem unbedingten Gehalt. In der Erhebung der Autonomie liegt die Vorbereitung des Kairos, in dem Hereinbrechen der Theonomie seine Erfüllung. Zu überwinden aber sind immer Heteronomie und Anomie.

Zur Verdeutlichung dieser Auffassung des geschichtlichen Kairos mag ein Rückblick auf die behandelte Form der Geschichtsphilosophie dienen. Offenbar ist zunächst der allgemeinen Forderung Genüge getan, die absoluten Spannungen zu vereinigen mit universal-epochalem Denken: Die Idee unbedingter Hingebung des Bedingten an das Unbedingte einerseits, die universale und epochale Bedeutung theonomer Geisteslagen und autonomer Krisen andererseits erfüllen jene Doppelforderung. Aber es sind in diese Lösung auch die wichtigsten Ideen der einzelnen Geschichtsdeutungen aufgenommen.

Die konservativ-absolute Auffassung kehrt wieder in dem Kampf der Theonomie, sei es unmittelbar, sei es autonom, gegen Heteronomie und Anomie. Dieser Kampf geht durch die ganze Geschichte, wie der zwischen Reich Gottes und Reich der Welt, und trägt in sich die höchste Spannung; aber er wird nicht gleichgesetzt mit dem Kampf um die Kirche und mit der „heiligen Geschichte".

Die revolutionär-absolute Spannung ist da, insofern in jedem Kairos eine endgerichtete Erwartung enthalten ist. Die „theonome Geisteslage auf autonomem Boden" ist das Symbol, das an Stelle des Vernunftreiches oder des Zukunftsstaates oder des dritten Stadiums oder des Himmelreichs tritt. Es ist Symbol wie jene; aber es ist durchschaut als Symbol, als Ausdruck für die unbedingte Hingabe des Bedingten an das Unbedingte, als Ausdruck für das „Reich Gottes". Daran ändert auch nicht, daß der Kairos nicht einmalig gedacht ist, sondern die an verschiedenen Stellen der Geschichte Epoche schaffende Macht ist. Die Einmaligkeit ist kein innergeschichtliches Ereignis, auch kein hintergeschichtliches, sondern ein übergeschichtliches. In den verschiedenen Darstellungen des Kairos verwirklicht sich der Kairos schlechthin, die Hingabe aller bedingten Formen an das Unbedingte. In jedem Kairos ist „das Himmelreich nahe herbeigekommen"; denn in jedem fällt eine weltgeschichtliche und damit unwiederholbare und unersetzliche Entscheidung für und wider das Unbedingte. Jeder Kairos ist darum zugleich der ganze Kairos und ist nur zu erfassen durch den Enthusiasmus der endgerichteten Erwartung, dieser stärksten Form der Geschichtsbewußtheit.

Daß endlich die Warnung der indifferent-absoluten Auffassung vor „Götzendienst" nicht ungehört geblieben ist, zeigt die unendliche innere Dialektik zwischen Autonomie und Theonomie; gerade dadurch wird jede Vergötterung von Vergangenheit oder Zukunft vom Unbedingten her unmöglich gemacht.

Was die klassisch-relative Auffassung der Geschichte betrifft, so ist sie von dem hier Vertretenen wohl am weitesten entfernt. Dennoch ist in | der Anerkennung verschiedener Typen der Theonomie, verschiedener Ausgänge des Kampfes um die Autonomie ein klassisch-biologisches Element bejaht: nämlich die Wertung der nationalen, rassemäßigen, geographischen und sonstigen biologischen Grundlagen für die Geschichtsentwicklung; es ist der Verzicht auf jedes Schema und jede voreilige universal geschichtliche Periodisierung.

Und doch ist im Sinne der fortschrittlichen Auffassung der übergreifende Zusammenhang gewahrt: Der übergeschichtliche Kairos hat die Tendenz zur einheitlichen Universalgeschichte; nicht als ob diese schon sichtbar vorläge. Aber die Tatsache, daß mit dem Eintreten der autonomen Geschichtsbewußtheit im Abendland das Menschheitsleben in die historische Bewegung hineingezogen wurde, beweist, daß die klassische Isolierung unzureichend ist. In jedem Kairos-Glauben ist darum mit Recht der Glaube enthalten, daß ein Menschheitskairos eingetreten ist. Und dieser Glaube ist selbst wieder die Kraft, die zur innergeschichtlichen Verwirklichung eines Menschheitskairos führen wird. Die autonome Auflockerung, die unter abendländischem Einfluß durch Demokratie, Technik und Weltkapitalismus alle Völker allmählich erfahren, ist von entscheidender Bedeutung für das Wachsen einer Universalgeschichte, für das Werden einer Menschheitskrisis. Das ist die reale Kraft, die auch heute noch hinter dem Fortschrittsgedanken steht.

Am nächsten verwandt ist die hier vertretene Auffassung der dialektischen. Das Doppelprinzip von Theonomie und Autonomie, der innerlich dialektische Charakter der Autonomie, das sind Begriffe, in denen die Auffassung des Kairos als eines allgemeinen Prinzips der Geschichte sich im dialektischen Sinne auswirkt. Insbesondere kann sie an den Gegensatz der kritischen und organischen Zeitalter im romantischen Sozialismus erinnern. Um so wichtiger aber ist es, den Unterschied noch einmal klar herauszustellen. Er besteht in einem Dreifachen: Erstens ist die Behauptung eines absoluten Zeitalters vermieden, in das der dialektische Prozeß seinem Wesen zuwider einmünden soll; zweitens ist in jedem Kairos die absolute Spannung gelegt, die allein aus der unbedingten Forderung an das Bedingte erwachsen kann, sich dem Unbedingten hinzugeben; drittens ist der Charakter der logischen oder naturwissenschaftlichen Notwendigkeit, die die Dialektik z. B. bei Hegel und Marx annimmt, ausgeschlossen; Geschichtsbewußtsein ist Bewußtsein um die neuschöpferische Kraft des autonomen Geistes. Geschichtsbewußtsein ist Freiheitsbewußtsein und Schicksalsbewußtsein zugleich. Die Frage der historischen Kausalität ist damit nicht berührt; sie erfordert eine völlig andersartige, objektierende Betrachtung und darf mit der Frage nach der Sinndeutung der Geschichte nicht vermengt werden.

Dieser kritische Rückblick hat nun die Möglichkeit einer scharfen und allseitigen Fassung des Kairosbegriffes gegeben: „Kairos ist der epocheschaffende Zeitmoment, in dem ein autonom gelöstes Zeitalter aus drohender oder vollendeter Anomie sich der Theonomie, der neuen Erfüllung mit unmittelbarem Gehalt des Unbedingten zuwendet. Voraussetzung jedes Kairos ist der beginnende oder siegreiche Kampf der Au|tonomie gegen die heteronome Verfestigung geheiligter „unzeitgemäß" gewordener Formen und das beginnende oder vollzogene Umschlagen der Autonomie in Anomie. Die Art dieser Bewegungen und Gegenbewegungen ist abhängig von der besonderen Eigenschaft der geschichtstragenden Völker und Kulturkreise, ihr letzter Sinn ist immer der gleiche. Er ist begründet in dem Doppelverhältnis der Menschheit zum Unbedingten – dem unmittelbar – ‚religiösen' und mittelbar – ‚kulturellen' – worauf die Sünde und die Schuld, die Größe und die Tragik der Menschheitsgeschichte beruht. Die geschichtlich wirksamste, Menschheitsgeschichte schaffende Form des Kairos ist da gegeben, wo die Autonomie den vollkommensten Sieg errungen hat, d. h. auf dem Boden der abendländischen Entwicklung, die zugleich die Trägerin der eigentlichen Geschichtsbewußtheit ist. Jeder Kairos aber ist von unbedingter Bedeutung, trägt in sich die unbedingte Spannung und fordert die unbedingte Verantwortung. Er ist einer der Momente, in dem sich der übergeschichtliche Kairos in der Menschheitsgeschichte verwirklicht; er enthält ein absolutes Nein über das Bedingte, das in sich selbst ruhen will, und ein absolutes Ja zum Unbedingten. Er ist darum gleich weit entfernt von jedem diesseitigen oder jenseitigen Utopismus wie von einer flachen Einebnung alles Geschehens. Er hat den Blick über die gesamte Geschichte und bringt doch in sie die absolute Spannung, das Lebensblut alles großen Geschichtsbewußtseins."

Zu einer solchen Geschichtsbewußtheit wollen wir aufrufen.

V

Wir sind der Überzeugung, daß gegenwärtig ein Kairos, ein epochaler Geschichtsmoment sichtbar ist. Diese Überzeugung zu begründen ist hier nicht der Platz, es mag auf die immer wachsende kulturkritische Literatur hingewiesen werden, vor allem aber auf Bewegungen, in denen das Krisenbewußtsein lebendige Gestalt genommen hat, wie die Jugendbewegung und der Sozialismus. Beweise zwingender Art sind das alles nicht; es kann sie nicht geben. Denn das Bewußtsein des Kairos ist abhängig von einem inneren Erfaßtsein durch das Schicksal der Zeit. Es kann da sein in dumpfer Sehnsucht der Massen, es kann sich klären und formen in einzelnen Kreisen bewußter Geistigkeit; es kann Kraft gewinnen im prophetischen Wort; aber es kann nicht demonstriert und aufgezwungen werden; es ist Tat und Freiheit, wie es zugleich Gnade und Schicksal ist.

Die stärkste kairosbewußte Bewegung scheint uns zur Zeit der Sozialismus zu sein. „Religiöser Sozialismus" ist der Deutungs- und Gestaltungsversuch des Sozialismus vom Unbedingten, vom Kairos her. Er geht von der Voraussetzung aus, daß in dem tatsächlichen Sozialismus eine Reihe von Elementen enthalten sind, die der Idee des Kairos zuwider sind, die unzeitgemäß sind, in denen ursprünglich autonom-schöpferische Ideen anomistisch verdorben sind. Religiöser Sozialismus nimmt darum ebenso energisch die Kulturkritik des Sozialismus auf und sucht sie zur letzten Tiefe hinzuführen, wie er vom Unbedingten her die Kritik gegen den Sozialismus selbst wendet. Nur von dem zweiten soll hier kurz gesprochen werden.

Im gegenwärtigen Sozialismus sind verbunden der revolutionär-absolute Typus in der Form der Diesseitigkeit und der dialektisch-relative Typus in der Form der ökonomischen Geschichtsdeutung. Aber es ist nicht gelungen, beide vom Unbedingten her auszugleichen. Infolgedessen steht neben einer Utopie, die mit revolutionärer Leidenschaft erwartet wird, eine Geschichtsphilosophie, die über jede Utopie hinaustreibt in einen unendlichen Prozeß der Schöpfung und Wiederauflösung, und als Bodensatz macht sich eine gemäßigte kairoslose Fortschrittsstimmung bemerkbar. Das Unbedingte ist nicht als Unbedingtes in seiner positiven und negativen Bedeutung erfaßt. Nicht in seiner positiven, nach der der Sinn des Kairos, der Geschichtsepoche in nichts anderem bestehen kann als in der Abwendung oder Zuwendung zum Unbedingten und alles übrige in allen Gebieten der Kultur, der Wirtschaft und Gesellschaft nichts ist, als eine Folge dieser fundamentalen Gerichtetheit. Und es wird nicht die negative Kraft des Unbedingten gesehen, die die Träger der epochalen Krisis gleich denen, die von ihnen kritisiert werden, unter das Gericht stellt und die erhaben bleibt auch über jeden kommenden Weltzustand. Die Ursache dieses doppelten Vorbeigehens an dem Unbedingten liegt darin, daß der Sozialismus sich trotz aller Kritik an der Anomie des „bürgerlichen Zeitalters" nicht von dem verderblichen Element desselben hat freihalten können, dem Versuch, das Unbedingte in den Dienst des Bedingten zu stellen und demgemäß mit Technik und Taktik die neue Weltepoche zu schaffen. Er sah nicht, daß er damit gerade die alte verlängerte. Der Sozialismus sah den Kairos, aber er sah nicht seine Tiefe; er sah nicht, in welchem Maße er selbst unter der Krisis stand. Wenn er die „bürgerliche" Wissenschaft bekämpfte, so sah er nicht, wie er selbst die Grundvoraussetzung dieser Wissenschaft, das rein gegenständlich-objektivierende Verhalten zu der Welt, dem Geist und der Geschichte, teilte und trotz eines völlig anderen Grundimpulses in den Banden einer ihrer Richtungen lag. Wenn er die ästhetisch-aristokratische Kunstübung verneinte, so sah er nicht, daß er mit seiner Erhebung der inhaltlichen, ethisch-politisch bestimmten Kunst auf dem anderen Pol derselben Linie stand. Wenn er in der Pädagogik die „Aufklärung" und die technische Disziplinierung von Intellekt und Wille zum Ziele wirtschaftlicher und politischer Machterwerbung in den Mittelpunkt stellte, so fühlte er nicht, daß er damit die Grundstimmung seiner Gegner übernahm, daß er sie mit der Waffe zu bekämpfen suchte, durch die jene die Seelen verstumpft und die Leiber zu Maschinenteilen gemacht hatten. Wenn er die höchstmögliche Steigerung des wirtschaftlichen Wohlbefindens der meisten zum alles entscheidenden Vordergrundziel machte, so sah er nicht, daß er damit lediglich ein Konkurrent des Kapitalismus wird, der glauben kann, dasselbe mit sozialer Fürsorge und Beschäftigung besser zu machen, anstatt sein entschlossener Gegner schon in der Zielsetzung zu werden. Wenn er geistiges und religiöses | Leben um seinen Selbstwert zu bringen suchte, so fühlte er nicht, daß er damit die Wirtschafts- und Lebensgesinnung des materialistischen Kapitalismus zum Urtypus der Geschichte machte. Wenn er den atomistischen einzelnen als letzte Wirklichkeit betrachtete und ihn dann durch Solidarität der Interessen mit den anderen zu verbinden suchte, so sah er nicht seine Abhängigkeit von der liberalen Auflösung der Gesellschaft und der Annahme einer Gruppenbildung aus Motiven des „Kampfes ums Dasein". Wenn er die Religion in ihrer kirchlich-dogmatischen Form bekämpfte und dazu alle Kampfmittel und Schlagworte der liberalen Kirchenbekämpfung übernahm, so sah er nicht, daß er damit in Gefahr geriet, die Wurzeln abzuschneiden, aus denen allein ihm selbst Enthusiasmus, Weihe, Heiligkeit und unbedingte Hingabe strömen können: das unbedingte Ja zum Unbedingten, ganz gleich in welchen Formen oder Symbolen.

In all diesen Dingen will der religiöse Sozialismus die Kritik weitertreiben; tiefer durchführen, zum letzten entscheidenden Punkt bringen; er will radikaler, revolutionärer sein als der Sozialismus, weil er vom Unbedingten her die Krisis zeigen will; er will auch dem notwendigen politischen Kampf der sozialistischen Parteien die einzige unbedingt sieghafte Kraft erschließen: die Bejahung des Unbedingten nicht um des Sieges, nicht um der Macht, nicht um des Glückes, sondern um des Unbedingten selbst willen. Er will den Sozialismus auf die Höhe des Kairosglaubens führen, weil er glaubt, daß im Sozialismus als tiefster Wille die Wendung zum Unbedingten enthalten ist.

Aus diesem Willen folgt nun aber zuletzt, daß der religiöse Sozialismus ständig bereit ist, sich selbst unter die Kritik des Kairos zu stellen. Und es mögen einige Worte über die religiös-sozialistischen Richtungen zur Kritik und Klärung gesagt sein. Weitaus die größte Gefahr scheint mir für die Bewegung da vorzuliegen, wo die „Religion" benutzt wird um der Taktik willen. Hier wird das anomistische Element, das der Sozialismus mitschleppt, in verhängnisvoller Weise bekräftigt und erhält die religiösen Weihen. Eine „Freundschaft" des gegenwärtigen Sozialismus mit den gegenwärtigen Kirchen hemmt das Kommen des Kairos, indem sie wechselseitig diejenigen Elemente stärkt, die ausgeschieden werden müssen. Der religiöse Sozialismus darf zur Zeit weder eine kirchenpolitische noch eine parteipolitische Bewegung werden, weil er dadurch die rücksichtslose Energie verliert, Kirchen und Parteien unter das Gericht des Unbedingten zu stellen. Das aber allein ist seine Aufgabe.

Der religiöse Sozialismus darf keine kirchen- oder parteipolitische, er darf aber auch keine religiöse Sekte werden. Diese Gefahr liegt da nahe, wo er den Sozialismus oder einzelne konkrete Forderungen als religiöses Gesetz aufstellt, etwa unter Berufung auf die Autorität Jesu oder der Urgemeinde o. dgl. Es gibt aber keinen direkten Weg vom Unbedingten zu irgendeiner konkreten Wirklichkeit. Das Unbedingte ist nie Gesetz und Hüter einer bestimmten Form des geistigen, gesellschaftlichen religiösen Lebens. Sondern der Weg vom Unbedingten zu jeder einzelnen Lebensform geht durch die Geschichte, und es gibt vom Unbedingten her keine andere Forderung als die des Kairos: der unbedingten Hingabe, der Theonomie, der unmittelbaren Gotterfülltheit. Alles andere ist Absolutismus eines Konkreten und führt durch die Krisis notwendig zur Enttäuschung. Die Inhalte des geschichtlichen Lebens aber sind Aufgaben des schöpferischen Geistes, sei es seiner theonomen unmittelbar im Unbedingten wurzelnden Intuition, sei es seiner autonomen formbestimmten Produktion. Die Wahrheit ist lebendige Wahrheit, schaffende Wahrheit und nicht Gesetz. Gesetzt ist niemals und nirgends ein abstraktes Gebot; gesetzt ist die lebendige Geschichte mit ihrer Unendlichkeit konkreter Aufgaben, deren Lösung jede Epoche erfüllt.

Eine Frage noch mag sich erheben und eine kurze Antwort finden: „Ist es möglich, daß die Botschaft vom Kairos ein Irrtum ist?" Die Antwort ist nicht schwer: Die Botschaft ist immer ein Irrtum; denn sie sieht das in unmittelbarer Nähe, was ideal betrachtet nie Wirklichkeit wird, real betrachtet sich in langen Zeiträumen erfüllt und oft erst nach langen Zeiträumen offenbar wird. Und die Botschaft vom Kairos ist nie ein Irrtum; denn wo sie als Botschaft vom Unbedingten her verkündigt wird, da ist der Kairos schon da; es ist nicht möglich, daß er verkündigt wird, ohne schon im Keime da zu sein. –

Der religiöse Sozialismus aber soll letztlich keine andere Aufgabe kennen als die, aufzurufen zur großen Geschichtsbewußtheit und Verkünder zu sein des Kairos.

3. Die Überwindung des Religionsbegriffs in der Religionsphilosophie (1922)

Druckvorlage: Kantstudien, Jahrgang 27, 1922, S. 446–469.
Zum Text von G.W. I, S. 367–388 vgl. G. W. XIV, S. 26 und 141.
Es handelt sich um die Ausarbeitung eines Vortrags, den Tillich am 25. 1. 1922 in der Berliner Abteilung der Kant-Gesellschaft hielt. Die zweite Lieferung der Kantstudien im 27. Bd. erschien aus Anlaß des 70. Geburtstages ihres Herausgebers Hans Vaihinger am 25. 9. 1922. Weitere Autoren dieser Lieferung sind Ernst Troeltsch, „Die Logik des historischen Entwicklungsbegriffes" (S. 265–297), Karl Joël, „Das logische Recht der kantischen Tafel der Urteile" (S. 297–327), Erich Adickes, „Zur Lehre von der Wärme von Fr. Bacon bis Kant" (S. 328–368), Heinrich Scholz, „Zur Analysis des Relativitätsbegriffs. Eine Skizze" (S. 369–398), Arthur Liebert, „Mythus und Kultur" (S. 399–445), Emil Utitz, „Zur ,Als-Ob-Theorie' in der Kunstphilosophie" (S. 470–495), Ernst v. Aster, „Realismus und Positivismus" (S. 496–517).

Es ist meine Pflicht, die Paradoxie in der Formulierung meines Themas zu begründen. „Paradox" kann den Sinn von „geistreich" haben, dann beruht die Paradoxie auf der widerspruchsvoll zweideutigen Wortform und gehört in die ästhetische Sphäre. Sie kann auch dialektisch sein. Dann beruht sie auf dem Zusammenstoß zweier widerspruchsvoller, aber in sich notwendiger Gedankenreihen und gehört in die logische Sphäre. In beiden Fällen liegt die Paradoxie im Subjekt, einmal in der Willkür der künstlerischen Phantasie, das andere Mal in der Notwendigkeit der logischen Konstitution. Nun aber gibt es einen Punkt, wo Paradoxie nicht im Subjekt, sondern durchaus im Objekt begründet ist, wo Paradoxie zur Aussage ebenso notwendig gehört, wie Widerspruchslosigkeit zu jeder erfahrungswissenschaftlichen Aussage: der Punkt, in dem das Unbedingte zum Objekt wird. Denn *daß* es das wird, ist ja eben die Urparadoxie, da es als Unbedingtes seinem Wesen nach jenseits des Gegensatzes von Subjekt und Objekt steht. Paradoxie ist also die notwendige Form jeder Aussage über das Unbedingte. Die ästhetische wie die logische Paradoxie ist grundsätzlich auflösbar, beide stellen eine Aufgabe, sei es an den Witz, sei es an das Denken. Die Paradoxie des Unbedingten ist nicht auflösbar. Sie stellt eine Aufgabe an das Schauen.

Das scheint die philosophische Aussage über das Unbedingte zu einer religiösen zu machen. Dazu ist zu bemerken: Religionsphilosophie, die außerhalb der religiösen Wirklichkeit steht, ist so sinnwidrig wie Ästhetik, die außerhalb der künstlerischen Wirk|lichkeit steht, denn beides hieße: über einen Gegenstand reden, dessen einzige Gegebenheitsform unzugänglich bliebe. Dabei kann die Berührung mit der Sache die Form des schärfsten Gegensatzes annehmen, wenn dieser Gegensatz nur aus der Sache selbst stammt. So hatte Nietzsche ein Recht, Gott zu bekämpfen, denn er tat es im Namen des Gottes, der durch ihn sprach, während Strauß kein Recht dazu hatte, denn durch ihn sprach das Menschliche, allzu Menschliche. Es ist darum sachlich begründet, wenn ich auf die geistige Gemeinschaft hinweise, in der ich mich in den folgenden Gedanken mit Männern des religiösen Wortes, wie Barth und Gogarten, befinde. Es war überraschend für mich, zu sehen, wie ohne gegenseitige Beeinflussung das unbedingte „Ja" zum Unbedingten in dem religionsphilosophischen, wie in dem religiösen Denken zu der prinzipiell gleichen Stellung geführt hat. Dennoch sind die folgenden Gedankengänge ganz aus sich heraus zu verstehen; sie sind Philosophie, und sie sollen nichts sein als Philosophie. Die Paradoxie aller letzten Aussagen über das Unbedingte hindert nicht die Rationalität und Notwendigkeit der Begründungszusammenhänge, aus denen diese Paradoxie hervorwächst.

Es steht zu beweisen, daß der Begriff der Religion in sich selbst eine Paradoxie enthält. „Religion" ist der Begriff einer Sache, die eben durch diesen Begriff zerstört wird. Und doch ist er unvermeidlich; es käme also darauf an, ihn so zu verwenden, daß er einem höheren Begriff untergeordnet wird, der ihm seine zerstörende Kraft nimmt. Das aber ist der Begriff des Unbedingten. Es wird nun freilich infolge der inneren Dialektik des Religionsbegriffs eine gewisse Zweideutigkeit unvermeidlich sein, insofern das eine Mal der Begriff neutral, orientierend gebraucht wird, das andere Mal prägnant, polemisch. Dem ist nicht abzuhelfen, denn jeder etwa neu geschaffene Begriff würde der gleichen Dialektik anheimfallen, der Zusammenhang muß entscheiden, was gemeint ist.

Wir sprechen I. Von dem Protest der Religion gegen den Religionsbegriff, II. Von der Herrschaft des Religionsbegriffs in der Religionsphilosophie, III. Von der Überwindung des Religionsbegriffs, IV. Von der Dialektik der Autonomie.

I. Der Protest der Religion gegen den Religionsbegriff

Es sind vier Einwände, die die Religion gegen den Religionsbegriff erhebt. 1. Er macht die Gottesgewißheit relativ gegenüber der Ichgewißheit. 2. Er macht Gott relativ gegenüber der Welt. 3. Er macht die Religion relativ gegenüber der Kultur. 4. Er macht die Offenbarung relativ gegenüber der Religionsgeschichte. Insgesamt: Durch ihn wird das Unbedingte gegründet auf das Bedingte, es wird selbst bedingt, d. h. zerstört.

1. Die Gewißheit des Unbedingten ist unbedingt. Wo aber der Religionsbegriff das Denken leitet, soll es eine Gewißheit geben, die grundlegender ist als die des Unbedingten: – die Gewißheit des Ich. Die Selbstgewißheit des Subjekts soll vor der Gottesgewißheit stehen. Vom Gottesbewußtsein losgelöst soll das Ich sich selbst erfassen. – Aber auch die Ichgewißheit ist kein Fundament unbedingter Gewißheit. Sie wird von einem Traumschleier überdeckt, wenn die Außenwelt, auf die sie bezogen ist, sich in Schein auflöst. Mit dem Objekt wankt auch das Subjekt. Das Unbedingte aber steht jenseits von Subjekt und Objekt. Nur wo das Ich als Stätte der Selbsterfassung des Unbedingten gemeint ist, nimmt es teil an der unbedingten Gewißheit, sei es des absoluten Lebens, wie bei Augustin, sei es der absoluten Form, wie bei Cartesius. Immer aber ist das Unbedingte das Begründende, das Ich das Me-

dium und das Begründete. Wo es anders ist, wo das Ich sich loslöst, entsteht zwar – Religion, aber das Ich verliert mit Gott zuletzt auch sich selbst.

2. Mit der Gewißheit des Unbedingten geht auch die Wirklichkeit des Unbedingten verloren. Die Religion ruht als Funktion des Bedingten in der Welt des Bedingten. Und sie geht von dieser ihrer Welt aus, um zum Unbedingten zu gelangen. Sie hat einen selbstgenügsamen Weltbegriff, der nur an seinen Rändern einer Ergänzung bedarf. Und so wird Gott zu einem Korrelat der Welt, dadurch aber selbst Welt. Und das wahre Unbedingte liegt jenseits von diesem Gott und der Welt. Es entsteht ein Gott unter Gott; der Gott des Deismus. – Oder der Weltbegriff bedarf keiner Ergänzung; das Universum ist in sich vollendet und Gott identisch mit ihm, die Totalität, die Synthese aller endlichen Formen, das Universum des Bedingten, das aber niemals das Unbedingte sein kann, der Gott des Pantheismus. – Wo der Welt|begriff ohne Gott fertig ist, da ist Gott ein bloßer Name, den man um der Religion willen ausspricht, den man aber auch weglassen kann, ganz gleich, ob das Universum Geist oder Materie genannt wird.

3. Der Geist des Religionsbegriffs vernichtet Gottesgewißheit und Gotteswirklichkeit, und er vernichtet die Religion selbst. „Religion" ist eine Funktion des menschlichen Geistes. Sie bleibt es auch, wenn man sie (mit Scholz) zu einer Schöpfung Gottes im Menschen macht. Denn zum mindesten muß der menschliche Geist die funktionelle Möglichkeit zur Religion haben, und mehr ist ja so wie so nicht gemeint. Sie steht also neben den übrigen Geistesfunktionen. Aber wo? Zuerst suchte sie ihre Heimat in einer anderen, der praktischen; aber die autonome Ethik ist fertig ohne sie, löst sie in sich auf oder schickt sie weiter; zu der theoretischen; aber die autonome Philosophie braucht sie nicht, stellt sie unter sich als Vorstufe, als Übergang, löst sie in sich auf und schickt sie weiter, zum Gefühl; aber Gefühl begleitet jede Funktion; also ein bestimmtes Gefühl; etwa für das Universum; aber damit ist es nicht mehr die Funktion, sondern der Gegenstand, der die Religion bestimmt. So wird der Heimatlosen eine eigne Stätte gesucht, eine Provinz im Geistesleben (Schleiermacher), ein religiöses „Apriori" (Troeltsch), die höchste Aktklasse (Scheler); und so ist man ethisch, wissenschaftlich, ästhetisch, politisch und ist *auch* religiös. Das Unbedingte steht neben dem Bedingten; aber die Religion gestattet nicht, daß man *auch* religiös ist, sie gestattet überhaupt nicht, daß man „religiös" ist. Sie erträgt keine Nebenordnung, auch nicht in der Form einer Rangordnung, wo sie an erster Stelle steht. Sie ist ein verzehrendes Feuer gegen alle autonomen Geistesfunktionen, und wer ein religiöses Apriori sucht, der muß wissen, daß damit alle anderen Apriori's im Abgrund versinken. Davon aber weiß der Religionsbegriff nichts.

4. Wie der Religionsbegriff die Unbedingtheit des Glaubens in die Relativität der Geistesfunktionen auflöst, so löst er die Unbedingtheit der Offenbarung in das Werden und Wandeln der Religions- und Kulturgeschichte auf; die Religion als Allgemeinbegriff ist indifferent gegen den Offenbarungsanspruch jeder Religion. Absolute Religion ist hölzernes Eisen; war das Christentum Religion geworden, so war es seiner Absolutheit a priori entkleidet. Und Troeltsch tat recht daran, das a posteriori festzu|stellen. Der Glaube gibt das Prädikat „Religion" höchstens derjenigen

Religion, die das Heil nicht bringt, der falschen Religion. Es ist ein herabsetzendes Wort und bezeichnet das Minderwertige in der Religion, daß sie im Subjekt stecken bleibt, daß sie lediglich Intention auf Gott hin ist, daß sie Gott nicht hat, weil Gott sich in ihr nicht gegeben hat. Und dieses Wort der Herabsetzung wird nun zu dem Fundament, auf das die Offenbarung sich gründen soll – und doch nicht gründen kann. Denn entweder wird Offenbarung zur Mitteilung eines Wissens, das der autonome Geist auch sonst gefunden hätte. Sie löst sich auf in Rationalismus mit gelegentlicher Nachhilfe supranaturaler Art, oder sie wird Geistesgeschichte und löst sich auf in die Bedingtheiten des Kulturprozesses. Ist Offenbarung ein „religiöser" Begriff, so ist sie überhaupt kein Begriff mehr.

Das ist der Widerspruch der Religion gegen den Geist des Religionsbegriffs. Sehen wir zu, wie sich die bisherige Religionsphilosophie dazu gestellt hat.

II. Die Herrschaft des Religionsbegriffs in der Religionsphilosophie

Die Religionsphilosophie ist im Abendland in drei Perioden verlaufen: die rationale, die kritische und die intuitive. Die empiristische Religionsphilosophie geht neben allen drei Perioden einher, kann aber hier außer acht bleiben, da sie konsequenterweise nur über die Verwirklichung der Religion im seelischen und geschichtlichen Leben, nicht über sie selbst etwas aussagen kann. Sobald sie es versucht, macht sie Anleihen bei einer der anderen Methoden.

1. Die rationale Periode ist die der unbewußten Herrschaft des Religionsbegriffes, die kritische die seiner bewußten Herrschaft und die phänomenologische die seiner schwindenden Herrschaft. In der Philosophie der Renaissance ist das Weltbewußtsein noch eingeschlossen in ein mystisches oder ekstatisches Gottesbewußtsein. Es gibt keine Welt abgesehen von Gott, wie es freilich im Unterschied vom Mittelalter keinen Gott abgesehen von der Welt gibt. Der Unterschied von Natur und Übernatur ist aufgehoben. Die Natur ist übernatürlich; das Übernatürliche Natur. Aber das war ein Übergang. – Die mathematische Naturwissenschaft seit Galilei bannte das Übernatürliche. Die Natur wird rein gegenständlich, rein rational, rein technisch, sie wird außergöttlich. Es wird möglich, einen Weltbegriff ohne Gottesbegriff zu vollziehen. Damit aber ist der Herrschaft des Religionsbegriffs freie Bahn geschaffen. Sie zeigt sich sofort am Ausgangspunkt der ganzen Entwicklung, bei Cartesius. Das Ich ist die Gewißheitsgrundlage; vom Ich wird auf Gott geschlossen. Nicht das ist das Verhängnisvolle, daß in der Selbstgewißheit des Ich das Prinzip aller Rationalität gefunden wird: Darin ist ja die Unbedingtheit der logischen Form enthalten, die als Unbedingtheit Heiligkeitsqualität in sich birgt. Aber daß nicht das Unbedingte daraus entnommen wird, um in ihm Gott zu erfassen, sondern das Rationale, um mit ihm Gott zu deduzieren, das zeigt die Veränderung der ganzen Lage, z. B. gegenüber Augustin. Sie kommt zu voller Deutlichkeit erst in der Aufklärungsphilosophie, die mit Hilfe der technisch-gegenständlichen Kategorie Ursache und Zweck Gott aus der Welt erschließen will. Die Gottesgewißheit soll ruhen auf der Weltgewißheit und der Kraft des logischen Schlusses. Das ist Herr-

schaft des Religionsbegriffs; freilich in verhüllter Form, da überhaupt noch von Gott und nicht von Religion die Rede ist.

Kant hat richtig gesehen, daß ohne ontologischen Beweis dieses Ziel unerreichbar ist. Aber der ontologische Weg war versperrt; er ist nur da möglich, wo das Bewußtsein in unmittelbarer Einheit mit dem Unbedingten steht, er ist dann kein logischer Schluß vom Denken aufs Sein des Unbedingten, der natürlich unmöglich ist, sondern er ist der Ausdruck für die unbedingte Gewißheit, die das Unbedingte allem Bedingten gegenüber hat, insofern es jenseits des Gegensatzes von Denken und Sein steht. Mit der Verselbständigung des Weltbewußtseins, mit dem Auseinanderfallen von Denken und Sein, mit der Vergegenständlichung Gottes wird dieser Ausdruck einer realen Bewußtseinslage zu einem Syllogismus, dessen Prämisse nicht zutrifft. So wurde die Kritik des ontologischen Beweises das Fazit der Geistesentwicklung vom Mittelalter zur Neuzeit, vom Gottesbewußtsein zum autonomen Weltbewußtsein; und sie wurde zugleich das Ende der rationalen Periode.

Der verhüllten Aufhebung der Gottesgewißheit entspricht die verhüllte Aufhebung der Gotteswirklichkeit. Gott wird im Weltbild fast aller Philosophen dieser Periode das zentrale Moment der Weltkonstruktion: der Träger der Weltharmonie, der geniale Uhrmacher des kosmischen Systems, der Vermittler von Subjekt und Objekt, immer technisch, immer gegenständlich, ein Ding, auch wenn er der Ort der Ideen oder das Jenseits von Denken und Ausdehnung genannt wird. Denn auch das Denken ist durch den Determinismus der vorherbestimmten Harmonie dinghaft geworden. Der Gott, der die Welt ergänzen soll, ist Welt und nicht Gott. Allein Spinozas religiöse Tiefe überwindet diese gottesunwürdigen Begriffe und weist in die folgende Periode; er selbst aber bleibt überwunden von dem dinghaften Weltbegriff seiner Zeit, durch den Gott gerade bei ihm zum absoluten Ding wird. Er enthüllt die Tendenz des Religionsbegriffs, und mit Recht empfand ihn seine Zeit als ihre eigentliche Gefahr.

Auch die Unbedingtheit der Religion gegenüber der Kultur ist in verhüllter Weise aufgehoben. Das „colere et intelligere Deum" steht neben den „colere et intelligere" von Welt und Menschen. Wie Gott neben der Welt steht, steht die Religion neben Wissenschaft und Politik, neben Kunst und Sittlichkeit. Auch hier bleibt die zerstörende Konsequenz des Religionsbegriffs verhüllt. Man erkennt die Welt – und auch Gott; man hat den Staat – und auch die Kirche, man hat die Kunst – und auch den Kultus. Die Religion ist noch überall, aber sie ist überall ein Teil und hat ihre Allgegenwart verloren. Dieselbe Verhüllung im vierten Punkt. Die Absolutheit der Offenbarungswahrheit tritt auf als Absolutheit der Vernunftreligion. Das heißt die Offenbarung ist ein Kapitel der Metaphysik geworden, hineingezogen in die Dialektik des Widerlegens und Begründens. So lange trotz aller Widersprüche der Glaube an die absolute Vernunft herrschte, blieb die Konsequenz des Religionsbegriffs verhüllt. Als die Vernunft geschichtlich wurde, ward die Vernunftreligion zur Religionsgeschichte.

2. In der kritischen Periode brechen die relativistischen Konsequenzen des Religionsbegriffs offen hervor. Die Gottesgewißheit verliert ihren theoretischen Sinn. Der moralische Gottesbeweis kann seinem wahren Gehalt nach nichts anderes lei-

sten, als der sittlichen Autonomie die Weihe des Unbedingten zu geben: Alle Versuche aber, philosophischer und theologischer Kantianer, aus ihm mit ethischen Postulaten eine theoretische Existenz Gottes herauszuholen, sind vergeblich. Der Neukantianismus hat darin die klare Konsequenz der kritischen Grundlage gezogen. Und es ist das religionsphilosophische Verdienst der „Philosophie des Als-Ob", diesen theoretisch existierenden Gott, der mit ethischen Postulaten erwiesen werden soll, als Fiktion durchschaut zu haben. – Für die idealistischen Kantianer kommt eine Gottesgewißheit, ab|gesehen von der Weltgewißheit, nicht in Frage. Die Religion ist eine besondere Art des Welterlebens, die entweder in der Philosophie aufgehoben ist, wie bei Hegel, oder eine dauernde eigentümliche Bedeutung hat, wie bei Schleiermacher. Am deutlichsten ist die Wirkung des Religionsbegriffs da, wo nominalistisches Denken einen gegenständlichen Weltbegriff überhaupt nicht kennt, wie bei Simmel, und demgemäß die Religion ausschließlich ins Subjekt gelegt wird: die Religion ein Rhythmus, eine Färbung der Seele, ein Ausdruck ihrer metaphysischen Bedeutsamkeit. Also eine Weihe nicht der gegenständlichen Welt, wie im Realismus, sondern des subjektiven Lebens. Der Religionsbegriff, der vom Ich zu Gott führen wollte, ist zum Ich zurückgesunken.

In der Fassung des Gottesgedankens senkt sich die drohende Wolke der vergangenen Periode, des Spinozismus nieder, seiner Dinghaftigkeit durch den idealistischen Ausgangspunkt entkleidet. Es gibt keinen Gott mehr abgesehen von der Welt. Der Deismus wird zum Pantheismus. Gott ist die Weltidee, die Form der Formen, die letzte Synthesis, die als Realität oder unendliche Aufgabe gedacht wird; er ist die Welt sub specie aeternitatis. Dadurch ist wieder die Einheit von Gott und Welt hergestellt, aber nicht, wie in der Renaissance von Gott aus, der die Welt in sich aufgenommen, sondern von der Welt aus, die Gott in sich aufgenommen hat. Darum ist hier die gegenständlich-wissenschaftliche Begriffsbildung der Durchgang zu Gott. Der Weltbegriff schafft den Gottesbegriff und hält ihn in Abhängigkeit von sich. So ist es im Idealismus, so weiterhin: Der Gottesbegriff bleibt abhängig vom Weltbegriff: Er geht mit ihm die materialistischen, voluntaristischen, naturalistischen, positivistischen Wege, also die Unerfüllbarkeit der romantischen Sehnsucht offenbarend, von der Weltform zu Gott zu kommen, eine neue Unmittelbarkeit, eine neue ontologische Geisteslage von der wissenschaftlichen Welterfassung her zu erreichen. Und wieder ist es die „Philosophie des Als-Ob", die in klarer Erkenntnis der Sachlage die Entwurzelung durchschaut hat, die den Gottesbegriff in dem Augenblick treffen muß, wo er zu einer abgeleiteten Wirklichkeit herabgedrückt ist, anstatt das Urgegebene selbst zu sein.

Daraus ergibt sich nun auch das Verhalten der kritischen Periode zu dem dritten Punkt: Entsprechend dem Pantheismus geht die Religion über in Kultur. Sie wird einer der Geistesfunktionen angehängt, und es bleibt nicht aus, daß sie sich in diese|auflöst. Der Erfolg in der geistigen Lage des Jahrhunderts ist deutlich sichtbar: In einzelnen von Hegel abhängigen Denkern und in der von Hegel-Marx bestimmten Arbeiterschaft nimmt die Wissenschaft die Stelle der Religion ein, in den ethisch-bürgerlich bestimmten Kreisen tritt die Moral in die Lücke, in den Schichten der höchsten Bildung die Kunst. Die Versuche, der Religion eine Sonderfunktion zu retten, mißlingen, weil ihre Absolutheit eine Relativierung nicht verträgt, weil die geforderte religiöse Funktion genauso in Kultur umschlagen muß wie der geforderte deistische Gott in Welt. Es ist freilich nicht zu verkennen, daß auf diese Weise die Kultur religiöse Weihe erhält; aber diese Färbung erhält sie nachträglich; sie kann auch fehlen und fehlt, sobald der Weltbegriff aus idealistischen in materialistische und voluntaristische Fassungen übergegangen ist.

Der Sieg der historischen Vernunft im Idealismus bedeutet auch den Sieg der Religionsgeschichte in dieser Periode. Sie war durchaus als Offenbarungsgeschichte gemeint, natürlich nicht im supranaturalen, aber im immanent-geistesgeschichtlichen Sinn; es ist Gott selbst, der in ihr zum Selbstbewußtsein im Endlichen kommt; es sind die Weltpotenzen, die der Reihe nach in der Mythologie und Offenbarung sich kundgeben. – Mit dem Zerbrechen der idealistischen Voraussetzung wird die Offenbarungsgeschichte ein Stück menschlicher Geistesgeschichte, dessen Sinn es ist, sich in Kulturgeschichte aufzulösen. Auch hier der völlige Sieg des Religionsbegriffes. – Die kritische Periode ist konsequenter als die rationale; das ist ihr Vorzug; sie enthüllt die religionszerstörenden Folgen des Religionsbegriffes, aber sie leistet auch etwas Positives. Sie ist eine machtvolle Reaktion gegen die gegenständliche Entleerung und Entheiligung der Welt. Diese Reaktion bleibt zwar romantisch und ästhetisch und schlägt wieder in ihr Gegenteil um; denn das zerstörte religiöse Bewußtsein kann nicht durch Wille einzelner, sondern nur durch Schicksale von Völkern und Massen wiedergewonnen werden. Aber die romantische Religionsphilosophie gibt dennoch die Brücke und schafft Formen, über die wieder der neue Geist ontologischen Gottesbewußtseins sich ergießen könnte.

Welt, Kultur, Geschichte haben Heiligkeitsqualitäten, können sie haben, aber brauchen sie nicht zu haben. Wie aber, wenn die Ordnung umgekehrt würde; wenn es hieße: müssen sie haben; wenn vor allem das Religiöse Unbedingtheit und Gewißheit hätte und | die Welt und die Kultur und die Geschichte zeitliche, zweifelhafte, zu überwindende Profanisierungen des Heiligen wären? Mit dieser Frage wenden wir uns der dritten, intuitiven Periode zu.

3. Sie beginnt mit der Jahrhundertwende; nicht nur durch die im engeren Sinne phänomenologische Philosophie, sondern durch die allgemeine Bewegung des Geisteslebens hinweg von der gegenständlich-technischen zu einer urständlich-intuitiven Welterfassung. Es ist schwerer, über sie etwas zu sagen, da sie erst in Entfaltung begriffen ist; aber es ist doch schon möglich, sie in den weitesten Umrissen zu erschauen. Für die Religionsphilosophie hat sie die Bedeutung, gegen die Herrschaft des Religionsbegriffs bewußt anzugehen. Es scheint sich eine neue ontologische Geisteslage anzubahnen. Die Erfassung des Numinösen durch Otto als einer alle Gegenstandsformen durchbrechenden Wirklichkeit, die Erhebung des Heiligkeitswertes über die übrigen Wertstufen durch Scheler, die völlige Trennung des religiösen von dem theoretischen Existentialurteil durch Scholz liegen in dieser Richtung. Wir stellen nun die Frage, wieweit gelingt es hier, den Geist des Religionsbegriffs zu bannen?

Scheler wie Scholz wollen die funktionelle Begründung der Religion mit Energie überwinden, Scheler, indem er dem religiösen Objekt die primäre Gewißheit gegenüber dem religiösen Akt zuschreibt und die Gottesfrage vor der Religionsfrage erledigt, Scholz, indem er die Auffassung der Religion als autonomer Geistesschöpfung bestreitet und in dem Satze „Gott ist" das erste Wesensmerkmal der Religion sieht. Es könnte eingewandt werden, daß damit eine Wiederkehr der rationalen Methode droht; aber die Gefahr besteht in Wirklichkeit nicht. Nicht mit Hilfe von Syllogismen soll aus einem feststehenden Weltbegriff Gott erschlossen werden, sondern ohne Berücksichtigung der Welt soll seine Wirklichkeit erschaut werden. – Um die Scheidung dieses Anschauens von der reflektiv-gegenständlichen Welterkenntnis hervorzuheben, baut Scheler die Wirklichkeitserfassung in Stufen auf: die wissenschaftliche, die metaphysische und die religiöse Erkenntnis. Zweifellos ist damit eine Überwindung sowohl der rationalen wie der kritischen Methode angebahnt. Aber doch nicht erreicht. Denn es ist nicht deutlich, wie sich die Stufen zueinander verhalten. Welche Schwierigkeiten hier vorliegen, zeigt Scheler, wenn er die Metaphysik mit einem sacrificium intellectus sich selbst aufheben läßt, zu Gunsten der Religion. Damit ist das Gottesbewußtsein ab|hängig gemacht von einem sich selbst vernichtenden Weltbewußtsein; die Gottesgewißheit lebt vom Opfer der Weltgewißheit; die Gotteswirklichkeit vom Opfer der Weltwirklichkeit. Aber dieses Opfer bringt die Welt. Gott lebt vom Opfer, und er schwindet, wenn der autonome Geist das Opfer weigert. Der aber muß es weigern, um nicht durch theoretische Urteile, die fremder Quelle entspringen, in sich zwiespältig zu werden.

Der protestantische Religionsphilosoph Scholz fordert nicht ein sacrificium intellectus, sondern er sucht dem Intellekt die Glaubwürdigkeit der Religion zu beweisen. Er setzt also ein Bewußtsein voraus, für das die Glaubwürdigkeit bewiesen werden müßte. Dieses Bewußtsein aber ist das der sittlichen Persönlichkeit. An der ethischen Qualität der Offenbarungsträger hat sich das Vertrauen auf die Wahrheit ihrer Offenbarung zu entzünden. Wer sieht hier nicht den ins Persönliche transponierten moralischen Gottesbeweis, der dem Protestantismus so tief im Blut sitzt? – In beiden Fällen ist die Weltgewißheit und die Weltwirklichkeit als das Grundlegende beibehalten gegenüber der Gottesgewißheit und Gotteswirklichkeit, einmal als Stufe, das andere Mal als Kriterium. Erreicht ist nur ein Doppeltes. Gott wird weder erschlossen, wie in der rationalen, noch in die Welt hineingezogen, wie in der kritischen Periode.

Auch in den beiden anderen Punkten, Religion und Kultur, Offenbarung und Geschichte, hilft sich Scheler durch den Stufengedanken: Die religiösen Werte sind die höchsten in der Wertreihe; Heiligkeitswerte stehen noch über Persönlichkeitswerten. Und innerhalb der Heiligkeitswerte steht wieder die im Christus gegebene Gotteswirklichkeit an erster Stelle über Propheten und Heiligen: die Religion der höchste Kulturwert, die christliche Religion der höchste Heiligkeitswert. – Offenbar herrscht auch hier noch der Religionsbegriff. Die Stufenreihe läßt die höhere Stufe auf die niederen gegründet sein im Sinne des Bildes, wie im Sinne der Sache, die es veranschaulichen soll; es bleibt ein Denken von unten, ein Emporsteigen; aber es gibt keine Stufen, die zum Unbedingten führen; die höchste wie die niedrigste ist von dem Unbedingten gleich weit entfernt.

Bei Scholz tritt auch hier an Stelle der Stufenlehre, deren katholisch-mittelalterlicher Ursprung ja deutlich ist, die ethisch-kulturelle Persönlichkeitsidee, deren protestantische Wurzel offen liegt: Die Religion ist eine dem übrigen Geistesleben gegenüber | selbständige Sache, die da sein, aber auch fehlen kann; ist sie aber da, so ist das Maß ihrer Wertung die Erlebbarkeit durch den Kulturmenschen der Gegenwart, d. h. durch die geistig-ethisch geformte Persönlichkeit. An erlebbaren Religionen aber kommen schließlich nur drei in Betracht; das Christentum, der Pantheismus, die Mystik. – Es widerspricht nun schlechterdings der Unbedingtheit des Unbedingten, daß es in seiner Art und seinem Maß abhängig gemacht wird von dem Maß einer bestimmten geistig-ethischen Persönlichkeits- oder Kulturlage. All diese Gedanken entstammen noch einem Denken, das nicht auf das Unbedingte, sondern Bedingte sieht, um an ihm das Unbedingte zu messen. Sie haben den Geist des Religionsbegriffes nicht bannen können. – Aber ist er überhaupt zu bannen? Oder ist es das Verhängnis der Religionsphilosophie, ihm verfallen zu sein? Ist es das Verhängnis der menschlichen Geschichte, daß es nur eines in ihr geben kann, Religion oder Religionsphilosophie?

III. Die Überwindung des Religionsbegriffs

Der entscheidende Einwand, den wir gegen die bisherige Religionsphilosophie erhoben, ist der, daß sie das Unbedingte auf das Bedingte gründet, entweder durch Nebenordnung oder, da diese unerträglich ist, durch Auflösung des Unbedingten in das Bedingte. Eine Religionsphilosophie, die dem Wesen des Unbedingten gerecht werden will, muß das Unbedingte in allem Bedingten erfassen, als das, was sich selbst und das Bedingte begründet. Das Bedingte ist das Medium, in dem und durch das hindurch das Unbedingte erfaßt wird. Zu diesem Medium gehört auch das erkennende Subjekt. Auch dieses tritt in keiner Weise als begründend auf, sondern nur als der Ort, in dem das Unbedingte im Bedingten offenbar wird. Daraus folgt, daß der Sinn jeder Aussage über das Unbedingte prinzipiell unterschieden sein muß von dem Sinn jeder Aussage über Bedingtes. Da aber jede Aussage als solche in dem Schema von Subjekt und Objekt, also in den Formen des Bedingten verläuft, so muß die Aussage über das Unbedingte diese Formen zwar benutzen, aber doch so, daß ihr Unzulängliches offenbar wird, d. h. sie muß die Form der systematischen Paradoxie tragen.

1. Die Selbstgewißheit des Ich ist unter der Herrschaft des Religionsbegriffs begründend für die Gottesgewißheit. Nun aber ist in der Selbstgewißheit des Ich ein Doppeltes enthalten: Das | Unbedingte einer Realitätserfassung, die jenseits von Subjekt und Objekt liegt, und das Teilhaben des subjektiven Ich an diesem Unbedingt-Wirklichen, auf dem es ruht. Das Ich ist das Medium der unbedingten Realitätserfassung; und es nimmt als Medium teil an der Gewißheit dessen, was es vermittelt; aber es nimmt nur als Medium teil; es ist nicht das Tragende, sondern das Getragene. – Es besteht nun für das Ich die Möglichkeit, seine Selbstgewißheit so zu erleben, daß die unbedingte Realitätsbeziehung, die darin enthalten ist, im Vordergrund steht: die a priori religiöse Art der Selbsterfassung; es besteht anderseits die

Möglichkeit, seine Selbstgewißheit so zu erleben, daß die Beziehung auf das Sein des Ich im Vordergrund steht: die a priori unreligiöse Art der Selbsterfassung; im ersten Fall dringt das Ich gleichsam durch die Form seiner Bewußtheit hindurch, zu dem Realitätsgrund, auf dem es ruht, im zweiten Fall bleibt dieser Untergrund zwar wirksam – ohne ihn gäbe es keine Selbstgewißheit –, aber er wird nicht angetastet; das Ich bleibt in seiner Losgelöstheit, in der Bewußtseinsform. Kann man diese zweite Stellung auch mit Recht unreligiös nennen, so doch nur, insofern die Intention in Betracht kommt, nicht soweit es sich um den Erfolg handelt. Ein der Substanz nach unreligiöses Bewußtsein gibt es nicht, wohl aber der Intention nach. In jeder Ich-Erfassung ist die Beziehung auf das Unbedingte als Realitätsgrund enthalten; aber nicht in jeder ist sie gemeint; danach unterscheiden sich die beiden Lagen des Bewußtseins.

Die Aussage, daß in der Selbstgewißheit die Gewißheit des Unbedingten erfaßt wird, ist paradox; denn sie hat die Form des Theoretischen und ist doch dem Theoretischen schlechterdings fremd. Wenn gesagt wird, das Ich erfasse in sich das Unbedingte als Grund seiner Selbstgewißheit, so ist in der Form dieser Aussage der Gegensatz von Subjekt und Objekt enthalten; aber der Gehalt dieser Aussage steht dem gerade entgegen: Das Unbedingte ist nicht Objekt, es ist auch nicht Subjekt, sondern es ist die Voraussetzung jedes möglichen Gegensatzes von Subjekt und Objekt. Darum steht die Erfassung des Unbedingten auch vor jedem theoretischen Urteil. Und ist in Grund und Folgen unabhängig von aller theoretischen Gewißheit. Ob der Geist die religiöse oder unreligiöse Intention in sich trägt, ist theoretisch indifferent, da das Unbedingte zwar das Tragende auch alles theoretischen Urteils ist, selbst als absolute Voraussetzung aber niemals Gegenstand der Theorie sein kann. Wird es das doch – und es muß es ja werden, da sonst überhaupt nichts ausgesagt werden könnte – so hat diese Aussage notwendig paradoxe Form: Gottesgewißheit ist die in der Selbstgewißheit des Ich enthaltene und sie begründende Gewißheit des Unbedingten. Damit ist die Gottesgewißheit schlechterdings unabhängig von jeder anderen vorausgesetzten Gewißheit. Das Ich und seine Religion steht unter dem Unbedingten; es ist erst möglich durch das Unbedingte. Es gibt deswegen überhaupt keine Gewißheit, in der nicht die Gottesgewißheit implicite enthalten wäre; aber ob sie auch explicite enthalten ist, das macht den entscheidenden religiösen Unterschied aus. Objektiv ist jedes Bewußtsein Gott-gebunden, aber subjektiv kann das Bewußtsein Gott-los sein. Es gibt also keinen Weg vom Ich zu Gott; aber es gibt – der Richtung, nicht der Substanz nach – einen Weg von Gott weg zum Ich. Ist dieser Weg einmal beschritten, so gibt es auf ihm freilich kein Zurück: Nur der Durchbruch des im Ich-Bewußtsein enthaltenen Grundes durch die autonome Bewußtseinsform befreit von dem Zwang der Gottesferne; die Religion nennt diesen Durchbruch Gnade. Sie weiß, daß kein theoretisches Hinweisen auf das aller Theorie Zugrundeliegende das Unbedingte im Bewußtsein lebendig machen kann; denn die Theorie hat das Unbedingte als Objekt, also als das, was es nicht ist.

2. Die Weltwirklichkeit begründet unter der Herrschaft des Religionsbegriffs die Gotteswirklichkeit. Nun steht jedes Wirkliche in den Formen der Gegenständlichkeit, zu denen auch die Existenz gehört; zugleich aber ist durch jedes Wirkliche er-

faßbar ein Unbedingt-Wirkliches, das nicht in den Formen der Gegenstände steht, also auch keine Existenz hat. Wo der Geist sich so auf die Welt und ihren Inhalt richtet, daß er das Moment der Unbedingtheit, das in allem enthalten ist, ins Bewußtsein erhebt, da ist er auf Gott gerichtet. Dieses Moment der unbedingten Wirklichkeit in allem Bedingt-Wirklichen ist das, was tragend ist in jedem Ding; es ist seine Seienswurzel, seine Ernsthaftigkeit, seine Unergründlichkeit, seine Heiligkeit. Es ist sein Realitätsgehalt im Unterschied von seiner zufälligen Form.

Jedes gegenständliche Denken ist hier streng auszuschließen. Es ist nicht von einem Gegenstand neben den Dingen, oder über den Dingen, oder in den Dingen die Rede; es ist überhaupt von keinem Gegenständlichen, sondern von dem Urständlichen schlechthin die Rede, dem was aller Form, auch der Existenz enthoben | ist. Aber auch hier gilt, daß jede Aussage gegenständliche Form hat und darum nur als gebrochene, paradoxe Aussage wahr ist.

So ist die Aussage „Gott ist" der Form nach eine theoretische Aussage, und keine Stufenordnung kann das ändern; es ist die Einreihung Gottes in die Gegenstandswelt; aber diese Einordnung ist Gottlosigkeit. Ist die Aussage „Gott ist" auch dem Gehalt nach theoretisch, so vernichtet sie die Gottheit Gottes. Ist sie aber als Paradoxie gemeint, so ist sie der notwendige Ausdruck für die Bejahung des Unbedingten; denn es ist nicht möglich, sich anders auf das Unbedingte zu richten als durch Vergegenständlichkeit. – Damit ist Deismus und Pantheismus überwunden: der Deismus, der nicht nur eine Zeit-Richtung, sondern ein Element ist in jeder Gottesvorstellung, das Moment der Vergegenständlichung, Verendlichung Gottes, das überall auftritt, wo der paradoxe Sinn des göttlichen Seins nicht mehr erfaßt wird; und der Pantheismus, der das Unbedingte mit der universalen Dingform, der Welt, gleichsetzt, weil das Unbedingte durch jedes Wirkliche hindurch erfaßbar ist; der aber dann doch bei einer Gegenstandsform, der universalen, stehen bleibt und nicht sieht, daß das Unbedingte der Totalität so fern ist wie der Einzelheit. Es ist Platz für einen Theismus, der nichts gemein hat mit dem üblichen kirchlichen Semi-Deismus, sondern der nur sagt, daß das Unbedingte – das Unbedingte ist.

Auch für diese Haltung gibt es keine theoretische Notwendigkeit. Es ist möglich, sich auf das System des Bedingten zu richten und es in seiner Selbstheit zu bejahen, wie das autonome Ich. Es ist möglich, sich von der Beziehung auf das Unbedingt-Wirkliche, das allem innewohnt, abzuwenden zu der Existenz und der Form des Gegenständlichen; denn jedes Ding in der Welt hat die Form der Existenz und des Objektiven. Es ist das möglich ohne theoretische Bedenken, denn das Unbedingte ist nie und nirgends ein theoretisches Streitobjekt; man kann von der Theorie weder dafür noch dagegen Partei nehmen; es begibt sich nicht in die Kampfarena der Existential-Urteile, der Fragen nach Dasein oder Nichtsein. Ist man aber einmal unter Verzicht auf die Gotteswirklichkeit zu einer Weltwirklichkeit gekommen, die der Absicht nach – der Substanz nach ist es unmöglich – außergöttlich ist, so gibt es keinen Weg zur Gotteswirklichkeit zurück. Denn Gott ist entweder der Anfang, oder er ist nicht. |

3. Die Religion wird unter der Herrschaft des Religionsbegriffs aus der Kultur begründet, entweder als einzelne Kulturfunktion oder als Synthese der Kultur-

funktionen. Das ist durchaus analog der deistischen und pantheistischen Gottesauffassung. Nun gibt es aber eine Funktion des Geistes, die weder neben den andern steht noch ihre Einheit ist, sondern in ihnen und durch sie hindurch zum Ausdruck kommt: die Funktion der Unbedingtheit; sie ist die Wurzelfunktion, diejenige, in der der Geist durch alle seine Formen hindurchbricht bis auf seinen Grund. Sie ist deswegen auch keine Geistesform und kann nur durch Paradoxie Funktion genannt werden. Phänomenologisch gesprochen: Es gibt eine Aktklasse, die aus einer Tiefe stammt, in welcher der Gegensatz von Akt zu Akt aufgehoben ist, und die infolgedessen nur durch Brechung im Medium des Bewußtseins zu eigenen Akten kommen kann. Ihrem Wesen nach aber ist sie nichts anderes als die Beziehung auf das Unbedingte, die jedem Akt innewohnt. – Es gibt also keine besondere religiöse Funktion neben der logischen, ästhetischen, ethischen, sozialen; sie ist auch nicht in einer oder in der Einheit aller enthalten, sondern sie ist der Durchbruch durch jede und die Realität, die unbedingte Bedeutung einer jeden. Die Kultur ist das Medium des Unbedingten im Geistesleben, wie die Dinge das Medium des Unbedingten in der Welt sind.

Damit ist aufs Nachdrücklichste bestritten, daß durch die Religion ein neuer Wert in das System der Werte eingeführt ist. Es gibt keine Heiligkeitswerte, sondern das Heilige ist das, was den Werten den Wert gibt, die Unbedingtheit ihres Geltens, die Absolutheit ihrer Realitätsbeziehung. – Es ist die Religionsphilosophie also nie und nimmer eine Ergänzung der Geistes- oder Wertphilosophie. Auch an diesem Punkte tritt das Unbedingte nicht in die Diskussion der Bedingtheiten. Die Heiligkeitsqualität, die Unbedingtheitsfunktion kann fehlen, ohne daß das System der Werte im mindesten verändert wird; sie kann fehlen, freilich nur der Intention, auch hier wie überall – nicht der Substanz nach; denn fehlte sie, wäre das Denken wahrheits- und das Anschauen wesenlos, das Handeln ziel- und die Gemeinschaft seelenlos. Aber sie braucht nicht gemeint zu sein. Der Geist kann sich richten auf die Autonomie seiner Funktionen, deren Realitätswurzel er nicht anrührt, deren Form er durchsetzt. Der Geist kann autonome Kultur schaffen, mit einem autonomen Ich, in einem autonomen Universum. Damit aber hat er sich den | Weg zu Gott versperrt. Auf dem Boden der autonomen Kultur gibt es höchstens – Religion.

Hier ist nun der Ort, die Dialektik des Religionsbegriffs zu völliger Durchsichtigkeit zu bringen: Sobald das Bewußtsein sich auf das Unbedingte richtet, entsteht die Doppelheit von Akt und Gegenstand. Nun ist der religiöse Akt aber kein besonderer; er ist nur in den übrigen Akten wirklich. Er muß diesen also eine Formung geben, an der die religiöse Qualität sichtbar ist. Diese Formung ist die Paradoxie, d. h. zugleich die Bejahung und Verneinung der autonomen Form. Das religiöse Denken, Anschauen ist also ein Denken, ein Anschauen, das die autonomen Formen des Denkens und Anschauens zugleich benutzt und zerbricht. Das gleiche gilt von den sittlichen und sozialen Formen.

Das Erkennen unter der Gegenwart des Unbedingten ist Inspiration. Das Anschauen ist Mysterium, das Handeln Gnade, die Gemeinschaft Reich Gottes. Alles das sind paradoxe Begriffe, d. h. solche, die sofort ihren Sinn verlieren, wenn sie gegenständlich gemacht werden; Inspiration als eine übernatürliche Art der Erkenntnisvermittlung ist ein einfacher Widerspruch. Mysterium im Sinne einer materiell-realen Gegenwart, das Unbedingte im Bedingten ist eine sinnlose Aussage; die Gnade als übernatürliche Kraftmitteilung ist ein ethischer Nonsens und das Reich Gottes als reale Größe eine Utopie mechanistischen Denkens. An Stelle des Paradox ist der Supranaturalismus getreten; d. h. der Versuch, ein Bedingtes unbedingt zu machen. Dem Supranaturalismus aber entspricht immer der Naturalismus, d. h. der Versuch, das Unbedingte überhaupt auszuschalten.

Und doch kann die Religion nicht anders, als mit diesen Begriffen zu arbeiten; sie muß vergegenständlichen, um aussagen zu können; daß sie aussagen will, ist ihre Heiligkeit; daß sie gegenständlich aussagen muß, ist ihre Profanheit. Gerechtfertigt ist sie nur da, wo sie diese ihre Dialektik durchschaut und dem Unbedingten allein die Ehre gibt. – Wo sie es nicht tut, führt sie das Unbedingte in die Niederung und die Kampfarena des Bedingten herab, in der es notwendig unterliegen muß: Es wird eine Kultur, die die Beziehung auf das Unbedingte verloren hat, ein Denken, das nichts mehr weiß von Inspiration als dem Durchbruch der unbedingten Realität, ein Anschauen, das nichts mehr weiß vom Mysterium des Grundes in den Formen der Dinge, ein Handeln, das ohne Gnade dem Gesetz verfallen ist, eine Gemein|schaft, die fern ist von dem Durchbrechen der unbedingten Liebe – das auf der einen Seite –, und eine Religion, die aus all diesen Begriffen supranaturale Gesetze, Objektivierungen der Paradoxie, Verendlichungen des Unbedingten gemacht hat: Das ist der Zustand des Geistes unter der Herrschaft des Religionsbegriffs. – Erlösung der Religion vom Verhängnis der Objektivierung, Erlösung der Kultur vom Verhängnis der Profanisierung, Durchbruch des Unbedingten durch alle Arten der Relativisierung, das ist Sieg über den Geist des Religionsbegriffs.

4. Unter der Herrschaft des Religionsbegriffs gründet sich die Offenbarung auf das autonome Geistesleben, sei es im Sinne einer offenbarten Vernunftreligion, sei es im Sinne der Religionsgeschichte. Dadurch wird die absolute Tat Gottes zu einer relativen Entwicklung des religiösen Geistes. Die Religion aber will nicht Religion, auch nicht absolute Religion, sondern sie will Erlösung, Offenbarung, Heil, Wiedergeburt, Leben, Vollendung, sie will das unbedingt Reale, sie will Gott. Und sie nennt wahre Religion die, in welcher Gott sich gibt, und falsche die, in welcher er vergeblich gesucht wird. – Der Religionsbegriff aber kann derartige Unterschiede nicht anerkennen, auch nicht in der verhüllten Form von erlebbarer und nichterlebbarer Religion. Der Religionsbegriff macht gleich, bringt Göttliches und Menschliches auf eine Ebene. – Nun aber ist es selbst schon eine Wirkung des Religionsbegriffs, selbst schon eine Bedingtmachung des Unbedingten, wenn eine bestimmte Religion unbedingt gesetzt, mit der göttlichen Offenbarung gleich gestellt wird. Jede Religion ist als Religion relativ, denn jede Religion ist Vergegenständlichung des Unbedingten. Aber jede Religion kann als Offenbarung absolut sein; denn Offenbarung ist das Durchbrechen des Unbedingten in seiner Unbedingtheit. Jede Religion ist insoweit absolut, als sie Offenbarung ist, d. h. insoweit als das Unbedingte in ihr als Unbedingtes herantritt im Gegensatz zu allem Relativen, was ihr als Religion zukommt.

Es ist nun aber die Eigenschaft jeder lebendigen Religion, daß sie eine ständige

Opposition gegen das Religiöse in ihr in sich trägt. Der Protest gegen die Vergegenständlichung ist der Pulsschlag der Religion. Erst wo er fehlt, ist nichts Absolutes mehr in ihr, ist sie ganz Religion, ganz Menschliches geworden. – Es sind aber drei Formen, in denen sich der typische Protest der lebendigen Religion gegen ihre Vergegenständlichung als Re|ligion erhebt: die Mystik, die Prädestination, die Gnade. Die Mystik durchschaut den paradoxen Sinn aller Aussagen über das Unbedingte. Sie sucht die Einheit mit dem absolut Gegenständlichen, dem Abgrund, dem Überseienden, dem reinen „Nichts". Sie weiß auch, daß diese Einheit nur vom Unbedingten her geschaffen werden kann, sie weiß, daß sie Gnade ist. – Aber sie bereitet sich doch vor, der Gnade würdig zu werden, und sie benutzt dazu die Formen der Religion und schafft selbst Formen. Sie verläßt den Boden der Religion nicht. Das ist ihre Grenze. – Die Prädestination überläßt alles Handeln zum Heil des einzelnen und der Menschheit Gott. Weder Kirche noch Religion sind Bedingungen der Erwählung und des Reiches Gottes, sie sind höchstens ihre Gott-geordnete Vermittlung; dadurch sinkt ihre Bedeutung dahin, und da der göttliche Ratschluß im Verborgenen geschieht, so ist alles religiöse Handeln und Vorstellen des Menschen entwertet und kommt bald dem Punkt nahe, wo es ganz aufhört und übergeht in profanes, kulturelles Handeln; das ist die Gefahr, wenn das Religiöse ganz ins Verborgene und Absolute gestellt wird. – Die *konkrete* Gnade (von Gnade lebt ja auch Mystik und Prädestination) stellt das Heil gleichfalls schlechterdings in das Unbedingte; aber nicht in seinen Abgrund und nicht in seinen verborgenen Willen, sondern in seine konkrete geschichtliche Selbstmitteilung. Es fällt von hier aus ein starkes Ja auf die kirchlich-religiösen Medien, auf Offenbarungsmittler und Offenbarungsmittel, auf Gebet und lebendige Gemeinschaft mit Gott. Hier ist der Abweg fast unvermeidlich, daß diese Medien ins Absolute erhoben und aus der Offenbarung der Gnade Religion der Gnadenmittel wird.

Jede der drei Formen, in denen innerhalb der Religion die Religion überwunden wird, hat also die gleiche Dialektik wie die Religion selbst, sie können sich an Stelle Gottes setzen. Es ist deswegen auch falsch, diese Formen zur absoluten Religion zu machen. Sie sind Ausdrucksformen für das absolute Element jeder lebendigen Religion, aber sie werden selbst relativ, sobald sie Religionsformen werden. Die absolute Religion geht durch alle Religionen hindurch; die wahre Religion ist überall da, wo das Unbedingte als Unbedingtes bejaht und die Religion vor ihm vernichtet wird.

Wo das geschieht, ist im allgemeinen verborgen. Offenbar wird es dann und wann in Form der großen mystischen oder pro|phetischen Reaktionen gegen die bloße Religion. Das Maß, in dem eine Religion zu solchen Reaktionen fähig ist, entscheidet über ihren relativen Rang. Absolute Religion ist niemals ein gegenständliches Faktum, sondern ein jeweils lebendiger Durchbruch des Unbedingten. Den Beweis der Absolutheit führt Gott selbst, indem er den Absolutheitsanspruch einer Religion zerbricht, nicht durch Skepsis und Religionsgeschichte, sondern durch die Offenbarung seiner Unbedingtheit, vor der alle Religion nichts ist.

Es ist also auch hier das Unbedingte das Tragende, das Handeln Gottes die Substanz der Religion, ohne die sie nicht sein kann; aber sie kann sich von ihr abwenden; sie kann mit und ohne Bewußtsein diese Substanz unangerührt lassen und sich ihrer eigenen autonomen Form zuwenden. Sie kann autonome, selbstgenügsame, Gott-ferne Religion werden, und den Götzendienst dadurch vollenden, daß sie sich absolute Religion nennt.

Damit sind die vier Vorwürfe der Religion gegen die Religionsphilosophie in ihrem Rechte anerkannt; aber es ist nicht die Folgerung daraus gezogen, daß um der Religion willen die Religionsphilosophie sich selbst aufgeben müßte, sondern es ist der Versuch gemacht, eine Religionsphilosophie auf die Forderungen zu gründen, die in jenen Vorwürfen enthalten sind, d. h. eine Religionsphilosophie, die nicht vom Bedingten, sondern vom Unbedingten, die nicht von der Religion, sondern von Gott ausgeht. An dem Gelingen oder Mißlingen nicht dieses meines, aber eines solchen Versuches überhaupt hängt das Schicksal der Religionsphilosophie und damit der Stellung des Geisteslebens zur Religion. Wir stehen vor der Alternative: entweder Aufhebung der Religion durch die Kultur oder Durchbrechen des Unbedingt-Wirklichen als des Grundes oder der Realität aller Kultur in all ihren Funktionen. Die Art, wie innerhalb der Wissenschaft sich dieser Durchbruch vollziehen könnte, sollten die ausgesprochenen Gedanken andeuten. Was das Ziel betrifft, so kann es für mich keinen Zweifel geben; was die Form betrifft, so ist sie ein Versuch, und nicht mehr.

IV. Die Dialektik der Autonomie

Alles Gesagte hat im Grunde das Ziel, einer Bewußtseinslage den Weg zu bereiten, in der die Selbstgewißheit des Bedingten zerbrochen ist vor der Gewißheit und Wirklichkeit des Unbedingten. Nicht die Lösung eines theoretischen Problems war mir die Hauptsache, sondern die Aufweisung einer Geisteslage, auf die meiner Überzeugung nach schicksalsmäßig die Geistesbewegung hindrängt. Um so mehr ist es meine Pflicht, Rechenschaft zu geben über die Denkmittel, die zur Anwendung gekommen sind. Es ist aber ein Doppeltes, was dabei herauszustellen ist, eine bestimmte Methode und eine bestimmte Geschichtsphilosophie, eine logische und eine metaphysische Voraussetzung.

1. Die Methode, die am schärfsten in der Analyse der Selbstgewißheit, aber auch an den anderen Punkten zur Anwendung gebracht ist, kann als kritisch-intuitive Methode angesprochen werden. Sie geht davon aus, daß sowohl die kritische wie die intuitive Methode in Absonderung unfähig zur Lösung des religions- und damit kulturphilosophischen Zentralproblems ist: der Frage nach dem Sinn oder besser der Realität, der unbedingten Ernsthaftigkeit des Geistes und durch ihn hindurch die Wirklichkeit überhaupt. – Die kritische Methode nicht, weil es ihr unter keinen Umständen möglich ist, über die Formen der Gegebenheit hinauszukommen zu dem Gegebenen selbst. Die intuitive Methode nicht, weil sie über der Versenkung in jedes mögliche Gegebene die Form der Gegebenheit überhaupt außer acht lassen muß. Die kritische Methode kommt nicht zum „Was" der Dinge, die intuitive nicht zu ihrem „Daß". Die kritische Methode verliert über dem Problem der Realität die Realität selbst. Sie wird Formalismus; die intuitive verliert über der Anschauung

des Wirklichen das Problem der Realität; sie wird Romantik und Reaktion. Das Problem des Unbedingten aber ist der Punkt, wo der Unterschied von Existenz und Wesen aufgehoben und damit das Nebeneinander der Methode unmöglich ist. Hier ist gebieterisch eine Methode gefordert, in der beide eins sind; „kritisch-intuitiv" das ist eine Forderung; und wenn sie ganz erfüllt ist, wird auch der adäquate Name geboren sein. Es scheint mir aber in folgendem ihr Wesen zu bestehen: Sie ruht auf dem Boden der kritischen Methode; sie geht aus von den Funktionen des Geistes als den Formen aller Gegebenheit. Aber sie wendet sich auf sich selbst zurück und sieht, daß alle diese Formen mehr als leere Formen nur dadurch sind, daß sie erfüllt sind mit dem Gehalt eines Unbedingt-Wirklichen, das jeder Einzelform, wie der Totalität aller Formen unerfaßbar ist. Das in allem Sinngebende ist nicht selbst ein Sinn, auch nicht die Gesamtheit, auch nicht die Unendlichkeit des Sinnes;| das in allem Reale ist nicht selbst ein Reales, auch nicht die Gesamtheit, auch nicht die Unendlichkeit des Realen. Das zu sehen aber ist nicht mehr Sache der Kritik, sondern der Intuition; wo die Kritik ihre Grenzbegriffe, d. h. die Dokumente ihrer Begrenztheit setzt, da schaut die Intuition das Unbedingt-Wirkliche, das freilich für sie nicht jenseits der Grenzpfähle, sondern mitten im Lande der Kritik die Realitätswurzel darbietet, von der alle Kritik lebt. Es ist die Methode des Paradox, der ständigen Durchbrechung und Aufhebung der Form zu Gunsten des Wirklichen in ihr. Nicht Formlosigkeit, nicht fremde Formherrschaft darf die kritische Form durchbrechen; das wäre Verzicht auf Methode, d. h. auf Philosophie; sondern bei vollem Ja zur autonomen, kritischen Form soll der Gehalt des Unbedingten hervorbrechen und zerbrechen, nicht formlos, sondern paradox. Leben in dieser höchsten Spannung ist Leben aus Gott. Anschauen dieser unendlichen Paradoxie ist Denken über Gott, und wenn es methodisch wird, Religionsphilosophie oder Theologie. Niemand freilich kann methodisch zu dieser Methode gezwungen werden, wie er zur bloß kritischen Methode gezwungen werden kann; es ist möglich zu leben und zu denken, ohne die Wurzel zu sehen, aus der man lebt und denkt, es ist möglich, das Unbedingte zum Grenzbegriff, zum Idealbegriff und dgl. zu machen, es in die Peripherie zu schieben und in der Autonomie der bloßen Form zu bleiben. Es ist möglich, aber es ist in seinen Konsequenzen Selbstzerstörung, und das führt zum zweiten, der Geschichtsphilosophie.

2. Theonom möchte ich eine Geisteslage nennen, in welcher alle Formen des geistigen Lebens Ausdruck des in ihnen durchbrechenden Unbedingt-Wirklichen sind. Es sind Formen, also Gesetze, νόμοι darum theo*nom*. Aber es sind Formen, deren Sinn nicht in ihnen selbst liegt, es sind Gesetze, die das alles Gesetz Durchbrechende fassen; darum *theo*nom. In gewissen Perioden z. B. des abendländischen Mittelalters war diese Geisteslage annähernd verwirklicht. Sobald eine Periode der Theonomie ihrem Ende zugeht, sucht sie die Formen, die einmal der adäquate Ausdruck ihres Gehaltes waren, zu konservieren; diese Formen aber sind leer geworden; werden sie mit Gewalt aufrecht erhalten, so entsteht Heteronomie. Heteronomie geht immer von der Religion aus, die Gott verloren hat, die bloße Religion geworden ist. Im Gegensatz zu Heteronomie wächst die Autonomie. Autonomie ist immer der Rückschlag gegen die Autonomie der bloßen Religion,| die alle

Kultur unter ihre Heteronomie bringen will. Autonomie der Religion gegen Gott schafft Autonomie der Kultur gegen die Religion. Der Ausgang des Mittelalters ist typisch für diese Geisteslage. Die autonome Kultur ist im Recht gegen die Religion; es ist das Recht der logischen Form gegen eine ehemals paradoxe, dann ihres Sinnes beraubte Form, die nun als einfacher Widersinn das Logische vergewaltigen will. Hier ist der Sieg der autonomen Form, im Logischen wie im Ästhetischen, im Rechtlichen wie im Ethischen von vornherein entschieden. Und dieser Sieg bedeutet Einsicht in die gegenständlichen Formen der Dinge, bedeutet exakte Wissenschaft, bedeutet technisch-rationale Weltbeherrschung.

Aber der Sieg ist teuer erkauft. Das Recht der Autonomie gegenüber der Heteronomie wird zum Unrecht gegenüber der Theonomie, denn die autonome Form ist Gesetz. Mit dem Gesetz kann man technisieren und rationalisieren, aber unter dem Gesetz kann man nicht leben. Wo das Unbedingte in keiner anderen Weise erfaßt wird, als in der unbedingten Geltung der logischen oder ethischen oder ästhetischen Form, da tötet es das Leben; denn da ist es der Richter, der jede einzelne Form verurteilt, weil sie das Gesetz nicht erfüllt, weil sie die Bedingtheit des Unbedingten nicht erreicht. Darum muß jede autonome Periode zerbrechen: Sie kann mit ihrer formalen Unbedingtheit alles Lebendige töten und rationalisieren; aber sie kann nicht einen einzigen Lebensinhalt schaffen. Sie verliert die Wahrheit und bleibt in der leeren Form der Identität; sie verliert die Persönlichkeit und bleibt in der leeren Form des „Du sollst"; sie verliert die Schönheit und bleibt in der leeren Form der Synthesis; sie verliert die Gemeinschaft und bleibt in der leeren Form der Gleichheit. Alles verzweifelte Ringen aber um die Erfüllung dieser Formen im Logischen wie im Ethischen, im Denken wie im Handeln ist nur der Ausdruck für die Tragik der Autonomie.

Dieses Ringen ist von überwältigender Größe, und diese Tragik von erschütternder Tiefe. Es sind die Zeiten der großen individuellen Kulturschöpfungen; aber das Ende ist das Schwanken zwischen anspruchsvollem Rationalismus und verzweifelnder Skepsis im Logischen und zwischen Pharisäismus und Gesetzlosigkeit im Ethischen. Die Autonomie bricht auseinander in Nomismus und Antinomismus. Lebensfähig bleiben nur diejenigen, welche sich den großen Spannungen des Geistes entziehen und die autonome|Form benutzen zu Technik und Taktik in Wissenschaft und Wirtschaft, in Politik und Kunst. Sie haben ihren Lohn dahin. Der Lohn aber des Geistes, der ausharrt, ist das Durchbrechen des Unbedingten durch alle Formen, nicht als Gesetz, sondern als Gnade, als Schicksal, als unmittelbare überwältigende Wirklichkeit – wie es z. B. der Antike beschieden war, in der Doppelform der neuplatonischen Mystik auf logischem und des Christentums auf ethischem Boden.

Das Thema der Geistesgeschichte ist der Kampf von Theonomie und Autonomie. Die Theonomie ist sieghaft, solange sie lebendiger Durchbruch ist, solange die Paradoxie als Paradoxie erlebt wird. Sie ist aber dem Verhängnis verfallen, immer wieder aus dem lebendigen Paradox einen objektiven Widerspruch machen zu müssen; dann steigt aus dem Kampf gegen ihre Heteronomie die Autonomie der Form sieghaft empor, um schließlich ihrem eigenen Verhängnis, der Auflösung, entgegenzugehen. Das ist nicht bloß im Nacheinander gemeint. In jedem Augenblick der Geistesgeschichte tobt dieser Kampf. Aber der Sieg und die Niederlage des einen oder anderen gibt auch ein Nacheinander, eine Geschichtsphilosophie nicht nur des Querschnitts, sondern auch des Längsschnitts.

Wir haben das Ringen beider in der Religionsphilosophie betrachtet; sie ist der Ort, wo der Kampf am deutlichsten sichtbar ist. Sie ist selbst in ihrer Entwicklung ein Teil dieses Kampfes. Nur weil ihr die autonome Entwicklung die Formen gegeben hat, kann sie Philosophie sein; nur wo ihr die Theonomie den Gehalt, die Wurzelung im Unbedingten gibt, kann sie Religions-Philosophie sein. Sie kann es aber nur, wenn sie sich der Herrschaft des Begriffs entzieht, der das typische Symbol der autonomen, Gott abgewandten Periode ist, des Begriffs der Religion, wenn sie einsieht, daß nicht die Religion der Anfang und das Ende und die Mitte in allem ist, sondern Gott, und daß jede Religion und jede Religionsphilosophie Gott verlieren, wenn sie sich nicht auf den Boden des Wortes stellen: Impossibile est, sine deo discere deum. Gott wird nur erkannt aus Gott.

4. Grundlinien des Religiös[en] Sozialismus. Ein systematischer Entwurf (1923)

A. *Druckvorlage: Grundlinien des Religiös. Sozialismus. – Ein systematischer Entwurf von Paul Tillich. Blätter für Religiösen Sozialismus. Herausgeber: Carl Mennicke. 4. Jahr, Nr. 8/9/10 (S. 1–24), August-Oktober 1923. Verlag der Blätter für religiösen Sozialismus.*
B. *Grundlinien des Religiösen Sozialismus. In: GW II (1962) 91–119.*
C. *Basic Principles of Religious Socialism. In: Paul Tillich, Political Expectation. Ed. and with an Introduction by James Luther Adams. New York: Harper and Row, 1971, 58–88. – Übersetzung von B.*
D. *Grundlinien des Religiösen Sozialismus. Ein systematischer Entwurf. In: Tillich-Auswahl. Herausgegeben von Manfred Baumotte. Mit einer Einführung von Carl Heinz Ratschow. Band 3: Der Sinn der Geschichte. Gütersloher Taschenbücher Siebenstern 428. Gütersloher Verlagshaus Gerd Mohn. Gütersloh 1980, 48–76. – [Abdruck von B].*

Zur Textgeschichte

Eine handschriftliche, stichwortartige Fassung dieser programmatischen Schrift Paul Tillichs trägt die Überschrift „Die religiöse Erneuerung des Sozialismus" (PTAH, box 110:006, S. 1–30). Sie enthält die Teile A: „Die religiös-sozialistische Grundhaltung: die Prophetie", B: „Das religiös-sozialistische Ideal: die Theonomie", C: „Der Kampf des religiösen Sozialismus: Dämonie und Theokratie", D: „Der Weg des religiösen Sozialismus: die Ekklesia". „Erneuerung des Sozialismus" – unter diesem Leitthema stellten die Mitarbeiter der „Blätter für Religiösen Sozialismus" ihre Grundanschauung in einer Reihe von neun Vorträgen in der Zeit zwischen dem 31.10.1922 und dem 6.3.1923 vor und zwar als „Politische Arbeitsgemeinschaft" der Deutschen Hochschule für Politik (in der Alten Bauakademie in Berlin). Die Leitung der Arbeitsgemeinschaft oblag Paul Tillich; die Vorträge wurden von Alexander Rüstow, Adolf Löwe, Arnold Wolfers, Eduard Heimann, Carl Mennicke und Paul Tillich selbst gehalten. Am 14.11.1922 referierte Tillich über das Thema „Formkräfte der abendländischen Geistesgeschichte" und am 6.3.1923, zum Abschluß der Arbeitsgemeinschaft, zusammen mit Carl Mennicke über das Thema „Der Sozialismus als Wirklichkeit und Aufgabe" (Blätter für Religiösen Sozialismus, 3. Jahr, November 1922, Nr. 11, 44).

Einen ersten, dem Manuskript entsprechenden Vortrag hielt Tillich im Winter 1922/23 – wann und wo, konnte nicht ermittelt werden. Es ist möglich, daß er ihn in Berlin in der „Politischen Arbeitsgemeinschaft" an der Deutschen Hochschule für Politik gehalten hat. Für diese Vermutung spricht die Tatsache, daß Alexander Rüstow, der zum Berliner Kreis um die „Blätter für Religiösen Sozialismus" gehörte, mit Tillich über dessen Vortrag diskutiert hat (s.u.).

Tillich hat den Vortrag – unter dem Titel „Sinn und Wesen des religiösen Sozialismus" auf der Kasseler Tagung der verschiedenen religiös-sozialen Gruppen (10.-12. Oktober 1923) wiederholt. Nach Tambach (1919) und Marburg (1920) war es die dritte Tagung dieser Art. Die Neuwerkbewegung um Hermann Schafft, einen Freund Paul Tillichs, hatte u.a. die Berliner Gruppe um die „Blätter für Religiösen Sozialismus", den Bund religiöser Sozialisten (Berlin), den Volkskirchenbund evangelischer Sozialisten (Baden) und die Jungsozialisten nach Kassel eingeladen. Die Schweizer Gruppe um Leonhard Ragaz war nicht vertreten. Referenten waren neben Paul Tillich Carl Mennicke, der Heidelberger Philosoph Hans Ehrenberg, Pfarrer Fritze und Martin Buber.

Über Tillichs Vortrag berichtete M. Löffler: „In lebendig-frischer Dialektik erläuterte er seine Auffassung des religiösen Sozialismus als einer universalen Bewegung. Er behandelte die innere Haltung, Ziel, Kampf und Weg des religiösen Sozialismus. Kaum ein Gebiet, das der Redner nicht in seinen systematischen Entwurf einbezog. In seiner energisch gewollten Wissenschaftlichkeit wirkte der Vortrag nüchtern, aber theoretisch. In der Aussprache kam ganz richtig zum Ausdruck (Martin Buber), daß man auf den persönlich eigenen Standpunkt zugunsten eines Systems nicht verzichten will. Immerhin, Tillich hatte alte Motive aufklingen lassen oder wenigstens angeschlagen, die der Tagung als Leitmotiv dienten" (Christliches Volksblatt: Sonntagsblatt evangelischer Christen, hg. vom Badischen Volkskirchenbund, 1923, Nr. 43, 3).

Kritisch bemerkt Hans Ehrenberg über die Tagung u.a.: „Man kann die soziale Frage zwiefach ansehen: erstens vom Standpunkt des reuigen Bourgeois oder vom Standpunkt des leidenden Proletariers. Der erste Standpunkt bringt die Frage mit sich: was sollen wir tun?, der zweite beschwört die ganz andersartige Frage: was ist geschehen, was geschieht, was wird geschehen? Es könnte so scheinen, als wenn die, welche so fragen, wie die erst genannten fragen, die Verbundeneren, Tieferen wären, aber dieser Schein beruht auf Täuschung. Wir sind nicht die Träger der Zeit, sondern Kinder ihres Wesens und Unwesens, ebenso wie es die anderen Menschen unserer Tage sind. Als mitlebende, mitleidende und auch mittätige Zuschauer unserer Zeit können wir eine Sonderstellung einnehmen, durch Erkenntnis der Zeit in rücksichtsloser Wahrheitsliebe und durch Aufrüttelung unserer Nächsten in liebevoller Bußpredigt; aber eine Sonderaufgabe des Tuns haben wir nicht und können daher nicht bestimmte Situationen mit Stichwörtern versehen. Wünsche dieser Art, die auf der Kasseler Tagung laut wurden, erscheinen mir Ausdruck einer Selbsttäuschung, ja Einbildung zu sein. Im Volkskirchenbund haben wir seit je die Einstellung, daß wir keine politische Aufgabe im Sinne eines Tuns haben: wir scheiden streng zwischen dem, was wir wollen, und dem politischen Willen. Auch darin stehen wir im Gebiet der Kirche, wo die Politik immer nur indirekt auftreten kann. So sind wir gleichwohl Politiker, und warum sollten wir nicht, so ist ‚religiös-sozial' kein Panier, sondern nur der Hintergrund für unser politisches Auftreten ... Ob je noch wieder eine religiös-soziale Tagung zustande kommen wird? Wer kann es wissen? Und doch bezweifle ich es. Eine Gesamtbewegung läßt sich nicht bilden; darüber wollen wir uns nicht hinwegtäuschen" (ebd., Nr. 45, 3).

Zur Textgeschichte 83

Unmittelbar nach der Tagung wurde Tillichs Vortrag in Nr. 8/9/10 (August-Oktober 1923) der „Blätter für Religiösen Sozialismus" abgedruckt. Mennicke maß dieser Arbeit Tillichs offenbar große Bedeutung bei. So führte er den Text mit einem ganzseitigen Titel wie bei einem Buch ein und gab ihm innerhalb des Jahrgangs der „Blätter" eine eigene Paginierung. Zugleich erschien das Heft als Sonderdruck.

Tillichs Kasseler Vortrag löste im Kreis der Freunde eine Diskussion über dessen Systematik, insbesondere über dessen Ontologie, aus (ebd., Nr. 5/6, Mai/Juni 1924). Mennicke berichtete über einen kritischen Brief eines Freundes an Tillich, in dem er diesem zu bedenken gab: „Mir will scheinen, als hättest Du Dich allzulange einer einmaligen, vor langer Zeit gehabten Erleuchtung hingegeben, jener Einsicht von der Zweiheit von Gehalt und Form... Du überspanntest die Bedeutung des Geschauten und beruhigtest Dich deshalb damit, und Du verlorst die Wirklichkeit, die Schau in die Wirklichkeit,vor lauter Idee, vor lauter gefundenem Begriff." Seine sachliche Kritik an Tillichs Kasseler Vortrag formuliert er so: „Ich glaube, philosophisch gesprochen, müßte ich sagen, daß Deiner ganzen Lehre eine sie begründende Ontologie mangelt, besser vielleicht, daß Deine in den ‚Grundlinien' durchschimmernde Ontologie mangelhaft und lückenhaft ist, offenbar weil Du Dich mit dem ‚Sein' der ‚Wirklichkeit' gar nicht auseinandersetztest und immer wieder in die Betrachtung der Geisteshaltung verfällst" (ebd., 17).

In seiner ausführlichen Stellungnahme zu den an ihn gerichteten kritischen Anfragen gibt Tillich folgenden aufschlußreichen Hinweis zur Entstehungsgeschichte des Textes: „ Mein Aufsatz über die Grundlinien des religiösen Sozialismus ist die Ausarbeitung des Vortrages von vor etwa einem Jahr. Nachdem ich ihn gehalten hatte, hatte ich das Gefühl, daß er liegen bleiben und ausreifen müßte zu einem größeren Werk. Schon die letzten Kapitel meines Systems der Wissenschaften [MW/ HW 1,113], vor allem aber meine Religionsphilosophie [MW/HW 4,117], die seit Oktober bei Ullstein liegt und des Druckes harrt, führten über ihn hinaus, ebenso meine Auseinandersetzung mit Barth [MW/HW 4,91]. Ich mußte den Aufsatz fertigstellen, weil ich im August und September völlig außerstande war, ein neues Referat für Kassel zu machen und Mennicke drängte. Ich habe das selber sehr bedauert, und der Erfolg hat mir Recht gegeben. Es fehlt dem Aufsatz die Ursprünglichkeit und Frische, die der Vortrag im vorigen Winter noch hatte. Dafür sind die Gedanken klarer gefaßt und schärfer durchgeführt, und das war auch bei dem Begriff des Dämonischen nötig, von dem Rüstow mit Recht sagte, daß er im Vortrag durch zu weite Fassung unklar geworden wäre. Und die Forderung der absoluten Klarheit und Schärfe muß ja doch wohl bestehen bleiben, so lange der Versuch wissenschaftlicher Begriffsbildung gemacht wird. Aber vielleicht war es überhaupt falsch, die Grundlinien des religiösen Sozialismus in wissenschaftliche Begriffe fassen zu wollen. Vielleicht wäre hier der freie anschauliche Stil des politischen, ethischen oder religiösen Redners am Platze gewesen. Für Kassel wenigstens wäre das sicher günstiger gewesen. Aber das ist nun einmal nicht meine Fähigkeit und Aufgabe; mich drängt mein ganzes Wesen dazu, die letzte wissenschaftliche Klarheit und Prägnanz zu suchen, und das hat immerhin die Wirkung gehabt, daß in Kassel, wie in Berlin und anderen Orten ein Teil meiner Begriffe gerade auch von den Gegnern immer wieder angewendet wurde, nachdem sie vorher gegen die Begrifflichkeit gekämpft hatten. Ich wäre Euch dankbar, wenn Ihr Euch gelegentlich einmal mit der fortgeschrittenen Begrifflichkeit meines Systems der Wissenschaften, und, sobald sie gedruckt ist, meiner Religionsphilosophie auseinandersetzen würdet. Hier würdest Du auch eine ausführliche Ontologie finden, die auf allen Seinsgebieten durchgeführt ist" (ebd. 18f.).

Grundlinien des Religiösen Sozialismus
"Ein systematischer Entwurf"ᵃ

| Es ist meine Aufgabe, unsere Überzeugungen in systematischer Zusammenfassung darzulegen. Was in den vorhergehenden Vorträgen gesagt ist, soll von einheitlichen Gesichtspunkten aus verstanden, bearbeitet und eingeordnet werden. Ein System aber ist eine individuelle Schöpfung; nicht eine äußerliche Zusammenfassung kann darum beabsichtigt sein, sondern ein selbständiger, alle berührten Probleme von innen her neu erfassender Aufbau. Nur die Gemeinschaft der letzten Zielsetzung und der entscheidenden Lösungsversuche ist gewahrt. Sie muß sich, wenn sie echt ist, unmittelbar, im produktiven Akt selbst bewähren.

Es sind vier Gedankenreihen, die der Reihe nach entwickelt werden sollen: Wir fragen nach der *inneren Haltung,* nach dem *Ziel,* nach dem *Gegner* und nach dem *Weg* des religiösen Sozialismus.

I.
Die innere Haltung des ᵇ*religiösen*ᵇ *Sozialismus.*

Wir unterscheiden zwei Grundhaltungen zur jeweiligen Gegenwart: die sakramental-geschichtsunbewußte und die rational-geschichtskritische. – Die sakramentale Haltung ist durch das Bewußtsein um die Gegenwart des Göttlichen bestimmt, sei es in primitiver Heiligung alles Wirklichen, sei es in Fixierung des Heiligen auf bestimmte Gegenstände und Handlungen. Hier liegt die Wurzel der heiligen Symbole und Formen, der heiligen Rechts- und Gemeinschaftsbeziehungen; von hier aus erklären sich die unantastbaren Zusammenhänge zwischen Mensch und Boden, zwischen gegenwärtigen und vergangenen Geschlechtern, zwischen Herrschern und Beherrschten, zwischen Bluts-, Volks- und Rassengemeinschaften. Alle diese Verhältnisse sind sakramental begründet, ganz gleich, welche Anlässe zu der sakramentalen Weihe geführt haben, und sie verdanken diesem Charakter ihre Gewalt, ihre Dauer, ihre Unverletzlichkeit, zugleich aber auch die Lebensfülle, die sie vermitteln, den Lebensgehalt, den sie offenbaren. Die Geschichte wird hier als Mythos geschaut. Sie zeigt die Anlässe, die zu sakramentaler Weihung geführt haben, sie enthält die göttlichen Taten, auf denen der Gehalt und der Wert der Gegenwart beruhen. Es kann kein

Zweifel sein, daß auch heute noch weite Kreise, namentlich des Bauerntums, sich in dieser Geschichtsunbewußtheit befinden und daß die sakramentale Geisteslage aus der Bodengebundenheit immer neue Stärkung erfährt, wenn auch die Einwirkung des kritischen Geistes noch so energisch ist. Es ist ein großer Fehler, wenn man von städtischer Geisteslage aus diese Tatsache übersieht, und vor allem, wenn man ihr metaphysisches Recht und ihre Bedeutung für jeden sozialen Aufbau nicht begreift.

Die entgegengesetzte Geisteslage geht nicht von dem Gehalt und der Weihe, sondern von der Form und dem Recht aus. Auch in der sakra|mentalen Haltung gibt es Form und Recht: aber sie treten nicht als Form hervor: die innere Richtung ist nicht das Richtige, sondern das Heilige, das mit dem Richtigen eins sein, ihm aber auch widersprechen kann. In der rational-kritischen Haltung dagegen wird das Heilige, das nicht zugleich das Richtige und Geformte ist, abgelehnt. Der Geist richtet sich auf die Form und verliert darüber die Gegenwart des Heiligen; er kommt in Abstand zu allem Gegebenen und wird leer und gehaltlos; ins Unendliche geht er der unbedingten reinen Form nach, ohne sie finden zu können. Dieser kritisch-rationale Geist ist der echte Erbe des urmenschlichen Wandertriebes und er erhebt sich vorzüglich in sozialen Verhältnissen, die auf Bodenentwurzelung beruhen, in Kolonien und Städten. Es ist der titanische weltgestaltende Wille, der das Heilige, dessen Gegenwart er verloren hat, durch Formschöpfung wiederherstellen will. Aber dieser Wille, aus dem alle schaffende Aktivität des Geistes fließt, zerbricht an dem Verlust, den er notwendig bewirkt: Das gegebene Heilige kann nicht ersetzt werden durch das aufgegebene Heilige. Die Reflexion, die schaffende Aktivität ist unendlich und entleert alles Gegenwärtige zu Gunsten eines nie verwirklichten Zukünftigen. Das ist die Tragik aller Reflexion, daß sie die Entfernung zum Wirklichen, die sie aufheben will, durch sich selbst notwendig vertiefen muß. Das ist die Unfruchtbarkeit aller bloß reflektierten Haltung zur Gegenwart, daß sie die Zukunft, die sie fordert, nicht nur nicht schaffen kann, sondern ihr Kommen hindert. So wenig es in unserem Kreise notwendig ist, an der sakramental-geschichtslosen Auffassung Kritik zu üben, so notwendig ist es, auf die Gefahr der rationalen Kritik hinzuweisen. Zahlreiche kritische Gegenwartsbewegungen stehen unter dem Verhängnis der Reflexion und ihrer Unfruchtbarkeit, auch wenn sie wie z.B. die Jugendbewegung aus der Reflexion in das subjektive Gefühl flüchten. Gehalt schaffen kann das eine so wenig wie das andere; denn beide stehen auf dem gleichen Boden der subjektiven Loslösung von dem unmittelbar Heiligen und seiner unbedingt sinnerfüllenden Kraft.

Im Unterschied von beiden Richtungen nimmt der religiöse Sozialismus die profetische Haltung ein. Sie ist die Einheit und höhere Form beider. Auf dem Boden eines gegebenen Heiligen erhebt sich die Forderung des gesollten Heiligen. Profetie ist weder Mantik, die Künftiges voraussagt, noch Ethik, die Künftiges fordert. Profetie erfaßt das Kommende, Gesollte, aus dem Lebenszusammenhang mit dem Gegenwärtigen, Gegebenen. Sie hat das Heilige, aber sie hat es durch das Recht und die Form hindurch; sie ist losgelöst von der sakramentalen Indifferenz, aber sie verfällt nicht der rationalen Entleerung. – Die Profetie ist eine konstante religiöse und geistige Funktion, die schwächer und stärker, reiner und verzerrter sein, die aber nie fehlen kann. Sie ist die religiöse Einheit von Ethos und Geschichtsmetaphysik, und kann von Einzelnen, von Kreisen und Bewegungen, ja selbst von Massen getragen sein. Sie ist in dem Maße irrtumsfähig als sie zur Mantik wird und sie ist in dem Maße unfruchtbar als sie zur Moral wird.

Für den religiösen Sozialismus kann es nur die profetische Haltung geben. Sie ist im Sozialismus selbst da, wenn auch vielfach verzerrt durch Reflexion, Rationalismus und Taktik. Es kommt alles darauf an, daß diese Elemente im Sozialismus untergeordnet werden und seine reine profetische Kraft offenbar wird. Ob das gelingt oder nicht, davon hängt das Schicksal | der sozialistischen Bewegung ab. – Für alles Reden über religiösen Sozialismus ist entscheidend, ob es aus der profetischen Haltung heraus geschieht oder nicht. Jede Debatte, die sich nur in der rationalen Ebene hält, dringt nicht zu dem Wesen vor. Es gibt ein notwendiges Mißverstehen des Profetischen durch das Rationale. So hat die bürgerliche Wissenschaft den Sozialismus und die Aufklärung die Glaubenslehren widerlegt – mit Erfolg in der rationalen Sphäre, aber unter Verfehlung des Wesens selbst. Sie erreichte nicht das Metaphysische und Ethische und ihre Einheit, das Profetische jener Schöpfungen. – Dennoch darf der religiöse Sozialismus das rationale Element nicht unterschätzen. Er muß gerade aus seinem profetischen Bewußtsein heraus das Recht und die Form radikal bejahen; er darf die richtige Form nicht schwächer, sondern er muß sie stärker fordern als der Rationalismus. Aber er muß wissen, daß die Gegenwart des Unbedingten das Prius alles bedingten Handelns, daß der unbedingte Sinngehalt das Prius aller Sinnformen, daß das Wachsen der Gestalt das Prius aller Gestaltung ist.

Wir haben für den Inhalt der profetischen Geschichtsschau das Wort „Kairos" gebraucht. Es bedeutet den mit unbedingtem Gehalt und unbedingter Forderung erfüllten Zeitmoment. Es enthält keine Weissagung auf eine nähere oder fernere Zukunft; soweit es derartiges mitschwingen läßt, gesellt sich Mantik zur Profetie und Irrtumsmöglichkeit zur unbedingten Gewißheit. Aber Kairos bedeutet auch nicht eine bloße Forderung, ein bloßes Ideal. So weit derartiges mitschwingt, ist es entweder als Blickrichtung gemeint, nicht als Wirklichkeit, oder es ist Utopie. Kairos ist der erfüllte Zeitmoment, in dem das Gegenwärtige und Zukünftige, das gegebene und das geforderte Heilige sich berühren, und aus dessen konkreten Spannungen die neue Schöpfung hervorgeht, in der heiliger Gehalt sich verwirklicht in der gesollten Form. Profetie ist Bewußtsein des Kairos im Sinne des Wortes: μετανοεῖτε, πεπλήρωται ὁ καιρός καὶ ἤγγικεν ἡ βασιλεία τοῦ θεοῦ. So einigen sich sakramentale und kritische Haltung im Bewußtsein des Kairos, im Geist der Profetie.

II.
Das Ziel des ᶜreligiösenᶜ Sozialismus.

Auf die Frage, was unter der „Herrschaft Gottes" zu verstehen sei, muß zuerst und grundsätzlich die Antwort gegeben werden, die Verwirklichung des unbedingten Gehaltes in der unbedingten Form gemäß dem Wort, daß „Gott ist Alles in Allem". Aber dieses Wort drückt eine Idee aus. Es spricht von der Wahrheit des Wirklichen, aber nicht von der Wirklichkeit selbst. In der Wirklichkeit finden sich eine Reihe schöpferischer Synthesen von Form und Gehalt, in denen sich die ewige Idee, die absolute Synthesis offenbart. Eine solche konkrete Synthesis nennen wir Theonomie. Sie ist der Inhalt der profetischen Geschichtsschau, sie ist die Schöpfung, die im Kairos zugleich als gegeben und als gefordert (als nahe herbeigekommen) erlebt wird. Theonomie ist ein Zustand, in dem die geistigen und sozialen Formen erfüllt sind mit dem Gehalt des Unbedingten als dem tragenden Grund, dem Sinn und der Realität aller Formen. Theonomie ist die Einheit von heiliger Form und heiligem Gehalt in einer | konkreten Geschichtslage. Die Theonomie erhebt sich in gleicher Weise über die Formindifferenz der sakramentalen Geisteshaltung, wie über die Gehaltsentleerung der formalen Autonomie. Sie erfüllt die autonomen Formen mit sakramentalem Gehalt. Sie schafft eine heilige und zugleich gerechte Wirklichkeit.

Die Theonomie unterscheidet sich in gleicher Weise von der jenseitigen wie von der diesseitigen Utopie. Die jenseitige Utopie, die absolute Gottesherrschaft als konkretes Ideal, pflegt mit der sakramentalen, die diesseitige Utopie, das vollendete Vernunftreich, pflegt mit der kritischen Haltung verbunden zu sein. Die jenseitige Utopie ist tiefer, insofern sie die Einheit von Form und Gehalt in der absoluten Gottesherrschaft sieht und darum auch die Natur, die Grundlage aller Formverwirklichung, in den Zustand der Vollkommenheit mit aufgenommen denkt. Aber sie verwechselt Idee und Erscheinung, Wahrheit und Wirklichkeit. Sie macht die Idee zu einer höheren Wirklichkeit und ordnet damit das Unbedingte neben das Bedingte, was dem Wesen des Unbedingten widerspricht und das Bedingte entwertet. Nicht nur vom sozialistischen, sondern noch viel mehr vom religiösen Standpunkt aus muß jeder Theologie der Entwertung des Diesseits widersprochen werden. Die Wirklichkeit ist die Stätte der Offenbarung des Unbedingten, in der individuellen wie in der universalen Geschichte. Und niemand und keine Zeit kann an der Idee mehr Anteil haben, als er in der Erscheinung verwirklicht. Das ist der unbedingte Ernst, der dem Bedingten zukommt, im Einzelleben wie in der Gemeinschaft. Die Bejahung des Diesseits bedeutet aber nicht Bejahung der diesseitigen Utopie. Diese ist vielmehr eben so nachdrücklich abzulehnen wie die jenseitige. Sie ist utopischer als jene, insofern sie die Natur unangetastet läßt und auf irrationaler Naturbasis einen rationalen Gesellschafts- und Geistesbau errichten will. Sie vergißt, daß die unbedingte Form niemals als solche verwirklicht werden kann, daß sie letzte Abstraktion, rein ideeller Richtungspunkt ist, aber keine Realität. Alles Wirkliche aber ist die individuell schöpferische Synthese von allgemeiner Form und irrationalem Naturgrunde. Denn alles Wirkliche ist konkret. Der religiöse Sozialismus unterscheidet sich von der Utopie dadurch, daß sein Ziel individuell-schöpferisch, konkret-geschichtsgeboren ist. Er will Theonomie, nicht rationale Utopie. In der Theonomie aber ist das Individuelle, Konkrete, Schöpferische gewahrt. Denn der Gehalt einigt sich nicht anders mit der Form als in dem schöpferisch Individuellen, auf dem irrationalen Naturgrunde.

Aus diesen Bestimmungen über das Wesen der Theonomie ergibt sich unmittelbar ihr Verhältnis zur Religion und Kultur. In der idealen Theonomie kann es kein Nebeneinander beider geben. Jede Nebenordnung von Unbedingtem und Bedingtem macht das Unbedingte bedingt und ein Bedingtes unbedingt. Alle Kultur ist aktualisierte Religion und alle Religion aktualisiert sich als Kultur. Es gibt keinen anderen Ausdruck für die Richtung des Geistes auf das Unbedingte als die bedingten Formen und kein anderer Gehalt kann den bedingten Formen Sinn und Realität geben, als der unbedingte Sinn, auf dem sie ruhen. Je mehr eine Geisteslage diese Einheit von Form und Gehalt verwirklicht, desto mehr ist sie als theonom zu bezeichnen. |

Aber diese Bestimmungen sind nicht ausreichend. Die Theonomie verwirklicht sich individuell schöpferisch auf dem irrationalen Naturgrunde, dem sie ihre individuelle Formgebung abringt. Wo individuelles Schöpfertum ist, da ist auch Widerstand gegen den Schöpfungsprozeß, da sind Formen, die im Widerspruch zur Form stehen. Den Inbegriff dieser der unbedingten Form widerstrebenden und darum zerstörerischen und sich selbst zerstörenden Formen nennen wir das Dämonische, im Gegensatz zu der Einheit der dem Unbedingten unterworfenen Formen, dem Göttlichen. In jeder Kultur mischen sich göttliche und dämonische Formen. Niemals kann infolgedessen eine einfache Identifizierung von Religion und Kultur behauptet werden. Die Religion hat immer ein Doppelverhältnis zur Kultur. Sie enthält in sich ein Nein, ein „Reservatum religiosum" und ein Ja, ein „Obligatum religiosum". Vermöge des Reservatum religiosum zieht sich der religiöse Geist von den dämonisch verzerrten bedingten Formen einer Zeit auf sich selbst, auf die im engeren Sinne heilige Persönlichkeit und heilige Gemeinschaft zurück. So erklärt sich die kulturell negative Haltung des Urchristentums, der spätantiken Mystik, des Luthertums, als religiöses Reservat gegen die Übermacht im sozialen, persönlichen und politischen Leben. Dieses religiöse Reservat kann und muß immer wieder in Wirksamkeit treten; es ist der Grund für die Abgrenzung einer heiligen neben der profanen Sphäre; aber es wird falsch und macht dem Dämonischen die Bahn frei, sobald es die andere Seite vergißt, das Obligatum religiosum. In Wirklichkeit ist die Religion ja niemals im Stande, die kulturellen Formen zu entbehren. In dem innerlichsten Akt religiöser Vertiefung sind Formen kultureller Schöpfung wirksam und die „die Welt" ablehnenden religiösen Gemeinschaften sind in den Formen ihrer Ablehnung und in ihren eigenen Lebensformen selbst „Welt". Das Reservatum ohne das Obligatum ist unmöglich und unwahr. Ebenso unwahr aber ist die Bejahung des Obligatum ohne Reservatum, wie sie dem autonomen Protestantismus sehr nahe liegt. Die Auflösung der Religion in Kulturarbeit vergißt, daß alle Kultur von dem Unbedingten lebt, das in der Religion gemeint ist und daß darum eine Kulturreligion nicht nur die religiöse Substanz vergeudet, sondern auch die Kultur ihres Gehaltes beraubt. Darum verhält sich die Kultur mit Recht so ablehnend gegen den Kulturprotestantismus und darum lehnt die Religion mit Recht die Gleichsetzung von Religion und Sozialismus ab. Für den religiösen Sozialismus kann es nur diejenige Stellung zur Kultur und auch zum Sozialismus geben, die mit der Doppelforderung von Reservatum und Obligatum religiosum bezeichnet ist.

Aus dem Gesagten ergibt sich endlich auch die Stellung der Theonomie zu den Kirchen und Konfessionen. Sie sind die Repräsentanten des Reservatum religiosum und daraus folgt positiv und negativ ihre Wertung: positiv, insofern sie die Konzentrationspunkte des religiösen Geistes sind, negativ, insofern sie in ihren Formen genau so Kultur sind wie die ihnen gegenüberstehende profane Kultur; positiv, insofern es unmöglich ist, und ein Fehler der kritisch rationalen Haltung, wenn man meinte Symbole machen zu können; negativ, insofern kein Symbol Anspruch auf Absolutheit erheben darf. Weder gegeneinander noch gegen die Formen der profanen Kultur sind die Kirchen mit ihren kultischen und mythischen Symbolen absolut. Jede Religion steht unter dem Nein vom Unbedingten her. Damit ist die Exklusivität des Konfessionellen aufgegeben, aber nicht durch | Kritik am Konfessionellen überhaupt, sondern durch Vertiefung der Konfession bis zu dem Punkt, wo sie sich selbst ᵈvor dem Unbedingtenᵈ aufhebt. Nicht skeptische und rationale, sondern nur innerreligiöse Kritik kann die Hybris der Konfessionen überwinden. Diese letzte Negation vor dem Unbedingten schließt darum keineswegs ein starkes Ja im Bedingten aus. In der empirisch kulturellen Sphäre hat der konfessionelle Kampf das gleiche Recht wie der Kampf in allen schöpferischen Geistesgebieten. Aber die schöpferische, symboltragende Überzeugung von der Wahrheit der eigenen Konfession ist nicht identisch mit der Gewißheit des Unbedingten selbst, die sich über die ganze Ebene der Überzeugungen, auch der konfessionellen, erhebt. Die Erfassung dieser Doppelheit von Gewißheit und Überzeugung gegenüber jedem religiösen Symbol ist die Voraussetzung für ein auf die Menschheit gerichtetes religiöses Einheitsbewußtsein, das fern ist von kritischer Entleerung des Konfessionellen und seiner individuell schöpferischen Symbole. Diejenige Religion hat allein die Kraft, die Weltreligion zu werden, die diese Negativität gegen sich selbst in ihr eigenes Symbol aufnimmt. Je mehr Negativität gegen sich selbst vom Unbedingten her, desto mehr berechtigter Absolutheitsanspruch einer Konfession und Kirche, desto leichter für den religiösen Sozialismus, in die Symbole einer solchen Kirche einzugehen. Aber nicht nur gegen sich selbst als Konfession, sondern auch gegen sich selbst als spezifisch religiöse Sphäre richtet sich das Nein vom Unbedingten her. Die Religion ist um so wahrer, je mehr sie, ohne Verlust ihrer spezifisch religiösen Kraft, sich selbst als Religion gegenüber der Kultur aufhebt, je näher sie der Theonomie steht, in der die religiösen Symbole der letzte und allgemeinste Ausdruck des autonomen Kulturbewußtseins sind und die autonomen Kulturformen Ausstrahlungen sind der Erfülltheit mit dem Gehalt des Unbedingten. Je näher eine Religion diesem Ideal der Theonomie steht, desto leichter kann der autonom geborene religiöse Sozialismus sich mit ihr einen. Denn Theonomie ist das Ziel des religiösen Sozialismus.

III.
Der Kampf des ᶜreligiösenᶜ Sozialismus.

A. Grundsätzliches.

Die Theonomie, wie sie von dem gegenwärtigen Zeitmoment aus sich darstellt, kommt am deutlichsten durch Erfassung dessen zum Ausdruck, was gegenwärtig der Verwirklichung der Theonomie entgegensteht. Aus dem Kampf des religiösen Sozialismus wird sein Ziel am sichtbarsten. Der Theonomie steht gegenüber die Herrschaft des Dämonischen. Der Kampf einer religiösen Bewegung kann sich niemals gegen das Profane, Unreligiöse richten. Das lebt in dem Religiösen und hat gerade so viel Realität, als noch religiöse Substanz in ihm steckt. Der Kampf der Religion ist vielmehr gegen die gegengöttliche Religion, gegen das Dämonische gerichtet. Eine aus der Tiefe geschöpfte Feststellung der Kampfobjekte des religiösen Sozialismus muß darum von dem allgemeinen Wesen des Dämonischen ausgehen und von da aus die Dämonie dieses Kairos verstehen.

Das Dämonische ist die Erhebung des irrationalen Grundes aller individuellen schöpferischen Formverwirklichung im Widerspruch mit der un|bedingten Form. Widerstand gegen die unbedingte Form kann das Irrationale aber nur leisten, insofern es sich selbst in Formen kleidet und diese der unbedingten Form entgegenstellt. Das Dämonische ist niemals formlos. Darin gleicht es dem Göttlichen. Es gleicht ihm aber auch darin, daß es nicht in der Form aufgeht, sondern gehalterfüllt die Form zersprengt. Das Dämonische ist anschaubar wie das Göttliche in dem Ekstatischen, Übermächtigen, Schauervollen. Während aber die Ekstatik des Göttlichen die unbedingte Form bejaht und darum Formen schafft, zerstört die Ekstatik des Dämonischen die Form. An der Stellung zur unbedingten Form scheiden sich Göttliches und Dämonisches.

In der unmittelbar sakramentalen Geisteslage ist Göttliches und Dämonisches gemischt. Die Erhebung des Göttlichen gegen das Dämonische, also die Zersprengung der sakramentalen Unmittelbarkeit nennen wir theokratisch. Wir verstehen unter diesem Begriff nicht die äußerliche Erscheinung einer Priester- oder Religionsherrschaft, sondern den Willen, im Namen der heiligen unbedingten Form die dämonischen Heiligkeiten zu überwinden; es wäre nicht schwer zu zeigen, daß die tiefste Wurzel auch der äußeren Theokratie diese innere theokratische Tendenz ist, die freilich oft genug selbst wieder ins Dämonische verkehrt wird. Theokratische Bewegungen in diesem Sinne sind also antidämonische innerreligiöse Reformbewegungen, wie der jüdische Profetismus, der Mohammedanismus, das Reformmönchtum, der Kalvinismus, die sozial-ethischen Sekten. Eine theokratische Bewegung in diesem Sinne ist auch der religiöse Sozialismus.

Das Ziel der theokratischen Bewegungen ist die Herrschaft der unbedingten Form, des Richtigen und Gerechten. Sobald aber dieses Ziel erreicht ist, droht die Gefahr, daß der heilige Gehalt verloren geht. Es droht der Formalismus und die Entleerung. Die Form macht sich frei von der sakramentalen Gebundenheit und ihrer Gehaltsfülle. Sie wird profan. Die Theokratie geht über in Autonomie. Die Autonomie ist imstande, die reinen Formen in allen Gebieten mit rationaler Vollendung herauszuarbeiten, aber sie kann es von sich aus auf keinem Gebiet zu erfüllten Formen bringen. Sie lebt von dem Gehalt der Vergangenheit und wird um so lebensferner, je mehr sie die reinen abstrakten Formen herausbringt. Die vollendete Autonomie wäre die vollendete Zerstörung des Lebens. Aber das Leben läßt sich nicht zerstören, und ist der göttliche Gehalt der Theonomie vergeudet, so bricht aus dem Lebensgrunde der überwundene dämonische Gehalt hervor und benutzt die autonome Form zur Zerstörung der Form. Diese Wiedererhebung des Dämonischen ist das Merkmal autonom entleerter Zeiten und die eigentliche Gegenbewegung gegen die werdende Theonomie in unserer Zeit. Daraus ergibt sich die Doppelseitigkeit des Kampfes der werdenden Theonomie gegen die Dämonie dieses Kairos. Einerseits sind es unüberwundene Reste alter sakramentaler Dämonien, denen gegenüber der religiöse Sozialismus den theokratischen Kampf mit Hülfe der autonomen Formen fortsetzen muß. Andererseits sind es die Wiedererhebungen des Dämonischen, die in den von der autonomen Formkritik geschaffenen leeren Raum eindringen und unter Benutzung der autonomen Formen vielfach sakramentale Bedeutsamkeit anstreben. Zwischen beiden steht die autonome Form. Sie steht beiden gegenüber und kann doch niemals als Form, sondern immer nur als Ausdruck des Gehaltes gewollt werden. Gegen die sakramentale und gegen | die naturale Dämonie richtet sich der Kampf des religiösen Sozialismus. Entsprechend der Doppelheit aller Formgebung, die entweder ideale oder reale, entweder theoretische oder praktische Formen schafft, kann auch der Stoff aller Formverwirklichung, der irrationale Grund, doppelt aufgefaßt werden. Entweder als Trieb zur Einswerdung mit dem Seienden, oder als Trieb zur Erhebung über das Seiende, als Wille zur Hingabe und als Wille zur Selbstbehauptung. Liebe und Macht sind die polaren und doch in der Wurzel identischen Urstoffe aller schöpferischen Formgebung und darum die Träger der göttlichen und der dämonischen Ekstase. Beide Urelemente des Schöpferischen sind von jeher gesehen und in meistens einseitiger Überordnung gewürdigt worden: die Liebe vor allem bei Plato, in zahllosen Erscheinungen der Mystik, in der Romantik u.a.m., der Wille zur Macht im Voluntarismus, in der Naturphilosophie der Renaissance, bei Böhme, Schelling, Schopenhauer, Nietzsche u.s.f., beide in der realistischen Psychologie und Soziologie, vor allem in der Dichtung, aber auch in der Wissenschaft. Maßgebend für die Heraushebung dieser beiden Kräfte als Symbole des schöpferischen Grundes ist ihr in sich dialektischer Charakter, ihre Fähigkeit, in göttlicher und dämonischer Ekstase durchzubrechen. Beide Kräfte sind in jeder schöpferischen Wirklichkeit enthalten; es ist nicht möglich, Machtwille von Liebe oder Liebe von Machtwille zu scheiden. Doch ist in jeder Erscheinung das eine oder das andere deutlicher zu erkennen. Die Herrschaft der reinen Form sucht beides auszutreiben; und die vollendete Autonomie der Form würde eine rationale Wirklichkeit ohne Erotik und Dynamik schaffen. Sie würde ohne Dämonie, aber auch ohne Göttlichkeit sein. Eine solche Wirklichkeit aber kann es nicht geben, denn das Wirkliche in allem Wirklichen sind die erotisch-dynamischen Kräfte, die seinen Grund und Abgrund bilden. Es wäre ein Mißverständnis, wollte man diese Begriffe in der universalen Anwendung, die sie hier finden, eigentlich, im psychologischen oder soziologischen Sinne gegenständlich, nehmen. Damit würde man sich einer schlechten Metaphysik schuldig machen. Vielmehr sind sie symbolisch zu nehmen als Ausdruck des schöpferischen Grundes, der in den durch sie benannten Erscheinungen sich besonders symbolkräftig offenbart. Was sie symbolisieren sollen, der irrationale Grund, ist aber nicht mehr logisch, sondern nur metalogisch erfaßbar.

Damit sind die grundlegenden Bestimmungen gegeben, mit denen es möglich ist, an eine Deutung des gegenwärtigen Kairos vom Unbedingten her heranzutreten. Auf allen Gebieten muß der religiöse Sozialismus den Kampf führen gegen die Dämonien der sakramentalen Geisteslage und gegen die neu hereingebrochenen naturalen Dämonien. In diesem Kampf muß er sich der reinen rationalen Form bedienen, wie sie ihm von autonomer Kultur der letzten Jahrhunderte übergeben ist. Aber er muß darüber hinaus um die Offenbarung eines neuen heiligen Gehaltes ringen, durch den die autonome Form erfüllt wird. In dem Kampf gegen sakramentale und naturale Dämonien nimmt der religiöse Sozialismus rationale, liberale und demokratische Elemente in sich auf. In dem Ringen um einen neuen Gehalt öffnet er sich den theonomen Elementen vergangener und gegenwärtiger sakramentaler Geisteslagen. In beiden Fällen aber sucht er die dämonischen Elemente auszuscheiden: Im Liberalismus und Rationalismus die infolge der Entleerung eingedrungenen naturalen Dämonien, im Sakramentalismus die mitgeführten und vielfach verhärteten sakramentalen Dämonien.|

B. Der Kampf in der theoretischen Sphäre[1]

Den Aufbau der Geistesfunktionen behandelt die Wissenschaftssystematik. Wir entnehmen ihr die grundlegende Einteilung in weltaufnehmende und weltgestaltende Funktionen und in jeder der beiden Gruppen wieder die Einteilung in Funktionen der bedingten Sinngebung und der Richtung auf den unbedingten Sinn. So stehen gegenüber in der theoretischen Sphäre Wissenschaft und Kunst der Metaphysik, in der praktischen Sphäre Recht und Gemeinschaft dem Ethos. Die Funktionen des Bedingten unterscheiden sich wieder so, daß Wissenschaft und Recht mehr der Form, Kunst und Gemeinschaft mehr dem Gehalt zugewandt sind.

---

[1] Vergleiche mein Buch: „Das System der Wissenschaften nach Gegenständen und Methoden." Göttingen 1923. Vandenhoeck & Ruprecht.– Zu beziehen durch den Verlag der „Blätter" [= MW/HW 1, 113–263].

In der sakramentalen Geisteslage ist die Richtung auf den unbedingten Sinn, den alles fundierenden Sinngehalt durchaus beherrschend. Die logischen und ästhetischen Formen sind Ausdruck des allgegenwärtigen Gehaltes; sie wurden bejaht um ihrer Ausdruckskraft für die metaphysische Schau, nicht um ihrer autonomen Geltung willen. Heilige Wissenschaft und heilige Kunst schaffen Symbole einer metaphysischen Grundhaltung. Sie sind eng verbunden und ihr einheitliches Symbol ist der Mythos. Die Dinge haben mythische, innere, speziell sakramentale Bedeutsamkeit. Sie sind nicht eigentlich Dinge, sie sind Wesen von eigener Mächtigkeit und eigener Eroskraft, und durch Eros und Machtwille tritt der Geist mit ihrem innersten Kern in Beziehung.

Aber diese sakramentale Bedeutung der Dinge beraubt sie ihrer formalen Bedeutung. Sie werden nicht in ihren Eigenformen erfaßt, sondern in ihren metaphysischen ᶠEros- und Macht-Beziehungenᶠ. Sie werden vom Eros vergewaltigt, und sakramentale Formverzerrungen im Logischen wie im Ästhetischen erhalten heilige Unantastbarkeit und Absolutheit. Die dämonische Gewalt derartiger heiliger Sinnwidrigkeiten äußert sich in der Niederhaltung und Zerstörung der geistigen Freiheit und Schöpferkraft, mit der sie Völker und Klassen in untermenschlicher Unfreiheit und Unbeweglichkeit halten und jeden autonomen Versuch zerbrechen. Die unüberwindliche Furcht vor dem Dämonischen in den Dingen, die Knechtschaft des Tabu und das zerbrochene Wahrheitsbewußtsein sind die dämonischen Wirkungen der heiligen Formwidrigkeit in der theoretischen Sphäre.

Gegenüber diesen Formen des Dämonischen, die in dem sakramentalen und orthodoxen Konfessionalismus eine Gegenwartsmacht sind, muß der theokratische Kampf fortgesetzt werden, den der Protestantismus und die Renaissance begonnen haben, und den die Aufklärung zur autonomen Reife geführt hat. Der Ernst und die Strenge der autonomen Haltung Kants, der empirischen Wissenschaften und der klassisch-realistischen Kunst darf der kommenden Theonomie nicht verloren gehen. Als Vorkämpfer der Gerechtigkeit im Sozialen muß der religiöse Sozialismus auch im Theoretischen den Dingen die Gerechtigkeit geben, die in der Bejahung ihrer Eigenformen, ihrer rationalen, logischen oder ästhetischen Zusammenhänge beschlossen liegt.

So lange dieser Kampf mit den Kräften profetisch-theokratischen Gehaltes geführt wird, entgeht er dem Schicksal der Entleerung. Er ist getragen von Welt-Eros und -Dynamis, wie in den großen Erscheinungen | der Renaissance bis hin zum 17. Jahrhundert. Sobald dieser Gehalt aber schwindet, bleibt nichts übrig, als die leere Erhabenheit der autonomen Form und der unendlichen wissenschaftlichen und künstlerischen Formfindung. Und dieser leeren Form bemächtigt sich dann eine andere Erotik und Dynamik als die auf das Unbedingte gerichtete göttliche.

Das Verlieren innerer Mächtigkeit und Eroskraft, dem die Dinge in der rationalen Wissenschaft ausgesetzt sind, findet nicht etwa bei einem System formaler Beziehungen sein Ende, die ihren eigenen abstrakten, bloß formalen Charakter durchschauen. Vielmehr bemächtigt sich dieser Formen eine neue Dämonenfurcht. Es entsteht der Glaube entweder an die sinnlose Notwendigkeit oder an die sinnlose Willkür als Kern der Dinge. An Stelle sinnhafter Schicksalszusammenhänge und geistiger Wesenhaftigkeit, deren höchste Form die schöpferische Freiheit ist, tritt die dämonische Doppelgestalt Notwendigkeit und Zufall. Ob im Naturalismus oder naturalistischen Voluntarismus, im Metaphysischen wie im Pragmatischen, immer hat der Gott dämonisch-ekstatische, sinnzerbrechende Züge. Weltgehalt und Weltsinn klaffen auseinander. – Dem Erkenntnisobjekt entspricht die Erkenntnishaltung. Die kritisch-rationale Nüchternheit und gehaltsindifferente skeptische Sachlichkeit der Wissenschaft wird benutzt, um eine Hybris des Rationalen zu begründen, die alle Reste sakramentaler Unmittelbarkeit auflöst, nun aber einen neuen irrationalen Grund sucht, um den verlorenen metaphysischen Gehalt zu ersetzen. Es ist die subjektive Eros- und Machtbeziehung zu den Dingen, die jene Hybris des Rationalen trägt, es ist ihre der Außenseite des Erkennenden zugewandte Außenseite, die Stelle, wo die Dinge sich dem subjektiven Eros und dem subjektiven Machtwillen öffnen, es ist die der Technik und dem Nutzen zugängliche Form der Dinge, auf die sich die rationale Hybris stützt. So entsteht ein naturaler Subjektivismus, der dem sakramentalen Objektivismus gleicht und die gleichen dämonischen Konsequenzen hat. Denn diese Abhängigkeit der Erkenntnishaltung von dem subjektiven Eros- und Machtwillen, deren klassischer theoretischer Ausdruck der Pragmatismus ist, bedeutet ein Zerbrechen des Erkenntnissinnes, eine Isolierung des Erkennenden vom Erkannten und ein Zerschlagen des universalen Organismus der Wahrheit. Der religiöse Sozialismus, der in der sozialen Sphäre die universale Gemeinschaft will, muß auch um die universale, lebendige Erkenntniseinheit ringen und der dämonischen Subjektivität des Pragmatismus entgegentreten, nicht nur in der liberal-individualistischen, sondern auch in der marxistisch-soziologischen Form. Er muß den Dingen ihre eigene Gestalt, ihre eigene Mächtigkeit und Eroshaftigkeit lassen; er muß ihnen Schicksal und Freiheit wiedergeben; und er muß darum durch die mechanisierte Außenseite hindurchdringen zu dem Punkt, wo der universale Zusammenhang des Erkennens und damit eine theonom- und nicht dämonisch-metaphysische Haltung erwächst. Die Lehre von der Gestalterkenntnis, von der schöpferischen Sinnerfüllung und von der metalogisch-dynamischen Methode der Philosophie, sind Versuche, in dieser Richtung vorzustoßen. Es sollen Wege sein zur neuen Theonomie im Erkennen[2].

In der ästhetischen Sphäre bewirkt die Hinwendung zu den Eigenformen der Dinge eine klassisch-realistische Richtung. Die dämonischen | Verzerrungen des ᵍHieratischenᵍ Stiles werden zu Gunsten der reinen geschlossenen Formen überwunden. Das Wesen des Ästhetischen als eigene Sinnfunktion mit eigenen Sinnnormen wird offenbar. Entsprechend der theokratisch-autonomen Erfassung des Heiligen werden die mythischen Symbole klassisch durchgeformt und in die ästhetische Sphäre erhoben. Der Mythos verliert seine religiös-metaphysische

---

[2] Vergl. System der Wissenschaften.

Qualität und wird Kunst. Aber der klassische Realismus ist nur solange lebensvoll, als der mythische Gehalt in ihm nachwirkt. Verliert er ihn, so entsteht der klassizistische Formalismus, der nun seinerseits von dem subjektiven Eros- und Machtwillen ergriffen und zu neuen naturalistisch-dämonischen Schöpfungen gebraucht wird. Es sind die subjektive Erotik, die Impression und der Machtwille der ästhetischen Distanz, die die ästhetische Form benutzen und da, wo sie ihr eigenes dämonisches Wesen erfassen, den formlosen Realismus oder die Kunst der ʰDekadenceʰ schaffen. Damit ist in der ästhetischen Sphäre die Parallelschöpfung zum Naturalismus und Pragmatismus erreicht. Dem gegenüber liegen in der expressionistischen Richtung und dem neuen Verstehen der hieratischen und primitiven Kunst Tendenzen auf eine mit sakramentalem Gehalt erfüllte theonome Kunst. Es ist für den religiösen Sozialismus, der um Symbole einer theonomen Gemeinschaft ringen muß, von höchster Bedeutung, an diesen Bewegungen teilzunehmen und sie durch Kritik vom Metaphysischen her davor zu schützen suchen, daß sie selbst wieder, wie es vielfach geschieht, der Subjektivität und dem Ästhetizismus unterliegen.

In beiden Gebieten der theoretischen Sinnerfüllung ist das theonome Ziel eine Haltung, in der die autonomen von sakramental-dämonischer Verzerrung befreiten Formen wiederum befreit werden von den mit ihrer Entleerung eintretenden naturalistisch dämonischen Verzerrungen und erfüllt werden mit dem Gehalt des Unbedingten. Das echte Metaphysische ist keine Theorie und kein Dogma, sondern es ist eine Richtung des sinnerfüllenden Geistes, die Richtung auf das Unbedingte; und es kommt darauf an, dieser Richtung in Wissenschaft und Kunst einen solchen Ausdruck zu geben, daß beide, unbeschadet der Autonomie ihrer Formen in neuer Vereinigung Symbole schaffen einer neuen theonomen Vereinigung von Geist und Wirklichkeit.

C. Der Kampf in der praktischen Sphäre.

1.

In der sakramentalen Geisteslage sind Recht und Gemeinschaft auf Verwirklichung des Unbedingten gerichtet. Die Gemeinschaft ist Kulturgemeinschaft, und alle sozialen Beziehungen haben sakramentale Weihe. Die autonome Persönlichkeit und mit ihr das autonome Recht und die autonome Gesellschaft sind noch nicht hervorgetreten. Die Persönlichkeit ist vollkommen beherrscht durch die sakramentalen Beziehungen zum Boden, zum Besitz, zur Familie, zum Stamm, zur Klasse, zum Volk, zur staatlich-kultischen Hierarchie. In dieses auf Mächtigkeit und Eros beruhende kultisch geweihte System von sachlichen und persönlichen Beziehungen ist die Persönlichkeit eingeschlossen, aus ihm hat sie ihren Gehalt, ihre Fülle und ihre Bedeutsamkeit; aber durch dieses System wird auch ihre | autonome Formentfaltung gehindert und gestört. Aus ihm stammen die heiligen Ungerechtigkeiten, die dämonischen Zerbrechungen und Opferungen der Persönlichkeit um der sakramental-geheiligten Macht- und Erosbeziehungen willen. Das Verhältnis zur Frau, zum Kind, zum Sklaven, zum Fremdling, zum

Angehörigen der minderen Kaste, zum Feind usf., das Niederhalten der autonomen Persönlichkeitswerte und Sozialbeziehungen in dem eigenen Bluts-, Stammes-, Geschlechtszusammenhang, die Hinderung rational-technischer Beherrschung des Bodens und der übrigen Natur – all das sind die Konsequenzen der sakramentalen Sozialhaltung. Um ihretwillen beginnt der ⁱtheokratischeⁱ Kampf gegen den Sakramentalismus, der Kampf um Gerechtigkeit, Gleichheit, Anerkennung der Persönlichkeit, Befreiung von der Naturknechtschaft. In diesem Kampfe, der am gewaltigsten und erfolgreichsten von der jüdischen Profetie geführt ist, muß sich der religiöse Sozialismus stellen; er muß alle sakramentalen Dämonien, ihre feudalen, bäuerlichen und kirchlichen Reste bekämpfen und geht in diesem Kampfe weithin mit dem Liberalismus und der Demokratie zusammen. Der Begriff des Menschenrechtes ist für ihn keine Phrase, sondern das Symbol siegreicher Überwindung heiliger Ungerechtigkeiten, sakramentaler Dämonien.

Aber der religiöse Sozialismus weiß auch, daß die leeren Formen der Freiheit und Gleichheit Abstraktionen und keine Wirklichkeiten sind; wenn der sakramentale Gehalt der sozialen Sphäre durch den Sieg der reinen Form entwichen ist, so bemächtigen sich der subjektive Eros- und Machtwille dieser Form und verzerren sie dämonisch. Der religiöse Sozialismus sieht die naturalen Dämonien, die sich mit dem wachsenden Sieg der rationalen Gesellschaftsform einstellen; er sieht seine Hauptaufgabe in ihrer Bekämpfung und dem Ringen um neuen Gehalt. Dieser doppelte Kampf gegen sakramentale und naturale Dämonien soll nun in den Gebieten der Wirtschaft, des Rechts, des Staates, der Gemeinschaft betrachtet werden.

2.

In der sakramentalen Geisteslage ist das Verhältnis zum Boden und zu den übrigen Sachen gefestigt und mythisch begründet. Die Mächte des Bodens und die Gottheiten der übrigen Güter stehen mit dem Besitzer in einer besonderen innerlichen Beziehung. Es ist ein heiliger Eros, der das Eigentum begründet und eine heilige Mächtigkeit, die den Menschen über die Sache stellt, dabei aber der Sache ihr Eigenwesen, ihre innere Mächtigkeit läßt. Nur unter bestimmten Einschränkungen und in engen Grenzen ist die Nutzung der Dinge möglich; darüber hinaus wahrt die Furcht vor dem Tabu den Dingen ihr Eigenwesen. Die Sache ist noch nicht Sache, aber darum auch die Person noch nicht Person, und die verborgenen Gewalten der Dinge unterdrücken die Erhebung des Persönlichen mit dämonischer Gewalt. Infolgedessen erstreben theokratische und rationale Bewegungen immer auch eine Aufhebung der sakramentalen Sachheiligung und eine Erfassung der Dinge in ihrem rationalen Sachwert. Die Dinge werden ihrer inneren Mächtigkeit beraubt; sie werden rationale Wirtschaftsmittel; zuerst die beweglichsten Güter, am meisten das, was dem Tausch dient, das Geld, zuletzt der unbewegliche Boden. Mit dem rationalen Sachwert, den sie gewinnen, verlieren die Dinge ihren kultischen Eroswert. Je | mehr das Ding Ware ist, desto weniger steht es mit dem Besitzer in Erosbeziehung, desto weniger innere Mächtigkeit hat es. In dieser inneren Entleertheit aber wird das Ding zum Objekt des subjektiven Eros und des subjektiven Machtwillens. Der bloße Genußwille und der unendliche Herrschaftswille ʲbemächtigtenʲ sich der Dinge, die Waren geworden sind, und unterwirft sie sich in einem Maße, das auch die Möglichkeit innerer Erosbeziehungen aufhebt, ins Unendliche. Der rational geleitete, subjektive Machtwille hat keine Grenzen; aber er muß, um das Grenzenlose beherrschen zu können, sich selbst seines inneren Gehaltes begeben, ihn der leeren unendlichen Aktivität opfern. Was er den Dingen nahm, verliert er selbst und wird zu einer Sache in dem gewaltigen Sachprozeß der unendlichen Wirtschaft. Die naturale Dämonie zerbricht die Persönlichkeit genau wie die sakramentale.

Damit ist das eine entscheidende Problem der ökonomischen Ethik aufgenommen, das Bedürfnisproblem. Eine Befreiung von dem Unendlichkeitstrieb der rational-liberalen Wirtschaft ist nur möglich durch eine Umgestaltung des Erosverhältnisses zu den Dingen. Nicht das Eigentum ist verderblich, sondern dasjenige Eigentum, das nicht zum Eigentum im Sinne innerer Mächtigkeit und Erosbeziehung geworden ist. Eigentum im echten Sinne ist von Natur begrenzt und eine notwendige Grundlage der persönlichen Mächtigkeit. Nicht das dämonische Tabu, sondern das lebendige Erosverhältnis zwischen Person und Sache begründet in der Theonomie das Bedürfnis. Eine Wirtschaft, die der Bedürfnisbefriedigung in diesem Sinne ᵏdienteᵏ, muß zu einer fundamentalen Umstellung der Wirtschaft führen. Sie ist ein Ziel des religiösen Sozialismus, so schwierig es auch zu erreichen ist, da die mit der rational unendlichen Weltnutzung verbundene Menschheitsvermehrung ein nur langsam zu überwindendes Hindernis ist.

Der zweite entscheidende Punkt in der Betrachtung der Wirtschaft ist das technische Verhältnis der Persönlichkeit zu den Dingen im Produktionsprozeß. Mit den Schranken des Tabu fällt jede Einschränkung der unendlichen technischen Dingnutzung. Es kommt ausschließlich die rationale Seite der Dinge in Betracht und mit ihr die Notwendigkeit, daß die Menschen sich ihr anpassen; es entsteht die Mechanisierung des Produktionsprozesses, deren Symbol die Maschine ist. Auch bei einer veränderten Bedürfniswirtschaft kann freilich keine Rede davon sein, daß die Maschine aufhört. Zerstörungen der Maschine sind Rückwanderungen zu der sakramentalen Dämonie und Anerkenntnisse, daß das die Technik hindernde Tabu zu Recht bestand. Nur darum kann es sich handeln, der Maschine das Mechanische zu nehmen, das in Wahrheit nur eine Seite ihres Wesens ist. Im Kern aber ist die Maschine eine echte Gestalt mit individuellen Gestaltqualitäten, die eine produktive Einfühlung und einen lebendigen Eros verlangt. Infolgedessen ist es keineswegs die mechanisierte, sondern die lebendige Persönlichkeit, die der Maschine adäquat ist, wenn auch in bestimmten und dem Handwerk gegenüber sehr wesentlichen Grenzen, die sich aus der Unterordnung unter die rationalen Gesetze ergeben. Aber auch diese Grenzen können erweitert und die einzelne technische Gestalt durch Einfügung in den universalen Zusammenhang der Produktion weit über das Handwerkliche an innerer Bedeutsamkeit hinausgehoben werden. Es kann und muß einen Mythos der Technik geben | und darum auch eine kultische Weihe der technischen Produktion, wie es Beides im Handwerk gab.

Für den religiösen Sozialismus ergibt sich aus dem Gesagten, daß er unter Anerkennung der technisch rationalen Dingverwertung das Eros- und Mächtigkeitsverhältnis zwischen Ding und Person neu begründen muß, daß er unter Ablehnung alles maschinenstürmerischen Ressentiments und auch aller Flucht in handwerkliche Idylle dem Erosverhältnis zwischen technischer Gestalt und Persönlichkeit zur Wirkung verhelfen und dem universalen, technischen und weltwirtschaftlichen Prozeß mythische und kultische Weihe geben muß. Damit ist sein Widerspruch eben so sehr gegen romantische Reaktion wie gegen die naturale dämonische Autonomie der Wirtschaft ausgedrückt und die Idee einer theonomen Wirtschaftshaltung aufgestellt.

3.

Das Wirtschaftsproblem muß immer von zwei Seiten her gefaßt werden; einerseits kommt das Verhältnis von Person und Sache, andererseits das Verhältnis von Person und Person in Betracht. Die erste Seite ist in den meisten ökonomischen Theorien vernachlässigt worden. Man hielt den unendlichen rationalen Machtwillen in der Wirtschaft für eine selbstverständliche Voraussetzung. Die letzten Ausführungen haben gezeigt, daß das keineswegs der Fall ist. Aber sie bedürfen freilich der Ergänzung durch die andere Seite.

Der Verhältnis von Person zu Person ist in der sakramentalen Geisteslage bestimmt durch die unmittelbare, kultisch geweihte Gemeinschaft. Mit der sakramentalen Unmittelbarkeit ist die dämonische Verkehrung von Macht und Eros, die Unterdrückung von Persönlichkeiten, notwendig verbunden. Die theokratische Reaktion gegen das Sakramentale erstrebt infolgedessen Befreiung der Persönlichkeit, und insofern diese Befreiung alle betrifft, Gleichheit vor dem Recht. Damit löst sich das Recht von der unmittelbaren Einheit mit dem Sozialen ab; es wird formal und autonom und tritt unter die Kategorien der Freiheit und Gleichheit. Die Idee der Menschenrechte ist der vollkommenste Ausdruck der theokratisch-rationalen Tendenz in der praktischen Sphäre. Es ist für den religiösen Sozialismus selbstverständliche Forderung, daß er der absoluten Rechtsidee zur radikalen Durchführung verhilft. Hier schließt der religiöse Sozialismus unmittelbar an den religiösen, theokratischen Liberalismus an und muß gemeinsam mit ihm den Kampf gegen die sakramental-dämonischen persönlichkeitzerstörenden Mächte fortführen – ganz gleich, ob gegen europäische Restbestände oder gegen asiatische Ungebrochenheit der sakramentalen Geisteslage.

Aber mit dem Sieg der reinen Rechtsform sind die heiligen Eros- und Machtbeziehungen und damit der lebendige Gehalt der Gemeinschaft entschwunden. Es ist das entstanden, was man Gesellschaft genannt hat, was aber nur eine unwirkliche Abstraktion ist, das System rationaler Beziehungen gleichberechtigter einzelner ohne Gehalt der Gemeinschaft. In diese gehaltlose Form aber brechen die subjektiv-naturalen Dämonien ein.

In der vollendeten Gesellschaft wird die Verteilung der Güter nach einer abgestuften inneren Mächtigkeit ersetzt durch den freien Wettbewerb. Die liberale Idee der freien Persönlichkeit wird naturalistisch-subjektiv umgebogen. Die stärkste intellektuelle und willensmäßige Kraft hat die größten | Chancen, in dem rationalen Prozeß der Dingausnutzung zu siegen. Der unendliche Trieb der Dingbeherrschung, der getragen ist von dem subjektiven Eros jedes Einzelnen, führt zu dem unendlichen Kampf aller gegen alle. Wo in diesem Kampf sich Gemeinschaften bilden, sind sie durch den Kampf gegen die anderen bestimmt, ihr Ende ist das Ende des gemeinsamen Interesses. Und das gilt nicht nur für Verbindungen, die eigens zu diesem Zweck geschaffen sind, sondern es dringt auch in die andersartig gegründeten Gemeinschaften ein: Familie, Stand, Geschlecht, Ort, Nation werden zu wirtschaftlichen Interessenverbänden, soweit nicht die irrationalen Mächte, aus denen diese Gemeinschaften hervorgegangen sind, noch Widerstand leisten können. Die autonome unendliche Wirtschaft beginnt ihren Kampf um den Primat über alle anderen Sozialfunktionen und gewinnt ihn. In dem Maße aber, in dem sie ihn gewinnt, schafft sie soziale Lagen, die den Stempel des Dämonischen unverkennbar an sich tragen. Sobald die Beziehungen von Person zu Person in die der reinen Rechtsform aufgegangen sind und der Inhalt der gemeinsamen Arbeit die wirtschaftliche Dingnutzung geworden ist, gestaltet sich das soziale Machtverhältnis ausschließlich nach dem wirtschaftlich begründeten Machtverhältnis. Dieses aber ist bedingt einerseits durch überkommene sakramentale Machtstellungen, die ihres Sinnes verlustig gegangen sind, andererseits durch persönliche Eigenschaften, die der unendlichen rationalen Dingnutzung entsprechen, Eigenschaften, wie sie namentlich durch religiös-theokratischen Geist gezüchtet werden, z.B. im Judentum und Kalvinismus. Aus diesen Voraussetzungen baut sich die rein sachliche Kapitalherrschaft auf, die einerseits jedem Einzelnen sein formales Recht gibt, andererseits jeden Einzelnen in das System des rationalen Wirtschaftsprozesses stellt, in dem es nur sachliche Abhängigkeiten, kein inneres Mächtigkeits- und Erosverhältnis gibt. Dieses System der rein sachlichen Macht auf der einen, der rein sachlichen Abhängigkeit auf der anderen Seite führte zu dem eigentlichen Klassengegensatz des kapitalistischen Zeitalters. Der Klassenkampf ist keine allgemeingültige soziale Erscheinung, sondern die Konsequenz einer rational durchgeformten ökonomischen Gesellschaftsordnung, in der die Beziehungen innerer Mächtigkeit zu äußeren Machtbeziehungen geworden sind. Die Kapitalherrschaft führt notwendig zum Klassenkampf, da es der rein subjektive Eros- und Machtwille ist, der das rationale Instrument in seinen Dienst nimmt. Zugleich aber erschwert der rationale Charakter der kapitalistischen Wirtschaft diesen Kampf außerordentlich, weil nur wenige die rationalen Qualitäten zur Wirtschaftsführung haben.

Für den religiösen Sozialismus ergibt sich daraus die Bejahung des Klassenkampfes, nicht im Sinne einer absoluten, sondern einer historisch bedingten Wirklichkeit. Der Klassenkampf ist die Abwehr des Unrechtes, das die innerlich gehaltlose radikale Durchführung der Menschenrechte gebracht hat. Der Klassenkampf ist aber selbst, genau wie der radikale Konkurrenzkampf ein Ausdruck für den dämonischen Charakter der kapitalistischen Wirtschaft. Die innere Grenze des Klassenkampfes liegt darin, daß er in der Sphäre des unendlichen rationalen Wirtschaftswillens bleiben muß. In dieser Sphäre aber ist die Versachlichung der Machtverhältnisse unausbleiblich. Die Träger der Macht zerreißen, getragen von subjektivem Machtwillen und ausgestattet mit überlegener rationaler und wirtschaftlicher Kraft, jede heteronome Bindung. Es kann für sie keinen anderen Willen | geben, da es keinen anderen Gehalt gibt. Ebenso werden die Unterworfenen notwendig mechanisiert, da sie nur in dieser Mechanisierung für das gemeinsame Ziel brauchbar sind. Der religiöse Sozialismus muß darum dem Klassenkampf ein Ziel geben, durch das er aus den Grenzen des rationalen Wirtschaftswillens gehoben wird. Sein letztes Ziel muß gerade die Befreiung von dem Ethos der unendlichen rationalen Wirtschaft und die Gewinnung einer theonomen Wirtschaftshaltung sein. Das Problem der Kapitalherrschaft ist nicht aus sich heraus lösbar, so lange die Dämonie des unendlichen subjektiven Wirtschaftswillens herrscht. Der Gedanke, daß durch Vergesellschaftung der Produktionsmittel die Kapitalherrschaft zu brechen wäre, übersieht, daß der subjektive Eros- und Machtwille die rationale Wirtschaft getragen hat und daß sie zusammenbrechen muß, sobald dieser Träger ohne Ersatz ausgeschaltet wird. Nur dann kann die Sozialisierung Erfolg haben, wenn die Gemeinschaft der Gemeinwirtschaft einen Sinn geben kann, durch den an Stelle des subjektiven Machtwillens ein universaler religiöser Eros tritt. Nur ein solcher, im Unbedingten wurzelnder Wirtschaftssinn kann die Führer zu Trägern innerer Mächtigkeit machen und die Geführten entmechanisieren, und ihnen das Bewußtsein des Anteils an der gemeinsamen Schöpfung geben. An Stelle rationaler Machtverhältnisse treten theonome Mächtigkeits- und Bedeutungsabstufungen. Der subjektive Eros verliert seine Schärfe dadurch, daß er aufgenommen wird in den universalen Eros.

Dadurch gewinnt nun auch der Begriff der Sozialisierung einen neuen Sinn. Sozialisierung im Sinne des Staatssozialismus ist der eroslose Gegenbegriff gegen die Subjektivität des absoluten Privateigentums. Während das absolute Privateigentum eine Konsequenz der isolierten formalen Rechtspersönlichkeit ist, ist der Staatssozialismus eine Konsequenz des formalen rationalisierten Rechtsstaates. Wo dagegen die sozialen Beziehungen bestimmt sind durch die innere Mächtigkeit und Eroskraft des Einzelnen und der rechtsetzenden Gemeinschaften, da tritt, trotz voller Anerkennung der formal rechtsgleichen Persönlichkeit, die Idee des Lehens auf, d.h. die Idee einer Verfügung über die Güter, entsprechend der inneren Mächtigkeit und Bedeutsamkeit des Einzelnen und der einzelnen Gemeinschaft für den Lebensgehalt des Ganzen. Naturgemäß hört ein solches Verfügungsrecht mit dem Aufhören der Bedeutsamkeit des Betreffenden für das Ganze selbst auf. Dadurch verliert der Besitz seine Exklusivität; er wird repräsentativ und ermöglicht eine innere Teilnahme aller an dem Lehnsgut, über das Einzelne verfügen. – Der religiöse Sozialismus kann also die eroslose Besitzenteignung ebensowenig vertreten wie das subjektive dynamische Verfügungsrecht; in einem auf der Lehnsidee und dem repräsentativen Eigentum aufgebauten Besitzrecht sieht er die Verwirklichung der theonomen Forderung.

4.

Träger alles Rechts ist die ˡrechtssuchendeˡ Gemeinschaft, der Staat. Welche Gemeinschaft zur ᵐrechtssetzendenᵐ Gemeinschaft wird, ist dabei gleichgültig. Für die Gegenwart sind die Nationen die wesentlichen Träger der staatlichen Idee. In der sakramentalen Geisteslage ist der Staat getragen von derjenigen Schicht, die den Gehalt des Ganzen am mächtigsten in sich trägt; sie hat die Autorität; denn alle Autorität ist kul|tisch sakramental begründet. Mit der sakramentalen Qualität der Autorität verbindet sich aber die dämonische Vergewaltigung sowohl der rechtsunterstellten wie der rechtsfremden. Demgemäß hat die theokratische Reaktion notwendig demokratische und universalistische Tendenzen. Mit der vollendeten Theokratie wäre die innerstaatliche Demokratie und die überstaatliche Rechtseinheit verwirklicht. Es ist das Ideal der radikalen politischen Demokratie, die unter Absehen von allen irrationalen Mächtigkeiten nur den rationalen Einzelnen und die rationale Allgemeinheit kennt. Die Erfüllung des demokratischen Ideals wäre die Auflösung des staatlichen in einen universalen, in sich ruhenden Rechtsorganismus: die reine praktische Form.

Aber alles Recht bedarf zu seiner Realisierung eines Recht setzenden und durchführenden Willens. Gegen die reine Form steht ja in jedem Augenblick die Formlosigkeit, die Willkür, und das Recht bedarf, um verwirklicht zu werden, der Macht, die im Kampf mit der Willkür zur Gewalt wird. Mit diesem Element der Macht, das in jeder Rechtsetzung enthalten ist, verbindet sich der soziale Eros, der dem Recht einen individuell-schöpferischen Inhalt gibt. Beide aber, Macht und Eros, die unauflöslich mit dem Wesen des Staates verknüpft sind, werden, sobald die radikale Demokratie den sakramentalen Gehalt ausgetrieben hat, ins ⁿnatural dämonischeⁿ umgebogen. Es sind im wesentlichen zwei Mächte, die um den Staat kämpfen, die Wirtschaft und das Nationale. Ihnen stehen gegenüber die Reste alter kultischer Aristokratien oder Hierarchien auf der einen, und die Demokratie und nationale Beamtenschaft als Vertreter des formal Staatlichen auf der anderen Seite. Aus dieser Sachlage ergibt sich die Gruppierung der Parteien im gegenwärtigen Deutschland. Als Vertreter der rationalen Formidee vom Einzelnen her die Demokratie, vom Allgemeinen her die Beamtenschaft, die erste stark durchsetzt von Mächten der liberalen Wirtschaft, die °zweiten° gestützt auf Elemente alter sakramentaler Autoritäten. Daneben die Altkonservativen als reine Repräsentanten der ehemals kultischen, inzwischen vielfach naturalistisch gewordenen Aristokratie und das Zentrum gestützt auf hierarchisch heteronome Mächte, eine Nachwirkung vergangener Theonomie. Endlich die liberale Wirtschaftspartei und ihr Gegenspiel, die ᵖsozialistisch-demokratischeᵖ Reaktion, und die nationalistische Bewegung, die sich in der national-liberalen Idee mit der Wirtschaft und in der Deutschnationalen Idee mit der konservativen Aristokratie verbindet. Der dämonische Charakter der

Wirtschaftsherrschaft offenbart sich in der Benutzung der rationalen Rechtsform des Staates zur Begründung der Kapitalherrschaft, teils durch rein wirtschaftliche, teils durch in ihr begründete politisch-agitatorische Übermacht und in den besprochenen Auswirkungen dieser Herrschaft im sozialen Leben. Die Dämonie des Nationalismus zeigt sich in dem Verhältnis der Staaten zueinander, in der Aufhebung des Rechts gegenüber der fremden Nation und in den innerpolitischen und sozialen Rückwirkungen dieser Zerbrechung der Rechtsidee.

Die nationale Idee, im Sinne des gegenwärtigen Nationalstaates, ist keine direkte Nachwirkung des ursprünglichen sakramentalen Nationalbewußtseins.qEsq ist vielmehr hindurchgegangen durch die jüdisch-christliche Verneinung der nationalen Gottheiten und durch die mittelalterliche Theonomie. Die gegenwärtigen Nationalstaaten sind entstanden durch Auflösung der mittelalterlichen übernationalen Theonomie. Der moderne Na|tionalismus ist als theokratischer Imperialismus geboren. Alle großen europäischen Nationalstaaten sind nicht aus primitiv-naturalem Machtwillen imperialistisch, sondern sie sind es als Träger theokratischer Ideen, am meisten diejenige Nation, die religiös am stärksten theokratisch war, die englische. Erst mit dem Entweichen des theokratisch-religiösen Geistes ergriff der subjektiv-nationale Eros- und Machtwille die theokratisch-rationale Staatsform und schuf den Nationalismus als religiöse Dämonie. Nationalismus und Wirtschaftswille stehen vielfach im Gegensatz zueinander. Am verderblichsten offenbart sich ihre Dämonie, sobald sie sich miteinander verbinden, wie z.B. im Weltkrieg.

Für den religiösen Sozialismus ergeben sich aus dieser Sachlage folgende Grundlinien: Innerpolitisch kann eine parteiliche Festlegung für ihn nicht in Betracht kommen. Zu bekämpfen sind die Reste sakramentaler – hierarchischer und aristokratischer – Machtformen, die der Bejahung der reinen Rechtsform widersprechen; zu bekämpfen ist gleichzeitig die Erhebung der naturalen Machtformen, der Wirtschaft, der nationalen Idee oder jenes anderen auftauchenden Machtwillens, der die rationale Form des Staates in seinen Dienst nimmt. Zu bejahen ist als allgemeine Form der durchrationalisierte demokratische Rechtsstaat; aber diese Form, die nur ein abstraktes Regulativ, niemals eine Wirklichkeit ist, muß erfüllt werden mit dem heiligen Gehalt einer schöpferischen Theonomie. Der Staat muß getragen sein von dem Eros und der inneren Mächtigkeit derer, in denen der theonome Gehalt am mächtigsten zum Ausdruck kommt; er muß in sich tragen ein lebendiges System von Spannungen, in denen das Wirtschaftliche, das Nationale, das Bluthafte u.s.w. in ihrer Bedeutung für die absolute übergreifende Idee gewertet werden. Die formale Gleichheit muß ergriffen und bis zur Durchbrechung erfüllt werden, nicht von naturaler, dämonischer, sondern von heiliger, göttlicher Ungleichheit, einer Ungleichheit, die auf der Spannung theonomer Mächtigkeit und Eroskraft beruht und eben darum eins ist mit einer Freiheit, die nicht das Recht subjektiver Willkür, sondern die Möglichkeit wesenhafter Entfaltung bedeutet.

Für die äußere Politik gilt in analoger Weise, daß die Dämonie des naturalistischen Nationalismus, in Sonderheit, wenn er sich sakramentale Weihe zu geben sucht, zu bekämpfen und die übergreifende theokratische Rechtsidee zu bejahen ist; aber nicht als leere Mächtigkeit und Eros vernichtende und darum von nationaler Willkür benutzte Form, sondern als Aufbau nationaler und rassenhafter Mächtigkeiten. Wie die stärksten Träger der innerstaatlichen Theonomie die nationale Führerschicht stellen sollen, so die stärksten Träger der theonomen Menschheitsidee die Führervölker. Nicht Bildung an sich, nicht Blut an sich, nicht rationale Kraft an sich, nicht bewußte Züchtung, aber auch nicht subjektive Genialität schaffen die theonome, innerlich mächtige Führerschicht, sondern die Erfülltheit mit der Kraft des heiligen Gehaltes, der das Ganze trägt. Erst wenn der subjektive Eros und die subjektive Mächtigkeit eingegangen sind in den heiligen Eros und die heilige Mächtigkeit,ʳ schaffen sie eine innerlich berechtigte und darum festgegründete Führerschicht.

Diese Stellungnahme bringt den religiösen Sozialismus in Gegensatz zu dem ˢrechtsverneinendenˢ radikalen, inner- und außenpolitischen Pazifismus. Anschauungen wie die von Tolstoi haben nur scheinbar etwas mit dem religiösen Sozialismus zu tun. In Wahrheit heben sie ihn auf inso|fern sie die eine seiner Grundlagen, die Bejahung der Rechtsform, nicht anerkennen. Sie übersehen, daß nur durch den Zwang gegenüber der Willkür das Recht als Recht sich behaupten kann und daß die Aufhebung des Zwanges der Willkür die Macht gäbe, also ein Zurückweichen des Theokratischen vor dem Dämonischen wäre. Oder aber sie verkünden den utopischen Glauben an eine willkürlose, des Dämonischen unfähige, darum auch eros- und machtlose und darum unschöpferische Welt. Sie verkünden eine mystische Aufhebung der Form. Der religiöse Sozialismus lehnt den mystischen wie den naturalistischen Anarchismus ab. Er steht auf der Form des Rechts und bejaht damit die Gewalt, die das Recht durchsetzt. Das gilt nicht nur innen-, sondern auch außenpolitisch: So sehr der naturalistische Anarchismus des Krieges zu verwerfen ist, so sehr auch die mystische Anarchie eines religiösen Pazifismus, der dem Rechtsbrecher nicht widersteht, oder in utopischer Weise die spannungsreichen individuell-schöpferischen Mächte verleugnet. Es gibt keinen direkten Weg von der mystischen Gemeinschaftsidee zur politischen Gestaltung. Zwischen beiden steht das Recht und die ᵗrechtstragendeᵗ Macht und die Gewaltanwendung gegen das Unrecht. Nur der Heilige und die heilige Gemeinschaft können in symbolisch repräsentativem Sinne auf das Recht verzichten, dessen Anerkennung und Bestand dabei aber Voraussetzung dafür ist, daß ihr Rechtsverzicht religiösen und nicht anarchischen Sinn haben soll. Niemals aber kann der Staat, die ᵘrechtstragendeᵘ Gemeinschaft, auf ᵛrechtsdurchsetzendeᵛ Gewalt verzichten.

5.

Der Staat als die ʷrechtstragendeʷ Gemeinschaft ist die umfassendste Sozialerscheinung und zugleich diejenige, die für alle anderen die rationale Formung gibt. Aber das soziale Leben geht nicht auf in staatlich-rechtlicher Form. Es gibt eine vom Recht freibleibende, autonom soziale Form, die sich in Sitte, Tradition, Takt u.s.w. symbolisch darstellt. Diese Formen sind infolge ihres stärkeren Widerstandes gegen die Rechtsrationalisierung länger Träger des Gehaltes als die rechtlich erfaßten Dinge. Sie sind infolgedessen auch länger mit kultisch-sakramentaler Qualität bekleidet und weniger entleert als jene, aber der Unterschied ist nur relativ. Einerseits sucht die rationale Rechtsform die unmittelbaren und symbolischen Gemeinschaftsformen möglichst weitgehend in sich aufzulösen, andererseits führt die Erhebung der autonomen Persönlichkeit zu einem Zerfallen der unmittelbaren Sozialformen. Den Anstoß zu dieser Entwicklung gibt die theokratische Reaktion gegen die dämonische Unterdrückung der Persönlichkeit, so z.B. im Geschlechtsverhältnis, im Familienverhältnis, im Geschlechter- und Ortsverband, im Herrschaftsverhältnis u.s.f. Überall bedeutet hier die Theokratie Befreiung der autonomen Persönlichkeit, Aufhebung der sakramentalen Weihen und Forderung freier Gemeinschaftsbildung. Der religiöse Gehalt, der in der Theokratie lebendig ist, wirkt sich in der Persönlichkeit und ihrem Inneren aus; es entsteht die Sphäre der religiösen und seelischen Intimität, die so charakteristisch für die kalvinistische Theokratie ist. Die Gemeinschaften, vor allem der Staat, werden gänzlich ihres Gehaltes beraubt. Nur in die Familie flüchtet sich ein Rest sakramentaler Unmittelbarkeit, der aber immer mehr durch das Eindringen des wirtschaftlichen Familienegoismus beschränkt wird. Die freien Ge|meinschaften, die der Durchführung der theokratischen Idee dienten, werden zu Zweckverbänden im Dienste des subjektiven Eros- und Machtwillens. Aber auch die Persönlichkeit wird, je mehr sie autonom und rational wird, ihres heiligen Gehaltes beraubt. Es entsteht die Abstraktion des Trägers der reinen Vernunft, eine Abstraktion, deren Erhabenheit nicht darüber täuschen darf, daß sie unwirklich ist und daß die reine Vernunftform sofort von den Mächten des subjektiven Eros gepackt, erfüllt und durchbrochen wird. Es entsteht die naturalistische willkürliche Umbiegung der autonomen Persönlichkeit, in derem subjektiven Eros- und Machtwillen die theokratische Persönlichkeit zerbricht. Die übergreifenden Sozialformen sind gleichzeitig zu Gegenständen einer abstrakten Pflichtforderung geworden, die um so abstrakter und unwirklicher wird, je mehr sie sich vom sozialen Eros loslöst. Sie gehen über in die bürgerliche Sitte und werden eine Beute des wirtschaftlichen Machtwillens. An Stelle der abstrakten Pflichtordnung tritt der Mechanismus der wirtschaftlichen Notwendigkeit, an Stelle des Vernunftgesetzes tritt das Machtgebot der Wirtschaftsführer. Der Gehalt der Gemeinschaft ist entwichen und die Gemeinschaftsformen sind Symbole der Interessengemeinschaft geworden, unter deren Decke der Interessengegensatz und der subjektive Eros ihr Spiel treiben.

Für den religiösen Sozialismus ergibt sich in allen Beziehungen des sozialen Lebens die Aufgabe, die sakramentalen Dämonien zu bekämpfen, z.B. Dinge wie die sakramentale persönlichkeitszerbrechende Ehre, und die Form der autonomen Persönlichkeit und der freien Gemeinschaft durchzusetzen. Gleichzeitig aber müssen die in die reinen Formen einbrechenden Dämonien, die Willkür der subjektiven Erotik und des subjektiven Machtwillens bekämpft werden. Es gilt für den religiösen Sozialismus um eine theonome Gemeinschaft zu ringen, in der die sozialen Formen, Sitten und Traditionen nicht Ausdruck und Verhüllung zugleich des wirtschaftlichen Machtkampfes und der subjektiven Erotik, sondern Symbole eines heiligen Gehaltes sind, der in die Eros- und Machtbeziehungen des reichen sozialen Lebens eindringt und sie erreicht und einer unbedingten Idee unterwirft. Nur Gemeinschaft im „Metaphysischen" kann Gemeinschaften tragen und erfüllen. Alles andere kommt schließlich auf Willkür und Interesse heraus, auf Zufall oder Mechanisierung.

Der verlorene Gehalt der Gemeinschaft kann nicht ersetzt werden durch Gemeinschaft in Geist und Kultur. Denn der Geist, der bloße Form ohne Gehalt des Bedingten ist, löst die Gemeinschaft auf. Die autonome Form der Kultur, die formale Bildung, ist nur wenigen zugänglich; sie isoliert, und sie ist subjektiv bedingt, sie treibt zu unendlichem Gegensatz aller gegen alle. Sie schafft eine kleine Bildungsschicht und läßt den übrigen die abgenützten und korrumpierten Formen, den „Kitsch" in Kunst und Wissenschaft, in Sitte und Rechtsauffassung. Es entsteht eine exklusive Aristokratie der Bildung an Stelle einer repräsentativen Aristokratie des Geistes. Auch der Geist, der erfüllt ist mit dem Gehalt, der das Ganze trägt, ist als Geist, als Formung nur wenigen zugänglich. Aber er schafft Symbole, die allen verständlich sind. Die Bildung dagegen, die Form ohne Gehalt angeeignet hat, bleibt unverständlich, treibt zu falscher Nachahmung an und macht die Kluft der wirtschaftlichen Klassenscheidung unüberbrückbar. Die dämonische Gewalt des Minderwertigen in der Masse gehört zu den verhängnisvollsten Wirkungen der exklusiven Formbildung. Der In|stinkt packt die Form und macht sie sich in verunstalteter Weise zu eigen. Aber die subjektive Erotik im Geistigen, bei den Trägern der Bildung, ist dem Wesen des Geistes in gleicher Weise zuwider, und von gleicher dämonisch verheerender Wirkung wie die Verunstaltung des Geistes in der Masse. Nur eine theonome Geistigkeit erträgt eine Geistesaristokratie. Denn durch die gemeinsame metaphysische Intention aller wird jede theonome Form zum gemeinsamen, verbindenden und nicht trennenden Symbol.

Auch hier sind die Richtlinien für den religiösen Sozialismus deutlich: Anerkennung der autonomen Bildung gegen hierarchische oder aristokratische Heteronomien, Bekämpfung des subjektiven Eros der Bildungsträger und der Mechanisierung des Geistes in den Massen, Ringen um einen Gehalt, der gemeinsame, theoretische und praktische formende Symbole schafft,[x] und getragen ist von einer repräsentativen geistigen Aristokratie, die von dem gleichen Gehalt lebt wie alle anderen.

Damit sind im Praktischen wie im Theoretischen die Grundlinien dessen gezogen, was der religiöse Sozialismus zu bekämpfen und um was er zu ringen hat. Es ist das Dämonische im naturalen wie im sakramentalen Sinne, gegen das er kämpfen muß, und es ist die Theonomie im Sinne der Einheit von Form und Gehalt, um die zu ringen ihm aufgegeben ist. Überwindung der sakramentalen Dämonie durch theokratischen Kampf und Durchsetzung der autonomen Form, aber nicht, um bei der autonomen Form stehen zu bleiben, denn das ist nicht möglich – sie wird des göttlichen Gehaltes entleert, sofort eine Beute des dämonischen Gehaltes –, sondern um die autonome Form erfüllen zu lassen von theonomem Gehalt. Der Gegner ist das Dämonische, nicht in dem Sinne, als sollten die irrationalen Kräfte[y] Macht und Eros, die das Dämonische tragen, vernichtet werden – der Versuch dazu ist entweder rationaler Utopismus oder mystische Formzerstörung – sondern das Gleiche, das im Dämonischen zerstörerisch, weil formzerbrechend offenbar wird, soll in der Theonomie göttlich, d.h. formerfüllend offenbar werden. Das entspricht der Idee des Kairos, der ja auch nicht auf rationale Utopie oder mystische Weltvernichtung geht, sondern auf neue schöpferische Erfüllung der Formen mit einem Gehalte, der getragen ist von Macht und Eros, aber hindurchgegangen ist durch den Gehorsam gegen die unbedingte Form und darum nicht dämonisch, sondern göttlich ist.

Die verschiedenen Seiten der theonomen Idee sind in dem Gesagten nur angedeutet, nicht durchgeführt. Ihre Durchführung ist die Aufgabe des religiösen Sozialismus, theoretisch und praktisch. Das Entscheidende aber, der neue Durchbruch des Gehaltes, ist nicht Sache des Arbeitens, sondern ist Schicksal und Gnade. Der Glaube an den Kairos ist der Ausdruck für das Bewußtsein, in einem solchen Schicksal zu stehen, von einem neuen Durchbruch des Unbedingten berührt zu sein. Alle rationale Arbeit in Theorie und Praxis kann keinen anderen Sinn haben, als diesem Gehalt Ausdruck zu geben auf jedem Gebiet.

IV.
Der Weg des [z]religiösen[z] Sozialismus.

Das Bewußtsein um den Kairos im Sinne der werdenden Theonomie schafft eine Gemeinschaft derer, die von dem gleichen Gehalt erfüllt sind | und um das gleiche Ziel ringen. Es ist eine Gemeinschaft derer, die den Ruf des Kairos hören und sich in ihm verstehen. Eine solche Gemeinschaft ist keine Kirche im Sinne der sakramentalen Geisteslage: denn sie geht nicht von bestimmten heiligen Formen und Symbolen aus. Vielmehr steht sie in theokratischer und autonomer Kritik gegenüber den gegebenen Symbolen, deren dämonische Verzerrung sie bekämpft. Das gilt gegenüber allen vorhandenen Konfessionen, aber es gilt nicht allen gegenüber in gleicher Weise. Der religiöse Sozialismus steht derjenigen Konfession am nächsten, die das kritisch-theokratische Element am stärksten in sich trägt, wenn er sich auch im Ziel denjenigen Konfessionen näher weiß, in denen die theonome Idee eine, wenn auch dämonisch ausgeartete, Ausprägung gefunden hat. Das macht seine eigentümliche Doppelstellung gegenüber den reformatorischen und den katholischen Ausprägungen der christlichen Idee aus, daß er in der kritischen Haltung mit den radikal-reformatorischen Formen, in der theonomen Idee mit einem von der dämonischen Heteronomie befreiten Katholizismus gehen muß. Es folgt weiter daraus, daß der religiöse Sozialismus mit keiner der Konfessionen unmittelbar identisch ist. Eben so wenig ist die Gemeinschaft derer, die vom Bewußtsein des Kairos getragen sind, eine Sonderkonfession, eine religiöse Sekte. Neue religiöse Gemeinschaftsbildungen gehen nicht aus Autonomie und Kritik hervor, sondern nur aus einer Neuerfassung und Umbildung alter Symbole. Religiöse Neuschöpfungen stehen in lebendigem Zusammenhang mit den Schöpfungen der Vergangenheit. Sie brechen nur aus den tiefsten Spannungen innerhalb einer Konfession hervor. Der religiöse Sozialismus ist aber geboren auf dem Boden der kritischen Autonomie. Er hat von sich aus keine symbolschöpferische Kraft und kann darum keine religiöse Gemeinschaft im konkreten speziellen Sinne bilden. Ob er in kommenden Entwicklungen sich mit einer religiösen Gemeinschaftsbildung im engeren Sinne zusammenschließen wird, ist eine Frage, die gegenwärtig ohne Bedeutung ist.

Ebensowenig, wie mit einer religiösen Konfession, ist der religiöse Sozialismus identisch mit einer kulturellen Bewegung oder einer politischen Partei. Der religiöse Sozialismus ist also weder mit dem politischen Sozialismus identisch, noch bildet er eine Partei neben ihm. Er nennt sich „Sozialismus", weil er die antidämonische Kritik des Sozialismus historisch und sachlich übernommen hat und den politischen Kampf des Sozialismus, soweit er die Herrschaft der politisch-sozialen Dämonien brechen will, unterstützt. Aber der religiöse Sozialismus übersieht nicht, inwieweit der politische Sozialismus selbst von diesen Dämonien ergriffen ist, und er weiß vor allem, daß die sozialistische Idee nicht mit dem Ziel der politischen Taktik gleichgesetzt werden darf. Er muß es darum ablehnen, der Partei als solcher oder einem Wirtschaftsprogramm als solchem religiöse Weihe zu geben. Er behält den Blick offen für die theonomen Elemente auch in anderen Parteien und Bewegungen und er kann die Gemeinschaft mit sich nicht negativ oder positiv von der Parteizugehörigkeit abhängig machen. Aber er verlangt allerdings die Anerkennung der sozialistischen Kulturkritik und des sozialistischen Kampfes gegen sakramentale und naturale Dämonien.

Der religiöse Sozialismus ist eine Gemeinschaft von solchen, die sich im Bewußtsein des Kairos verstehen und um das Schicksal, um die Gnade der Theonomie ringen. Sie können in jeder Partei, Konfession, Bewegung | wirken, soweit diese ihrem Wirken Raum geben und den Kampf gegen die dämonischen Elemente in ihnen zulassen. Nur so kann sich der religiöse Sozialismus davor schützen, sich vorzeitig zu objektivieren, heteronom zu werden und damit seiner eigenen Kritik zu verfallen. Wohl sind enge und engste Zusammenschlüsse der Kairosbewußten möglich. Aber sie müssen den Charakter des Vorläufigen behalten, bis Symbole und Formen gefunden sind, die der unmittelbare Ausdruck der gesamten Geisteslage sind, die darum nicht heteronom und rational wirken. Die Überwindung des Vorläufigen aber, das Wachsen einer neuen Theonomie kann nur geschehen durch einen neuen schöpferischen Durchbruch des Gehaltes, der in den Symbolen der Vergangenheit offenbar geworden ist. Ohne einen solchen Durchbruch ist eine theonome Geisteslage unmöglich. Ist er aber geschehen – und es ist der Kairosglaube, daß er geschieht – dann ergießt er sich in die Formen, die aus seinem Geiste heraus geschaffen sind und an denen mitzuschaffen Aufgabe des religiösen Sozialismus ist.–

Anmerkungen

B ändert durchgängig die Schreibweise „Profet", „profetisch" in „Prophet", „prophetisch", desgleichen „Kalvin", „kalvinistisch" in „Calvin", „calvinistisch". In B wird außerdem die Interpunktion modernisiert. Nur über diese Änderungen hinausgehende Änderungen in Interpunktion und Wortbestand werden im folgenden aufgeführt.

1	a–a	fehlt in B, C, D
2	b–b	B: Religiösen
4	c–c	B: Religiösen
7	d–d	A: von dem Unbedingten; B: vor dem Unbedingten; C: before the Unconditional.

Geläufiger ist bei Tillich, auch in diesem Text, die Wendung „vom Unbedingten her", vgl. auch die parallele Formulierung in „Die religiöse Erneuerung des Sozialismus", S. 10: „Aufhebung der Exklusivität vom Unbedingten her. Nicht rationaler, skeptischer Relativismus, sondern innerreligiöse Kritik vom Unbedingten her". Da es im übernächsten Satz heißt: „Negation vor dem Unbedingten", gebe ich dieser Lesart auch hier den Vorzug vor der geläufigen Wendung „von dem Unbedingten".

	e–e	B: Religiösen
10	f–f	B: Eros- und Machtbeziehungen
12	g–g	B: hieratischen
	h–h	B: Dekadenz
13	i–i	A: theoretische; B: theokratische.

Vgl. „Die religiöse Erneuerung des Sozialismus", S. 18: „Hier Fortsetzung des theokratischen Kampfes des religiösen Sozialismus: Gegen den Sakramentalismus der Ehe, der Familie und des Geschlechtes, vor allem der Kirchen und ebenso gegen die mystisch-erotische Entpersonalisierung".

14	j–j	B: bemächtigen
	k–k	B: dient
17	l–l	B: Recht setzende
	m–m	B: Recht setzende
18	n–n	B: Natural-Dämonische
	o–o	B: zweite
	p–p	B: sozialistisch-kommunistische
	q–q	B: Sie
19	r	A: ohne Komma; B setzt Komma
	s–s	B: Recht verneinenden
20	t–t	B: Recht tragende
	u–u	B: Recht tragende
	v–v	B: Recht durchsetzende
	w–w	B: Recht tragende
22	x	A: ohne Komma B setzt Komma
	y	B setzt Komma; C: the irrational forces, that is, power and eros
23	z–z	B: Religiösen

5. Kirche und Kultur (1924)

A. Druckvorlage: Sammlung gemeinverständlicher Vorträge und Schriften aus dem Gebiet der Theologie und Religionsgeschichte, Nr. 111, Tübingen, Mohr, 1924, S. 1–22.
B. "Church and Culture", The Interpretation of History, translated N. Rasetzki and E. Talmey (New York: Charles Scribner's Sons, 1936) S. 219–241.
Zum Text von G. W. IX, S. 32–46 vgl. G. W. XIV, S. 57 und 142.
Es handelt sich um Tillichs „Vortrag gehalten vor dem Tübinger Jugendring im Juli 1924" (Titelblatt A).

In der Entwicklung von Tillichs Theologie der Kultur steht dieser Aufsatz, was die Wichtigkeit angeht, an zweiter Stelle hinter „Über die Idee einer Theologie der Kultur" (1919). Hier findet man vielleicht die klarste Exposition der Tillichschen Theorie des Sinnes und das erste Vorkommnis seines berühmten Spruchs: „der tragende Gehalt der Kultur ist die Religion und die notwendige Form der Religion ist die Kultur" (110). Die Bedeutung des Aufsatzes wurde von Tillich selbst unterstrichen, als er ihn als einziges Exemplar seiner Kulturtheorie in seine erste Hauptveröffentlichung in den Vereinigten Staaten aufnahm: The Interpretation of History (1936). Dies ist eine Sammlung von Übersetzungen aus Tillichs deutschen Schriften aus der Zeit vor der Auswanderung. Kapitel I ist die berühmte auto-biographische Skizze "On the Boundary." Sie war die erste von drei, die Tillich schreiben sollte, und sie stammte aus einem deutschen Manuskript, das er zum 50. Geburtstag vollendete; II: Das Dämonische (1926); III: „Kairos und Logos" (1926); IV: „Das Problem der Macht" (1931); V: „Die beiden Wurzeln des politischen Denkens", ein Auszug aus dem Buch Die sozialistische Entscheidung (1933); VI: „Kirche und Kultur" (1924); VII: „Christologie und Geschichtsdeutung" (1929); VIII: „Eschatologie und Geschichte" (1927/9). Diese Sammlung, die Tillichs Anstellung als Visiting Professor of Religion and Systematic Theology am Union Theological Seminary in New York folgte, wurde so entworfen, um Tillich seinem neuen amerikanischen Publikum vorzustellen. Das Buch verkaufte sich aber nicht gut, teils wegen der Obskurität der Begriffe, teils wegen der ungenügenden Übersetzungen.

Hinter der Frage nach dem Verhältnis von Kirche und Kultur, die unser Thema uns stellt, liegen zwei andere Fragen, die man verschieden formulieren kann. Geht man vom Subjekt aus, vom menschlichen Geistesleben, so erwächst die Frage nach dem Verhältnis von *Religion und Kultur,* geht man vom Objekt aus, auf das sich der menschliche Geist richtet, so ergibt sich die Frage nach dem Verhältnis von *Gott und Welt.* Religion und Kultur, Gott und Welt, diese Gegensatzpaare stehen hinter dem Gegensatz von Kirche und Kultur. Sobald man sich aber dieser Hintergründe bewußt wird, erscheint in der Formulierung unseres Themas eine gewisse Unangemessenheit: Gott und Welt, Religion und Kultur, das sind deutliche Korrelate. Nicht ebenso Kirche und Kultur. Ist Kirche diejenige soziologische Gruppe, in der es um Religion geht, so müßte zur Entsprechung eine soziologische Gruppe gesucht werden, die Trägerin der Kultur ist. Dafür bietet sich zunächst der Begriff Staat an. Aber längst hat sich dem Staat gegenüber die Gesellschaft als Trägerin des kulturellen Lebens konstituiert. Wohl hat sie dem Staat als der rechtstragenden Gemeinschaft eine Fülle kultureller Aufgaben überlassen, aber es ist nicht mehr so, daß der Staat sich als den Träger des kulturellen Lebens schlechthin betrachten könnte. ᵃDer Korrelatbegriff zu Kirche ist darum nur in begrenztem Maße Staat. Für unsere Betrachtung aber ist es die Gesellschaft, nicht im Sinne von soziologischer Wirklichkeit überhaupt, sondern im Sinne von außerkirchlicher, kulturtragender Gesellschaft.|

Wir müssen aber noch einen Schritt weiter gehen. Hinter allen genannten Gegensatzpaaren liegt als Wurzel der Gegensatz von *heilig und profan*. Gehen wir von dieser letzten Polarität, dem Fundament jeder Religions- und Kulturphilosophie, an unser Thema heran, so können wir die Kirche bestimmen als diejenige soziologische Wirklichkeit, in der das Heilige sich darstellen soll, und die Gesellschaft als diejenige, in der das Profane in Erscheinung tritt. Und wir hätten zu fragen nach dem Verhältnis von heiliger und profaner Gesellschaft.

Aber während die Frage so gestellt wird, erhebt sich schon vor jeder weiteren Erörterung ein Angriff auf die Fragestellung selbst. Man erkennt ihre logische Konsequenz an, aber man bestreitet ihr sachliches Recht. Man behauptet, daß diese einfache *Nebenordnung* von heilig und profan, von Kirche und Gesellschaft schon eine Aufhebung des einen Gegensatzgliedes, nämlich des Heiligen bedeute und eine Nivellierung auf dem Boden des Profanen. Man bestreitet, daß die Kirche überhaupt in dieser Weise als Allgemeinbegriff und menschliche Größe betrachtet werden dürfe. Man sieht schon den Verlust des Heiligen darin, daß es mit dem Profanen auf gleiche Stufe gestellt werde. Dieser Einwand geht aus von der durch Kierkegaard bestimmten dialektischen Theologie, nach der das Heilige immer nur in einem negativen, niemals in einem polaren Verhältnis zum Profanen stehen könnte. Das Recht dieses Einwandes ist unbezweifelbar. Keine Theologie und Religionsphilosophie kann daran vorübergehen. Es liegt oft eine mehr als dialektische, eine prophetische Kraft und Eindringlichkeit in diesem Kampf für die Unbedingtheit des Göttlichen. Aber Theologie und Religionsphilosophie sind nicht Prophetie. ᵇIhre Form ist notwendig objektivierend und dadurch verendlichend und nivellierendᵇ. Wohl handelt die Theologie vom Paradox und von nichts anderem, aber sie muß darum nicht nur in Paradoxen von ihr handeln. Es könnte ihr sonst geschehen, daß sie durch Dogmatisierung dieser Form gerade das wirkliche Paradox verliert.|

Wir wollen nun so vorgehen, daß wir uns zuerst um eine Wesensklärung des Sinnverhältnisses von profan und heilig bemühen, dann einen geistesgeschichtlichen Durchblick auf die großen Linien vornehmen, in denen sich dieses Verhältnis verwirklicht hat, endlich zu der eigenen konkreten Lösung vordringen,ᶜ die auf Grund der Wesensbetrachtung und der Einsicht in die geistesgeschichtliche Lage gefordert ist.ᶜ

I. Das Wesensverhältnis von profan und heilig.

1.ᵈ

Jedes Leben, das über die Unmittelbarkeit des bloß Biologischen, Psychischen und Soziologischen hinausgeht, ist Leben in einem Sinnvollzug. In jeder unserer logischen und ästhetischen, rechtlichen und sozialen Handlungen ist Beziehung auf Sinn enthalten. In jedem Sinnvollzug liegt aber die stillschweigende Voraussetzung von der Sinnhaftigkeit des Ganzen, der Einheit aller möglichen Sinnvollzüge, d. h. der Glaube an den Lebenssinn überhaupt. Wollen wir dieses näher bestimmen, so müssen wir sagen: In jedem Sinnakt, den wir vollziehen im Theoretischen wie im Praktischen, ist uns gegenwärtig ein bestimmter konkreter Sinn und zugleich als Gegenstand eines schweigenden Glaubens der unbedingte Sinn oder die Sinnhaftigkeit des Ganzen. Daß das so ist, wird besonders deutlich in Augenblicken, wo jeder Sinn verloren zu gehen droht, und die Welt in den Abgrund des Nichts und der Sinnleere versinkt. – Betrachten wir beide Seiten näher: Der einzelne Sinn, der erfahren und vollzogen wird, steht immer mit anderen in Beziehung; ohne diese wäre er sinnloser Aphorismus. Sinn ist immer Sinnzusammenhang. Den Inbegriff aller möglichen Sinnzusammenhänge nennen wir objektiv gesprochen *Welt*, subjektiv gesprochen *Kultur*. Der unbedingte Sinn aber, auf den jeder Sinnakt in schweigendem Glauben gerichtet ist, und der das Ganze trägt, der es vor dem Sturz in das Nichts der | Sinnleere schützt, ist in sich doppelseitig: Er trägt den Sinn jedes einzelnen Sinnes sowie den Sinn des Ganzen. Das heißt: er ist der Sinngrund. Aber er ist nie in irgendeinem Sinnakt als solcher erfaßt. Er ist jedem einzelnen Sinn gegenüber transzendent. Wir können darum von dem Unbedingten zugleich als *Sinngrund* und als *Sinnabgrund* reden. Wir nennen dieses Objekt des schweigenden Glaubens an die Sinnhaftigkeit alles Sinnes, diesen alles Faßbare, Einreihbare übersteigenden Grund und Abgrund des Sinnes *Gott*. Und wir nennen die Richtung des Geistes, die sich ihm zuwendet, *Religion*.

2.ᵉ

Bei der näheren Bestimmung dieses Verhältnisses gilt es nun, zwei Abwege zu vermeiden: Einmal den, daß man den unbedingten Sinn neben die bedingten Sinnvollzüge oder auch neben die Gesamtheit der Sinnzusammenhänge stellt, daß man also Gott *neben* die Welt, die Religion *neben* die Kultur stellt. Was „daneben" steht, ist eben dadurch ein einzelner, endlicher Sinn, für den dann wieder ein Sinngrund gesucht werden müßte, ein Gott über Gott, eine Religion über der Religion. Kein Superlativ kann einen solchen, wenn auch noch so hoch über der Welt stehenden Gott davor schützen, ein Weltwesen zu werden. Denn in jedem „über" liegt ein neben.ᶠ Und das gleiche gilt für die Religion. Sie in eine Wertreihe einordnen, in der sie über allen anderen Werten stehen soll, heißt, ihr die Bedeutung rauben, Hinwendung zum Sinngrund selber zu sein, heißt, sie wieder zu einem besonderen Sinnakt zu machen, der vor Sinnentleerung geschützt werden müsse. – Ebenso wie das Neben- oder Überordnen ist aber auch das *Ineinssetzen* unmöglich: Der unbedingte Sinn hat das Merkmal der Unerschöpflichkeit. Ließe er sich in irgendeiner Totalität, einer Welt der Welten, einer Kultur der Kulturen erschöpfen, so wäre dieses Ganze wieder zu einem einzelnen, endlichen Sinn geworden, für das ein neuer Sinngrund gesucht | werden müßte. Das ist das Unbefriedigende aller pantheistischen und monistischen Versuche, Gott mit der Welt, Religion mit der Kultur in eins zu setzen, daß sie den Abgrund verlieren, und dadurch den Sinngrund flach machen, daß sie die Unerschöpflichkeit verlieren und dadurch der Schöpfung das Grauen und die Tiefe nehmen. – Noch ein drittes Bedenken ist zu überwinden: Der Begriff des Sinnes könnte intellektuell gedeutet werden und demgemäß der ganzen Darlegung der Vorwurf des *Intellektualismus* gemacht werden. Demgegenüber ist zu bemerken, daß der Begriff „Sinn" das Gemeinsame aller Sinnfunktionen ausdrücken soll, also mit gleichem Nachdruck von der praktischen wie von der theoretischen Seite gilt. Der Sinngrund ist ebenso Grund der Persönlichkeit und der Gemeinschaft, wie des Seins und der Bedeutung; und er ist der Abgrund von alledem. Er ist Grund und Abgrund der Persönlichkeit und der Gemeinschaft, nicht nur, insofern sie sind (das gehört ins Theoretische), sondern vor allem insofern sie das Sollen in sich tragen.[g] Nur dadurch wird die Richtung auf den Sinnabgrund, auf das „tremendum et fascinosum", wie Rudolf Otto es nennt, mehr als eine mystisch ästhetische Erschütterung.[h] Es wird zur Furcht vor dem, „der Leib und Seele verdammen kann in die Hölle", d. h. der den Sinn und Selbstsinn der Persönlichkeit zerbricht vor dem Unbedingt-Persönlichen, vor der göttlichen Majestät.[h] Nur in dieser Doppelheit von Seins-Sinn und Sollens-Sinn ist der unbedingte Sinn zu erfassen.[i] Nur so kann das Unbedingte nicht beiseite geschoben und damit seiner Kraft und seines Gehaltes beraubt werden.[i]

3.[j]

In all dem ist noch nichts von dem Gegensatz heilig – profan ausgesagt. In jedem Sinnakt ist der schweigende Glaube an den unbedingten Sinn aufgedeckt, und zugleich folgt aus der Unerschöpflichkeit des Sinngrundes, daß jeder Glaubensakt immer nur an einem einzelnen Sinnakt sich verwirklichen kann. | Von hier aus gesehen gibt es keinen Unterschied von profan und heilig, wohl aber besteht die Möglichkeit, daß es zu einem solchen Unterschied kommt. Es besteht die Möglichkeit, sich auf den einzelnen Sinnakt und die Gesamtheit des Sinnes so zu richten, daß der dabei wesensmäßig mitschwingende Glaubensakt im Bewußtsein ausgeschlossen ist. Das ist dann die profane, ungläubige, weltliche Haltung; ebenso ist es möglich, unter Ausschließung der einzelnen Sinnformen und ihrer Zusammenhänge sich auf den unbedingten Sinngrund zu richten. Das ist dann die heilige, gläubige, religiöse Haltung. Die erste ist gerichtet auf den Einzelsinn und seine Erfüllung im Gesamtsinn der Welt. In der zweiten ist der Einzelsinn nur Medium, Symbol, Gefäß des unbedingten Sinnes. Auf ihn allein richtet sich alle theoretische und praktische Sinnerfüllung. Wir stellen also fest eine *wesens-*

mäßige Einheit von profaner und heiliger Sphäre, verbunden mit der Möglichkeit *intentionaler Verschiedenheit*. Man kann nicht wesensmäßig profan sein, aber man kann es bewußtseinsmäßig sein. Man kann nicht wesensmäßig heilig sein, aber man kann es bewußtseinsmäßig sein. Weil es aber wesenswidrig ist, das eine oder das andere ausschließlich zu wollen, so führt beides in letzter Konsequenz zur *Verzweiflung*. Die Verzweiflung der profanen Haltung ist die Sinnleere, und die Verzweiflung der heiligen Haltung ist die Formleere. In beiden Formen der Verzweiflung aber kündigt sich das Wesensverhältnis an. In der Verzweiflung der Gesellschaft, daß sie dazu bestimmt ist, Kirche zu sein und in der Verzweiflung der Kirche, daß sie dazu bestimmt ist, die Gesellschaft zu umfassen. In der Verzweiflung der Gesellschaft, daß sie nicht unbedingte Gemeinschaft, nicht Reich Gottes ist, in der Verzweiflung der Kirche, daß sie nicht universale Gemeinschaft, Reich der Erde werden kann.

Das Heilige und die heilige Gemeinschaft ist also nicht das, wodurch das Profane und die profane Gesellschaft erlöst werden kann. Die Kirche kann die Gesellschaft nicht erlösen. Und doch kann das Profane nicht in der Verzweiflung der Unerlöstheit bleiben. Aber es kann sich auch nicht selbst erlösen durch Schaffung von Formen und Verwirklichung einer Sinnganzheit. Noch weniger kann es die Kirche erlösen. Beides muß erlöst werden, das Profane und das Heilige, die Gesellschaft und die Kirche. Der *Zustand des Gegensatzes* ist das zu Erlösende; denn er ist das Wesenswidrige. Aber er ist das Wirkliche. Denn die Wirklichkeit steht nicht im Wesen. Daß Kirche ist, und daß Gesellschaft ist, und daß beide, je ernster sie sich nehmen, desto sicherer der Verzweiflung entgegengehen, das ist die große Offenbarung der Wesenswidrigkeit der Welt.

4.ᵏ

Daß dieses so ist, ist schlechthin positiv und unableitbar. Wäre es ableitbar aus dem Wesen des Sinngrundes, und seinem Verhältnis zu den Sinnformen, so wäre der Sinngrund nicht Abgrund auch für das Denken. Im Denken wenigstens wären wir mit Gott eins. Daß wir aber die Sünde nicht denken können und doch denken müssen, daß wir sie weder als Zufall noch als Notwendigkeit verstehen können, das ist die im Denken offenbare Tiefe des göttlichen Abgrundes. – Damit hat aber auch der Sinngrund eine neue Tiefe bekommen. Er ist nicht mehr nur zu bezeichnen als der schaffend-sinngebende, sondern auch als der erlösend-sinnerfüllende. Daß wir noch nicht der Verzweiflung erlegen sind, daß Kirche und Gesellschaft noch leben, daß sie noch leben können, ist darin begründet, daß sie in der Sinnwidrigkeit die Sinnvollendung erfahren haben und erfahren können. – Dadurch kommt nun in unser Problem eine Wendung; die Wendung, die schon in den einleitenden Worten vorbereitet war: Es gibt eine Bedeutung von heilig, in der die Nebenordnung und die Polarität zum Profanen aufgehoben ist. Das Heilige in Religion und Kirche erhält einen transzendenten Sinn, eben darum aber einen Sinn, der zugleich für das Profane in Kultur und Gesellschaft gilt.[l] Das Heilige hört auf, Intention zu sein, Wille zu sein zu einer Heiligkeit, die im Gegensatz zum Profanen steht.[1] Es ist die Heiligkeit, die in einer der beiden Sphären wirklich ist und darum imstande ist, beide Sphären zu erlösen. Das Heilige heißt jetzt Tat Gottes, *Offenbarung* im Gegensatz ebenso zur Religion wie zur Kultur, ebenso zur Kirche wie zur Gesellschaft. Und heilig sein heißt, in dieser Spannung stehen, in der Religion über der Religion und in der Kultur über der Kultur und kraft dieses Darüberstehens beiden Kräfte der Erlösung zuführen, die profanen Formen erfüllen mit dem Gehalt des Heiligen und den Gehalt des Heiligen ausdrücken in den profanen Formen.

Wir wissen also: Von Gott aus gesehen hat die Kirche nichts voraus vor der Gesellschaft. Daß sie ist, als Kirche ist, als heilige Sphäre ist, das ist ja schon das Gericht unter dem sie steht. Aber ebensowenig hat die profane Kultur, die Gesellschaft, etwas vor der Kirche voraus. Daß sie im Gegensatz zur Kirche steht, daß sie sich losgelöst hat vom unbedingten Sinn, in profaner Autonomie, das ist das Gericht, unter dem sie steht. Und so kommt es denn, daß die Kirche das ständige böse Gewissen der Gesellschaft und die Gesellschaft das ständige böse Gewissen der Kirche ist.

5.[m]

Und doch folgt aus dem allen, daß in der Polarität von Religion und Kultur beide Seiten notwendig sind. Das bloße Sein der *Kirche* würde all unsere Sinnakte zu Symbolen machen. Im Theoretischen würde sich alles Erkennen in Mythos auflösen, im Praktischen alles Handeln in Kultus. Jede heilige Sphäre hat die innere Tendenz daraufhin. Jede Kirche will die Wirklichkeit in Ausdrucksformen, in Transparente des unbedingten Sinnes auflösen; das ist ihr inneres Schicksal, dem sie nie entrinnen kann. Das ist ihre Kraft, die nie zu brechen ist; und doch ist es auch ihr Unrecht. Denn damit sie Recht hätte, müßte sie das Reich Gottes sein. Und so nennt sie sich wohl auch, aber sie ist es nicht. Denn sie hat neben sich die Gesellschaft und kann nicht sein, ohne selbst Formen der Gesellschaft anzunehmen. Und sie hat neben sich den Staat und kann nicht sein, ohne selbst Formen des Staates anzunehmen. Setzt sie nun diese ihre angenommenen Formen, in denen sie als irdische Gesellschaft leben muß, unbedingt, nennt sie sich Reich Gottes, so verfällt sie der Hybris und vergewaltigt in dämonischer Heteronomie Kultur und Gesellschaft.

Demgegenüber steht die Aufgabe des Profanen, der außerkirchlichen *Gesellschaft*. Ihr Werk ist es, die einzelne Sinnform zu verwirklichen, sie einzuordnen in den übergreifenden Sinnzusammenhang. Denn das Heilige ist zugleich das Richtige und Gerechte; und Gott ist nur insofern Sinngrund und -abgrund, als er der Fordernde ist. Das aber ist die Bedeutung des Profanen, der autonomen Kultur, der freien Gesellschaft, daß sie dem eigenen, inneren Sinn der logischen, rechtlichen, ästhetischen und sozialen Gesetze nachgeht, daß sie die Gesetze des Seins erfaßt und verwirklicht in Natur und Gesellschaft. So geht dem Gebot gemäß des fordernden Sinngrundes aus dem Mythos Wissenschaft und Kunst, aus dem Kultus Recht und Ethos hervor. Und weil das Werden dieser profanen Kultur Forderung des Sinngrundes ist, darum hat sie göttliche Kraft und göttliches Recht. Gegen die Heteronomie des Heiligen erhebt sich die Autonomie des Profanen. – Aber in diesem Gegensatz liegt zugleich ihr Unrecht: durch den Gegensatz zum Heiligen verliert sie ja die Verbindung mit dem Sinngrund, der ihr selbst ihr Recht gab. Und während die Kirche dämonisch vergewaltigt, treibt die Gesellschaft zu profaner Entleerung, um dann selbst anderen dämonischen Gewalten zum Opfer zu fallen. So stehen Kirche und Gesellschaft unter gleichem Gericht und sind angewiesen auf die gleiche Erlösung, die nicht aus der Kirche und nicht aus der Gesellschaft kommt, sondern aus der Tat Gottes, die die eine wie die andere verleugnen und von der die eine wie die andere zeugen kann. |

II. Zur Geistesgeschichte und Gegenwartslage.

1.ⁿ

Aus den grundsätzlichen Erörterungen erwächst eine *geistesgeschichtliche* Betrachtung des Verhältnisses von Kirche und Gesellschaft, sobald die allgemeinen Kategorien auf die konkrete Mannigfaltigkeit der Geschichte angewendet werden. Die herausgearbeiteten Begriffe sind konstitutiv. Sie betreffen das Wesensverhältnis von profan und heilig. Sie sind also gültig für jede Erscheinung. Aber sie sind nie und nirgends rein verwirklicht. Daher die ungeheure Mannigfaltigkeit der möglichen und geschichtlich wirklichen Verhältnisse. Und doch dreht sich in einer gewissen Tiefenschicht alles und überall um das herausgearbeitete Grundproblem, und es lassen sich gewisse Grundrichtungen feststellen, in denen im geschichtlichen Leben die Lösung gefunden wird.

Wenn wir in die Menschheitsgeschichte blicken, so tritt uns bei der überwiegenden Mehrheit der menschlichen Gesellschaften eine Geisteslage entgegen, die wir als die *sakramentale* bezeichnen wollen. Sie ist dadurch bestimmt, daß die Formen des gesellschaftlichen Lebens mythisch-kultischen, also kirchlichen Sinn haben und ihm ihre Heiligkeit und Kraft verdanken. Kirche und Gesellschaft sind wesensmäßig eins. Eine solche Haltung bedeutet nun keineswegs einen Verzicht auf rationale, der Form zugewandte Elemente im Erkennen und Handeln. Diese können vielmehr hoch entwickelt sein. Aber die Rationalität ist nicht grundsätzlich entwickelt. Sie ist nicht frei, und sie hat darum ganz bestimmte Grenzen. Wer diese geheiligten Grenzen überschreitet, begeht ein Sakrileg. Auch hier gibt es Spannungen, aber sie führen nicht zum Bruch. Es kann auf diese Weise die Höhe indischer Spekulation oder chinesischer Sittenbildung erreicht werden, zu einer freien Entfaltung des rationalen Prinzips aber kommt es nicht. An irgend | welchen sehr entscheidenden Punkten bleiben antirationale Elemente übrig. Mythos und Kultus heiligen Unrichtiges und Unrechtes. Das bedeutet aber, daß in der sakramentalen Geisteslage die Wesenseinheit von profan und heilig, von Kirche und Gesellschaft nicht erreicht ist.º Denn das Profane, die Gesellschaft, die Richtung auf die Sinnformen und ihre Einheit kommen nicht zu wirklicher Erfüllung.°

Nun aber ist auch das Profane, das Wahre und das Gerechte eine Wesensforderung des Unbedingten. Und es kann geschehen, daß die Gottheit selbst sich dieser Forderung annimmt und sie im Kampfe gegen heilige Unrichtigkeiten und vor allem heilige Ungerechtigkeiten durchsetzt. Man kann einen solchen Kampf *theokratisch* nennen, nicht im Sinne von Priesterherrschaft, sondern im Sinne der Herrschaft des Gottes, der Träger der unbedingten Forderung ist. Die Theokratie will die Gesellschaft im Namen Gottes dieser Forderung unterwerfen. Sie will keine neue Hierarchie, vor allem keine sakramentale, aufrichten; sie reduziert darum den Mythos auf das göttliche Gesetz, den Kultus auf den Gehorsam (Prophetismus, Puritanismus). – Aber Theokratie ist noch nicht Autonomie. Irgendwelche Elemente der sakramentalen Geisteslage bleiben übrig und schaffen einen Mythos und Kultus, der zwar keine selbständige Bedeutung mehr hat, sondern der Verkündigung des göttlichen Gesetzes dienen soll, aber dennoch oft mit unzerbrechlicher sakramentaler Kraft wirkt. Die Einheit von Kirche und Gesellschaft ist nicht aufgehoben, sondern besonders nachdrücklich und auch bedrückend hergestellt.

Zu einer vollen Entfaltung der Autonomie kommt es erst, wenn auch diese Reste übergreifender Bindungen verschwunden sind und die Vernunft sich völlig auf sich selbst, d. h. auf den einzelnen Träger stellt. Das ist einmal grundlegend und radikal geschehen, nämlich in der griechischen Geschichte. Eben darum ist sie charakteristisch und maßgebend für die *Entwicklung der Autonomie* überhaupt. Erst wendet sie sich im Namen des spekulativen Gottesbegriffes gegen die heiligen Unsittlichkeiten und Unrichtigkeiten der Volksreligion. Sie drängt diese in die Verteidigung und schließt sie von der großen kulturellen Entwicklung ab. Am zweckmäßigsten und gründlichsten geschieht es da, wo sie sich offiziell vor ihr verbeugt. Sie selbst aber sucht die gereinigte Form des Heiligen zu verwirklichen und rückt dabei ganz in die Nähe der theokratischen Auffassung, nur mit dem Unterschied, daß sie vom Einzelnen und seiner freien Erkenntnis ausgeht, während jene getragen ist von einem Glauben der Gemeinschaft. Hier liegen die Berührungen und zugleich die Unterschiede etwa zwischen Stoizismus und spätem Judentum. Der antisakramentale Protest geht einmal von der autonomen, rationalen Form aus, die göttliche Weihe erhält; das andere Mal von dem Gott, der als der Heilig-Gerechte^p sich immer mehr der autonomen Form annähert.^p So kommt es, daß in der autonomen im Unterschied von der theokratischen Geisteslage die Gesellschaft immer mehr profanisiert und die religiösen Funktionen Staatsfunktionen werden, wie vor allem im späteren Rom. Während vorher das Heilige der Gesellschaft und ihrem Leben Kraft und Substanz gab, wird jetzt das Heilige zu einer Unterfunktion des gesellschaftlichen Lebens. Das bedeutet aber in Wahrheit, daß es aufgehoben wird. Selbständige religiöse Sphären mit nicht-öffentlichem Kultus und Mythos treten neben die profanisierte Staatsreligion. Nur in den unteren Schichten bleibt die bodenständige Volksreligion erhalten. Kirche und Gesellschaft klaffen auseinander.

Aber die autonome Gesellschaft verfällt notwendig der Entleerung. Sie ist auf die Sinnformen und ihre rationale Einheit gerichtet und sie verliert darüber den Sinngrund und -abgrund. Um ihn wieder zu finden, wirft schließlich der religiöse Geist alle für ihn entleerten Formen, profane wie heilige, beiseite und endigt in einer die Welt übersteigenden *Mystik:* Kirche und Gesellschaft werden in gleicher Weise verneint. |

Aber dieses Nein ohne Ja ist unmöglich. Der Wille, eins zu werden mit dem göttlichen Abgrund ohne Gott anzuschauen als den Grund in allem Wirklichen ist lebensunmöglich. Und so geschah es denn, daß nicht die Mystik das Ende war, sondern eine neue *Vereinigung von Heiligem und Profanem*, von Kirche und Gesellschaft, wie die große Zeit des Mittelalters sie uns darstellt. Sie ist eine einzigartige und trotz aller Kämpfe und Spannungen in sich vollendete Wesenserfüllung des Verhältnisses von profan und heilig. Aber sie konnte sich nicht halten, weil sie auf der einen Seite immer mehr ins Heteronom-Sakramentale geriet, auf der anderen Seite die qgriechischq-rationalen Elemente, die sie aufgenommen hatte, sich verselbständigten und in antisakramentale Opposition traten. Zum Sieg gelangte diese Opposition nicht aus sich, sondern mit Hilfe des Protestantismus, d. h. des großen theokratischen Kampfes gegen die Verhärtung der mittelalterlichen Einheit von Kirche und Gesellschaft. Erst infolge der durch diesen Kampf unüberbrückbar gewordenen Zerspaltung erwuchs die neue Autonomie der abendländischen Völker. Sie führte zur Bildung der profanen bürgerlichen Gesellschaft und zur Beiseitedrängung der Kirchen in einem Ausmaße, das selbst das ausgehende Altertum weit übertrifft.

2.r

Soweit die geistesgeschichtliche Betrachtung. Sie zeigt wechselnde Verbindungen von profaner und heiliger Sphäre, von Kirche und Gesellschaft. Eben wegen dieser Nebenordnung aber ist sie die eigentlich profane Betrachtung[s], die zwar tiefer dringt als die empirische, selbst aber Oberfläche bleibt gegenüber einer metaphysisch-offenbarungsgeschichtlichen Auffassung.[s] Es ist die ᵗgrundlegendeᵗ Opposition, die vom Unbedingten her sich jedesmal erhebt, wenn der Schein einer Gleichordnung von Heiligem und Profanem entsteht, der wir jetzt das Wort geben müssen. Offenbarung ist überall da, wo das Göttliche durchbricht, ᵘnicht | als Religion, sondern als *Aufhebung der Religion* und als Aufhebung des Gegensatzes von Kultur und Religion.ᵘ Das aber geschieht, wo eine schlechthin neue Wirklichkeit zugleich gesetzt und als niemals setzbar verheißen wird. Von solchen Offenbarungen und Durchbrüchen leben Religion und Kultur, Kirche und Gesellschaft. Sie leben von dem, was ihren Gegensatz aufhebt, dem Göttlichen. Aber sie verwirklichen das Göttliche *in* ihrem Gegensatz. Denn der ist unüberwindlich und war auch da nicht überwunden, wo so machtvolle Einigungen in Erscheinung traten, wie im frühen und hohen Mittelalter. Das Reich Gottes steht nicht nur jenseits des Gegensatzes von Autonomie und Heteronomie, sondern auch jenseits der zeitlichen und darum immer nur teilweisen und vorübergehenden Überwindung dieses Gegensatzes, die wir *Theonomie* nennen. Denn auch Theonomie ist nicht Reich Gottes, sondern Hinweis darauf, wenn auch als solcher Sinn und Ziel der Geistesgeschichte.

Der entscheidende Durchbruch, die Offenbarung schlechthin, kann aber nur da geschehen, wo dieser Gegensatz der Offenbarung gegen Kultur und Religion in gleicher Weise anschaubar wird. Der entscheidende Durchbruch kann also nicht als neue Religion oder neue Einheit von Kultur und Religion sich darstellen, sondern nur als ᵛAufhebungᵛ jeder endlichen Form, d. h. als Wort vom Kreuz. Auch das Wort vom Kreuz wurde Religion in dem Augenblick, wo es erging, und es wurde Kultur in dem Augenblick, wo es vernommen wurde. Aber das ist seine Größe und der Erweis seiner offenbarerischen Unbedingtheit, daß es die Religion und die Kultur, die von ihm spricht, immer wieder verneint und in sich selber aufhebt. Die Gemeinde, die um diese ihre Selbstaufhebung weiß, steht jenseits von Kirche und Gesellschaft, aber diese *Gemeinde ist unsichtbar.* Sie ist nicht identisch mit der christlichen Kirche und nicht identisch mit der bürgerlichen Gesellschaft. Sie ist auch nicht identisch mit der theonomen Einheit von profan und heilig, wie sie in der Vergangenheit verwirklicht war und in Zukunft ver|wirklicht sein wird. Sie ist darum auch nicht begrenzt durch die christliche Kirchengeschichte oder christliche Kulturgeschichte. Sie kann überall da gesucht und doch nicht aufgezeigt werden, wo die Unbedingtheit des Göttlichen gegen Religion und Kultur durchbricht. Je stärker und deutlicher das geschieht, desto stärker ist auch die religion- und kulturschaffende Kraft der Offenbarung. Aber dies ihr Schaffen ist zugleich ihr Eingang in die Verendlichung, in den Zwiespalt, in das, dem sie selbst immer von neuem widersprechen muß. Das ist die eigentliche Tiefengeschichte, die hinter der Geistesgeschichte undʷ hinter der empirischen Geschichteʷ steht.

3.ˣ

Das also ist das Ergebnis unserer geistesgeschichtlichen Betrachtung: Dem Wesen nach sind Kirche und Gesellschaft eins; denn der tragende Gehalt der Kultur ist die Religion und die notwendige Form der Religion ist die Kultur. In der geschichtlichen Wirklichkeit aber liegen sie nebeneinander und gegeneinander, wenn auch das Wesensverhältnis immer wieder zu neuen Versuchen treibt, die Einheit zu verwirklichen, den Gegensatz von autonomer Gesellschaft undʸ heteronomerʸ Kirche zu überwinden durch eine theonome Gemeinschaft. Jenseits dieser ganzen Spannungen und Kämpfe aber und sie durchbrechend, steht die *Tat Gottes,* die in gleicher Weise sich gegen Kirche und Gesellschaft wendet und die unsichtbare Gemeinde schafft. Sein Tun ist das im Tiefsten Schöpferische und Tragende in Kultur- und Religionsgeschichte. Sobald es aber in endliche Form eingeht, werden wieder Kirche und Gesellschaft und die Verzweiflung ihres Zwiespaltes, damit keine Kirche und keine Gesellschaft sich rühmen kann.ᶻ

Was bedeutet dieses Ergebnis für unsere Lage? Es bedeutet dieses, daß wir frei sind, grundsätzlich *frei von der Kirche,* aber nicht durch Antithese der Gesellschaft, sondern durch Offenbarung Gottes. Und es bedeutet weiter dieses, daß | wir frei sind, grundsätzlich *frei von der Gesellschaft;* und sie ist die drückendere Herrin in unserer Zeit. Wir sind frei von ihr, aber nicht durch Antithese der Kirche, sondern durch Offenbarung Gottes. Und weil wir von beiden frei sind, darum sind wir auch frei für beide, für den Dienst an beiden. Für die Kirche, weil wir wissen, daß wir durch den Dienst an ihr nicht in Gegensatz zur Gesellschaft treten, sondern der Gesellschaft nur symbolisch den Sinngrund verkünden, auf dem auch sie ruht und die Forderung, Reich Gottes zu werden, der auch sie unterworfen ist. Für die Gesellschaft, weil wir wissen, daß wir durch den Dienst an ihr nicht in Gegensatz zur Kirche treten, sondern der Kirche nur gehorsam die Sinnformen verkünden, an die auch sie gebunden ist. Für beide, indem wir ihren Gegensatz zu überwinden suchen und um die theonome Einheit ringen, in der sie zwar nicht Reich Gottes, aber vollendetes Symbol des Reiches Gottes sein können.

Daß wir in dieser Freiheit der Kirche gegenüberstehen, ist das, was uns im letzten Grunde vom *Katholizismus* unterscheidet, der das Gericht, das er immer wieder über die Kultur und Gesellschaft ergehen läßt, von sich selbst fern hält. Daß wir dagegen die Wesenseinheit von Kirche und Gesellschaft sehen, das macht uns denjenigen Katholizismus, der noch nicht heteronom, sondern theonom war, zu einem bedeutungsvollen Symbol für unsere zukünftige Arbeit, für das Ringen nicht um die alte, wohl aber um eine neue, ᵃauf unserem Bodenᵃ erwachsene Theonomie.

Auch auf *protestantischem* Boden ist absolutes, gegen die Gesellschaft heteronomes Kirchentum möglich. Auch aus dem Kampf gegen den Katholizismus, d. h. gegen die sich absolut setzende Religion kann neue absolute Religion hervorgehen, sei es absolute Bibelreligion, sei es absolute Christus- oder Jesusreligion. Aber gerade dieses Vorzeichen „absolut" bedeutet, daß der Protestantismus, d. h. der Protest gegen die Vertauschung des Göttlichen und Menschlichen vergessen ist. Eine protestan|tische Kirche, die sich mit diesem Anspruch gegen die Gesellschaft stellt, ist in Wahrheit eine abgeschwächte Form der katholischen Kirche.

4.ᵇ

Eine protestantische Kirche mit Absolutheitsanspruch in irgendeiner Richtung, auch bzgl. der Lehre, ist ein Widerspruch in sich. Das scheint die Möglichkeit einer Kirche überhaupt aufzuheben und die heilige Gemeinschaft aufzulösen in die wechselnden profanen Gesellschaften.ᶜ Menschlich gesprochen trifft das auch zu, wie auch das andere zutriffᶜ, daß die profanen Gesellschaften sich immer wieder und notwendig zurückfinden in die heilige Gemeinschaft. Von der Offenbarung her gesprochen aber kann es eine protestantische Kirche geben als Gemeinschaft derer, die auf die Offenbarung hören und sie verkünden und verwirklichen wollen, ganz gleich ob von der religiösen oder der kulturellen Seite her. Die protestantische Kirche reicht also in Zeiten der Zerspaltenheit weiter als die religiöse Sphäre. Sie greift über sich selbst hinaus und faßt alle die in sich, die in der Gesellschaft auf ihre Weise von der Offenbarung zeugen. Eben damit aber, daß sie über sich selbst hinausgreift, daß ihre Opposition gegen die profane Gesellschaft zugleich eine Opposition gegen sich selbst als heilige Gesellschaft ist, eben damit hebt sie die Zerspaltenheit auf und schafft den Keim der neuen Einheit, der neuen Theonomie. So und nicht anders ist die Haltung einer der Göttlichkeit des Göttlichen bewußten Kirche. Es ist eine Haltung, die im Grunde Selbstaufhebung ist, die eben dadurch aber Schöpfung im weitesten Sinne und Neuschöpfung im Geist der Theonomie ist.

Diese Stellung zu allen Seiten der Kultur und des Gesellschaftslebens bedeutet nun zugleich eine Überwindung des einseitigen Begriffs von Wortverkündigung. *Wort* ist nicht nur da, wo gesprochen und begriffen wird, sondern Wort ist auch da, wo anschaulich gemacht und gehandelt wird in wirkungs|kräftigen Symbolen.[d] Verbum[d] ist mehr als [e]oratio.[e] Das hat der Protestantismus weithin vergessen.[f] Verbum,[f] Offenbarungswort kann in allem sein, worin der Geist sich ausdrückt, auch in den schweigenden Symbolen der Kunst, auch in den Werken der Gemeinschaft und des Rechts. Und darum muß eine Kirche in all diesen Formen reden können. Sie alle müssen Symbole werden für das Wort der Offenbarung. Und das heißt ja nichts anderes als: das gesamte Leben der Gesellschaft nach allen Seiten ist dazu bestimmt, symbolkräftig zu sein für Gott. Kirche und Gesellschaft sind dafür bestimmt, eins zu werden.

Eine solche Kirche, eine solche Gesellschaft haben wir nicht. Wohl haben wir eine Kirche, in der der Widerhall des Offenbarungswortes in Schrift und Tradition sich fortpflanzt, wohl haben wir eine Gesellschaft, in der auf allen Gebieten der reinen Form des Denkens und Handelns, der Erkenntnis und Gerechtigkeit gedient wird. Aber die *Symbole der Kirche* sind unkräftig geworden. Das „Wort" klingt nicht mehr durch ihre Rede. Die Gesellschaft versteht sie nicht mehr. Und umgekehrt, das Werk der Gesellschaft ist leer geworden, und in ihren leeren Raum sind Mächte des Gegengöttlichen, des Unwahren und Ungerechten eingedrungen, denen sie gerade entgehen wollte. Ihre Symbole sind eher dämonisch als göttlich. Daß die Kirche der Gesellschaft und ihrem Leben nicht Sinn und Tiefe geben kann, daß sie nicht symbolkräftig reden kann, von dem, was jenseits von Kirche und Kultur steht, und daß die Gesellschaft der Kirche nicht gefüllte und lebendige Formen entgegenbringt, in denen die göttliche Wahrheit und die göttliche Gerechtigkeit sich aussprechen können, das ist die Heillosigkeit unserer Lage. Daß wir aber um diese Heillosigkeit wissen, und daß wir nicht mehr glauben, die Kultur durch die Kirche oder die Kirche durch die Kultur erlösen zu können, das ist das erste und wichtigste Zeichen des Heils. |

5.[g]

Und nun die Frage, was zu tun sei. Aus der Religion wird keine neue Religion geboren und aus der Kultur keine neue Kultur und aus beiden keine neue Einheit von beiden. Wohl aber geschieht dies alles durch Offenbarung. Darum ist der Wille zur *neuen Kirche* oder zur *neuen Gesellschaft* unreligiös und ungeistig. Die neue Kirche und die neue Kultur und die Einheit von beiden wächst aus der neuen Offenbarung oder besser – da es immer und überall nur die eine Offenbarung gibt – aus dem neuen Durchbruch des Offenbarungswortes. Ein neuer Durchbruch aber kann nicht gemacht, sondern nur empfangen werden. Zuerst und entscheidend heißt es also; wir können nichts tun. – Harmloser, aber ebenso unmöglich ist es, *neue Symbole* in Kultur und Religion machen zu wollen. Auch Symbole wachsen und werden nicht gemacht. Und es ist eine Erfahrung, daß sie am schöpferischsten da erwachsen, wo die Durchbruchsstelle der Offenbarung ist. Die prophetischen Persönlichkeiten, und nicht die Priester der Religion und nicht die Führer der Kultur sind es, von denen die entscheidenden Symbole geschaffen werden. Aber mit Hilfe neuer Symbole eine neue Kirche oder eine neue Kultur machen zu wollen, das ist der Versuch, am Offenbarungswort vorbeizukommen.

Das Entscheidende also können wir nicht tun. Was wir tun können, ist *Wegbereitung*. So war es immer und so muß es bleiben in jeder Zeit, die sich nach Offenbarung sehnt. Die Kirche kann den Weg bereiten, indem sie sich und ihre Formen unter das Gericht des alten Offenbarungswortes stellt und frei wird von allen Formen, die symbolunkräftig geworden sind, und offen wird für das Werk des Gesetzes, das die Kultur in Gehorsam geleistet hat. Und die Kultur kann den Weg bereiten, indem sie in all ihren Funktionen, in Wissenschaft und Technik, in Kunst und Philosophie, in Recht und Wirtschaft, in Sozialem und Personalem, in Gesellschaft und Staat, sich der | Leere der bloßen Form, des Dienstes am Gesetz bewußt wird und dadurch imstande wird, zu hören auf das Offenbarungswort und sich zu füllen mit dem lebendigen Gehalt der Gnade, die das Gesetz durchbricht. Es gibt viele in der Gesellschaft und manche in der Kirche, die dieser Wegbereitung dienen. Wenn es genug geworden sind, und wenn ihr Warten und ihr Handeln tief genug geworden ist, so ist ein neuer ʰKaíros,ʰ eine neue Zeitenfülle da. Wir alle stehen in diesem Werden, die einen der Kirche, die anderen der Gesellschaft näher. Keiner aber ganz ohne das eine oder das andere. Wir alle sind darum für beide verantwortlich, für die Kirche, daß sie frei werde von sich und offen für das Offenbarungswort, für die Gesellschaft, daß sie sich fülle mit dem lebendigen Gehalt und Symbole schaffen könne im Dienst des Wortes der Offenbarung. Beides aber nicht für sich selbst, sondern für das, was mehr ist als Kultur und Religion, und von dem sie beide zeugen. |

Anmerkungen

a   B fügt hinzu: except in fascist countries.
b–b   In B: They attempt a rational explanation of the prophetic message.
c–c   In B: demanded on the basis of both considerations.
d   Fehlt in B.
e   Fehlt in B.
f   B fügt hinzu: and in every 'beside' a 'conditioned'.
g   B fügt hinzu: (the practical aspect).

h–h In B: The unconditioned appears as that which does not admit any conditioned fulfillment of its commandments, as that which is able to destroy every personality and community which tries to escape the unconditioned demand.
i–i Fehlt in B.
j Fehlt in B.
k Fehlt in B.
l–l In B: The Holy ceases to be in contrast with the profane.
m Fehlt in B.
n Fehlt in B.
o–o Fehlt in B.
p–p In B: stands for truth and justice.
q–q Fehlt in B.
r Fehlt in B.
s–s Fehlt in B.
t–t Fehlt in B.
u–u In B übersetzt als: not as religion but as challenging religion and denying the contrast of culture and religion.
v–v In B übersetzt als: protest against.
w–w Fehlt in B.
x Fehlt in B.
y–y Ein offensichtlicher Druckfehler in A. B und G.W. haben: heteronomous.
z B fügt hinzu: in its pride.
a–a In B: out of our present problems.
b Fehlt in B.
c–c In B: That is true—but only as it is true.
d–d In B kursiv.
e–e In B kursiv.
f–f In B kursiv.
g Fehlt in B.
h In B in Anführungszeichen.

6. Rechtfertigung und Zweifel (1924)

A. *Druckvorlage: Rechtfertigung und Zweifel, in: Vorträge der Theologischen Konferenz zu Gießen, 39. Folge, Gießen 1924, S. 19—32.*
B. *Rechtfertigung und Zweifel, in: GW VIII (1970), S. 85—100.*

Zur Textgeschichte

Der hier abgedruckte Vortrag über „Rechtfertigung und Zweifel", den Tillich auf der Theologischen Konferenz in Gießen 1924 hielt, ist nicht die erste Beschäftigung mit diesem zentralen Thema seiner frühen Arbeiten. Das Archiv der Harvard University birgt ein bislang unveröffentlichtes, 45 Seiten umfassendes maschinenschriftliches Skript aus dem Jahr 1919 mit der gleichen Überschrift, der Tillich im Untertitel die bezeichnenden Worte: „Entwurf zur Begründung eines theologischen Prinzips" hinzufügte. Sachlich geht es dabei um das Prinzip des „absoluten Paradox", wie Tillich es damals noch — im Unterschied zur Auseinandersetzung mit Barth und Gogarten 1923 (cf. MW/HW 4, 91 ff.) — nennt, und das er als „Prinzip der Theologie und Kultur überhaupt" (S. 37) bezeichnet und begründet. In drei Teilen geht er dazu mit dem ihm eigenen Scharfsinn der Frage nach, wie theologisches Reden den paradoxalen Charakter des Rechtfertigungsglaubens radikal durchhalten kann, ohne in irgendeiner Hinsicht das Unbedingte und das Bedingte dieses Ereignisses miteinander zu vermengen oder dem einen über dem anderen die Herrschaft einzuräumen. Seine Antwort, daß einzig der (fortwährende) Zweifel der Ort ist, der das absolute Paradox bewährt, wird umfassend entfaltet. Die Studie bildet derart das theologisch-erkenntnistheoretische Fundament des fünf Jahre später gehaltenen Vortrags. Daß Tillich ihn nicht zur Veröffentlichung freigab, liegt sowohl daran, daß er sich der — auch in Hinsicht auf den Schriftsatz — vorläufigen Gestalt des Manuskripts bewußt war (nur einige wenige handschriftliche Verbesserungen zeugen davon, daß er den Text, vermutlich nicht einmal in Gänze, nochmals durchging), als vor allem auch daran, daß er in der Auseinandersetzung mit der sogenannten Dialektischen Theologie kurz darauf seine Terminologie änderte, das heißt den Begriff des „positiven Paradox" für seine Position beanspruchte, den er vorher bekämpft hatte.

Der Vortrag in Gießen fällt in die kurze Zeit von Tillichs Tätigkeit in Marburg, wohin er zum Sommersemester 1924 als a. o. Professor berufen worden war, wo er sich aber, eigenem Bekunden nach (cf. EGW V, 164), nicht sonderlich wohl fühlte. Dazu mag einerseits eine gewisse Isoliertheit im Kollegenkreis beigetragen haben, andererseits seine innere Distanz gegen „die ersten radikalen Auswirkungen der neuen Orthodoxie auf die Theologiestudenten: das theologische Denken befaßte sich nicht mehr mit kulturellen Problemen" (EGW V, 165). So verwundert es nicht, daß seine intellektuell anspruchsvollen, theologisch einen „protestantischen Universalismus" vertretenden Darlegungen von den meisten Konferenzteilnehmern entweder nicht verstanden oder nicht akzeptiert wurden. Harald Poelchau, für den beides nicht zutrifft, erkennt daraus, „daß

zwischen unserem Theologengeschlecht und unseren Vorgängern eine unüberbrückbare Trennung besteht" *(EGW V, 168)*. *Tatsächlich steht Tillichs These von der „Rechtfertigung des Zweiflers" jedoch auch gegen Positionen gleichaltriger Theologen, wie etwa Barth, Bultmann oder Gogarten. Die Publikation des Textes (= A) hat deshalb mannigfache Diskussionen ausgelöst.*
  Die Fassung in GW VIII (= B) ist als „unveränd(erter) Abdr(uck)" (GW XIV 2. Aufl., 61) der Vorlage deklariert, enthält jedoch einige Abweichungen, die vermerkt sind, insbesondere da sie in diesem Falle nicht mit Tillich abgesprochen werden konnten (cf. GW VIII, 11). Außerdem sind die Sperrungen Tillichs getilgt.

Rechtfertigung und Zweifel

Die Frage, die unser Thema uns stellt, ist folgende: Welche Bedeutung hat die Rechtfertigung, das Durchbruchsprinzip des Protestantismus, gegenüber dem Zweifel an seinen Voraussetzungen? — Wenn unbestreitbar ist, daß unsere gesamte gegenwärtige Lage bestimmt ist durch diesen Zweifel, durch den Verlust der Voraussetzungen des Rechtfertigungsglaubens, so kann die Frage auch so gestellt werden: Was hat der *articulus stantis et cadentis ecclesiae* dem gegenwärtigen Protestantismus in seiner der Reformation gegenüber fundamental veränderten Lage zu sagen?

Die so gestellte Frage ist nicht identisch mit der von *Holl* aufgeworfenen, was die Rechtfertigung dem modernen Menschen zu sagen habe. Auf diese Frage können nur individuelle Antworten gefunden werden, und wohl nur selten positive. In der Verständnislosigkeit gegenüber der reformatorischen Fassung der Rechtfertigung sind Gebildete, Proletariat und Jugend einig. Die kirchlich pietistischen Kreise aber sind nicht für unsere *Geisteslage*, nicht einmal nach ihrer religiösen Seite hin maßgeblich. Das sind immer nur die vorwärtstreibenden, Ausdruck und Symbol schaffenden Kräfte. Außerdem steht gerade bei jenen Kreisen das Prinzip der Rechtfertigung nicht im Vordergrund.

Diese Bemerkung führt uns zu der eigentümlichen Tatsache, daß unsere Frage nicht eigentlich als Lebensfrage empfunden wird. Längst war ja neben das Durchbruchsprinzip des Protestantismus als „Formalprinzip" die Schrift getreten und darüber die Rechtfertigung mit dem späten Ehrennamen „Materialprinzip" beiseite geschoben. Denn es kann nicht zwei Prinzipien geben: Prinzipium ist Herrschaft. Die Herrschaft aber hatte unter uns die Schrift, und als der Widerspruch gegen die Schrift und Lehrautorität sich durchgesetzt hatte, die religiöse Autonomie, der entleerte Schatten der Rechtfertigung. Hier liegen die Wurzeln der gegenwärtigen *communis opinio* von der wesensmäßigen Unzulänglichkeit des Protestantismus. Es ist das Verdienst der wissenschaftlichen Lutherrenaissance, das protestantische Durchbruchsprinzip rein erfaßt zu haben. Aber das ist zunächst Wissenschaft. Religiös erheblich kann nur eine Verkündigung der Rechtfertigung sein, die das reformatorische Durch-|

bruchsprinzip auch als Druchbruchsprinzip unserer Geisteslage kundtut. Diese aber ist bestimmt durch den Verlust der Voraussetzungen, die Mittelalter und Reformation gemeinsam hatten: der Gottesgewißheit, und damit der Gewißheit der Wahrheit und des Sinnes. Diese Frage führt uns in das Zentrum der gegenwärtigen theologischen Debatte.

I. Der Hervorgang des Zweifels aus der Rechtfertigung als Prinzip

Die Unmöglichkeit einer religiösen Lutherrenaissance ist darin begründet, daß der Weg von der Rechtfertigung zu dem Zweifel an ihren Voraussetzungen ein notwendiger war. Es handelt sich nicht einfach um einen Sündenfall des Protestantismus, wie es sich — das ist die Konsequenz, der wir endlich klar ins Auge sehen müssen — nicht einfach um einen Sündenfall des Christentums handelte, als es sich vom Paulinismus der Rechtfertigungslehre wegentwickelte. Zum mindesten müßte dann dieser Sündenfall schon bei Paulus selbst und erst recht im übrigen Neuen Testament erfolgt sein. — In Wirklichkeit steht hinter dieser Entwicklung die innere Spannung der Religion selbst, die bei Paulus und Luther als Polarität von Gesetz und Evangelium erscheint und die gegenwärtig in der „dialektischen Theologie" als Gegensatz von Religion und Offenbarung bezeichnet wird. Bei den Genannten kam alles auf die Verkündigung des Gegensatzes an. Sehen wir aber genauer zu, so finden wir überall, daß der Gegensatz kein einfacher ist. Das negative Verhältnis wird dadurch zugleich positiv, daß das, was sich gegenübersteht, sich zugleich gegenseitig bedingt. Rechtfertigung, Gnade und Offenbarung sind Durchbruchsbegriffe, Begriffe, in denen ein "Dennoch" enthalten ist, in denen aber das, was durchbrochen ist, zugleich vorausgesetzt wird. Das Gesetz, d. h. die Religion als göttliche Forderung, ist die ständige immanente Voraussetzung für die Offenbarung des Evangeliums. Nur derjenige kann die Botschaft von der Rechtfertigung gläubig aufnehmen, der die unbedingte Verpflichtung zur Gerechtigkeit vor Gott kennt. Es bedurfte aber Jahrhunderte jüdischer Gesetzesverkündigung, um in Paulus die Gewalt dieser Unbedingtheit zu schaffen. Und es bedurfte Jahrhunderte des Mönchstums und des Bußsakraments, um das gleiche in Luther zu wirken. Das Gesetz, die Predigt der Gerechtigkeit vor Gott, ist die Voraussetzung der Rechtfertigung, die Religion die Voraussetzung der Offenbarung, das Katholische als Prinzip ist die Voraussetzung des Evangelischen als Prinzip, und zwar die konstante immanente Voraussetzung.

Das führt nun aber sofort zu einer Umkehrung des Satzes: Die Gnade ist die ständige Ursache von Gesetz, das evangelische Prinzip von katholischer Wirklichkeit, die Offenbarung von Religion. Das ist nicht Sündenfall, sondern Realisierung, und hat nicht mehr, freilich auch nicht weniger Sünde in sich, als eben jede Realisierung. Was Gnade an der Realisierung ist, das ermöglicht alles Leben und Glauben und jede | Schöpfung in Kultur und Religion. Was Sünde an der Realisierung ist, das, wodurch sie bloß Gesetz, bloß Religion, bloß katholisch wird, das treibt zu neuen Durchbrüchen der Gnade. Die Sünde aber aller Realisierung ist die, daß das Aufnehmen der Gnade zu einem Bewirken der Gnade wird. In der gesamten Religionsgeschichte findet sich diese Mischung von Gnade und Gesetz, die die Gnade dem Gesetz unterordnet und um derentwillen es berechtigt ist, vom Standpunkt des Durchbruchs in Christo aus die gesamte Religionsgeschichte als Gesetz dem Evangelium entgegenzustellen. Denn hier allein ist keine Mischung, sondern die reine, das Gesetz und die Religion und den Katholizismus aufhebende Tat Gottes anschaubar.

Was für die Religionsgeschichte gilt, das gilt für die Kirchengeschichte. Sie ist Realisierung, und darum muß auch sie Gesetz und Religion und katholisch werden. Eine Betrachtung der Dogmengeschichte vom Neuen Testament an bis zur Gegenwart unter diesem doppelten Gesichtspunkt des Durchbruchs und der Realisierung würde die kleinliche und vielfach überhebliche Art der Dogmenhistorie überwinden, die anstatt die Realisierung zu verstehen in all ihren Spannungen, nur den Sündenfall sucht und ihn schon überall da findet, wo es sich um Realisierung handelt. Das gilt für das griechische Dogma so gut wie für die Scholastik, für Augustin, die machtvollste Einheit von Durchbruch und Realisierung, wie für ᵇMelanchtonᵇ und Calvin. Die bisherige protestantische Dogmengeschichte ist wesentlich eine solche vom Standpunkt des Durchbruchs, wir brauchen aber eine solche vom Standpunkt der Spannung von Durchbruch und Realisierung.

Es besteht nun aber ein entscheidender Unterschied bezüglich dieser Spannung zwischen Urchristentum und Protestantismus. Jenes hat den entscheidenden Durchbruch der Gnade unmittelbar aufgenommen. Auch die Paulinische Antithese gegen das Gesetz hinderte nicht, daß die Gnade sofort religiös realisiert wurde in Christusmystik, Sakrament und Ethos. Das antigesetzliche Korrektiv war nicht das Ganze, im Neuen Testament nicht und vollends nicht in der Heidenchristenheit. Bei Luther erging der Widerspruch gegen die sich selbst unbedingt setzende katholische Realisierung, die durch ihre hierarchische Form jede Wirksamkeit des Korrektivs immer mehr unmöglich machte. Infolgedessen liegt im Protestantismus ein reflektiertes Verhältnis zur Realisierung überhaupt, zur Religion und zum katholischen Prinzip vor. Eben darum wurde die Überwindung des Gesetzes hier zum „Protestantismus", d. h. aber zur Verneinung der Realisierung und damit zur grundsätzlichen Verneinung der eigenen Voraussetzung. Und doch konnte es nicht ausbleiben, daß auch hier die Realisierung versucht wurde; Melanchtons Lehrgesetz, sein autoritatives Lehramt und seine kirchlich geleitete humanistische Kultur, Luthers Sakramentslehre und Christusmystik, Calvins in der Schrift offenbartes Kirchengesetz, das alles sind die protestantischen Realisierungsformen, d. h. diejenigen Formen, durch die der Protestantismus als Religion, als Kirche, als Gesetz möglich wurde. |

Aber der eigentliche Inhalt der Verkündigung bleibt trotz aller Nebenwirkungen im Luthertum die Rechtfertigung, im Calvinismus die Erwählung.

Nun aber ist sie, die Durchbruch war, Lehre geworden, also ein Ding, ein Gegenstand, von dem man weiß, also das, was ihrem Charakter am meisten zuwider ist: Man weiß um das, was absolut ᶜdieᶜ Überraschung, Paradoxie und Durchbruch ist. In der alten Kirche hörte man auf, ᵈdarumᵈ zu wissen. Man ruhte in der Unmittelbarkeit des Gnadenbesitzes und ließ darum trotz alles gesetzlichen und katholischen Sündenfalls das Prinzip des Durchbruchs unintellektualisiert. Im Protestantismus aber wird es in dem Augenblick, wo es zur Lehre objektiviert wird, beiseite gedrängt. In den Vordergrund rücken in wechselseitiger Bekämpfung Schrift und Autonomie. Gott und sein Handeln werden zum Regulativ des Weltbewußtseins, das jederzeit bereit liegt, die im Sündengefühl liegenden Hemmungen zu beseitigen. Mit der dadurch erreichten Schwächung der Sündenfurcht und des Schuldbewußtseins tritt der Vorsehungsgedanke hervor, der gleichfalls zu einem Regulativ des Weltverhältnisses wird. Gott war Regulativ und Grenzbegriff geworden, noch ehe Kant die Formulierungen gab, die dann von den ᵉTheologischenᵉ Kantianern in die Theologie eingeführt wurden.

Das autonome Bewußtsein, die Loslösung von der religiösen Unmittelbarkeit, von der gesamten Sphäre der Realisierung war da. Der Humanismus, die rationale, autonome und gesetzliche Form des Gottesgedankens, die Melanchton zur Basis gemacht hatte, wurde das Ganze. Sie konnte es aber nur werden, weil Gott durch die Objektivierung des Durchbruchsprinzips beiseite gedrängt, zu einem Gegenstand, einer Grenze, einem Regulativ gemacht war. Reaktionen gegen diese Entleerung gingen von katholischen Elementen aus: dem Pietismus, der die Sphäre der Furcht wieder schaffen will und es doch nicht kann, weil er zu diesem Zweck das Prinzip, zu dem er hinführen will, die Gnade, zeitweise außer Kraft setzen muß; von der Mystik, die eine neue Unmittelbarkeit zu schaffen sucht und in der idealistisch-romantischen Reaktion weithin geschaffen hat, wenn auch ohne dauernden Erfolg.

Wo Gott zum Regulativ geworden ist, da kommt der Zweifel zu religionsgeschichtlicher Bedeutung. Er läuft nicht mehr nebenher als ᶠZufallsacheᶠ, die man sittlich bekämpfen kann, er tritt ins Zentrum, er ist der Ausdruck der zerrissenen Unmittelbarkeit des Religiösen, der völligen Unterdrückung des mystischen oder katholischen Prinzips. Der Weg der Autonomie aber ist dieser: Im ersten Stadium ist das Erbgut religiöser Unmittelbarkeit noch schöpferisch ᵍwirksam. Imᵍ zweiten Stadium sucht eine formale Autonomie die Wahrheit zu erweisen, im dritten Stadium ist die Unmöglichkeit dieses Weges erkannt, der Zweifel an Gott wird zum Zweifel an der Wahrheit selbst und damit in letzter Vertiefung zum Zweifel an dem Lebenssinn überhaupt. Diese Entwicklung aber bedeutet: Wird der Durchbruch statt zum Korrektiv zum Prinzip erhoben, unter Verneinung der Realisierung, so geht mit der Realisierung zuletzt auch das Prinzip verloren. Der *articulus stantis et | cadentis ecclesiae* wird zum *articulus stantis salutis et cadentis ecclesiae*. Wie aber, wenn doch in einem Sinne Wahrheit ist, das: *extra ecclesiam nulla salus*?

II. Der Zweifler und seine Rechtfertigung

Der Zweifler im religiös bedeutungsvollen Sinn ist derjenige Mensch, der mit dem Verlust der religiösen Unmittelbarkeit Gott, die Wahrheit und den Lebenssinn verloren hat, oder auf irgend einem Punkte des Weges zu diesem Verlust steht und doch nicht in diesem Verlust ausruhen kann, sondern getroffen ist von der Forderung, Sinn, Wahrheit und Gott zu finden. Der Zweifler ist also derjenige, den das Gesetz der Wahrheit mit seiner ganzen rücksichtslosen Gewalt gepackt hat und der, da er dieses Gesetz nicht erfüllen kann, der Verzweiflung entgegengeht. Der Zweifler befindet sich also in der Lage dessen, der an seinem Heil verzweifelt, nur daß für ihn das Unheil nicht das Verwerfungsurteil Gottes, sondern der Abgrund der Sinnleere ist.

Der Versuch, den radikalen Zweifel in die ethische Sphäre abzuschieben, ihn als einen Versuch zu werten, Gott entrinnen zu wollen, ist durchaus irrig. Es ist ein Versuch, dem Zweifel seinen Ernst zu nehmen. Aber der Zweifel steht in der theoretischen Sphäre unter dem gleichen Ernst wie die Heilsungewißheit in der praktischen. Der Zweifel ist der Kampf um das Teilhaben an dem unbedingten Lebenssinn, an der unbedingten Wahrheit. Ein Kampf, der in sich selber durchgekämpft werden muß, soll er nicht zur Verzweiflung oder zum Kompromiß führen.

Der Name des Kompromisses aber ist: unendlicher Fortschritt im Erkennen der Wahrheit. Man will die Wahrheit schaffen, aufbauen, verbessern, man begnügt sich mit einem Teil und weiß nicht und merkt nicht, daß man damit die unbedingte Wahrheit verloren hat. Es ist noch nicht die letzte Tiefe des Zweifels, die sich mit solchem Kompromiß, mag er sich noch so vorsichtig und skeptisch darbieten, begnügt. Die Verheißung aber und die Kraft hat niemals der Kompromiß, sondern allein der radikale Durchbruch.

Der Kampf um die Wahrheit und den Lebenssinn hat noch zu keinem religiös entscheidenden Ergebnis geführt. Beide Kirchen haben ihm gegenüber in gleicher Weise versagt, wie das späte Mittelalter gegenüber der Frage der Heilsgewißheit. Der Erfolg war der, daß unsere Zeit in die Mystik floh. Diese neue Mystik ist keine Ersatzreligion, aber sie ist auch nicht Wiederaufnahme der alten Mystik, die immer zugleich Askese war, sondern sie ist der Ausdruck des Ringens um einen von allen Zweifeln befreiten völlig ungegenständlichen Sinngrund, um eine namenlose und darum dem Streit und dem Fortschritt enthobene Wahrheits- und Gottesanschauung. Mystik ist der Versuch, die verloren gegangene Unmittelbarkeit des Religiösen wiederzufinden, die die Basis für jeden Durchbruch zur Objektivität, zu Name und Form sein muß. Daher die Ablehnung Luthers durch den *homo religiosus dubitans*. Aber diese | Flucht in die Mystik ist ja immer noch ein Festhalten an der Subjektivität und damit am Werk, wenn auch mit negativem ʰVorzeigenʰ. Die Majestät des Göttlichen wird nicht erreicht, der Sinngrund wird nicht gefunden, weil man das mystische Erlebnis auch wieder beiseite schieben kann. Die Wahrheit, die nicht verzehrendes Feuer, sondern bloß wärmende Glut ist, überzeugt nicht, ihr kann eine andere Wahrheit gegenübergestellt werden. Soll aber die Wahrheit die Unbedingtheit des Göttlichen erreichen, so muß sie die Form der Gnade annehmen, die Form des Durchbruchs. Und das ist die entscheidende Frage: Wie kann die Gnade durchbrechen in der Sphäre der Wahrheit und des Sinnes?

Machen wir uns zuerst deutlich, was das Gesetz in der theoretischen Sphäre ist. Es ist die Forderung, unter den übrigen Gegenständen einen solchen zu erkennen, der die Qualität Gott hat. Es ist die Forderung, Gott zu beweisen, eine Forderung, die unendlich hinausgeht über die üblichen Beweise für das Dasein Gottes. Alle Apologetik ist solches Werk. Und es kann auf dreifachem Wege versucht werden. Zuerst durch Denken, das im Endlichen oder über dem Endlichen das Unbedingte, die lebendige Wahrheit, Gott und den Lebenssinn finden will und doch nicht finden kann; denn jeder Schluß im Endlichen bleibt endlich und setzt Endliches voraus und so fort ins Unendliche, aber nicht ins Göttliche, Ewige, Wahre. Die Kritik jedes theoretischen Gottesbeweises, offenen und versteckten, ist das Gericht über dieses Werk im Theoretischen selbst. Demgegenüber kann versucht werden, Gott zu erreichen durch einen Willensakt, ein sogenanntes Wagnis, das in Wirklichkeit ein Experiment mit Gott und darum gotteslästerlich ist. Es ist nicht weniger unmöglich, die Gewißheit des Unbedingten auf einen bedingten Willensakt wie auf einen bedingten Denkakt zu gründen —, und eines scheitert so notwendig wie das andere. Ebenso unmöglich ist es, Gefühle zu erwecken, in denen sich das Göttliche anzeigen soll; auch das bleibt durchaus in der bedingten Sphäre und ist nicht tragfähig für eine unbedingte Gewißheit. Mit diesen drei Wegen aber sind die Mittel jeder Apologetik erschöpft. Der Versuch zum Werk im Gotteserkennen ist mißlungen. Erst wo diese Krisis alles apologetischen Tuns wirksam ist, kann der Punkt erreicht werden, den wir als radikalen Zweifel bezeichneten und an dem die Frage nach der Rechtfertigung des Zweiflers einsetzt.

Die Rechtfertigung des Zweiflers ist nur möglich als Durchbruch der unbedingten Gewißheit durch die Sphäre der Ungewißheiten und Irrungen; es ist der Durchbruch der Gewißheit, daß die Wahrheit, die der Zweifler sucht, der Lebenssinn, um den der Verzweifelte ringt, nicht das Ziel, sondern die Voraussetzung alles Zweifels bis zur Verzweiflung ist. Es ist das Erfassen der Wahrheit als Gericht an jeder Wahrheitserkenntnis. Es ist das Aufbrechen des Sinngrundes als unbedingter Gegenwärtigkeit und zugleich unbedingter Forderung, um ihn zu ringen, es ist die Gegenwart der lebendigen Wahrheit als unsagbarer und doch immer vom neuen zur Aussage drängenden Tiefe. |

Für Luther ist der Unglaube die eigentliche Sünde. Der Unglaube ist auch die eigentliche Trennung von der Wahrheit und dem Lebenssinn. Dieser Unglaube ist identisch mit dem Willen, die unbedingte Wahrheit zu suchen, Gott zu erdenken, zu experimentieren, experiieren, und das heißt: der Wille, den eigenen, außerhalb des Sinngrundes stehenden Ausgangspunkt des Suchens absolut zu setzen, und diesem endlichen Standpunkt dadurch die Weihe zu geben, daß man Gott dazu findet, d. h. erfindet. Auch die Sünde des Zweiflers ist der Unglaube, nämlich das Nichtzweifeln an seinem eigenen Zweifel und der Versuch, von diesem grundsätzlich gottlosen Standpunkt Gott zu suchen.

Der Durchbruch dieser göttlichen Grundoffenbarung, die vor allem Zweifeln und Suchen steht, bringt die Befreiung, daß sie jedes Tun der Erkenntnis in zweite Linie rückt und die Gegenwärtigkeit Gottes vor der Gotteserkenntnis und des Sinnes vor der Sinneserkenntnis offenbart. Was hier offenbart wird, ist der Gott der Gottlosen, die Wahrheit der Wahrheitslosen, die Sinnfülle der Sinnentleerten. Das ist kein leeres Paradox, kein Gedankenkunststück, denn gerade auf das Denken als Werk ist ja verzichtet, sondern es ist der Durchbruch der Fülle und des Sinnes.

Der Moment des Durchbruchs ist in Bezug auf Inhalte völlig indifferent. Der Mensch hat kein Werk des Erkennens, keinen Gedankeninhalt vorzuweisen. Das Göttliche ist der Sinnabgrund und -grund, das Ende und der Anfang jedes möglichen Inhaltes. Nichts anderes ist darüber zu sagen. Es steht jenseits von Licht und Finsternis, von Natur und Persönlichkeit, von Göttlichem und Dämonischem. All dieses liegt in ihm zur Scheidung bereit, wie der Kampf gegen das Böse und die Werke der Liebe im Akt der Rechtfertigung. Aber es liegt verborgen in ihm, es ist die Geburtsstunde der Religion in jedem Menschen, der zur Tiefe der Verzweiflung aus Zweifel und Sinnentleerung gedrungen ist, der die dämonische ͥFrage, sollte Gott sein, sollte Wahrheit sein, sollte Sinn sein, vernommen hatͥ.

Dieses ist nicht Mystik, denn die Mystik ist Ende, dieses aber ist Anfang. Es ist die Stunde der Wiedergeburt, in der die Geburt des Menschen, nämlich des religiösen Wesens des Menschen sich wiederholt. Es ist der Rückgang in die Tiefe und den Anfang alles menschheitlich religiösen Schaffens und Sehens auf der Höhe der radikalen Kritik und des Verlustes der Sinntiefe. Es ist nicht die Flucht vor den Namen und vor dem Bewußtsein, wie in der Mystik, sondern es ist die neue Geburt der Namen aus dem schöpferischen Grunde. Nicht von Mystik, sondern von Grundoffenbarung sprechen wir. Es ist die Größe der Mystik, daß sie diese Geburtsstunde der Wahrheit, des Sinnes, des Menschen immer wieder in Erinnerung ruft. Darum ist sie unsterblich und es ist göttliche Offenbarung in ihr. Aber es ist ihre Grenze, daß sie aus Furcht vor der Welt der Wahrheiten, Namen, Sinnformen in Schweigen versinken will. Wie sie als Askese aus Furcht vor dem Werk nichts tun will und dadurch doch wieder zu dem schwersten der Werke wird, so will sie aus | Furcht vor den Namen nichts erkennen und zwingt sich dadurch zu dem Werk des absoluten Schweigens. Aber darin wirkt noch Gesetz nach. Erst wenn der Zweifel auch hier zerstört hat, ist mit dem Durchbruch des Sinngrundes auch die Mystik, die am deutlichsten von ihm zeugt, überwunden.

III. Theologische Umschau

Es ist angebracht, den entwickelten Gedanken, ehe wir ihn näher ausführen, in Beziehung zur gegenwärtigen theologischen Diskussion zu stellen. Offenbar geht aus ihm hervor, daß jede theologische Richtung abgelehnt werden muß, in der die Offenbarung ausschließlich als Heilsoffenbarung, ausschließlich christologisch gefaßt wird. Die Offenbarung in Christus, der Durchbruch der göttlichen Unbedingtheit gegenüber allem Werk der Religion, setzt eine breite Basis der menschheitlichen Religion und der göttlichen Grundoffenbarung voraus. Ohne eine solche Voraussetzung ist auf die Dauer die Aufnahme der im personalen Zentrum sich vollziehenden Offenbarung in Christus unmöglich. Heilsoffenbarung ohne Grundoffenbarung, Rechtfertigungsgewißheit ohne Gottesgewißheit ist unmöglich.

Ein Satz wie der, daß wir ohne Jesus Atheisten wären, ist in sich widerspruchsvoll, weil die Qualifizierung Jesu als Offenbarung Gottes nur möglich ist auf Grund eines entgegenkommenden Vermögens, eine Wirklichkeit als Offenbarung zu werten. Wären wir ohne Jesus Atheisten, so würde uns auch Jesus nicht vom Atheismus befreien können, denn es würde das Organ fehlen, ihn zu empfangen. Gemeint ist in dem angeführten Satz im Grunde auch gar nicht der Atheismus überhaupt, sondern lediglich die Unfähigkeit zur Behauptung des Gottesbewußtseins und der sittlichen Persönlichkeit gegenüber den aus dem Weltlauf stammenden Hemmungen. Der Satz stammt aus der Sphäre derjenigen Theologie, für die Gott im Sinne Kants regulativ geworden ist.

Von der sittlichen Persönlichkeit geht auch *Hirsch* aus, in seiner Schrift über den deutschen Idealismus. Er erkennt als berechtigt an, daß die idealistische Philosophie sich um eine ungegenständliche Fassung des Gottesgedankens bemüht, daß sie also in unserem Sinne Gott von der Grundoffenbarung her verstehen will. Aber er wirft ihr vor, daß sie diese Ungegenständlichkeit vermittels der intellektuellen Anschauung sucht und nicht durch Selbsterfassung der sittlichen Persönlichkeit. Nun steht aber im Idealismus die intellektuelle Anschauung freilich in religiös und philosophisch bedenklicher Weise für die Richtung auf die Grundoffenbarung, und es heißt diese Intention zerbrechen, wenn man das Ethisch-Persönliche an ihre Stelle schiebt. Außerdem ist es unzulänglich; denn auch die Persönlichkeit reicht in eine ontologische Tiefe herab, und die unbedingte Persönlichkeit würde wieder zu einem bloßen Regulativ werden, wenn ihr die Unbedingtheit des Sinngrundes fehlen würde. |

Weit eindringlicher und mit großer systematischer Kraft ist *Heim* auf unser Problem eingegangen, historisch und systematisch. Hier sind die Kant-Ritschlschen Linien überwunden. *Heim* kennt die Unzulänglichkeit der Apologetik. Und die Frage einer andersartigen Begründung der Wahrheitsgewißheit steht bei ihm im Vordergrund. Aber er sucht die Lösung nicht in der universal-religiösen, sondern in der christologischen Sphäre. Wohl kennt er die Tiefe der Paradoxie, wohl sieht er, daß in der Grundoffenbarung alle Namen und Kategorien versinken. Er betrachtet darum die Entscheidung für Christus als eine Urentscheidung schlechthin. Aber diese Urentscheidung richtet sich auf Christus, d. h. auf ein Objekt, das durch Namen und Kategorien bestimmt ist. Darum kann sich die Entscheidung für ihn nur unter Namengebung und in kategorialen Formen vollziehen. Wenn *Heim* leugnet, daß die Kategorie des Möglichen hier noch eine Rolle spiele, so läßt er sich dadurch täuschen, daß für den mit Christus von vornherein Verbundenen freilich keine Möglichkeit besteht, sich anders zu entscheiden. Aber es sollte ja von dem radikalen Zweifler gesprochen werden, für den jede, auch die eigene Position versunken ist, und dazu kommt es nicht. Wohl ist Christus für den Christen der bestimmte, konkrete Name Gottes, das Bild des *Deus revelatus*. Aber er ist es nur auf Grund des *Deus absconditus*, des Unbenennbaren, aber als *absconditus* wohl erkennbaren Gottes. — Steht *Heim* in engem Zusammenhang mit der subjektiv-pietistischen Seite von Luthers Rechtfertigungslehre, so *Gogarten* mit der objektiv-orthodoxen. Ihm kommt alles auf die reine Objektivität und schlechthinnige übermenschliche Gegebenheit der Offenbarung an. Es ist nun schwer, über ihn in unserem Zusammenhange zu reden, weil seine Gedanken bezüglich unseres Problems zu wenig entfaltet sind; weil vielleicht *Barths* Wort, daß seine Verkündigung nur eine Anmerkung zur Theologie sein wolle, auch hier gilt. Würde es gelten, und würde es nicht wieder aufgehoben werden durch die dialektische Frage: Sollte vielleicht die Anmerkung das Ganze sein, so wäre es möglich, darin die hier gegebene Auffassung von dem Durchbruchscharakter der Gnade wiederzufinden. Anderenfalls aber, und fast scheint das andere gemeint zu sein, müßte auch hier die Unmöglichkeit betont werden, die Offenbarung in Christus loszulösen von der Seinsoffenbarung, und Religion und Offenbarung in einen einfachen Gegensatz zu stellen. Denn auch das Gerichtetsein auf die Objektivität des göttlichen Handelns in Christus ist Sache des *homo religiosus*, soll es nicht eine rein intellektuelle oder willentliche, aber religiös indifferente Haltung sein. Das „Wort", das *Brunner* der Mystik entgegenstellt, hört nur der *homo mysticus*, d. h. derjenige, der nicht Mystiker im aktuell werkhaften Sinn ist, sondern der die Grundoffenbarung vernommen hat und ständig vernimmt. Für jeden anderen ist das Wort von Christus ein Gesetz, und zwar ein unerfüllbares, und ist der Name Christus ein Name für vielerlei in der Welt, nur nicht für Gott. Besonders schwerwiegend wird unser Bedenken, wenn sich die Entgegenstellung von Göttlichem und Menschlichem zu einer systematischen Profanisierung | der Kultur und ihres theoretischen Ausdruckes, der Philosophie, verdichtet. Diese Haltung, die in Augenblicken großer eschatologischer Durchbrüche durch eine unparadoxe und dämonische Vergöttlichung von Religion und Kultur am Platze ist, und darum ein ständiges Korrektiv bleibt, wirkt verhängnisvoll, wenn sie zur einzigen Haltung gegenüber der Breite der Zeit, des Lebens und der Gesellschaft wird. Sie entheiligt die Wirklichkeit und das Leben. Sie läßt vergessen, daß Religion und Kultur von dem Wort der Grundoffenbarung leben, daß die Philosophie auch in den extremsten Polen formaler Arbeit wie bei Aristoteles und Kant der Grundoffenbarung noch machtvollen Ausdruck gibt und sich auf dem anderen Pol bei Plato, Augustin, Spinoza, Hegel bewußt und unbewußt in den Dienst des Offenbarungswortes stellt. Das Gleiche gilt von allen Seiten der Kultur. Wird die Kultur der Profanisierung anheim gegeben, so wird die Grundoffenbarung zum Verstummen gebracht und damit Kultus und Mythos und damit schließlich auch das Gnadenwort unhörbar ʲgemacht. Eineʲ Lage, deren verhängnisvolle Konsequenzen wir erlebt haben und über die unsere Zeit mit Recht auf allen Gebieten hinausdrängt.

Damit stehen wir bei der Frage nach der anderen großen Linie der gegenwärtigen Theologie, die von der Grundoffenbarung zu reden weiß, bei der wir aber fragen müssen, ob sie so von ihr zu reden weiß, daß die Paradoxie des Rechtfertigungsprinzips in ihr gewahrt ist. Zu den Dingen, in denen wir Brunners Schleiermacherkritik zustimmen können, gehört die konsequente Einreihung *Schleiermachers* in die Identitätsphilosophie des deutschen Idealismus. Das Prinzip der Identität ist die logisch gesetzliche und darum ungläubige Formulierung der Paradoxie, die im gläubigen Erfassen der Grundoffenbarung vorliegt. Es fehlt der Identität ᵏdas Element des Abgrundes im Grunde, des Vernichtenden, Zerstörendenᵏ, alles Endliche Aufhebenden des Sinngrundes. Es ist zu einem Ruhenden, Selbstverständlichen geworden, und es hat darum auch die innere Vieldeutigkeit verloren, aus der die unbedingte Forderung erwächst, die Namen zu scheiden und durch Ausscheidung der dämonischen Namen zur Offenbarung in Christus zu kommen.

Sehr deutlich gemacht hat das Wesen der Grundoffenbarung *Ottos* Bestimmung des Heiligen als *mysterium tremendum et fascinosum*. Aber auch hier ist der Glaubenscharakter nicht scharf genug herausgearbeitet. Das liegt an der bloß phänomenologischen Beschreibung. Sie hat zur Folge, daß das Heilige den übrigen Funktionen nebengeordnet wird. Damit aber ist die Möglichkeit gegeben, es unter den Zweifel zu stellen und beiseite zu schieben. Und umgekehrt, wenn es bejaht wird, so gelingt nur schwer, es zu den übrigen Sinngebieten in Beziehung zu setzen. Aber gerade als Durchbruch durch die Sinngebiete, als ihr Abgrund und ihr Grund muß es gefaßt werden. Dann ist es freilich nur dem Glauben zugänglich, kann aber gerade darum nie beiseite geschoben werden. Das ganz Andere ist immer zugleich das ganz Eigene, der Abgrund ist immer zugleich der Grund. |

Das sind die beiden Linien der zeitgenössischen Theologie im Verhältnis zu unserem Problem. Die christozentrische Fassung der Offenbarung scheitert daran, daß sie den radikalen Zweifel nicht überwinden, zur Grundoffenbarung nicht führen kann. Die universale Fassung der Offenbarung aber bleibt unvollkommen, so lange es ihr nicht gelingt, die Paradoxie der Rechtfertigung auf die Grundoffenbarung anzuwenden. Es ist die Aufgabe der protestantischen Theologie, über diesen Gegensatz hinauszukommen und damit von ihrem Zentrum aus ihre verloren gegangene Grundlage wiederzufinden.

IV. Die Konsequenzen der Rechtfertigung des Zweiflers

Die Rechtfertigung des Zweiflers, der Durchbruch des Unbedingten als das all seinen Zweifeln bejahend und verneinend Vorhergehende, das unbedingt Ferne und Nahe, das Verzehrende und Tragende — dieser Augenblick ist an nichts Äußeres und an nichts Inneres gebunden. Er kann sich an jedem Äußeren und an jedem Inneren entzünden. Denn zu seinem Wesen gehört, daß er zu keinem Namen und keiner Bestimmtheit und keiner Form gehört. Es ist auch keine der psychischen Funktionen diesem Vernehmen der Grundoffenbarung zugeordnet, genau so wenig wie dem Akt des Heilsglaubens. Der Glaube ist durch die Intention bestimmt, nicht durch die psychische Realisierung. Wenn aber jemand sagen wollte, daß das Namenlose nicht Gegenstand eines Denkens und Wollens, sondern nur eines Ahnens und Fühlens sein könne, so weiß er nichts von dem abgründlichen Gedanken, in dem das Denken zugleich endet und sich gründet, und von dem abgründlichen Willen, in dem alles Wollen sein Ende und seinen Sinn findet. Der Wahrheitsglaube ist so objektiv und so unpsychologisch wie der Heilsglaube.

Wo von der Rechtfertigung des Zweiflers gesprochen wird, erhebt sich naturgemäß die gleiche Frage wie bei der Rechtfertigung des Sünders, wie das Verhältnis von Rechtfertigung und neuem Leben zu denken sei. Und es wird auch hier der Unterschied von imputativer und effektiver Auffassung eintreten und der Versuch gemacht werden, beides, das wesensmäßig zusammengehört, auseinander zu reißen. Die einseitig betonte *veritas imputata* führt aber wie die *justitia imputata* notwendig zum Intellektualismus und zur Gleichgültigkeit gegen das schöpferische Leben in der Wahrheit. Die Rechtfertigung des Zweiflers wird dann zu einer abstrakten Paradoxie, die auf die wirkliche Wahrheitserkenntnis keinen Einfluß ausübt und sie der Autonomie und dem Kompromiß überläßt. Die Rechtfertigung des Zweiflers ist aber zugleich eine Wiedergeburt des Zweiflers, sie ist die Möglichkeit, in schöpferischem Erkennen den Zweifel und Irrtum zu überwinden. Sie ist eine Neuschaffung und Wiedergeburt des gesamten Erkennens und jedes einzelnen Aktes. Und gerade das ist das Neue an ihr, daß sie nicht anders erkennen kann als aus dem Zentrum heraus der lebendigen schöpferischen Wahrheit, dem | Sinngrunde und Sinnabgrunde, daß sie — wie die Liebe nicht einzelne Werke tut, sondern aus dem Zentrum der Liebe heraus handelt — so nicht einzelne Erkenntnisse wirkt, sondern in allem Gnosis ist, die aus den Tiefen der Gottheit schöpft. — Daraus kann sich die Gefahr einer rein effektiven Deutung der Rechtfertigung des Zweiflers entwickeln, die zwar einen ersten Durchbruch der Wahrheit kennt, das Leben in der Wahrheit aber nicht immer wieder auf den Glaubensakt gründet, sondern auf die Vollendung der Wahrheitserkenntnisse, auf die Fortschritte der Namengebung in Kultur und Religion, auf Geistes- und Schöpferkraft, auf Mystik und Intuition. Das alles kann Frucht sein des Lebens in der Wahrheit, aber nicht Grund des Glaubens an die Wahrheit.

Wird es zum Grund gemacht, so entsteht ein Werk des Erkennens, das sich an Stelle des Wahrheitsglaubens setzt und das zerbrechen muß, und wäre es als Werk das vollkommenste, die Erkenntnis Christi als des Namens Gottes, in dem alle Namen der Dämonen überwunden sind.

Damit ist die Frage nach dem Verhältnis von Heilsglaube und Wahrheitsglaube, objektiv gesprochen, nach dem Verhältnis von Grundoffenbarung und Heilsoffenbarung, scharf gestellt. Sie ist so zu beantworten: Die Grundoffenbarung ist die Befreiung aus der Verzweiflung des Zweifels und der Sinnleere. Insofern ist sie der Anfang der Heilsoffenbarung. Und die Heilsoffenbarung ist Befreiung aus der Verzweiflung des Widerspruchs und der Gottferne. Es ist der eine Lebensprozeß, in dem beide stehen, die eine als Anfang und die andere als Ziel, in jeder wirklichen Offenbarung aber zusammengeschlossen in einem Akt; denn jede wirkliche Offenbarung hat eine Form und einen Namen, und dieser Name gilt als heilvoller Name. Unterschieden werden können beide erst dann, wenn diese selbstverständliche Einheit aufgelöst ist und das Ganze der Offenbarung überhaupt fraglich geworden. Wo das aber geschieht, da ist die Grundoffenbarung notwendig als zweideutig zu bestimmen. Sie ist Grund und Abgrund zugleich. Noch Luther wußte, daß der *deus absconditus* dem Menschen als Dämon erscheinen würde. Darum sind die Götter der Völker immer zugleich göttlich und dämonisch. Dämonen bleiben auch die Lichtesten unter ihnen. Dämonische Elemente hat selbst noch in sich die den Abgrund suchende Mystik und der mit irrationalem Willen in den Abgrund verdammende Gott der doppelten Prädestination. Um dieser Zweideutigkeit der Grundoffenbarung willen wird die Offenbarung des Göttlichen zur Heilsgeschichte, zur Überwindung des Dämonischen in der Menschheitsreligion. Die Überwindung aber des Dämonischen, die Vollendung der zweideutigen Grundoffenbarung zur eindeutigen göttlichen Heilsoffenbarung ist da erfolgt, wo Gott sich als Geist und Liebe zeigte, unbeschadet seiner Majestät und Verborgenheit. Eben damit aber ist auch die Grundoffenbarung vollendet. Denn zuletzt ist es nicht Wahrheit, daß Gott zweideutig, daß er auch dämonisch ist, vielmehr ist das Sinnwidrigkeit und Lüge, und die Menschen zeigen es in ihrem Handeln, daß es so ist: ¹Der¹ Kult der Dämonen ist nie eine völlige Anerkennung der Unbedingtheit des Unbedingten, der Göttlichkeit | Gottes; er ist immer auch ein Wirken auf den Dämon, ein Gottbestimmen im Kult. Dem Gott gegenüber, der Geist ist und unbedingter Sinngrund, unbedingte Gerechtigkeit und Wahrheit, ihm gegenüber ist das unmöglich; ihm gegenüber wird offenbar, daß das Dämonische nicht in Gott, sondern im Menschen liegt und daß darum der Mensch nur nehmen und nicht geben kann. Und daß die Gnade zugleich Gericht ist und der Zorn zugleich Gnade ist. Dieser Gott aber ist genannt der Vater Jesu Christi.

Dieser innere Zusammenhang von Grundoffenbarung und Heilsoffenbarung ist nun entscheidend für die Lage des Protestantismus. Der Protestantismus muß wieder lernen, den *Deus revelatus* auf dem Hintergrund des *Deus absconditus* zu sehen. Das ist das alte und das neue trinitarische Problem. Und er muß wieder lernen, von Christus so zu reden, daß dahinter der gewaltige Klang der Grundoffenbarung in allen Religionen und Kulturen der Menschheit hörbar wird. Das macht Christus nicht geringer, aber es befreit ihn aus einer Isolierung, in der er im Neuen Testament und in der alten Kirche noch nicht stand. Durch den Begriff des Logos war er verbunden mit der gesamten Natur und Geschichte; und wenn die moderne Theologie den Alten vorwirft, daß sie die Christologie kosmologisch, aber nicht soteriologisch hätten gestalten können, so ist das ein Zeichen dafür, daß man nicht mehr weiß, daß der Kosmos voll der Dämonen war, und daß selbst der Heroismus der Stoa zusammengebrochen war in der Furcht vor den bösen Geistern. Daß der Logos Christus genannt wurde, war Soteria im höchsten Maße damals und wenn wir gegenwärtig in Natur und Geschichte blicken, ich glaube, auch jetzt.

Die negative Voraussetzung und zugleich die Folge der Heilsoffenbarung ist das Schuldbewußtsein. Es ist nun nach dem Sieg des Humanismus und der Autonomie auf protestantischem Boden unmittelbar nicht mehr möglich, das individuelle Sündenbewußtsein zu kirchengeschichtlich durchschlagender Bedeutung zu vertiefen; alle pietistischen Versuche in dieser Richtung müssen von begrenzter Wirksamkeit bleiben. Ein Bewußtsein um die Schuld ist dennoch da und harrt der Vertiefung. Es ist das Bewußtsein um die Herrschaft des Dämonischen vor allem in den Ordnungen der Gesellschaft, unter dem jeder steht und an dem jeder sich ständig mitschuldig macht. Vertieft werden kann dies Bewußtsein aber nur in einem machtvollen Durchbruch der Grundoffenbarung, von dem aus dann auch ein neues individuelles Schuldgefühl sich durchsetzen kann.

Der Durchbruch der Grundoffenbarung geschieht wohl in vielen einzelnen, aber er ist zugleich die Aufhebung des Einzelnen als solchem; denn alles Einzelne mit seiner besonderen Wahrheitserkenntnis, mit seiner schöpferischen Überzeugung und Sinnerfüllung ist unter das Gericht der unbedingten Wahrheit gestellt, und die Rechtfertigung des Zweiflers ist dieses Gericht, das jeden Einzelnen zusammenführt mit jedem Anderen unter Durchbrechung aller trennenden Formen und Überzeugungen. Denn in dem, was mehr ist als Form und Überzeugung, ist die Einheit da in | dem Vernehmen der Grundoffenbarung selbst. Nur von hier aus kann im Protestantismus die liberale Zerspaltenheit überwunden und eine neue substantielle, in die Tiefen des Sinngrundes selbst herabreichende Einheit geschaffen werden.

Die christliche Gemeinde aber und die Stätte ihrer Heilsoffenbarung, die Schrift, sind nicht isolierte Wirklichkeiten, sondern Vollendung zugleich und Widerspruch gegenüber aller menschheitlichen Religion ᵐaußerᵐ der Kirche und in der Kirche. Nur in diesem sich ständig selbst ⁿaufhebendemⁿ Sinne ist das Christentum Menschheitsreligion und die Bibel Menschheitsbuch.

Damit aber bricht der Protestantismus aus seiner Negativität durch zum Universalismus. Die Rechtfertigung des Zweiflers ist dieser Durchbruch. Denn die Antwort kann nur gegeben werden auf der breiten Basis der Grundoffenbarung, die dem Zweifler jede Position nimmt, von der aus er zweifeln kann.

Sie wird ihm keine Position lassen in Natur und Geschichte, in Politik und Ethik, die er nicht deuten müßte als Name und Gestaltung der Grundoffenbarung, als dämonischen oder göttlichen Namen. So wird Predigt und Handeln der Gemeinde die Gesamtheit des Wirklichen umfassen als Gericht und als Schöpfung und wird keinen Winkel frei lassen, auf dem man die Grundoffenbarung nicht zu vernehmen brauchte, auf dem man mit gutem Wahrheitsgewissen profan sein dürfte.

Das ist protestantischer Universalismus.° Universaler als der römische, weil ungebunden durch Hierarchie und rechtliche Verhärtung. Aber weil universaler und ungebundener in der Weite, ist der Protestantismus schlechthin gebunden im Zentrum, in Christus, und es ist ihm nicht erlaubt, so mancherlei dämonische Elemente der Völker aufzunehmen. Er ist enger und weiter zugleich; er beansprucht nicht den zweifelhaften Ruhm, eine *complexio oppositorum* zu sein, zusammengehalten durch eine äußerliche organisatorische Einheit, die sich selbst göttlich setzt. Der Protestantismus hat ein Prinzip, und dieses Prinzip ist ᵖdieᵖ lebendige innere Dynamik von Wahrheitsglaube und Heilsglaube, von Grundoffenbarung und Gnadenoffenbarung. |

Anmerkungen

20	a–a	In B in Anführungszeichen.
21	b–b	In B: Melanchthon; so auch im folgenden.
22	c–c	Fehlt in B.
	d–d	In B: dies.
	e–e	In B Kleinschreibung.
	f–f	In B: Zufallssache.
	g–g	In B: ... wirksam; im ...
24	h–h	In B: Vorzeichen.
25	i–i	In B: ... Frage: Sollte Gott sein, sollte Wahrheit sein, sollte Sinn sein? vernommen hat.
28	j–j	In B: ... gemacht, eine ...
	k–k	In B: das Element des Abgrundes im Grunde des Vernichtenden, Zerstörenden, ...
30	l–l	In B Kleinschreibung.
32	m–m	In B: außerhalb.
	n–n	In B: aufhebenden.
	o	In B Komma.
	p–p	Fehlt in B.

7. Das Dämonische
Ein Beitrag zur Sinndeutung
der Geschichte (1926)

A. Druckvorlage: Das Dämonische. Ein Beitrag zur Sinndeutung der Geschichte. Tübingen: J. C. B. Mohr (Siebeck) 1926 (Sammlung gemeinverständlicher Vorträge und Schriften aus dem Gebiet der Theologie und Religionsgeschichte, Nr. 119).
B. The Demonic. A Contribution to the Interpretation of History, in: P. Tillich, The Interpretation of History. New York/ London: Charles Scribner's Sons 1936, S. 77–122 (übersetzt von Elsa L. Talmey).
C. GW VI (1963), S. 42–71.

Vorwort

Mit Widerstreben ist dieser Aufsatz, der zwei Vorträge und einiges sonstige Material vereinigt, niedergeschrieben. Echtes Erkennen ist immer Lieben, Sich-Einen mit seinem Gegenstand, der dadurch aufhört, nur Gegenstand zu sein. Mit dem Dämonischen aber kann man sich nur einen um den Preis der Selbstzerstörung: Entweder wird der Dämon aufgeweckt, der in jedem wohnt und bereit ist, ihn zu verderben. Oder das, was schöpferisch ist im Dämonischen, das um dessentwillen man überhaupt von ihm reden kann, wird enthüllt, aus der Tiefe gehoben und dadurch entleert. Es ist eine merkwürdige Erfahrung: Einer Rede über das Dämonische folgt Wildheit oder Leere oder beides: Der Dämon rächt sich dafür, daß er gekennzeichnet ist. Nur der Prophet, der ihn besiegt, kann ihn ohne Schaden nennen.

Dennoch ist dieser Schaden nicht gescheut worden, jetzt nicht und in anderen Zusammenhängen nicht: In der Hoffnung, daß das, was für den einzelnen, der nicht Prophet ist, Schaden sein muß, für den prophetischen Geist der Zeit, der über dem einzelnen steht, Stärkung sein kann. Und daß er solcher Stärkung bedarf, darauf soll der kurze Schlußteil von den Dämonien der Gegenwart hinweisen. Damit verbindet sich die Hoffnung, daß sich aus der Kennzeichnung des Dämonischen ein neues Verstehen des prophetischen Geistes der Vergangenheit ergeben könne und von da aus ein Verstehen der Gesamtgeschichte aus diesem Geist.

Um dieser doppelten Hoffnung willen ist gewagt worden von dem zu reden, von dem nicht ungestraft geredet werden kann, dem Dämon.

Paris, im September 1926.

I. Wirklichkeit und Wesen des Dämonischen

1. Das Bild des Dämonischen

Die Kunst der Primitiven und Asiaten, ihre Götterbilder und Fetische, ihr Kunstgewerbe und ihre Tanzmasken sind uns im letzten Jahrzehnt nicht nur als ethnologisches Material, sondern auch als künstlerische und religiöse Wirklichkeit nahegerückt. Wir haben bemerkt, daß diese Dinge uns etwas angehen, daß in ihnen Wirklichkeitstiefen ausgedrückt sind, die zwar unserem Bewußtsein entschwunden waren, aber in unterbewußten Schichten niemals aufgehört haben, unser Dasein zu bestimmen. Kunstgeschichte, Religionsgeschichte, Psychologie des Unbewußten haben gemeinsam den Zugang zu diesen Wirklichkeiten gebrochen, deren Beschreibung, Deutung und Wertung freilich noch in den Anfängen steht, in ihrem Fortgang aber unsere Geisteslage entscheidend beeinflussen muß.

Es ist eine eigentümliche Spannung, die diese Dinge enthalten und durch die sie für unser abendländisches Bewußtsein so lange unzugänglich waren: Sie tragen Formen, menschliche, tierische, pflanzliche, die wir als solche verstehen und in ihrer künstlerischen Gesetzmäßigkeit auffassen können. Mit diesen organischen Formelementen verbinden sich andere, die alles uns auffaßbare Organische zersprengen. Wir können diese Elemente nicht als Mangel an künstlerischer Formkraft, als Primitivität im Sinne irgendeines Entwicklungsgedankens, als Grenze der Gestaltungsmöglichkeiten deuten und damit diese ganze ungeheure menschheitliche Hervorbringung entwerten. Wir müssen vielmehr anschauen, wie diese Elemente, | die die organische Form durchbrechen, zu einer eigenartigen, in sich notwendigen und ausdrucksvollen künstlerischen Form führen, der gegenüber von Gestaltungsmangel zu reden, nur Fremdheit und Verständnislosigkeit beweist. Jene zerstörerischen Elemente, die die organische Form zerbrechen, sind selbst Elemente des Organischen; aber sie treten so auf, daß sie den in der Natur vorgebildeten organischen Zusammenhang radikal vergewaltigen. Sie brechen in einer Weise hervor, die jeder natürlichen Proportion Hohn spricht; sie erscheinen in einer Kräftigkeit, Stellung, Zahl, Umbildung, die zwar immer noch die organische Grundlage erkennen läßt, aber zugleich etwas völlig Neues aus ihr macht. Die Organe des Machtwillens wie Hände, Füße, Gebiß, Augen, und die Organe der Zeugungskraft wie Brüste, Schenkel, Geschlechtsteile, bekommen eine Ausdruckskraft, die sich bis zur wilden Grausamkeit und orgiastischen Raserei steigern kann. Es sind die vitalen Kräfte, die die lebendige Form tragen, die aber, wenn sie übermächtig werden und sich der Einordnung in die übergreifende organische Form entziehen, die Prinzipien des Zerstörerischen sind. Die Tatsache, daß es möglich ist, diese schöpferischen Urkräfte in ihrem Durchbruch durch die organische Form aufzufassen und sie der Einheit künstlerischer Gestaltung unterzuordnen, ist vielleicht das Erstaunlichste, was uns jene Plastiken und Masken offenbaren. Denn sie zeigt unwiderleglich: Es gibt ein positives Formwidriges, das in eine künstlerische Form einzugehen imstande ist. *Es gibt nicht nur einen Form-Mangel, sondern auch eine Form der Form-Widrigkeit, es gibt nicht nur ein*

Minder-Positives, sondern auch ein Gegen-Positives. Dieser Konsequenz könnte man sich nur dadurch entziehen, daß man einer Negerplastik, einem Schivabild grundsätzlich die ästhetischen Qualitäten bestritte, d.h. durch eine Absolutsetzung der klassischen Ästhetik. Wer sich zu dieser Konsequenz nicht entschließen kann, muß | anerkennen, daß uns die menschheitliche Kunst die Tatsache des positiv Formwidrigen, des Dämonischen offenbart.

Was die Menschheitskunst für die Gegenwart unmittelbar eindrucksvoll zur Anschauung bringt, das bestätigt mit unerschöpflichem Material die Geschichte der Religionen. Sowohl in den vital-orgiastischen Naturkulten, wie in den Religionen der sozial-ethischen und geistigen Formung, ja selbst im Gebiet der ethischen Gnadenreligionen finden sich unzählige Vorgänge und Vorstellungen, die jener künstlerischen Formung entsprechen. Heilige Dämonien sind in gleicher Weise in den orgiastischen Phalluskulten mit der Zerstörung der schöpferischen Potenz, wie in der kultischen Prostitution mit der bedingungslosen Hingabe der Zeugungskräfte im Dienste der Gottheit – Haltungen, die einschließlich ihrer dämonischen Elemente in die höchsten Formen der asketisch-erotischen Mystik hineinreichen. Heilige Dämonien sind in den rauschhaften Zerreißungs-Mythen und -Orgien, – die auf höchster Stufe im sakralen Opfer der Gottheit nachklingen; sind im Blutopfer für den Bodengott, der Leben verschlingt, um Leben zu schaffen – das Urbild der menschenzerstörenden Dämonie der Wirtschaft. Heilige Dämonien sind im Kultus der Kriegsgötter, die Macht verzehren um Macht zu geben, – das Urbild der Dämonie des Krieges. Ein überragendes Symbol heiliger Dämonie ist der Moloch, der um der Rettung der Polis willen ihre Erstgeburt verschlingt – das Urbild aller politischen Dämonie. Das unserer Zeit eindrücklichste, die letzte Tiefe der heiligen Dämonie erfassende Symbol ist der „Großinquisitor", wie ihn Dostojewski geschaut und dem Christus gegenüber gestellt hat: Die Religion, die sich absolut setzt und darum den Heiligen, auf dessen Namen sie ruht, vernichten muß – der dämonische Machtwille des sakralen Seins.

In diesen Wirklichkeiten ist überall die gleiche Spannung enthalten, wie in den Schöpfungen der vorklassischen menschl|heitlichen Kunst: *Die übergreifende Form, die ein gestaltendes und gestaltzerstörendes Element in sich vereinigt, und damit ein Gegen-Positives, eine positive, d.h. formschaffende Formwidrigkeit.* Auch hier könnte man dieser Konsequenz nur dadurch entgehen, daß man den geistig formbestimmten Charakter der gesamten, nicht-humanistischen Menschheitsgeschichte verneint, ihre Staaten- und Rechtsbildung, ihre gedanklichen und kultischen Formen.

Die Spannung zwischen Formschöpfung und Formzerstörung, auf der das Dämonische beruht, grenzt es ab gegen das Satanische, in dem die Zerstörung ohne Schöpfung gedacht ist. Gedacht ist – denn das Satanische hat keine Existenz wie das Dämonische. Um Existenz zu haben, müßte es zur Gestalt kommen können, also einen Rest von Schöpfung in sich tragen. Das Satanische ist das im Dämonischen wirksame negative, zerstörerische, sinnfeindliche Prinzip, in Isolierung und Vergegenständlichung gedacht. Darum ist das Satanische da, wo es gewollt ist, unfähig, zur Verwirklichung zu kommen. Z.B. die in der schwarzen Messe versuchte Satanisierung der kirchlichen Messe ist zu einem Teil unproduktive Nachäffung, zum anderen Teil Rückfall in orgiastische Dämonien der Religionsgeschichte. Es ist richtig, daß das Dämonische sich um so mehr dem Satanischen annähert, je geringer seine schöpferischen Kräfte, je leerer und negativer es wird. Diese Annäherung kann einen Punkt erreichen, wo der Eindruck des Satanischen unmittelbar entsteht. Eine eindringende Analyse wird aber immer den dämonisch positiven Rest feststellen können. – Auch wo der Satan als der Versucher charakterisiert wird, ist das dämonische Element offenkundig. Denn eine Versuchung, die nicht in den schöpferischen Kräften des Kreatürlichen wurzelt – etwa in dem mit dem Erkenntnistrieb verbundenen Machtwillen –, hat keinen Anknüpfungspunkt, ist keine Versuchung, weil sie keine Dialektik, kein Ja und | Nein in sich hat. *Mythologisch gesprochen ist der Satan der oberste der Dämonen, ontologisch gesprochen ist er das im Dämonischen enthaltene negative Prinzip.*

Die Dialektik des Dämonischen erklärt den schwankenden Sprachgebrauch des Wortes „dämonisch". Immer bleibt die Grundbedeutung erhalten, wenn das Wort noch nicht zum entleerten Schlagwort geworden ist: Die Einheit von formschöpferischer und formzerbrechender Kraft. Das gilt von dem Dämon, der das große, alle vorhandenen Formen sprengende Schicksal bestimmt, das gilt von dem Dämon, der die Persönlichkeit über die Grenzen ihrer gegebenen Form hinaustreibt zu Schöpfungen und Zerstörungen, die sie nicht als die ihren auffassen kann. Wo das Zerstörerische fehlt, kann von überragender Macht, von Genialität, von schöpferischer Kraft geredet werden, nicht von Dämonie. Und umgekehrt, wo die Zerstörung ohne schöpferische Form zur Anschauung kommt, ist es angemessen, von Mangel, Fehler, Zerfall oder dergl. zu reden, nicht aber von Dämonie. Auf humanistisch beeinflußtem Boden besteht die Neigung, das Dämonische stärker der Form zuzuordnen und das große Schicksal wie die große Schöpfung unmittelbar, ohne Beziehung zur Negation auf den Dämon zurückzuführen. Das bewirkt aber auf die Dauer eine Entleerung des Begriffs. Umgekehrt wird in stark religiösen Zeiten das Dämonische dem Satanischen so angenähert, daß die schöpferische Potenz verschwindet, und damit der Begriff unwirklich wird. *Die Tiefe des Dämonischen ist das Dialektische in ihm.*

2. Die Tiefe des Dämonische

Das Dämonische enthält in sich Gestaltzerstörung, die nicht von außen kommt, nicht auf Mangel oder Unmächtigkeit beruht, sondern aus dem Grunde der Gestalt selbst stammt, der organischen wie der geistigen. Diesen Zusammenhang ver|stehen, heißt das im Begriff des Dämonischen Gemeinte in seiner Wahrheit und Notwendigkeit, also in seinem metaphysischen Wesen erfassen. Der Weg dazu geht über die Analyse des Grundverhältnisses zum Sein, das jede unserer Seinsbeziehungen, theoretische wie praktische trägt. Wenn wir durch die Schichten der Relation, die jedes Ding mit jedem andern verknüpft, also durch seine Weltverbundenheit hindurchsehen, so kann sich uns eine Tiefe in ihm erschließen, die wir als die reine Existenzialität der Dinge, als ihr Getragensein vom Seinsgrund, als ihr Teilhaben an der Seinsfülle bezeichnen können. Dieses Getragensein, dieses Hinweisen der Dinge auf ein „Anderes", das doch kein anderes Ding ist, sondern eine Tiefe in den Dingen, ist nicht rational, d.h. aus der Weltverbundenheit der Dinge nachweisbar; und das „Andere", auf das die Dinge hinweisen, ist kein Ding, das erschlossen werden könnte, sondern eine Qualität der Dinge, die sich der Schau in ihre Tiefe erschließt – oder verbirgt. Von dieser Tiefe sagen wir, daß sie der Seinsgrund der Dinge sei, wobei „Sein" unbedingt, transzendent genommen ist als Ausdruck des Geheimnisses, hinter das das Denken nicht zurück kann, weil es selbst als Existierendes auf ihm ruht. Um dieses aber sagen zu können, müssen wir noch ein weiteres sagen: Daß die Tiefe der Dinge, ihr Seinsgrund, zugleich ihr Abgrund ist, oder daß die Tiefe der Dinge unerschöpflich ist. Wäre sie erschöpflich, erschöpfte sie sich in der Gestalt der Dinge, so gäbe es einen direkten, rationalen, aufweisbaren Weg von der Tiefe der Dinge zu ihrer Gestalt, so könnte die Welt als notwendige und eindeutige Entfaltung des Seinsgrundes erfaßt werden, so würde der tragende Grund sich ganz ergießen in den Kosmos der Gestalten, so würde die Tiefe aufhören, Tiefe zu sein, das Sein aufhören, transzendent, unbedingt zu sein. Jede unserer Seinsbeziehungen aber hat dieses in sich, daß sie sich auf etwas richtet, das trotz seiner Endlichkeit Teil hat an der Unerschöpflichkeit des Seins. Nur dadurch | wird es davor bewahrt, in den Abgrund der Erschöpftheit und Leere zu stürzen, der Seins- und Sinnlosigkeit zu verfallen. Die Unerschöpflichkeit, um die es hier geht, ist nun aber nicht zu deuten als passive Unerschöpflichkeit, als ruhender Ozean, den irgendein Subjekt, eine Gestalt, eine Welt nicht ausschöpfen kann, sondern sie ist zu verstehen als aktive Unerschöpflichkeit, als produktive innere Unendlichkeit des Seins, d.h. als das „verzehrende Feuer", das jeder Gestalt der wirkliche Abgrund wird. So ist die Seinsunerschöpflichkeit zugleich der Ausdruck für die Gefülltheit, Seins- und Sinnhaftigkeit jedes Seienden und der Ausdruck für seine innere Fragwürdigkeit, Begrenztheit, Abgrundverfallenheit.

Seinsgestalt und Seinsunerschöpflichkeit gehören zusammen. Ihre Einheit als Wesenstiefe schlechthin ist das Göttliche, ihr Auseinander in der Existenz, das relativ selbständige Hervorbrechen des „Abgrundes" in den Dingen, ist das Dämonische. Ein absolut selbständiges Hervorbrechen des „Abgrundes", ein bloßes Verzehren jeder Gestalt wäre das Satanische, das eben darum nicht zur Gestalt, zur Existenz kommen kann. Im Dämonischen dagegen ist immer noch das Göttliche, die Einheit von Grund und Abgrund, von Gestalt und Verzehren der Gestalt enthalten; darum kann das Dämonische zur Existenz kommen, freilich in der Spannung beider Elemente. – Die Spannung ist wirklich im Ding, im Getragenen. Der jedem Ding innewohnende, es erfüllende Trieb zur Gestaltung und das Grauen vor dem Gestaltzerfall ist begründet im Gestaltcharakter des Seins. Zum Sein kommen heißt zur Gestalt kommen. Die Gestalt verlieren heißt das Sein verlieren. Zugleich aber wohnt in jedem Ding die innere Unerschöpflichkeit des Seins, der Wille, die aktive Unendlichkeit des

Seins in sich als einzelnem zu verwirklichen, der Trieb zur Durchbrechung der eigenen, begrenzten Gestalt, die Sehnsucht, den Abgrund in sich zu verwirklichen. Aus dem Zusammenwirken beider Tendenzen ergibt sich die lebendige Gestalt mit der | Fülle und den Grenzen ihres Seins. Aus der Isolierung und dem gestaltlosen Hervorbrechen des Unendlichkeitswillens ergibt sich die dämonische Verzerrung. *Dämonie ist gestaltwidriges Hervorbrechen des schöpferischen Grundes in den Dingen.*

3. Der Ort des Dämonischen

Das Dämonische kommt zur Erfüllung im Geist. Nicht in „Geistern", also Wesen, die nur dadurch bestimmt wären, daß sie Dämonen sind. Auch „Geister" – wenn dieser Begriff eine gegenständliche Bedeutung hat – sind zunächst lebendige Gestalten, also „Naturen", an denen sich dämonische Erscheinungen, Ekstasen und Besessenheiten zeigen oder nicht zeigen können. Die Bejahung des Dämonischen hat nichts zu tun mit einer mythologischen oder metapsychischen Bejahung einer Geisterwelt. – Wohl aber erhält erst in geistigen Gestalten das Dämonische seine Schärfe. Denn hier, wo die Form nicht nur unmittelbar wächst, nicht nur dem Dasein aufgeprägt ist, sondern wo sie als Forderung dem Sein gegenübertritt, wo sie sich an die Freiheit und Selbstmächtigkeit des Seienden wendet, wird das Formzerstörerische zum geistigen Widerspruch, zur aktuellen Erhebung des Abgrundes gegen die Gestalt. – Und doch erfüllt sich darin nur die Tendenz, die allem Seienden innewohnt und die auch in der ganzen Natur anzuschauen ist: Die vitalen Urkräfte, die ins Grenzenlose über jede Gestalt hinaustreiben und doch nur in der Gestalt zur Wirklichkeit kommen können, die innere Unruhe alles Lebendigen, die Unfähigkeit, seiner selbst mächtig zu sein und das eigene Sein als eigenes zu erfassen und darin zur Ruhe zu kommen. Darum liebt es die mythische und künstlerische Symbolik, zur Darstellung des Dämonischen in die untermenschliche Sphäre herabzusteigen; denn in ihr drücken sich die vitalen Potenzen mit ihrer schöpferisch-zerstörenden Gewalt ungehemmt durch die menschlich geistige Form aus. | Und doch erhalten z.B. die Gestalten der tierähnlichen Dämonen eine Beziehung zur menschlichen Form, durch die sie über das bloß Tierisch-Unmittelbare hinausgehoben sind. So besteht hier wieder eine eigentümliche Dialektik: Im Geist kommt das Dämonische zur Erfüllung, aber die Kräfte, die im Dämonischen zerstörerisch walten, sind unmittelbar anschaulich im Untergeistigen. *Das Tierisch-Geistverzerrte ist das stärkste Bild des Dämonischen*; denn es enthält diese Doppeldialektik von schöpferisch und zerstörerisch, von geistig und untergeistig.

In der geistigen Persönlichkeit kommt das Dämonische zur Erfüllung, und darum ist die geistige Persönlichkeit das vornehmste Objekt der dämonischen Zerstörung. Denn die Persönlichkeit ist die Trägerin der Form in ihrer unbedingten Geltung. Der geistige Widerspruch ist Widerspruch gegen die geistige Gestalt, gegen den Ort, an dem er allein zur vollen Existenz kommt. Damit ist die innere Spannung des Dämonischen in einer neuen Schicht aufgedeckt:

Die Persönlichkeit, das seiner selbst mächtige Sein, wird von einer Macht ergriffen, durch die sie in sich selbst zwiespältig wird. Diese Macht ist nicht etwa das Naturgesetz. Dämonie ist nicht Rückfall auf die vorgeistige Seinsstufe. Der Geist bleibt Geist. Er bleibt der Natur gegenüber seiner selbst mächtig. Etwas anderes aber ergreift Besitz von ihm. Dieses andere hat die vitalen Mächtigkeiten in sich; zugleich aber ist es geistig und – geistverzerrend. Es ist der Zustand der „Besessenheit", durch den sich die Dämonie im Persönlichen verwirklicht. Besessenheit aber ist Zerspaltung des Persönlichen. Die Freiheit, die Selbstmächtigkeit des Persönlichen ist begründet in ihrer Einheit, in dem synthetischen Charakter des Bewußtseins. Die Besessenheit ist der Angriff auf die Einheit und Freiheit, auf das Zentrum des Persönlichen. Bewußtseinszerspaltung hat von jeher als Zeichen der Besessenheit gegolten. Daher der Mythos von dem im Geist wohnenden Dämon, der ein anderes Zeugnis redet als der Geist selbst und anderes tut als das persönliche Zentrum zuließe. Der Satz, daß es sich hierbei um organisch begründete Krankheiten handle, ändert an der metaphysischen Bewertung der Tatsache nichts. Auch kann nicht jede geistige Krankheit als Besessenheit gedeutet werden. Der einfache organische Zerfall ist gerade das Gegenteil von dämonischer Mächtigkeit. Nur da ist das Dämonische anschaubar, wo die Ichzerspaltung ekstatischen, in aller Zerstörung schöpferischen Charakter hat. So erkennen z.B. in der evangelischen Geschichte die Besessenen den Christus als Christus. Die Besessenheit kennt ihr Korrelat und ihre Überwindung: die Begnadetheit, während das freie, rationale, synthetische Bewußtsein daran vorübergeht.

Besessenheit und Begnadetheit entsprechen sich, dämonisches und göttliches Überwältigtsein, Inspiriertsein, Durchbrochensein sind Korrelate. In beiden Erscheinungen sind es die schöpferischen Urkräfte, die formzersprengend in das Bewußtsein einbrechen. In beiden Fällen wird der Geist über seine autonome Isolierung hinausgehoben, in beiden Fällen einer Macht unterworfen, die nicht Naturmacht ist, sondern der tieferen Schicht des auch die Natur tragenden Abgrundes entstammt. Die Paradoxie der Besessenheit ist so stark wie die Paradoxie der Gnade; die eine ist so wenig wie die andere mit kausalem Denken, mit Kategorien der rationalen Naturbetrachtung aufzulösen. Der Unterschied ist nur der, daß die gleichen Kräfte als Gnade mit der höchsten Form geeint sind, als Besessenheit der höchsten Form widersprechen. Darum wirkt die Gnade auf den Träger der Form seinsfüllend und formschaffend, während die Besessenheit in der Konsequenz die geistige Persönlichkeit durch Seinsberaubung und Sinnentleerung zerstört. *Der göttlichen Erfülltheit folgt die Seinserhöhung, die Schöpfung und Gestaltung, der dämonischen Erfülltheit folgt die Seinsminderung, die Zersetzung | und der Verfall.* Die dämonische Inspiriertheit sieht zwar mehr als die rationale Nüchternheit; sie sieht das Göttliche; aber als das, vor dem sie Angst hat, das sie nicht lieben, mit dem sie sich nicht einen kann. Aus dieser Verwandtschaft erklärt es sich, warum in der Religionsgeschichte Begnadetheit so oft in Besessenheit umschlagen konnte und warum die moralische Auffassung der Religion beide in gleicher Weise verneint.

Das Dämonische äußert sich als Einbruch in das Zentrum der Persönlichkeit, als Angriff auf die synthetische Einheit des Geistes, als übergreifende und doch nicht naturhaft-ungeistige Macht. Der seelische Ort, aus dem es hervorbricht, ist das *Unbewußte*. Die eigentümliche Zwiespältigkeit zwischen Eigencharakter und Fremdcharakter der Besessenheit ist darin begründet, daß in der Besessenheit sich Elemente des Unterbewußten erheben, die der Persönlichkeit zwar ständig ihren vitalen Impuls, ihre unmittelbare Seinsfülle geben, die aber nicht als eigene Gestalten in das bewußte Leben eintreten dürfen. Wie wir diese Elemente benennen, hängt von den Symbolen ab, mit denen das Unbewußte gedeutet wird. Sie können dichterisch, metaphysisch, psychologisch sein, bleiben aber immer Symbole, also Hinweise. Ob von dem „Willen zur Macht" oder von dem „Chaos" oder von dem „Ich- und Erostrieb" oder von der „Libido" gesprochen wird, immer werden Gefühle oder Vorgänge des geformten Bewußtseins zu Symbolen der vorgeformten Seelentiefe gemacht. Nur so erklärt sich der universale und dadurch uneigentliche Gebrauch des Machtwillens bei Nietzsche, des Sexuellen bei Freud. Aber natürlich ist die Symbolwahl nicht zufällig, sondern zeigt die Richtung, in der zuerst die Tiefenschau einsetzt. – Bezeichnen wir, ohne Absicht der Fixierung, *Machttrieb und Erostrieb* als die beiden polaren und doch verbundenen Kräfte des Unbewußten, so kommen wir am besten an das Verständnis der oben aufgewiesenen, in Kunst und Ritus sich | darstellenden Dämonien heran und werden auch den Erscheinungsformen der Besessenheit am besten gerecht. Die dichterische, metaphysische und empirische Tiefenpsychologie haben in gleicher Weise gezeigt, wie die vitalen Kräfte des Unbewußten selbst die feinsten und abstraktesten geistigen Akte tragen und ihnen das „Blut" geben, das den Geist schöpferisch macht, das aber auch die geistige Form hemmen und zerstören kann. Diese Dialektik des Vitalen und Geistigen ist in jedem bewußten Akt aufweisbar. Sie beherrscht den gesamten Prozeß des persönlichen Lebens. Zu dämonischer Kraft erhebt sich das Unbewußte da, wo es sich das Bewußtsein unterwirft, aber so unterwirft, daß das Bewußtsein über sich hinausgehoben wird zu schöpferisch-zerstörerischen, schließlich nur zerstörerischen Ausbrüchen. Wenn es darum auch berechtigt ist, das Dämonische als Hervorbrechen des Unbewußten und seiner vitalen Kräfte zu bezeichnen, so ist diese Bestimmung doch nicht ausreichend. Es muß die eigentümliche Qualität des „Abgrundes", des Ekstatischen, Überwältigenden, Schöpferischen, die Persönlichkeitsgrenzen Sprengenden hinzukommen. Diese Qualität aber ist nicht notwendig mit dem Unbewußten verbunden. Sie ist etwas Neues, das nicht durch die Alternative bewußt-unbewußt erschöpft werden kann. Psychisch gehört das Dämonische ebensosehr zum Unbewußten, dem es entstammt, wie zum Bewußten, in das es sich ergießt. Wie im dämonischen Bild, so zeigt sich auch hier, daß die Zweiheit der Kategorien nicht ausreicht, um den Gegenstand zu erfassen. Das Dämonische wie das Göttliche zwingen uns, eine dritte Kategorie zu bilden, zu der wir zwar von den beiden anderen her den Zugang suchen, die aber nicht in sie aufgelöst werden kann.

Das Doppelverhältnis des Dämonischen zum Bewußten und Unbewußten, zum Geistigen und Untergeistigen, zum Menschlichen und Tierischen, zu Form und Chaos wird vielleicht am deutlichsten sichtbar, wenn wir uns von der Persönlichkeit | zur Gesellschaft, von der psychischen zur sozialen Dämonie wenden. Auch hier ist es möglich, mit Hilfe der Psychologie des Unbewußten, sofern sie soziologisch gewendet wird, den Dingen näherzukommen. Die gleichen vitalen Urkräfte, die wir als Eros- und Machttrieb zusammengefaßt haben, tragen auch die soziale Dämonie. Aber wieder – und hier noch nachdrücklicher – ist zu sagen: Nicht die Erhebung des Machtwillens und der Eroskräfte an sich ist Dämonie, sondern ihr ekstatisches, geistgetragenes, geistzwingendes und geistzerstörendes Hervorbrechen. Es ist der Abgrundcharakter, das unbedingt Übermächtige, die Besessenheit, das auch die soziale Dämonie charakterisiert. Darum ist die sakrale Dämonie der Ursprung und Urtypus aller sozialen Dämonie. Denn im Sakralen, in der heiligen Sphäre, ist ja der Abgrund, das Unbedingt-Mächtige, in die Wirklichkeit Hereinbrechende gemeint. Aber die sakrale Sphäre ist nicht der einzige Ort des Dämonischen. Denn der „Abgrund" trägt ja auch die Geistesakte und Sinngebiete, in denen nicht er gemeint ist, sondern die auf ihm ruhenden Gestalten und Sinnformen. Und darum kann er sich auch in der Hingabe des Geistes an diese Gebiete schöpferisch-zerstörerisch, geistig-untergeistig erweisen, ohne daß ein ausdrücklicher kultischer Akt sich auf ihn richtet.

Die soziale Dämonie wirkt sich wie alle Dämonie an einer geistigen, sinnhaften Form aus. Der einfache Formmangel freilich, die Schwäche eines sozialen Gebildes ist nicht dämonisch. Wohl aber die Herrschaft einer übergreifenden, unantastbaren, das Leben tragenden Form, die in sich das Bild des Zerstörerischen hat und zwar so hat, daß es wesensmäßig mit ihrer tragenden, schöpferischen Kraft verbunden ist. So die heiligen Dämonien der Macht- und Erossphäre, die oben angedeutet sind. So die profanen Dämonien der gleichen Sphäre, von denen unten zu reden sein wird. *Nicht im Chaos, sondern in der höchsten, symbolkräftigsten Form einer Zeit ist die soziale Dämonie zu suchen.* Dort nur gewinnt sie ihre Macht. – Gegenstand der dämonischen Zerstörung ist die im sozialen Zusammenhang stehende Persönlichkeit und der von ihr getragene soziale Zusammenhang selbst. Es handelt sich hier also nicht um die Zerspaltung des Persönlichen von der eigenen psychischen Tiefe her, sondern um die Zerbrechung des Persönlichen durch die übergreifende soziale Einheit. Es gibt vom Sozialen her ein Zerbrechen des Einzelwillens bis zur Vernichtung seiner physischen Grundlage, die notwendig ist und als Opfer der natürlichen Willkür für den geistigen Zusammenhang bejaht werden muß. Gerade in diesem Opfer des unmittelbaren Seins offenbart die Persönlichkeit ihre Freiheit, ihre Persönlichkeitsart. Insofern von der Gemeinschaft der Anspruch auf dieses Opfer ausgeht, ist sie nicht dämonisch. Dämonisch wird das Zerbrechen der Persönlichkeit in dem Augenblick, wo Macht- und Eroswille zu ihrem zerstörenden Ziel die übergreifende soziale Form und ihren gerechten Anspruch auf Opfer benutzen, wo es darum auch nicht nur zu einer Vernichtung der physischen Grundlage der Persönlichkeit, sondern zu einem Zerbrechen ihrer geistigen Selbstmächtigkeit kommen kann. Die Dämonie des Staatlichen, Kirchlichen, Wirtschaftlichen ist da anschaubar, wo die Heiligkeit dieser Sozialformen, ihr Recht auf Opfer, zerstörerisch mißbraucht wird – womit in der Konsequenz die Selbstzerstörung, nämlich die Erschütterung des Glaubens an ihre Heiligkeit verbunden ist. Auch hier zeigt sich das Doppelangesicht des Dämonischen in seiner unheimlichen Dialektik wie in der Plastik der Volksreligionen.

4. Dämonie und Sünde

Das Dämonische ist die Verkehrung des Schöpferischen und gehört als solches zu den Erscheinungen der Wesenswidrigkeit oder Sünde. Im schöpferischen Akt an sich ist das Dämonische | Grund und Tiefe, aber es bricht nicht als dämonisch hervor; es trägt, aber es erscheint nicht, es ist gebunden an die Form. Es durchbricht wohl die gegebene Form um der höheren willen, aber es zerbricht nicht um des Zerbrechens willen. – Die Wirklichkeit des Dämonischen ist gebunden an die Wirklichkeit des Wesenswidrigen. Es ist aber nicht berechtigt, beide Begriffe zu vermengen. *Die Sünde erscheint nicht immer in dämonischer Form.* Es sind bestimmte Erscheinungen, eben die beschriebenen, in denen sie sich zur Dämonie erhebt. Normalerweise bleibt sie in den Grenzen unschöpferischer Schwäche. Das ändert ihren Charakter als Sünde nicht. Sie ist Wesenswidrigkeit und darum das schlechthin zu Verneinende, Sinnwidrige, die Trennung vom unbedingt Seienden; und sie ist es, ganz gleich ob sie in Schwäche oder in ekstatischer Kraft auftritt. Dieser Unterschied ist nicht entscheidend. Er betrifft nicht den Begriff der Wesenswidrigkeit selbst. Er betrifft vielmehr ihre Erscheinung im Lebensprozeß des einzelnen und der Gesamtheit; und hier ist er von grundlegender Bedeutung. Denn das Dämonische ist die übergreifende, den Lebensprozeß zusammenfassende, mit seinen tragenden Kräften sich einende Erscheinungsform der Wesenswidrigkeit.

Nach dieser grundsätzlichen Abgrenzung ist es aber wichtig, das Verhältnis von Sünde und Dämonie an einzelnen Punkten durchzuführen.

Schon angedeutet war die Bedeutung des Dämonischen für die *Versuchung*. Es ist durchaus notwendig, die Versuchung vom Dämonischen her zu verstehen, denn nur so kann die positive Kraft aufgewiesen werden, die ständig über den Stand der Unschuld hinausdrängt, und die nur deswegen Versuchung werden kann, weil sie die Kraft des Schöpferischen ist. Dieser Zusammenhang ist sowohl im Mythos vom Fall der Engel, wie im biblischen Mythos von der Schlange gesehen. Beide Male kommt die Sünde an den Menschen aus einer Schicht heran, die außerhalb seiner Freiheit liegt, obwohl sie | sich an seine Freiheit wendet. Und beide Male ist es der schöpferische Wille, zu sein wie Gott, der zum Fall führt, nicht das einfache Überwältigtwerden von der sinnlichen Natur.

Auch der naturhafte und gesellschaftliche Zusammenhang der Sünde ist nicht zu verstehen ohne den Begriff des Dämonischen. Die Tatsache der Gesamtsünde weist über die Freiheit des einzelnen hinaus in die vorbewußten Schichten der Natur und in die überpersönlichen Zusammenhänge der Gemeinschaft. Das, was in der Lehre von der Erbsünde gemeint war, kann ohne den Begriff des Dämonischen nicht wirklich verstanden werden. Das Moment der Notwendigkeit, das der Sünde anhaftet, die Paradoxie, daß im wesenswidrigen Akt Verantwortlichkeit und Unentrinnbarkeit sich verbinden, entspricht durchaus der Dialektik des Dämonischen. Denn dieses ist ja gerade dadurch charakterisiert, daß es zugleich in die Tiefe des vorpersönlich Natürlichen hinab und des überpersönlich Sozialen hinausreicht und doch im Zentrum des persönlichen Seins seine Verwirklichung findet. *Die Schau des Dämonischen überwindet den moralistischen Begriff der Sünde.* Es ist kein Zufall, daß die Aufklärung mit dem Kampf gegen die Mythologie des Dämonischen, der durchaus begründet war, nicht nur den Begriff des Dämonischen, sondern auch den religiösen Begriff der Sünde verlor.

Die Wurzel der Sünde ist nach theologischer Tradition das Mißtrauen gegen Gott. In dieser Bestimmung ist ihr religiöser Charakter aufs schärfste ausgedrückt. Mit dieser Bestimmung ist auch der tiefste Einblick in das Wesen des Dämonischen gegeben: Denn *Mißtrauen gegen Gott ist Dämonisierung Gottes* im menschlichen Bewußtsein. Der Mensch wagt nicht die Hingabe an das Unbedingte, weil er es als das schaut, was ihn richtet, zerstört, zerbricht. Die ganze Religionsgeschichte ist erfüllt von dieser Dämonisierung des Göttlichen. Am furchtbarsten erscheint sie da, wo unter Belseitigung aller sakramentalen Vermittlung der Mensch unmittelbar vor Gott gestellt wird und die Erfahrung seines unbedingten Anspruches und seines verwerfenden Zornes macht. Oder wo unter Zerfallen aller Lebensinhalte das Unbedingte als der Abgrund des Nichts erscheint. Hier erhält das Göttliche rein dämonischen Charakter und der Kampf um die Gnade und um den Sinn wird zu einem Kampf um die Überwindung des dämonischen Gottes durch den, der in Wahrheit Gott ist. Wem diese in völlige Verzweiflung stürzende Schau Gottes als Dämon zuteil geworden ist, für den hört das Göttliche auf, Objekt unmittelbarer Erkenntnis und Beziehung zu sein. Die Göttlichkeit Gottes wird zur absoluten Paradoxie, zur Gnade, die niemals erwartet und bewiesen werden kann. Außer der Gnade ist Gott Gesetz, Gericht, das zur Verzweiflung treibt. Gott – im Gegensatz zum Dämon – wird er durch die Gnade. Das ist die tiefste Beziehung von Sünde und Dämonie.

So zeigt sich, daß die Sündenlehre ohne die Erfassung des Dämonischen ihres Inhaltes beraubt werden muß. Auch treibt die gegenwärtige Geisteslage dazu, das Verständnis der Sünde von der Schau des Dämonischen her zu erwecken. Denn diese Schau wird immer allgemeiner und erschütternder und setzt sich auch da durch, wo der überlieferte Begriff der Sünde unverständlich bleibt.

II. Das Dämonische und die Geistesgeschichte

1. Mythos und Geschichte

Der Mythos führt die großen Katastrophen des kosmischen Geschehens auf die Kämpfe der Götter und Dämonen zurück. Die bedeutungsvollste Betrachtung der Welt als Geschichte, die persische, hat in dem Dualismus der göttlichen und dämonischen Macht das Prinzip seiner Urzeit und Endzeit zusammenschließenden Schau. Es ist dem mythischen Denken bewußt, daß nur *das* Geschehen letzte Wichtigkeit beanspruchen kann, in dem es um das Unbedingte und sein

Erscheinen in der Zeit | geht. Dieser Grundsatz aber gilt für jede Geschichtsschreibung, auch die unmythische oder besser: Jede Geschichtsschreibung, die ernst genommen werden soll, muß dieses mythische Element in sich haben, durch das sie über eine Beschreibung bloßer sich ablösender Endlichkeiten hinausgehoben wird. Das gilt auch von den rationalen Geschichtsdeutungen, den utopischen, den fortschrittlichen, den konservativen. Den Mythos der Urzeit und Endzeit oder vollkommenen Vorzeit und des Falles aus ihr haben sie alle in sich. Aber sie schwächen das mythische Element dadurch ab, daß sie dem Unbedingten die Jenseitigkeit nehmen und ausschließlich auf seine diesseitige Verwirklichung gerichtet sind. Der Mythos wird rational verflacht. Die historischen Dinge verlieren ihre Transzendenz, ihre Symbolkraft. Die Utopie übersieht die Tatsache des Dämonischen als Element aller geschichtlichen Schöpfung. Sie nimmt eine diesseitige, entdämonisierte Welt in Aussicht. Sie weiß nichts von der Verbundenheit der Menschheit mit der Natur und allem Seienden unter der Zweideutigkeit und Wesenswidrigkeit. Der Fortschritt aber, gewissermaßen der zahm gewordene revolutionäre Utopismus, entwertet jeden Moment der Geschichte zugunsten des Ideals, das im Unendlichen liegt, statt im Ewigen. Er kennt nicht die schöpferische Tiefe jedes Augenblicks, seine Unmittelbarkeit zum Ewigen und seinen Entscheidungscharakter, durch den er zwischen Göttlichkeit und Dämonie gestellt ist und mit seiner Entscheidung ebenso den Weg der Zerstörung wie den Weg des Fortschritts gehen kann. Die konservative Geschichtsdeutung endlich sucht sich dem Angriff zu entziehen, der vom Ewigen her gegen jede historische Lage gerichtet ist und gerichtet sein muß, weil keine noch so altheilige Form der Dämonisierung entgehen kann. Diese kritischen Bemerkungen zeigen, daß eine Deutung der Geschichte erforderlich ist, der das mythische Bewußtsein, die Einsicht in die Dialektik des Göttlichen und des Dämonischen zugrunde liegt. Sie soll nicht in den mythologischen Symbolen | der Vergangenheit sprechen, aber in Symbolen, die in aller Rationalität den Hinweis auf die Transzendenz des Geschichtlichen in sich tragen.

Nur als Heilsgeschichte angeschaut hat die Geschichte unbedingten Sinn. Dieser Charakter liegt freilich in ihrer Tiefe; er kann nicht Darstellungsprinzip werden. Er kann nicht heraufgeholt werden an die Oberfläche der Berichterstattung. Dann wird er ein Prinzip unter anderem und verliert seine unbedingt sinngebende Bedeutung. Er muß Hintergrund, Tiefe bleiben. Die wirkliche Geschichtsbetrachtung hat es mit den Erscheinungen zu tun, die wahrnehmbar sind, durch die aber die Tiefe aufleuchten kann: Der Kampf des Göttlichen gegen das Dämonische, das Hereinbrechen des „Heils".

Für diese Schau kann jedes geschichtliche Geschehen Symbol werden, Völkerschicksale und einzelne Gestalten, Kampf von politischen Gruppen und Massenbewegungen. Zu bewußter Symbolgestalt aber kommt der Sinn des geschichtlichen Werdens in den geistigen Ausdrucksformen einer Zeit, einer Gruppe, eines einzelnen: Zuerst und grundlegend in den religiösen Symbolen, dann abgeleitet, aber für gewisse Zeiten von entscheidender Bedeutung in künstlerischen, philosophischen und sozialen Symbolen.

Von einzelnen solcher Symbole und Symbolentwicklungen soll die Rede sein. Sie sollen gedeutet werden als Ausdruck einer bestimmten schöpferischen Lage, eines Momentes im Widerstreit des Göttlichen und Dämonischen. Die Gewißheit, daß dieser Widerstreit in Ewigkeit entschieden ist, enthebt nicht von der Pflicht, sich um die konkreten Lösungen in der Zeit zu bemühen, in denen die ewige Entscheidung sich darstellt. Jeder ist in jedem Augenblick an sie gebunden und wirkt, wissend oder nicht, in dieser oder jener Richtung mit. Kein individuelles Heilsbewußtsein kann von der Verantwortung für die Geschichte und ihre konkreten Entscheidungen entbinden.|

2. Der Kampf gegen das Dämonische in der Religionsgeschichte

Das Dämonische ist die negative und positive Voraussetzung der Religionsgeschichte. Aus dem dämonischen Untergrunde erheben sich alle höheren, individuellen, historisch geprägten Formen der Religion, im Kampfe mit dem Dämonischen gewinnen sie ihre eigentümliche Gestalt, in dem dämonischen Element, das als Untergrund nie schwinden darf, haben sie ihre zwingende Kraft für das Bewußtsein.

Abgesehen von den eigentümlichen, noch nicht wirklich durchschauten Erscheinungen der anscheinend ebenso undämonischen wie unkultischen und unkulturellen Urhebergottheiten, kann man sagen: Je ungeformter eine Religion ist, desto weniger wird in ihr das Dämonische unterschieden von dem Gegendämonischen, dem Göttlichen. Die sakrale Qualität, die den meisten Dingen und Vorgängen, ja den Teilen vieler Dinge zugesprochen wird, gibt allem einen zugleich göttlichen und dämonischen Charakter. *Das Geformte und Formwidrige, das Sinnhafte und Sinnwidrige gilt in gleicher Weise als heilig.* – In den großen Kulturreligionen setzen sich übergreifende Zusammenhänge theoretischer und praktischer Art durch. Das Einzelne, Zufällige erhält seine Heiligkeit von diesem Allgemeinen, Notwendigen und hat keine Heiligkeit außer ihm. Das Heilige wird zusammengefaßt in göttlichen Gestalten, die für diese Sphäre, dieses Sinngebiet Symbolkraft haben. Fragwürdig, sinnwidrig bleibt aber auch hier das Verhältnis dieser Sinngebiete zueinander. Gegeneinander bleiben sie Einzelne, Zufällige und darum Dämonen. Auch die monarchische Erhebung einer Gottheit über die anderen verändert diese Lage nicht wesentlich. Denn dieser Monarch unter den Göttern ruht ja selbst auf einer begrenzten, endlichen Grundlage. Er kann sie nicht verlieren, ohne zum abstrakten Absoluten zu werden und damit die Vielheit überhaupt aufzuheben.| Darum ist es in der Sache begründet, wenn sich die anderen Gottheiten – fremder Völker oder der eigenen Monarchie – gegen ihn erheben. Der höchste Gott des monarchischen Monotheismus ist nicht imstande, die Dämonie der Zerspaltenheit des Unbedingten zu überwinden. Er bleibt Dämon, ein Endliches, das das Unbedingte erschöpfen will, und zerbricht mit seinem Volk an den zerstörerischen Auswirkungen seiner Dämonie. Alle Götter der großen nationalen Kulturreligionen haben ein Element des Sinnwidrigen in sich, ja erst bei ihnen kommt es, infolge ihrer hohen Formung und

Sinnhaftigkeit zu vollkommenem Ausdruck. Weil ihre Göttlichkeit mächtiger geworden ist, ist auch ihre Dämonie furchtbarer geworden. Denn *die Gewalt des Sinnwidrigen wächst mit der Höhe des Sinnhaften, an dem es in Erscheinung tritt.* Der primitive Kannibalismus hat nicht entfernt die dämonische Kraft des hochkultivierten Molochdienstes. Infolgedessen bedeutet es auch keine Befreiung vom Dämonischen, wenn göttliche Gestalten überwundener Stufen in die Rolle dämonischer Zwischenwesen gedrängt werden. Sie verlieren auch in dieser Entmächtigung ihre dämonische Gewalt nicht ganz und stehen jederzeit bereit, bei einer Krisis der herrschenden gottheitlichen Gestalten wieder in den Vordergrund zu treten. Sie haben ihre Gewalt nicht verloren, weil die siegreichen Götter selbst des Dämonischen voll sind.

Immerhin kann diese Spaltung in der Sphäre des Heiligen zu einem radikalen *Dualismus* und damit zu einer der wichtigsten Erscheinungen in der Religionsgeschichte gerade unter dem Gesichtspunkt der Dämonie führen. Im radikalen Dualismus sind alle dämonischen Elemente in der einen und alle göttlichen Elemente in der anderen Gottheit konzentriert, und beide stehen sich mit gleicher Gewalt gegenüber. Es ist kein Zufall, daß diesem Boden der höchsten Spannung des antidämonischen Kampfes die grundlegende mythisch-metaphysische Sinndeutung der Geschichte, ihres Rhythmus und ihres Zieles entsprungen ist. Aber eine solche Sinndeutung wäre doch nicht möglich gewesen, ja diese Religion hätte das Bewußtsein spalten und damit sich selbst dem Dämon endgültig unterwerfen müssen, wenn nicht in Wahrheit der Gott des Lichtes als endlicher Sieger und damit als der eigentliche Gott betrachtet worden wäre. *Die Äquivalenz des Göttlichen und Dämonischen ist unmöglich.* Wird sie bejaht, so ist in Wahrheit das Dämonische übermächtig. Das aber ist in keiner wirklichen Religion gemeint. Die Übermächtigkeit des Göttlichen wird gewahrt. Aber diese Übermächtigkeit ist nicht unbedingte Mächtigkeit. Und darum ist der Dualismus nicht Sieg über das Dämonische, und er kann es nicht sein, weil sein Gott des Lichtes selbst noch dämonische Züge trägt: Das Licht ist nicht Symbol des unbedingt Sinnhaften, der vollkommenen geistigen Gestalt und Einheit, sondern es ist Symbol einer naturhaften Seinssphäre, der eine andere naturhafte Seinssphäre gegenübersteht. Damit aber läßt der Gott des Lichtes die wirkliche Klarheit Gottes vermissen, dieses, daß er seiner selbst und alles Seienden unbedingt mächtig ist. Der religiöse Dualismus ist die Form, in der das Problem der Religionsgeschichte (des Heidentums) am klarsten gestellt ist. Die Antwort aber wird in ihm nicht gegeben. Darum führen die Religionen, in denen grundsätzlich die Überwindung des Dämonischen erstrebt ist, sowohl über die nationalen Kulturreligionen, wie über den religiösen Dualismus hinaus.

Die älteste Form, in der das Bewußtsein sich vom Dämonischen grundsätzlich befreien wollte, ist die *asketische Mystik*. Überaus eindrucksvoll erscheint unter diesem Gesichtspunkt die Gestalt des indischen Büßers, vor dem die Götter-Dämonen zittern, weil er die Welt, mit der sie unlöslich verbunden sind, zur Auflösung treibt. Das radikale Nein zu allen Seinsformen hebt auch den dämonischen Grund alles Seienden auf. Das unbedingte Sein aber, der Brahman-Atman, im Buddhismus der Nirvanazustand, ist reine Göttlichkeit, dem Dämonischen unverhaftet. Es ist klar, daß in einer solchen Auffassung die Wirklichkeit wesentlich als dämonisch empfunden wird. Die brahmanischen Weltengeburten sind für den Buddhisten eben so dämonisch, wie für die spätere brahmanische Spekulation die Maya-Welt. Das zeigt sich sehr deutlich darin, daß diese weltschöpferischen Prinzipien an den Büßer oder Mönch mit der versucherischen Absicht herantreten, sie von dem Weg der Entsagung zurückzubringen. Wird die Versuchung abgeschlagen, so ist das eine Erschütterung des dämonischen Reiches, nämlich der erscheinenden Welt. – In der abendländischen Mystik, deren Urtypus der Neuplatonismus ist, sind die dämonischen Elemente außerordentlich geschwächt. Das ist in der vorhergehenden profan-antidämonischen Entwicklung des Griechentums begründet. Es ist hier nicht wie in Indien, daß das Dasein lediglich als Abfall gewertet wird. Es ist Überfluß des Unbedingten, Überseienden. Aber es hat doch ein dämonisches Element in sich, die Materie, das $\mu\grave{\eta}\ \check{o}\nu$, das mehr ist als ein Nichts, das auch in der griechischen Philosophie immer den Ort des Widerstandes gegen die Sinnform bezeichnete und das bei Plotin das Umschlagen des Lichtes in die Finsternis, des Göttlichen in das Widergöttliche ausdrückt. Die Notwendigkeit der Askese, das Streben sich in der Ekstase mit dem Überseienden zu einen, wurzeln in diesem dämonisch-materiellen Element, das dem Dasein anhaftet. – *Die asketische Mystik kennt eine Überwindung der Dämonie; aber sie ist verbunden mit der Überwindung des Daseins.* Im Dasein kann das Dämonische nur in der seltenen Vorwegnahme der Vollendung durch ekstatische Erlebnisse überwunden werden. Abgesehen davon bleibt es in Macht. Seins- und Sinnformen der Wirklichkeit sind nicht Ausdruck göttlicher Wesenhaftigkeit, sondern dämonischen Truges, demiurgischer Begrenztheit oder halbdämonischen Nicht-Seins. Infolgedessen hat das Unbedingt-Seiende die Eigenschaft, jenseits der Sinnformen zu stehen, auch jenseits von Gemeinschaft und Persönlichkeit. Insofern nun die Zerstörung dieser Formen Merkmal des Dämonischen ist, hat das Unbedingte der asketischen Mystik selbst einen halb-dämonischen Charakter. Die Anschauung der mystischen Askese bestätigt diesen Schluß. Der – Persönlichkeit, Gemeinschaft und jede Form zerstörende – Charakter vieler Arten dieser Askese erinnert an die stärksten Erscheinungen der Dämonie in den primitiven und nationalen Religionen.

Dem mystischen Weg, der alle einzelnen Formen aufhebt, steht gegenüber der *exklusive Weg*, der alle Formen zugunsten einer einzigen entdämonisierten ausschließt. Hier ist die geistige Form als göttlich bejaht. Alles was ihr mit zerstörerischer Qualität entgegensteht, wird verneint. Die gesamte heilige Sphäre, die außerhalb der vollkommenen ethisch-sozialen Idee steht, wird in Frage gestellt und, insofern sie selbständig auftritt, als dämonisch bekämpft. Die Vielheit wird nicht von einer Einheit oder einem Unbestimmten überboten, sondern wird von einem einzelnen bekämpft und unterworfen, aber *exklusiv, nicht monarchisch*. Der „eifersüchtige" Gott ist der exklusiv-antidämonische, die geistige Form tragende und darum wahre Gott. Denn nur da ist die Gottheit Gottes gewahrt, wo die Unbedingtheit und Sinneinheit gegenüber jeder dämonischen Vereinzelung und

Zerspaltung unangetastet ist. In der Entwicklung der jüdischen Prophetie sind alle wesentlichen antidämonischen Kampfstellungen herausgearbeitet. Durch sie ist der antidämonische Charakter der christlich-abendländischen Religionsgeschichte bis zur Gegenwart bestimmt. – In dieser Entwicklungslinie wird das dualistische Element der asketischen Mystik ausgeschieden. *Das Seiende ist Kreatur und als solche undämonisch.* Die Sinnwidrigkeit, Formzerstörung, entstammt dem Willen der Kreatur, nicht einem dämonisch-schöpferischen Prinzip. Sie ist entstanden durch Freiheit, nicht durch transzendente Setzung.|

Die dämonischen Wesen der Vergangenheit klingen nach als untergeordnete, dienende Gestalten ohne gottheitliche Qualität und eigenen Heiligkeitscharakter. Und doch treibt auch diese Entwicklungslinie zu einer eigentümlichen Wiederkehr echt dämonischer Motive. Der exklusive Gott ruht ja auch auf einer Einzelbasis völkischer und kultureller Art. Insofern er nun den exklusiven Anspruch erhebt, muß er ihn auch gegen sich selbst in dieser seiner Besonderheit durchführen. Wird die Besonderung aufrecht erhalten, wie etwa im jüdischen Ritualismus, so verliert der Gott das innere Recht zur Unbedingtheit und Exklusivität. Wird die Besonderung abgestoßen, so geht die Gegenwärtigkeit, die Unmittelbarkeit und Konkretheit des Göttlichen verloren. Er entschwindet in einer unnahbaren Transzendenz, die das religiöse Bewußtsein entleert.

Ein dritter Weg zur Überwindung des Dämonischen wird auf dem Boden der kultischen Religion selbst beschritten. Man kann ihn als den Weg der *Mysterien* bezeichnen. Wesentlich für seinen Geist ist dieses, daß der Gott freiwillig die dämonische Zerstörung gegen sich selbst wendet und dadurch überwindet. Der Mythos vom leidenden und sterbenden, vom niedrigen und menschgewordenen Gott ist der Ausdruck dieses Weges. *Das Dämonische zerbricht in sich, denn die Gottheit selbst trägt die Zerstörung.* Das Göttliche erscheint als einzelnes, aber so, daß es sich in seiner Einzelheit unter das Gericht stellt. Das Göttliche ist konkret gegenwärtig, dem Menschen und der Kreatur verbunden; aber seine Unbedingtheit bleibt unangetastet. Denn Leiden und Tod verneinen den Anspruch auch des Göttlich-Einzelnen auf Unbedingtheit. Die antidämonische Kraft dieser Vorstellungen hängt einerseits davon ab, inwieweit der Mittlergott in seiner Gestalt das Dämonische überwunden hat, andererseits davon, inwieweit es gelungen ist, einer Zerspaltung des Göttlichen und damit einem Zurücksinken in die Volksreligionen zu entgehen. Ein Mittlergott, der nicht Träger der unbedingten | geistig-personhaften Form ist, sondern Willkürelemente zeigt, ist ein Dämon; und ein Mittlergott, der göttliche Art neben Gott hat und nicht durch ihn hat, was er hat, ist ein Dämon.

Die drei Wege der Überwindung des Dämonischen in der Religionsgeschichte kommen durch sich selbst, durch eigene Dialektik nicht zum Ziel. Sie haben eine innere Grenze, die nur durch einen ursprünglichen Akt in der Geschichte, einen Durchbruch des Unbedingten zu überwinden ist. Ein solcher Durchbruch aber ist nicht mehr mit dialektischer Betrachtung der Religionsgeschichte zu erfassen. Er ist nur einem ebenso ursprünglichen Akt, einem Durchbruch in der Seele zugänglich. Wird er aber so erfaßt, so ist es nachträglich möglich und notwendig, aufzuzeigen, in welchem Sinne er die Erfüllung des in der Religionsgeschichte Erstrebten, also Besiegung des Dämonischen ist.

Die christologische Arbeit der alten Kirche war diesem Nachweis gewidmet. Alle ihre Formeln hatten nur den Sinn, dämonische Verzerrungen in jeder Richtung abzuwehren. *Das christologische und trinitarische Dogma ist das gewaltige Zeugnis des siegreichen antidämonischen Kampfes der ersten Christenheit.* Das ist sein Sinn. Darum hatte es existentielle Bedeutung für die Kirche und war keineswegs ein Ausfluß des theoretischen Wunsches, Evangelium und griechische Philosophie zu vereinen.

Doch ist es keinem menschlichen Werk vergönnt, auch nicht dem christlichen, sich der dämonischen Beherrschtheit alles Wirklichen zu entziehen. Darum ist auch die Kirche wieder und wieder der Dämonie verfallen. Das gilt für die sakramentale Hierarchie der katholischen Kirche mit ihrer Wiederherstellung zahlreicher im Urchristentum überwundener Dämonien. Das gilt trotz ihrer grundsätzlich antidämonischen Richtung | für die protestantische Orthodoxie mit ihrer Dämonie der reinen Lehre. Das gilt für die Gesamtentwicklung und jeden Einzelnen. Und doch hat das christliche Bekenntnis die Gewißheit in sich, daß das Dämonische überwunden ist, daß die Möglichkeit besteht, sich dem Gott zu nahen, der es in Wahrheit ist.– Alles weitere in dieser Beziehung ist Sache der christlichen Dogmatik, die in Zukunft in ganz anderem Maße als bisher mit dem Bewußtsein arbeiten muß, in dem Kampf zwischen Göttlichem und Dämonischem zu stehen und darum in jeder Entscheidung, die sie trifft, dem einen oder dem anderen zu dienen.

3. Profanisierung und Entdämonisierung

Allen innerreligiösen Formen der Überwindung des Dämonischen steht gegenüber die *Profanisierung*. Auch sie ist eine Form der Überwindung des Dämonischen. Aber sie überwindet es, indem sie sich zugleich vom Göttlichen losreißt. Das ist freilich nicht die Absicht der Träger dieser Entwicklung. Sie bekämpfen das Dämonische um der Reinheit des Göttlichen willen. So die griechische Philosophie die Dämonie der homerischen Götter. So die Aufklärung die Dämonien der christlichen Konfessionen. Aber dieser Kampf geschieht mit anderen Waffen als der innerreligiöse. Er geschieht mit den Waffen der rationalen Form. Ursprünglich ist weder von der griechischen noch von der modernen Philosophie ein Gegensatz zwischen Göttlichkeit und rationaler Form empfunden worden. Vielmehr wollte man in der Vollendung, Geschlossenheit, Rationalität der Form die göttliche Klarheit schauen und anschaubar machen. Aber über der göttlichen Klarheit ging die göttliche Tiefe verloren: Das Unerschöpfliche, Durchbrechende, Unbedingt-Transzendente. Das Göttliche wurde zum Prinzip einer in sich ruhenden, statisch vollendeten oder dynamisch bewegten Endlichkeit. *Jede Beunruhigung durch dämonische Tiefen wurde abgewehrt.* Mit den | wirklich zu bekämpfenden

Dämonien der Vergangenheit wurden auch die göttlich-schöpferischen Tiefen des Daseins verneint. Die Dämonenangst wurde beseitigt, Epikur der vollendete Naturalist als Heiland gepriesen – was er der heidnischen Dämonenfurcht gegenüber auch weithin war –; der Teufelsglaube und seine grauenvollen Konsequenzen versanken vor dem Licht der Aufklärung – und Aufklärung war sie in Wahrheit gegenüber jener Besessenheit eines ganzen Zeitalters. Mit der Dämonenfurcht aber versank auch die Furcht vor dem Göttlichen, die Erschütterung und Begnadung durch das Unbedingte. In Griechenland wurden die Götter in die Weltzwischenräume verbannt, wo sie ein seliges Leben führen – nach dem Bilde der Gärten Epikurs – ohne Einbruchsmöglichkeit in die innere und äußere Welt. Im Abendland wird Gott zur Zentralmonade, zur Synthesis der Weltformen, zum Vermittler der objektiven und subjektiven Sphäre, zum Garanten der moralischen Weltordnung, zum Grenzbegriff. Er ist das weihende Wort für das in sich geschlossene Weltsystem, für die vollendete Immanenz und ihre rationale Struktur. *Das Denken wird zweidimensional: Form und Stoff.* Entweder im Sinn der Anschauung eines schon geformten Stoffes oder einer unendlichen Aufgabe, die Form dem Stoff einzuprägen oder einer Synthese zwischen beiden. *Die dritte Dimension nach oben und unten, die göttlich-dämonische, formdurchbrechende, begnadende und verderbende wird nicht gesehen.* Das Negative ist Endlichkeit, Mangel, Trägheit, aber nicht aktiver Widerstand, nicht Gegenpositives. – Auf diese Weise ist es möglich, die Welt zu erkennen und zu beherrschen. Sie leistet keinen prinzipiellen, unbedingten Widerstand. Sie ist rationabel, wenn auch in unendlicher Arbeit. Die mythischen Kategorien der Schöpfung, des Ursprungs, des Wunders, der Begnadung und Besessenheit verschwinden oder werden sentimental umgedeutet. Die mythische Furcht vor dem Unheim|lichen in den Dingen und Wesen, die das Anrühren und Beherrschen gefährlich macht, der Schauer vor den alt-heiligen sozialen Mächten, die sich der rationalen Kritik und Gestaltung entziehen, entschwindet. Es gibt kein Tabu mehr, das den Erkenntnis- und Herrschaftswillen hindert, sich alles Sein zu unterwerfen. – Der einzelne gilt als frei. Die Möglichkeit, viel oder wenig Stoff zu formen, weit oder weniger weit die Grenzen des Rationalen herauszuschieben, ist durch nichts eingeschränkt. *Für einen unfreien Willen, ein „servum arbitrium", für diesen dämonisch-paradoxen Gedanken ist in der zweidimensional gesehenen Welt kein Raum.*

Und doch geht die Rechnung der Rationalität nie rein auf: Auf griechischem Boden bleibt das μὴ ὄν, die Materie, die nicht nur das Nichts ist, sondern der aktive, unüberwindliche Widerstand gegen die Form. Die religiöse Entdämonisierung der Welt war nicht bis zum Schöpfungsgedanken durchgedrungen, und darum konnte die profane Entdämonisierung nicht weiter kommen als bis zu diesem Dualismus der Form und der aktiv widerstrebenden Materie. Bei Epikur und den Stoikern schien die Materie entdämonisiert zu sein. Aber der stoische Schicksalsbegriff, der sich mit der halb-dämonischen Tyche der Spätantike verband, zeigt, daß auch hier das Ziel nicht erreicht war. So kam es, daß bei Beginn der christlichen Zeit die Antike fast durchweg von Dämonenglauben überwuchert war, und die christlichen Apologeten die Überwindung des

Dämonischen durch Christus zu einem Hauptargument ihrer Verantwortung gegenüber dem Heidentum machten. Im Abendland war die Lage völlig anders, da im Hintergrund der christliche Schöpfungs- und Vorsehungsgedanke stand. Die Renaissance setzt darum mit einem Ja zur Welt ein, wie es die Antike nie gekannt hatte, und im Protestantismus werden die Restbestände der asketischen Mystik, die das Christentum aufgenommen hatte, abgestoßen und die reine Geschöpflichkeit der Dinge immer klarer bejaht. | Aber mit dieser neuen Naturbejahung verbindet sich ein tiefes Bewußtsein um den Zwiespalt in der Natur selbst. Nicht die Materie, nicht das Geschöpfliche als solches, aber die Freiheit der Kreatur schafft den Zwiespalt. Die Lehre von der Erbsünde, die der Protestantismus bis zu radikalsten Konsequenzen durchführt, und die ihn bis an die Grenze des manichäischen Dualismus treibt, ist der Ausdruck für die neue Schau des Dämonischen. Dabei kommt es in gewissen mystischen Gedankengängen, wie bei Jakob Böhme zu Formulierungen, die dem dämonischen Willen eine metaphysische Notwendigkeit geben und die rationale Entdämonisierung der Wirklichkeit in Frage stellen, ja geradezu aufheben. Der Erbe dieser Gedanken, der metaphysische Pessimismus, ist der bewußte Ausdruck dämonischer Weltbetrachtung auf profanem Boden.

Beides, die Tendenz zur radikalen Entdämonisierung und der ständige pessimistische Gegenschlag charakterisieren die Profanität. Insofern die Profanität Verwirklichung der reinen rationalen Form ist, bedeutet sie Überwindung des Dämonischen, insofern sie den Widerstand gegen die Verwirklichung der rationalen Form anerkennen muß, fällt sie ins Dämonische zurück. Es ist überaus bezeichnend, daß Kant, der reinste Vertreter der rationalen Formidee, gezwungen war, in dem „radikalen Bösen" ein Prinzip anzuerkennen, das völlig aus der rationalen Weltanschauung herausfällt. Diese seine Lehre war das Einbruchstor für die dämonisch-pessimistische Wendung des deutschen Idealismus.

Die religiöse Lage in der Profanität ist demnach diese: Insofern im Göttlichen die Forderung enthalten ist, daß die reine Form verwirklicht werde, ist Profanisierung Bejahung des Göttlichen. Insofern im Göttlichen die unbedingte Transzendenz gegenüber jeder Form enthalten ist, bedeutet Profanität Entgöttlichung. Das ist der Preis, den sie für die Entdämonisierung zahlt. Auf der anderen Seite und in Reaktion dagegen bricht in die Profanität ständig das Dämonische ein, nun aber als Gegensatz gegen das Göttliche, als das Formzerstörerische, aktiv-Negative. *In der Profanität ist das Göttliche ohne die Tiefe des Dämonischen und das Dämonische ohne die Klarheit des Göttlichen.* Doch ist die Lage mit dieser Alternative noch nicht erschöpft. Es gibt auch in der Profanität ständig Verbindungen von Göttlichem und Dämonischem, Formverwirklichung und schöpferischem Abgrund. Durch sie lebt die Profanität. Die reine Rationalität wie die reine Negation sind die Pole, auf die das Profane immer hinstrebt. Aber diese Pole werden nie erreicht, weil sie keine Möglichkeit der Existenz in sich tragen. Die Wirklichkeit liegt zwischen den Polen; zwischen ihnen spielt sich der mythische Kampf von Göttlichem und Dämonischem ab, der auch die Profanität erfüllt. Freilich ist er in ihr nicht direkt sichtbar, denn das Vorzeichen der

Profanität ist das Rationale, nicht das Mythische. Aber der Kampf ist doch da; und er ist, wie in der Religion ein Kampf zwischen Priestern des Dämonischen und prophetischen Verkündern des Göttlichen.

Ein wichtiges Beispiel profaner Entdämonisierung ist die Entwicklung der *griechischen Plastik*. Die Archaik der griechischen Kunst ist noch ganz erfüllt von dem mythisch-dämonischen Gehalt der Vergangenheit und doch sind die Götter der archaischen Periode nicht mehr Dämonen nach Art etwa des asiatischen Polytheismus. Sie haben die Tendenz zur reinen Form des Menschlichen, wenn auch dies Ziel noch nicht erreicht ist. Sie sind noch gebunden an die strenge hieratische Gebärde. – In dem kurzen Höhepunkt der Klassik ist die vollkommene Befreiung und Formung zugleich erreicht. Das Dämonische ist entschwunden, das Göttliche und Gotterfüllte ist geblieben. Das Göttliche hat den Charakter der Klarheit, der idealen Form bekommen. Der Abgrundcharakter, das Grauenvolle, Verzehrende schwingt nur noch insoweit nach, als notwendig ist, um die Klarheit vor Flachheit zu schützen. | Einer schmalen Grenzscheide gleicht diese, wie jede Klassik. Schon beginnt die Form, die Herrschaft zu übernehmen. Die Strenge schwindet zugunsten der Bewegtheit, die Göttlichkeit zugunsten der menschlichen Idealität und schließlich Realität. Das Dämonische der Archaik schwingt auch nicht einmal mehr nach. Die Formen werden leerer oder sie füllen sich mit endlicher, rein diesseitiger Dynamik, z.B. der geistigen Individualität. Dabei erscheint in eigentümlicher Dialektik eine neue Dämonie. Die vitalen Urkräfte können ja nicht gebannt werden, und der Blick des Realismus kann an ihnen nicht vorübergehen. So kehrt die erotische Symbolik, die Geste brutalen Machtwillens, die Darstellung aller Rauschformen in naturalistischem Gewande wieder. Eine Dämonie der Profanität, die ins Untermenschliche weist, weil sie die Dämonie im Übermenschlichen verloren hat.

Die Spätzeit endlich mit ihren archaistischen Tendenzen und ihrem langsamen Verlust an formender Kraft ist der Ausdruck jener Rückwendung zu heilig-dämonischer Gebundenheit, die sich auf allen Gebieten zeigt, und die in den spätantiken Religionsbildungen ihre durchschlagende Verwirklichung gefunden hat. Es sind freilich nicht dämonisch-fratzenhafte Göttergestalten, die hier auftreten, wohl aber ist es eine neue metaphysische Bannung aller irdischen Wesen und Vorgänge unter das beherrschende geistig-transzendente Prinzip: Eine Archaik auf mystisch-monotheistischer Basis.

Ein anderes Beispiel ist die griechisch-abendländische Entwicklung des *Dramas*. Sie ist vor allem deswegen wichtig, weil sie die Grenzen aufzeigt, in denen es auf griechischem Boden überhaupt zur Überwindung des Dämonischen gekommen ist. Die griechische Tragödie enthält in sich ein Doppeltes: Die unaufgehobene Herrschaft des Dämonischen in der Schicksalssphäre und den Protest gegen diese Herrschaft von seiten der heroischen, geistgeformten Persönlichkeit. Die Persönlichkeit geht an diesem Zwiespalt zugrunde in der Sphäre des Schick|sals. Sie überwindet es in der Sphäre der persönlichen Freiheit. Dieser letzte Zwiespalt bleibt unüberbrückt. Die Macht, die das Schicksal trägt und die zur Schuld zwingt, ist eine andere, als diejenige, in der die geistig-persönliche

Formung des einzelnen und der Gemeinschaft gegründet ist. *Heroische Autonomie erhebt sich gegen dämonische Heteronomie.* Soweit das Tragische diesen Zwiespalt enthält, ist Tragödie nur auf dämonischer Grundlage möglich. – Insoweit gibt es keine christliche Tragödie. Das Shakespearesche Drama kennt keine objektive Schuld. Im Zentrum der Persönlichkeit, in der Entscheidungssphäre kommt es zur Schuld. Und doch ist es nicht Moralität, die an Stelle der Dämonie tritt. Es ist die eigentümliche Verflechtung von Schicksal und Verantwortlichkeit, von der die christliche Erbsündenlehre zeugt und auf der das abendländische Drama beruht. Das Gericht über den Schuldigen wird bejaht, insofern er die Verantwortung für die Schuld trägt. Kein heroischer Trotz erhebt sich im Namen einer höheren Ordnung über das Schicksal. Denn die höhere Ordnung ist es ja gerade, die verletzt ist und das Gericht ausübt. Aber sie übt es nicht aus über die moralische Fehlhandlung, sondern über die im einzelnen hervorbrechenden dämonischen Mächte, die zugleich seine schöpferische Größe und sein Verderben sind. Was also im abendländischen Drama an Tragik enthalten ist, beruht auf dem dämonischen Element. Nur daß im Gegensatz zum Griechentum das Dämonische hier keine seinsmäßig begründete Herrschaft mehr hat, sondern nur durch den verantwortlichen Willen zur Wirklichkeit kommen kann. Darum gibt es hier eine Erlösung, nicht nur den Heroismus des Unterganges.

Im jüngsten Drama hat mit dem Sieg des dämonischen Realismus das tragische Element des Dramas eine erhebliche Verstärkung erfahren. Schon das gesellschaftskritische Schauspiel hatte übergreifende Zusammenhänge offenbart, die den einzelnen oft nach Art des objektiven Schicksals schuldig werden lassen. Aber darin war immer noch viel sozialethische Moralität enthalten. Dagegen hat das tiefenpsychologische Drama der Gegenwart mit seiner Erfassung der unterbewußten Mächte oft eine ganz starke Dämonisierung und damit Tragisierung des Dramas erreicht. Namentlich die Zerspaltung der Generationen – eine soziale Analogie zur Bewußtseinszerspaltung – hat den Blick für echt dämonische Zusammenhänge erschlossen. Doch findet sich hier nirgends eine Neigung, zur griechischen Auffassung zurückzukehren. Die reine Objektivität des Schuld- und Schicksalsbegriffs ist für die christliche Kultur unwirklich. Der Durchgang durch Bewußtsein und Verantwortung ist bedingend für unseren Schuldbegriff – aller Übermächtigkeit des Unbewußten zum Trotz.

III. Dämonien der Gegenwart

Die profane Linie der Entdämonisierung – in Gegensatz und Gemeinsamkeit verbunden mit der prophetisch-protestantischen – hat dem Allgemeinbewußtsein der Gegenwart das Dämonische fast völlig entschwinden lassen. Die zweidimensionale Denkweise ist zur Selbstverständlichkeit geworden. Wo vom Dämonischen die Rede ist, da geschieht es in dem abgeschwächten Sinne von übermächtiger Kraft oder gar im Sinne von erotischer Pikanterie. Am allerwenigsten ist ein Bewußtsein um das Dämonische in der *sozialen Sphäre* zu finden.

Hier sieht man zwar Probleme, Notstände, Mängel, oder auch Sündhaftigkeit und Verderbtheit, aber man sieht nicht die eigentümliche Dialektik der großen, die soziale Wirklichkeit tragenden Mächte. Und doch ist nur, wenn diese Dialektik verstanden wird, eine grundsätzlich richtige Haltung im Sozialen möglich. Sonst bleibt es entweder bei dem Verbesserungswillen der fortschrittlichen oder bei dem Bewahrungswillen der konservativen Auffassung. Die erste sieht überall den Stoff, der irgendwann einmal dem Ideal entsprechend geformt sein wird, die zweite sieht überall die unüberwindliche Sündhaftigkeit, | die eine entscheidende Wandlung unmöglich macht. Die Erkenntnis der Dialektik des Dämonischen führt über diesen Gegensatz hinaus, führt zur Anerkennung eines Gegenpositiven, das nicht durch Fortschritt, auch nicht durch bloße Revolution, sondern durch Schöpfung und Begnadung zu überwinden ist – und führt zugleich zur Erfassung der besonderen Dämonie jeder Gesellschaftslage und zu ihrer Kennzeichnung und Bekämpfung. Der Kampf gegen die Dämonien einer Zeit wird zur unabschiebbaren religiös-politischen Pflicht. *Das Politische erhält die Tiefe eines religiösen Tuns. Das Religiöse erhält die Konkretheit eines Kampfes mit „Geistern und Mächten".*

Freilich kann das nicht so gemeint sein, als ob eine Erscheinung einfach als dämonisch und eine andere einfach als göttlich bezeichnet werden könnte. Der Gegensatz beider Prinzipien geht durch jede Person und jede Erscheinung hindurch. Eine Einrichtung oder Gemeinschaft, die sich diesem Urteil entziehen wollte, würde eben damit der pharisäischen Dämonie verfallen. – Wohl aber ist es notwendig, in gewissen Formen, die eine Gesellschaft tragen, dämonische Symbole anzuschauen und mit der Kennzeichnung dieser Symbole den Kampf gegen die Dämonie einer Zeit zu eröffnen. Einen anderen Weg gibt es überhaupt nicht, da alles, was ins Unbedingte weist, Symbolcharakter hat und nie eigentlich, empirisch gefaßt werden kann. So und nur so soll auch in Folgendem von Dämonien der Gegenwart gesprochen werden.

Die Profanisierung ist immer Rationalisierung, d.h. Erfassung der Dinge durch Auflösung in ihre Elemente, und Zusammenfassung unter dem Gesetz. Diese den Dingen wesensmäßige und dem Verhältnis von Subjekt und Objekt angemessene Haltung wird dämonisch verzerrt durch den Herrschaftswillen, der sich ihrer bemächtigt und den Dingen die Wesenhaftigkeit und Selbstmächtigkeit raubt. Es ist die im Begriff des *Intellektualismus* gemeinte Stellung zur Wirklichkeit, | die nicht etwa zu denken ist als ein Zuviel von Intellekt und Rationalität, sondern als eine Vergewaltigung der Gesamtwirklichkeit von seiten des rationalen Subjekts. Die Schilderung dieser Sachlage und ihrer zerstörerischen Folgen ist vielfach gegeben und kann hier nicht wiederholt werden. Das Dämonische des Intellektualismus ist dieses, daß die rationale Dingerfassung in sich die Konsequenz unendlichen Fortschreitens hat und wesenmäßig haben muß, und daß sie andererseits mit jedem Schritt vorwärts das Lebendige, Selbstmächtige in den Dingen und damit das Eros- und Gemeinschaftsverhältnis zwischen Erkennenden und Erkanntem zerstört. Das Tragende ist zugleich das Zerstörende. Die Unentrinnbarkeit dieses Verhängnisses wird besonders deutlich, wenn man auf das Schicksal der antiintellektualistischen Bewegungen sieht und bemerkt, wie sie unbewußt ständig die Waffen des Intellektualismus gebrauchen und ihm damit selbst verfallen. Eine Theologie, die gegenüber solchen Zusammenhängen religiöse Indifferenz und „Sachlichkeit" fordert, sieht nicht die unlösliche Verknüpfung des Sachlichen, Sinnhaften mit dem Sinnwidrigen, sieht nicht, daß „Sachlichkeit" abstrakte Forderung bleibt und die Wirklichkeit des Erkennens in dem Gegensatz von Göttlichem und Dämonischen steht, wie alle Wirklichkeit.

Den Anspruch, den Intellektualismus zu überwinden, erhebt die ästhetische Wirklichkeitsbetrachtung und zwar nicht nur in ihrem eigensten Gebiet des Künstlerischen, sondern darüber hinaus in Metaphysik und Wissenschaft. Nicht mit Unrecht; denn die ungebrochene Herrschaft des Intellektualismus ist durch sie in der Tat erschüttert. Aber die ästhetische Haltung verfällt selbst der Dämonie. Sie wird zum *Ästhetizismus*. Ein breiter Strom dieses Geistes geht durch unsere Kultur. Auch hier zeigt sich das typische Doppelgesicht des Dämonischen: Die universale Einfühlungsfähigkeit des Ästheten, die jede feste Grenze in unseren Seinsbeziehungen auflöst, und die damit verbundene Entwurzelung und Entleerung des Seins.| Die Distanz, die mit der Einfühlung verbunden ist, hebt das echte Erosverhältnis auf und führt zu einer herrschaftlich-erotischen Subjektivität, die die Dinge nicht minder vergewaltigt wie der Intellektualismus. Ja, letztlich ist zu sagen, daß die Dämonie des Ästhetizismus nur ein Gegenspiel der Dämonie des Intellektualismus und ihr unterworfen ist. – Es könnte scheinen, als ob diese Haltung weniger allgemein und leichter überwindlich sei; aber das trifft nicht zu. Unsere ganze Zeit und alle Schichten in ihr stehen vor dem Abgrund des Sinnverlustes, stehen in vergeblichem Suchen nach dem Punkt eines unbedingt Wirklichen, in dem sie wurzeln können. Ästhetizismus ist eben keineswegs gebunden an eine Ausbildung oder Vorherrschaft der ästhetischen Funktion, sondern er ist eine ganz allgemeine Haltung. Und er ist eine notwendige Haltung. Es ist nicht möglich, künstlich Absolutheiten und Seinsverwurzelungen zu schaffen, also absichtlich dem Einfühlen Grenzen zu setzen, sich in selbstgewählten Konkretheiten zu fixieren. Die Krampfhaftigkeit aller derartiger Versuche und ihr schließliches Scheitern zeigt, daß die ästhetizistische Dämonie nicht überwunden, sondern nur überdeckt war. – Was uns ständig vor den Abgrund der Sinnlosigkeit und Seinsentleerung stellt, das öffnet uns zugleich ständig den Zugang zu allem Seienden. Das ist die Dialektik des Ästhetizismus.

In der praktischen Sphäre sind es gleichfalls zwei Dämonien, die an Bedeutung und Symbolkraft alle anderen überragen und das Antlitz unserer Zeit formen. Es ist die Dämonie der autonomen Wirtschaft, der Kapitalismus, und die Dämonie des souveränen Volkes, der Nationalismus. Dabei ist es aber so, daß das zweite z.T. Gegenbewegung gegen das erste ist und diesen Charakter auch nie ganz verliert, daß es aber nicht nur selbst dämonischen Charakter annimmt, sondern schließlich dem ersten verfällt – genau wie das Verhältnis in der theoretischen Sphäre liegt.

Die autonome Wirtschaft ist mit Hilfe der Mittel, die ihr | die Technik zur Verfügung stellt, die erfolgreichste Form der Güterbeschaffung, die je existiert hat. Der Mechanismus des freien Marktes ist die kunstvollste Maschine zum Ausgleich von Angebot und Nachfrage, sowie zur ständigen Steigerung der Bedürfnisse und Bedürfnisbefriedigung, die sich für uns denken läßt. Es kann kein Zweifel sein, daß die *kapitalistische Wirtschaftsform* in höchstem Maße den tragenden, schöpferischen und umschaffenden Charakter hat, der zum Dämonischen gehört. Ebenso aber, daß diese ihre tragende Kraft verbunden ist mit einer zerstörenden von grauenhafter Gewalt. Die Schilderungen dieser Zerstörung bei den Massen und bei den einzelnen, geistig, seelisch und körperlich, sind so zahlreich und von so unwiderleglicher Eindruckskraft, daß es unnötig ist, sie hier zu wiederholen. Es ist auch nicht möglich, mit religiös-moralischen Kategorien, wie Mammonismus das Dämonische der Wirtschaft auf das Niveau der allgemeinen Sündhaftigkeit herabzudrücken, um das Technische des Kapitalismus davon abzulösen. Die Tiefe des Dämonischen ist gerade die, daß das Sinnhafte und Sinnwidrige in ihm unlöslich verbunden sind. Darauf beruht seine Unentrinnbarkeit, seine übergreifende Gewalt, vor der jedes Moralisieren zur Ohnmacht verurteilt ist. Wohl ist die Sündhaftigkeit, zu der auch der Mammonsdienst gehört, die allgemeine Voraussetzung jeder Dämonie. Aber zur wirklichen Dämonie – wenn anders dieses Wort etwas inhaltlich Besonderes aussagen soll – kommt es erst in Verbindung mit einer positiven, tragenden, schöpferisch-zerstörerischen Gestalt.

Das gilt auch von der letzten großen Dämonie der Gegenwart, dem *Nationalismus.* Allem Pazifismus der Schwachheit, der Mystik und des rationalen Weltbürger- oder Weltproletariertums gegenüber ist zunächst dieses zu sagen: Die nationalen Impulse des bürgerlichen Zeitalters waren die einzigen, die Kraft genug hatten und weithin noch haben, der technischen Ökonomisierung des gesamten abendländischen | Daseins Widerstand zu leisten. Sie durchbrechen die reine Rationalität ständig. Sie schaffen ein bluthaft unmittelbares Bewußtsein, das vom Intellektualismus noch wenig zersetzt ist und den Ästhetizismus immer wieder aufrüttelt, und das durch Erfüllung mit Konkretheiten das Bewußtsein vor völliger Sinnentleerung bewahrt. Die nationalen Dinge erhalten sakrale Unantastbarkeit und kultische Würde. – Eben damit aber beginnt die Dämonisierung. Mit den schöpferisch-tragenden Kräften verbinden sich die zerstörerischen: Die Lüge, mit der die Selbstgerechtigkeit der einen Nation das wahre Bild der eigenen und fremden Wirklichkeit entstellt. Die Vergewaltigung, die das andere Volk zum Gegenstand macht, dessen Eigenwesen und Selbstmächtigkeit mißachtet und zertreten wird. Der Mord, der im Namen des der Nation verpflichteten Gottes zum heiligen Krieg geweiht wird. Darüber hinaus ist es die Eigenart der nationalen Dämonie unserer Zeit, daß sie sich dem Kapitalismus unterworfen hat. Die Nationen traten im Weltkrieg gegeneinander als kapitalistische Machtgruppen; und die Hauptträger des Kriegswillens waren zugleich die Träger der kapitalistischen Herrschaft im eigenen Volk; nicht aus irgendeiner persönlichen Dämonie, sondern selbst getragen von der dämonischen Gesamtgestalt des

Kapitalismus, die sie repräsentieren. So offenbart sich die soziale Dämonie der Gegenwart in ihrer Doppelseitigkeit, in ihrer ungeheuren tragenden und zerstörenden Kraft. Für einen Augenblick erschüttert, ist sie zur Zeit im Begriff, sich neu zu festigen, um besser zu tragen und – besser zu zerstören.

Es gibt keinen Weg, der erdacht werden könnte, um die Dämonien, die geistigen und sozialen zu überwinden. Die Frage nach Mitteln und Wegen ist die Frage des Intellektualismus, also schon als Frage der dämonischen Lage entsprungen und mit jeder Antwort den Dämon stärkend. *Die Dämonie zerbricht allein vor der Göttlichkeit, die Besessenheit vor der Begnadetheit, das Zer\störerische vor dem erlösenden Schicksal.* Es ist wohl möglich und prophetischem Geiste gemäß, in Vorgängen der Zeit Zeichen erlösenden Schicksals zu sehen, und es ist notwendig und unbedingt gefordert, den Dämon zu enthüllen und alle Waffen des Widerstandes zu suchen und zu gebrauchen, aber es gibt keine Gewißheit des Erfolges. Denn es gibt keine Gewißheit, daß eine endliche Wirklichkeit, und wäre es die christliche Kultur, unzerstörbar ist. Eine solche falsche Gewißheit gibt der Dämon ein. Nur *eine* Gewißheit gibt es, daß das Dämonische im Ewigen überwunden ist, daß es im Ewigen Tiefe des Göttlichen und in Einheit mit der göttlichen Klarheit ist. Nur im Hinblick auf das Ewige darf von der Überwindung des Dämonischen gesprochen werden, nicht im Hinblick auf irgendeine Zeit, eine Vergangenheit oder Zukunft. Daß wir aber so auf das Ewige blicken können, daß wir nicht dem Dämon das gleiche Recht wie dem Göttlichen und damit das höhere, das einzige Recht zusprechen müssen, daß wir nicht im Angesicht der Welt dem Nein, dem Abgrund, der Sinnlosigkeit das letzte Wort geben müssen, das ist die Erlösung in der Zeit, die wieder und wieder Wirklichkeit wird, das ist das grundsätzliche Zerbrechen der Herrschaft des Dämonischen über die Welt.

8. Die Idee der Offenbarung (1927)

A. Druckvorlage: Die Idee der Offenbarung, in: Zeitschrift für Theologie und Kirche, N.F. Jg. 8, 1927, S. 403–412.
B. Die Idee der Offenbarung, in: GW VIII (1970), S. 31–39.

Zur Textgeschichte

Der Aufsatz (= A) ist Tillichs Antrittsvorlesung an der Theologischen Fakultät Leipzig vom Sommersemester (Juni) 1927. Dorthin war er als Honorarprofessor berufen worden, während er gleichzeitig — seit dem Sommersemester 1925 — sein erstes Ordinariat als „Professor für Religionswissenschaft" an der „Kulturwissenschaftlichen Abteilung" der Technischen Universität Dresden innehatte (cf. GW XIII, 558 ff.; EGW V, 170 ff.). Bis zu seiner Berufung nach Frankfurt zu Ostern 1929 las Tillich regelmäßig an beiden Wirkungsstätten. Die Begegnungen mit der Welt der Technik, aber auch mit verschiedenen Richtungen der Kunst (cf. EGW V, 177 ff.) lagen seinem Denken und seinem Temperament weit mehr als die Enge und theologische Einseitigkeit Marburgs.

Der Abdruck in GW VIII (= B) ist als „unveränd(erter) Abdr(uck)" ausgewiesen (GW XIV 2. Aufl., 60); die Herausgeberin korrigiert jedoch den Text an einigen Stellen, ohne — da Tillich für die Drucklegung nicht mehr zu konsultieren war (cf. GW VIII, 11) — den ursprünglichen Wortlaut anzumerken, und sie greift manchmal mehr als notwendig in dessen Interpunktion ein.

Die Idee der Offenbarung[1]

Wenn der Begriff der Offenbarung eine Realität faßt, eine Realität, die auch uns angeht, vielleicht als einzige Realität uns unbedingt angeht, so kann es nicht die Realität eines Gegenstandes sein, die ihr zukommt, sondern nur die Realität einer Idee. Ein Gegenstand kann jederzeit gegriffen werden, durch Begriffe und durch Handlungen. Eine Idee steht nicht so zur Verfügung. Sie ist nur einer bestimmten inneren Gerichtetheit, einer bestimmten Haltung, einem bestimmten Meinen zugänglich. Eine Idee ist immer korrelativ auf eine Ideenschau. Darum läßt sie sich nicht ᵃbeweisen; esᵃ läßt sich nur der Ort aufweisen, wo sie gesucht werden muß, auf den man hinschauen muß, will man sie sehen. Ob man sie aber sieht, das ist mit diesem Aufweis nicht entschieden, das hängt von der inneren Richtung ab.

---

[1] Antrittsvorlesung in Leipzig, gehalten Juni 1927.

Offenbarung ist ein Wort und als Wort ein Begriff und als Begriff Gegenstand begrifflicher Bearbeitung; der Inhalt des Begriffs aber ist eine Idee, kein Gegenstand.

Offenbarung als Idee ist so alt wie die Religion, so alt wie die Hinwendung auf ein in der Gegenstandswelt erscheinendes Jenseitiges. Offenbarung als Begriff ist sehr viel jünger. Der Offenbarungsbegriff ist eine Schöpfung der hellenistischen Philosophie.

Der Ausgang der autonomen Entwicklung der griechischen Philosophie war die Skepsis, d. h. nicht das dialektische Spiel mit dem theoretischen Zweifel, wie es in der lebenskräftigen, gewalt|tätigen Sophistik oder in der weltmännischen Renaissance-Skepsis der Fall war, sondern der sich unter anderem auch theoretisch äußernde Zusammenbruch der gesamten geistigen Existenz. Dieser Ausgang war die Katastrophe des ersten und großartigsten Versuches der Menschheit, das Leben von der reinen Form her, dem theoretischen und praktischen Vernunftgesetz zu gestalten.

Dieser Versuch mußte und muß mißlingen — wir stehen zur Zeit mitten im Zusammenbruch seiner umfassenden abendländischen Wiederholung. Denn in ihr geht verloren der sinngebende Gehalt des Lebens, der Dinge und der Gesellschaftsformen, die heilige Tiefe des Seienden, die zugleich den Geist bannt und erfüllt, erschreckt und beseligt.

ᵇDer gebundene Geist ist zugleich der erfüllte Geist.

Der befreite Geist wird mehr und mehr entleerter Geist.ᵇ

Denn von der reinen Form her läßt sich kein Lebenssinn und keine Lebenstiefe gewinnen. Sie ist erfüllt, solange der geistige Gehalt der Vergangenheit noch nicht erschöpft ist. Sie ist entleert, sobald das Erbe der Vergangenheit vertan ist. Und das geht reißend schnell, wenn einmal die reine Vernunft die Herrschaft angetreten hat.

In dieser Lage griff der an Wahrheit und Leben verzweifelnde Geist zur Offenbarungsidee. Sie trat ihm entgegen in den religiösen Traditionen des Ostens, die sich zurückführten auf die großen Religionsstifter der Vergangenheit undᶜ der autonomen Vernunft gegenüber einen dreifachen Vorzug hatten:

Sie erhoben den Anspruch, durch unmittelbare göttliche Erleuchtung in das Bewußtsein getreten zu sein, hatten also eine Gewißheit, die sie dem Streit der rationalen Überzeugungen enthob.

Sie entstammten der Urzeit, hatten also dem Bewußtsein gegenüber den Charakter des immer schon Gegebenen, dessen, was tieferen seelischen Schichten entstammt als der Oberflächenschicht autonomer Hervorbringung.

Sie hatten konkret-mythische Form und waren damit jedem zugänglich, unabhängig von seiner kulturellen Höhenlage; sie konnten die Grundlage einer allumfassenden Gemeinschaft werden.

So stark war die Sehnsucht nach Offenbarung, daß die späteren Philosophenschulen, die immer den Charakter von Lebens-, ja | Kultgemeinschaften gehabt hatten, die Lehrsätze ihrer Schulgründer auf Offenbarung zurückführten: eine vollendete Paradoxie der geistigen Lage!

Der spätantike Offenbarungsbegriff ist das Korrelat zur spätantiken Skepsis. Ihr Supranaturalismus ist das Korrelat zum Zerbrechen ihrer rationalen Zuversicht.

Das Christentum übernahm den Begriff und konzentrierte ihn auf Christus. In ihm ist die übernatürliche Offenbarung vollendet. Was bei den Philosophen vorliegt und jederzeit aus der Weltbetrachtung entnommen werden kann, ist natürliche Offenbarung. Beide Begriffe werden ins Mittelalter herübergenommen. Entscheidend blieb der erste. Der Eindruck der spätantiken Katastrophe schwingt ein Jahrtausend lang nach in dem Lebensgefühl der germanisch-romanischen Frühkultur, in ihrer Askese, in ihrem Supranaturalismus, wissenschaftlich in ihrem Offenbarungsbegriff. Aber auch die Erinnerung an die einmal in der Menschheit vollzogene radikale Hinwendung zur geistigen Autonomie verschwand nicht ganz: Wieder und wieder wachten klassische Traditionen auf und gründeten ihre innere Gewißheit auf die natürliche Offenbarung.

Seit der Renaissance brechen diese Traditionen machtvoll hervor. Die Tragik der Antike ist vergessen. Ihre autonomen Schöpfungen erhalten ein positives Vorzeichen und werden zum Ausdruck des gewaltigen Lebenswillens der abendländischen Völker. Der Ton fällt mehr und mehr auf die natürliche Offenbarung. Die übernatürliche wird ihrer selbständigen Bedeutung beraubt. Offenbarung wird zur Religionsgeschichte. Der autonome Prozeß des Geistes ist der Prozeß der Selbstoffenbarung des Absoluten. Der Offenbarungsbegriff ist nicht mehr Korrelat zur Skepsis, sondern religiöse Benennung höchster Zuversicht des Erkennens und Lebens.

Demgegenüber versucht der Hauptstrom der kirchlichen Gedankenbildung die Besonderheit, Einmaligkeit, Übernatürlichkeit und Übervernünftigkeit der Offenbarung herauszuarbeiten. Ihr kontingenter Charakter, ihre Unauflöslichkeit in den allgemeinen Prozeß trat in der neuesten Wendung der protestantischen Theologie in den Vordergrund. Nicht auf der Durchbrechung des Naturgesetzes wie im älteren Supranaturalismus, sondern auf der Durchbrechung | des Geschichtszusammenhanges liegt das Gewicht. Man glaube aber nicht, damit den Supranaturalismus überwunden zu haben! Es gibt keine Durchbrechung der Geschichte, die nicht auch Durchbrechung der Natur wäre. Denn aus der Naturgrundlage wächst alles Geschichtliche hervor. Ein Übergeschichtliches in der Geschichte läßt sich nicht denken ohne ein Übernatürliches in der Natur.

Das ist unsere Lage: Auf der einen Seite bildet sich ein Supranaturalismus des Offenbarungsbegriffs heraus, der tief erfüllt ist von dem spätantiken Pessimismus. Auf der anderen Seite wird die Religions- und Geistesgeschichte als Geschichte der Selbstoffenbarung des Lebenssinnes idealistisch oder irrationalistisch gewertet. Der alte Gegensatz erhebt sich mit Macht und bedroht die Kultur mit weiterer Entleerung und die Religion mit weiterer Absperrung. Wir müssen neu angreifen, hier wie in allen Symbolen der religiösen Erkenntnis, vom Boden *unserer* Geistes- und Gesellschaftslage aus, der ein anderer ist als der, auf dem die Spätantike den Offenbarungsbegriff konzipierte, die Offenbarungsidee deutete. Wir müssen neu auf die Sache schauen, mit neuen Begriffen zu deuten versuchen.

Offenbar wird, was verborgen war. Aber nicht alles Offenbarwerden von Verborgenem ist Offenbarung. Auch durch Wahrnehmung, auch durch Erfahrung, auch durch Erkenntnis, durch Reflexion und Intuition wird bisher Verborgenes offenbar. Aber niemand würde hier von Offenbarung sprechen, es sei denn in pathetischer Redeweise. Was irgendwann einmal auf irgendeinem Erkenntniswege erfaßt werden kann, wird nicht durch Offenbarung offenbar. Nur das, was wesensmäßig verborgen ist, was auf keinem Erkenntnisweg zugänglich ist, teilt sich durch Offenbarung mit. Es hört dadurch, daß es sich offenbart, nicht auf, verborgen zu sein, denn seine Verborgenheit gehört zu seinem Wesen; und wenn es offenbar wird, so wird auch dieses offenbar, daß es das Verborgene ist. Nun führen von jedem Dinge zu jedem anderen unzählige Wege des Erkennens; was jetzt noch verborgen ist, kann einmal offenbar werden. Der Sachlage nach wird vieles allezeit dem menschlichen Geist verborgen bleiben. Dem Wesen nach ist nichts vor ihm verborgen, was im Zusammenhang seiner Welt steht, von den entferntesten | Gestirnen bis zum kleinsten Bestandteil des Atoms. Auch das ist nicht wesensmäßig vor ihm verborgen, was den Namen des Verborgenen trägt, das Okkulte, andere Natur- und ᵈGeisterweltenᵈ als die bekannten. Es gibt Organe für sie, die man ausbilden kann; es gibt ein Eingehen in sie. Sie sind darum — wie immer man sich zu ihrer Existenz stellt — jedenfalls nicht das wesensmäßig Verborgene, also nicht das, was durch Offenbarung sich mitteilt. Nicht das Okkulte — ein relativ Verborgenes —, sondern das unbedingt Verborgene wird offenbar.

Wird das Unbedingt-Verborgene offenbar, so muß es in dieser seiner Qualität als unbedingt Verborgenes offenbar werden. Es muß, wenn es erscheint, als das erscheinen, was niemals und nirgends im Zusammenhang des Bedingten auffindbar ist, was diesen gesamten Zusammenhang wesentlich und innerlich transzendiert; als solches aber muß es ganz offenbar werden. Würde es nur teilweise, würde es nur im Halbdunkel erscheinen, so würde es gar nicht erscheinen. Denn was erscheint, das ist ja das Unbedingt-Verborgene, nicht ein Halb-Verborgenes, nicht ein Halb-Dunkles. Hier steht die Idee der Offenbarung im Widerspruch gegen die moderne Vorliebe für das Halb-Dunkel als Offenbarungsort. Sie kennt nur das Unbedingt-Offenbare, weil sie nur das Unbedingt-Verborgene als Subjekt der Offenbarung kennt.

Als das Unbedingt-Verborgene ist das, was offenbar wird, das Unbedingt-Fremde, das, wozu es keinen Weg von unserer Wirklichkeit aus gibt. Als das Unbedingt-Offenbare ist das, was offenbar wird, das Ganz-Eigene, das, was schon immer gegenwärtig ist, wenn ein Weg beginnt. Wäre es nur das eine oder nur das andere, so könnte es nicht offenbar werden. Auf der Einheit beider Merkmale an dem, was offenbar wird, beruht die Möglichkeit der Offenbarung.

Beide Merkmale haben ein Gemeinsames: die Unbedingtheit. Sie beruhen auf diesem Gemeinsamen. Denn nur von dem, was unbedingt ist, kann jene

Doppelaussage sinnvoll gemacht werden; von ihm aber muß sie auch gemacht werden, wenn überhaupt ausgesagt wird. Das Unbedingte ist das, wozu es keinen Weg vom Bedingten gibt, das ganz Fremde; und das Unbedingte ist das, was | jedes Weges Anfang ist, das ganz Eigene. Das Unbedingte bricht als Fremdes in das herein, dessen Eigenes es ist: es offenbart sich.

Ist das, was offenbar wird, das ganz Eigene, so ist es das, was mich unbedingt angeht. Es gibt keine Offenbarung, die nicht mit unabweisbarem Anspruch an den verbunden wäre, an den sie ergeht. Jede Offenbarung ist ein Angriff. Darum ist es unmöglich, sie nur betrachtend aufzunehmen. Sie läßt den Betrachtenden nicht auf diesem Platz; es gibt keinen Ort, von dem aus man das Unbedingte anschauen könnte; es würde dadurch bedingt werden, Objekt werden, es würde aufhören, das unbedingt Eigene zu sein, das, worin unser Sein wurzelt, das uns Bedingende. Darum ist in jeder Offenbarung ein Anspruch, eine unausweichliche Forderung enthalten. Diese Seite schließt nicht nur jede intellektuelle Mißdeutung der Offenbarung aus, sondern auch die naive Bezeichnung fremder Religion als Offenbarung. So wenig wir das Recht haben, irgendeiner Erscheinung die Möglichkeit abzusprechen, Offenbarung zu werden, so wenig haben wir das Recht, da über Offenbarung zu reden, wo wir keinen Anspruch erfahren; nur was mich unbedingt angeht, ist Offenbarung für mich: das trennt die Offenbarung von der Religionsgeschichte.

Mit diesen Ausführungen ist auf das hingedeutet, was in der Offenbarung offenbar wird. Jede Aussage, die darüber hinaus ins Konkrete, Symbolische geht, spricht nicht über, sondern *aus* Offenbarung, ist Prophetie oder Theologie. Dagegen ist nun zu fragen: ᵉ*Wie*ᵉ wird in der Offenbarung offenbar? Zweifellos kann diese Frage weder auf eine Erklärung noch auf eine Beschreibung des Vorganges der Offenbarung zielen. Beides ist dem Wesen der Offenbarung zuwider. Die Erscheinung des Unbedingt-Verborgenen, der Einbruch des Unbedingten ins Bedingte kann weder aus Beziehungen im Bedingten erklärt, noch mit Eigenschaften des Bedingten beschrieben werden. Nur dies ist möglich, die Art aufzuzeigen, in der das Bedingte in all seinen Beziehungen und Eigenschaften aus sich selbst geworfen und zu sich selbst gebracht wird.

Das Unbedingte erscheint in der Offenbarung, es tritt in den Zusammenhang des Bedingten. Wie aber kann es erscheinen, wo es doch nichts Bedingtes, kein Gegenstand werden kann? Es kann er|scheinen nur am Gegenstand, am Bedingten. Das hört nicht auf, Bedingtes zu sein. Der Zusammenhang des Bedingten wird nicht zerstört. Aber in diesem Gegenstand, in diesem Bedingten und seinen Zusammenhängen ist die Möglichkeit verborgen und wird zur Wirklichkeit, auf etwas hinzuweisen, was nicht seiner Bedingtheit angehört, was sein Eigenstes und sein Fremdestes ist, was an ihm offenbar wird als das Unbedingt-Verborgene. Es ist das Geheimnis der Dinge und der Wesen, daß sie diese Möglichkeit in sich tragen; es ist das Geheimnis des Geistes, daß er diese Möglichkeit zur Wirklichkeit werden lassen kann. Es ist die innerste Mächtigkeit der Dinge, ihre Mana-, ihre Tabu-Kraft, daß sie Offenbarungsträger werden können. Es ist die innerste Mächtigkeit des Geistes, daß er Offenbarung erfahren kann. Ein Gegenstand, ein Wesen, das so zum Ort der Offenbarung wird, ist heilig. Nicht durch sich selbst, nicht durch seine endlichen Vorzüge, auch nicht durch die höchste sittliche Formung bekommt ein Wesen Heiligkeit, sondern allein durch seinen Charakter, Träger der Offenbarung, Hinweis auf das Unbedingt-Verborgene zu sein. Aber dieses ist nicht sein empirischer Charakter; der ist das, was in der Offenbarung ergriffen, durchbrochen, zum Hinweis gemacht wird; aber er selbst ist nicht Offenbarung. Darum ist die Offenbarung an nichts Bedingtes gebunden, z. B. an nichts menschlich Hohes, und von nichts Bedingtem ausgeschlossen, z. B. von nichts menschlich Niedrigem. Darum bedeutet Hinweis auf die in Jesus Christus erschienene Offenbarung nicht Hinweis auf seinen empirischen Charakter mit all seiner historischen Problematik, bedeutet nicht Hinweis auf seine Ethik, seine Prophetie, sein inneres Leben, seine numinose Kraft — sondern bedeutet Hinweis auf das in all diesen Bedingtheiten erschienene transzendente Sein, auf die durch und gegen seinen empirischen Charakter erschienene Offenbarung. Nur darum kann sie uns Offenbarung sein, kann eindringen auf unsere Gegenwärtigkeit, weil sie nicht Vergewaltigung, Zerstörung unserer Bedingtheit durch eine fremde Bedingtheit ist, sondern Hereinbrechen des Unbedingt-Verborgenen durch jene Bedingtheit in unsere Bedingtheit. Wäre Offenbarung eins mit dem Gegenstand, an dem sie erscheint, stände nicht über jedem Träger der Offenbarung das Kreuz, an das sein empirischer Charakter geheftet | wird, so wäre Offenbarung Vergewaltigung. So aber ist sie Befreiung, Zurückführung zu dem Unbedingt-Eigenen.

Das setzt voraus, daß wir entfernt sind von ihm, losgelöst von unserer Seinswurzel, von dem sinngebenden Grund unseres Daseins. Offenbarung setzt Verhüllung voraus, setzt die Möglichkeit voraus, daß das Bedingte sich abwendet von dem tragenden Unbedingten. Diese Möglichkeit ist eins mit der Kreatürlichkeit, mit der Existenz als Bedingtes, Welthaftes. Wäre das Sein verschlossen in seiner Unbedingtheit, es gäbe kein Einzelnes und keine Welt. Welt ist Ausdruck der Aufgeschlossenheit des Unbedingt-Verborgenen, ist Ausdruck des ᶠIn-Sich-Ruhen-Könnensᶠ der Kreatur. Und diese Möglichkeit ist Wirklichkeit: die Dinge, die Wesen, der Geist ruhen in sich und den Formen ihrer Bedingtheit. Der Welt ist ihr tragender Grund, ihr unbedingt Eigenes, nicht unmittelbar anzusehen. Der Geist weist nicht unmittelbar hin auf den sinngebenden Grund jedes geistigen ᵍAltersᵍ. Geist und Welt ruhen in sich und ihrer Wechselbeziehung, sprechen von sich und ihrer Endlichkeit.

Darum ist Offenbarung in ihrem ersten Moment Beunruhigung. Wo immer Bedingtes, Ding oder Geist beunruhigt wird — nicht durch anderes Bedingtes (diese Unruhe ist zuletzt nur verhüllte Ruhe; sie bringt nicht vom Fleck, wenn sie auch, wie es etwa die moderne Wirtschaft tut, durch die ganze Welt hindurchtreibt) —, vielmehr wenn die Beunruhigung jede mögliche Ruhe und Unruhe im Bedingten trifft, wenn sie in sich unendlich ist, dann ist sie anhebende Offenbarung. — Die Beunruhigung führt weiter zur Durchbrechung des in sich selber schwingenden Bedingten, der in sich selber schwingenden Welt. „Die Mauern unserer Form durchbrich!" Das ist der Ruf nach Offenbarung. Denn diese Mauern sperren ab von dem Unbedingt-Eigenen. Und das ist das dritte in der Offenbarung: das Zurückgeworfen-Werden auf dieses, auf das Unbedingt-Eigene, auf die uns tragende Wurzel unseres Seins, auf den sinngebenden Grund unseres Geistes — auf unseren Ursprung. Diese drei Momente aber der Offenbarung sind nicht drei, sondern eins: Beunruhigung, die nicht zum Durchbruch, Durchbruch, der nicht zur Umwendung führt, sind Schein von Offenbarung — und solchen gibt es viel.

Mit diesem Hinweis auf wirkliche Offenbarung ist der falsche be|grifflliche Gegensatz von natürlicher und übernatürlicher Offenbarung überwunden. Natürliche Offenbarung ist höchstens als Nachklingen ursprünglicher Offenbarung zu bezeichnen, erfüllt aber die Idee nicht. Und übernatürliche Offenbarung ist entweder Offenbarung selbst, nämlich Beunruhigung und Durchbrechung der in sich ruhenden Endlichkeit — oder sie ist ein schlechter Begriff, der die Offenbarung mit ihrem Träger in eins setzt und den Zusammenhang des Bedingten, Natur- und Geistesform vergewaltigt und zerbricht. In dieser Fassung hat der Begriff unermeßliches Unheil gestiftet, Feindschaft, wo keine Feindschaft sein durfte, Friede, wo kein Friede sein durfte. Er hat den schöpferischen Geist gegen die Offenbarung aufgebracht, statt ihn unter sie zu stellen. Er hat den Sinn der Offenbarungsidee in ihrer lebendigen, gegenwartsmächtigen Bedeutung verdunkelt und entstellt. Nur wenn wir ihn ausstoßen, können wir wieder zur Schau der ewigen Idee der Offenbarung kommen.

Ein letztes noch: Offenbarung ist nur, sofern sie uns angeht, auf uns zugeht. Und das kann sie nur in konkreter Form. „Offenbarung überhaupt" ist keine Offenbarung. Nur in dieser ganz konkreten Form kann ich Offenbarung erfahren. In meine Konkretheit muß sie einbrechen, will sie für mich da sein, d. h. will sie überhaupt da sein. Denn abgesehen von diesem „Für mich" ist sie nicht.

Nun aber ist sie immer zugleich Angriff auf meine Konkretheit, Beunruhigung, Durchbrechung derselben. Darum ist es möglich, daß dieses meine religiöse Konkretheit ist, daß ich keiner Konkretheit angehöre, daß ich zwischen den Konkretheiten stehe, daß ich zweifle an jedem „Hier" und „Dort" der Offenbarung. Das scheint sie aufzuheben, da sie doch konkret sein muß. Es kann sie aufheben, aber es muß sie nicht aufheben. Es hebt sie auf, wenn dieser Zustand in sich selbst beruhigt schwingt, hochmütig, gleichgültig, resigniert. Es hebt sie nicht auf, es kann vielmehr gerade Offenbarung sein, wenn dieser Zustand zwischen den Konkretheiten beunruhigt, durchbrochen, umgewendet ist. Für Unzählige in unserer Zeit trifft diese Lage zu. Ihre Konkretheit ist es, ringend im Tiefsten beunruhigt, zwischen den Konkretheiten zu stehen. Sie zweifeln, aber sie ruhen nicht, wie es so oft geschieht, im Zweifel. Vielleicht sind sie beunruhigt bis zur Seinswurzel, vielleicht sind sie | durchbrochen, vielleicht vernehmen sie Offenbarung. Niemand hat das Recht, es zu bestreiten von irgendeiner Konkretheit aus. Darum kann Offenbarung auch uns werden in unserer Lage, mit ihrer Zerspaltenheit, mit ihrem Fehlen einheitlicher Symbole, gemeinsamer konkreter Wege. Darum ist Offenbarung nicht angewiesen auf die Sphäre, die wir spezifisch als die religiöse bezeichnen. Sie kann in jeder Sphäre geschehen. Aber sie läßt keine Sphäre unverändert. Sie beunruhigt und durchbricht sie. Sie ist frei von der Religion, aber sie tritt darum nicht in den Dienst der Kultur. Sie weist beide zurück auf ihren Ursprung, in dem sie eins sind.

Darum ist auch vollkommene Offenbarung vollkommen nur, sofern sie die Macht in sich trägt, wieder und wieder beunruhigt und durchbrochen zu werden. Wo diese Macht fehlt, bemächtigt sich der Dämon der Offenbarung, der Dämon, der ein Endliches, Bedingtes, und wäre es Christentum, die Bibel und Kirche, an [h]Stelle dessen setzt, was nie aufhört, das unbedingt Verborgene zu sein. Erhebung eines Bedingten zur Unbedingtheit ist Dämonie, und die religiöse Dämonie ist nicht besser, sondern böser als jede andere. Die in Dogma und Kultus sichere, nicht mehr beunruhigte Kirche hat die Offenbarung dämonisiert, auf der sie ruht. Und dieses ist die feinste, geistvollste Form, den Angriff der Offenbarung auf sich abzuschlagen, in der Kirche und im [i]einzelnen[i]. — Dämonisierung der Offenbarung ist der eine Weg, auf dem das Bedingte sich ihr zu entwinden sucht. Profanisierung ist der andere; er beherrscht unsere Geisteslage. Er wirkt sich aus in all unseren Lebensformen, in Wirtschaft und Technik, in Politik und Recht, in Wissenschaft und Kunst. Nicht jene Lebensformen sind profan. Sie können Stätten sein tiefster Beunruhigung, mächtigsten Durchbruchs, symbolkräftigster Zurückwendung. Daß sie es werden können, ohne der Vergewaltigung religiöser Dämonie sich beugen zu müssen, sollte diese Schau der Idee der Offenbarung zeigen. Daß sie es wieder werden mögen, ist die Sehnsucht aller ringenden Geister unserer Zeit. Tief ist die Beunruhigung; aber bei niemand steht es, ob sie zu der Tiefe kommt, die zum Durchbruch, zur Umwendung führt. Denn Offenbarung kommt über uns, nicht aus uns. Sie ist unbedingt. Denn sie ist Erscheinen des Unbedingt-Verborgenen in unserer Bedingtheit. |

Anmerkungen

403	a–a	In B: beweisen: Es.
404	b–b	In B kursiv.
	c	In B eingefügt: die.
407	d–d	In B: Geisteswelten.
408	e–e	In B nicht kursiv.
410	f–f	In B: In-sich-ruhen-Könnens.
	g–g	In B: Aktes.
412	h	In B eingefügt: die.
	i–i	In B: Einzelnen.

9. Gläubiger Realismus (1927)

Druckvorlage: Sonderabdruck aus dem Theologenrundbrief für den Bund Deutscher Jugendvereine e. V., hrsg. von Heinz Kloppenburg, Göttingen/Münster, Nov. 1927, S. 3–13.
Zum Text von G.W. IV, S. 77–87 vgl. G.W. XIV, S. 29 und 145.
Der Text ist der Vortrag Tillichs auf der Älterentagung des BDJ in Hannoversch-Münden am 9. Juli 1927. Kloppenburg teilte mit: „Das vorliegende Heft wird hoffentlich als gute Entschädigung für das lange Ausbleiben des Theologenrundbriefes von den Beziehern entgegengenommen. Es erschien uns wichtig, den Vortrag Tillichs von Hannoversch-Münden, der in ‚Unser Bund' infolge späten Eintreffens des Manuskriptes nicht mehr abgedruckt werden konnte, dem Bunde zugänglich zu machen, und in Ansehung der Aussprache über den Sozialismus, die sich in Münden anbahnte und in ‚Unser Bund' fortgesetzt wird, sind wir Herrn Professor Lic. Theodor Siegfried-Marburg sehr dankbar für die Erlaubnis zum Abdruck seines Aufsatzes über den ‚Religiösen Sozialismus', der erstmalig in der ‚Christlichen Welt' 1925, Nr. 1/2, erschien."
Der vollständige Titel von Siegfrieds Aufsatz lautet: „Zum Problem des religiösen Sozialismus", Sonderabdruck aus dem Theologenrundbrief, S. 15–21.

Das mir gestellte Thema: „Gläubiger Realismus" möchte ich in das Thema „Wirklichkeit" umwandeln. Realismus ist ein philosophischer Kampfbegriff. Er leitet an, auf die Gegenbegriffe wie Idealismus, Positivismus u. dergl. zu sehen, d. h., er leitet an, auf Begriffe zu achten statt auf Sachen. Das ist für gewisse Zwecke, namentlich der wissenschaftlichen Arbeit, unvermeidlich, und es kann auch ein Weg zu den Sachen sein; denn in jedem dieser Begriffe liegt eine ursprüngliche Schau, die irgend jemand oder irgendeine Zeit gehabt hat. Aber es kann auch ein Weg von den Sachen fort sein. Die Welt der Begriffe kann sich verselbständigen und als Nebelschicht vor die Sachen legen. Dann werden Begriffe aus Begriffen abgeleitet, Begriffe durch Begriffe abgetan ohne neue ursprüngliche Anschauung. Das ist Scholastik im negativen Sinne dieses Wortes, neben dem man freilich den positiven Sinn nicht vergessen darf, die tiefsinnige mystisch-empirische Wirklichkeitsschau des mittelalterlichen Geistes. Das also sei der erste Ausdruck unseres Realismus, daß wir an den Begriffen vorbei den Sachen selbst uns zuwenden und uns fragen, was sehen wir eigentlich, wenn wir auf Wirkliches schauen, und warum haben andere anderes geschaut, und was ist die wahrste und die letzte Schau des Wirklichen?

Diese Frage enthält schon eine Antwort, eine Antwort, die so selbstverständlich scheint, daß sie kaum je zum Gegenstand einer Frage gemacht wird, und daß sie sofort einleuchtet, wenn sie ausgesprochen wird: dieses nämlich, daß das wahrhaft Wirkliche uns nicht unmittelbar gegeben ist, sondern daß wir es in dem, was uns gegeben ist, suchen müssen. Wir fragen nach dem Wirklichen, wir begnügen uns nicht damit, uns von ihm tragen zu lassen, selbst ein Wirkliches unter anderem Wirklichen zu sein. Unser Geist spaltet die Wirklichkeit in Schichten größerer und geringerer Wirklichkeitskraft. Dieses Sich-Er|heben über die Unmittelbarkeit, dieses Spalten der Wirklichkeit ist das, was den Geist zum Geist macht. Es ist nicht etwa so, daß der Geist eine neue Wirklichkeit aus sich schöpfen und über die gegebene stellen will. Das ist seine Versuchung, aber nicht seine Wahrheit. Oft genug erliegt er dieser Versuchung. Im Formalismus aller Gebiete erliegt der Geist der Versuchung des Geistes. Die Wahrheit des Geistes aber ist dieses, daß er die Wirklichkeit zerfällt, um die Wahrheit des Wirklichen zu fassen. Wirklichkeit ist, was im Wirkungszusammenhang steht. Und das wahrhaft Wirkliche ist das, was den Wirkungszusammenhang trägt. Was wirkt, muß Macht haben. Das wahrhaft Wirkliche ist das wahrhaft Mächtige. Mächtig nicht im sozialen Sinn, sondern seinsmächtig, erfüllt mit Macht zu sein. Jede Begegnung mit Dingen und Menschen zeugt von ihrer Macht zu sein und von dem Grade dieser Macht. Seinsmächtigkeit in abgestufter Größe dringt aus jedem Ding, aus jeder Person auf uns ein und zwingt uns, dessen unauflösliche Wirklichkeit anzuerkennen. In jedem Wirklichen ist Widerstand, aber in jedem Wirklichen ist auch Ausströmen, Entgegenkommen. Das Nichtwirkliche ist das Widerstandslose, das was nicht ausströmt, das Ohnmächtige. Wenn der Geist die wahre Wirklichkeit, die wahre Macht des Seins finden will, so muß er durchbrechen durch die Schichten relativer Ohnmacht. Nur relativer, nicht völliger Ohnmacht. Denn sonst könnten sie dem Geist keinen Widerstand entgegenstellen, könnten ihm nicht durch Ausströmen eine zeitweilige Erfüllung gewähren. Die Oberflächenschichten der Wirklichkeit wären kein Hindernis für den Geist, wenn sie nicht eine gewisse Macht zu sein in sich trügen. Es ist die Würde des Geistes, daß er ihre Ohnmacht aufdeckt gegenüber dem wahrhaft Mächtigen. Wo aber ist dieses zu finden? Durch die Antwort darauf scheiden sich die Kulturen.

Die Ohnmacht der Dinge zeigt sich in ihrer Zeitgebundenheit, in ihrem Werden und Wechsel und Ende. Hier lag das große tragische Welterlebnis des Griechen. Ihn beunruhigte der Wechsel der Dinge. Er suchte ihr Bleibendes. Die Seinsohnmacht der Dinge, die er sah, und der Verhältnisse, in denen er lebte, trieb ihn zu leidenschaftlichem Suchen nach dem wahrhaft Mächtigen. Und er fand die wahre Macht des Seins in dem, was das Wort meint und der Begriff ergreift. Nicht das einzelne Blatt, aber die Gestalt des Blattes, das Wesen Blatt, auf das Wort und Begriff sich richten, das ist die Macht des Blattes. Diese Gestalt stirbt nicht. Sie ist ein ewiges, sinnvolles Gebilde, aus dessen Macht das einzelne Blatt die Möglichkeit seines Seins schöpft. Wer die Macht der ewigen Formen in Natur und Gesellschaft angeschaut hat, dem muß die Wahrheit dieser Seinsauffassung unmittelbar eindringlich sein. Es ist ein Verhängnis, daß das Wort Idee, das für Plato Ausdruck höchster Seinsmächtigkeit war, in unserem Sprachgebrauch Bezeichnung des Ohnmächtigsten geworden ist. Daran ist schuld|der wissenschaftliche Formalismus, der nicht mehr weiß, was für eine Macht des Wirklichen dem Griechen die ewigen Gestalten waren und der Plato zu einem Lehrer formaler Kategorien machen will. Dadurch ist das Wort Idealismus fast unbenutzbar geworden und Ideologie bedeutet den Mißbrauch von Ideen und Symbolen zur Deckung eigenen Machtwillens. Von all dem ist bei den großen Griechen keine Rede. Darum bedeutet Theoria, zu deutsch Anschauung, etwas völlig anderes bei ihnen als bei uns. Theorie steht der Praxis, dem handelnden Leben nicht einfach gegenüber, sondern sie ist zugleich die höchste Stufe des Handelns, sie ist die Erhebung in die Sphäre der reinen Seinsmächtigkeit, sie ist Ziel des gesamten Lebensprozesses und nur durch die Leistung der Gesamtpersönlichkeit zu erreichen. So sucht der Grieche die Macht des Seins in dem, was jenseits der Zeit liegt, zu dem er flieht aus dem Wechselnden und Vergänglichen, es anzuschauen und sich mit ihm zu einen. Mystischer Realismus ist seine Antwort auf die Frage nach der Wirklichkeit.

Anders die Renaissance, die unsere geistige Lage bestimmt hat. Für sie ist die Macht des Seins der Mensch, denn er ist der Träger des Geistes; in ihm sind die Mächte aller Sphären konzentriert; er ist der Mittler zwischen ihnen; er zwingt sie in seinen Dienst, zuerst durch Magie, dann durch Technik – er setzt die Zwecke, und alle Dinge werden entmächtigt im Dienst dieser Zwecke. Die Welt wird angeschaut als Maschine. Das, was an ihr berechenbar, konstruierbar, in den Dienst einstellbar ist, das ist ihre wahre Wirklichkeit, darum bemühen sich in Wechselwirkung Naturwissenschaft und Technik. Auch dabei entstehen Gestalten, die wunderbaren Gebilde der Technik, die ein drittes Reich bilden zwischen Natur und Geist, die ihr eigenes Leben und ihre eigene Schönheit haben, und zwar um so mehr, je reiner sie dem Zweck unterworfen sind, je vollkommener sie für den Dienst konstruiert sind. Aber freilich: mit diesen Gebilden kann man sich nicht einen wollen. Sie sind, was sie sind, durch ihre Existenz. Die Idee der Maschine hat keinen Platz in der Welt der reinen Idee. Für sie ist das Zur-Existenz-Kommen wesensbestimmend. Darum besitzen wir kein System der technischen Gebilde, wie wir ein System der Tiere und Pflanzen haben. Es wäre gut, wenn wir es hätten, wenn wir die technischen Gebilde, diese Produkte, in denen unendliche Geistesfülle Gegenstand geworden ist, ebenso lebendig und differenziert schauen dürften wie die Gebilde der Natur. Aber dann ist immer dieses eine entscheidend: daß sie zur Existenz gebracht sind. Ihre Seinsmächtigkeit liegt nicht jenseits der Existenz, sondern *in* der Existenz, im Prozeß ihrer Erzeugung. Technische Realität führt nicht aus der Existenz heraus, sondern in die Existenz ein. Und doch ist es auch hier nicht die bloße Außenschicht des Daseins, die das eigentlich Wirkliche ist, sondern eine Tiefenschicht, die nur durch völlige Hingabe und schwere Opfer zu er|reichen ist. Das wird zur Zeit oft verkannt, namentlich von romantischer Seite – auch in der Jugendbewegung.

Die Technik dient und ist unterworfen dem Menschen. Sein Zweck wird allen Dingen auferlegt. Um dieses Zweckes willen werden die übrigen Wesen ihrem Eigenzweck entfremdet, sie werden entmächtigt, um eine neue Macht im Dienst des Menschen zu erhalten: Der Baum wird zum Holz, das Tier zur Arbeitskraft, der Fels zum Baustein, die Erde zum Damm, das Wasser zur Straße, das Eisen zur Maschine. Und, was die eigentliche Paradoxie ist, der Mensch selbst kann zu dem werden, wozu er Dinge zwingt: zum Werkzeug, zur Maschine, zur Arbeitskraft. Er kann wie die Dinge entmächtigt werden, um in die neue Macht des technischen Gebildes als Glied eingefügt zu werden. Seine wahre Wirklichkeit kann in dem gesehen werden, worin er mechanisierbar, einfügbar in einen Zweckzusammenhang ist. Alles Vitale, Seelische, Geistige, was über diese technische Gliedhaftigkeit überschießt, ist Privatsache, wird nicht beachtet und muß als störend beseitigt werden. Das alles liegt als Möglichkeit in der technischen Wirklichkeitsauffassung: Daß es Tatsache wurde, für das Proletariat weithin Tatsache ist, liegt freilich nicht an der Technik, sondern an Recht und Wirtschaft und den Mächten, von denen beide getragen sind. – Und damit tritt ein neues Moment in die Betrachtung: die Frage nach dem Zweck. Die Antwort der Renaissance, daß der Mensch der Zweck ist, kann nur verstanden werden aus der Erwartung der Renaissance, daß mit Hilfe der Technik die Idee der Menschlichkeit, die *humanitas* zur Verwirklichung kommen würde. In den seligen Ländern der Utopia befreit die Technik den Erdgebundenen von seiner Bindung, erhebt ihn aus der Sklaverei mechanischer Arbeit, macht ihn zum Überwinder von Raum und Zeit. So wird die Technik zum Erfüller uralter Menschheitsträume, mystischer Visionen, in denen die ursprüngliche Verbundenheit des Menschen mit allen Wesen und zugleich seine Erhebung über sie nachklingt. In dieser Zweckbestimmung aber liegt eine neue Erfassung der Macht des Seins: Es ist der Mensch, der Mensch als Träger des Geistes. Er, der die Wirklichkeit spaltet, um das wahrhaft Seiende zu fassen: Er ist zugleich das wahrhaft Seiende. In der tiefsten Schicht des Seins findet er den Geist wieder, mit dem er an die Wirklichkeit herangeht, mit dem er sie sich unterwirft. Der Geist hat die Wirklichkeit geschaffen, die er umschafft: Das ist der ursprüngliche Zusammenhang von Idealismus und Technik, der noch jetzt die tiefste, edelste Kraft der schöpferischen Techniker ist. Technischer Realismus ist dem Ursprung nach Realismus des schaffenden und seinen Zwecken gemäß umschaffenden Geistes. Auch darin liegt, daß das wahrhaft Wirkliche in der Existenz zu finden ist, in der schaffenden und umschaffenden Kraft, die den Dingen nur die Seinsmacht läßt, die ihrem Dienst am Zweck des Geistes zukommt.|

Uns erscheint die Zusammenstellung von Technik und Idealismus romantisch. Mit Unrecht! Aber freilich: Es ist eine fremde Macht über die Technik gekommen. Die Technik mit ihren unbegrenzten Möglichkeiten war die Versuchung. Die Entscheidung aber gab die Wirtschaft und ihre Zwecksetzung. Aus der Herrschaft des Geistes wurde die Herrschaft der Willkür, des zufälligen, oft sinnlosen Bedürfnisses. Aus der Herrschaft des Menschen wurde die Herrschaft über Menschen, wurde Klassenherrschaft und der Versuch, zu Gunsten weniger alle übrigen im Dienst des Zweckes zu entmächtigen. Die eigentliche Seinsmacht ging über auf das zufällige Bedürfnis, also auf die Oberflächenschicht, die an Stelle des Geistes trat. Das Wesen des Menschen ist grenzenloses Bedürfnis. Ihm dienen Menschen und Dinge, der ganze gewaltige Zweckzusammenhang, von dem die Welt verwandelt ist und nach dessen Sinn man nicht mehr fragt. Immer neue Bedürfnisse erzwingt die Wirtschaft, selbst gezwungen durch die Gesetze ihrer frei gewordenen Natur, und immer neuen Dienst von Menschen und Dingen, um diese Bedürfnisse zu befriedigen. Die Triebkraft dieser Wirtschaft aber ist die Gegenschaltung aller Interessen, die höchste Anspannung im Dienste der eigenen Bedürfnisbefriedigung und damit in der Einspannung der der anderen in den Dienst des eigenen Zweckes. Aus dem technischen Realismus mit seiner idealistischen Zweckbestimmung ist der ökonomische Realismus geworden, der den ökonomischen Machtwillen als die eigentliche Realität des Seienden betrachtet. Seinsmächtig gleich ökonomisch mächtig. Dabei konnte nicht verborgen bleiben, daß vielfach das Ökonomische nur Mittel für den reinen Machtwillen ist, und es entsteht die Betrachtung der Mächtigkeit des Seienden als Macht über anderes Seiendes. Der Wille zur Macht wird zum Kern der Wesen und die Durchschlagskraft ihres Willens zum Maßstab ihrer Wirklichkeit. Dieser ökonomisch-politische Realismus nimmt den technischen in sich auf: die Unterworfenen werden entmächtigt, Dinge und Menschen, bis sie der Zwecksetzung der Mächtigen technisch eingeordnet sind. Der Mensch ist die Macht des Seins, nämlich der herrschende, sozial Mächtige, der alle Wesen technisch entmächtigt bis zur reinen Zweckunterworfenheit. – Es ist kein Zweifel: Dieser ökonomische Realitätsbegriff ist der entscheidende in unserer Zeit. In ihm, als wäre er selbstverständlich, leben die meisten. Er bezaubert alle, die in den ökonomischen Kampf eintreten; er läßt sie vergessen, daß sie einmal das wahrhaft Wirkliche, die eigentliche Macht des Seins, an anderer Stelle suchten. Er entwürdigt die Technik und verdunkelt ihren Sinn bis zur Unkenntlichkeit. Er läßt die Arbeit des Geistigen, das Denken und Anschauen, als Romantik und Überstiegenheit erscheinen: denn es übersteigt diese Realität. Er schafft diese Mischung von Überheblichkeit und Resignation, der die kennzeichnet, die im ökonomischen Kampf stehend Realismus nur | als ökonomischen Realismus zu deuten vermögen und von da aus jeden anderen Realismus als Schwärmerei abtun.

Und doch: Diejenigen, die am tiefsten von der Herrschaftslage des ökonomischen Realismus getroffen sind, glauben ihm gerade nicht. Denn sie empören sich gegen ihn. Kein Proletarier fühlt sich durch ihn überzeugt. In ihm lebt zumeist der alte Gedanke des technischen Realismus: die Befreiung aller von der Sklaverei des Mechanischen durch die Maschine, die angemessene und allen dienende Bedürfnisbefriedigung. Und seine Lage bekommt den Stempel historischen Schicksals. Der ökonomisch-politische Realismus wird zu einem Zeitschicksal, das einst nicht war und einst nicht sein wird. Das wahrhaft Wirkliche aber wird der historische Prozeß, in dem das Schicksal der Gegenwart sich vollzieht. Eine neue Schau des Wirklichen bricht durch. Auch sie bleibt nicht gebunden an die Oberflächenschichten des Daseins. Sie ringt, wie es dem Geist entspricht, um die Tiefenschicht. Die historische Analyse des kapitalistischen Zeitalters, die Karl Marx gegeben hat, sind Beispiele machtvoller Durchbrechung der Ohnmachtsschichten des Seins bis zur Schicht der wahren Seinsmächtigkeit. Die aber ist das Dialektische, d. h. die historische Spannung, auf der das historische Schicksal beruht. Die wahre Seinsmacht des Seienden ist seine Geschichte. Wir haben diese Wirklichkeitsschau im Anschluß an die Lage des Proletariats entwickelt. Sie ist nicht daran gebunden. Sie ist überall da, wo der Gedanke des Endes wirksam ist, wo eine Gespanntheit auf das Kommende dem Vergangenen Gegenwartsbedeutung gibt und die Existenz, das Hier und Jetzt, im Mittelpunkt der Seinserfassung steht. Der Existenz hatte sich schon der technische und ökonomische Realismus zugewandt, aber der Existenz im Sinne des zufälligen Bedürfnisses und der Existenz im Sinne des immer gleichen Machtwillens. Beides wird durchbrochen vom historischen Realismus. Das Hier und Jetzt ist nicht das Zufällige, nicht der Augenblick, sondern das, was in diesem Augenblick getragen ist vom Vergangenen, gespannt ist zum Zukünftigen. Es ist christlich-protestantische Haltung, die im Jetzt, im historisch gefüllten und gespannten Hier die Macht des Seins sucht. Die Auffassung der Geschichte als Heilsgeschichte wahrt die Existenz, der die Griechen entfliehen, die der Renaissancemensch beherrschen wollte. Darum ist der historische Realismus die eigentlich protestantische Form der Erfassung des Seinsmächtigen. Er schließt die anderen Formen nicht einfach aus. Denn nichts kann geschichtlich sein, was nicht eine Macht des Sich-Gleich-Bleibens hat, auf das sich Wesensschau, Konzentration und Askese richten müssen. Ohne dieses Element gäbe es keine Wissenschaft, gäbe es keine Macht des Persönlichen. Und es gibt keine geschichtliche Spannung ohne den Willen zur Gestaltung und Umgestaltung, ohne Setzung von Zwecken und Mitteln, ohne Technik und Politik. Im historischen Wesen der Dinge ist immer auch ein ewiges Wesen und immer auch eine Macht der | Dinggestaltung enthalten. So ist der historische Realismus der reichste und seine Wirklichkeit die lebendigste.

Messen wir uns mit seinem Maßstab, so wird er zum Urteil über unsere gesamte Geisteshaltung. Er stellt eine Grundforderung an uns: Nichts als Macht des Seins anzuerkennen, was nicht auch Macht unseres eigenen Seins, was nicht im Hier und Jetzt unser Schicksal ist. Und das bedeutet erstens: Wir können die Tiefe der Wirklichkeit nur in dem Maße erfassen, als wir in die Tiefe unseres eigenen seelischen Seins dringen. Kein Akt unseres Geistes vermittelt uns Wirklichkeit, der nicht zugleich Ohnmachtsschichten unseres seelischen Seins durchstößt. Unsere meiste Schulwissenschaft gibt uns Möglichkeiten, die vielleicht einmal Wirklichkeiten werden, dann freilich in ganz anderer Mächtigkeit, die aber meistens Möglichkeiten bleiben und die Wirklichkeit überschatten. Und historischer Realismus bedeutet zweitens: Wir können die Tiefe der Wirklichkeit nur in dem Maße erfassen, als wir in die Tiefe unseres sozialen Seins dringen. Kein Akt unseres Geistes vermittelt uns Wirklichkeit, der nicht zugleich Ohnmachtsschichten unseres sozialen Daseins durchstößt. Unsere akademische Wissenschaft schwebt über den Wassern einer historischen Realität, von deren Existenz sie auch dann kaum etwas ahnt, wenn sie sie geschichtlich bearbeitet. Denn auch dann bleibt sie über den Wassern, taucht nicht ein in die Spannungen, die aus der Vergangenheit in die Zukunft drängen und erfaßt darum immer nur den Schaum des Wirklichen, nicht seine Macht, seine gewaltige umwälzende Dynamik.

Und noch eine andere Konsequenz hat dieses „Über der historischen Realität". Es schlägt um in eine Gebundenheit des Geistes an Oberflächenschichten der Wirklichkeit. Da niemand in bloßen Möglichkeiten leben kann, erfüllt man den Geist mit Wirklichkeiten geringer Macht und führt diesen Wirklichkeiten die Kraft des Geistes zu, man stützt sie, statt sie zu durchstoßen. So wird der Geist von vielen benutzt, um ihren seelischen Ohnmachtsschichten einen Halt zu geben. Es entsteht die geistige Verhärtung der Oberflächenschicht des Seelischen. Und so wird der Geist von der überwiegenden Mehrheit unserer Gebildeten benutzt, um ihrer sozialen Zufallslage Halt zu geben. Es entsteht die geistige Verhärtung der sozialen Herrschaftslage, das, was das Proletariat mit soviel Bitterkeit als bürgerliche Bildung verwirft: meistens mit Unrecht, sofern es sich um den Vorwurf bewußten Mißbrauchs des Geistes handelt – durchweg mit Recht, sofern tatsächliches, unbewußtes Verhalten gemeint ist.

Der historische Realismus befreit den Geist von dieser doppelten Verzerrung. Er ist verantwortliche Erfassung des Wirklichen, weil er es im Hier und Jetzt des eigenen Schicksals erfährt.

Damit stehen wir vor einer neuen, der entscheidenden Frage nach der letzten Macht des Seienden, nach dem wahrhaft Wirklichen im unbedingten Sinne und damit nach der Erfassung des Wirklichen in unbedingter Verantwortlichkeit. Wenn die Tiefe des Wirklichen im Hier und | Jetzt, im historischen Schicksal liegt, so ist die Frage: Was steht zuletzt im Jetzt und Hier, was ist der letzte Sinn des historischen Schicksals? Oder: Welches ist die Macht des Seienden, die nicht mehr bedroht ist von dem Erweis ihrer Ohnmacht? Wo ist das Unbedingt-Mächtige? Gäbe es auf diese Frage keine Antwort, so würde der Geist im Abgrund des Nichts versinken, so würde die Ohnmacht, der Ohne-Sinn des Seienden das letzte Wort sein. Und diese Drohung ist keine abstrakte Möglichkeit. Sie ist die reale Bedrohung unserer Zeit. Und nicht nur die eigentlich Verzweifelten sind von ihr erfaßt, sondern viele auch unter uns, die sich an eine Ohnmachtsschicht nach der andern klammern, um der letzten Bedrohung zu entgehen, der sie nicht Stand halten könnten. Wird aber die Frage nach dem Unbedingt-Mächtigen beantwortet, so ergibt sich eine eigentümliche Paradoxie. Ist es das Unbedingt-Mächtige, so besteht keine Möglichkeit, sich seiner zu bemächtigen, so ist es das, was für den Geist, der das Unbedingt-Mächtige sucht, das schlechthin Unerreichbare ist. Hier kann der Geist nicht spalten, hier kann er nicht ergreifen. Nur dieses kann geschehen, daß *er* gespalten, daß *er* ergriffen wird. Und das ist Glaube. Er ist kein besonderer Geistesakt, sondern er ist die Erschütterung, die Umwendung aller Geistesakte. Aber er ist zugleich das, was dem Geist seinen Sinn, seine Realität gibt, was ihn hindert, ins Bodenlose zu sinken. Und das, wovon der Geist ergriffen wird, vielleicht ergriffen wird, ist nicht ein Etwas, nicht eine nachweisbare Schicht des Seins. Wäre es das, es wäre ja wieder von der Ohnmacht des Seienden bedroht. Sondern es ist das, was alle Macht des Seienden entmächtigt und zugleich dem Abgrund der Ohnmacht entreißt. Das Unbedingt-Wirkliche, das Letzt-Wirkliche übersteigt jede Macht der Wirklichkeit. Es ist das Übersteigen, die Transzendenz selbst.

Das weiß jeder echte Realismus. Er ist entweder ungläubig, d. h. er bleibt in der Seinsschicht, die er auf seinem Wege erreicht hat. Oder er ist gläubig, und dann bricht er durch sie hindurch. Der mystische Realismus weiß, daß die höchste mystische Schau nicht ein Weg, sondern nur einem Ergriffensein zugänglich ist. Darin ist er gläubig – was auch immer der sogenannte Glaubensstandpunkt für eine Karikatur aus ihm gemacht hat. Darum scheidet der technische Realismus den Glauben völlig aus seiner Wirklichkeitserfassung aus und kommt zu einem Nebeneinander, das freilich mit notwendiger Konsequenz in Unglauben umschlägt. Darum kann der historische Realismus, der im Hier und Jetzt das Unbedingt-Wirkliche sucht, sein Erscheinen nur beschreiben als Ergriffenwerden im Hier und Jetzt durch das Unbedingt-Übersteigende von Hier und Jetzt.

Der Realismus, ob gläubig oder ungläubig, erkennt die unbedingte Mächtigkeit des Unbedingten an. Er schwächt sie nicht ab. Er erweckt nicht Erwartung, daß es möglich wäre, auf einem Wege zu ihm zu gelangen. Er bekämpft alles Überstiegene und Übersteigerte, weil er das | Übersteigende schlechthin kennt. Das Unbedingt-Mächtige, die letzte Macht des Seienden, ist nicht zu erreichen durch Weggehen von dem Hier und Jetzt, sondern durch Standhalten in ihm, durch Eingehen in seine Spannungen, durch Ergriffenwerden vom historischen Schicksal. Glaube und Realismus gehören zusammen. Wohlgemerkt: nicht Glaube und Gebundenheit an die Ohnmachtsschichten des Seienden, wie uns eine radikal-protestantische Theologie einreden will. Sie kennt nur die Sphäre der Ohnmacht und die Sphäre des Unbedingt-Mächtigen. Sie weiß nicht, daß das Unbedingte mich nicht ergreifen würde, ergriffe es mich nicht im eigentlichen Sein, in der Schicht meiner Realität, in meinem historischen Schicksal. Und eben darauf beruht es, daß Ergriffensein vom Unbedingt-Mächtigen das Seiende nicht unverändert läßt, daß es seine Ohnmachtsschicht enthüllt und entkräftet. Eine Theologie, die das Reale nicht sucht, kann auch das Reale nicht wandeln; sie bleibt in abstrakter Dialektik. Und wir wissen, daß dieses das Problem des Protestantismus ist.

Gehören Glaube und Realismus zusammen, so stehen Glaube und Idealismus, und Glaube und Romantik in Spannung zueinander. Beide entfliehen dem historischen Schicksal. Nicht dieses ist ihr Mangel, der ihnen zur Zeit so häufig vorgeworfen wird, daß sie die unmittelbare, ohnmächtige Wirklichkeit übersteigen. Das ist ihre Größe und ihr Recht. Das ist es, warum sie jeder Jugend neu den mächtigen Impuls zur Erhebung über die Augenblicksgebundenheit gaben, das ist das Recht ihres Trunkenseins von Seinsmächtigkeiten, die sich nur der Kraft des Eros erschließen. Das aber ist ihre Grenze, daß sie meinen, Gefülltheit mit Eros wäre Ergriffensein vom Unbedingt-Mächtigen, oder irgendeine Seinsschicht wäre schon durch sich die unbedingte Macht des Seins. Der Idealismus ist nicht ungläubig, aber eben darum auch nicht gläubig, während der Realismus gläubig oder ungläubig sein kann.

Es gibt also vier Haltungen: 1. die Oberflächengebundenheit, 2. der ungläubige Realismus, 3. der Idealismus, 4. der gläubige Realismus.

So in der Kunst: 1. das Abbilden, das noch nicht Kunst ist, oft aber Lüge der Verzierung oder Verschönerung, 2. das Umbilden, das die tiefsten Seinsschichten ergreift und skeptisch-tragisch ist, 3. das Ausdrücken, die Expression, die das Wirkliche vergewaltigt, um das Unbedingt-Wirkliche aufzuweisen, 4. das Durchschauen-Lassen: die Berührung der tiefsten Schichten als Hinweis auf das Unbedingt-Wirkliche. |

In der Politik: 1. die Zufallspolitik, das Gebundensein an Mächte des bloßen Daseins, 2. die ungläubige Realpolitik: der skeptische, aber tiefe Politiker, 3. die utopische Politik: der Schwung, der ein Unbedingtes verwirklichen will, 4. die hinweisende Politik.

Religion und Theologie sind der letzte Ausdruck für den Hinweis des gläubigen Realismus, denn in ihnen wird der Glaube unmittelbar, direkt redend. Es gibt auch schweigenden, nur mittelbar redenden Glauben. Und es gehört zum Sinn des gläubigen Realismus, daß dieser nicht geringer gewertet sein darf als der redende. Das ist die letzte Ohnmacht von Religion und Kirche, von jedem redenden Glauben, daß der Glaube auch schweigend sein kann. Freilich drängt es ihn zur Rede, und daß er redet, hindert, daß er in seiner indirekten Sprache, in seiner Stummheit, nicht mehr gehört werden könnte. Das ist die relative Macht des Kirchlichen. Wenn diese Macht sich aber isoliert, so geschieht es, daß gerade sie, die den Glauben hörbar machen sollte, ihn unhörbar macht, und der Glaube hinweisen muß auf den schweigenden Glauben, um sich vernehmbar zu machen.

Das Unbedingt-Mächtige im Hier und Jetzt wird dargestellt im Kultus. Der Sinn des Kultus ist Hinweis auf das Reden aller Dinge vom Unbedingt-Wirklichen. Dieses Reden-Lassen muß aber ein wirkliches Redenlassen der Dinge in der uns angehenden Realität, in der Schicht unseres historischen Schicksals sein, wie es sich in unserer Gesamtexistenz vollzieht. Demgegenüber ist die Kultreform romantischer Ausdruckstypus. Denn das Kultische der Alten ist uns nicht unmittelbar zugänglich. Man verlangt nicht nur, daß wir das Reden der Dinge über ihr Unbedingt-Mächtiges hören, sondern daß wir sie hören, wie sie der Ausdruck eines vergangenen Schicksals sind. Ist das Wesen der Dinge ihr Stehen in einem historischen Schicksal, so können sie auch nicht als die Ewig-Gleichen in den Kultus eingehen – auch Brot und Wein reden nicht in jeder Lage das gleiche –. Auch sie haben neben ihrer Unveränderlichkeit ein historisches Schicksal, und sie reden anders zum Bauern als zum Nomaden und zum Proletarier. Kultus und gläubiger Realismus nimmt das historische Schicksal in sich auf.

Und was vom Kultus gilt, das gilt vom Wort. Es ist *eine* Art, in der der Geist der unbedingten Mächtigkeit des Seins Ausdruck gibt; es ist nicht die einzige Art. Und wer das Wort Gottes mit Bibel- und Predigtwort gleichsetzt, der mißversteht den Geist und begrenzt Gott und macht sich taub gegen das Reden der Dinge von dem, was sie trägt, von dem Sinn ihrer Wirklichkeit.

Wo aber gesprochen wird, da gilt wieder: sprechen aus dem Hier und Jetzt, sprechen von dem, was das Hier und Jetzt ergreifen und erschüttern kann. Nicht: sprechen *von* dem Hier und Jetzt. Das wäre noch Unglaube oder vielleicht schweigender Glaube. Aber es soll ja gesprochen werden. Das religiöse Wort hat nicht den Sinn, die Tiefen des Gegenwartsschicksals neu und interessant zu beleuchten. Sondern es soll ihren letzten Sinn, die letzte Ohnmacht und Macht aufweisen. Und wenn man sich dabei unter das Wort der Vergangenheit, etwa das Bibelwort stellt, dann doch nur so, daß man aus dem Ergriffensein eines vergangenen Hier und Jetzt durch die Macht des Unbedingt-Mächtigen vielleicht in dem eigenen Hier und Jetzt ergriffen wird. Aber nicht so, daß man dadurch jene Vergangenheit sich unterwirft.

An dem Maß des gläubigen Realismus gemessen, ist viel kirchliches Wort Verführung zur Ungegenwärtigkeit, zum Verrat am Hier und Jetzt.

Vielleicht aber ist es unser Schicksal zu sagen: nicht: ich glaube, darum rede ich, sondern: ich glaube, darum schweige ich. Und wenn ich reden muß, so rede ich vom Sinn dieses Schweigens. Denn das Reden, der Kultus und das Wort, also eine heilige Wirklichkeit, sie ist nicht der notwendige Weg zum Unbedingt-Wirklichen. Auch sie kann festhalten an Ohnmachtsschichten, genau wie die profane Wirklichkeit. Der ganz im Profanen Stehende hat manche Hilfe weniger, aber er hat auch manche Verführung weniger. Das aber, was unseres Seins unbedingte Macht ist, das ist frei, uns zu ergreifen im Heiligen und im Profanen. Wenn aber, dann ergreift es *uns,* unsere Wirklichkeit und darum uns in unserem Hier und Jetzt, und gibt uns damit die letzte Antwort auf die Frage nach dem, was wirklich ist.

10. Das religiöse Symbol (1928)

A. Druckvorlage: Blätter für Deutsche Philosophie. Zeitschrift der Deutschen Philosophischen Gesellschaft, 1. Band, Heft 4, 1928, S. 277–291.
B. Paul Tillich, Religiöse Verwirklichung, Berlin 1930, S. 88–109 und S. 284–286.
Zur Übersetzung des Textes ins Englische vgl. oben S. 253 zu „The Religious Symbol/Symbol and Knowledge".
Zum Text in G.W. V, S. 196–212 vgl. G.W. XIV, S. 48 und 146.
Das Heft 4 der Blätter für Deutsche Philosophie trug den Titel „Das Symbolische". Weitere Beiträge sind: H. Leisegang, „Der Logos als Symbol"; H. Fischer, „Das Symbolische in der Metaphysik und Geschichte"; O. Becker, „Das Symbolische in der Mathematik"; J. Sauter, „Der Symbolismus bei Baader"; H. U. Grunsky, „Das Symbolische in der Musik"; W. Schingnitz, „Symbolik und Logik".

I. Das Symbol

Das religiöse Symbol vereinigt die Merkmale des Symbols überhaupt mit den besonderen Merkmalen, die ihm als religiösem Symbol zukommen.

Das erste und grundlegende Merkmal des Symbols ist die *Uneigentlichkeit.* Sie besagt, daß der innere Akt, der sich auf das Symbol richtet, nicht das Symbol meint, sondern das in ihm Symbolisierte. Dabei kann das Symbolisierte selbst wieder Symbol sein für ein Symbolisiertes höheren Ranges. So kann das Schriftzeichen Symbol für das Wort, das Wort Symbol für den Sinn genannt werden. Die dem Holzkreuz erwiesene Devotion gilt eigentlich der Kreuzigung auf Golgatha, und die ihr bezeugte Devotion gilt eigentlich dem erlösenden Handeln Gottes, das selbst symbolischer Ausdruck ist für eine Erfahrung des Unbedingt-Transzendenten.

Das zweite Merkmal des Symbols ist die *Anschaulichkeit.* Sie besagt, daß ein wesensmäßig Unanschauliches, Ideelles oder Transzendentes im Symbol zur Anschauung und damit zur Gegenständlichkeit gebracht wird. Die Anschaulichkeit braucht keine sinnliche zu sein. Sie kann ebensogut eine vorgestellte sein, wie in obigem Beispiel die Kreuzigung oder wie die dichterischen Gestalten. Auch abstrakte Begriffe können zu Symbolen werden, sofern ihr Vollzug mit einem anschaulichen Moment verbunden bleibt. So etwa der Begriff des „Mehrwertes" als Symbol der wirtschaftlichen Ausbeutung im Bewußtsein des Proletariats, oder der Begriff des „Höchsten Wesens" als Symbol des Unbedingt-Transzendenten im Bewußtsein der Gemeinde.

Das dritte Merkmal des Symbols ist die *Selbstmächtigkeit.* Sie besagt, daß das Symbol eine ihm selbst innewohnende Macht hat, die es von dem bloßen in sich ohnmächtigen Zeichen unterscheidet[1]. Dieses Merkmal ist maßgebend für die Trennung von Zeichen und Symbol. Das Zeichen ist willkürlich austauschbar. Es hat keine Notwendigkeit, weil es keine innere Macht hat. Das Symbol hat Notwendigkeit. Es kann nicht ausgetauscht werden. Es kann nur verschwinden durch Verlust seiner inneren Mächtigkeit, durch Symbolzerfall. Und es kann nicht erfunden, sondern nur geschaffen werden. Worte und Schriftzeichen hatten ursprünglich Symbolcharakter. Sie trugen den Sinn, den sie meinten, in unvertauschter Selbstmächtigkeit. Im Laufe der Entwicklung, durch den Über|gang der mythischen zur gegenständlich-technischen Weltauffassung, verloren sie den Symbolcharakter, wenn auch nicht völlig. Mit dem Verlust der Selbstmächtigkeit wurden sie zu Zeichen. Die Bildsymbole der religiösen Kunst hatten ursprünglich eine magische Kraftgeladenheit, mit deren Verlust sie zu einer konventionellen Zeichensprache wurden und den echten Symbolcharakter fast einbüßten.

Das vierte Merkmal des Symbols ist die *Anerkanntheit*. Sie besagt, daß das Symbol sozial eingebettet und getragen ist. Es ist also nicht so, daß eine Sache erst Symbol ist und dann Anerkennung findet, sondern Symbolwerdung und Anerkennung gehören zusammen. Der symbolschaffende Akt ist ein Sozialakt, auch wenn er in einem einzelnen zuerst durchbricht. Der einzelne kann sich Zeichen machen für seine privaten Bedürfnisse; Symbole kann er nicht machen; wird ihm etwas zum Symbol, so immer im Hinblick auf die Gemeinschaft, die sich darin wiedererkennen kann. Diese Tatsache kommt besonders deutlich in den konfessionellen Symbolen zum Ausdruck, die zunächst nichts anderes sind als Erkennungszeichen der Konfessionen. „Symbolik" ist Wissenschaft von den Erkennungszeichen der Konfessionen, ist Konfessionskunde. Aber auch alle übrigen Symbole könnten unter diesem Gesichtspunkt behandelt werden. Es wäre eine universale Symbolik als Konfessionskunde aller Gruppen, Richtungen und Gemeinschaften denkbar.

Diese allgemeinen Merkmale des Symbols gelten – wie die Einzelbeispiele zeigten – auch für die religiösen Symbole. Die religiösen Symbole sind vor den übrigen dadurch ausgezeichnet, daß sie Veranschaulichung dessen sind, was die Sphäre der Anschauung unbedingt übersteigt, des im religiösen Akt Letztgemeinten, des Unbedingt-Transzendenten. Alle übrigen Symbole stehen entweder für etwas, das außer der ideellen Bedeutung auch eine unsymbolisch-gegenständliche Existenz hat; so etwa die Fahne für die Wehrmacht und diese für den Staat. Oder sie sind die Existenzform eines Unanschaulichen, das – abgesehen von ihnen – keine Existenz hat; so die geistigen Gebilde, wie Kunstwerke, wissenschaftliche Begriffe, rechtliche Formen. Das Symbol ist hier die notwendige Existenzform der Sache selbst.

Wesentlich anders liegen die Dinge bei den religiösen Symbolen. Diese haben einen Gegenstand auszudrücken, der wesensmäßig jede Gegenständlichkeit transzendiert, der aber ebensowenig durch einen geistigen Akt Gegenständlichkeit erhalten kann[2]. Die religiösen Symbole sind weder gegenständlich noch geistig-sinnhaft fundiert, sie sind unfundiert, religiös gesprochen, sie sind Gegenstand des Glaubens. Sie haben kein anderes Recht als das der *Vertretung* des Unanschaubar-Transzendenten, das ihrer nicht bedarf, um zur Existenz zu kommen. Auf dieser Tatsache beruht die eigentümliche Zweischichtigkeit der religiösen Symbole. Sie sind in der grundlegenden Schicht gegenständliche Vertretungen des Unbedingt-Transzendenten und der Beziehungen zu ihm, und sie sind in den übrigen Schichten | Veranschaulichungen der jener ersten Schicht angehörigen Symbole. Damit brechen wir an diesem Punkt ab, um bereichert durch weitere Untersuchungen zu ihm zurückzukehren.

II. Theorien des religiösen Symbols

Die Theorien des religiösen Symbols gelten weithin für das Symbol überhaupt. Ihre Betrachtung wird uns aber überall an einen Punkt führen, an dem die selbständige Problematik des religiösen Symbols entsteht und ihre Lösung verlangt. – Die Theorien des Symbols können in negative und positive eingeteilt werden. Negativ sind diejenigen Theorien, die das Symbol aus einer Wirklichkeitsschicht erklären, die nicht im Symbol gemeint ist. Sie bestreiten dem Symbol die Sachhaltigkeit und sprechen ihm lediglich Seinshaltigkeit zu: Ein bestimmtes subjektives Sein drückt sich im Symbol aus, nicht aber der im Symbol gemeinte Sachverhalt. Diese Theorien sind besonders bedrohlich für die religiöse Symbolik, die gegenständlich nicht fundiert ist und doch meint, eine „Sache" auszudrücken und nicht bloß das Sein eines meinenden Subjekts.

Es hat prinzipielle wissenschaftssystematische Gründe, daß diese Theorien immer auf zwei Arten zurückführbar sind, auf die psychologische und auf die soziologische Theorie des Symbols. Beide haben geschichtliche Bedeutung gewonnen, weil sie eine Seite aller Symbolbildung mit wirksamer Einseitigkeit zur Anerkennung gebracht haben: Sie haben gezeigt, daß die seelische und gesellschaftliche Lage bestimmend ist für die Symbolwahl in allen Gebieten. Darüber hinaus versuchen sie zu zeigen, daß die Symbole keine andere Realität haben als die, Ausdruck zu sein der seelischen und gesellschaftlichen Lage; d. h. sie geben eine genetische Theorie des Symbols selbst. Den entscheidenden Impuls gaben dieser Richtung die beiden prophetischen Persönlichkeiten des 19. Jahrhunderts, Nietzsche und Marx[3]. Schon diese Tatsache weist darauf hin, daß diese Theorien [a]Kampftheorien[a] sind, deren Sinn es ist, etwas zu beseitigen, eine Symbolwelt zu stürzen. Gegenstand ihres Angriffs ist die Symbolik der bürgerlichen Gesellschaft einschließlich der von ihr durchsetzten Kirchen. Mittel ihres Angriffs ist der Nachweis, daß jene Symbole Ausdruck eines bestimmten Machtwillens sind und keine andere Realität haben, als die ihnen vom Machtwillen verliehene.

Marx hat für diese Funktion der Symbole den Ausdruck Ideologie gebraucht und ihn zu einem unerhört wirkungskräftigen politischen Symbol gemacht. *Symbole sind Ideologien.* Der ideelle Gehalt, die Sachbezogenheit der Symbole, das in ihnen Gemeinte ist ein politischer Vorwand, der unbewußt oder bewußt um der Machtstellung willen geschaffen wird. Dieser These ist freilich keine erprobende Durchführung in den einzelnen Symbolgebieten gefolgt. Wo Ansätze dazu vorhanden sind (nicht bei Marx), wirken sie abschreckend in ihrer Gedankenlosigkeit[4]. Auch finden sich im ältesten und neuesten Marxismus Ein|schränkungen, die den Sinn der Theorie aufheben[5]. Wo von einem Eigenleben und einer Rückwirkung der Symbole auf die Gesellschaftslage gesprochen wird, da ist die strenge Theorie verlassen und eine Sachhaltigkeit der Symbole anerkannt. Dieser Rückzug aber ist unvermeidlich. Denn eine konsequente Durchführung würde die Theorie selbst nebst ihrer politischen Symbolkraft zu einer Ideologie stempeln, die nur den Anspruch erheben dürfte, Ausdruck der proletarischen Gesellschaftslage zu sein, keineswegs aber Erkenntnis realer Zusammenhänge. Auch das Symbol „Ideologie" wäre Ideologie. Auch bliebe es unbegreiflich, wie der Machtwille sich der verschiedenen Symbolgebiete bedienen könnte, wenn nicht den Symbolen eine zwingende Sachhaltigkeit innewohnte[6].

Mächtige Unterstützung hat die von Nietzsche herkommende Symboltheorie durch die bTiefenpsychologieb erfahren. Die Freudsche Analyse des Unbewußten macht geistige und religiöse Symbole in gleicher Weise zu Umsetzungen unbewußter Prozesse. Das rätselhafte Gebiet des Traumes wird als ein Symbolgebiet erster Ordnung erkannt. Auf die nicht minder rätselhaften Symbole des Mythos fällt ein helles Licht aus der Schau des Unbewußten. Alle Symbole werden als Sublimierungen vitaler, in ihrer Wirkung gehemmter Triebimpulse gedeutet, mit größtem Erfolg die gegenständlich unfundierten wie Traum und Mythos. Damit ist ihnen der Sachgehalt genommen.

Aber auch diese Theorie ist nie rein zur Durchführung gekommen. Im Begriff der Sublimierung ist das Problem mehr versteckt als gelöst; denn dieser Begriff besagt hier nicht nur eine Zuspitzung oder Verfeinerung der Triebimpulse, sondern er spricht von der Hinwendung der Impulse zu Sachgebieten, die ihrem Gehalt nach mit den Impulsen nichts zu tun haben. Für die gegenständlich fundierten Symbole hat man darum auch nie ernsthaft den Versuch einer Durchführung der Theorie gemacht. Insbesondere gilt das für die Wissenschaft, deren eigengesetzliche Sachhaltigkeit zu evident der Boden ist, der die ganze Theorie trägt. Vor ihr macht man – wie aus dem gleichen Grunde die Ideologienlehre – regelmäßig halt. Um so ernsthafter aber ist durch die Tiefenpsychologie die Frage nach den unfundierten Symbolen gestellt.

Wenn die Psychoanalyse z. B. die Anwendung des Vatersymbols auf Gott als Ausdruck des analytischen Vaterkomplexes wertet (wie etwa die Soziologie als Ausdruck der Männerherrschaft), so ist zu fragen, wie weit die Bedeutung dieser Erklärung reicht. Offenbar nicht weiter als ihre nächste Aussage: daß die Symbolwahl durch den Vaterkomplex zu erklären ist, nicht aber, daß die Setzung eines religiösen Symbols überhaupt durch Komplexe bedingt ist. Das heißt: Nicht eine Theorie des religiösen Symbols ist gegeben, sondern eine Theorie der religiösen *Symbolwahl*. Das ist auch nicht anders möglich; denn die Setzung eines Unbedingt-Transzendenten läßt sich auf keine Weise aus den bedingten und immanenten Impulsen des Unbewußten erklären[7]. – Aber auch zur Frage der religiösen Symbolwahl ist noch nicht das Letzte gesagt; es ist die Möglichkeit nicht in Betracht gezogen, daß die vitalen Impulse, die zur Wahl des Vatersymbols führen, selbst Ausdruck einer Urformung des Lebens sind und darum die Anschauung des Unbedingten unter diesem Symbol eine wenn auch begrenzte, so doch letzte, also religiöse Wahrheit hat. Das gleiche würde auch für die soziologische Theorie der Symbolwahl gelten. bDie psychischen und sozialen Impulse lenken die Symbolwahl; aber sie selbst können als Symbole angeschaut werden für eine letzte metaphysische Struktur des Seiendenb. – Diese Erwägung nimmt den Theorien das Negative auch da, wo sie im Recht sind: in der Erklärung der Symbolwahl[8].

Ein Übergang von der negativen Theorie zu den positiven und diesen schon zuzurechnen ist die ckultur-morphologischec Deutung der Symbole[9]. Sie hat mit den negativen Theorien dieses gemeinsam, daß sie die Symbolwahl abhängig macht von einem subjektiven Sein, von der ᶜKurseeleᶜ. Aber dieses Sein steht nicht beziehungslos zu den Sachgehalten der Symbole wie bei den negativen Theorien, sondern es hat eine wesensmäßige Bezogenheit auf sie. Es ist definiert durch diese Beziehung, eben als „Kulturseele". Vitales und Geistiges fallen nicht auseinander, sondern sind eins in dem schöpferischen Gestaltungsprinzip einer Kultur. Alle geistigen Schöpfungen sind Symbole für ein bestimmtes seelisches Gestaltungsprinzip. Ihr Symbolcharakter hebt aber ihre Gegenständlichkeit nicht auf. – Das Zentralphänomen der kulturmorphologischen Theorie ist der *Stil*. Im Stil der Kunstwerke, der Begriffe, der Rechtsformen usf. kommt das Seelische zum Ausdruck, dem sie entstammen. Durch den Stil werden alle geistigen Gebilde zu Symbolen[10]. Der Kulturmorphologe kümmert sich um den Stil, nicht um den Sachgehalt, um das Symbolische, nicht um das Eigentliche der Kulturschöpfung. Dabei kann er in die Grenzen der negativen Theorie geraten, und er muß es, wenn er die Morphologie absolut setzt, d. h. jeden Sachzusammenhang zwischen den Schöpfungen der einzelnen Kulturkreise leugnet. Er setzt sich damit der Gefahr aus, daß seine Theorie selbst nur als Symbol gedeutet wird für eine seelisch-kulturelle Lage. Auch er muß zum mindesten bei der eigenen Wissenschaft halt machen.

Am meisten bedroht sind von hier aus wieder die unfundierten Symbole, die als unmittelbare, von jedem Sachgebiet losgelöste Ausdrucksformen des Seelischen gedeutet werden können. Gegen diese Bedrohung gilt es festzustellen: Die Tatsache, daß die Seele sich da, wo sie sich unmittelbar ausdrückt, religiös ausdrücken muß, kann gar nicht anders erklärt werden als dadurch, daß sie religiös ist, daß die Beziehung zum Unbewußt-Transzendenten für sie konstitutiv ist. Und die Tatsache, daß die religiösen Symbole an Ausdruckskraft und Unmittelbarkeit von allen anderen unterschieden sind, kann wieder nur so erklärt werden, daß das Seelische, auch das Seelische einer Kultur, geradezu durch die Beziehung auf das Unbedingt-Transzendente definiert werden muß. Da, wo das Seelische – abgesehen von allen Sachbeziehungen – sich selbst ausspricht, spricht es sich religiös aus. – Von hier aus kann das Zusammen von Vitalem und Geistigem in der Seele verstanden werden, so nämlich, daß beides transzendiert und im Transzendenzpunkt mit dem anderen zusammentrifft: das Vitale, indem es seine Unmittelbarkeit durchbricht (wofür vielleicht der aus dem Vitalen selbst schlechthin unverständliche, von Freud behauptete Todestrieb ein Ausdruck ist), das Geistige, sofern es keine seiner Formen der Krisis entziehen kann, die gleichzeitig von der Sachforderung und vom Lebenssinn über sie ergeht. – Endlich dient diese Erkenntnis dazu, dem „Stil" im Sinne der Kulturmorphologie religiöse Symbolkraft zu geben. Sofern sich Seelisches im Stil ausdrückt, drückt sich die Beziehung auf das Unbedingt-Transzendente in ihm aus. Das religiöse Symbolgebiet schließt die gesamte autonome Kultur ein[11]. Eine Kultursymbolik unter religiösem Gesichtspunkt wird zu einer notwendigen Aufgabe. Natürlich trifft diese Betrachtung nur eine Seite der Kultur. Die selbständigen Sachgebiete bleiben erhalten; der Symbolcharakter der Geistesschöpfung ist gebrochen durch ihren Gegenstandscharakter. ᵈDie Symbolik der Stile ist gebrochen, indirekt-religiöse Symbolik[d]. Aber als solche hat sie ihre fundamentale Bedeutung für das Verständnis des religiösen Symbols überhaupt.

Wir haben den Unterschied von Symbolcharakter und Sachcharakter der geistigen Schöpfungen vorausgesetzt. Gegen diese Auffassung erhebt sich nun die kritisch-idealistische Theorie des Symbols. Sie setzt beides gleich und gibt damit dem Symbolbegriff eine neue Wendung und ungeheure Erweiterung. Durch die Arbeiten von Cassirer steht sie im Vordergrund der Symboltheorie. Wir wollen Darstellung und Kritik verbinden mit einer Darstellung und Kritik seiner Theorie der *mythischen Symbole*.

Der Mythos wird aufgefaßt als eine bestimmte Form geistiger Seinsdeutung und damit der idealistischen Voraussetzung entsprechend als Gegenstandsschöpfung. Den Gesetzen der mythischen Formgebung wird eine symbolische Realität zugesprochen. Der Mythos wird in die übrigen Geistesgebiete eingereiht, die gleichfalls im Symbol leben, wie Sprache, Philosophie, Kunst usw. Die mythischen Inhalte sind also nicht in besonderem Maße als symbolische zu betrachten. Sie haben das Symbolische mit allen geistigen Sinnschöpfungen gemeinsam; denn geistige Realität ist nirgends anders als in Symbolen. Wohl gibt es eine vorgeistige und vorsymbolische Anschauungswelt, nicht aber eine symboltranszendente Realität. Geistige Wirklichkeit ist wesensmäßig symbolische Wirklichkeit; aber sie ist es nicht deswegen, weil sie eine Wirklichkeit an sich abbildet, sondern weil sie frei von der Beziehung auf irgendein An-Sich über der sinnlichen eine geistige Gegenstandswelt schafft. Wir sehen zunächst von den erkenntnistheoretischen Problemen ab und stellen die Frage, wie sich mythische und religiöse Symbolik zueinander verhalten. Die Antwort, die der kritische Idealismus gibt, lautet: Ursprünglich sind mythische und religiöse Symbolik ineinander verschmolzen. Allmählich erhebt sich | die religiöse über die mythische, bekämpft und überwindet sie. – Diese Antwort sieht und formuliert das Problem. Aber sie enthält nicht die Lösung: Wenn die Mythologie eine wesenhafte Geistesschöpfung ist wie Wissenschaft, Kunst, Recht, so ist nicht einzusehen, warum sie sich auflösen soll, ja, es ist dann unmöglich, daß sie abnimmt, denn sie hat ihren wesensmäßigen Ort im Sinnaufbau des Geistes. Wenn aber die Religion ein eigenes Sinngebiet ist, so ist zu fragen, wie es möglich ist, daß sie ursprünglich in den Mythos eingebettet war. Kurz: die entwicklungsgeschichtliche und die transzendentale Auffassung des Mythos stehen in Spannung.

Die Spannung ist gelöst, sobald feststeht, daß der Mythos überhaupt nicht aufgehört hat, sondern daß er nur seine Form geändert hat. [e]Der Kampf der Religion gegen den Mythos wäre dann nicht ein Kampf gegen den Mythos überhaupt, sondern der Kampf eines bestimmten Mythos gegen einen anderen[e]. So scheint es mir nun in der Tat zu sein. Der Kampf der jüdischen Propheten gegen die heidnische Mythologie war ein Kampf des ethischen Henotheismus der Wüstenreligion gegen den ekstatischen Polytheismus der Agrarreligion, ein Kampf Jahwes gegen die Baale. Aber das Mythische ist in der Jahwereligion ebenso lebendig wie in der Baalreligion. Freilich ist etwas geschehen, was den Mythos in seiner Unmittelbarkeit in Frage gestellt hat: Der Jahwemythos ist Geschichtsmythos, d. h. er ist bezogen auf empirische Tatsachen der Geschichte. Er hat den Realismus des Historischen. Und in das mythische Bild Jahwes ist die Transzendenz in radikaler Fassung eingedrungen. Jahwe erhält die Unbedingtheit, die im religiösen Akt gemeint ist. Aber damit ist der Mythos nicht aufgehoben. Die empirische Geschichte bleibt immer bezogen auf eine überempirische, eine transzendente Geschichte, die sich vom Urstand über die Erwählung des Volkes bis zum Ende spannt. Und die unbedingte Transzendenz ist als solche nicht anschaubar. Soll sie angeschaut werden – und sie muß es ja in der Religion –, so kann es nur sein in mythischen Vorstellungen. Freilich sind die mythischen Vorstellungen dabei innerlich gebrochen, sie weisen über sich hinaus, wie umgekehrt die mythisch angeschaute Geschichte immer zugleich gegenwartsmächtigen, Entscheidung fordernden Charakter hat. – Auch die Mystik, wie sie z. B. in Indien das unmittelbar mythische Bewußtsein gebrochen hat, hebt den Mythos nicht auf. Der höchste Begriff jeder abstrakt transzendenten Mystik hat notwendig noch ein mythisches Element in sich. Die niederen Gestalten des Mythos werden nicht verneint, sondern mit der gesamten Wirklichkeit entwirklicht, ihrer letzten Realität beraubt. ᶠDas mythische Bewußtsein kann also ungebrochen sein oder gebrochen, es schwindet jedenfalls nichtᶠ. Entschließt man sich, nur das ungebrochene mythische Bewußtsein mythisch zu nennen, so findet in der Religion eine Überwindung des Mythos statt, und der Mythos ist als nicht wesenhaft erwiesen. Nennt man dagegen jede Anschauung des Transzendenten mythisch, so gibt es keine unmythische Geisteslage, und der Mythos ist wesenhaft. Der Sprachgebrauch ist schwankend, vermutlich nicht wegen mangelnder wissenschaftlicher Klärung, sondern wegen der inneren Dialektik, in die der Mythos notwendig gerät.

Die Inhalte des mythischen Bewußtseins sind nun zugleich die Inhalte der wissenschaftlichen Weltbetrachtung. Als solche geraten sie mit Auftreten der Wissenschaft in eine neue Dialektik: Es setzt eine Transponierung der mythischen Inhalte in dinglich-rationale Gegenstände ein. Es entsteht eine Gegenstandswelt, der ein rationales, erkennendes Subjekt gegenübersteht; das Subjektive, das allen unmittelbar mythischen Inhalten eignet, der innere lebendige Zusammenhang des Bewußtseins mit allem Seienden, mit der Innerlichkeit jedes Wirklichen, ist entschwunden oder zurückgedrängt. Soweit die Wissenschaft die Dingwelt aufbaut, vertreibt sie den Mythos. Aber die Wissenschaft braucht zum Zwecke des Aufbaues der Dingwelt auch Begriffe, die wirklichkeitstranszendent sind. Damit kommt sie in eine neue mythische Situation, sie selbst wird mythenschaffend; Begriffe wie Entwicklung, Wille zur Macht, Leben usw. haben mythischen Charakter. Sie dienen nicht mehr nur dem Aufbau der Dingwelt, sondern sie bezeichnen die transzendenten Voraussetzungen der Dingwelt. Da aber in jeder dieser Voraussetzungen das Element der Unbedingtheit steckt, und da die Voraussetzung jedes Denkens, das „unvordenkliche Sein", die Grenze und den Abgrund der Verdinglichung bedeutet, so kommt in die Wissenschaft ein Element religiös-mythischen Bewußtseins; und es ist möglich, daß sich die letzten Voraussetzungen der Wissenschaft einen mit dem höchsten Begriff der abstrakten Mystik oder des abstrakten Monotheismus. Auf diese Weise entsteht ein abstrakter Mythos, der nicht weniger Mythos ist als ein konkreter, wenn er auch in seiner Unmittelbarkeit gebrochen ist. ᵍDer lebendige Sinn der schöpferischen Metaphysik ist der, daß sie solch abstrakter Mythos ist. Daher ihre wissenschaftliche Fragwürdigkeit und ihre religiöse Kraft[g].

Unter diesen Umständen wird man davon Abstand nehmen müssen, die Mythologie als eine der Wissenschaft und Religion gegenüber selbständige Symbolschöpfung zu betrachten. Sie ist ein Element in beiden, das zwar gebrochen, aber nicht überwunden werden kann. Wie auch – [h]worauf Cassirer hinweist[h] – Plato die Wissenschaft einerseits in Gegensatz zum Mythos stellt, andererseits die Unentbehrlichkeit des Mythos in der Wissenschaft anerkennen muß und alle Metaphysik einen Punkt erreicht, wo ihre Begriffe nicht nur der Sache, sondern auch dem Klang ihrer Worte nach Mythos sind[12].

Der Mythos ist also ein konstitutives Element des Geistigen überhaupt. Dennoch ist es notwendig, zwischen der *ungebrochenen und gebrochenen Form des Mythos* zu unterscheiden. Im ungebrochenen Mythos liegen drei Elemente ineinander: das religiöse, das wissenschaftliche und das eigentlich Mythische. Das religiöse als Beziehung auf das Unbedingt-Transzendente, das wissenschaftliche als Beziehung auf die gegenständliche Wirklichkeit, das eigentlich Mythische als Vergegenständlichung des Transzendenten mit Anschauungen und | Begriffen der Wirklichkeit. Diese Einheit war nur möglich, solange die Unbedingtheit der religiösen Transzendenz und die Rationalität der Dingwelt dem Bewußtsein verborgen waren. So lange konnten die mythischen Inhalte den Anschein erwecken, gleichzeitig dem religiösen und dem wissenschaftlichen Anspruch zu genügen (ein Gegensatz, der als solcher noch gar nicht vorhanden war). Diese Lage konnte sich auf die Dauer nicht halten. Ihre Auflösung bedeutet die Entwicklung zur autonomen Religion, zur autonomen Wissenschaft, und er bedeutet eben darum die Brechung des ursprünglichen mythischen Bewußtseins. Gleichzeitig jedoch tritt das Mythische in seiner Reinheit und seinem Charakter als notwendiges Element im Aufbau der Sinnwirklichkeit hervor. Es wird deutlich, daß [i]Mythos Inbegriff derjenigen Symbole ist, in denen mittelbar oder unmittelbar das Unbedingt-Transzendente angeschaut wird[i].

Von diesem seinem Charakter aus wird nun nicht nur seine ursprüngliche Verbindung mit Religion und Welterkenntnis verständlich, sondern es zeigt sich auch, daß der Mythos gar nicht anders kann, als diese Einheit ständig von neuem zu erstreben. Da, wo die Gegenstandswelt angeschaut wird in ihrer Beziehung auf das Unbedingt-Transzendente, und da, wo das Unbedingt-Transzendente angeschaut wird mit den Mitteln der Gegenstandsbetrachtung, ist die Einheit von Religion und Welterkenntnis im mythischen Symbol hergestellt. Die Wissenschaft wird unbeschadet ihrer rationalen Autonomie zum Mythos, und die Religion nimmt unbeschadet ihrer transzendenten Autonomie Inhalte der Welterkenntnis auf, um durch sie hindurch das Transzendente zu schauen. Diese Entwicklung ist freilich zur Zeit mehr Tendenz als Wirklichkeit. Die Bedingungen ihres Gelingens sind tiefgehende Umwälzungen des wissenschaftlichen und religiösen Bewußtseins[13].

Die mythischen Symbole sind also keine Symbolsphäre neben anderen. Sie sind im Unterschied von den anderen [j]unfundierte Symbole[j], d. h. sie sind wesentlich durch ihren Symbolcharakter bestimmt. – Wird im Sinne des kritischen Idealismus vorausgesetzt, daß die geistigen Schöpfungen nicht ein An-Sich zum Ausdruck bringen, sondern daß Realität die von ihnen konstituierte geistige Gegenstandssphäre ist, so ist ohne weiteres deutlich, daß die mythische Gegenstandswelt eine völlig andere Uneigentlichkeit hat als etwa die künstlerische. Das Kunstwerk drückt die Realität, die es ausdrücken will, ganz eigentlich aus. Das Kunstwerk weist nicht als Uneigentliches über sich hinaus auf Eigentliches. Wo es das versucht – wie in der symbolistischen Kunst –, da liegt eine besondere Absicht vor, deren Besonderheit zeigt, daß die Kunst als solche eben nicht Symbole, sondern Sinnwirklichkeiten schafft. Wo sie symbolisch wirkt, nähert sie sich dem Mythos. Sie macht sich selbst uneigentlich zugunsten eines eigentlich gemeinten Transzendenten. – Ebenso liegt es in der Wissenschaft. Der Versuch, eine historische Gestalt als Symbol darzustellen, hebt diese Gestalt ins Mythische, gibt dem Empirisch-Historischen eine gewisse Uneigentlichkeit zugunsten seines transzendenten Sinnes. Die Tatsache, daß es sich hier um eine Sonderrichtung in der Geschichtswissenschaft handelt, zeigt wieder, daß die Wissenschaft zwar eigentümliche Sinngebilde, aber keine Symbole schafft. (Die sekundäre Schicht sprachlicher und schriftmäßiger Zeichensymbole kommt für unsere Frage nicht in Betracht.) Will man dennoch die Sinngebilde von Kunst und Wissenschaft Symbole nennen, so ist dagegen nichts weiter einzuwenden, als daß man dann ein neues Wort für Symbol im engeren Sinne suchen muß. – kDie Kategorie des Mythischen schließt also wesenhaft die des Symbolischen ein, und zwar im Unterschied von den übrigen Sinngebieten, die genau in dem Maße Symbolisches aufnehmen, als sie in den Dienst des Mythischen treten^k. Daß dieser Zusammenhang nie ganz fehlt, hat die Erörterung über den symbolischen Charakter der Stile gezeigt.

Der Nachweis, daß die mythischen Symbole gegenständlich unfundiert sind, auch im Sinne einer geistigen Gegenstandsschöpfung, und daß sie eben darum im echten Sinne Symbol sind, bedeutet die Durchbrechung des kritischen Idealismus. An seine Stelle tritt ein ^{l}transzendenter Realismus^l. Das im mythischen Symbol Gemeinte ist das Unbedingt-Transzendente, Sein- und Sinn-Gebende, das in gleicher Weise das Sein-an-sich und das Sein-für-uns überschreitet. Von dieser Voraussetzung, die hier nicht weiter erörtert werden kann, soll die weitere Untersuchung der religiösen Symbole ausgehen.

III. Die Arten des religiösen Symbols

Wir unterscheiden zwei Schichten der religiösen Symbole, eine fundierende Schicht, in der die religiöse Gegenständlichkeit gesetzt wird, und die selbst unfundiert ist; und eine fundierte Schicht, die auf jene Gegenstände hinweist. Demgemäß nennen wir die erste Schicht die religiösen *Gegenstandssymbole* und die zweite Schicht die religiösen *Hinweissymbole*. Im Mittelpunkt unserer Betrachtung stehen die religiösen Gegenstandssymbole. Auf sie haben alle bisherigen Erörterungen hingeführt. Sie selbst sind wieder mehrfach gegliedert.

Die erste und grundlegende Schicht der religiösen Gegenstandssymbolik ist die Welt der göttlichen Wesen und ist nach Brechung des Mythos das „Höchste Wesen": *Gott.* Die göttlichen Wesen und das höchste Wesen, Gott, sind Vertretungen des im religiösen Akt Letztgemeinten. Sie sind Vertretungen; denn ᵐdas Unbedingt-Transzendente geht über jede Setzung eines Wesens, auch eines höchsten Wesens hinausᵐ. Sofern ein solches gesetzt ist, ist es im religiösen Akt auch wieder aufgehoben. Diese Aufhebung, dieser dem religiösen Akt immanente Atheismus ist die Tiefe des religiösen Aktes. Wo sie verloren geht, entsteht eine Vergegenständlichung des Unbedingten, nie Gegenständlichen, die zerstörend ist ebenso für das religiöse wie für das geistige Leben. Es entsteht ein „Ding" mit widerspruchsvollen Merkmalen, das in Wahrheit ein „Unding" ist und dessen Setzung zu einem religiösen Werk, zu einem Opfer, zu einer Askese und Selbstzerstörung des Geistes | wird. Es ist die religiöse Funktion des Atheismus, immer wieder daran zu erinnern, daß es im religiösen Akt um das Unbedingt-Transzendente geht und daß die Vertretungen des Unbedingten nicht Gegenstände sind, über deren Dasein oder Nichtdasein eine Diskussion möglich wäre[14].

Dieses Schweben zwischen Setzung und Aufhebung des religiösen Gegenstandes drückt sich im lebendigen Gottesgedanken unmittelbar aus. Zwar der religiöse Akt meint, was er meint, eigentlich: Er meint Gott, aber im Worte „Gott" schwingt ein doppeltes: das Unbedingt-Transzendente, Letztgemeinte, und ein irgendwie gedachtes Objekt mit Eigenschaften und Handlungen. Das erste ist nicht uneigentlich, ist nicht symbolisch, sondern ist eigentlichst das, was es sein soll. Das zweite dagegen ist in der Tat symbolisch, uneigentlich. Dieses zweite aber macht den anschaulichen Inhalt des religiösen Bewußtseins aus. Die Vorstellung eines höchsten Wesens mit bestimmten Eigenschaften steht vor dem Bewußtsein. Aber es steht bei dem Hören des Wortes „Gott" auch dieses im Bewußtsein, daß diese Vorstellung uneigentlich ist, daß sie keinen Gegenstand begründet, daß sie überstiegen werden muß. ⁿDas Wort „Gott" läßt also im Bewußtsein einen Widerspruch erscheinen zwischen einem uneigentlich Gemeinten, das Bewußtseinsinhalt ist, und einem eigentlich Gemeinten, das von diesem Inhalt vertreten wirdⁿ. Im Wort „Gott" ist enthalten zugleich das Vertretende, und dieses, daß es ein Vertretendes ist. Es hat die Eigentümlichkeit, seinen eigenen Vorstellungsinhalt zu transzendieren: Darauf beruht der numinose Charakter, den das Wort trotz alles gegenständlichen Mißbrauchs in Wissenschaft und Leben hat. Gott als Gegenstand ist eine Vertretung des im religiösen Akt Letztgemeinten, aber im Worte „Gott" ist diese Gegenständlichkeit zugleich negiert, dieser Vertretungscharakter mitgemeint.

Die zweite Gruppe der religiösen Gegenstandssymbole enthält die Bestimmungen über Wesen und Handlungen Gottes. Hier ist Gott als Gegenstand vorausgesetzt. Und doch haben diese Bestimmungen ein Element in sich, das auf die Uneigentlichkeit jener Voraussetzung hinweist. Es kommt religiös und theologisch in dem Bewußtsein um den Gleichnischarakter aller Gotteserkenntnis zum Ausdruck. Die Frage nach der Realität und realen Unterschiedenheit der Eigenschaften Gottes weist gleichfalls darauf hin, daß es sich hier um Symbole handelt. Damit ist keineswegs gesagt, daß es diesen Aussagen an Wahrheit mangelt oder daß die Symbole beliebig austauschbar sind. Echte Symbole sind überhaupt nicht austauschbar, und richtige Symbole geben zwar keine gegenständliche, aber eine wahre Erkenntnis. Darum zweifelt das religiöse Bewußtsein auch nicht an der Möglichkeit wahrer

Gotteserkenntnis. Das Kriterium der Wahrheit eines Symbols kann natürlich nicht der Vergleich mit der Wirklichkeit sein, auf die es hinweist, wenn diese Wirklichkeit gerade das schlechthin Unfaßbare ist. Die Wahrheit eines Symbols ruht in seiner inneren Notwendigkeit für das symbolschaffende Bewußtsein. Zweifel an seiner Wahrheit zeigen eine Änderung des Bewußtseins, eine neue | Stellung zum Unbedingt-Transzendenten an. Das einzige Kriterium, das überhaupt in Frage kommt, ist dieses, daß das Unbedingte in seiner Unbedingtheit rein erfaßt wird. °Ein Symbol, das dieser Anforderung nicht genügt, das ein Bedingtes zur Würde des Unbedingten erhebt, ist zwar nicht unrichtig, aber dämonisch°.

Die dritte Gruppe der gegenständlichen Symbole sind die natürlichen und historischen Objekte, die als heilige in die Sphäre der religiösen Gegenstände einbezogen und dadurch zu religiösen Symbolen werden. Im Vordergrund stehen die historischen Persönlichkeiten, die Gegenstand eines religiösen Aktes geworden sind. Es würde dem religiösen Bewußtsein freilich durchaus widersprechen, wollte man sie, ihre Handlungen und Widerfahrnisse Symbole nennen. Denn gerade auf der historischen Realität, auf der Eigentlichkeit im gegenständlichen Sinne beruht die Eigenart dieser Inhalte des religiösen Bewußtseins. Symbolismus gegenüber dieser Welt des Gegenwärtig-Heiligen wäre Bestreitung seiner Gegenwart und damit Aufhebung seiner Existenz. Und doch ist diese Bestreitung unvermeidlich, sobald jene heiligen Wirklichkeiten im Sinne rationaler Gegenständlichkeit aufgefaßt werden. Denn im Zusammenhang der rationalen Dingwelt haben sie keinen Platz. Und wenn es möglich wäre, ihnen etwa mit Hilfe des Okkultismus einen solchen zu geben, so würde damit doch nicht erreicht sein, was der religiöse Akt meint, Anschauung des Unbedingt-Transzendenten. Es ist also nicht nur so, daß sie in der Gegenstandswelt keinen Platz haben, sondern so, daß sie ihn um ihrer selbst willen nicht einmal haben dürfen. Das bedeutet aber: Jene heiligen Wirklichkeiten sind nicht empirisch, wenn sie auch nur am Empirischen zu schauen sind. Das heißt sie sind Symbole, sie vertreten die Gegenwärtigkeit des Unbedingt-Transzendenten in der Erscheinung. Daß diese Gegenwärtigkeit als empirischer Vorgang (etwa die Auferstehung) angeschaut wird, ist die Uneigentlichkeit, die jeder Vergegenständlichung des Transzendenten anhaftet. Man hat darum ein Recht zu sagen, daß z. B. Christus oder Buddha Symbole sind, sofern in ihnen das Unbedingt-Transzendente angeschaut werden kann[15]. Aber sie sind Symbole, die zugleich eine empirisch-historische Seite haben und in deren Symbolsinn das Empirische enthalten ist. Darum schwingen in ihrem Namen beide Seiten, die empirische und die transzendente, und darauf beruht ihre Symbolkraft. Es gilt für sie das gleiche wie für den Gottesnamen: Sie sind symbolisch, aber so, daß darin zugleich – hier die empirische, dort die transzendente – in beiden Fällen die unsymbolische Realität zum Ausdruck kommt. Es ist die Aufgabe der historischen Kritik, die der atheistischen Kritik parallel läuft, zu verhindern, daß diese Gruppe von Symbolen der falschen Vergegenständlichung anheimfällt. Es ist die religiöse Größe der Leben-Jesu-Forschung, daß sie diese Aufgabe gelöst, das Empirische in die Fragwürdigkeit gerückt, das Symbolische in seiner Bedeutung aufgedeckt hat. Niemals möglich ist es dagegen, mit Hilfe der historischen Kritik das Symbol zu ändern oder neu zu | schaffen.

Auch diese Gruppe von Symbolen kann allein gerichtet werden nach dem Maßstab der Ausdruckskraft für das Unbedingt-Transzendente. Ihr Werden und Vergehen ist Sache des religiösen, nicht des wissenschaftlichen Bewußtseins.

Die dritte Gruppe der religiösen Gegenstandssymbolik leitet über zu derjenigen Symbolschicht, die wir als Hinweissymbole bezeichnet haben. Es ist die ungeheuer breite Schicht der Zeichen und Ausdruckshandlungen, die einen Hinweis auf die religiösen Gegenstände der ersten Schicht enthalten. Man kann die ganze Schicht aufteilen in Ausdruckssymbole des religiösen Handelns und Ausdruckssymbole der religiösen Anschauung. Zur ersten Schicht gehören z. B. alle kultischen Gebärden, zur zweiten alle bildhaften Symbole wie Kreuz, Pfeile und dergleichen. Eine Bearbeitung dieser Symbolschicht käme einer Erscheinungslehre der Religion überhaupt gleich. Sie ist zur Zeit überhaupt nicht durchführbar. Nur eine für das Prinzipielle wichtige Bemerkung mag an dieser Stelle Platz finden. Alle diese Symbole können aufgefaßt werden als depotenzierte Gegenstandssymbole der dritten Gruppe. Sie alle hatten ursprünglich mehr als hinweisende Bedeutung. Sie waren heilige mit magisch-sakramentaler Kraft geladene Gegenstände oder Handlungen. In dem Maße, in dem sie zugunsten der unbedingten Transzendenz einerseits, der Verdinglichung der Wirklichkeit andererseits, ihre magisch-sakramentale Kraft verloren, sanken sie in die Schicht der hinweisenden Symbole herab. Ganz ist dieser Prozeß niemals zu Ende gekommen. Der Konservatismus des religiösen Bewußtseins hat selbst in radikal-kritischen Religionen wie Judentum und Protestantismus magisch-sakramentale Wirklichkeitsanschauung bewahrt. Von den übrigen großen Religionsformen zu schweigen. Und auch in den bloßen Hinweissymbolen klingt, solange sie lebendig sind, etwas nach von ihrer ursprünglichen sakralen Mächtigkeit. Geht diese ganz verloren, so ist es nicht mehr berechtigt, von Symbolen zu reden; es tritt dann an die Stelle des Symbols die konventionelle Zeichensprache, die von der religiösen Kunst in die rein ästhetische Sphäre gehoben werden kann. Und diesen Weg können, wie die Geschichte gezeigt hat, nicht nur gottheitliche Zeichen und Attribute, sondern ebenso gottheitliche Wesen selbst gehen. Diese Beobachtung führt zu dem Ergebnis, daß die zweite Schicht der religiösen Symbole, die Hinweissymbole, eine Übergangserscheinung sind. Und das liegt im Wesen der Sache begründet. Solange sie erfüllt sind von sakraler Mächtigkeit, richtet sich der religiöse Akt auf sie. Hört der religiöse Akt auf, sich auf sie zu richten, d. h. verlieren sie ihre sakrale Mächtigkeit, so sinken sie zu Zeichen herab. Dieser Übergang jedoch macht eine so breite Schicht des wirklichen religiösen Lebens aus, daß es begründet ist, ihm einen besonderen Platz anzuweisen. Jedenfalls geht daraus hervor, daß das eigentliche religiöse Symbol das Gegenstandssymbol ist, das in seinen drei Gruppen das Unbedingt-Transzendente vertritt.|

IV. Werden und Vergehen der religiösen Symbole

Die religiösen Symbole werden geschaffen im religionsgeschichtlichen Prozeß. Der innere Antrieb des religionsgeschichtlichen Prozesses hat sich bei Betrachtung des Mythos enthüllt. Es ist die Doppeltendenz zur religiösen Transzendenz und zur kulturellen Vergegenständlichung. – Die religiöse Kritik stellt sich dar in dem Gegensatz von Göttlichem und Dämonischem. In ihr werden ununterbrochen Preligiöse Symbole ins Dämonische gedrängtP. Ihre Realität wird zunächst nicht aufgehoben, aber sie wird abgeschwächt, die eigentliche Symbolkraft lebt in der Sphäre des Göttlichen. Die so abgeschwächten dämonischen Symbole können noch eine lange Dauer haben, irgendwann pflegen sie zurückzutreten, zu bloßen Zeichen zu werden oder gänzlich zu verschwinden[16]. – Die wissenschaftliche Kritik hat in sich selbst nicht die Kraft, religiöse Symbole zum Schwinden zu bringen. Wo sie scheinbar diese Kraft zeigt, ist schon ein Bruch im religiösen Bewußtsein vorhergegangen. Wo die wissenschaftliche Kritik wirksam ist, führt sie nicht zu einer Dämonisierung, sondern zu einer Profanisierung der Symbole. Das entscheidende Mittel zur Profanisierung von Symbolen ist die Aufdeckung ihres Symbolcharakters. Aus diesem Grunde wehrt sich das religiöse Bewußtsein ständig gegen die Anwendung des Symbolbegriffs auf seine Gegenstände. Daran wird auch nichts geändert durch den Nachweis, daß das Symbol durchaus realitätshaltig sein kann, ja wesensmäßig ist. Das Schwebende, das durch den Symbolbegriff in alle Gegenstände kommt, auf die er angewandt wird, kann von dem religiösen Realitätsgefühl nur als Entwirklichung empfunden werden. Damit ist die Frage gestellt, was in der gegenwärtigen Geisteslage religiöses Symbol sein oder werden kann.

Fast durchweg liegen die Dinge so, daß die Inhalte der wissenschaftlichen Begriffsbildung die unmittelbare Überzeugungskraft haben, die sie geeignet sein läßt, Symbole zu werden. Daß in den Schichten höchster Bildung diese Gewißheit erschüttert ist, der mythische Charakter dieser Begriffe erkannt ist, ändert selbst hier meistens nicht viel an der selbstverständlichen Symbolkraft dieser Begriffe. Die religiösen Symbole dagegen, also grundlegend der Gottesgedanke, hat durch seinen vergegenständlichenden Mißbrauch in solchem Maße an Symbolkraft eingebüßt, daß er weithin eher als eine Verhüllung des Unbedingt-Transzendenten, denn als ein Symbol für dasselbe empfunden wird. Der Nachweis seines ungegenständlich-symbolischen Charakters hat nur da Aussicht auf Wirkung, wo jener Klang der unbedingten Transzendenz im Worte „Gott" noch gehört werden kann. Wo das nicht der Fall ist, kann der Aufweis des Symbolcharakters der Vorstellungsinhalte im Gottesgedanken nur die Entmächtigung befördern.

Diese überaus gefahrvolle Lage der religiösen Symbole kann zu dem Wunsch führen, *symbollos* von dem im Symbol Gemeinten zu reden. Das kann natürlich nicht bedeuten, daß man jenseits aller Symbole das Unbedingt-Transzendente selbst anschauen will. Es bedeutet vielmehr umgekehrt, daß man die Wirklichkeit nicht mehr zum Material für Symbole benutzen will, sondern sie selbst unmittelbar anschauen und so von ihr reden, daß ihr Stehen in und vor dem Unbedingt-Transzendenten unmittelbar zum Ausdruck käme. Zweifellos wäre dieses das höchste Ziel einer theologischen Arbeit: qden Punkt zu finden, wo die Wirklichkeit selbst unsymbolisch zugleich von sich selbst und dem Unbedingten spricht, den Punkt zu finden, wo die Wirklichkeit selbst ohne Symbol zum Symbol wird, wo der Gegensatz von Wirklichkeit und Symbol aufgehoben istq. Wäre das möglich, so würde damit die tiefste Forderung des religiösen Bewußtseins selbst erfüllt sein: die Aufhebung des Religiösen als eines Gesonderten. Das bedeutet nicht etwa, daß die Religion sich auflösen sollte in künstlerische oder wissenschaftliche Anschauung der Wirklichkeit, sondern gemeint ist ein unmittelbares Reden von den Dingen, sofern sie uns unbedingt angehen, sofern sie im Transzendenten stehen.

Aber gegen diesen Gedanken, der namentlich in der Gegenwart eine ungeheure Entlastung des religiösen Bewußtseins bedeuten würde, eine Befreiung von der Last fragwürdiger Symbolik, erhebt sich ein schwerwiegender Einwand: Voraussetzung eines unmythischen Redens vom Unbedingt-Transzendenten ist die religiöse Möglichkeit, gleichsam durch die Wirklichkeit hindurchzureden. Diese Möglichkeit aber setzt eine in Gott stehende Wirklichkeit voraus, d. h. diese Wirklichkeit ist eschatologisch und nicht gegenwärtig. Für die Gegenwart gilt, daß bestimmte Wirklichkeiten mit Symbolkraft über die anderen gestellt werden müssen und in diesem Darüberstehen Ausdruck dafür sind, daß die Wirklichkeit an sich nicht im Unbedingten steht. Nur sofern das Eschaton im Gegenwärtigen als lebendige Macht wirkt, könnte diese Macht zu Worten führen, in denen die Wirklichkeit nicht überschritten ist, sondern in der Wirklichkeit durch die Wirklichkeit hindurchgesprochen wird. Wo diese Möglichkeit Wirklichkeit wird, da ist das religiöse Symbol nicht aufgelöst, sondern aufgehoben[17].

Anmerkungen

1   B hat folgende Anmerkung: Dieses Merkmal ist das wichtigste. Es gibt dem Symbol die Realität, die es im Sprachgebrauch fast verloren hat, wie die Formel „*nur* Symbol" zeigt, mit der z. B. das „Berneuchener Buch" (1926) verfolgt worden ist.
2   B hat folgende Anmerkung: Der religiöse Akt kann niemals als Schöpfer einer spezifischen Gegenstandswelt gedeutet werden. Daß er das nicht kann, daß er der Einordnung in die Einheit der sinngebenden Akte unbedingt widerstrebt, macht geradezu sein Wesen aus. Darum gibt es auf dem Boden des kritischen Idealismus keinen Zugang zu dem religiösen Symbol.
3   B hat folgende Anmerkung: Vgl. zu dieser Wertung von Nietzsche und Marx meine Schrift: „Die religiöse Lage der Gegenwart".
a–a In B gesperrt.
4   In B folgende Anmerkung: Vgl. z. B. Eildermann: „Urkommunismus und Urreligion" 1921, wo der Aufbau der Gesellschaft aus dem Kampf der Alten in den Horden um Fleischnahrung abgeleitet wird.
5   Folgende Anmerkung in B: So schon bei Engels und vielfach in der gegenwärtigen Literatur. Marx selbst hat wahrscheinlich gar nicht daran gedacht, eine allgemeine Symboltheorie der geistigen Schöpfungen zu geben. Für ihn war der Gedanke ein Element der konkreten Kampfsituation des Proletariats.
6   B hat folgende Anmerkung: Vgl. die allgemeine erkenntnistheoretische Fassung des Ideologiebegriffs bei Karl Mannheim in seinem Buch: „Romantik und Utopie" und meine Rezension in der Oktobernummer 1929 der „Gesellschaft".
7   In B folgende Anmerkung: Auch das wird versucht. Jung hat in einer Analyse Meister Ekkeharts seinen Gottesgedanken aus der Unendlichkeit aufgestauter Libidostrebungen erklärt. Aber schon die Anwendung der Kategorie des Unendlichen ist nicht aus der Unmittelbarkeit der vitalen Tendenzen ableitbar. Gegeben ist immer ein Endliches, auch eine endliche, wenn noch so starke Libido. Die Kategorie des Unendlichen fordert ein prinzipielles Hinaussein über jede Gegebenheit. Aber im Gedanken des

Unbedingten liegt nicht nur ein unbedingtes Hinausgehen über jedes Gegebene, sondern ebenso eine unbedingte Forderung an jedes Gegebene. Mag noch so viel tatsächliche Gestaltung psychoanalytisch erklärt werden (z. B. „die Forderung" aus der Autorität des Vaters), so ist doch die Unbedingtheitsqualität, die unter Umständen auch die Forderung eines wirklichen Vaters erhalten kann, niemals auf diese Weise ableitbar. Der Sprung ins Unbedingte ist zugleich ein Sprung aus der analytischen Sphäre. Und es gibt keinen Analytiker, der nicht an irgendeinem Punkt, z. B. in dem Gültigkeitserlebnis einsichtiger Erkenntnisse diesen Sprung gemacht hätte.

b–b In B gesperrt.
8 In B folgende Anmerkung: Die Kraft der negativen Theorien der Symbolwahl beruht auf einem Doppelten, einem Positivum und einem Negativum. Das Positivum ist der Hinweis auf den Schicksalscharakter des Geistes, des individuellen wie des sozialen, die Überwindung also des abstrakt-übergeschichtlichen Geistesbegriffes. Das Negativum ist der Verzicht auf ernsthafte ontologische Fragestellung und darum das naive Verfallen an eine gänzlich unzureichende, höchst oberflächliche Seinsauffassung. Der naive ontologische Gebrauch von „Gesellschaft" oder „Unbewußtes" oder „Leben" ist nicht minder gefährlich als der meist sehr viel durchdachtere Gebrauch von Kategorien der idealistischen Ontologie.
9 B hat folgende Anmerkung: Vertreten vor allem durch Spengler, ist der Gedanke von der Stileinheit der Kulturen und Perioden fast dogmatisch in das allgemeine wissenschaftliche Bewußtsein eingegangen.
c–c In B gesperrt.
10 In B folgende Anmerkung: So kann man von einem „Denkstil" reden und die Geschichte der Philosophie als Geschichte teils typischer, teils wandelbarer Denkstile auffassen. Das kann zu wichtigen Einsichten führen, wenn es mit Berücksichtigung der Einmaligkeit des historischen Geschehens und des Sachanspruchs jedes philosophischen Gedankens geschieht.
11 In B folgende Anmerkung: Dieses ist die Grundthese meiner Religionsphilosophie. Vgl. meinen Vortrag: „Über die Idee einer Theologie der Kultur", 2. Aufl. Vorträge der Kantstudien, 2. Aufl. 1921 und meine „Religionsphilosophie" in Dessoirs „Lehrbuch der Philosophie" 1925.
d–d In B gesperrt.
e–e In B gesperrt.
f–f In B gesperrt.
g–g In B gesperrt.
h–h Fehlt in B.
12 In B folgende Anmerkung: Wie zutreffend diese Auffassung der Metaphysik ist, zeigt z. B. Heideggers Ontologie, deren Größe darauf beruht, daß sie einen rationalen Mythos des Seins zu schaffen unternimmt. Eine solche Beurteilung ist natürlich nur gestattet, wenn klar ist, daß die Schöpfung der Metaphysik allein in Unterwerfung unter die Sachgesetze ontologischer Erkenntnis möglich ist. Wo diese fehlt, wie bei zahlreichen phantasievollen Weltanschauungsmetaphysikern, ist das Ergebnis weder rational begründet noch von mythischer Kraft erfüllt. In jeder echten Metaphysik sind rationale und mythische Kraft korrelat.
i–i In B gesperrt.
13 In B folgende Anmerkung: Das Gerede vom „neuen Mythos" ist ein Zeichen dafür, wie fern der neue Mythos ist. Denn Mythos, der als Mythos gesucht wird, ist eben dadurch als Mythos vertrieben. Nur im sachlich gemeinten Gedanken kann ein mythisches Element mitschwingen.
j–j In B gesperrt.
k–k In B gesperrt.
l–l In B gesperrt.
m–m In B gesperrt.
14 In B folgende Anmerkung: Dieser Gedanke, den ich in der „Religionsphilosophie"

ausgesprochen habe, hat im Anschluß an die Rezension des Buches durch Hirsch in Th. L. Z. zu einem literarischen Gespräch zwischen Hirsch und Traub über meinen „Atheismus" geführt, das auch kirchenpolitisch ausgemünzt ist. Mir zeigt diese Tatsache nur, wie fremd dialektisches Denken der protestantischen Theologie in einer Zeit ist, wo „dialektische Theologie" im Brennpunkt der gesamten theologischen Diskussion steht.

n–n   In B gesperrt.
o–o   In B gesperrt.
15   In B die Anmerkung: Die Behauptung Kurt Leeses gelegentlich einer Besprechung meiner Gesamtposition, daß ich konsequenterweise auch Christus zum Symbol gemacht habe, ist mißverständlich. Wenn damit gesagt sein soll, daß die empirische Realität Christi mythisch vergleichgültigt wird, so widerspräche das meiner Überzeugung. Das Empirische gehört zum Symbolcharakter des Christus. Nur so viel ist richtig, daß dieses Empirische nicht losgelöst von der symbolischen Anschauung aufgefaßt werden kann. Es ist nicht möglich und ist auch überflüssig, zu dem Empirischen „an sich" durchzudringen, das hinter der symbolischen Empirie des Christus steht – also zu einem Tatsächlichen, das nicht mehr symbolisch wäre, wie es die liberale Theologie versucht hat.
p–p   In B gesperrt.
16   B hat folgende Anmerkung: Die calvinistische Kritik an der Messe („vermaledeite Abgötterei") drängt diese ins Dämonische und macht die Eucharistie zum bloßen Hinweissymbol: der Anfang ihres Verschwindens. Es kann die Frage gestellt werden – und sie ist von Beurteilern dieses Aufsatzes gestellt worden –, ob jedes religiöse Symbol mit Notwendigkeit dem Symbolzerfall ausgesetzt ist. Diese Frage kann überhaupt nicht in *abstracto* entschieden werden. Die Möglichkeit, daß ein Symbol durch die ihm innewohnende Mächtigkeit aus jeder seiner Dämonisierungen und Profanisierungen wieder hervorbricht, ist in abstracto jederzeit gegeben. Ob sie Wirklichkeit wird, ist Sache des jeweils aktuellen Glaubens, dessen Wege nicht *a priori* und nicht von außerhalb seiner zu bestimmen sind.
q–q   In B gesperrt.
17   In B folgende Anmerkung: Dieser Abschnitt ist der wichtigste und – fragwürdigste des ganzen Aufsatzes. In dem Vortrag über „gläubigen Realismus" war ein Durchbruch zu dem gleichen Ziel des symbollosen Redens versucht. Vielleicht gehört es zur Reife unserer religiösen Entwicklung, daß ihr prophetisches Wort – sofern ein solches ergeht – symbollos die Transzendenz ergreift, wie es zur Reife großer Dichter gehört, daß ihnen das symbollos-sachliche und doch in die letzten Schichten des Seins dringende Wort gegeben ist. So vielleicht die Spätgedichte Rilkes und manches von Werfel. Symbollos heißt hier: Ohne transzendentes Gegenstandssymbol.

11. Der Protestantismus als kritisches und gestaltendes Prinzip (1929)

A. *Druckvorlage: Der Protestantismus als kritisches und gestaltendes Prinzip, in: Paul Tillich (Hg.): Protestantismus als Kritik und Gestaltung. Zweites Buch des Kairos-Kreises, Darmstadt 1929, S. 3–37.*

B. *Der Protestantismus als kritisches und gestaltendes Prinzip, in: GW VII (1962), S. 29–53.*

Zur Textgeschichte

Der sogenannte „Kairos-Kreis", 1920 in Berlin von Günther Dehn und Carl Mennicke als loser Zusammenschluß von Persönlichkeiten gegründet, die im Gedankengut des religiösen Sozialismus einen Ausweg aus der geistigen und politischen Katastrophe nach dem Ersten Weltkrieg sahen, besaß in Tillich seinen spiritus rector (cf. EGW V, 153). Die Gespräche des Kreises, anfangs vierzehntäglich und meist in einem Berliner Restaurant abgehalten, waren für ihn stets eine Herausforderung im Blick auf ein gültiges und wegweisendes theologisches Denken und Reden. „Es ist in der Tat so," schreibt er (1923) in seiner „Antwort" an Karl Barth, „daß ich einen ganz engen Zusammenhang zwischen meiner philosophisch-theologischen Arbeit ... und unserer gegenwärtigen Zeit- und Geisteslage sehe. Der Begriff des ‚Kairos' bedeutet für mich, daß man nicht zu jeder Zeit jedes sagen und tun kann, sondern daß jede Zeit die Aufgabe hat, den ewigen Sinn aller Zeit aus ihrem Leben und in ihren Worten neu zu schöpfen" (GW VII, 240). Obwohl sich der Kreis durch den Wegzug Tillichs und anderer nach 1925 langsam auflöste, blieben einige seiner Mitglieder miteinander in Kontakt — zum Teil in lebenslanger Freundschaft verbunden. 1926 gab Tillich einen Band mit Arbeiten aus dem Kreis heraus; er trug den bezeichnenden Titel: „Kairos. Zur Geisteslage und Geisteswendung". Tillich selbst schrieb dazu zwei Beiträge (cf. MW/HW 4, 171). Ein zweiter und zugleich letzter Sammelband, den Tillich sogar im Namen des Kairos-Kreises edierte — 1929! — enthielt mehrheitlich Arbeiten von Autoren, die mit der ursprünglichen Berliner Gruppe nichts zu tun hatten, aber von ihm als ‚wahlverwandt' angesehen wurden (cf. GW XIV, 2. Aufl., 264). Tillichs hier wiedergegebener Beitrag (= A) leitete diesen Band ein.

Der Wiederabdruck des Aufsatzes im siebten Band der GW (= B), dessen Titel mit dem Aufsatztitel identisch ist, enthält nur ganz geringfügige Abweichungen von A; allerdings sind hier die Anmerkungen von A durchnumeriert, und die Anmerkung 29 ist leicht verändert.

Der Protestantismus als kritisches und gestaltendes Prinzip

I. Der Protestantismus als kritisches Prinzip

a) Die beiden Arten der Kritik

Kritik geistiger und sozialer Gestalten kann von zwei Standorten ausgehen. Der eine ist der Standort des Ideals, an dem eine Gestaltung gemessen wird. Der andere ist der Standort des Jenseits der Gestaltung, von dem aus die Gestaltung als solche in Frage gestellt wird. Die erste Art der Kritik hat einen Maßstab und kann von ihm aus Ja und Nein verteilen. Das ist ein rationales Unternehmen, auch wenn der Maßstab selbst nicht rational gewonnen ist. Die zweite Art der Kritik hat keinen Maßstab; denn das, was jenseits der Gestaltung liegt, ist keine verwendbare, zum Messen benutzbare Gestalt. Sie verteilt darum auch nicht das Ja und Nein, sondern sie verbindet ein unbedingtes Nein mit einem unbedingten Ja. Diese Kritik ist nicht rational, sondern prophetisch[1]. — So wird z. B. ein wissenschaftliches Ergebnis gemessen an dem Ideal wissenschaftlicher Evidenz, die für dieses Gegenstandsgebiet gilt. Die wissenschaftlichen Gebilde überhaupt aber werden in Frage gestellt — und vielleicht gerechtfertigt — von dem, was jenseits aller menschlichen Erkenntnis liegt, was ‚höher ist als alle Vernunft'. Eine soziale Einrichtung wird gemessen an dem sozialen Ideal, etwa der Gerechtigkeit in seiner verschiedenartigen Fassung. Die soziale Gestalt überhaupt wird in Frage gestellt — und vielleicht gerechtfertigt — von dem, was jenseits aller sozialen Gestaltung liegt, was ‚überschwenglich' ist gegenüber dem Leben in der Gerechtigkeit. Die sittliche Reife eines Menschen wird gemessen an dem Ideal der sittlichen Persönlichkeit und dem Grad der Annäherung an dieses. Die sittliche Persönlichkeit überhaupt in ihrer Reife und Unreife wird in Frage gestellt — und vielleicht gerechtfertigt — von dem ‚Heiligen', das jenseits aller persönlichen Gestaltung liegt.

Das Jenseits der Gestalt, das die Gestalt als solche kritisiert, ist nicht etwa das Leben, das den Geist in Frage stellt. Das Leben ist selbst Gegenstand der Kritik, und zwar einer Kritik, die vom Ideal ausgeht, *und* einer Kritik, die vom Jenseits des Lebens ausgeht. Die Kritik am Leben, die vom Ideal ausgeht, mißt das Leben mit Maßstäben wie Gesundheit, Macht, Reichtum, schöpferische Kraft. Diese Ideale sind aber nicht selbst Leben, wie die ‚Philosophie des Vitalen'[2] meint, wenn sie das Leben gegen den Geist stellt. Denn im Leben

---

[1] Das Wort ‚*prophetisch*' ist von der einmaligen Erscheinung der israelitischen Prophetie abstrahiert und bezeichnet die aus dem ‚Jenseits des Lebens' kommende Verkündigung der Krisis des Lebens. Das Recht zu einer solchen Abstraktion stände der Wissenschaft auch dann zu, wenn die israelitische Prophetie als einmalige Erscheinung im streng supranaturalistischen Sinne zu deuten wäre.

[2] So nenne ich die neueste von Klages und anderen vertretene Phase der Lebensphilosophie.

sind auch Krankheit, Ohnmacht, Armut, Erschöpfung zu finden. Es ist der Geist, der das Ideal des Lebens aus der Zweideutigkeit des Lebens heraushebt und gelegentlich — in einem eigentümlichen Selbstvernichtungswillen[3] — als ‚Leben' gegen sich selbst stellt. — Und wie das ‚Leben' nicht Standort der rationalen, so ist es auch nicht Standort der prophetischen Kritik. Daß durch das Leben jede Gestalt des Lebens in Frage gestellt, zurückgenommen wird, ist ein Element des Lebens selbst. Dieses | Setzen und Zurücknehmen *ist* das Leben. Die prophetische Kritik aber stellt gerade dieses Setzen *und* Zurücknehmen als Einheit des Lebens in Frage. Sie stellt sich nicht auf die Seite des Zurücknehmens gegen das Setzen, aber auch nicht umgekehrt. Sie schließt sich weder dem metaphysischen Pessimismus an, der den Tod gegen das Leben bejaht, noch dem metaphysischen Optimismus, der das Leben gegen den Tod bejaht. Sondern sie steht jenseits dieser Möglichkeiten; denn sie steht jenseits des Lebens. Und vom Jenseits des Lebens stellt sie das Leben in Frage.

Beide Arten von Kritik wurzeln in der Erhebung über das bloße Sein, auch über die Unmittelbarkeit dessen, was als Leben im Sinne der Vitalphilosophie gilt: die rationale Kritik in der Erhebung des Geistes über das Sein, die prophetische Kritik in dem Erschüttertsein des Lebens und des Geistes durch das, was jenseits beider liegt. Beide Arten von Kritik setzen also einen Bruch voraus mit der Unmittelbarkeit des Daseins. Der Sinn dieses Bruches ist freilich beide Male verschieden: Das eine Mal wird das Sein nicht überschritten, sondern es wird das unmittelbare Sein gemessen an dem wahren Sein, das Gegebene an dem Gesuchten und dem Geforderten. Die Kritik geht vom Sein aus und wendet sich gegen das Sein. Ihre Voraussetzung ist die Zerspaltung des Seins in eine Wesensschicht und eine dem Wesen entfremdete Schicht. — Die andere Art der Kritik beruht dagegen auf dem Überschreiten des Seins, des wesenhaften und des wesenswidrigen. Dieses Überschreiten ist der ‚Glaube'. Es ist infolgedessen ein vollkommener Widerspruch, wenn von einer „Religion innerhalb" gesprochen wird.[4] Eine solche Religion wäre ein Überschreiten, das innerhalb des zu Überschreitenden bliebe. Wo diese Auffassung herrscht, wird naturgemäß die pro|phetische Kritik mit der rationalen gleichgesetzt, die unbedingte Transzendenz mit der bedingten Transzendenz des Geistes verwechselt. Die Möglichkeit solcher Verwechslung — das wesentliche Merkmal der in sich ruhenden autonomen Kultur — treibt zu der Frage: Wie weit gehen beide Arten der Kritik den gleichen Weg und wo trennen sie sich? — Entscheidend für die Beantwortung ist folgende Erwägung: Wenn die aus dem Jenseits von Sein und Geist kommende Kritik wirklich Kritik, d. h. Kraft der Scheidung sein soll, so darf sie nicht so ergehen, daß sie Sein und Geist in abstracto in Frage stellt; ein solches Infragestellen würde zu keiner Scheidung (Krisis) führen können, würde alles beim alten lassen oder vielmehr:

---

[3] Diese ‚Misologie' (Hegel) des Geistes gegen sich selbst spielt zur Zeit auch in der Jugend eine erhebliche Rolle.

[4] „Innerhalb der bloßen Vernunft" (Kant) oder „Innerhalb der Humanität" (Natorp).

würde die konkrete, also wirkende Kritik dem rationalen Weg überlassen. Es stehen dann auf der einen Seite radikal negative Urteile über das Sein als solches, auf der anderen Seite findet sich letzte Gleichgültigkeit gegen die kritische Lage innerhalb des Seinskreises. Es ist klar, daß diese Haltung als Gegenschlag gegen die in sich ruhende Autonomie ein sehr weitgehendes geschichtliches und sachliches Recht hatte. Es ist aber auch klar, daß auf diese Weise das Verhältnis der beiden Arten von Kritik nicht getroffen wird. — Man spricht zur Zeit häufig von dem „existentiellen" Charakter der prophetischen Kritik. Zweifellos war es richtig, sie aufzuzeigen und den Charakter des „unbedingten Angehens" zu betonen, der jeder wirklich religiösen Verkündigung zukommt. Aber die Konkretheit der prophetischen Kritik war durch diese Benennung als solche noch nicht gesichert. Denn es kommt darauf an, wie das ‚Existentielle' aufgefaßt wird. Nur dann kann die prophetische Kritik konkret werden, wenn das Existentielle die ganze Breite der wirklichen Existenz umfaßt, und zwar so, daß es in ihr zur Scheidung kommt. Es ist darum auch in der maßgebenden alttestamentlich-prophetischen Kritik immer konkret-rationale Kritik in die prophetische aufgenommen. Und | wenn die sogenannte dialektische Theologie von unserer Zeit in irgendeinem Sinne als prophetisch empfunden wurde, so war das nur möglich, weil sie mit der entschlossenen Verkündigung des ‚Jenseits von Sein und Geist' ganz konkrete, vom Ideal der Theologie aus rationale Kritik an der tatsächlichen Theologie, also am Geist, übte. Die Grenze ihrer Wirkungskraft war darin begründet, daß sie den unlöslichen Zusammenhang des theologischen Ideals mit allen übrigen und darum der theologischen Kritik mit aller anderen rationalen Kritik übersah und dadurch — ohne es zu wollen — das Theologische zum Sondergebiet der prophetischen Kritik machte. Die Wirkung war zum Teil die *Ent*mächtigung der religiösen Kritik an den übrigen Kulturgebieten, wie sie z. B. im ‚religiösen Sozialismus' vorlag, und damit eine *Er*mächtigung der bestehenden Formen und Gewalten des profanen Lebens. Die abstrakt prophetische Kritik (abstrakt nicht in bezug auf die Theologie, aber in bezug auf Wissenschaft, Gesellschaft, Kunst usw.) wirkte konservativ, und zwar in eigentümlicher Sachdialektik schließlich auch in der Theologie selbst; denn ihr wurde nun die von den übrigen Kulturgebieten ausgehende rationale Kritik abgeschnitten. Das Auseinander beider Wege der Kritik bewirkt also, wie diese Entwicklung zeigt, eine Abschwächung der kritischen Haltung überhaupt. Es besteht zwar keine Identität, wohl aber eine Angewiesenheit beider Wege aufeinander.

Die vom Jenseits von Sein und Geist ausgehende Kritik wird konkret in der im Seinskreise selbst sich erhebenden Kritik des Geistes gegen das Sein. Die prophetische Kritik wird konkret in der rationalen[5] Kritik. Und die

---

[5] Rational bedeutet in dieser ganzen Auseinandersetzung: der Sphäre der Idealbildung angehörig, vernunftimmanent. Dabei kann das Ideal sehr irrational, z. B. intuitiv gewonnen sein.

rationale Kritik bekommt durch die prophetische den Charakter der | Unausweichlichkeit, Unbedingtheit. Darin wirkt sich der existentielle Charakter der prophetischen Kritik aus. Sie stellt die Existenzfrage im letzten, unbedingten Sinne. Die rationale Kritik kann das nicht, da sie das Sein als solches nicht in Frage stellen, sondern immer nur auf Annäherung des widerstrebenden an das wahre Sein dringen kann. Aber dieses Dringen hat nicht den Charakter der Unausweichlichkeit. Denn das Sein als solches ist ja nicht in Frage gestellt. Das bedeutet, daß alle autonome Kritik ihre letzte Ernsthaftigkeit von der dahinterstehenden prophetischen Kritik bekommt. Ein Blick auf die Geschichte z. B. der sozialen Kritik bestätigt diesen Satz mit überwältigender Deutlichkeit[6]. Die andere Seite aber ist die, daß die so zu ihrer eigenen Tiefe gebrachte rationale Kritik durch die prophetische zugleich in ihrer Begrenztheit erwiesen wird. Das, wodurch das Sein in Frage gestellt wird, ist nicht angewiesen auf die Erfüllung im Sein. Es enthält eine Erfüllung, die jenseits der kritischen Situation steht. Der Ausdruck dafür ist: ‚Gnade‘. In der Gnade wird die prophetisch vertiefte Kritik selbst wieder kritisiert. Ihr letztes Recht, das Sein aufzuheben, wird ihr bestritten. Aber es wird ihr bestritten, nachdem es bis zur unbedingten Ernsthaftigkeit durchgeführt ist. — Auf die Frage, inwieweit die Wege beider Kritiken zusammengehen, ist also zu antworten: *In der rationalen Kritik wird die prophetische konkret. In der prophetischen Kritik erhält die rationale ihre Tiefe und ihre Grenze, ihre Tiefe durch die Unbedingtheit des Anspruchs, ihre Grenze durch die Gnade.*

b) Protestantische Kritik

Die Kritik des Protestantismus ist prophetische Kritik. Sie enthält die Merkmale der prophetischen Kritik, die sich | in der vorhergehenden Betrachtung ergeben haben: Sie geht aus von dem Jenseits des Seins und des Geistes und stellt von dort aus beides in Frage. Sie ist zusammengeschlossen mit der rationalen Kritik und gibt ihr die unbedingte Ernsthaftigkeit. Sie setzt der rationalen Kritik die Grenze durch Verkündigung der Gnade.

An dem Kampf um die Rechtfertigung, dem eigentlich kritischen Begriff des Protestantismus, wird das deutlich. Die Rechtfertigung geht aus von dem Jenseits von Sein und Geist. Sie stellt die Existenz als solche in Frage und berücksichtigt nicht die teilweise Annäherung des widerstrebenden Seins an das wahre Sein. Der Kampf Luthers gegen den Anspruch der Vernunft, von sich aus die Wahrheit erfassen und verwirklichen zu können, ist der Ausdruck für den Seins- und Geist-transzendenten Charakter der von ihm gemeinten Wahrheit. Und sein Kampf gegen das Recht des freien Willens in der Rechtfertigung ist der Ausdruck für den Geist ᵃund Freiheitᵃ transzendierenden

---

[6] Die Abhängigkeit der sozialen Kritik des Abendlandes von der sozialen Kritik der alten Prophetie und der christlichen Sekte ist zur Genüge erhärtet.

Charakter der Rechtfertigung. Es ist durchaus verfehlt, wenn Luthers Kampf gegen die Vernunft als Kampf gegen die Autonomie verstanden wird, etwa für die Heteronomie. Er muß vielmehr in aller prophetischen Verkündigung verstanden werden als Kampf gegen die ᵇSelbstgenugsamkeitᵇ der Autonomie oder als Kampf gegen die Verwechslung von Geist mit dem Jenseits von Sein und Geist. Und es ist durchaus verfehlt, wenn Luthers Kampf gegen den freien Willen verstanden wird als Kampf gegen den Indeterminismus etwa für den Determinismus. Er muß vielmehr in aller prophetischen Verkündigung verstanden werden als Kampf gegen die Verwechslung der Freiheit mit dem Jenseits von Sein und Freiheit. Die Leidenschaft, mit der Luther den Kampf in dieser Richtung geführt hat, entspricht der Gefahr, daß die prophetische Kritik, die im Protest Luthers wirksam war, in rationale Kritik aufgelöst wurde. |

Diese Gefahr war um so größer, als dem Wesen der prophetischen Kritik entsprechend der Protestantismus die rationale Kritik an Kirche und Kultur teils aufnahm, teils erweiterte und verstärkte. Die ‚Rückwendung zu den Quellen‘, die Protestantismus und Humanismus verband, entsprang ja dem Willen, das Seiende in Kirche und Kultur am Ideal zu messen. In den Quellen der abendländischen Kultur, Schrift und Antike, sah man zugleich ihre Ideale. Die protestantische Kritik an der scholastischen Theologie ist immer auch eine Kritik aus dem biblisch-klassischen Ideal theologischer Arbeit. Die Kritik an der Kirche ist immer auch Kritik aus dem biblizistischen Ideal der mittelalterlichen Sekte. Die Kritik an den römischen Mißbräuchen ist immer auch Kritik aus dem nationalen Bewußtsein. Und das war um so gewichtiger, als die Renaissance ihrerseits sich keineswegs als in sich ruhende autonome Kultur fühlte, sondern zunächst und bewußt als religiöse Wiedergeburt der christlichen Gesellschaft. Es ist nicht zweifelhaft, daß die Breite seiner geschichtlichen Wirkung unmöglich gewesen wäre, hätte Luther nicht in der umfassenden Gemeinschaft all dieser rational-kritischen Bewegungen gestanden. Und es ist die Befürchtung kaum abzuweisen, daß die neu-protestantische Theologie dadurch, daß sie immer nachdrücklicher diese Gemeinschaft zerbrochen hat, den geschichtlichen Augenblick verpaßt, der ihr und mit ihr dem Protestantismus der Gegenwart gegeben ist[7]. Das Lutherbild, das auf diesem Hintergrund entsteht, läßt jede Beziehung zu der rationalen Kritik der geschichtlichen Mächte vermissen[8]. Darin ist die Lutherauffassung der Hollschen Schule weit über|legen[9]. Aber sie macht diese ihre Möglichkeit für die Gegenwart dadurch unwirksam, daß sie die geschichtlich bedingten Formen der rationalen Kritik

---

[7] Das ist um so schmerzlicher, als sie ihrem Ursprung und ihrer ersten Wirkung nach einer konkret-kritischen Bewegung, dem religiösen Sozialismus, angehörte.

[8] Vgl. die Urteile Gogartens über Luther besonders in seinem Nachwort zu De servo arbitrio.

[9] Holl selbst hat vielerorts die rationale Kritik, die bei Luther vorliegt, zum Gegenstand seiner Darstellung gemacht.

in Luthers prophetischem Wort unmittelbar an die Gegenwart heranbringt, anstatt sie aus der Tiefe der Gegenwart, aus dem Kairos neu hervorbrechen zu lassen[10]. — Jedenfalls ist die Tatsache nicht zu bestreiten, daß in der ursprünglichen Verkündigung des Protestantismus die prophetische Kritik zusammengeschlossen war mit einer umfassenden rationalen Kritik, so allerdings, daß die rationale Kritik zu ihrer Tiefe und eben damit zu ihrer Grenze kam.

Denn dieses ist das dritte im Kampf Luthers und sein entscheidendes Anliegen gegenüber der Kirche, daß er die Kritik überwand durch die Gnade. Die ‚Gerechtsprechung des Sünders', die ‚Gerechtigkeit allein durch den Glauben' ist Ausdruck für das, was die kritische Situation in ihrer unbedingten Tiefe überwindet. Die katholische Gnadenlehre hatte die rationale Kritik in den Gnadengedanken mit aufgenommen. Sie ließ die Gnade mitbedingt sein durch die Erhebung der Freiheit über das Sein, durch die Annäherung des widerstrebenden an das wahre Sein. Das war aber nur möglich, wenn gleichzeitig die unbedingte Ernsthaftigkeit der Kritik abgeschwächt wurde. Und so geschah es auch in der nominalistischen Theologie bewußt und entschlossen. *Der Kampf um den ‚Glauben ohne Werke' ist nicht der Kampf eines Heilsweges gegen einen anderen, sondern es ist der Kampf um den unbedingten Ernst und die unbedingte Überwindung der Kritik.* Im ursprünglichen Durchbruch der Reformation wurde das fast | ausnahmslos verstanden; später, als die umstrittenen Stellungen gewonnen waren, ging in ihrer Sicherung und ihrem Ausbau der Sinn des Durchbruchs verloren. Die nachreformatorischen Streitigkeiten im Protestantismus beider Richtungen sind deswegen so unerfreulich, weil in ihnen die Transzendenz der Gnade durch Vergegenständlichung mißdeutet wurde, die Rechtfertigung wie die Prädestination. Beide Begriffe sind aber nur sinnvoll, wenn sie als Hinweise auf die Situation verstanden werden, in denen die prophetische Kritik zugleich ihre Erfüllung und ihre Überwindung erfährt. Beide Begriffe sind *Korrektive* gegen die Abschwächung von Kritik und Gnade. Und beide Begriffe bekommen eine verhängnisvolle Wendung, sobald sie *Vorgänge* bezeichnen sollen, die im gegenständlich-metaphysischen oder religiös-methodischen Sinne von der Theologie zu beschreiben wären. Fragen wie die nach der doppelten Prädestination als Vorgang und nach dem Nutzen oder Schaden der guten Werke für die Seligkeit setzen voraus, daß die echte Situation der prophetischen Kritik nicht mehr vorliegt[11].

---

[10] So kommt es, daß Luther in den rein gegenwartsbezogenen Darstellungen mit seltenen Ausnahmen im ganzen negativ gewertet wird.
[11] Die Voraussetzung solcher Fragen ist ein gegenständlicher Gottesbegriff, der es erlaubt, über Gott als metaphysisches Objekt Aussagen zu machen, die sich von dem alten Mythos nur dadurch zu ihrem Nachteil unterscheiden, daß sie rational gegenständlich gemeint sind. Der Protest gegen diesen Gottesbegriff gehört zu den vornehmsten Aufgaben protestantischer Kritik.

Die protestantische Kritik ist prophetische Kritik, und zwar prophetische Kritik in dem vollen Sinne, daß sie die rationale Kritik enthält, zur Tiefe und zur Grenze treibt. Das Gewicht des Protestantismus liegt von Anfang an in dieser Kritik. Sie hat ein starkes Übergewicht über die Gestaltung. Und doch fehlt dem Protestantismus das gestaltende Prinzip nicht, kann ihm so wenig fehlen wie irgendeiner anderen Wirklichkeit. Denn die Gestalt ist das Prius | der Krisis, die rationale Gestalt die Voraussetzung der rationalen Kritik, *die Gestalt der Gnade die Voraussetzung der prophetischen Kritik.*

II. Der Protestantismus als gestaltendes Prinzip

a) Die beiden Arten der Gestaltung

Die Voraussetzung jeder rationalen Kritik ist die rationale Gestaltung. Denn die Kritik geht aus von dem Ideal. Das Ideal aber ist erschaubar nur auf Grund des Stehens in einer konkreten Gestalt. Das Inhaltliche jedes Ideals ist konkret; es entspricht der wirklichen Gestaltung, in der der Schauende steht. Nur das Formale des Ideals, das was seinen Charakter als Ideal bestimmt, ist abstrakt, ist gültig für jedes Ideal und darum unabhängig von jeder besonderen Gestalt. Aber freilich: Selbst die Tatsache, daß das Abstrakt-Formale des Ideals als solches erfaßt werden konnte, ist bedingt durch eine besondere Gestalt, durch diejenige nämlich, in der die Gestalt die Tendenz zu ihrer eigenen Auflösung hat. Dieser eigentümliche und seltene Fall darf aber nicht zur Norm gemacht werden. Die Erfassung des abstrakten Idealcharakters ohne Gestaltgrundlage, z. B. durch Kant, setzt eine geistige und soziale Gestalt voraus, deren Wesen die Gestaltauflösung ist[12]. Dabei ist es keineswegs nötig, daß die Auflösung sehr weit gediehen ist; nur die Tendenz muß da sein und die Gestalt charakterisieren. Dann kann die Erfassung dieser Tendenz selbst die Auflösung beschleunigen. Jedenfalls ist die kritizistische Form der rationalen Kritik nur ein Sonderfall. Und es ist durchaus unan|gemessen, sie mit der prophetischen Kritik des Protestantismus in eine besonders enge Beziehung zu bringen. Im Gegenteil: *Es gibt im Grunde keine ohnmächtigere Art der Kritik als die kritizistische. Denn sie ist nicht getragen von der Macht einer werdenden Gestalt.* Sie ist abstrakt und dazu verurteilt, Angelegenheit der Schule zu werden und höchstens die konkrete Kritik zu hindern. Als der Protestantismus sich mit der kritizistischen Kritik verband, verband er sich mit der Schule gegen das Leben, mit der in sich gestaltlosen Gesellschaft gegen die werdenden Gestalten, mit der Ohnmacht der Abstraktion gegen die Macht der konkreten Schau. Der Kritizismus ist Kritik; aber sein Ideal ist das Ideal einer alle konkreten Gestalten auflösenden abstrakten Gesellschaft. Es ist das abstrakte Ideal, in dem alle besonderen

---

[12] Es ist die Eigentümlichkeit der bürgerlichen Gestalt der Gesellschaft, daß in ihr von vornherein die Tendenz auf Gestaltauflösung maßgebend ist.

gestaltbegründenden Inhalte aufgehoben sind und nur noch das Formale des Ideals überhaupt übriggeblieben ist. Wenn die „dialektische" Theologie sich von neuem mit dem Kritizismus verbinden will[13] (die ältere Ritschlsche Verbindung hatte noch viele inhaltlich humanistische Elemente des Aufklärers Kant übernommen), so zeigt sie damit nur ihre Gleichgültigkeit gegen die wirkliche rationale Kritik. Sie wählt Kant als Schöpfer des Kritizismus, weil er sie nicht in die Verlegenheit bringt, innerhalb der rational-kritischen Sphäre sich wirklich entscheiden zu müssen. Denn wenn alles kritisiert ist, so ist im Grunde nichts kritisiert, und den Vorteil hat das Bestehende, das unangetastet bleibt. Dabei vergißt freilich diese Theologie, daß sie doch eine heimliche Entscheidung getroffen hat, nämlich für die zur Auflösung aller Gestalten treibende bürgerliche Gesellschaft, in der allein die abstrakte Kritik möglich ist. |

Diese Erörterung zeigt, daß alle rationale Kritik von einer gegebenen Gestalt ausgeht und selbst der Kritizismus noch von der gestaltzersetzenden Gestalt lebt. Das Verhältnis von Ideal und Gestalt darf nun freilich nicht so gedacht werden, daß das Ideal ein Abbild der tatsächlichen Gestalt ist. Dann würde es nicht über sie hinaustreiben, sie nicht unter Kritik stellen können. Sondern das Ideal ist der Ausdruck der aus den Spannungen einer gegenwärtigen Gestalt sich herausringenden werdenden Gestalt. Gestalt im geistig sozialen Sinne ist immer auch werdende Gestalt. Die fixiertesten gesellschaftlichen Gestaltungen haben in sich eine Kraft der Umbildung durch das Ideal, das immer einen Schritt weiter ist als sie selbst. Es handelt sich also nicht um die stets mangelhafte Angleichung der Wirklichkeit an das Ideal. Das Ideal einer Gesellschaft ist verwirklicht nicht in der Masse ihrer Glieder oder Verhaltungen, sondern in ihren symbolischen Einrichtungen, Vorgängen und Persönlichkeiten. In ihnen aber ist es auch *wirklich erfüllt*. Denn alle Erfüllung ist repräsentativ. Das ist das logische Verhältnis von Ideal und Erfüllung, nicht etwa eine mechanische Angeglichenheit. Bei einer solchen ließe sich schon deswegen nichts denken, weil das Ideal nie anschaulich gegeben, sondern immer nur durch Symbole hindurch gemeint ist.

Rationale Kritik ist Kritik der werdenden an der vergehenden Gestalt. Dieses ist ihre Konkretheit und ihre Macht. Dieses scheint aber auch ihre Zufälligkeit und Gleichgültigkeit zu sein. Denn das Sichablösen der Gestalten ist kein Vorgang, dessen Beobachtung oder Mitvollzug unbedingte Ernsthaftigkeit verdiente. Die rationale Kritik würde ihr innerstes Pathos verlieren, wenn sie nur im Namen der werdenden Gestalt spräche. In Wahrheit ist es auch nicht so. Die rationale Kritik enthält in sich das abstrakte Moment des Ideals überhaupt. Und dieses Element ist bei jedem | Messen an einem konkreten Ideal wirksam. Freilich ist es nicht offenkundig und greifbar wirk-

---

[13] Vgl. Brunner und andere. Mir scheint dieser Vorgang symbolisch dafür zu sein, daß der Protestantismus sich wieder einmal außerhalb der konreten Entscheidungen des Kairos stellt und sich damit tatsächlich für das Bestehende entscheidet.

sam. Es ist der Irrtum des Kritizismus, daß er meint, das abstrakte Element des Ideals, das was das Ideal zum Ideal macht, herausarbeiten und zu wirklicher Kritik benutzen zu können. Auf diese Weise aber entsteht die ohnmächtige kritizistische Kritik, der Ausdruck grundsätzlicher Auflösung. In der wirklich konkreten und darum vollmächtigen Kritik ist das abstrakte Moment des Ideals eingehüllt in das konkrete; es liegt in der Tiefe der konkreten Kritik und gibt ihr unbedingten Ernst. Aber es ist als solches nicht faßbar. Der Ernst der rationalen Kritik liegt in dem, was das Ideal zum Ideal macht, in der Qualität des Idealseins. Es ist aber nicht möglich, diese durch Abstraktion herauszuholen und an ihr die Wirklichkeit zu messen. Es gibt kein allgemeines abstraktes Ideal des Staates, der Ehe, der Architektur, der Methode. Aber in jedem Ideal, das sich kritisch erhebt, steckt als verborgener Ernst das Idealsein als solches, das zwar abstrakt formuliert, aber in dieser Abstraktheit nicht angewandt werden kann[14].

In jedem lebendigen Ideal ist das Allgemeine des ‛Ideals-Seins‛ eingebettet in eine Konkretheit, die hinabreicht bis in die Vitalsphäre. Die Qualität der lebendigen Substanz ist in jedem Wesen verschieden. Die primitivsten Reaktionen auf die Außenwelt, selbst die Empfindung, sind mitbestimmt durch den gesamten vitalen Aufbau. Das gleiche gilt von der seelischen und sozialen Konkretheit, die selbst wieder in Wechselwirkung steht mit der vitalen Gestalt. In jedes Ideal und damit in jede rationale Kritik gehen diese Wirk|lichkeiten ein. Der Ideal-Charakter ist eingeschlossen in die Tendenzen der lebendigen, seelischen, sozialen Substanz. Durch sie hat das Ideal seine Macht, hat die Kritik ihre gestaltende Kraft. Darauf beruht das Recht aller Versuche, den Geist vom Leben her, die Idealbildung vom sozialen und seelischen Sein her zu verstehen[15]. Die philosophische Durchformung dieser Richtungen ist freilich durch den unfruchtbaren Gegensatz verhindert worden, in den sie sich zum Kritizismus gestellt haben. Sie sind in einer unvollkommenen und philosophisch leicht widerlegbaren Fassung in das allgemeine Bewußtsein übergegangen und haben trotzdem eine starke, oft verhängnisvolle kritische und kritikhemmende Wirkung gehabt[16]. Erst ihr Zusammenschluß mit dem gereinigten kritischen Bewußtsein kann zu einer angemessenen Theorie der Idealbildung sowie der rationalen Kritik und Gestaltung führen.

---

[14] Das echte Ideal ist das Erschaute einer werdenden Gestalt. Die Verwirklichung des Ideals ist das Gewordensein der neuen Gestalt. Daß eine neue Gestalt geworden ist, zeigt sich an den strukturell tragenden Elementen; erst durch sie werden allmählich auch die Einzelvorgänge bestimmt.

[15] In größtem Format vom Sozialen her bei Marx, vom Seelischen her bei Nietzsche und der Tiefenpsychologie. Es ist nicht zufällig, daß nur von hier aus die Philosophie des 19. Jahrhunderts geschichtsbildend wurde.

[16] Man denke an den Fanatismus, mit dem der Begriff der Ideologie häufig von orthodoxen Marxisten zur Entwurzelung gegnerischer geistiger Gebilde benutzt wird.

Der Idealcharakter, der verborgen in der Idealbildung wirkt, gibt dem Ideal seine Ernsthaftigkeit und gibt der prophetischen Kritik die Möglichkeit, sich mit der rationalen zusammenzuschließen, das konkrete Ideal aufzunehmen. Das aber setzt voraus, daß auch die prophetische Kritik auf einem Sein, einer religiösen Gestalt ruht, von der aus ihre Kritik ergeht. Hier erhebt sich nun die Schwierigkeit, daß das Sein, von dem aus die prophetische Kritik spricht, das „Jenseits von Sein und Freiheit" ist. Das aber ist nicht konkret faßbar, wie die lebendige Gestalt. Es gehört auch nicht dem Werden an, sondern es trägt in jeder Beziehung den Charakter des „Jenseits" an sich. Es darf | darum auch nicht mit den religiösen Gestalten und ihrem Wechsel gleichgesetzt werden. Die religiösen Gestalten gehören als solche durchaus der rationalen Sphäre an; und alles, was von dem Werden der Gestalt, von dem kritischen Ideal und von der Doppelseitigkeit des Ideals gesagt ist, gilt auch für sie. Auch die religiöse Wirklichkeit reicht nach der einen Seite bis ins Biologische[17] und hat nach der anderen Seite den verborgenen allgemeinen Idealcharakter in sich. Jede Religion, jede religiöse Idealbildung und Kritik kann von hier aus verstanden werden. Aber damit ist ihre Intention noch nicht verstanden. Ihre Intention geht ja gerade hinaus über diese Sphäre der Verwirklichung, über das ganze Ineinander und Gegeneinander von Sein und Geist.

Wenn die prophetische Kritik aus einem Sein heraus spricht, so muß sie aus dem transzendenten Sein heraus sprechen, das als transzendentes zugleich der Wirklichkeit angehören muß. Das transzendente Sein als gegenwärtiges aber ist das Sein der Gnade. Die prophetische Kritik muß hervorbrechen aus einer Wirklichkeit der Gnade oder — um in der Analogie zu bleiben — aus einer *Gestalt der Gnade*[18]. Gestalt der Gnade — in dieser Zusammenstellung ist das Problem der religiösen Gestaltung beschlossen. — Bei der Bestimmung des Begriffes, der in jenen Worten zum Ausdruck kommen soll, sind zwei Abwege zu vermeiden. Der eine ist begründet in der Tatsache des Zusammenschlusses der prophetischen mit der rationalen Kritik, sofern dieses Zusammen als Gleichheit gedeutet wird. Er sucht demgemäß die Gestalt der Gnade in der vollkommenen | rationalen Gestalt. Erschautes Ideal und Begnadung werden verwechselt. *Die Gnade wird hineingezogen in die Spannung von Sein und Geist.* Die Kraft, jene Spannung durch ihr Erscheinen zu überwinden, wird ihr genommen. Der Ort der prophetischen Kritik wird verlassen. Der andere Abweg ist begründet in dem Gegenwartscharakter der Gnade, sofern dieser umgedeutet wird in einen ᵈGegen*stands*charakterᵈ. Die Gnade wird fixiert, greifbar, sie wird aufgefaßt als eine Wirklichkeit höherer Art, aber ebenso faßbar wie die übrige Wirklichkeit. *Die Gestalt der Gnade wird zu einer Seins-Gestalt höherer*

---

[17] Die Religionspsychologie hat von jeher (Xenophanes) diese Beziehungen aufs deutlichste herausgearbeitet.
[18] Ich wähle dieses allseitigem Mißverständnis ausgesetzte Wort, um die Analogie zur rationalen Gestalt so plastisch wie möglich zum Ausdruck zu bringen. Der Sinn des Wortes kann nur aus allem Folgenden verstanden werden.

Ordnung, z. B. zu einer Kirche, der die Verwaltung der Gnadensubstanz anvertraut ist[19]. Auf diese Weise wird die prophetische Kritik einer bestimmten Wirklichkeit gegenüber unmöglich gemacht. Unter dem Namen „Gestalt der Gnade" wird eine Seinsgestalt der Kritik entzogen. Ist aber die prophetische Kritik eingegrenzt, so ist auch die Gnade in ihrer Unbedingtheit gebrochen. Denn nun sind geistige Akte erforderlich, damit die fixierte Gnadengestalt wirksam werde. In bezug auf die Gnade gibt es Gesetze, die selbst nicht wieder Gnade sind, z. B. die sakralen Gesetze des Katholizismus, aber auch die Forderung der protestantischen Orthodoxie, den Zweifel an der Schrift oder an der reinen Lehre als schuldhaft zu unterdrücken.

Die Gestalt der Gnade ist keine rationale Idealgestalt, aber sie ist auch keine Seinsgestalt höherer Ordnung. In beiden Fällen wird der Gnadencharakter zerstört zugunsten des Gestaltcharakters. Daraus kann die Konsequenz gezogen werden, daß es nötig ist, auf die Gestalt der Gnade zu verzichten. So will es z. B. die „dialektische" Theologie. Aber es bleibt bei der Forderung. Auch sie kann nicht umhin, das Sein zu nennen, aus der ihre prophetische Kritik (oder | mehr in ihrem Sinn gesprochen, ihre theologische Formulierung prophetischer Kritik) ergeht. Nennt sie es aber, spricht sie z. B. vom „Heiligen Geist", so ist der Gedanke „Gestalt der Gnade" eingeschlossen. Er ist unvermeidlich, denn er ist die Voraussetzung der in Vollmacht (als Wort Gottes) gesprochenen Kritik.

Die Gestalt der Gnade ist die Gestalt dessen, was jenseits von Sein und Freiheit liegt, sofern es in der Spannung von Sein und Freiheit erscheint. Sie ist; und als Seiendes ist sie anschaubar. Aber sie ist als Erscheinung des Jenseits des Seins, und als solches ist sie unfaßbar, unfixierbar, ungegenständlich. *Die Gnade ist Gegenwart, aber nicht Gegenstand*. Sie ist wirklich in Gegenständen, aber nicht als Gegenstand, sondern als transzendentes Bedeuten eines Gegenstandes. *Die Gestalt der Gnade ist Bedeutungsgestalt*. Die Gestalt eines Heiligen ist auf der einen Seite Seinsgestalt, all das eingeschlossen, was zum geistig-leiblichen Dasein auch in idealer Vollendung gehört. Auf der anderen Seite bedeutet er etwas, was nicht gegenständlich in ihm nachgewiesen werden kann, was Sein- und Geist-transzendent ist, und was doch den eigentlichen Sinn, die Bedeutung seiner Gestalt ausmacht. Die Wirklichkeit kann Träger werden einer sie unbedingt überschreitenden Bedeutung. Wo sie das ist, da ist Gestalt der Gnade. Diese Möglichkeit ist die letzte, tragende und sinngebende Möglichkeit des Seins und sie ist, wo sie wirklich geworden ist, anschaubar. Das Heilige ist nicht unanschaulich. Aber es ist nicht gegenständlich. *Das Heilige wird ungegenständlich angeschaut*; es wird als transzendentes Bedeuten angeschaut. Der katholisch-protestantische Streit um die Sichtbarkeit und Unsichtbarkeit der Kirche ist von hier aus zu entscheiden: Die Kirche als Gestalt der Gnade ist anschaulich, aber sie ist nicht gegenständlich. In ihr kann das Jenseits von

---

[19] Dieses ist der eigentliche und scharf zu umgrenzende Begriff von „Supranaturalismus".

Sein und Freiheit geschaut werden als ihr | transzendentes Bedeuten, aber nicht als ihre empirisch-übernatürliche Qualität. Eine „unsichtbare" Kirche wäre keine Gestalt der Gnade. Sie hätte auch.keine Macht der prophetischen Kritik. Nur sofern sie Gestalt der Gnade ist, kann sie in Vollmacht die Krisis verkünden. Wir sagen also: Die sichtbare Kirche ist ihrem Wesen nach Gestalt der Gnade, aber sie ist es nicht in greifbar gegenständlicher Form. Sie hat die Gestalt der Gnade nicht zur Verfügung. Sie kann kein System und keinen hierarchischen Anspruch darauf gründen. Sie hat sie in der Form des Bedeutens. — Bedeuten ist mehr als Hinweis. Das Hinweisende kann äußerlich bleiben zu dem, worauf es hinweist. *Das Bedeuten ist geformt durch die Wirklichkeit dessen, was es bedeutet.* Die Gestalt der Gnade ist mehr als Hinweis auf die Transzendenz. Sie ist Sichtbarwerden der „Herrlichkeit". Der Protest gegen die hierarchische Vergegenständlichung der Gestalt der Gnade in der Kirche durfte nicht zu einem Verbot werden, „die Herrlichkeit" der Kirche zu schauen[20].

Das Verhältnis von Anschaulichkeit und Ungegenständlichkeit der Gestalt der Gnade kann auch als „*Vorwegnahme*" bestimmt werden. In „Vorwegnahme" liegt das zeitliche Bild einer kommenden völligen Inbesitznahme. Dieses zeitliche Bild ist die notwendige Symbolform alles eschatologischen Denkens; es kann nicht aufgehoben, sondern nur in seiner Direktheit gebrochen werden. Wird es aber — wenn auch als gebrochenes — benutzt, so kann die Gestalt der Gnade als Vorwegnahme dessen bezeichnet werden, was jenseits von Freiheit und Sein liegt. In diesem Sinne ist alle Mystik Vorwegnahme — freilich nur solange sie nicht Technik der Vorwegnahme ist. Denn als Technik | gehört sie in die Spannung von Freiheit und Sein[21]. In diesem Sinne sind Visionen Vorwegnahmen — freilich nur solange man sich ihrer nicht „rühmt", d. h. sie nicht zum Gegenstand des Besitzes macht[22]. So ist das sakramentale Sterben und Auferstehen, der Geistempfang, die „Erkenntnis Gottes" und die „Liebe" als Qualität der „neuen Kreatur" eine Vorwegnahme, ein Teilhaben an der Gestalt der Gnade, das nie den Charakter des Besitzes annehmen kann[23]. Denn das liegt ja im Begriff der Vorwegnahme, daß es *noch nicht* genommen werden kann, daß es ein uneigentliches, ein bedeutungstragendes Nehmen ist, aus dem sich keine Vergegenständlichung entwickeln darf.

Es ist nun zu fragen, wie sich die Gestalt der Gnade zu den rationalen Gestalten verhält. Darauf ist grundsätzlich zu antworten: *Die Gestalt der Gnade*

---

[20] Analoge Tendenzen, zu einer Gestalt der Kirche zu kommen, s. im „Berneuchener Buch" und im „Alter der Kirche", herausgegeben von Rosenstock und Wittig.

[21] Der Streit über die Mystik kann durch die Unterscheidung von Mystik als Technik und Mystik als Gestalt der Gnade grundsätzlich entschieden werden.

[22] Vgl. 2. Kor. 12.

[23] Darin stimme ich Barth in seiner eschatologischen Deutung von 1. Kor. 13 zu. Barth übersieht nur, daß alles Reden von der eschatologischen Erfüllung erst möglich wird durch „Vorwegnahme" in der Gestalt der Gnade.

ist wirklich nur in rationalen Gestalten und zwar so, daß sie diesen einerseits eine Bedeutung verleiht, die über sie hinausgeht, andererseits sich mit der Eigenbedeutung der rationalen Gestalten vereinigt. Es liegt also dasselbe Verhältnis vor, wie bei der prophetischen Kritik, die über die Situation der rationalen Kritik hinausgeht und sie doch gleichzeitig in sich aufnimmt. „Die Liebe ist des Gesetzes Erfüllung", „der Geist führt in alle Wahrheit", d. h. die Gestalt der Gnade ist Erfüllung der rationalen Gestalten; aber nicht im empirisch erfaßbaren, sondern im vorwegnehmenden, bedeutungstragenden Sinne. Die Gerechtigkeit wird durch die Liebe, die Erkenntnis durch die Wahrheit nicht in ihrer eigenen Ebene verbessert oder vermehrt. Viel|mehr erhalten sie eine *neue Dimension,* eine Dimension, die sich in den vorhandenen als ihr transzendentes Bedeuten darstellt. Die Gestalt der Gnade enthält die Gestalten der Gerechtigkeit und der Erkenntnis in sich. Aber sie steht nicht in der Spannung von Sein und Geist, in denen diese Gestalten wirklich sind. Sie steht jenseits dieser Spannung und zeigt — in Vorwegnahme — eine transzendente Gerechtigkeit, die nicht in dem Widerspruch erkämpft, eine transzendente Erkenntnis, die nicht dem Widerstrebenden abgerungen ist.

Die Verschiedenheiten der Gestalt der Gnade gehören der „religiösen Kultur" an. Sie stehen unter der Kritik, der rationalen und der prophetischen. Ja, sie sind der eigentliche Gegenstand der prophetischen Kritik. Denn gegen die Verwechslung von „Gestalt der Gnade" und „religiöser Kultur" zu kämpfen, ist das ständige Anliegen der prophetischen Kritik. Es ist die Vergegenständlichung der Gestalt der Gnade, die zu dieser Verwechslung treibt und die sich hier als der menschliche Versuch erweist, die Gnade zu benutzen, um der Kritik zu entgehen. Damit ist andererseits das Recht der religiösen Kultur zum Ausdruck gebracht. Sie ist der Inbegriff derjenigen Formen, in denen die rationale Gestalt ihr transzendentes Bedeuten ausdrückt, in denen sie durch Vorwegnahme den Charakter „Gestalt der Gnade" erhält. Die Existenzformen aller Kirchen und alles individuellen Frommseins haben diesen Sinn. Sie sind nicht für sich etwas. Sie sind nicht mehr als die rationalen Gestalten; aber sie sind der Ausdruck für das transzendente Bedeuten, das in den rationalen Gestalten stattfinden kann.

Die Gefahr dieser Ausdrucksformen ist, daß sie unmittelbar die Gestalt der Gnade für sich in Anspruch nehmen. Die Gestalt der Gnade aber ist nicht an sie gebunden und kann erscheinen in rationalen Gestalten, die keine religiösen Ausdrucksformen tragen. Das Heilige kann erscheinen im Gewande der Profanität, obwohl dieses Gewand *Verhül|lung* ist. Diese Möglichkeit ist durch ihr bloßes Vorhandensein Kritik des Anspruchs der religiösen Kultur, selbst Gestalt der Gnade zu sein. Das ist das Gewicht, die Bedrohlichkeit der Profanität für den religiösen Menschen. Sie zeigt ihm die Grenze der religiösen Kultur, sie zeigt ihm die Freiheit der Gnade von der religiösen Kultur. Damit ist freilich der profanen Kultur kein Vorrecht gegeben, denn *ihre* Gefahr ist es, die Gestalt der Gnade zu verleugnen zugunsten einer bloßen in sich geschlossenen Seins-Gestalt, ihre Gefahr ist es, in dem Sinne autonom zu werden, daß sie sich dem transzendenten Bedeuten entzieht. — Es liegt nun im Verhältnis von Sein und Jenseits des Seins, daß eine Seinsgestalt, die grundsätzlich die Gestalt der Gnade verneint, mit dem Verlust ihrer eigenen Gestalt bedroht ist. Wie die prophetische Kritik der rationalen ihr unbedingtes also transzendentes Gewicht gibt, so gibt die Gnade jeder rationalen Gestalt die Macht zu sein, d. h. teilzuhaben am unbedingten oder transzendenten Sein. Was *nur* in der Bedrohtheit, *nur* in der Spannung von Sein und Freiheit stände, wäre schlechthin ohnmächtig. Nur durch die verborgene Gegenwart eines Tragenden aus dem Jenseits von Freiheit und Sein hat die lebendige Gestalt Anteil am Sein. *Darum ist in jeder lebendigen Gestalt ein Verborgenes von Gnade, das eins ist mit seiner Macht, zu sein.* Freilich wird die lebendige Gestalt dadurch nicht zu einer Gestalt der Gnade. Denn sie bleibt in dem Widerstreit von Sein und Freiheit. Erst wo die Überwindung des Widerstreites erscheint, ist Gestalt der Gnade. Darauf aber ist das Leben jeder Gestalt gerichtet, das ist ihr Sinn, der erfüllt und der verfehlt werden kann. Die sich abschließende Autonomie führt zu Gestaltverlust, weil sie die Gestalt der Gnade verfehlt und damit grundsätzlich die Macht zu sein preisgibt. — Die Tendenz der Gestaltauflösung, auf deren Boden das abstrakte Prinzip der rationalen Kritik erfaßt | werden konnte, könnte also grundsätzlich gedeutet werden als ein Verfehlen und Vergeuden der Gnade. Die Verbindung des Protestantismus mit ihm ist der Konsequenz nach eine Verbindung mit Gnadenlosigkeit und Seinsohnmacht. In Wirklichkeit lebt natürlich auch diese Seinsgestalt von dem Erbe der Gestalt der Gnade, aus der sie hervorgegangen ist. Also der Kritizismus von der christlich-protestantischen Gestalt.

Eine Frage ist im bisherigen unbeantwortet geblieben, die Frage nämlich, wie es zum Wechsel der Gestalt der Gnade kommt, also zur Erscheinung des Jenseits von Sein und Freiheit in verschiedenen Seinsgestalten. Die Antwort ist gegeben durch das Verhältnis von Kritik und Gestalt. Die Verwirklichung der Gnade ist gebunden an die Art ihrer Einigung mit der prophetischen Kritik. In dem Maße und in der Art, mit der die prophetische Kritik den Charakter einer Seinsgestalt bestimmt, kann sich die Gnade in ihr verwirklichen. Das ist natürlich kein zeitliches Nacheinander. Auch hier gilt, daß das Prius der Kritik die Gestalt ist. Aber das Verständnis einer Gestalt der Gnade ist gegeben durch das Verhältnis von Gnade und Kritik in ihr. Zuletzt handelt es sich immer darum, inwieweit die Gnade benutzt wird, um sich der radikalen prophetischen Kritik zu entziehen. Oder mit einem anderen Begriff, inwieweit die Gestalt der Gnade dämonisiert ist. Der antidämonische Kampf der prophetischen Kritik ist maßgebend für die Gestalt der Gnade, für die Art des Erscheinens des Jenseits von Sein und Freiheit im Sein. Von hier aus ist es möglich, den Wandel der Gestalten der Gnade und dadurch indirekt den Wandel der historischen Gestalten überhaupt zu verstehen[24]. Von hier aus ist auch das Besondere des protestantischen Prinzips zu erfassen.|

---

[24] Vgl. dazu meine Schrift „Das Dämonische, Versuch einer Sinndeutung der Geschichte"[f].

b) Protestantische Gestaltung

Die Gnade ist das Prius der Kritik. Aber jede Form, in der die Gnade erscheint, muß selbst unter der Kritik stehen, d. h. die Gnade darf nicht gegenständlich gemacht werden. Diese Beschreibung ist selbst der protestantischen Grundhaltung entnommen. Das gilt nun freilich auf den historischen Protestantismus gesehen nur für das Negative, die Ablehnung sowohl der katholischen Vergegenständlichung als auch der autonomen Profanisierung der Gnade. Das Positive, das im folgenden gegeben ist, soll ein Versuch sein, aus der gegenwärtigen Lage vom protestantischen Prinzip her das Problem neu zu sehen und zu lösen. Denn die positive Lösung des Protestantismus ist zerbrochen und hat den Protestantismus an die Grenze des Zerbrechens getrieben.

Die Gestalt der Gnade, die der Protestantismus bestehen ließ nach Zerschlagen aller übrigen Gestalten, ist die Schrift. In ihr fand sich die Einheit von prophetischer Kritik und religiöser Gestalt in vollkommener Form. Und die Berufung auf sie schien jede sakramentale Vergegenständlichung unmöglich zu machen. Es ist bekannt und hinlänglich kritisiert, wie dennoch an dieser Stelle eine neue Vergegenständlichung entstand und damit die Kirche vermittels der reinen Lehre die Gestalt der Gnade fixierte. Der reine Bedeutungscharakter, die Vorwegnahme der Gnadengestalt wurde nicht deutlich. Daraus folgte naturgemäß ein Besitzanspruch auf Wahrheit, der sich der prophetischen Kritik entzog und verhältnismäßig früh der rationalen Kritik zum Opfer fiel.

Ein weiteres Problem ergab sich aus der Notwendigkeit der Vergegenwärtigung der Gestalt der Gnade. Denn nur als gegenwärtige ist die Gnade wirklich Gnade. Und dieses Problem war das schwerste für den Protestantismus. Er be|fand sich in einer sehr anderen Lage als das erste Christentum. In der spätantiken Menschheit waren religiöse Formen vorhanden, an denen in und mit der prophetischen Kritik die neue Gestalt der Gnade erscheinen konnte: der jüdische Gedanke des Gottesvolkes, das die Verheißung hat, und die hellenistischen Sakramentsreligionen, die durchweg über die alten dämonisierten Formen des Heidentums hinausstrebten. Das Christentum vollzog schon im Neuen Testament die Verbindung der ursprünglichen Verkündigung mit diesen Formen zu der religiösen Gestalt, die sich im Katholizismus darstellt. Und zwar vollzog sie (sic!) diese Verbindung fast unbewußt mit ungebrochener Selbstverständlichkeit, wenn auch immer unter der Kraft der radikalen prophetischen Kritik. Dem Protestantismus stand ein derartiges Aufnahmefeld für die Verkündigung der Gnade nicht zur Verfügung. Und die älteren Formen waren durch die Entwicklung der katholischen Kirche dämonisiert[25]. So wäre der Protestantismus rein im Protest geblieben, d. h. er hätte sich als Wirklichkeit aufheben müssen, wäre nicht im Katholizismus selbst eine neue Möglich-

---

[25] Zur Schilderung dieser Entwicklung vgl. meinen Aufsatz: „Rechtfertigung und Zweifel", Gießen 1924.

keit erwachsen. Es ist die Laïsierung des mönchischen Ideals der Seelenformung, an das der Protestantismus anknüpfte. Hier war unter Preisgabe der sakramentalen Vergegenständlichung des Heiligen die Gestalt der Gnade in das Zentrum der sittlich ringenden Persönlichkeit gestellt. Aus dieser Haltung entsprang der Protest Luthers gegen das ganze System der hierarchischen Vergegenständlichung der Gnade, das mönchisch-asketische Ideal als solches eingeschlossen. Heilige Gestalt wäre, wenn es sie gäbe, die Gemeinschaft von Persönlichkeiten, die in vollkommener Liebe und Wahrheit stehen. Eine Heiligkeit, die an der unbedingten Forderung vorbeigeht, ist dämonisch. Die prophetische Kritik verbindet sich mit der sitt|lich-rationalen. Eben damit aber wird der Gestalt der Gnade die Grundlage entzogen. Der katholische Heilige ist heilig abgesehen von seiner persönlich-sittlichen Vollendung. Er repräsentiert als Träger eines Bedeutungsgehaltes das Heilige, das „Jenseits von Sein und Freiheit". Der Protestant ist heilig, nicht weil er eine Gestalt der Gnade bedeutet, sondern weil er die Vergebung der Sünden empfängt. Er ist heilig in der Unheiligkeit. Heiligkeit auf die Menschen angewendet wird zu einer Paradoxie, also zu keiner Gestalt. Die Gnade ist ein Urteil, keine anschauliche Wirklichkeit. Die prophetische Kritik, in Einheit mit der sittlich-rationalen läßt eine Gestalt der Gnade nicht zu. Es entsteht aber eine andere Gestalt von unabsehbarer geschichtlicher Wirksamkeit: die heroische, der Grenzsituation des Menschen bewußte, sich ständig der prophetischen und sittlich-rationalen Kritik unterstellende Persönlichkeit. Ihr Ernst, ihre Würde, ihre große Majestät — wie es von Kalvin heißt — ist darin begründet, daß sie es verschmäht, sich die Tiefe der prophetischen Kritik durch eine gegenständliche Gestalt der Gnade verdecken zu lassen. Aber diese Größe ist zugleich ihre Gefahr. Denn es ist fast unvermeidlich, daß bei dem Fehlen einer heiligen Gestalt die rationale Gestalt der sittlichen Persönlichkeit an die entscheidende Stelle tritt, und die rationale Kritik die prophetische in sich aufsaugt. Dann ergibt sich leicht eine Verbindung mit dem humanistischen Persönlichkeitsideal, und die Profanisierung ist vollendet. Es fehlt die Gegenkraft einer heiligen Gestalt anschaulicher, wenn auch nicht gegenständlicher Art. Damit verliert dann auch das Heroische seine Wurzel, und in der weiteren Entwicklung erfolgt ein allseitiger Zusammenbruch der Persönlichkeitsgestalt in Wirklichkeit und Ideal[26]. |

Die klare Konsequenz dieser Entwicklung wird ständig aufgehalten durch die Tatsache, daß auch auf protestantischem Boden die Gestalt der Gnade nicht ganz entschwunden war. Sie ist ja Voraussetzung der prophetischen Kritik, konnte also nicht wirklich fehlen, wo diese lebendig ist. Der Protestant ist heilig um des Urteils willen, das über ihn ergeht, aber doch nur, sofern er dieses Urteil auf sich bezieht, d. h. sofern er glaubt. Glauben aber ist nur möglich durch den „heiligen Geist", also in einer Gestalt der Gnade. Die Konsequenz dieses Gedankens zieht die Theologie der Frömmigkeit vom Vor-

---

[26] Die Schilderung dieses Zusammenbruchs habe ich versucht ᵍin dem Vortrag: „Die Überwindung des Persönlichkeitsideals", Logos 1927, Heft 1ᵍ.

Pietismus der Reformationszeit bis zur Gemeinschaftsbewegung der Gegenwart. Zweifellos ist damit ein unentbehrliches Element jeder existierenden Religion gewahrt und wenigstens die Andeutung einer Gestalt der Gnade gegeben. Die Geschichte der protestantischen Frömmigkeit zeigt, wie stark selbst noch dieser Rest gewirkt hat, wenn auch fast durchweg neben der offiziellen Kirche und in vielfacher Analogie zum Katholizismus. Seine radikale Auflösung durch Ritschl ist die andere Seite der Tatsache, daß in Ritschl die Aufsaugung der prophetischen Kritik durch die rationale vollzogen und die Gestalt der Gnade durch die Idealgestalt eines Reiches sittlicher Persönlichkeiten verdrängt war. — Der entscheidende Unterschied zwischen der pietistischen und katholischen Idee der Heiligkeit ist der, daß bei der pietistischen in Einheit mit dem übrigen Protestantismus alles auf die Subjektivität der Frömmigkeit ankommt. Das objektive Sein des Heiligen in irgendeinem Sinne wird auch hier nicht erreicht. Die Frömmigkeit bleibt in der Spannung von Sein und Geist. Sie erscheint nicht aus dem Jenseits von beiden. Und darum ist auch sie geneigt, zu profanisieren, von einer rationalen Gestalt aufgesogen zu werden. Sie ist geneigt, überzugehen in ein ästhetisches Weltgefühl, das sich der Sphäre des sittlichen Ringens überlegen weiß. Auch in dieser Form der | Persönlichkeitskultur hat der Protestantismus gestaltende Wirkungen von größtem historischem Ausmaß gezeigt[27]. Aber sie führen schließlich zu jener Entleerung der in sich schwingenden Subjektivität, die weithin das Kennzeichen ästhetisch gefärbten Weltgefühls wurde.

Daraus ergibt sich ein Überblick über die gestaltenden Kräfte des Protestantismus. Sie werden vielfach unterschätzt, weil sie nicht so einfach zu fassen sind wie die des Katholizismus. Die Schwierigkeit, sie zu fassen, liegt in folgendem: Der Protestantismus kennt keine faßbare Gestalt der Gnade wie der Katholizismus. Er ist deswegen in der ständigen Gefahr zu profanisieren. Und es ist überaus schwierig, in der modernen autonomen Kultur die vom Protestantismus bestimmten Elemente von den übrigen zu scheiden. Und doch ist es möglich, sobald man erkennt, daß die Gestaltung des persönlichen Lebens, sei es im Sinne der sittlichen Persönlichkeit, sei es im Sinne frommen Erlebens, das eigentliche protestantische Gestaltprinzip ist. Dann wird sowohl die bürgerliche wie die romantische Persönlichkeit in ihrem protestantischen Charakter offenbar. — Der Protestantismus hätte nie Wirklichkeit sein können, wenn er nicht solche gestaltende Kraft gezeigt hätte. Und er hätte nie an die Grenzen seiner Existenz getrieben werden können, wenn nicht diese seine Gestalten von innen her der Auflösung verfallen wären. Aber noch in dieser Auflösung zeigt sich die Größe und der Heroismus seines Gestaltprinzips.

---

[27] Am symbolkräftigsten Schleiermacher. Die katholische Romantik unterscheidet sich von der protestantischen dadurch, daß sie um Wiederherstellung der greifbaren Gestalt der Gnade ringt und darum sofort kirchlich hierarchische Auswirkungen hat. Die protestantische Romantik wirkte auf Bewegungen der subjektiven Frömmigkeit, in Sonderheit die Erweckung, die kirchlich schließlich unfruchtbar blieb.

Deutlicher, aber weniger bedeutungsvoll ist die Kraft seiner Gestaltung in der spezifisch religiösen Sphäre, also | in der Setzung von Formen, in denen sich die Gestalt der Gnade unmittelbar ausdrückt. Solche Formen hat er nicht geschaffen, denn ihm fehlte die Gestalt der Gnade, für die sie zu schaffen sinnvoll gewesen wäre. Seine Zurückhaltung auf diesem Gebiet ist seine Größe. Daß es zu keiner völligen Zurückhaltung kam und kommen konnte, ist in dem Gesetz begründet, daß die Gestalt das Prius der Kritik ist. Und so wurde aus dem katholischen Material das ausgewählt, was geeignet war, die prophetische Kritik und die Verkündigung der Gnade in der Schrift an den Einzelnen zu übermitteln. So entsteht die Gemeinde, die die in der Schrift gegebene „reine Lehre" an den Einzelnen weiter zu geben hat, die Gemeinde also, deren eigentliche Aufgabe die Predigt und die katechetisch-liturgische Hinführung zu dem Inhalt der Predigt ist. Die Gemeinde aber als anschaubare Gestalt der Gnade tritt kaum in das Bewußtsein des Protestantismus. Und damit ist ihm die eigentliche Kraft der religiös-kulturellen Gestaltung genommen. (Dennoch ist auch diese gebrochene Gestaltung als ständig aktuelle Gegenhaltung gegen die katholische Vergegenständlichung der Gnade von ungeheurer geschichtlicher Bedeutung gewesen.) Von hier aus wird die Abnahme seiner Anziehungskraft unmittelbar verständlich. Es ist der Einzelpersönlichkeit auch ohne Dazwischentreten der kirchlichen Verkündigung jederzeit möglich, den Schriftinhalt auf sich zu beziehen. Und das gilt bedingungslos, sobald der Schriftinhalt selbst nur noch vom autonomen Standpunkt aus verstanden wird. Dann treten die Führer der autonomen Kultur, die schöpferischen Träger des Geisteslebens, an die Stelle der kirchlichen Verkündigung. Wo aber das Bedürfnis geblieben ist, sich unter ein objektives Wort der Schrift zu stellen, da erwartet man doch wieder das Entscheidende von der Subjektivität des Predigers, und hebt damit den objektiven Sinn des Hörens auf. Es wäre aussichtslos und verfehlt, | wollte man versuchen, durch Mittel, die der rationalen Gestaltung angehören, ästhetische oder gesellschaftliche, die protestantische Kirche neu aufzubauen. Entweder ist sie eine Gestalt der Gnade, dann hat sie ihren Sinn in sich, oder sie ist es nicht, dann kann sie durch fremde Sinngebung sich nicht stärken.

Mit dieser Alternative ist nun die aktuelle Frage formuliert: Kann der Protestantismus trotz der entschlossenen Durchführung der prophetischen Kritik, die er nicht abschwächen darf, ohne sich selbst aufzugeben, Wirklichkeit werden in einer Gestalt der Gnade? Die grundsätzliche Antwort darauf ist schon gegeben durch die Herausarbeitung eines protestantischen Sinnes von „Gestalt der Gnade". Und aus dieser grundsätzlichen Antwort lassen sich weitere ableiten, die alle Gebiete der Theologie, namentlich der systematischen und praktischen, betreffen. Nur einiges kann an dieser Stelle angedeutet werden. — Die Gestalt der Gnade aus dem Geist des Protestantismus ist keine gegenständlich fixierbare Gestalt. Das hat zwei grundlegende Folgen. Einmal dies: Das Verhältnis der Gestalt der Gnade zu den profanen Gestalten kann nicht durch eine gegenständliche Abgrenzung vollzogen werden. Sie geht quer durch die Profanität hindurch. Die Formen der religiösen Kultur, in denen die Gestalt der Gnade lebt, sind Formen, in denen die Profanität den Charakter des transzendenten Bedeutens, die Vorwegnahme des Jenseits von Sein und Freiheit annimmt. Diese Formen bleiben demgemäß in strenger Korrelation zur Profanität. Sie schaffen kein Sondergebiet, keine religiöse Sphäre, die gegenständlich abgegrenzt wäre, kein *sanctum* oder *sanctissimum* gegenüber dem *profanum*. Die Aufhebung des Gegensatzes von heilig und profan liegt im tiefsten Grunde des protestantischen Prinzips und ist die erste und entscheidende Folge, die sich aus dem prophetischen Protest gegen die Vergegenständlichung der Gnade | ergibt. Sie ist seine Größe und, wie gezeigt, seine Gefahr. — Die Aufhebung einer besonderen Sphäre des Heiligen ist nicht etwa aufzufassen als romantische Weihung der sich abschließenden autonomen Kultur. Der Protest gegen diese liegt in jeder religiösen Haltung und kann nicht anders zum Ausdruck kommen als dadurch, daß besondere Formen über und neben die Kultur gestellt werden. Die Gestalt der Gnade kann verhüllt sein, aber sie muß doch durchscheinen. Auf der anderen Seite müssen jene Formen zeigen, daß ihr „Über" und „Neben" ein Über und Neben des Bedeutens, der Vorwegnahme, nicht des gegenständlichen Seins ist. Die religiösen Erkenntnisaussagen z. B. dürfen sich nicht geben als Aussagen über eine höhere Gegenstandswelt, sie sind vielmehr Aussagen, in denen das transzendente Bedeuten aller Gegenstände einen gesonderten Ausdruck ʰfindenʰ. Die Gemeinde darf sich nicht auffassen als eine höhere soziologische Form über dem sonstigen gesellschaftlichen Leben, sondern als gesonderter Ausdruck des transzendenten Bedeutens der soziologischen Gebilde. Der gesonderte Ausdruck fordert freilich Setzung besonderer Gegenstände, besonderer soziologischer Gruppen. Das ist nicht zu vermeiden, wenn die Gestalt der Gnade wirklich Gestalt sein soll. Entscheidend aber ist, daß diese Sonderungen nicht vorgeben, selbst etwas zu sein im Unterschied von den profanen Seinsgestalten, daß sie vielmehr nur Träger von deren transzendenter Bedeutung sein wollen. Also nicht Auflösung der Kirche in die sozialen Gebilde, nicht Auflösung der religiösen in die profane Erkenntnis, sondern eine solche Kirche, in der die sozialen Gebilde die Darstellung ihres transzendenten Bedeutungsgehaltes, die Vorwegnahme ihres Stehens im Jenseits von Sein und Freiheit anschauen; und eine solche religiöse Erkenntnis, in der die profane Erkenntnishaltung den transzendenten Sinn ihrer im Kampf stehenden Wahrheit vorwegnehmend | anschauen kann. *In der Kirche erscheint die neue Dimension des Lebens, die Dimension ihrer Transzendenz*, nicht ein unbedingten Anspruch erhebendes Gebilde der gleichen Dimension. Die Macht der Kirche ist die Macht dessen, durch das die Gestalten des Lebens zur Erkenntnis und Verwirklichung ihres transzendenten Sinnes getrieben werden. Das geschieht durch prophetische Kritik, in der die rationale enthalten ist, und es geschieht durch vorwegnehmende Verwirklichung von Gestalten, geistigen und sozialen, in denen sich die transzendente Bedeutung des geistigen und sozialen Gestaltens ausdrückt. Aber weder durch die Kritik noch durch die Gestaltung darf die Kirche in die Auseinandersetzung der geistigen und sozialen Mächte auf die gleiche

Ebene geraten. Die Kirche ist nicht Partei, auch dann nicht, wenn sie das Anliegen einer Partei in ihre prophetische Kritik aufnimmt und in ihrer transzendenten Bedeutung offenbar macht, auch dann nicht, wenn sie in ihrer vorwegnehmenden Gestaltung einer rationalen Gestalt sich annähert. Ihr Konkretwerden, ihr Gestaltwerden ist nie eindeutig Entscheidung für eine konkrete Seinsgestalt. Sondern auch da, wo eine Entscheidung vorliegt, meint sie in der bejahten Seinsgestalt das transzendente Bedeuten, nicht die Seinsgestalt als solche[28].

Die zweite grundlegende Folge, die sich aus der Vergegenständlichung der Gestalt der Gnade ergibt, ist ihr Verhältnis zum Werden der Gestalten, zur Geschichte. Eine Gestalt der Gnade, die gegenständlich fixiert ist, enthebt die Formen, | in denen sie erscheint, die rationalen Gestalten, die sie in sich aufnimmt, dem Wechsel. Sie muß, wie es die katholische Kirche tut, ein bestimmtes rationales Ideal, etwa den Thomismus, mit der Gestalt der Gnade identifizieren. Um das zu können, muß sie die ideale Sphäre statisch denken, als System einmal zu erfassender Wesenheiten, deren prinzipielle Erfassung nicht überboten werden kann. Demgemäß bedeutet auf diesem Boden die Geschichte nichts Entscheidendes. Die Möglichkeit des Wesenhaft-Neuen schlummert nicht in ihr. Denn das Wesenhafte ist außergeschichtlich und überzeitlich. Für die protestantische Entgegenständlichung der Gnade ist die Wesens-Sphäre dynamisch; in ihr wird das Neue gesetzt. Die Geschichte ist der Ort der Wesenheiten. Die Idee steht im Historischen, nicht jenseits seiner. Die Gestalt der Gnade ringt ständig um Verwirklichung in den wechselnden historischen Gestalten. Sie ist auf den Weg angewiesen, der zwischen Fixierung und Preisgabe ihrer selbst mitten hindurchführt. Die Gestalt der Gnade ist lebendige, ringende Gestalt. Und doch ist in jedem Augenblick ihrer Verwirklichung das anschaubar, was jenseits des Ringes steht. Die Vorwegnahme, das transzendente Bedeuten bleibt. Aber die rationale Gestalt, in der die Gestalt der Gnade erscheint, wechselt. Die Gestalt der Gnade als lebendige Gestalt und damit die Geschichte als Ort der Wesensverwirklichung: das liegt im protestantischen Prinzip beschlossen und muß aus ihm herausgeholt werden. Die Idee des „Kairos" als erfüllte Zeit oder Verwirklichung der Gestalt der Gnade in einem neuen Wesen ist der Versuch, diese Seite des protestantischen Prinzips deutlich zu machen[29].

---

[28] Dieses ist der Grund für die viel kritisierte Zweideutigkeit des *religiösen Sozialismus*, wie er z. B. in den „Blättern für religiösen Sozialismus" vertreten war. Diese Zweideutigkeit liegt schon im Namen. Sie ist nur verständlich aus dem Verhältnis der Gestalt der Gnade zu dem Werden der konkreten Gestalten. Von hier aus gesehen aber ist sie notwendig und entspricht der Zweideutigkeit, in der jede Verwirklichung steht vor dem Jenseits von Sein und Freiheit.

[29] ⁱVgl. dazu die ausführliche Darlegung in Kairos Bd. 1 „Kairos und Logos" von mir und „Phänomenologie und Geschichte" von H. Siegfried.ⁱ

Ist der Gedanke einer Gestalt der Gnade im Protestantismus aufgenommen, und irgendwie zur Wirklichkeit ge|bracht, so ist damit gleichzeitig der protestantische Personalismus überwunden; und zwar gilt das sowohl nach der seelischen wie nach der gesellschaftlichen Seite. Die Gnade als anschauliche Wirklichkeit ist nicht denkbar in der aktuellen Entscheidungssphäre des Persönlichkeitszentrums. Sie kann wirklich sein nur in dem schon Entschiedenen, in dem Sein, dem seelischen und sozialen, das die Persönlichkeit trägt und bestimmte Entscheidungen ermöglicht. Das schon Entschiedene und Erfüllte, die Vorwegnahme des „Eschaton" im Sein ist der Ort, an dem die Gestalt der Gnade erscheint. Daraus ergibt sich, daß die Gestaltung der sozialen, seelischen, ja biologischen Schicht des Daseins ein dringliches Anliegen der protestantischen Gestaltung wird; aber freilich so und nur so, daß das Persönlichkeitszentrum im religiösen Verhältnis niemals ausgeschaltet werden darf. Denn in ihm wird gehört die radikale, alle Sicherungen seelischer und sozialer Art wegschlagende prophetische Kritik. Notwendig aber ist, daß die Isolierung der heroischen wie der frommen Persönlichkeit gegen die eigene seelische Schicht und gegen das Stehen im sozialen Schichtaufbau durchbrochen wird. Wie die Gestalt das Prius der Kritik ist, so ist die seelische und soziale Gestalt das Prius der personalen Entscheidung. Der religiöse Sozialismus, dem eine religiöse Tiefenpsychologie parallel gehen müßte und z. T. schon geht, bemüht sich in gleicher Weise um die Vorbereitung einer protestantischen Gestalt der Gnade. Die Umwälzungen, die hier notwendig und auf dem Wege sind, übertreffen alles weit, was in der gegenwärtigen Lage gesagt werden kann. Denn ernsthaft kann nicht mehr gesagt werden, als das seelische und soziale Sein zuläßt.

Wird nun gefragt, warum das protestantische Prinzip maßgebend sein soll für die Gestalt der Gnade, auf deren Werden wir vielleicht schauen dürfen, so ist zu antworten: Die katholische Welt hat den Schritt nicht gemacht, den die | protestantische gemacht hat, den Schritt zur Entgegenständlichung des Heiligen und den Schritt zur persönlichen Entscheidung. Diesen Schritt muß sie machen; sie kann an ihm nicht vorbei. Sie braucht nicht die Wege des Protestantismus mitzugehen; aber sie muß diesen Schritt machen, den entscheidenden des ganzen Weges. — Auch die autonome Kultur ist als solche dem Werden einer Gestalt der Gnade nicht geöffnet. Denn ihr fehlt die lebendige Beziehung zu der Sphäre des transzendenten Bedeutens. Nun gibt es freilich keine durchgeführte profane Wirklichkeit. Vielmehr sind allenthalben so starke Elemente der Erschütterung wirksam, daß vielleicht auf profanem Boden der Schritt zu einer neuen Erscheinung der Gestalt der Gnade eher vorbereitet ist, als im kirchlichen Protestantismus, der noch immer weitgehend auf seiner vergangenen Gestalt ruht. Wäre es so, so müßte an den Protestantismus in gleicher Weise die Forderung gestellt werden, den Schritt zu machen, der über seine alte Form hinausführt, wie an den Katholizismus die Forderung gestellt ist, den Schritt zu machen, den der Protestantismus vorangegangen ist. Wegbereitung, d. h. vor allem Nichthinderung einer Gestalt der Gnade, die geeint ist mit der radikalen prophetischen und der konkreten rationalen Kritik, Wegbereitung aus dem Geist des „Kairos" und damit aus dem Prinzip des Protestantismus: das ist die Aufgabe, die vor uns steht und die in gleicher Weise gestellt ist der autonomen Kultur wie den christlichen Kirchen. |

Anmerkungen

9 a–a		In B in Gedankenstrichen.
	b–b	In B: Selbstgenügsamkeit.
16 c–c		In B: Ideal-Seins.
19 d–d		In B: *Gegenstands*charakter.
21 e		In B eingefügt: herausgegeben von der Berneuchener Konferenz, Hamburg 1926.
25 f		In B angefügt: Tübingen 1926.
28 g–g		In B: in dem Vortrag: Die Überwindung des Persönlichkeitsideals. In: Protestantismus. Stuttgart 1950.
33 h–h		In B: findet.
35 i–i		In B: Vgl. dazu die ausführliche Darstellung in meinem Aufsatz: „Kairos und Logos", in: Gesammelte Werke, Band IV, und in „Phänomenologie und Geschichte" von Th. Siegfried in: Kairos. Zur Geisteslage und Geisteswendung. Darmstadt 1926.

12. Philosophie und Schicksal (1929)

A. Druckvorlage: Philosophie und Schicksal, in: Kant-Studien 34 *(1929), 300–311.*
B. Philosophy and Fate, in: Paul Tillich, The Protestant Era. *Translated and with a Concluding Essay by James Luther Adams, Chicago (The University of Chicago Press) 1948, 3–15.*
C. Philosophie und Schicksal, in: Paul Tillich, Der Protestantismus. *Prinzip und Wirklichkeit, Stuttgart (Steingrüben) 1950 (Schriften zur Zeit. NF, hg. v. A. Rathmann), 35–48.*
Zum Text in G.W. IV, S. 23–35 vgl. G.W. XIV, S. 29, 78–131, 148.

A ist Tillichs im Juni 1929 in Frankfurt a. M. gehaltene akademische Antrittsvorlesung und stellt als solche ein gewissermaßen programmatisches Fazit seiner geistigen Entwicklung dar. Am 28. März selbigen Jahres war ihm in einem Schreiben des Preußischen Staatsministeriums für Wissenschaft, Kunst und Volksbildung offiziell die erfolgte Ernennung zum ordentlichen Professor in der Philosophischen Fakultät der Universität Frankfurt a. M. mitgeteilt worden (E. V, S. 182f.). Mit der Ernennung war die Verpflichtung verbunden, die Philosophie und die Soziologie einschließlich Sozialpädagogik in Vorlesungen und Übungen zu vertreten. Zugleich wurde Tillich zum Direktor des Seminars für Philosophie sowie zum Direktor des Pädagogischen Seminars der Universität Frankfurt a. M. bestellt. Tillich übersiedelte im Frühjahr 1929 nach Frankfurt und nahm im Sommersemester 1929 seine Lehrtätigkeit auf. Freigeworden war die von Tillich besetzte planmäßige Professur durch die Emeritierung von Hans Cornelius (1863–1947). Dessen Nachfolger sollte ursprünglich Max Scheler (geb. 1874) werden, der aber bereits am 19. Mai 1928 den Folgen eines Schlaganfalls erlegen war. Die ausdrückliche Bezugnahme auf das Denken Schelers gegen Ende der Frankfurter Antrittsvorlesung Tillichs erklärt sich u. a. aus dieser Ereignisfolge. Im übrigen war es Anfang 1928 noch zu einer ersten persönlichen Begegnung zwischen Tillich und Scheler anläßlich einer Schweizer Tagung und zu einem regen Gedankenaustausch beider gekommen (vgl. Pauck, 118f.).

Nach vierjähriger Lehrtätigkeit in Frankfurt, die u. a. durch die enge Zusammenarbeit mit Männern wie Theodor W. Adorno (1903–1969), Max Horkheimer (1885–1973), Kurt Riezler (1882–1955), Friedrich Pollock (1894–1970), Leo Löwenthal (geb. 1900) sowie Karl Mannheim (1893–1947) und Max Wertheimer (1880–1943) gekennzeichnet war, wurde Tillich am 13. April 1933 infolge inkriminierter Äußerungen in seinem Buch ‚Die sozialistische Entscheidung' (1933) sowie wegen seines Eintretens als Dekan der Philosophischen Fakultät für die Belange jüdischer Kommilitonen vom Amt suspendiert; er emigrierte Ende Oktober 47jährig in die USA. Über die Entwicklung der folgenden Jahre hat sich

Tillich selbst in einer ausführlichen Einleitung zu dem W. Pauck gewidmeten Band „The Protestant Era' ausgesprochen, der achtzehn im Laufe von zwanzig Jahren geschriebene theologische und philosophische Studien enthält, also ältere Aufsätze aus der deutschen Zeit mit einer Reihe neuerer aus den amerikanischen Jahren vereinigt und durch eine modifizierte Version der Frankfurter Antrittsvorlesung eröffnet wird (I. Religion and History: 1. A; 2. Historical and Nonhistorical Interpretations of History: A Comparison (Erstveröffentlichung); 3. Kairos (1922); II. Religion and Culture: 4. Religion and Secular Culture (1946); 5. Realism and Faith (1928/29); 6. Philosophy and Theology (1941); 7. Nature and Sacrament (1929); III. Religion and Ethics: 8. The Idea and the Ideal of Personality (1927/29); 9. The Transmoral Conscience (1945); 10. Ethics in a Changing World (1941); 11. The Protestant Principle and the Proletarian Situation (1931); IV. Protestantism: 12. The Word of Religion (1942); 13. The Protestant Message and the Man of Today (1929); 14. The Formative Power of Protestantism (1929); 15. The End of the Protestant Era? (1937); V. The Present Crisis: 16. Storms of our Times (1943); 17. Marxism and Christian Socialism (1941); 18. Spiritual Problems of Postwar Reconstruction (1942)).

Die nötige Übersetzungsarbeit hat im wesentlichen James Luther Adams geleistet unter Mithilfe von W. Pauck und E. Fraenkel; Adams hat den Sammelband zugleich herausgegeben und mit einem abschließenden Essay versehen (273 ff.), in dem er versucht, "to relate Professor Tillich's concept of 'The Protestant Era' to his general outlook and background, taking into account some of his many writings which are not available in English" (VII). Die Übersetzung erwies sich teilweise als ein äußerst schwieriges und zeitraubendes Unternehmen. Tillich äußert sich dazu in seinem Vorwort wie folgt: "The hardest task was the translation of some extremely difficult German texts. In many cases the impossibility of an adequate translation made it imperative for me to reproduce whole passages and even articles without keeping to the original text. In all these cases I have used the paraphrasing translations of Dr. Adams, and in no case have I changed the train of thought of the original writing." (IX) Im übrigen dient Tillichs – lange vor dem schließlichen Erscheinungstermin geschriebene – Einführung vor allem der Rechtfertigung von Auswahl und Einteilung des Stoffs und der Begründung des Titels. Ursprünglich sollte er lauten: ‚Das Ende der protestantischen Era?' (vgl. E. V, S. 300), und in der Tat bestimmt diese Frage nicht nur den (15.) Aufsatz, dessen Überschrift sie schließlich darstellt, sondern den inneren Zusammenhang des Sammelwerkes insgesamt. Dabei unterscheidet Tillich dezidiert zwischen Prinzip und Wirklichkeit des Protestantismus; wohl sei das protestantische Prinzip von ewiger Dauer, nicht hingegen das protestantische Zeitalter, dessen Religion und Kultur in der kommenden Geschichtsepoche nach Tillich nur dann von Bestand sein werden, wenn der Protestantismus seine Verschmelzung mit der bürgerlichen Ideologie und ihrem Individualismus und Spiritualismus zu lösen und eine gewandelte Beziehung zu finden vermag zu den gestaltenden Kräften der Natur, der kollektiven Gemeinschaft und des Unbewußten. Verbunden wird diese Diagnose mit eingehenden Erwägungen zu Problemen der Theonomie, des Kairos, des Dämonischen, der Rechtfertigung des Zweiflers, der Gestalt der Gnade, der latenten Kirche sowie zur theologischen Methodik. Stets stellt dabei, wie in dem Sammelband insgesamt, die Frage nach Sinngehalt und geschichtlicher Existenz des Protestantismus das integrierende Leitmotiv dar. Als das Buch 'The Protestant Era' nach langwierigen Verlagsverhandlungen 1948 endlich erscheinen konnte, wurde es ein großer Erfolg und begründete Tillichs Ruhm in den Vereinigten Staaten (vgl. Pauck, 228–230, hier: 230).

Zwei Jahre danach wurde das Werk ohne den Essay von Adams in einer autorisierten Übersetzung unter dem Titel ‚Der Protestantismus. Prinzip und Wirklichkeit' schließlich auch dem deutschen Publikum vorgelegt, und zwar in der neuen Folge der von August Rathmann (geb. 1895) – der Tillich seit seinen religiös-sozialistischen Anfängen verbunden war – herausgegebenen Reihe ‚Schriften zur Zeit'. In dieser Reihe war bereits 1948 die ursprünglich als Heft 2 der 1930 gegründeten ‚Neuen Blätter für den Sozialismus', deren Schriftleiter Rathmann auf Anregung Tillichs geworden war (vgl. G.W. XIII, S. 564–568; E. V, S. 198 Anm. 3), erschienene ‚Sozialistische Entscheidung' erneut veröffentlicht worden. Die Übersetzung der amerikanischen Ausgabe von Tillichs Protestantismusschriften wurde unter der verantwortlichen Leitung von Walter Braune vorgenommen von Renate Albrecht, Nina Baring, Gertie Siemsen und Franz Steinrath. Tillich dankte ihnen in der im übrigen sinnidentisch aus der englischsprachigen Vorlage übernommenen, allerdings mit der ausdrücklichen Überschrift ‚Das protestantische Zeitalter' versehenen Einleitung (9–32), und er fügte hinzu, die Übersetzer hätten dort, wo der deutsche Urtext einzelner Beiträge und die englische Übersetzung differierten, sich mit seinem Einverständnis für die englische Fassung entschieden (9). C ist also primär eine Rückübersetzung von B, wenngleich in den Formulierungen mannigfache Beziehungen zu A gegeben sind. Im übrigen ist zu hören, was Tillich in einem Schreiben an die Freunde vom September 1949 äußert: „Es werden jetzt verschiedene meiner englischen Arbeiten ins Deutsche übersetzt. Leider bin ich in dieser Beziehung nicht sehr hilfreich. Abgesehen von dem Zeitmangel wird es mir schwer, mich auf meine alten Sachen zu konzentrieren. Selbst wenn ich sie nicht schlecht finde, sind sie für mich wie ein Fremdkörper, ein Ding für sich selbst, nicht mehr Teil meines Lebens. Zu August Rathmann, dem Verwalter dieser Dinge und den andern, die dafür interessiert sind oder daran mitarbeiten, kann ich nur sagen: ‚Habt Geduld mit mir, ich will Euch alles bezahlen.'" (E. V, S. 322–324, hier: 324)

B und C weisen zum Teil erhebliche Textabweichungen auf, deren Dokumentation das Fassungsvermögen eines kritischen Apparats zwangsläufig sprengen würde (vgl. G. Seebaß, Beobachtungen zur Textgeschichte von ‚Philosophie und Schicksal', in: G.W.XIV, S. 78–83, sowie die S. 84–131 beigegebene Synopse). B und C sind auch abgedruckt in MW I, S. 320–340.

A[1]

Sich philosophisch in sein Schicksal finden, mit Philosophie dem Schicksal trotzen, das erscheint als die übliche und selbstverständliche Antwort auf die Frage nach dem Verhältnis von Schicksal und Philosophie. Und diese Antwort hat ein tiefes Recht. Denn wenn Philosophie nicht nur dem Wort, sondern auch der Sache nach eine griechische Angelegenheit ist, wenn es nie vorher und nie nachher das gegeben hat, was in Griechenland als Philosophie lebte, wenn alles, was später den Namen Philosophie erhielt, nicht nur den Inhalten, sondern auch der Haltung und dem Ziel nach etwas anderes war – dann ist das Verhältnis von Philosophie und Schicksal in jenen Wendungen zwar nicht ausreichend, aber doch richtig wiedergegeben: Philosophie erhebt über das Schicksal, Philosoph sein heißt, eine Haltung einnehmen, die dem Schicksal überlegen ist. Philosophische Erkenntnis ist schicksalslose Erkenntnis. Denn sie ist Erkenntnis des Seins, das jenseits des Schicksals steht. Und Sein und Erkennen gehören unlöslich zusammen.

Das alles ist griechisch. Aber ist es auch gegenwärtig? Gilt auch für uns der Satz, daß Erkenntnis schicksalslos ist, weil das erkannte Sein jenseits des Schicksals steht? Ist für uns das Sein schicksalslos, auf das die Erkenntnis sich richtet? Ist die Wahrheit schicksalslos, dementsprechend, daß sie das Währende, das Dauerhafte sein soll, als Sein wie als Erkennen? Denn Wahrheit umfaßt beides, die Erkenntnis des Seins und das erkannte Sein. Ist beides schicksalslos, wie es im Wort Wahrheit zu liegen scheint, oder steht trotz allem Wahrheit im Schicksal und mit ihr Sein und Seinserkenntnis? Und wenn sie im Schicksal stehen, was bedeutet es für sie? *Wie sieht Wahrheit aus, die im Schicksal steht, wie schicksalsgebundene Erkenntnis? Und welche gewaltigen, bis in die Wurzel gehenden Wandlungen muß Philosophie erlebt haben, in welchem Schicksalswandel muß sie selbst gestanden haben, damit sie den Weg gehen konnte von der schicksalslosen zur schicksalsgebundenen Wahrheit?* Das sind die Fragen, die uns gestellt sind.

1. Der Begriff des Schicksals

Das Thema hätte noch eine andere Deutung zugelassen: Die Frage nach dem philosophischen Begriff vom Schicksal. Sie ist nicht gemeint, aber sie kann auch nicht ganz übergangen werden.

Schicksal ist die transzendente Notwendigkeit, in die die Freiheit verflochten ist.

Darin liegt ein Dreifaches: Zuerst dies, daß Schicksal bezogen ist auf Freiheit. Wo keine Freiheit, da ist kein Schicksal, da ist unmittelbare, immanente Notwendigkeit. Das bloße Ding, das allseitig Bedingte, ist ganz schicksalslos, weil ganz der Notwendigkeit unterworfen. Je mehr Freiheit, d. h. Bestimmung durch sich selbst oder Selbstmächtigkeit, desto mehr Schicksalsfähigkeit. Weil Philosophie

---

[1] Akademische Antrittsvorlesung, gehalten in Frankfurt a. M., Juni 1929.

frei ist, weil sie bestimmt ist durch die ihr innewohnenden Gesetze, also durch sich selbst, darum ist sie schicksalsfähig. Nicht nur der Philosoph als Mensch kann ein Schicksal haben, sondern auch der Philosoph als Philosoph, und das heißt ja die Philosophie. Wird der Philosophie die Freiheit genommen, wird sie zur Funktion von etwas anderem gemacht, sei es der Materie, sei es der Seele, sei es der Gesellschaft, so wird sie schicksalslos gemacht, vielleicht einem fremden Schicksal unterworfen, vielleicht nur einer sinnlosen Notwendigkeit. Das ist die Gefahr z. B. des alles verzehrenden Soziologismus, der freilich in der unvermeidlichen Selbstaufhebung seinen Tribut an den Logos der Philosophie zahlen muß.

Zweitens besagt Schicksal, daß ein Freies einbezogen ist in die Notwendigkeit. Die Notwendigkeit, die im Schicksal liegt, greift über das Einzelne hinaus; sie erscheint als fremde Notwendigkeit, die nicht eins ist mit der Freiheit. Sie ordnet die Freiheit ein, d. h. sie verneint sie. Sie verneint auch die Freiheit des Philosophen als Philosophen, d. h. die Freiheit der Philosophie. Wer nicht verneint wird in seiner Freiheit von solch übergreifender Notwendigkeit, der hat kein Schicksal. Ein Wesen, das unbedingt seiner selbst mächtig ist, das unbedingt freie Wesen, hat kein Schicksal. Oft genug hat Philosophie sich an die Stelle des Unbedingten zu setzen versucht, ist der Verlockung des „eritis sicut Deus" gefolgt und hat geglaubt, dadurch schicksalslos werden zu können. Sie hat gemeint, daß ihr Gedanke der Gedanke ist, mit dem das Unbedingte sich selbst denkt. Der Hybris folgte der Fall, für uns am erschütterndsten anzuschauen in der Katastrophe des deutschen Idealismus.

Drittens besagt Schicksal, daß Freiheit und Notwendigkeit nicht abwechselnd wirksam werden, sondern daß in jedem Moment schicksalshaften Geschehens Freiheit und Notwendigkeit ineinander liegen. Jeder tiefere Mensch ahnt oder weiß, daß sein Charakter, seine selbstgegebene Prägung auch das scheinbar Äußerlichste und Zufälligste bestimmt, was ihn betrifft. Und er weiß oder ahnt zugleich, daß seine selbstgegebene | Prägung, sein Charakter, bestimmt ist durch Ereignisse, die zurückgehen in vergangene Generationen, in vergangene Zustände der lebendigen Substanz, in vergangene Weltzustände. Das heißt: die Notwendigkeit im Schicksalsbegriff ist Notwendigkeit des Seins überhaupt, ist transzendente, jede Einzelreihe übersteigende Notwendigkeit. Hat Philosophie ein Schicksal, so ist auch sie getragen von solch transzendenter Notwendigkeit. Zugleich aber gilt auch für sie, daß nichts sie bestimmen kann, was nicht andererseits bestimmt ist durch ihre Freiheit. Auch die Philosophie trifft kein Zufall, der nicht bedingt ist durch ihren Charakter, ihre selbstgegebene Prägung.

Damit ist der Begriff des Schicksals erklärt, der hier verwendet wird, und zugleich der Sinn, in dem von einem Schicksal der Philosophie gesprochen werden kann: Die Freiheit der Philosophie ist eingeschlossen in eine übergreifende transzendente Notwendigkeit, so daß Freiheit und Notwendigkeit durcheinander bedingt sind und unlöslich ineinander liegen. Wir fragen nun zuerst geistesgeschichtlich: wie kam es zu solcher Auffassung von Philosophie und Schicksal? *Welches Schicksal hat die Philosophie getrieben, sich selbst als schicksalsbedingt zu erfassen?* — Und zweitens fragen wir grundsätzlich: *Wie kann die Philosophie ihre*

Schicksalsbedingtheit begrifflich fassen? Wie kann sie ihr Stehen im Schicksal wirksam werden lassen für ihr Werk?

2. Philosophie und Schicksal in der griechischen Entwicklung

Die griechische Philosophie, wie die griechische Tragödie, wie das griechische Mysterium, ist Kampf gegen das Schicksal, Versuch, sich über das Schicksal zu erheben. Weder kann die Entstehung der Mysterien kultisch, noch der Tragödie ästhetisch, noch der Philosophie logisch verstanden werden. Wohl sind sie die Grundlage geworden selbständiger kultischer, ästhetischer und logischer Entwicklungen, aber geboren sind sie nicht aus diesen Ausformungen, sondern aus gemeinsamer tieferer Seinsschicht, aus dem Ringen um Sein und Nichtsein, aus dem Kampf gegen das Schicksal. Dem Griechen war der Kampf gegen das Schicksal Notwendigkeit; *denn das Schicksal hatte für ihn dämonische Qualitäten.* Es war heilig-zerstörerische Macht. Es ließ objektiv schuldig werden, und es strafte die Schuld, die „schuldlos" begangen war. So gibt das Mysterium Entsühnung durch den Gott, der selbst unter dem Schicksal das Schicksal überwindet. Und die Tragödie gibt Anschauung des Heros, der das Schicksal in Freiheit auf sich nimmt und überwindet, und die Philosophie gibt Erkenntnis und erkennende Einung mit dem vom Schicksal freien ewigen Sein. Die ungeheure Tat der griechischen Philosophie, alle Dinge und Lebensformen zu entmächtigen und alle Macht des Seins zu konzentrieren auf eine Substanz, ja auf die höchste Abstraktion, das reine Sein, ist nicht verständlich ohne eine ungeheure Not. Es ist die Not der Schicksalsgebundenheit, unter der alles Seiende geschaut wurde, einer Schicksalsgebundenheit, die heilig zugleich und zerstörerisch ist. Die Worte *Anaximanders,* die ersten Worte griechischer Philosophie überhaupt, sprechen von dem Werden und Vergehen, von der Buße und Strafe, die die Dinge einander geben müssen um der Ungerechtigkeit willen nach der Zeit Ordnung. Diese Welt dämonischer, d. h. objektiver Schuld und Strafe drohte das Bewußtsein des Griechen zu überschatten. Worte eines tiefen Pessimismus klingen aus der Lyrik und manchen Weisheitssprüchen der vorphilosophischen Zeit. Aber der leidenschaftliche Lebenswille des Griechen, geleitet von der einzigartigen Helligkeit seines Geistes, durchbrach den Bann, der ihn zu fesseln drohte. Nicht umsonst hatte die Sonne der weithin entdämonisierten homerischen Götterwelt über ihm gestanden. Sie war zwar fast verdunkelt in jenen Zeiten religiöser Umwälzung und Vertiefung, in jener Zeit archaischer Schwermut, von der die Plastik noch heute zu uns spricht. Aber sie hatte nicht umsonst geschienen. Wieder erhob sich der Geist zu ihr, nicht mehr als Götterwelt, aber als reines Sein oder als Form und Zahl oder als Idee oder als Logos oder als reine Form, ja auch als Element und Atom und schließlich als überseiendes Sein. Der Mut zur Erkenntnis rang mit der Schwermut des Schicksalsgefühls. *Jede Erkenntnis des Seienden ist Entdämonisierung des Seienden.* Sie nimmt dem Seienden die Schicksalsmacht, sie entmächtigt es, macht es zum Ding, unterwirft es dem Geist. In einem ungeheuren, von höchstem Mut und hellster Klarheit getragenem Angriff stürmt die griechische

Philosophie gegen die Schicksalsmacht des Seins an und drängt sie in unbegreiflich schnellem Fortschreiten Schritt für Schritt zurück. Sehr verschieden kann dabei die Haltung des Erkennenden sein. Sie kann sein: kritische Auflösung der alten Schicksalsmächte wie bei den Sophisten und Zynikern oder ihre Verwandlung in Maß und Zahl wie bei den Pytagoräern, in Quantität und Gesetz wie bei *Demokrit;* sie kann sein Widerstand gegen die Schicksalsmacht wie bei den Stoikern oder innere Freiheit gegen sie wie bei *Sokrates;* sie kann sein ihre kluge Benutzung wie bei den Epikuräern oder der Versuch ihrer Gestaltung wie in *Platos* Staat; sie kann sein ihre paradoxe Bejahung wie bei *Heraklit* oder die Flucht vor ihr wie bei den Skeptikern; sie kann sein und ist es bei den griechischsten der Griechen, bei *Parmenides,* bei *Plato* und *Aristoteles,* bei *Plotin:* Erhebung über das Sein. In all dieser Mannigfaltigkeit aber ist eins immer gleich: Der Kampf des Erkennenden gegen die schicksalsgeladene, dämonisch beherrschte Existenz. Darum ist das höchste Ideal das theoretische, die Erhebung über die Existenz, nicht ihre Gestaltung. Nie vorher und nie nachher hat der Kampf der Erkenntnis gegen die Schicksalstiefe des Seins so schnelle und entscheidende Siege errungen, und – nie wieder ist siegreiche Erkenntnis vom Schicksal so schwer getroffen und zu Boden geworfen worden.

Wie die homerische Götterwelt die dämonischen Mächte der Vergangenheit zwar verbannte, aber nicht beseitigte, so unterdrückte die griechische Philosophie die Schicksalsgewalt im Seienden, ohne sie beseitigen zu können. *Der Bannung der Dämonen in die Unterwelt entspricht die Bannung des Widerstrebenden in das Nichtseiende,* in das μὴ ὄν, also in das, was jeder Seinsmacht entkleidet ist. Aber dieses μὴ ὄν behielt in seiner Ohnmacht die Macht, der Form, dem Erkennen zu widerstehen, wie die Unterirdischen der ohnmächtige und doch immer wirksame Widerstand gegen die Olympischen waren; und irgendwann wurde der Widerstand übermächtig. Das Schicksal kehrte wieder; drohend standen τύχη und εἱμαρμένη über dem Himmel der Spätantike, das astrologische Schicksalsdenken nahm die astronomische Befreiung vom Schicksal zurück. Dämonenfurcht legte sich wie eine Wolke über die Geister. Vergeblich priesen die Epikuräer ihren Meister als σωτήρ, weil er sie durch seinen Materialismus von der Furcht befreit hatte. Er selbst ließ das Schicksal als Zufall in sein System herein. Und die Neuplatoniker konnten mit den dämonischen Mächten nicht mehr anders fertig werden, als daß sie sie in das System aufnahmen. – Und zugleich wurde die Philosophie ihres eigenen Schicksals bewußt. Sie überschaute ihre Geschichte und sie sah ihr hoffnungsloses Ringen zu eindeutiger, das Leben bestimmender Erkenntnis zu gelangen. Der Kampf der Schulen hatte selbst die platonische Akademie zur Skepsis getrieben, und an Lebensgestaltung war nicht zu denken in einer Zeit, wo Rom als übermenschliche Schicksalsmacht Volk auf Volk unterwarf. Aus der Skepsis heraus rief man nach Offenbarung. Die alten Schulen umkleideten ihre Häupter mit religiöser Weihe. Orientalische Offenbarungen gaben tiefere Gewißheit als altgriechische Denkkraft. Im Begriff, dem dämonischen Schicksal zu verfallen, sehnte man sich nach rettendem Schicksal, nach Gnade.

3. Philosophie und Schicksal in der abendländischen Entwicklung

Der Sieg des Christentums ist der Sieg des Schöpfungsgedankens über den Glauben an das μὴ ὄν; er ist der Sieg des Glaubens an die Vollkommenheit des ursprünglichen Seins in allen seinen Stufen über den Glauben an eine widerstrebende gottfeindliche Materie. Er ist die radikale Entdämonisierung des Seienden als solchem, und damit das Ja zur Existenz. Und das bedeutet weiter, daß er Ja zum Geschehen ist, daß „der Zeit Ordnung" nicht nur wie bei *Anaximander* das Werden und Vergehen, sondern das Neuwerden, die Gestaltung und das sinngebende Ziel in sich birgt. *Die Zeit siegt im Christentum über | den Raum, die einmalige sinnerfüllte Richtung der Zeit über das kreisförmige, sich wiederholende Werden und Vergehen*, das heilsgeschichtliche Schicksal siegt über das dämonisierte Schicksal. Damit ist die griechische Situation aufgehoben und mit ihr die Voraussetzung der Philosophie wie die Voraussetzung der Tragödie. Nie wieder kann Philosophie das sein, was sie ursprünglich war. Sie, die das Schicksal überwinden wollte, ist selbst vom Schicksal ergriffen und ein anderes geworden. Wer das nicht sieht, wer von einer einheitlichen Geschichte der Philosophie träumt, geht an dem Eigentlichsten und Tiefsten der abendländischen Geistesgeschichte, des abendländischen Geistschicksals vorüber.

Die Philosophie hatte in ihrer Verzweiflung nach Offenbarung gerufen. Nun ergriff die Offenbarung sie und ordnete sie sich ein. Sie stieß ab, was dämonisch an ihr war, und nahm auf ihre logischen Formen und ihre sachlichen Inhalte. Das Metaphysische in ihr, der eigentlich sinngebende Gehalt, wurde unterdrückt. Sie wurde profan; und eben dadurch geeignet, dem Heiligen zu dienen. Hätte sie selbst Heiligkeit beansprucht, so wäre sie von dem siegreichen Heiligen abgestoßen und vernichtet worden. Das war ihr Knechtsschicksal, das nicht nur äußerlich begründet oder durch Vergewaltigung seitens der Religion erzwungen war, sondern das in der Sache selbst lag und darum echten Schicksalscharakter hatte. Der Gedanke an ihr vergangenes Schicksal macht ihr die Dienstbarkeit leicht, wie überhaupt die Katastrophe der Spätantike die ständig mittönende negative Voraussetzung für das Selbstbewußtsein des Mittelalters ist. Bis die Töne verklangen, die Schicksalsstunde der Philosophie vergessen wurde, die Herrlichkeit ihres ersten großen Siegeslaufes den Geist der abendländischen Völker berauschte. *Alles Griechische kehrte wieder, aber nichts war in Wahrheit griechisch, denn der Boden war verwandelt.* Nicht Werden und Vergehen, sondern Schöpfung des Seienden, sinnhafte Vorsehung und heilsgeschichtliches Ziel der Zeit bestimmen die Substanz des abendländischen Bewußtseins. Was geschaffen wurde, war nicht Griechentum, sondern *christlicher Humanismus*. Dieser Begriff, dessen überragende Wichtigkeit für das Verständnis der gesamten Moderne noch längst nicht erkannt ist, enthält auch eine Antwort auf unsere Frage: Christlicher Humanismus, d. h. durch das christliche Schicksal, durch die christliche Tatsache bestimmter Humanismus, d. h. also auch: durch das christliche Schicksal bestimmte Philosophie – sofern das Wort Philosophie hier noch anwendbar ist.

Die griechische Philosophie hatte Methoden und Erkenntnisse bereitgestellt, die in ihr nicht aktuell werden konnten, weil die Hinwendung zur Existenz fehlte. Mit der Wendung zur Existenz, die den christlichen Humanismus kennzeichnet, wurden sie aktuell und in ihrer Aktualität zugleich gewandelt. Technische und politische Seinsgestaltung sind die | Aufgaben, die gestellt sind; das mathematisch-quantitative Weltbild der Pythagoräer im Gegensatz zum biologisch-qualitativen des *Aristoteles*, das die Antike für sich ausgestoßen hatte, gibt den Hintergrund. *Philosophie wird Wissenschaftslehre;* die Skepsis wird überwunden durch das methodische Experiment und durch die Technik, die ständig wirkende und zugleich weltumgestaltende Probe auf die Gültigkeit der wissenschaftlichen Welterkenntnis. Zur Ergänzung dient eine *Morallehre*, die den einzelnen geschickt macht zum Zweck der Weltgestaltung, und eine *Staatslehre*, die den Staat dem gleichen Ziele unterordnet. Zur Beseitigung störender Eingriffe aus der Transzendenz drängt eine skeptische oder rationale Metaphysik das Göttliche an den Rand des Weltbildes oder unterwirft es der technischen und moralischen Idee. In alledem weiß sich die Philosophie geborgen. Nicht mehr patriarchalisch wie als Magd im Hause des Mittelalters, sondern frei, auf sich selbst gestellt wie die bürgerliche Gesellschaft, aber doch getragen von dem, was sie einst als Magd geglaubt hatte: Getragen von der Vorsehung, die sich ihr darstellte als wachsende Vervollkommnung in Seinserkenntnis und Seinsgestaltung, als Weg zu dem Ziel, das sie auch aus dem Glauben ihrer Magdzeit übernommen und dann als Utopia vor sich hingestellt hatte. So lebt sie im Positivismus, so im Kantianismus bis heute. *Ein anderes Schicksal als das natürliche des Wachsens und Reifens kennt sie nicht.* Der Plan der Erziehung des Menschengeschlechtes steht über ihr, und der Inhalt dieses Planes ist Durchsetzung des Vernünftigen in Praxis und Theorie. Das Vernünftige aber ist eines und unveränderlich. Es wird in Stufen angeeignet, aber es bleibt sich selbst gleich. Eine Wahrheit, die im Schicksal steht, gibt es nicht.

Und doch wurde auch die moderne Philosophie vor die Schicksalsfrage gestellt. Sie beherrscht ja nicht allein das Feld. Neben ihr, mächtiger als sie, standen die Traditionen der Vergangenheit: das wirkliche Griechentum, das Mittelalter, der Protestantismus. Neben diesen war sie eine Tradition unter anderen, und sie wurde hineingerissen in den Kampf der Traditionen. Das berührte sie noch wenig, solange sie in völliger Siegesgewißheit, getragen von dem Sieg der bürgerlichen Gesellschaft, Stellung auf Stellung eroberte. Aber dieser Siegeslauf fand sein Ende, philosophisch in der kritischen Erschütterung durch *Kant* und die romantische Rückwendung zu den Traditionen der Vergangenheit, politisch durch die Reaktion des 19. Jahrhunderts. Die Geborgenheit der Philosophie war zu Ende; aber auch eine religiöse Geborgenheit fehlte. Die protestantische Kritik hatte die Einheit der religiösen Tradition zerbrochen. *Die Philosophie mußte sich selbst historisch sehen und war damit vor die Frage ihres Schicksals gestellt.* Notwendigkeiten, die nicht in ihrer Freiheit standen, wurden sichtbar. | Eine alte, fast verborgene Tradition, die von *Duns Skotus* und der Naturphilosophie der Renaissance über *Luther* und *Jacob Böhme* zu *Oetinger* und *Schelling* läuft, trat plötzlich hervor. Hier war die Rede von der Zweideutigkeit des Seienden, von dem irrationalen Willen, der jede statische Ideenwelt zerbricht, von dem Widerstreit des unbewußten und bewußten Willens, von der dämonischen Tiefe im göttlichen Selbst. Ein leidenschaftlicher Protest richtet sich gegen die kartesianische Schule. Der Protest blieb ungehört, bis er auf dem Wege über *Schellings* Willenslehre in die rationale Philosophie einbrach und zur eigentlich geschichtsbildenden Macht des 19. und bisherigen 20. Jahrhunderts wurde.

Eine Entdeckung von unabsehbarer Tragweite war gemacht worden: Der Ort gleichsam war gefunden, an dem das Schicksal ansetzt und sich die Freiheit einordnet: Es ist die nichtrationale Schicht des Seienden, die im Mittelalter als ‚Seelentiefe' Einbruchspunkt von Begnadung und Besessenheit war, und die nun nach Abstreifung der religiösen Beziehung als dunkler Wille, als Leben, als Vitalsphäre, als Unbewußtes, als Wille zur Macht, als Erostrieb, als Gesellschaftslage zur Einbruchstelle für das Schicksal wurde, auch für das Schicksal des Denkens. Das Denken hatte sich selbst in den vorrationalen Zusammenhängen gefunden, in denen es steht, und durch die es ein Schicksal hat. Freilich halfen ihm dazu nicht nur Denkereignisse. Ebensosehr und letztlich durchschlagender war die politische Kampfsituation, die sich innerhalb der bürgerlichen Gesellschaft auftat, und in der die Entwurzelung des gegnerischen Denkens dadurch vorgenommen wurde, daß man ihm die Bedingtheit seines Inhalts durch den sozialen Machtwillen, der hinter ihm steht, nachwies. Die Denkereignisse folgten sich nun Schlag auf Schlag: *Feuerbachs* materialistische Entwurzelung der religiösen Idee, die ökonomische Geschichtsauffassung, die pragmatische Erkenntnistheorie bei *Nietzsche* und in Amerika, die Tiefenpsychologie bei *Nietzsche, Freud* und in der realistischen Literatur. Jede dieser Richtungen stellte mit neuer, immer gesteigerter Eindringlichkeit die Frage nach der Schicksalsgebundenheit des Denkens. Nur die Schulphilosophie vernahm die Frage nicht. Sie lief parallel der Wiedererhebung der bürgerlichen Gesellschaft seit der Mitte des 19. Jahrhunderts und wiegte mit Erkenntnistheorie und Moralehre diese wie sich selbst in das Gefühl schicksalsloser Geborgenheit. Aber die Frage ist an uns gestellt. Wir können ihr nicht ausweichen. Selbst in der Schule ist kein Ort mehr, wo man Ruhe vor ihr finden kann. Nicht einmal in der formalen Logik; wie es keinen Ort mehr gibt, an dem die bürgerliche Gesellschaft sich der Frage nach ihrem Schicksal entziehen könnte. Die Frage aber lautet: *Was ist Wahrheit, die im Schicksal steht?*|

4. Wahrheit und Schicksal

Die erste große und grundsätzliche Antwort auf die Frage nach der Wahrheit, die im Schicksal steht, hat *Hegel* gegeben: Auf der einen Seite sieht er den Prozeß der Idee, auf der anderen die Völker. Wie kommen beide zusammen? Sie müssen zusammenkommen, damit sinnerfüllte Geschichte sei. Die Idee für sich und ihre rationale Notwendigkeit ergibt noch nicht Geschichte. Die Völker und ihr irrationaler Lebenswille ergeben noch keine sinnerfüllte Geschichte. Nur wenn die Völker Träger der Idee werden, gibt es Sinn und Geschichte zugleich. Das aber geschieht durch die List der Idee. Die Idee benutzt den Widerspruch der vitalen Mächte, um sich mit seiner Hilfe zu verwirklichen. Die Lehre von der List der Idee ist kein Mythos, sondern ein paradoxer Ausdruck für den Vorsehungsglauben in idealistischer Umformung. Auch der Vorsehungsgläubige wußte, daß die Wege der Vorsehung dunkel, widerspruchsvoll, verborgen sind, und dennoch glaubte er an sie und war gewiß, daß sie zum Ziele führe. *Hegel* geht einen Schritt weiter. Er kennt die Wege der Idee, er weiß um ihre Listen und den Sinn ihrer Umwege. Er steht am Ziel und kann die Entwicklung überschauen. In seinem, des Philosophen Denken, hat das Denken sich selbst gefunden, hat seine Freiheit vom Schicksal erreicht. Jede äußere Notwendigkeit ist verschwunden. Die Teilnahme an der unbedingten Freiheit des Unbedingten ist möglich. Damit war die Drohung des Schicksals beseitigt. Selbst die Geschichte war in das System aufgenommen. Die Freiheit triumphierte über die Notwendigkeit.

Diese Lösung mußte zerbrechen; sie war in sich selbst widerspruchsvoll. Denn war einmal das Schicksal zugegeben, wie konnte es vor dem *Hegel*schen Denken haltmachen? Es machte nicht halt, und es trieb zu der entgegengesetzten Lösung. Man brauchte nur das Bild von der List der Idee umzudrehen. War nicht vielleicht, so konnte man fragen, der Volkswille oder, was sich als wichtiger erwies, der Machtwille der Klassen oder die Triebtendenzen der Seele das Überlistende und die Idee das, was die vitalen Mächte benutzten, um sich durchzusetzen? Dieses ist die Auffassung, in die sich weithin Soziologie und Psychologie teilen, und die bedeutet, daß dem Denken ein eigenes Schicksal genommen ist, nicht zugunsten der Freiheit, sondern zugunsten einer sinnfremden Notwendigkeit. Daß man dieser Notwendigkeit dann doch heimlich einen Sinn gab, z. B. den, das Vernunftreich zu verwirklichen, war unvermeidlich, wollte man den eigenen Gedanken als Wahrheit verteidigen und nicht selbst wieder soziologisch und psychologisch auflösen lassen. Man mußte einen absoluten Schicksalsmoment konstruieren, der über allen Wandlungen des Schicksals steht, etwa die Situation des Proletariats vor der Revolution. Man mußte also, um die Wahrheit des eigenen Gedankens aufrechtzuerhalten, wenigstens an *einem* Punkte den Schicksalsgedanken außer Kraft setzen. Darin aber zeigt sich, daß es auch unmöglich ist, dem Denken das Schicksal zu rauben zugunsten eines fremden Schicksals. Niemand ist imstande, diesen Versuch durchzuführen, weil er ja denkend, d. h. durch die Freiheit der Erkenntnis durchgeführt werden muß. Es ist unmöglich, die Freiheit zu opfern zugunsten einer fremden Notwendigkeit, wie es unmöglich war, die Notwendigkeit zu opfern zugunsten der Freiheit. Nicht nur gegen *Hegel,* auch gegen Soziologie und Psychologie siegt der Schicksalscharakter des Denkens, gegen jenen die Notwendigkeit, gegen diese die Freiheit.

Eine vermittelnde Lösung versucht *Max Scheler.* Er meint, daß die realen Mächte: Wirtschaft, Vitaltrieb usw. darüber entscheiden, was jederzeit gedacht werden kann, aber nicht über Sinn und Geltung des Gedankens selbst. Die realen Mächte wählen die Ideen aus, die wirklich werden können, aber sie bestimmen nicht ihren Gehalt. Die reale Entwicklung ist streng determiniert. Kein Gedanke hat die Macht, sich ihr entgegenzusetzen. *Scheler* verkündigt die Machtlosigkeit, damit aber, ohne es zu wollen, doch wieder die Schicksalslosigkeit des Denkens. Die Welt des Denkmöglichen ist gleichsam ein unbegrenztes Reservoir, aus dem der geschichtliche Prozeß herausholt, was ihm adäquat ist. Damit aber ist Idee und Existenz getrennt; Philosophie und Schicksal sind nur äußerlich verknüpft. Es gibt aber keinen solchen kausal geschlossenen Seinsprozeß. Es ist schon eine sehr fragwürdige Voraussetzung, daß man einen solchen von der Idee losgelösten Kausalprozeß von der Wirklichkeit abstrahiert. Das ist selbst ein Gedanke, der noch übrig ist aus der Zeit kartesianischer Geborgenheit des Denkens und Vergewaltigung des Seins. Und ebensowenig gibt es einen Himmel ewiger Denkmöglichkeiten. „Denkmöglichkeit" ist schon weniger statisch und ewig als Idee im platonischen Sinne; aber wirklich dynamisch, wirklich der Existenz zugewandt wird es doch erst, wenn der Reflexionsgegensatz von Denkmöglichkeit und Denkwirklichkeit verschwindet, wenn die Idee eingeht in die Existenz, und wenn es ihr Wesen ist, einzugehen in die Existenz.

Bei *Scheler* betrifft das Schicksal nur den Vorhof der Philosophie, nicht das Heiligtum selbst. Aber selbst in das Heiligtum des Denkens, in die Wahrheit als solche, dringt das Schicksal ein und macht nur halt vor dem Allerheiligsten: Der Gewißheit nämlich, daß das Schicksal göttliches und nicht dämonisches Schicksal ist. Daß es sinnerfüllend und nicht sinnzerstörend ist. Ohne diese Gewißheit, die das Innerste des Christentums ist, wären wir zurückgeworfen auf die griechische Lage und müßten den ganzen Schicksalsweg der Philosophie von neuem beginnen. Aber verfügbar, betretbar ist dieses Allerheiligste auch des Denkens nicht; es kann nicht selbst, wie *Hegel* wollte, gedacht, als sinnvoller Weltprozeß dargestellt werden. Wohl schwingt dieser transzendente Sinn durch all unser Denken hindurch, wohl kann es keinen Denkakt geben ohne die heimliche Voraussetzung seiner unbedingten Sinnhaftigkeit. Aber der transzendente Sinn ist nicht selbst ein Gedanke, mit dessen Hilfe sich eine schicksalsfreie Philosophie schaffen ließe. Er steht, wie es echt protestantischem Geist entspricht, jeder Verwirklichung unbedingt gegenüber. Er ist die ‚Rechtfertigung' des Denkens, das, wovon aus das Denken seine unbedingte Grenze, aber auch sein unbedingtes Recht empfängt.

Ist dieses gesichert, bleibt die dämonische Drohung des Schicksals überwunden, so kann die Philosophie dem Schicksal, dem sie unterworfen war von Anfang an, und dem sie entrinnen wollte und nie entronnen ist, Einlaß geben in ihr Denken. Das ist die philosophische Aufgabe, die uns gestellt ist in der Philosophie und in allen Gebieten, die philosophischem Geist offen sind. *Der Logos ist aufzunehmen in den Kairos, die Geltung in die Zeitenfülle, die Wahrheit in das Zeitschicksal.* Die Scheidung von Idee und Existenz ist aufzuheben. Es ist dem Wesen wesentlich, zur Existenz zu kommen, einzugehen in Zeit und Schicksal. Das widerfährt dem Wesen nicht von außen, sondern ist Ausdruck seines Seins, seiner Freiheit. Und es ist der Wesenserkenntnis wesentlich, in der Existenz zu stehen, zu schaffen aus Zeit und Schicksal. Das widerfährt ihr nicht von außen, sondern ist Ausdruck ihres Seins, ihrer Freiheit. Es wäre falsch, wollte man hier von seinsgebundener Erkenntnis reden. Steht das Sein selbst im Schicksal, so entspricht es der Freiheit des Erkennens, auch im Schicksal zu stehen. Sein und Erkenntnis sind im Schicksal miteinander verflochten. Der unbeweglich-ewige Himmel der Wahrheit konnte nur erkannt werden durch schicksalsfreie Erkenntnis. Die Wahrheit dagegen, die im Schicksal steht, ist nur dem offen, der mit ihr im Schicksal steht, der selbst ein Element des Schicksals ist. Denn auch das Denken ist Sein. *Und nicht nur das Sein ist dem Denken, sondern auch das Denken ist dem Sein Schicksal, wie jedes jedem Schicksal ist.* Das Denken ist eine der Mächte des Seins, in denen das Sein sich losreißt von sich selbst, es ist Seinsmacht. Und es bewährt seine Macht dadurch, daß es herausspringen kann aus jeder gegebenen Seinslage zu einer zu schaffenden. Es kann das Sein überspringen, wie es auch vom Sein übersprungen werden kann. Aus dieser Sprungkraft des Denkens ging die Meinung hervor, daß es losgelöst vom Sein wäre und befreien könnte von der Schicksalsgebundenheit des Seins. Dieser Meinung verdankt es seinen Ursprung und die Schicksale der Philosophie, von denen wir gesprochen haben. Aber diese Schicksale haben gezeigt, daß es nicht so ist, daß der Sprung des Denkens kein Losreißen vom Sein ist, daß auch im Akt seiner größten Freiheit das Denken schicksalsgebunden bleibt, demgemäß, daß das Sein selbst im Schicksal steht. Das Sein steht im Schicksal, das kann nur bedeuten: Im Sein ist Freiheit. Es gibt kein Seiendes, dem die Freiheit ganz fehlte, es gibt kein ganz Bedingtes, kein ganz Schicksalsloses. Hier bestätigt die mathematische Physik selbst den Schicksalsgedanken. Ein Element des Unberechenbaren wird selbst in ihrer Sphäre offenbar. Ein Element der Selbstmächtigkeit ist in jedem Seienden, und darum eine Schicksalsfähigkeit. Je größer die Selbstmächtigkeit eines Seienden ist, desto höher ist die Stufe der Schicksalsfähigkeit, auf der er steht, desto tiefer muß zugleich im Schicksal stehen die Erkenntnis dieses Seienden. Von der Physik bis zur normativen Geisteswissenschaft gibt es eine Stufenfolge, an deren einem Ende der Logos, an deren anderem Ende der Kairos steht. *An keinem Punkte aber ist nur Logos oder nur Kairos.* So muß auch diese unsere Erkenntnis vom Schicksalscharakter der Philosophie zugleich im Logos und im Kairos stehen. Stände sie nur im Kairos, so wäre sie geltungslos, so würde alles Gesagte nur für den gelten, der es gesagt hat; stände sie nur im Logos, so wäre sie schicksalslos, hätte also nicht teil am Sein, das selber im Schicksal steht.

Und das gilt von aller Erkenntnis, von jeder Arbeit, die uns hier in diesem Hause vereinigt. Wie die Griechen Philosophie trieben, gehorsam dem Logos und doch getragen von ihrem Kairos, wie das Mittelalter den Logos einordnete dem großen Kairos, auf dem es ruhte, wie die moderne Philosophie zu dem Logos der weltherrschenden Wissenschaft und Technik befähigt wurde durch ihren Kairos, der zugleich derjenige der bürgerlichen Gesellschaft war, so ist uns die Aufgabe gestellt, dem Logos zu dienen aus der Tiefe unseres in Krisen und Katastrophen sich ankündigenden neuen Kairos. Je tiefer wir darum im Schicksal stehen, im eigenen und im gesellschaftlichen, desto mehr wird unsere Denkarbeit Schicksalscharakter und darum Wahrheit haben.

13. Christologie und Geschichtsdeutung (1930)

A. *Druckvorlage: Christologie und Geschichtsdeutung, in: Paul Tillich: Religiöse Verwirklichung, Berlin 1930, S. 110—127 und 287—290 (Anm.).*
B. *The Interpretation of History and the Idea of Christ, in: Paul Tillich: The Interpretation of History, New York/London 1936, pp. 242—265.*
C. *Christologie und Geschichtsdeutung, in: GW VI (1963), S. 83—96.*

Zur Textgeschichte

Nach eigenem Bekunden Tillichs hat er den hier publizierten Aufsatz (= A) „geschrieben im Anschluß an die Vorlesungen über die ‚religiöse Geschichtsdeutung' im Wintersemester 1928/29 in Dresden und Leipzig". So steht es in A zwischen Überschrift und Textbeginn. Werner Schüßler hat akribisch recherchiert („Einleitung" zu Tillichs Marburger „Dogmatik" von 1925, Düsseldorf 1986, S. 17f.), daß die Vorlesung: „Die religiöse Deutung der Geschichte" gemeint ist, der offenkundig weitgehend das Manuskript der Marburger Dogmatikvorlesung Tillichs zugrunde lag. Obwohl Tillich den Aufsatz gleichsam als Konzentrat der Vorlesungen „im Anschluß" an diese niederschrieb, also sicher 1929, wurde er erstmals 1930 in dem Sammelband: „Religiöse Verwirklichung" publiziert, zusammen mit zwölf weiteren Aufsätzen aus seiner Feder. Im Anhang sind ihm 27 Anmerkungen beigegeben; vor dem Titel die Angabe: „5. Zur Christologie".

Wie wichtig Tillich diese Arbeit einschätzte, erhellt die Tatsache, daß er auch ihn 1936 in englischer Übersetzung (= B) in jenem Sammelband mit dem Titel: „The Interpretation of History" erscheinen ließ, der schon die Übersetzung von: „Eschatologie und Geschichte" enthielt (s. o.). Bei der Übersetzung sind — fraglos mit Wissen Tillichs — auch hier die Anmerkungen weggelassen worden, wohl weil sie — wenigstens teilweise — sehr stark die Situation der Erstveröffentlichung widerspiegeln, die den Lesern in der Neuen Welt nicht vertraut war. Bemerkenswerter ist, daß der englische Text auf weite Strecken nicht mehr als Übersetzung angesehen werden kann, sondern einer Neuformulierung gleichkommt, in die allerdings einige Gedanken aus den Anmerkungen eingearbeitet wurden. Im übrigen sind alle Hervorhebungen von A in B getilgt.

Der Wiederabdruck von A in GW VI (= C) deklariert sich als „Abdr(uck) von Bibliogr(aphie) Nr. 78", also der Erstveröffentlichung (cf. GW XIV 2. Aufl., 38), läßt aber ebenfalls die Anmerkungen weg, weil die Herausgeberin die „Inhomogenität" zwischen wertvollen Erläuterungen und zeitgebundenen Nebensachen darin feststellt (cf. GW XIV 2. Aufl., 264f.) Textliche Abweichungen zu A bestehen nicht, jedoch sind auch hier (ohne Vermerk) alle Hervorhebungen des Originals getilgt.

Christologie und Geschichtsdeutung

„ªChristologieª und Geschichte" ist die Verbindung zweier Begriffe, die abgesehen von dieser Verbindung nicht vollständig behandelt werden können. Irgendwo trifft die christologische Untersuchung notwendig auf den Geschichtsbegriff, und irgendwo führt die Wesensanalyse der Geschichte notwendig zur christologischen Frage. Das ist auch dann der Fall, wenn es nicht ausdrücklich bemerkt wird, ja in den allermeisten Fällen wird es nicht einmal bemerkt.

Die ᵇaltkirchlicheᵇ Christologie war ausschließlich auf das Problem der „Natur" gerichtet. Das Ineinander der göttlichen und menschlichen Natur wurde in Christus angeschaut; freilich in dem historischen Christus; denn nur der historische ist Träger der wahren menschlichen Natur, weil die menschliche Natur an die Zeitᶜ gebunden ist. Aber diese seine Historizität war nicht selbst das christologische Problem. Sie war die notwendige Voraussetzung, deren innere Problematik nicht ausdrücklich zum Bewußtsein kam. Und doch stand auch hier im Hintergrund eine universale, die gesamte Zeitlichkeit umfassende Anschauung des Geschehens, deren Mitte die Erscheinung der göttlichen in der menschlichen Natur des historischen Jesus ist. *Christologie führt notwendig zur Geschichtsdeutung.*

Und ebenso gilt das Umgekehrte: *Geschichtsdeutung führt notwendig zur christologischen Frage:* Es ist Selbsttäuschung, wenn profane Geschichtsdeutung fortschrittlicher oder revolutionärer, konservativer oder organischer Richtung meint, ohne die christologische Frage mit der Geschichte fertig werden zu können. Denn jeder geschichtliche ᵈOrtᵈ, von dem aus Sinn und Rhythmus der Geschichte angeschaut wird, liegt im Blickpunkt der christologischen Frage. Christologie treiben bedeutet ja, den konkreten Ort beschreiben, an dem ᵉein Unbedingt-Sinngebendesᵉ in die Geschichte eintritt und ihr Sinn und ᶠTranszendenzᶠ gibt; und eben dieses ist die Tiefe des geschichtsphilosophischen Problems. Diese Tiefe kann dadurch verdeckt werden, daß der konkrete Ort ungenannt bleibt oder durch abstrakt-allgemeine Formulierungen unsichtbar gemacht wird, vorhanden ist er immer; denn Geschichte wird ᵍalsᵍ Geschichte allein durch Beziehung auf einen konkreten Ortʰ. Im Zusammenhang der geschichtsphilosophischen Fragestellung ist es unmöglich, dem christologischen Problem auszuweichen. *Geschichte und Christologie gehören zusammen wie Frage und Antwort.* Wir wollen darum so vorgehen, ⁱdaß wir zunächst die geschichtsphilosophische Frage entfalten, um dann den Sinn der christologischen Antwort aufzuweisen.ⁱ

1. Sein und Geschehen

Wo das Seiende grundsätzlich als *Natur* angeschaut wird, steht es unter dem Symbol der in sich zurückkehrenden Kreislinie. Darin ist ein Doppeltes enthalten: zuerst die innere Dynamik, die Gespanntheit des ʲSeinsʲ, die nach

Entfaltung drängt; dann die Grenze der Entfaltung, die jedem ᵏEntfaltungsmomentᵏ innerlich gesetzt ist: der Zwang zu sich selbst zurückzukehren und das Ende an den Anfang anzuschließen. Wohl wird das Seiende unter diesem Symbol nicht als schlechthin ruhend gedacht. Die Kreisbewegung kann stärkste Spannung und Unruhe bedeuten. Aber jenseits jeder Unruhe und Spannung steht die Ruhe letzter Ausgeglichenheit. Die Spannung ist begrenzt, das Ganze zuletzt im Gleichgewicht. Auf diesem Boden ist echtes geschichtliches Denken unmöglich. So ist für die griechische Philosophie fast durchweg jede Abweichung von der Kreislinie Ausdruck von ˡSeinsminderungˡ. Die irdischen Dinge zeigen ihren minderen Charakter gegenüber den himmlischen eben darin, daß sie sich nicht kreislinig, sondern in auseinanderlaufenden und sich durchkreuzenden Linien bewegen. Die Abweichung von der Kreis|linie ist Seinsminderung, nicht Seinsmehrung. Darum gibt es im Griechentum keine Anschauung der Welt als Geschichte, wenn auch Historie als Bericht über das Durcheinander der menschlichen Bewegungen und als Exempel der Politik nicht fehlt. Auch da, wo die Unendlichkeit der Zeitvorstellung das Bild des Kreises bedroht, in der Weltperiodenlehre, siegt mit der „ewigen Wiederkehr des Gleichen" das Kreissymbol. Man könnte sagen, daß in diesem Denken der Raum die Zeit in sich verschlungen hält. Freilich ist die Zeit da und nimmt dem Räumlichen den Charakter simultaner Erstarrtheit. Aber der Raum läßt die Zeit nicht aus sich heraus, wie denn auch die ontologisch in dieser Weltauffassung fundierte Physik die Zeit den Raumdimensionen einordnen konnte.[1]

Auf dem Boden geschichtlicher Seinsanschauung ist die Kreislinie durchbrochen. Die Zeit reißt das Seiende aus seiner Raumgebundenheit heraus und gibt ihm die Linie, die nicht in sich zurückkehrt, und doch nicht Seinsminderung, sondern Seinsmehrung ist. Das Geschehen, sofern es durch die Zeit bestimmt ist, geht auf etwas zu; es hat eine Richtung, in der etwas verwirklicht werden soll, das nicht als Wiederkehrendes, sondern als *Neues*[2] in den Umkreis des Seienden tritt. Die Spannung, die schon der Natur zugehört, wird zur Spannung des Seienden über sich selbst hinaus, zur durchbrechenden Spannung.[3] Die mit dieser Spannung gegebene Unruhe ist durch keine übergrei-

---

[1] Vgl. dazu wie zu dem ganzen Aufsatz den folgenden Vortrag und seine Anmerkungen. (Anm. d. Hg.: Die Anmerkungen 1—7 stehen auf S. 287, 8—14 auf S. 288, 15—25 auf S. 289, 26 und 27 auf S. 290 der Erstpublikation.)

[2] Der Begriff des *Neuen* ist philosophisch noch wenig geklärt. Das ist in der Orientierung fast der gesamten abendländischen Philosophie am Kreissymbol und damit an der immer irgendwie fertigen Wirklichkeit begründet. Es wäre dem Geist des Protestantismus angemessen, wenn er eine Philosophie des *Neuen* schaffen würde.

[3] Der Begriff der *Spannung*, der zur Zeit nicht selten benutzt wird, um Unklarheiten als Tiefen erscheinen zu lassen, hat die wichtige Funktion, ein Element aufzuweisen, in dem der Geist seine eigene vitale Basis in sich erleben kann. Wo das geschieht, öffnet sich das Lebendige in seiner untermenschlichen Verwirklichung für den Menschen. Wo der Mensch die Spannungen des Lebendigen anschaut, verliert dieses

fende Ruhe im Gleichgewicht gehalten. Die Wirklichkeit geschichtlich sehen, heißt sie wesensmäßig ungleichgewichtig sehen. Aber dieses physikalische Bild muß sofort wieder überwunden werden. Die Ungleichgewichtigkeit des Seienden in der historischen Anschauung ist kein gegenständlicher Vorgang, sondern ist gerichtete, einem Nichtverwirklichten zueilende Spannung. Die Spannung kann ausgedrückt werden als Sich-selbst-Voraussein ᵐund steht dann in Korrelation zu einem Hinter-sich-Zurückgehen.⁴ Diese Ausdrücke, die gegenständlich-räumlichen Verhältnissen entnommen sind, haben doch zugleich in der Undurchführbarkeit ihrer Bildvorstellung den Hinweis darauf, daß etwas anderes in ihnen gemeint ist. Das andere aber, das gemeint ist, ist *die nur dem Mit|vollzug zugängliche eindeutig gerichtete Spannung.* Eindeutig gerichtet ist die Spannung, sofern die Richtung unumkehrbar ist, sofern es unmöglich ist, das im Sich-Voraussein und das im Hinter-sich-Zurücksein Ergriffene zu vertauschen. Die Spannung geht nie in umgekehrter Richtung, die Zeitlinie ist eindeutig bestimmt.ᵐ Eben damit ist die Wiederholbarkeit ausgeschlossen. Jeder Moment der gerichteten Spannung hat den Charakter der Einmaligkeit. Sofern das Seiende als geschichtlich angeschaut wird, wird es als einmalig angeschaut. Das Sich-Wiederholende, z. B. ⁿdas Typischeⁿ ist eben das Nicht-Geschichtliche am Seienden. *Der Typus gehört wesentlich dem Raum an.*⁵ Für Typen ist angemessen, nebeneinander in den Raum gestellt zu werden. Das Nacheinander ihres Auftretens betrifft sie nur äußerlich. In der eindeutigen Gerichtetheit, in der Einmaligkeit und Unwiederholbarkeit reißt sich die Zeit vom Raum, die Geschichte von der Natur los. In solchem Losreißen aber erfüllt sich das Wesen der Zeit.

Mit der eindeutigen Gerichtetheit der Zeit ist grundsätzlich ihre *Sinnhaftigkeit* gegeben. Das sinnfrei Nur-Seiende ist vertauschbar. Die Zeitordnung, der es

---

den reinen „Zuhandenheitscharakter" für ihn. Denn in der Spannung verwirklicht sich das aktive Eigensein des Lebendigen — das Eigensein, das immer irgendwie ein Über-sich-hinaus-Sein ist. Über sich hinaus aber ist ein Wesen dadurch, daß es auf etwas zu ist. Damit ist die Geschichtslinie grundsätzlich gegeben — freilich nur grundsätzlich. Denn eben dieses ist das Schicksal des Untermenschlichen, Nur-Lebendigen, daß seine Geschichtslinie zurückgeworfen wird und einmündet in die Kreislinie, in der sie aufgehoben ist. Die Spannung des Nur-Lebendigen reicht nicht aus, daß eine Freiheit von sich daraus werde, die Gebundenheit an sich selbst überwunden werde. „Spannung" kann also sowohl die Einheit wie den Unterschied zwischen menschlich- und untermenschlich-Lebendigem ausdrücken.

⁴ Vgl. Heidegger: „Sein und Zeit".

⁵ Die Typenlehre hat ein vorläufiges Recht, sofern auch die geistigen Haltungen bestimmte Konstanten haben, wenigstens innerhalb übersehbarer Zeiträume. Der Anspruch der Typenlehre, darüber hinaus das Wesen des Geistigen zu erfassen, muß abgelehnt werden. Dieser Anspruch ist aufzulösen als Ruhebedürfnis des Menschen, der sich der geschichtlichen Entscheidung entziehen will und die Verantwortung für sein historisches Schicksal einer unabänderlichen Struktur, die ihn bestimmen soll, zuschiebt.

unterworfen ist, trifft es nicht im Wesen. Es ist nicht ein anderes dadurch, daß es an einem anderen Zeitpunkt erscheint. Diese Behauptung schließt die andere nicht aus, daß es *notwendig* an einem Zeitpunkt erscheint, daß es im Kausalzusammenhang an diesem und keinem anderen Punkt des Raumes und der Zeit erscheinen kann. *Sinnhaft* aber wird sein Erscheinen an einem Zeitpunkt – und keinem anderen – erst dadurch, daß der Gesamtzusammenhang in der Zeit und durch die Zeit eine eindeutige Richtung erhalten hat, °daß also *die Art des Nacheinander durch den Sinn des Nacheinander bestimmt ist.*°

Daß eindeutige Gerichtetheit und Sinnhaftigkeit aneinander gebunden sind, kann an dem Prozeß des sinnhaften sittlichen Einzellebens angeschaut werden. ᴾSofern die Einordnung der einzelnen Erlebnisse in einen Zusammenhang seelischer Kausalität versucht wird, ist das Einzelerlebnis bezüglich seines Zeitpunktes zwar seins|mäßig gegenständlich determiniert, sinnhaft, aber unbestimmt und vertauschbar. Für die sittliche Beurteilung dagegen, also für die Gerichtetheit auf ein Telos, ein Wesenziel, sind die vertauschbaren Erlebnisse negativ zu bewerten. Die sittliche Gerichtetheit weiß um sich selbst durch eindeutige, unvertauschbare Einordnung ihrer Erlebnisse in eine auf das Telos zugehende Linie. Die aus dieser Linie für das Bewußtsein herausfallenden Erlebnisse sind aus dem geschichtlichen Zusammenhang des Einzellebens ausgeschlossen. Ein Leben mit überwiegenden Erlebnissen dieser Art ist ungeschichtlich, bringt es nicht zu einer erfüllten Zeitlinie, wird verschlungen vom vertauschbaren Nebeneinander des Raumes.[6]ᴾ

Mit dieser Analogie ist nun zugleich eine weitere Frage gestellt. Die Zusammengehörigkeit von ᑫerfüllterᑫ, gerichteter Zeit und Sinn ist deutlich. Sinn aber ist kein objektiv feststellbarer Tatbestand. *Die unumkehrbare Richtung der Zeit weist auf Sinn hin, aber sie garantiert nicht* ʳ*Sinn*ʳ. Damit ist gesagt: Die unumkehrbare Richtung der Zeit ist eine Tendenz, keine Tatsache. Der Gedanke der Rückkehr der Zeitlinie in sich, die Wiederholung der Kreise von Kreisen kann nicht durch Analyse der Zeit ausgeschlossen werden. *Geschichte ist nicht objektiv feststellbar*, denn Sinn und Gerichtetheit sind nicht objektiv feststellbar. Feststellbar ist die Tendenz, die in der Zeit liegt, sich in Geschichte zu erfüllen. Feststellbar sind einzelne Richtungstendenzen und Sinnerfüllungen. ˢFreilich auch dieses nicht als objektive Eigenschaft der Zeit, wohl aber als Relation bestimmter, z. B. sittlicher Erlebnisse zur Zeit.ˢ Die Entscheidung selbst aber über Zeit und Raum, über Geschichte und Nicht-Geschichte ist durch analytische Bemühungen nicht zu treffen. Sie ist synthetisch und erfolgt

---

[6] Die Autobiographie ist der Versuch, die eindeutige Zeitlinie des eigenen Lebens literarisch zu erfassen. Je mächtigere widerstrebende Tendenzen in die Einheit einer Linie gezwungen sind, desto bedeutsamer die Biographie. Die Gefahr jeder Biographie ist die Verwechslung von Erinnertem und Bezwungenem. Der sittlich-schöpferische Mensch ist der, bei dem sich beides deckt.

aus einer Schicht^t heraus, in der auch die ethische Selbstanschauung noch transzendiert ist.⁷

Es handelt sich also um eine Entscheidung gegen die sinnwidrige Zurücknahme der Zeit in den Raum, *eine Entscheidung für den Sinn gegen die letzte, ᵘwenn auch noch so verhüllte*ᵘ *Sinnlosigkeit des Seienden.* Wie ist eine solche | Entscheidung möglich? Offenbar nicht so, daß *in abstracto* entschieden wird, daß also Ja gesagt wird zum Sinn der Geschichte überhaupt: Solch „überhaupt" würde eine Möglichkeit bleiben, die keinen Widerstand leisten könnte gegen die ständig andrängenden konkreten Sinnwidrigkeiten. Ihnen gegenüber kann nur ein konkret-sinngebendes Prinzip die Entscheidung tragen. Die Frage nach der Geschichte oder der eindeutig gerichteten sinnerfüllten Zeit trifft also zusammen mit der Frage nach einer konkreten Wirklichkeit, in der das Sinnwidrige als überwunden angeschaut, die Möglichkeit letzter Sinnlosigkeit aufgehoben ist. Damit aber ist die Entscheidung über die Geschichte eingegangen in die Entscheidung der christologischen Frage.⁸

2. Die Mitte der Geschichte

In der bisherigen Betrachtung war von der Geschichte so die Rede, daß die Möglichkeit nicht ausgeschlossen war, Geschichte als objektives Phänomen aufzufassen, über dessen Sein und Nichtsein eine subjektive Entscheidung gefällt werden muß, ᵛdie den Seinscharakter der Geschichte an und für sich nicht berührtᵛ. Aber solche Scheidung von objektivem Bestand der Geschichte und subjektivem Urteil über ihr Sein und Nichtsein ist durchaus zu verwerfen. Geschichteʷ ist mit der Entscheidung für oder wider sie gesetzt oder aufgehoben, ˣund abgesehen von dieser Setzung hat sie kein objektives Seinˣ. Aber — das muß gleichzeitig und mit gleichem Nachdruck gesagt werden — diese Setzungʸ ist nicht ᶻsubjektivᶻ. Sie ist selbst etwas Geschichtliches ᵃund nur möglich auf dem Boden eines geschichtlichen Ergriffenseinsᵃ. *Die Entscheidung*

---

⁷ Die Analyse der Zeit kann den Glaubensakt nicht ersetzen. Wohl aber kann sich ein Glaubensakt als solcher in der Analyse der Zeit bewähren — | eine Bemerkung, die das Verhältnis des Glaubens zum Erkennen oder die Idee einer „theonomen Erkenntnis" beleuchten kann.

⁸ Die abstrakte Entscheidung ist überhaupt keine Entscheidung, sondern nur das Denken einer Möglichkeit. Wirklich wird diese Möglichkeit auf Grund eines Seins, in dem schon entschieden ist und von dem dann der allgemeine Gedanke abstrahiert werden kann. — Solche Erwägungen waren es, die Schelling dazu trieben, die ganze Hegelsche Philosophie — einschließlich seiner Geschichtsphilosophie — „negative Philosophie" zu nennen. Positive Philosophie richtet sich nach ihm auf Wirklichkeiten der konkreten Geschichte, die jeweilig in der Erfahrung aufzufassen und niemals ins Allgemeine aufzulösen sind. Freilich ist es ihm selbst nicht gelungen, dieses Programm durchzuführen.

für oder gegen Geschichte ist selbst historisches Schicksal ᵇ*und Geschichte verwirklicht sich einzig und allein mit diesem historischen Schicksal*ᵇ.

Daraus ergeben sich eine Reihe von Konsequenzen für die Struktur der historischen Wirklichkeit. Wäre Geschichte ein objektiv ᶜim Seiendenᶜ verlaufender Prozeß, so würde sie objektiv einen Anfang und ein Ende haben müssen, auch dann, wenn man beides, Anfang und | Ende in das Unendliche verschieben würde. ᵈEs würde dann die Antinomie der Zeitlichkeit überhaupt für die Geschichte in Kraft treten. Nun kann das sekundär der Fall sein (in der Betrachtung der Natur als Geschichte); primär, in der Konstitution der Geschichte als Geschichte gilt es keineswegs. An die Stelle der Kategorien „Anfang und Ende" tritt die *Kategorie der „Mitte"*. Alle drei haben mit räumlicher Anschauung zu tun. Aber in bezug auf die Mitte zeigt sich in der Undurchführbarkeit des räumlichen Bildes, daß etwas anderes gemeint ist als eine meßbare Mitte einer gemessenen oder auch unermeßlichen Zeitlinie. *Mitte der Geschichte* als Resultat einer Messung ist jedes Sinnes bar und könnte ja auch nur vorgenommen werden, wenn Anfang und Ende als gegenständlich fixierte Punkte gegeben wären. In Wahrheit liegen die Dinge umgekehrt: Nicht Anfang und Ende der Geschichte bestimmen ihre Mitte, sondern ihre Mitte bestimmt Anfang und Ende.ᵈ *Die Mitte der Geschichte aber ist der Ort, an dem das sinngebende Prinzip der Geschichte angeschaut wird.* Die Geschichte ist konstituiert dadurch, daß ihre Mitte konstituiert ist, oder — da dieses kein ᵉsubjektiverᵉ Akt ist — dadurch, daß eine Mitte sich als Mitte erweistᶠ.

Von einer solchen Mitte aus sind dann Anfang und Ende bestimmt. Anfang ist das Ereignis, in dem ᵍ(außer seiner sonstigen Bedeutung)ᵍ der Einsatz derjenigen Bewegung angeschaut wird, für die sich die Mitte als Mitte konstituiert hat. ʰEnde ist das durch die Mitte bestimmte in ihr prinzipiell begründete Ziel des Geschehens.ʰ Es ist ebenso falsch, solchen Anfang als Zeitmoment zu werten, in dem objektiv etwas in der Zeit angefangen hat, wie es falsch ist, das Ziel nach Art einer Endkatastrophe zu deuten, die zu irgendeinem Zeitpunkt eintritt. Mag der Anfang der ⁱGeschichteⁱ auch ein historisch-empirisch feststellbares Ereignis sein, Anfang der *Geschichte* wird er nur durch die Beziehung, in die er zur Mitte der Geschichte tritt. Das Gleiche gilt vom Ende, nur mit dem Unterschied, daß das Ende als das „In-Aussicht-Genommene" überhaupt keinen empirisch feststellbaren Charakter hat.⁹ |

---

⁹ Für den Juden ist die „Berufung Abrahams" der Anfang der ihn betreffenden Geschichte, die dann nachträglich zur Universal- und Weltgeschichte ausgeweitet wird. Dieser Anfang ist aber Anfang nur durch seine Beziehung zur Mitte, dem „Auszug aus Ägypten" und der Bundesschließung zwischen Gott und Volk. Der biographische und völkergeschichtliche Sinn der Wanderung Abrahams bleibt völlig gleichgültig. — Das Ende kann bei dem Charakter des Auf-Zu, den die Zeitlinie hat, nie etwas Gegebenes sein. Das Ende der Geschichte liegt darum notwendig in der Transzendenz.

Mit der Aufhebung der Geschichte als objektivem Vorgang ist zugleich die Möglichkeit einer Universalgeschichte aufgehoben. Da Geschichte so weit reicht, wie die Mächtigkeit der Mitte, in der sie konstituiert ist, so ist ihr Umfang abhängig von der Mächtigkeit ihrer Mitte. Es kann also mehrere Geschichtsverläufe geben, denen mehrere „Mitten" entsprechen. Aber solch eine Möglichkeit hat rein abstrakten Charakter. Sie ist außergeschichtlich gedacht und darum, sofern Geschichte konstituiert ist, unwahr. ʲDenn sie hebt für den Redenden die Konstitution der Geschichte wieder auf. Sie stellt ihn an einen Ort, der außerhalb seines historischen Ergriffenseins liegt, einen Ort, von dem aus gesehen relative Geschichtsverläufe nebeneinander im Raum stehen. Es ist der Ort, in dem Geschichte verneint ist. Wird diesem Ort und dem, was von ihm aus zu sehen ist, das letzte Recht bestritten – und das geschieht ja, wenn Geschichte sein soll –, so ist damit zwar nicht die Universalgeschichte wiederhergestellt, wohl aber ist erkannt, daß mit der Setzung einer Mitte der universale Anspruch erhoben ist. *Jede Mitte setzt sich als Mitte überhaupt.* Sie verneint die anderen Mitten als solche und erhebt Anspruch auf das Seiende schlechthin, sofern es geschichtlich angeschaut wird. Eben dieser Anspruch aber ist der christologische. Und das Problem, das mit ihm gestellt ist, ist das christologische. Nicht nur die Frage nach dem Wesen, sondern auch die Frage nach der Konstitution der Geschichte mündet ein in die christologische Frage.[10ʲ]

3. Der Träger der Geschichte

Zu der Frage nach dem Wesen und der Konstituierung der Geschichte kommt die weitere nach dem Träger der Geschichte. *Träger* der Geschichte nennen wir dasjenige ᵏSeiendeᵏ, an dem sich Geschichte vollzieht. Wir waren ausgegangen von der Betrachtung des Seienden als Natur. Das könnte zu der Meinung Anlaß geben, als wäre die Natur von der Geschichte ausgeschlossen, als richte sich der Anspruch der ˡgeschichtsgründenden Mitteˡ nur auf den Menschen. Das aber trifft nicht zu. ᵐSchon rein methodisch ist solche Scheidung unmöglich. | Es könnte sich zeigen, daß der Begriff des Menschen gar nicht definierbar ist ohne die Beziehung auf Geschichte. In diesem Falle wäre jene Aussage eine leere Tautologie. Es ist aber auch keineswegs deutlich, ob

---

[10] Universalgeschiche als empirische Geschichte kann nicht geschrieben werden. Darin hat Gogarten recht (vgl. „Ich glaube an den dreieinigen Gott" 1926). Aber wo Geschichte durch eine „Mitte" konstituiert wird, erhebt sie universalen Anspruch und zwingt die übersehbaren geschichtlichen Tatsachen in eine Perspektive, in der sie teils auf die Mitte der Geschichte zugehen, teils von ihr ausstrahlen, aber jedenfalls nicht neben ihr verlaufen. Von solchen universalen Perspektiven lebt aber die empirische Geschichte, die darum auch in ihren begrenztesten Untersuchungen einen universalgeschichtlichen Hintergrund hat.

eine abgrenzbare Gruppe von Seiendem als Natur sinnvoll zusammengefaßt werden kann. Selbst aber wenn das der Fall wäre, wäre noch nicht entschieden, ob die Eigenschaften, die dieser Gruppe zukommen, ihre Teilnahme an der Geschichte ausschlössen.[11]

Nicht von hier aus kann der Träger der Geschichte bestimmt werden, sondern nur aus dem Wesen der Geschichte selbst, und zwar daraus, daß in ihr Neues gesetzt und Sinn verwirklicht wird. Aus diesen ihren Eigenschaften ergibt sich, daß das Seiende nur insofern Träger der Geschichte sein kann, als in ihm Neues erscheinen und gerichtete Spannung, Hinwendung auf Sinnerfüllung enthalten sein kann. Beides aber setzt eine Eigenschaft des Seienden voraus, die wir als *Freiheit* bezeichnen. Der Freiheitsbegriff — dessen ontologische Bestimmung natürlich auf anderem Wege gewonnen werden muß[12] — kann in unserem Zusammenhang expliziert werden aus den beiden Merkmalen der Geschichte, die angedeutet sind durch den Begriff des Neuen und durch den Begriff des Sinnes.

Das *Neue*, das den Kreis des in sich gespannten und bewegten Seienden durchbricht, kann zum Seienden als Neues nur hinzukommen, sofern das Seiende über sich hinaus ist, sich selber übersteigt. Was nicht durch Freiheit des Seienden von sich selbst gesetzt ist, gehört zum Seinskreis in seiner Notwendigkeit und bedeutet keine Setzung eines Neuen. Die Notwendigkeit hält das Seiende gleichsam im Bann seiner selbst. Die Notwendigkeit des Seienden ist seine Unmöglichkeit, über sich selbst hinauszukommen, ist die Unmöglichkeit des Neuen. *Freiheit ist die Möglichkeit des Seienden, Neues zu setzen.* Im Setzen des Neuen durch das Seiende liegt ein doppeltes: einmal dieses, daß das Neue dadurch, daß es gesetzt ist, mit dem Alten (das eben dadurch Altes | wird) verbunden bleibt; dann dieses, daß solche Verbindung nicht *die* Notwendigkeit ist, unter der das Seiende sich selbst und seinen Kreis bejahen muß. Beide Momente sind zusammengefaßt in der Setzung durch Freiheit oder in der Geschichte.[13]

---

[11] Über den Begriff des Menschen kann empirisch nichts entschieden werden, weder biologisch noch psychologisch noch soziologisch. Jede anthropologische Definition ist das Bekenntnis zu einem Wertsystem. Denn „Mensch" ist immer gemeint als Träger von Werten und dadurch definiert, daß er es ist. Das trifft selbst dann noch zu, wenn (wie in der „Philosophie des Vitalen") der Mensch als Unwert aufgefaßt wird. Denn nur durch den Unwert „Mensch" wird das Vitale, das ihm gegenübersteht, Wert. Vgl. Max Scheler: „Die Stellung des Menschen im Kosmos" 1928.

[12] Vgl. die Ontologie der Freiheit im Vortrag: „Klassenkampf und religiöser Sozialismus".

[13] Hier entspringt das Problem der Tradition. Seine Wurzeln liegen in der Ontologie des „Neuen". Es ist bezeichnend, daß die traditionsgebundene Geschichtsdeutung die Neigung hat, Geschichte in Natur oder Übernatur aufzulösen, z. B. mit Hilfe der Kategorie des Organischen. Umgekehrt führt radikaler Abbruch der Tradition nicht zum Neuen, sondern zu längst von der Tradition überwundenen Formen des Alten.

Es kommt nun darauf an, die Art der Freiheit des Seins von sich selbst zu beschreiben und damit überzugehen zu dem anderen Moment, das für die Geschichte maßgebend und durch Freiheit bedingt ist, zum Sinn. *Die Freiheit des Seienden von seiner Notwendigkeit ist die Erhebung des Seienden zum Sinn.* Im Sinn seiner selbst ist das Seiende zugleich bei sich und über sich hinaus. Setzung von Sinnhaftem ist Setzung von Neuem. Träger der Geschichte ist das Seiende, sofern von ihm Sinn verwirklicht wird. Durch diese Bestimmung ist noch nichts darüber ausgemacht, welche Gruppe des Seienden und ob überhaupt eine Gruppe dadurch charakterisiert ist, daß in ihr und durch sie Sinn verwirklicht wird. Doch erweist die Möglichkeit, sinnhaft zu reden vom Sinn, wie sie dem Menschen zu eigen ist, darauf hin, daß jedenfalls von ihm Sinn verwirklicht werden, er also Träger der Geschichte sein kann. Inwieweit über die in unserem Menschsein unmittelbar erfahrbare Seinsgruppe hinaus mit Recht von Freiheit des Seienden gesprochen werden kann, ist fragwürdig. Jedenfalls gilt der universale Anspruch, den die Mitte der Geschichte erhebt, für alles Seiende, sofern es mittelbar oder unmittelbar Teil hat an der Setzung von Neuem, an der Verwirklichung von Sinn. Und der Gedanke, daß alles Seiende zum mindesten mittelbar teilhat, daß alles Seiende indirekt durch die Zeit in eine einmalige sinnerfüllende Linie gerissen wird, erscheint grundsätzlich als der zunächst liegende; und er kann in neueren wissenschaftlichen Einsichten empirische Hinweise auf seine Möglichkeit finden.[14]

Mit diesen Fragen ist zugleich die Einbeziehung der Kosmologie in die Christologie als Problem gestellt und für die mannigfachen grandios-mythischen Lösungen dieser Frage das geschichtsphilosophische Fundament aufgezeigt.[15m] |

4. Der Sinn der Geschichte

[n]Nach den Ausführungen über Freiheit und Sinn könnte es scheinen, als sollte Sinnverwirklichung als letzter Sinn des geschichtlichen Prozesses genannt werden. Das aber ist weder beabsichtigt noch möglich. Wenn Sinn durch Freiheit gesetzt ist, so besteht eben damit die Möglichkeit, daß sich die Freiheit gegen den Sinn entscheidet, daß es also nicht zur Sinnverwirklichung kommt. Der Gedanke an diese Möglichkeit aber ist selbst nur möglich, weil sie eine Wirklichkeit ist. Die Freiheit erfaßt sich darin als Freiheit, daß sie sich dem Sinn entgegenstellt.[16] *Das Seiende kommt dadurch über sich hinaus, daß es sich gegen*

---

[14] Zur Sinnphilosophie vergl. meine „Religionsphilosophie", zur Frage der Teilnahme der Natur an der Sinnverwirklichung den Vortrag: „Natur und Sakrament". |

[15] Vgl. z. B. die kosmologische Stellung Christi im Epheser- und Kolosserbrief.

[16] Hier steht im Hintergrund das theologische Problem des Sündenfalls. Wie immer die Formulierungen sein mögen, die das Sinnwidrige im Zusammenhang des Sinnes zu fassen suchen, sie dürfen nie so sein, daß sie dem Sinnwidrigen Sinn geben, d. h.

sein wahres Sein stellt. Das unterscheidet die Freiheit vom dialektischen Prozeß, daß sie sich dem Sinnwidrigen zuwenden kann; und nur wo Freiheit sich so als Freiheit bewährt, ist wirkliche Geschichte. Geschichte ist Sinnverwirklichung durch Freiheit, aber so, daß der Sinn in jedem Augenblick verflochten ist mit Sinnwidrigem. Die Freiheit schafft Geschichte nur auf dem Wege der *Willkür*. — Solche Erörterung über die Einheit von Sinn und Sinnwidrigem, von Freiheit und Willkür hat nun die Gefahr, gerade durch ihre Wahrheit unwahr zu werden. Sie nimmt die Willkür in den Sinn der Geschichte als notwendiges Element auf, d. h. sie rationalisiert die Willkür. Sie hebt den Sinn des Sinnwidrigen auf. Damit aber wäre diese Betrachtung selbst der Geschichte enthoben. Es gäbe einen zugänglichen Ort, von dem aus man die Geschichte als sinnerfüllendes Geschehen eindeutig feststellen könnte. Einen solchen Ort aber gibt es nicht. *Die Entscheidung für (oder gegen) die Geschichte ist selbst geschichtlich*. Sie fällt im Ringen mit der Willkür, mit der Drohung der Sinnlosigkeit. Sie steht nicht jenseits dieses Ringens, sondern ist selbst ein Teil von ihm. Sie steht darum unter der Unsicherheit jedes ernsthaften Ringens. Die Entscheidung für Geschichte, d. h. für die eindeutige sinnhafte und sinnerfüllende Richtung der Zeit ist geschichtliches Wagnis, in dessen Tiefe die Drohung der Willkür liegt. Diese Erwägungen enthalten den Hin|weis auf einen allgemein formulierbaren Inhalt des geschichtlichen Prozesses: *Sofern Geschichte gesetzt ist, ist sie gesetzt als Heilsgeschichte*, d. h. sie ist Überwindung der mit der Willkür als Voraussetzung der Geschichte verbundenen Bedrohung ihres Sinnes. Geschichte ist Heilsgeschichte, ein Satz, der freilich nur in die hypothetische Form gefaßt werden darf: „Wenn überhaupt Geschichte gesetzt ist, ist eben damit Heilsgeschichte gesetzt". Das bedeutet aber wieder, daß das Geschichtsproblem einmündet in das christologische Problem. Das sinngebende Prinzip, das als Mitte der Geschichte Geschichte setzt, ihren Anfang und ihr Ende bestimmt, erweist sich als Ort der Überwindung des Sinnwidrigen oder — was das gleiche ist — als Ort des Heils. Und nichts anderes ist der Inhalt des christologischen Problems, als Bestimmung und Beschreibung des „Ortes des Heils".[17]

Das sinngebende Prinzip oder die Mitte der Geschichte konstituiert sich in einem Ineinander von Ergreifen und Ergriffenwerden, von Entscheidung und

---

es als Sinnwidriges aufheben. Wohl gilt: Wenn Geschichte ist, so ist das Sinnwidrige als ihre Voraussetzung gegeben. Aber es kann nicht als sinnhaft-notwendig gezeigt werden, daß Geschichte ist. Und der Akt, in dem das Geschichtsbewußtsein sich gegen die Drohung letzter Sinnwidrigkeit behauptet, ist wieder kein theoretischer Akt, in dem das Sinnwidrige erklärt, sondern ein religiöser, in dem es vorwegnehmend überwunden wird.

[17] Das Wort „Heil" wird durch diese Erörterung von der pietistischen Beziehung auf die Einzelseele befreit und dem dienstbar gemacht, „was Gott mit der Welt vorhat". Für den einzelnen ist Heil gegeben, sofern er an diesem objektiven Heil teil hat. Inhaltlich wird der Begriff des falschen Eudämonismus dadurch entkleidet, daß er dem Sinnverlust als dem eigentlichen Unheil gegenüber gestellt wird.

Schicksal. Daraus folgt, daß es für das Bewußtsein um Geschichte in jeweiliger *Vergangenheit* liegen muß. Sie kann nicht in der Zukunft liegen, denn die Zukunft als geschichtliche Zukunft ist von ihr bestimmt. Daß es überhaupt eine geschichtliche Zukunft gibt, daß überhaupt etwas in Aussicht genommen werden kann, ist schon bedingt durch ein vorausgesetztes konkret-sinngebendes Prinzip, eben durch eine Mitte. Aber auch die Gegenwart kann nicht Mitte der Geschichte werden. Das jeweilig-gegenwärtige Bewußtsein wird als geschichtliches erst konstituiert durch die Beziehung auf eine Mitte. Es kann sich nicht selbst als Mitte wissen. Auch der Religionsstifter, in dem eine Ahnung um sein Stehen in der Mitte der Geschichte sein mag, hat nicht seinen gegenwärtigen Lebensprozeß als konstitutives Prinzip seines Geschichtsbewußtseins, sondern einen Moment seines vergangenen Lebens, in dem ein transzendentes Geschehen seinen Lebensprozeß erschüttert und gewandelt hat (Berufung). Der Vergangenheitscharakter der Mitte der Geschichte bedeutet nun freilich nicht Vergangenheit im historisch-empirischen Sinn als etwas, das ungegen|wärtig und nur mittelbar wirkt. Sondern Vergangenheit bedeutet *Vorgegebenheit* für das jeweilige historische Bewußtsein, das zugleich als von der Mitte Ergriffenes mit ihm in *Gegenwärtigkeit* verbunden ist. Denn nur dadurch wird das konstituierende Prinzip der Geschichte wirklich konstitutiv, daß es sich im Ineinander des Ergreifens und Ergriffenwerdens jeweilig vergegenwärtigt. Solche Gegenwärtigkeit eines Vergangenen zum Verständnis zu bringen, ist eine zentrale Aufgabe der Christologie.[18n]

Wo immer deutliches Geschichtsbewußtsein in der Menschheit aufgetreten ist, zeigt es die hier aufgewiesenen Merkmale: Beziehung auf ein vergangenes °konkret-sinngebendes° Prinzip, das als Mitte der Geschichte Geschichte konstituiert, ihr Anfang und Ende gibt und auf das hin der Glaube an die Sinnhaftigkeit des Geschehens gegenüber der Macht des Sinnwidrigen gewahrt wird. So ist Mitte der Geschichte für den Juden der Auszug aus Ägypten und sein zentrales Ereignis, die Bundesstiftung auf dem Sinai, so für den Parsismus die Erscheinung Zarathustras und für den Mohammedaner die Flucht von Mekka nach Medina, so für den Aufklärer, der das dritte Zeitalter erwartet, der Einbruch der autonomen Geisteshaltung[p], [q]der geschehen ist, auch wenn er noch nicht zur Entfaltung gekommen ist[q], so für den Marxisten die Entstehung des Proletariats als Ort der Aufhebung der Klassen, [r]die er in Zukunft erwartet[r], so für den Imperialisten ein [s]symbolisches[s] Ereignis in der Vergangenheit seines Volkes, dessen [t]Erhebung oder Weltherrschaft[t] für ihn den Sinn der Geschichte ausmacht. Anfang und Ende, sowie der Rhythmus des Gesamtverlaufs bis in jede einzelne Periodisierung sind von diesem Prinzip bestimmt. Es ist konstitutiv für das Geschichtsbewußtsein jeder der genannten Gruppen und hat zugleich für jede heilsgeschichtlichen [u]und d. h. christologischen[u] Charakter.

---

[18] Vgl. den Begriff der „Gleichzeitigkeit mit Christus" bei Kierkegaard, des Übergeschichtlich-Gegenwärtigen bei Martin Kähler.

5. Allgemeine und christliche Geschichtsdeutung

In allem bisherigen war das die Geschichte konstituierende Prinzip, die Mitte der Geschichte, als christologischer Ort gekennzeichnet. Damit ist ein spezifisch christlicher Begriff zu einem bestimmten | Zweck ins Abstrakte gehoben, ein Verfahren, das den gleichen Bedenken begegnen muß, die sich schon mehrfach bei dem Versuch allgemeiner Formulierungen erhoben hatten: daß die konkret-historische Situation damit verlassen sei. Diesem Einwand muß jetzt Rechnung getragen und damit die christologische Frage unmittelbar ins Blickfeld gerückt werden.

Die abstrakt-ᵛgeschichtsphilosophischeᵛ Fassung des christologischen Gedankens ist berechtigt, sofern sie ein Ausdruck des universalen Anspruchs der Mitte der Geschichte ist. Denn mit diesem Anspruch ist jede andere Mitte der Geschichte als solche aufgehoben, ʷaber in dieser Aufhebung doch zugleich — negativ — gesetzt. Der Anspruch lautet, daß dieses und nur dieses der wirkliche, den Sinn garantierende Ort des Heils ist und daß um seinetwillen jeder andere gleichartige Anspruch abgewiesen werden soll. Darin liegt aber, daß ein gleichartiger (dann freilich als dämonisch beurteilter) Anspruch anerkannt wird. Der abstrakte Ausdruck dieser unmittelbar religiösen, wenn auch negativen Anerkennung anderer „Mitten" ist die allgemein-geschichtsphilosophische Verwertung des christologischen Begriffs. Durch solche Verwendung wird ferner erreicht, daß der christologische Gedanke nicht wie ein isolierter Block[19] im Zusammenhang des geschichtlichen Denkens liegt, sondern als mögliche, wenn auch niemals beweisbare Antwort auf die Frage, die mit der gerichteten Zeit selbst gestellt ist.

Die christliche Theologie betrachtet als *sinngebende Mitte der Geschichte ein personhaftes Leben, das völlig durch die Beziehung auf das Transzendente bestimmt ist.*[20] Damit ist zunächst gesagt, daß der Ort des Heils der *Religion* angehört, d. h. demjenigen menschlichen Verhalten, das als Antwort gemeint ist auf ein Einbrechen der Transzendenz. Die Mitte der Geschichte als Garantie sinnhafter Gerichtetheit der Zeit kann sich nur konstituieren durch einen Akt aus der Transzendenz, durch ein reines Ergriffensein, wie wir es bezeichnet hatten.ʷ Denn nur auf diese Weise kann die Zweideutigkeit der Zeitlinie | überwunden werden, nur im Erscheinen eines sich als unbedingt erweisenden, transzendenten Sinnes ist die Drohung der Sinnlosigkeit aufgehoben. Das Ergriffensein von der Mitte der Geschichte ist ein unbedingtes, transzendentes Ergriffensein. *Das Schicksal, in dem dieses Ergriffensein sich vollzieht, ist* ˣ*transzendentes Schicksal oder*ˣ*„Prädestination". Die Entscheidung, in der das Ergreifende ergriffen wird, ist*

---

[19] Dieses Bild drängt sich mir bei der Lektüre vieler Schriften der dialektischen Theologie unabweisbar auf. Die alte Kirche entgeht infolge ihrer Identifizierung des Christus mit dem Logos dem gleichen Vorwurf.

[20] „Ich und der Vater sind eins", wie das Johannesevangelium diesen Sachverhalt klassisch zum Ausdruck bringt.

ʸ*transzendente Entscheidung oder*ʸ „*Glaube*". Nur für den Glauben ist Christus als Mitte der Geschichte gesetzt und nur durch Christus als Mitte der Geschichte ist Glaube an ihn möglich.

In diesen Bestimmungen, deren Entfaltung ein Hauptthema der theologischen Arbeit ist, liegt die Verneinung jedes Versuches, Mitte der Geschichte als profane Möglichkeit zu fassen, also eine Ablehnung *humanistischer, utopistischer und imperialistischer Geschichtsdeutung.* ᶻDiese versuchen, die Entfaltung des Menschlichen oder eines bestimmten, vorzüglichen Menschlichen an und für sich zum Ziel, und den Durchbruch der Möglichkeit solchen Geschehens zur Mitte der Geschichte zu machen. Damit aber bleiben sie in der Zweideutigkeit der Zeitlinie. Sie überwinden nicht die mit der Freiheit gesetzte Willkür, die als Voraussetzung der Geschichte auf dem Boden der in sich bleibenden Geschichte nicht überwunden werden kann. Nur der Einbruch aus dem Jenseits der Geschichte kann die Bedrohtheit der Geschichte überwinden, kann die Geschichte letzlich fundieren.ᶻ Darum widerstrebt die christliche Theologie mit Recht jedem ᵃVersuch, Christus in die Sphäre des Allgemein-Menschlichen oder Höchst-Menschlichen zu rücken, ihn zu ᵇeiner menschlichen Möglichkeitᵇ zu machen.²¹ Er würde damit aufhören, echte Mitte der Geschichte zu sein und ein der Zweideutigkeit und Willkür unterworfenes ᶜGlied im Geschiebe des zeitlichen Geschehens werden. Die Gegenwehr gegen diesen Weg der liberalen Theologie war berechtigt, so unberechtigt und unzulänglich die Waffen der Gegenwehr auch waren und z.T. noch sind.²² Symbole wie „Gottheit Christi" können überhaupt erst wieder verstanden werden, wenn sie von | der Frage nach der sinngebenden Mitte der Geschichte aus verstanden werden. ᵈDie Fortführung der alten Frage nach den „Naturen in Christus" liegt außerhalb jeder unmittelbaren Bedeutsamkeit für uns, auch wenn aus den Naturen „Willen" gemacht werden, um ein mythisch-empirisches Personbild zu schaffen!²³ᵈ

Mit der humanistischen Deutung der Mitte der Geschichte lehnt die christliche Theologie zugleich die *gesetzliche* ab, d. h. den Versuch, die Verkündigung einer Forderung als sinngebendes Prinzip der Geschichte zu deuten. Wo das

---

[21] In dem sieghaften Kampf gegen diesen Versuch liegt die geschichtliche Größe der dialektischen Theologie.

[22] Unberechtigt ist jede Bekämpfung der liberalen Theologie, die 1. dogmatische Gesichtspunkte zur Beurteilung historisch-empirischer Fragen heranzieht, also z. B. die dogmatisch begründete Abweisung oder Abschwächung der liberalen Bibelkritik, 2. den Versuch der Vergegenwärtigung des in der christlichen Verkündigung Gemeinten ablehnt und dem traditionellen Wort- und Begriffsmaterial absolute Bedeutung zuspricht.

[23] Vermittlung der christlichen Verkündigung mit der Gegenwart auf dem Boden der traditionellen Fragestellungen ist unmöglich, da dieser Boden fast durchweg verlassen ist. Hier liegt die grundsätzliche und tatsächliche Grenze des sonst sinnvollen Programms einer „modern-positiven Theologie".

geschieht — ᵉund „das Gesetz" ist Ausdruck dafür, daß es geschiehtᵉ — da ist die Sinnerfüllung der Zeit abhängig gemacht vom menschlichen Handeln. Eben damit aber ist die Geschichte in die tiefste Zweideutigkeit gestürzt; denn das menschliche Handeln ist unlöslich mit Willkür behaftet. ᶠUm dieser Zweideutigkeit und damit in unserem Sinne „Heillosigkeit" willenᶠ, riß sich das Urchristentum vom jüdischen Gesetz los und machte die Überwindung des Gesetzes zum entscheidenden Kennzeichen der Mitte der Geschichte.²⁴ᵍ

ʰDarin liegt, daß nicht der Ort der Forderung, sondern der Erfüllung Mitte der Geschichte sein muß, daß ein sinnerfülltes *Sein* Prinzip des Sinnes der Zeit sein muß. Erscheinen des Transzendenten nicht nur als Forderung, sondern als Sein, als *„vorwegnehmende Erfüllung"* konstituiert Geschichte. Der Christus ist sakramentale Wirklichkeit. Er ist also nicht nur Verkünder transzendenten Sinnes. Der „Verkünder" ist Träger einer Mitteilung, deren Wahrheit durch untrügliche Augenzeugenschaft im Sinne der Erfahrung gesichert ist. Derartiges kommt für die transzendente Verkündigung nicht in Frage. Oder der Verkünder ist Träger eines Seins, aus dem heraus er in Vollmacht das bezeugt, was sich niemals intellektuell mitteilen läßt und was sich nur dadurch erweist, daß es Anteil gibt an dem Sein, aus dem heraus es gesprochen ist. Die Leugnung eines Seins als sinngebender Mitte der Geschichte führt notwendig zur *autoritativen* Auffassung, die nichts ist als eine intellektuelle Abwandlung der gesetzlichen.²⁵ |

Wird aber von einem Sein gesprochen, so rückt eine andere Gefahr in die Nähe, gegen die sich die Christologie wehren muß: *Die heidnisch-sakramentale*

---

[24] In Fortschritt und Utopie liegt viel gesetzlicher Geist, mit dem sich auseinanderzusetzen innerlich und äußerlich ständig von der Theologie gefordert wäre. Anstelle solcher Auseinandersetzung findet sich für gewöhnlich politisch begründete Ablehnung.

[25] Darin scheint mir die entscheidende Grenze des Jesusbuches von Bultmann (1926) zu liegen. Die Frage, aus welcher Vollmacht hier zur Entscheidung aufgerufen wird, und aus welchem Sein heraus Erfüllung des Geforderten kommen kann, ist nicht gestellt. Die Frage nach dem Sein, das sich in der neutestamentlichen Verkündigung ausdrückt, wird unterlassen. | Das hängt u. a. damit zusammen, daß Bultmann als Historiker die Ergebnisse seiner kritischen Arbeit zum Aufbau eines *normativ* gemeinten Jesusbildes verwendet. Das ist typisch liberal und hat sich als unerreichbar erwiesen. Das „neue Sein", das sich im synoptischen (und johanneischen) Christusbild einen eigentümlichen literarischen Ausdruck geschaffen hat, kommt in den dort berichteten *Ereignissen* so wirksam zur Erscheinung, wie in den überlieferten *Worten*. Und es ist unmöglich, für die normative Darstellung eins vom anderen zu trennen, auch wenn historisch-empirisch in einzelnen Worten mehr echte Überlieferung stekken sollte, als in anderen und erst recht als in den Ereignissen. Das Buch von Bultmann zeigt, daß die Methode, das dogmatische Christusbild auf historisch-kritischem Grunde zu zeichnen, endgültig verlassen werden muß. — Aufgabe der Dogmatik ist es, in dem neutestamentlichen (und kirchlichen) Christusbild das „Sein" zu erfassen, von dem es in Worten und Ereignissen gleichmäßig und untrennbar zeugt.

Deutung der Mitte der Geschichte. Für sie ist der Sinn in einem heiligen Seienden so gegeben, daß jegliche Forderung ausgeschaltet ist. Eine unantastbare sakrale Sphäre gilt als der Zweideutigkeit enthoben. Obgleich sie sich auf dem Boden der mit Willkür verbundenen Freiheit erhebt, meint sie sich der Drohung der Willkür entrückt. Solch sakramental-hierarchisches Denken ist in seiner letzten Tendenz ungeschichtlich. Es ist vom Raum beherrscht und sträubt sich gegen das Vorwärtsreißende der wirklichen Zeit. Es hebt die Einheit der Zeitlinie auf und bleibt im polytheistischen Nebeneinander. Denn der heiligen Sphäre, die sich der Geschichte entzieht, stehen wesensmäßig andere gegenüber, die es mit gleichem Rechte tun. *Dem Nebeneinander des sakramentalen Polytheismus entspricht das Nebeneinander des Raumes. Der Einheit des exklusiv fordernden Monotheismus entspricht das Fortreißende der Zeitlinie.*[26] Es ist das echte und bleibende Thema der alten und jeder kommenden Christologie, die Seinsqualität der Mitte der Geschichte, die vorwegnehmende Sinnerfüllung zu verbinden mit der Forderungsqualität des sinngebenden Prinzips, mit der fortreißenden, Neues setzenden Qualität der Geschichte.

Mit diesen Hinweisen aus der Wesensanalyse der Geschichte sind die großen Linien der christologischen Problematik aufgezeigt. Diese Problematik liegt an ganz anderer Stelle als die traditionelle Theologie aller Richtungen es meint.[h] Sie liegt nicht in der Frage nach einem historisch-[i]mythischen[i] Ereignis, um dessen Tatsächlichkeit Glaube und Geschichtswissenschaft im Kampf liegen. Wohl handelt es sich um ein Sein, um ein Sein, das in der Geschichte steht und die Geschichte bestimmt, sie konstituiert, ihr Anfang, Ende und Sinn gibt. Wohl handelt es sich um Mitte der Geschichte als Realität. Aber die Realität, um die es hier geht, ist [j]historisch[j]-empirisch weder zu begründen noch zu widerlegen. [k]Noch weniger freilich ist es mög|lich, sie als historische Tatsache durch den Glauben zu gewährleisten. Glaube schließt keine Tatsachen ein. Das alles sind Scheinprobleme, in deren Diskussion es in Wahrheit um ganz andere, echte Probleme geht[k]: *um die Frage nach der uns betreffenden Mitte der Geschichte, ihren Ort, ihren Sinn und ihre Gestalt.* Diese Fragen aber können nicht durch Hinweis auf eine Tatsache, sei es im Glauben, sei es im Wissen beantwortet werden, sondern nur durch [l]Aufnahme eines Seins[l], das die Macht hat, eine Geschichte zu konstituieren, die unsere Geschichte sein kann. Die christologische Frage ist die Frage nach Christus als Mitte der uns ergreifenden Geschichte. [m]Diese Frage aber hat nichts zu tun mit der — übrigens unbeantwortbaren — Frage nach den historischen Tatsachen, vermittels derer das in

---

[26] Darum ist das jüdische Volk das geschichtliche Volk schlechthin. Es ist wesenhaft mit der Zeitlinie verbunden und steht in notwendigem, nie endendem Protest gegen jede polyteistische (sic!) Verräumlichung der Zeit. Es steht gegenwärtig in notwendigem Protest gegen das Nebeneinander sich absolut setzender Nationen, also gegen den verhüllt polytheistischen Nationalismus. Dieser muß darum ebenso notwendig antisemitisch sein. Denn das Judentum ist *wesentlich* Angriff auf ihn, weil es wesentlich Angriff auf die Unterdrückung der Zeit durch den Raum ist.

Christus angeschaute sinngebende Sein in der Geschichte erschienen ist.[27] Aufgabe vielmehr ist es, dieses Sein zur Anschauung zu bringen durch Hinweis auf das, was in ihm als konkret-sinngebender Macht enthalten ist, als Macht, in der die Drohung der Sinnlosigkeit grundsätzlich überwunden ist.[m] Damit wird das christologische Problem zu dem unmittelbarsten Problem unserer gegenwärtigen, [n]in der Geschichte stehenden[n], durch Geschichte bestimmten Existenz. Christologie treiben heißt nicht, sich rückwärts wenden auf eine unbekannte historische Vergangenheit oder sich mühen um die Anwendbarkeit fragwürdiger mythischer Kategorien auf eine[o] historische Persönlichkeit, sondern [p]Christologie treiben heißt, in Anschauung der uns vorgegebenen Mitte der Geschichte um ihren Anspruch ringen, als Mitte für *unsere* Geschichte zu gelten. Dieses Ringen, das immer zugleich Handeln und Erkennen ist, und in beiden immer zugleich Ergriffensein und Ergreifen, entscheidet über den Anspruch des Christentums, zu zeugen von der für die ganze Menschheit, ja für alles Seiende gültigen Mitte der Geschichte.[p] |

Anmerkungen

110	a–a	In B: Christ.
	b–b	In B: older.
	c	In B eingefügt: and change.
	d–d	In B: reality.
111	e–e	In B: something absolute.
	f–f	In B: purpose.
	g–g	Fehlt in C.
	h	In B eingefügt: by which it gains meaning.
	i–i	In B: by first unfolding the question of an interpretation of history and later pointing out the Christological answer.
	j–j	In B: existence.
	k–k	In B: factor of natural development.
	l–l	In B: powerless being.
112 (f.)	m–m	In B: We are in advance of ourselves in anticipating the next moment, or far moments or the future as a whole. In doing so, we simultaneously go behind ourselves in recording past moments, near or far, or the past as a whole. There is a tension in ourselves driving us always from remembrance to expectation, from past to future, in a direction not to be inverted. Time has only one direction; it cannot be turned around; we cannot have the contents of the future and the contents of the past, nor conversely. We cannot replace reality in advance of ourselves by reality behind ourselves or vice versa. The line of time has always one and the same direction. It has the character of going toward something — more exactly, something new.

---

[27] Es ist das Verdienst von Brunners Buch: „Der Mittler", daß er die historische Frage bis hin zu dem Problem der Nichtexistenz Jesu behandelt. Es ist sein Mangel, daß er die Fragwürdigkeit des Empirischen nicht in der Radikalität stehen läßt, die auch die Nichtexistenz einschließt. Im entscheidenden Punkt mildert er ab und nimmt sich damit die Möglichkeit neuer positiver Wege der Christologie. |

113	n–n	In B: the biological or psychological or individual types.
	o–o	In B: because the quality of sequence is the expression of the meaning of sequence.
113 (f.)	p–p	In B: From the point of view of psychological inquiry every moral experience can be understood as a necessary element within the whole of psychical processes possible only at a special moment of time. But that this experience happens at just this moment and not at another has no meaning at all; any other experience could happen and would not be more meaningful. From the point of view, however, of moral judgment, meaningless and replaceable events of our personal life have to be criticized. Moral attitude implies the consciousness of a definite line of life proceeding toward a definite goal of life. Every experience that has gained moral importance belongs in this line; whatever does not belong there is meaningless from the point of view of our history as individuals. A life in which such accidental and meaningless experiences are predominant has neither moral nor historical quality. It remains under the control of space and does not fulfill the meaning of time potentially implied in its moral disposition.
114	q–q	Fehlt in B.
	r–r	In B: fulfillment of meaning.
	s–s	Fehlt in B.
	t	In B eingefügt: of the human soul.
	u–u	Fehlt in B.
115	v–v	Fehlt in B.
	w	In B eingefügt: as a meaningful process.
	x–x	Fehlt in B.
	y	In B eingefügt: or destruction.
	z–z	In B: arbitrary.
	a–a	Fehlt in B.
	b–b	In B: bound to special situations in history.
	c–c	In B: in time and space.
116	d–d	In B: Then the problems and antinomies of time and eternity would become decisive. But they are important only insofar as they concern the relation of history and nature. For the constitution of history as history they are without direct importance. History cannot be understood from the physical beginning and end of certain developments in time and space. History can be understood only from the meaning of history. Therefore not beginning and end, but the point in which history reveals its meaning is decisive. If we call this point "the center of history" we can say, that not beginning and end determine the center, as is the case in spatial measurements, but that the center of history determines its beginning and end from the meaning of an historical process.
	e–e	In B: arbitrary.
	f	In B eingefügt: through creating history.
	g–g	Fehlt in B.
	h–h	In B: End is the goal of that development which is constituted by the center as a meaningful historical process.
	i–i	In B: human development.

117 j–j   In B: In reckoning with such a possibility one leaves one's concrete historical situation for the sake of a general survey of history. The only point on which such a survey is possible lies outside of history. Every statement in which several centers of history and consequently several beginnings and ends of different historical developments are assumed, is an expression of non-historical thinking. The category of "beside one another" is a spatial not a temporal category. Therefore if there be thinking in historical categories, if a center of history is definitely assumed, a universal claim is set up. Every center is understood as the only center; in every center the meaning of history itself is supposed to become manifest, not only the meaning of a special series of events. The claim of every other point in history to be a center, to be capable of giving meaning to history, is consistently denied. The center is absolute or it is no center at all. Now, this is the claim which in Christianity is expressed in the idea of Christ; and the problem implied in this claim in Christian theology is treated as the Christological problem. For Christian thoughts Christ is the center of history in which beginning and end, meaning and purpose of history are constituted.

k–k   In B: reality.
l–l   In B: center of history.

117 m–m (f.)   In B: We would be wrong to presuppose a concept of "man" in which his historical character is not implied, or to presuppose a separation of man and nature that makes historical categories applicable to man exclusively. The interpretation of history cannot refer to a definite concept of man and nature, since neither concept is explicable without reference to history. It is a relation of mutual dependence which demands a different method. Therefore the question as to what realities have history can be answered only from the character of history itself. It is the quality of history that something new is produced and something meaningful is realized in it. This points to the conclusion that only such things can become bearers of history, in and through which something new can appear, meaning can be realized, future can be anticipated. The quality presupposed in these faculties is usually called freedom. The concept of freedom of course has many other implications, ontological, anthropological, and moral; for our purpose it suffices to describe freedom as the faculty of producing the new and of realizing meaning.

The new which breaks through the circle of pure being is new only if it is the result of a productive act, in which reality has risen beyond itself, transcending itself. A being which is not able to transcend itself remains in the circle of necessity; it fulfills its own nature, but it cannot break through the bonds of natural necessity. Necessity, from this point of view, is the impossibility of going above itself, of producing the new; it remains related to the old, by which it has been produced. The new is related to the old as the product to the producer. This is the basis for historical tradition. On the other hand, this relation between producer and product has not the character of natural development. There is a leap between producer and product in history, an energy which we call freedom and which enables us to establish the new.

The other quality implied in history and realized by freedom is meaning. The freedom of a being from the necessity of its nature is its power of elevating itself to meaning. In realizing its own meaning it is within itself and beyond itself at the same time. Therefore we can say: the new that is produced by freedom is meaningful reality. The new, of which we are speaking, is not a natural thing or event; it is meaning. And consequently the bearer of history is that being in which and through which meaning is realized by freedom. This definition does not point to a special group of beings in which history occurs. It leaves open the question whether man only or animals and angels too are bearers of history. That man can have history is suggested by his power to realize in his mind what meaning means. But this does not imply that he actually has history. It is possible that his capacity of having history is never actualized; and perhaps we can rightfully assume that the majority of men lived without history. But again, it is very doubtful whether we should affirm any participation of beings below and above man in the process of history. Perhaps it is not too bold to say that indirectly nature and the world participate in the creation of the new insofar as they are the basis of every historical production. The new and the meaningful are dependent on some constellations of natural powers, those for example, which make possible the existence of life and mankind. The mythological interpretation of history goes even further in the expectation that nature and world are to be changed by a new creation, in which being and meaning will be completely identified. From this the cosmological problem gains importance for the interpretation of history. Christology and Cosmology meet as they met in Greek Christology. The difference lies in our approach. The Greek theologians started with an interpretation of nature, we must start with an interpretation of history.

120 n–n (ff.)   In B: If meaning is the new which is created in history, the realization of meaning could be understood as the essential content of history; but this statement is too simple and not in accord with the problems and dangers implied in the fact of human freedom. Since meaning is realized by freedom and can be realized only by freedom, there is implied the possibility that the free being decides against meaning. And this possibility is a reality; in history we find not only realization of meaning but also contradiction of meaning, destruction of meaningful realities, perversion of meaning, meaninglessness in every field of human production. This fact is not a mere accidental one. It is a necessary implication of freedom that it can become actual only in the decision between good and evil. If freedom were the realization of meaning in a necessary process, it would not be actual freedom, and it would not create history. It would create perhaps a dialectic process in which, as in Hegel, logical necessity overrules human freedom entirely. In all actual freedom there is an element of arbitrariness; therefore Schelling could say, "Arbitrariness is the goddess of history". But at the same time this goddess is the demon of history. She threatens history with ultimate meaninglessness. And the threat cannot be gainsaid by an interpretation of history in which every arbitrariness and perversion of meaning is understood as the necessary tool for the realization of meaning. This Hegelian type of interpreting history does not face the seriousness and concreteness of man's situation in history; it does not face the real threat which is to be conquered in a concrete struggle in history and not by an abstract system conceived

on a point above history. The decision, whether history has a meaningful direction, is to be made in history itself. History has meaning only insofar as the threat of meaninglessness is overcome in concrete decision. Since, however, no one knows the outcome of these decisions they imply an element of belief, of hope and daring which cannot be replaced by rational conclusions. There is no concrete interpretation of history without faith. This consideration forces the conclusion upon us that the content of a concrete and believing interpretation of history is the victory of meaning over meaninglessness, or — in Christian terminology — salvation. If history is affirmed — that is the result of our whole analysis — it is affirmed as history of salvation. But whether it is affirmed or not, that is a matter of decision and faith. This again means that the problem of history combines with the Christological problem. The center of history gives meaning to history only if it overcomes simultaneously the threat of meaninglessness, or if it is the point where salvation manifests itself as the content of history. Christology being the definition and description of this point in rational terms, is at the same time the basis on which the interpretation of history rests.

The center of history is acknowledged as a center in an attitude in which there is decision as well as fate, grasping it as well as being grasped by it. Thus it follows, that the center for human consciousness always lies in the past. It cannot be sought in the future, for the meaning of the future is determined by it. That there is meaningful future, that we are able to expect something ultimate, is possible only because there is a principle that gives us the conviction of history in creating history for us. But the center cannot lie in the present either. The present has historical meaning only if it is the point in which are joined the historical fate which is born in the past, and the historical decision which provides the future. In order, however, to have this quality, the present must be able to refer to a center of history, wherein fate and decision have acquired their meaning. No present can be the historical center for itself, as, for example, in the individual lives of many who are religious the meaning of life becomes manifest to them in that moment of the past which they call the experience of conversion or, in the case of the prophets, the experience of vocation. That the center of history lies in the past does not mean that it belongs entirely to a past period of history and has come to an end with the end of that period, so that its effects are only indirect ones mediated by the stream of historical events. Such a past could not give meaning to the present and the future. Past with respect to the center of history means that the center is given as a fact for every consciousness of history that is dependent on it; it does not require to be produced anew by subjective activity, but transcends subjectivity and arbitrariness. On the other hand, although given as a past fact, it has meaningful presence in the historical consciousness of people who are gripped by it and receive it. It has a character which some theologians with respect to Christ call superhistorical reality; it is the presence of the past in the present.

122 o–o   In B: concrete.
　　p 　　In B eingefügt: in the period of Enlightenment.
　　q–q 　Fehlt in B.

	r–r	In B: in principle.
	s–s	Fehlt in B.
	t–t	In B: elevation to power.
	u–u	Fehlt in B.
123	v–v	In B: universal.
	w–w	In B: although acknowledging the existence of some others. The claim of a center of history is that it is the only center — "several centers" would be a contradiction in terms. Only at this point of history does the meaning of history become manifest. Only at this point of history is the victory over meaninglessness fundamentally realized. Consequently every other claim of the same character is to be refuted; it is a demon's claim, based on some divine power but distorted and ultimately unable to conquer meaninglessness. The fact that several claims are assumed as existing, although refuted as demonic by the claim of the one center, makes it possible to use terms like center of history or Christology as universals for the sake of the interpretation of history. This generalizing use at the same time prevents Christology from appearing as a strange insertion within the trend of ideas concerning the philosophy of history. On the contrary, by this generalization Christology becomes the possible answer to the basic question implied in history, an answer, of course, which can never be proved by arguments, but is a matter of decision and fate. Christianity, in calling Christ the center of history, considers a personal life which is completely determined by its relation to God, the principle of meaning in history. That implies first, that salvation occurs in that sphere which we call religion and which can be defined as the human answer to the manifestation of a transcendent, unconditioned meaning. Only where such a manifestation occurs for a group of believers, can history be constituted in consciousness and reality.
124	x–x	Fehlt in B.
	y–y	Fehlt in B.
	z–z	In B: They seek to understand the development of human capabilities as the purpose of history and the first appearance of them, for example, of autonomy or of science or of democracy, as the center of history. Thus they remain within the ambiguity of time. They have no power to overcome arbitrariness, that goddess and demon of history, because history itself cannot overcome itself and its supporting powers. Only through the appearance of a super-historical unconditioned meaning can history gain an ultimate foundation.
	a	In B eingefügt: humanistic.
	b–b	In B: a representative of human possibilities.
	c	In B eingefügt: (the largest perhaps).
125	d–d	In B: We are no more able to continue the old discussions concerning the unity of two natures or two wills in Christ, except in transforming them into the problem of our present situation, that is the problem of an interpretation of history.[1] [1] The German situation of today shows with surprising clarity the truth of this statement. The old Christological struggle has been transformed into a struggle about a Christian or a half pagan interpretation of history:

whether the Kingdom of God or a national kingdom is the center of history and principle of meaning for every historical activity, and what the relationship should be between divine and human activity with respect to the Kingdom of God. These questions replace the old question as to the relationship of these two natures in Christ.

e–e Fehlt in B.
f–f Fehlt in B.
g   Folgende Anmerkung in B: This problem also is actual today, namely in the interpretation of history as a progress produced by human activity compelled by the demon of moral laws like justice, peace, civilization in general. The catastrophe of the progressive ideology in many countries has disturbed the self-consciousness of its bearers but it has not created a new unlegalistic although activistic interpretation of history. That is true first of all of America, where the demand for peace is the actual principle of meaning for historical activities. It is very hard to make comprehensible the tragic and ambiguous character of history to the defenders of this legalistic and progressive attitude.

125 h–h (f.) In B: This implies that not a point wherein the demand, but a point wherein the fulfillment becomes visible must be the center of history. Only a meaningful reality can give meaning to history. History is constituted by the appearance of an unconditioned meaning not as a demand but as existent, not as an idea but as the temporal and paradoxical anticipation of the ultimate perfection. Christ is a sacramental reality, a reality in which the holy is grace and present, not only demand and future. Therefore He is not only prophet and proclaimer of an unconditioned meaning. His prophecy and proclamation is the expression of His existence. That gives Him the power and authority, which can never be derived either from His theoretical knowledge or from His prophetic inspiration, but can be proved only through a faculty of making people participate in His powerful existence. In denying that the center of history is a reality, and not only a demand, we are drawn into the old interpretation and that means into a legalistic attitude and its unavoidable crisis.

Calling the center of history the realization of an unconditioned meaning within history does not mean that this principle is entirely without demands. A center of history which justifies and sanctions the actual powers instead of giving the ultimate criterion for challenging and changing them, would be the basis for an unhistorical sacramentalism. It would deny the essential character of historical time, its striving toward a purpose. Future would be overcome by past, that which ought to be by that which is, social activities by ritual activities. That is the danger of Catholicism and Lutheranism, preventing them from an interpretation of history which takes up the element of truth implied in all Utopianism, and, consequently, driving all Utopian movements into an unavoidable radicalism in contradicting religion. And finally it makes room from a pagan sacramentalism, as we find it in nationalism, and in the new – at the same time very archaic – sacraments of blood, soil, state, and leadership. In all these forms of sacramental interpretation of history, time is overcome by space, monotheism by polytheism, the divine by the demonic. For polytheism corresponds with the category "beside" of spaces, just as monotheism with the category "toward" of time and its one direction. So prophecy simultaneously struggled for time against space and for monotheism against polytheism; and so the Jewish people became the people of time, necessarily provoking the attacks of all the people who are bound to space and consciously or unconsciously defy the meaning of history. Christian interpretation of history is possible only on the basis of prophecy, implying consequently a sacramental element — Christ, the center of history has come — and a prophetic element — Christ, the end of history, is coming. So the Christian interpretation of history stands between "already" and "not yet"; the explanation of the "intermediate situation" is the main problem of Christian theology today.

The Christological problem of today is also quite different from the problem discussed by liberal theology of the nineteenth century.

126 i–i Fehlt in B.
 j–j Fehlt in B.
 k–k Fehlt in B.
127 l–l In B: acceptance of a reality.
 m–m In B: This question, moreover, is entirely independent of the problems of historical inquiry into the facts behind the rise of the Biblical picture of Christ. The exposition of those facts can only lend probability — and with respect to the historical Jesus, a very faint probability. No religious certainty, no religious belief can be supported by such researches. The theological task is rather to make visible the reality of our center of history by pointing to its power of giving meaning to our existence and of overcoming the threat of meaninglessness.
 n–n Fehlt in B.
 o In B eingefügt: unknown.
 p–p In B: It means to look at the center of history that is our center, the principle that gives meaning to our historical activities, that makes history a history of salvation for us, that gives us an expectation of an eternal future in which meaninglessness is conquered. To look at this center, to interpret it, to relate it through negations and affirmations to the whole of history, to make its claim comprehensible and to argue for the superiority of its claim in theory and practice — that is Christology today. It decides about the Christian claim that Christianity attests today to the center of history in testifying for Christ. So, in our situation, Christology and the interpretation of history revolve about an identical basic question.

14. Zehn Thesen (1932)

A. *Druckvorlage: Zehn Thesen. In: Die Kirche und das dritte Reich. Fragen und Forderungen deutscher Theologen, I. Herausgegeben von Leopold Klotz. Leopold Klotz Verlag Gotha 1932, 126–128.*
B. *Zehn Thesen. In: GW XIII (1972) 177–179.*
C. *Dix thèses sur le national-socialisme. In: Paul Tillich, Écrits contre les nazis (1932–1935). Traduction de Lucien Pelletier. Introduction de Jean Richard. Les Éditions du Cerf, Éditions Labor et Fides, Les Presses de l'Université Laval 1994, 1–4.*

Zur Textgeschichte

„*In diesen Vorpfingsttagen beschäftigten sich 23 alte und junge Vertreter unserer evangelischen Kirche mit der Frage, ob und wie weit die große neue Freiheitsbewegung, die durch unser Volk geht, vor dem evangelischen Glauben bestehen kann.*" *So heißt es im Vorwort der von vornherein auf zwei Bände angelegten Sammlung von Stellungnahmen zum Verhältnis der evangelischen Kirche zum Nationalsozialismus. Der Herausgeber, als Verleger bekannt, stellt sich als evangelischer Christ vor, der nach einigen Jahren Erfahrung als weltliches Mitglied eines Kirchenparlaments „das Vertrauen und die Liebe" zu seiner Kirche noch nicht verloren hat und sich gegen die Untergangsstimmung und die Schlagworte der Straße wehrt. Kriterium für die Auswahl der Mitarbeiter an diesem Band sollte nicht die „Berühmtheit" sein, sondern die „verschiedenen Richtungen" des evangelischen Glaubens. Im 2. Band sollte allerdings die junge Generation zu Wort kommen. Leopold Klotz hatte auch Adolf Hitler den 1. Band überreicht und ihn – wohl besorgt um die „Ausgewogenheit" des ganzen Unternehmens – um einen Beitrag für den 2. Band gebeten. Dieser ließ ihm mitteilen, er sei durch die bevorstehenden Reichstagswahlen aufs äußerste in Anspruch genommen, und beauftragte Prof. J. Stark, einen Nationalsozialisten, mit einer Stellungnahme zu den Beiträgen des 1. Bandes, die dann im 2. Band abgedruckt wurde. „Nicht einmal auf katholischer Seite", so heißt es in dieser Stellungnahme, habe er „eine derartige Anhäufung von Unkenntnis, Oberflächlichkeit, Anmaßung und heimtückischer Feindschaft gegen die deutsche Freiheitsbewegung gefunden" (S. 9). Auch Alfred Rosenberg setzte sich mit den „marxistischen Pseudotheologen", die an diesem Band mitgewirkt haben, kritisch auseinander, freilich ohne den Namen Paul Tillichs zu nennen (Nationalsozialistische Monatshefte, Juni 1932).*

Am 1. Band wirkten außer Tillich u.a. Ernst Bizer, Emil Fuchs, Friedrich Heiler, Johannes Hempel, Ferdinand Kattenbusch, Reinhard Mumm, Otto Piper, Martin Rade, Karl Bernhard Ritter und Joseph Wittig mit.

Am 6. Juni waren in Berlin (die im 2. Band abgedruckten) „Zehn Richtlinien der Glaubensbewegung ‚Deutsche Christen'" der Öffentlichkeit übergeben worden.

Sie wurden auch der preußischen Kirchenleitung überreicht. Die Frage, warum diese damals nicht gegen die „Zehn Richtlinien" protestierte, ist, wie Klaus Scholder feststellt, „niemals beantwortet worden" (Die Kirchen und das Dritte Reich, Band I, Frankfurt am Main 1980, S. 265).

Zehn Thesen

1. Ein Protestantismus, der sich dem Nationalsozialismus öffnet und den Sozialismus verwirft, ist im Begriff, wieder einmal seinen Auftrag an der Welt zu verraten.

2. Scheinbar gehorsam dem Satz, daß das Reich Gottes nicht von dieser Welt ist, zeigt er sich, wie schon häufig in seiner Geschichte, gehorsam den siegreichen Gewalten und ihrer Dämonie.

3. Sofern er den Nationalsozialismus und die Blut- und Rassenideologie durch eine Lehre von der göttlichen Schöpfungsordnung rechtfertigt, gibt er seine prophetische Grundlage zugunsten eines neuen offenen oder verhüllten Heidentums preis und verrät seinen Auftrag, für den *einen* Gott und die *eine* Menschheit zu zeugen. |

4. Sofern er der kapitalistisch-feudalen Herrschaftsform, deren Schutz der Nationalsozialismus *tatsächlich* dient, die Weihe gottgewollter Autorität gibt, hilft er den Klassenkampf verewigen und verrät seinen Auftrag, gegen Vergewaltigung und für Gerechtigkeit als Maßstab jeder Gesellschaftsordnung zu zeugen.

5. Der Protestantismus ist in schwerster Gefahr, diesen für ihn auf weite Sicht verderblichen Weg zu gehen. Ihm fehlt seit seinen Anfängen eine von den weltlichen Mächten und nationalen Trennungen unabhängige tragende Gruppe. Ihm fehlt ein ᵃprofetischᵃ begründetes, gesellschaftskritisches Prinzip. Ihm fehlt auf lutherischem Boden der Wille, die Wirklichkeit nach dem Bilde des Reiches Gottes zu gestalten. Er ist in Deutschland soziologisch fast nur noch getragen von den Gruppen, die hinter dem Nationalsozialismus stehen, und ist dadurch ideologisch und politisch an sie gebunden.

6. Offizielle Neutralitätserklärungen der kirchlichen Instanzen ändern nichts an der tatsächlichen Haltung weitester evangelischer Kreise, Theologen und Laien. Sie werden vollends wertlos, wenn gleichzeitig kirchliche Maßnahmen gegen sozialistische Pfarrer und Gemeinden getroffen werden und Theologen, die dem heidnischen Nationalismus entgegentreten, bei der Kirche keinerlei Schutz finden.

7. Der Protestantismus hat seinen prophetisch-christlichen Charakter darin zu bewähren, daß er dem Heidentum des Hakenkreuzes das Christentum des Kreuzes entgegenstellt. Er hat zu bezeugen, daß im Kreuz die Nation, die Rasse, das Blut, die Herrschaft in ihrer Heiligkeit gebrochen und unter das Gericht gestellt sind.

8. Der Protestantismus hat seinem Wesen nach nicht die Möglichkeit, sich in einer bestimmten politischen Richtung darzustellen. Er muß die Freiheit von

sich selbst darin bewähren, daß Protestanten jeder politischen Partei angehören können, selbst denjenigen, die den Protestantismus | in seiner kirchlichen Verwirklichung bekämpfen. Er muß aber jede Partei wie überhaupt jedes menschliche, auch kirchliche Tun unter das Gericht und die Hoffnung der prophetisch-urchristlichen ᵇReichgottesverkündigungᵇ stellen.

9. Auf diese Weise kann er dem politischen Wollen der im Nationalsozialismus zusammengeschlossenen Gruppen ein ihrer sozialen Not gemäßes, wahrhaftiges und gerechtes Ziel zeigen und die Bewegung befreien von den volks- und menschheitszerstörenden Dämonien, denen sie ᶜheutᶜ unterworfen ist.

10. Ein offenes oder verstecktes Bündnis der protestantischen Kirchen mit der nationalsozialistischen Partei zur Unterdrückung des Sozialismus und Bekämpfung des Katholizismus muß nach gegenwärtigem Machtzuwachs der Kirchen zu zukünftiger Auflösung des deutschen Protestantismus führen.

Anmerkungen

127 a–a B: prophetisch
128 b–b B: Reich-Gottes-Verkündigung
    c–c B: heute

15. Natural and Revealed Religion (1935)

A. *Druckvorlage: Natural and Revealed Religion*, in: *Christendom, Vol. 1, Chicago 1935, pp. 159—170.*
B. *Natürliche Religion und Offenbarungsreligion*, in: *GW VIII (1970) S. 47—58.*

Zur Textgeschichte

Am 4. November 1933 hatte Tillich amerikanischen Boden betreten. Als erster nichtjüdischer deutscher Professor war er nach der Machtergreifung der Nationalsozialisten (Januar 1933) und dem Erlaß des Ermächtigungsgesetzes (März 1933) zu Ostern 1933 vom Dienst an der Frankfurter Universität suspendiert worden, wo er seit 1929 gelehrt hatte. Freunde, wie z. B. Max Horkheimer u. a., rieten zur sofortigen Emigration, weil sie Tillich vor allem aufgrund des jüngst publizierten Buches: „Die sozialistische Entscheidung" (Potsdam 1933) persönlich für gefährdet hielten. Er selbst zögerte noch. Doch die Einladungen von Reinhold Niebuhr ans Union Theological Seminary und von Horace Friess an die Columbia University, beide in New York, brachten die Entscheidung für den Schritt in die Neue Welt. Den Winter verbrachte Tillich damit, die englische Sprache zu erlernen, die er freilich zeitlebens nie wirklich beherrschte. Im Februar 1934 begannen seine Vorlesungen als „Visiting Professor" am UTS. Das Seminar „war nicht nur darum eine Zuflucht, weil es mir Stellung und Wohnung bot, sondern auch durch die Lebens- und Arbeitsgemeinschaft, die es gewährte ... Für unser Einleben in die amerikanischen Verhältnisse war das alles von unschätzbarem Wert", heißt es in seiner Autobiographie „Auf der Grenze" (GW XII, 72). Doch noch drei Jahre lang war der Status Tillichs der eines Gastes; erst im März 1937 erfolgte seine Ernennung zum „Associate Professor" und erst noch einmal etwa drei Jahre später zum „Full Professor" (cf. EGW V, 291). Doch der Status hinderte nicht, daß Tillich zu zahllosen Gastvorträgen eingeladen wurde, im Januar und Februar 1935 auch zu offiziellen Gastvorlesungen an die Universität Chicago. Den hier abgedruckten Vortrag (= A) hielt er am 30. 4. 1935 an der Harvard University als „Dudleian Lecture". Es war unstrittig eine große Ehre für Tillich, von der über zweihundert Jahre bestehenden Dudley-Stiftung eingeladen zu werden.
Die für die Aufnahme in die GW notwendige Übersetzung (= B) besorgte Gertie Siemsen (cf. GW XIV 2. Aufl., 61). Abweichungen sind vermerkt, zumal sie nicht mit Tillich abgesprochen werden konnten (cf. GW VIII, 11). Die griechischen Wörter, die in A in Anführungszeichen stehen, bringt B kursiv.

Natural and Revealed Religion

Natural religion is a religion which belongs to man by nature. The contrasting concept is "revealed religion" which man receives from a supernatural reality. "Supernatural" in this connection is not human mind or human reason, for they belong to man's natural equipment. The supernatural reality transcends human nature in ᵃ*every*ᵃ direction, man's body as well as his mind, his vitality as well as his reason. Natural religion is the necessary consequence of human nature. Supernatural religion is not the consequence of human nature in any way; it ᵇtranscends human nature entirelyᵇ; it is entirely contingent from the point of view of human nature. In revealed religion human nature is exclusively receptive, not productive at all.

In natural religion human nature alone is productive. Human nature is characterized by human reason, that is, by the power of man to have a meaningful world and a meaningful self, namely, a world which is built up by understandable categories, laws, and concepts, and a self which has these categories and laws as the categories and laws of its own mind. Consequently natural religion is a religion which develops with the natural development of human mind or with the natural development of reason. Natural religion can have a very low degree corresponding to a very low stage of the development of reason, and it can have a very high degree when reason has developed to a high stage. The highest degree in principle is reached when reason understands itself as reason, when it ᶜexplains itself consciouslyᶜ, and purifies itself from all the remnants of imagination, feeling, passion and mere belief. On this level natural religion becomes rational religion and expresses itself in a rational doctrine of God, in a so-called "natural theology." With this concept we have reached the problem which I wish to discuss. The problem of natural religion which I have to deal with according to the Dudleian Endowment of two hundred years ago is the most discussed problem in the German theology of the present. It is discussed as the question, whether such a thing as natural theology is possible or not. Karl Barth on one side, and his former follower and friend, Emil Brunner, on the other side, have carried on a very interesting and profound debate during the last year concerning this problem. But it is more than a theoretical problem of theologians. It is at the same time the problem of the religious situation of Protestantism in ᵈthis countryᵈ as well as in Germany. The religious crisis in ᵉthis countryᵉ and the daily increasing religious struggle in Germany are so closely connected with the problem of natural ᶠtheologyᶠ, that in facing this problem we are facing the present situation in Protestantism.

Natural theology tries to explain the idea of God as a necessary category within human reason, as a category which belongs necessarily to a meaningful self and to a meaningful world. Of course it is not mathematical necessity by which God is to be proved. But it is the necessity of presupposing a meaningful universe in order to be capable of acting and thinking. Since reason embraces more than mathematical categories, since it implies morals and aesthetics, natural religion cannot be built alone on the basis of logical necessity. It has to be built on the basis of the totality of man's nature, ᵍon his having meaningful categories and concepts in every directionᵍ. For example "intuition" and "reflexion" both have to work for natural theology and there is no superiority either of reflexion as the older philosophers of religion thought, or of intuition as the present ones think. Reflexion as well as intuition belongs to man's rational nature; even intuition is not supernatural at all.

Natural theology presupposes that the ʰcontents of religionʰ are to be found in human reason, consequently that the development of human reason is at the same time the development of religion; that God is manifest for man within the historical process of religions. It makes no difference from our point of view whether | this process has the character of a continuous progress or whether the highest religion is to be sought in the past or whether there are different types of religion each one of which is perfect in itself. In each of these interpretations human nature is decisive for the development of religion; ⁱand there is nothing in it but human natureⁱ, because human nature in having a world and a self implies having God.

Not only the rationalism of the eighteenth century, but also the liberal theology of the nineteenth and ʲtheʲ humanistic tendencies of the twentieth century, are types of natural theology. Even more the orthodox theology of both confessions has a first part, a substructure of natural theology, and on this basis a superstructure of ᵏtheology of revelationᵏ. In the modern trend of the philosophy of religion the substructure ˡhas conquered the superstructure and drawn it into itselfˡ. Revelation has become another word for the development of religion, salvation another word for the assumed progress of human reason, God another word for the meaningful center and totality of the world.

I

It is understandable that with respect to this situation, transcendentalism, represented by Karl Barth, has attacked not only the pure natural theology ᵐwithout any theology of revelationᵐ, but also every theology of revelation which keeps a natural theology as substructure. The history of theology has shown — this is his argument — that the theology of revelation is lost at the moment when it presupposes a natural theology. For if man has by his nature a God who is really God, he does not need revelation. But he needs revelation because he is separated from God. Therefore human nature only can produce imagination of a demonic character and the corresponding attitude of fear and superstition — as every natural religion in the interpretation of Barth does. Natural religion has demons, not God. ⁿTherefore theology is not allowed to use it as a substructure for the theology of revelationⁿ.

Natural theology — this is the basic point of view of Barth and | the whole dialectical theology — gives man the power of determining to a certain extent his relation to God. Man's relation to God in this way is dependent ᵒto a certain extentᵒ on man's intellectual or moral activity, and that implies the presupposition that God in his relation to man is dependent to a certain extent on man. But a God who depends in anyway on man is not God. He is a demon. Natural theology is an attack upon the majesty, the absoluteness of God; it is idolatry. And it has the consequences of every idolatry: it is not able ᵖto give a foundation to our inner existenceᵖ. ᑫEvery natural argument for Godᑫ, rational as well as irrational, rooted in feeling as well as in intuition, remains uncertain. It may be an illusion, produced by demons as the older theology taught. It may be a complex, as psychoanalysis, or an ideology, as social-analysis calls it today; it may be a product of "libido" or "will to power," a projection of natural tendencies, so to speak, upon the sky of the Infinite as Feuerbach asserts. The God of natural theology is not able to give the religious certainty which is called "forgiveness of sins" or "grace." Since man by nature is in guilt, everyone of his activities, everyone of his thoughts, has an element of guilt in itself. And it is a contradiction in terms to assume that guilty thinking and guilty acting can overcome guilt. Guilt cannot be conquered by guilt and that means it cannot be conquered by human nature which is perverted by guilt. So from every point of view natural theology is to be denied. It is idolatry, because it makes God dependent on man; it destroys religious certainty, because it makes our knowledge of God dependent on man's fallacious insight, it destroys the certainty of salvation, because it makes grace dependent on our guilty activities. God can be known only by God himself, that is, by revelation. God's perfection can be reached only by God himself, that is, by salvation. And both revelation and salvation transcend human nature entirely. They are matter of faith and not of self-development; they presuppose that man is gripped by a transcendent power and ʳthrown uponʳ something beyond himself and all the possibilities of his nature. |

In defending itself against this attack which is launched by Karl Barth with a really prophetic force, natural theology emphasizes that revelation presupposes that character of man which is called in the old tradition: "the image of God." If man is the image of God he must be able to have some idea of God in having an idea of himself and of his world. In every similarity elements of identity are mixed with elements of non-identity. By separating these elements from each other man must be able to get an idea of God. And only in this way does the development of religion in mankind and consequently the history of mankind in general become understandable.

Barth replies to this argument that the similarity with God is an eschatological concept, that it is a commandment rather than an experience; that sin makes it impossible for us to derive anything from our similarity to God and from the idea of creation ˢin generalˢ. Man in the stage of innocence perhaps could have a natural relation to God. The world in its genuine stage of creation could give an idea of God. But this possibility never can become reality because the stage of innocence and genuine creation has been lost and we do not know anything about it. Therefore it is impossible to derive any laws of natural justice, of politics and social order, from the doctrine of creation. We do not know a divine order of social life; neither nation nor family nor classless society, neither feudalism nor democracy, neither liberalism nor collectivism are orders of creation. They are human possibilities, and no natural theology is able to give them the validity of divine commandments. And in the same way no natural theology is able to give the validity of divine truth to any philosophy or world-view including every philosophy of religion. From this point of view the philosophy of religion is challenged in general by Karl Barth. Philosophy of religion if it is more than a description of historical and psychological facts, is natural theology and is impossible for the same reason that natural theology is impossible.

Natural theology in its defense presents another argument. It | points to the problem of receiving revelation. How is it possible, that revelation is received by man if it transcends ʽman entirelyʼ? In the first place: Why is man alone capable of receiving a revelation, why not animals? Does not this faculty of man imply a certain capacity for the knowledge of God? Is not man nearer to God by nature if his nature makes revelation possible?

Barth replies that he agrees with the assertion that a man is not a turtle; but he denies the consequence, that this difference implies a natural knowledge of God by man.

Natural theology defends itself by indicating the fact that revelation must be received by the human mind if it is to be a revelation "*to man*". Consequently the human mind ᵛmust have an element of identity with the truth which is communicated by revelation. Mind cannot receive a content which is entirely strange to it. To receive an entirely strange content would mean the destruction of the human mind. This statement is valid not only for the individual human mind but also for human historyʷ. Revelation could not be an event in human history if it were entirely strange to history; it could not be connected with the past and the future as it is according to the New Testament; it would remain a foreign body in history ununderstandable, ˣunperceivableˣ, without causes and consequences.

Barth replies that man can receive revelation only in so far as he has become a new creature; revelation occurs in the human mind beyond human mind, in human history beyond human history. Not the old creature but the new creature, not human nature but a reality beyond human nature, receives revelation. The Holy Spirit creates a new spirit in man, and he beareth witness to this new spirit.

Natural theology, I think, has to answer that, according to Paul, the Holy Spirit beareth witness to our spirit and consequently that our spirit must be able to perceive this witness. In order ʸto make concreteʸ this assertion natural theology can point to religious language. We know that the biblical terminology to a great extent originates in the religious language of the ᶻsur|roundingᶻ mysticism and paganism. Of course the meaning of words like "Kyrios" (Lord) or "Hyios Theou" (Son of God) is changed to a great extent in the biblical terminology, but it is not changed entirely, because in this case the message of the apostles would be ununderstandable for anybody. But if the process of human history, first of all of history of religion, provides a terminology to revelation it provides in this way a basic religious experience without which revelation would be meaningless for man.

II

It seems to me that this argument cannot be refuted by theological transcendentalism. Without the preceding religious experience of mankind nobody could understand and receive the message of revelation. Since the tool of revelation is human language, and since language is meaningful only through the common experience which is incorporated in it, revelation is not possible without the ªprecedingª religious experience of mankind in past, present and future. Revelation is more than religious experience. It is the divine criticism and transformation of religious experience. But the material of revelation, the matter so to speak which receives a new transcendent form by revelation, is religious experience. Without the historical process of religion there would not have been the event of revelation, nor the prophetic criticism and transformation of a pagan tribe religion into the people of God and the church of Christ.

Just from this point of view the religious situation in Germany is easily to be interpreted. Because the Christian churches failed to criticize and to transform the historical and religious experience of the German people by the ultimate criterion, given in revelation, a new pagan tribe-religion has arisen which denies revelation in calling itself revelation. And because the Christian churches in Germany and beyond Germany have lost at the same time the ᵇtranscendentᵇ criterion, given in revelation, and the concrete reality of human life and human experience now we have in Germany a cleavage between that tribe-religion which wants | to make itself understandable to the German masses and that transcendentalism of Karl Barth which wants to safeguard Christianity and revelation without any connection with the present situation. It is a conflict of a paganized natural theology without a superstructure of revelation and a supernatural theology of revelation without a substructure of natural theology. This example shows clearly the practical importance of a problem which seems to be very abstract and ᶜsophisticatedᶜ.

But now we have to ask, How can we explain this problem today? Is it allowable for us to go back to the old formulas in which on the substructure of a natural theology a superstructure of theology of revelation arises? I do not think so. I think that the criticism of Karl Barth which agrees with the prophetic criticism of human religion and the catastrophe ᵈof humanistic Christianity in Germanyᵈ, have shown the impossibility of this scheme for Christian theology. We have to seek a new way in order to save the truth implied in the old natural theology.

First of all, we have to reject the category "natural" itself in this connection. Not nature, but history of man, is the place in which revelation as well as religious experience occur. "By nature" has the meaning, "by necessity." The concept of nature presupposes the Greek idea that there are eternal forms or essences which determine every activity of existing things: existence is the consequence of essence; essential necessity is the basis for existential reality. Human existence, activity, development, history are the consequences of human essence, of the necessity of man's nature. Human religious existence, the whole history of religion, flows out of the necessity of man's religious nature. Therefore there is no more content in human history actually than there is in human nature potentially; there is no ᵉmoreᵉ religious content in the history of religion than there is in man's religious nature; history does not produce new contents, ᶠthere is no such thing as freedom to transcend human natureᶠ, there is no freedom to contradict oneself and one's own nature.

But it is just this freedom which makes man man, and it is this | which is the basis of his history. Man's existence is not determined by man's essence; man's history is not determined by man's nature. History cannot be understood from the point of view of natural necessity. Since freedom is the special quality of human nature, man can produce an existence which transcends his essence: he can produce history. For the problem of natural religion, this means that there is no religion by nature, but by history; that there is no natural theology and no supernatural theology. There is only *one* theology — it is a theology whichᵍ interprets human religious experience by revelation as criticism and transformation of human religious experience.

ʰIn order to explain this methodological monism in theology I wish to examine the meaning of religious experience or the history of religion from my own point of viewʰ. I agree with Barth that there is no experience of God without revelation of God, that there is no ⁱnatural knowledge of Godⁱ. But I disagree with Barth if he says that there is no historical experience of God. It must be emphasized that such an assertion makes historical revelation utterly impossible. Consequently, I assert that in every historical experience of God there is implied an element of revelation; or that history must receive revelation in *every* moment in order to be able to receive it in one moment. For every moment in history is dependent on every other one, the present on the past and the future on the present; and conversely, the meaning of the past on the meaning of the present, and the meaning of the present on the meaning of the future. This interdependence in history entails that the one moment which we call revelation can be revelation for us only because there is preceding revelation in every moment.

III

I know that this idea is not without danger and that it can be distorted by the interpretation that history of religion in itself is revelation. I want to deny this error emphatically. It is the error of idealism and theological liberalism.

It is natural theology, not the theology of historical revelation. Revelation for us, ʲin cor|relation to usʲ, revelation which grips us and gives us the ultimate criterion for our existence, is confined to one moment. For contrasting revelations are not revelation at all. Revelation ᵏfor usᵏ is exclusive, it gives us the criterion for everything in acting and thinking, and there can not be another criterion above it or beside ist. ˡOn the other hand, this moment has meaningful content only because and in so far as the contents of preceding revelations are implied in itˡ. Those preceding revelations are not revelations for us; they are not directly decisive for our existence; they are ᵐmaterialᵐ presuppositions and effective indirectly as being implied in the actual and decisive revelation.

So, if Christ is revelation for somebody, in the picture of Christ is implied the religion of the Jewish people and the revelation given them in their history; but this history and its document, the Old Testament is revelation for him only indirectly, it is not criterion itself, it is criticized and transformed by the criterion. And if the prophetic word is revelation for somebody, the priestly religion which is criticized and transformed by the prophetic word is implied in this revelation, but not as revelation, only as material of revelation. And if the message of Paul is revelation for somebody, the mysticism and the morals of the ⁿsurrounding worldⁿ are implied, but as criticized and transformed. And if somebody uses the word "sin" in his explanation of revelation, he ᵒincludesᵒ consciously or unconsciously in this word man's religious experience concerning guilt and despair, but ᵖtransformed from the tragic interpretation into the Christian interpretationᵖ, from hopelessness and heroism into humility and hope. And if somebody confesses the Almighty God, Creator of heaven and earth, he ᵠpresupposesᵠ the mythological belief in transcendent powers and in the genesis of our world by these powers. But this mythological belief is not revelation for him by itself; it is effective only indirectly in his confession in so far as it is criticized as a belief in demons and transformed into the belief in God, who is really God.

Let me explain this idea by a simile which, ʳI thinkʳ, is more | than a simile. Revelation is an answer which is understandable only if there has been a question. Answers without preceding questions are meaningless. Therefore the questioning for revelation must precede revelation, but this questioning is not possible without a certain knowledge of the subject for which the question is asked. That means: the questioning for revelation presupposes revelation, and conversely: they are dependent on each other. The beginning of the history of religion is a question implying an answer and an answer implying a question. Man in history never is without revelation and he never is without questioning for revelation. The latter implies that man never can boast ˢthat he has the God whoˢ is really God; the former implies that man never is left by God and separated from him; and both imply that there is no natural relation to God which could be developed in history and which could be derived from human reason. Every doctrine of God is theology of historical revelation ᵗin so far as[t] it is rooted in a revelation received in history. Every doctrine of God presupposes faith; for faith is correlated to revelation. Natural theology without "preceding faith" is nonsense, while natural theology which has the foundation in faith and revelation is not natural theology at all but theology of historical revelation, the only theology which is possible.

If we consider the philosophy of religion and metaphysics we find a theological element, an element of faith and revelation, in every great representative of religious metaphysics. So Parmenides tells us that he received the truth about the transcendent unity of being in a vision through the mouth of a goddess. Plato tells myths in the moment in which he describes the [v]transcendent[v] fate of the human soul. Plotinus confesses that his highest concept, the transcendent One, can be experienced only in ecstasy which is a gift of grace. Spinoza does not know an approach to the transcendent unity outside [w]the attitude of intellectual love[w]. Kant speaks of the "abyss of human reason" as mystics always did, and of the belief in a transcendent balance between morality and happiness. And Hegel emphasizes that the revealed religion is | the substance and basis of his philosophy which was possible only through this foundation. Finally the present philosophy of existence or the doctrine of man's finiteness assumes an attitude in which we transcend our finiteness towards our infinity, although with the consciousness of being excluded from our infinity. Without this act of transcending our finiteness, that is, without faith, we never could see ourselves as finite, we never could explain a philosophy of existence which, according to my own opinion, is the present form of the philosophy of religion. But this is a philosophy which at the same time is theology; both are identical in a doctrine of man's finiteness in which man's existence is explained as the existential question to which revelation is the existential [x]answer. The explanation of the question never is possible without the light coming from the answer, while the scientific explanation of the answer is possible only through the categories produced in the question.

Thus we replace the mechanistic scheme of natural substructure and supernatural superstructure by a living interdependence between question and answer, answer and question. Natural theology must be denied, but its intention can be saved. I try to save its intention through explaining a [y]theology of historical revelation[y] in which nature is replaced by history, essential necessity by existential freedom, in which the cleavage between natural and supernatural religion and theology is overcome through the *one* theology which has *two* poles: the question of human existence and the answer of divine revelation.|

Anmerkungen

159 a–a In B Hervorhebung getilgt.
      b–b In B: hat keinerlei Verbindung mit der menschlichen Natur.
      c–c In B: mit Bewußtsein ihr eigenes Wesen ergründet.

160	d–d	In B: Amerika.
	e–e	In B: Amerika.
	f–f	In B: Religion.
	g–g	In B: und das schließt die Berücksichtigung sinnvoller Kategorien und Begriffe in allen Bereichen ein.
	h–h	In B: Religion.
161	i–i	In B: und nichts anderes.
	j–j	In B: gewisse.
	k–k	In B: Offenbarungsreligion.
	l–l	In B: ist ... das allein Entscheidende geworden.
	m–m	Fehlt in B.
	n–n	In B: Deshalb ist eine Theologie zu verwerfen, die behauptet, die Offenbarungsreligion besitze einen Unterbau aus natürlicher Religion.
162	o–o	Fehlt in B.
	p–p	In B: um unserer Existenz einen inneren Halt zu geben.
	q–q	In B: Jeder sich auf natürliche Theologie gründende Gottesbeweis.
	r–r	In B: geführt.
163	s–s	Fehlt in B.
164	t–t	In B: menschlichen Möglichkeiten.
	u–u	In B Hervorhebung getilgt.
	v	In B eingefügt: notwendigerweise.
	w	In B eingefügt: im allgemeinen.
	x–x	Fehlt in B.
	y–y	In B: zu stützen.
164 f.	z–z	Fehlt in B.
165	a–a	In B: eigene.
	b–b	In B: absolute.
166	c–c	In B: weltfern.
	d–d	In B: die das humanistische Christentum in Deutschland bedroht.
	e–e	In B kursiv.
	f–f	In B: die Grenzen der menschlichen Natur zu überschreiten, ist nicht möglich.
167	g	In B eingefügt: mißt und.
	h–h	In B: Ein solcher Standpunkt mag als „Methoden-Monismus" bezeichnet werden. Um ihn zu erklären, muß ich deutlich machen, was ich unter Religionsgeschichte verstehe.
	i–i	In B in Anführungszeichen.
167 f.	j–j	Fehlt in B.
168	k–k	In B in Anführungszeichen.
	l–l	In B: Andererseits kann dieser eine Augenblick mit der in ihm gegebenen Offenbarung nur dann bedeutsam werden, weil in ihr die Botschaft früherer Offenbarungen „aufgehoben" ist.
	m–m	Fehlt in B.
	n–n	In B: damaligen heidnischen Welt.
	o–o	In B: ist ... bestimmt.
	p–p	In B: beide Worte haben einen anderen Sinn erhalten, ihr tragischer Akzent ist ihnen durch den christlichen Einfluß genommen.
	q–q	In B: schwingt ... mit.

	r–r	Fehlt in B.
169	s–s	In B: daß sein Bild von Gott.
	t–t	In B: weil.
	u–u	In B: Bereitschaft zum Glauben.
	v–v	In B: nach dem Tode.
	w–w	In B: der „intellektuellen Liebe zu Gott".
170	x	In B eingefügt: bedeutsame.
	y–y	In B in Anführungszeichen.

16. The Permanent Significance of the Catholic Church for Protestantism (1941)

A. Druckvorlage: The Permanent Significance of the Catholic Church for Protestantism, in: Protestant Digest, Vol. 3, No. 10, New York 1941, pp. 23—31.

B. The Permanent Significance of the Catholic Church for Protestantism, in: The Current of Catholicism and Contemporary Culture, Harvard 1961, pp. 148—156.

C. The Permanent Significance of the Catholic Church for Protestantism, in: Dialog, Vol. 1, No. 3, Minneapolis 1962, pp. 22—25.

D. Die bleibende Bedeutung der katholischen Kirche für den Protestantismus, in: Theologische Literaturzeitung, Jg. 87, Leipzig 1962, Sp. 641—648.

E. Die bleibende Bedeutung der katholischen Kirche für den Protestantismus, in: GW VII (1962), S. 124—132.

Zur Textgeschichte

Bei Ausbruch des Zweiten Weltkrieges im September 1939 befand sich Tillich auf einer Reise quer durch die Vereinigten Staaten von Westen nach Osten. Unablässig beschäftigte ihn, wie er schreibt, die Frage: „Was bedeutet dieser Krieg? Was bedeutet er in religiöser, philosophischer und politischer Sicht?" (GW XIII, 254). Die Tiefe dieser Fragestellung ließ ihn — oft zum Ärger mancher anderer Emigranten und auch Bürger seines Gastgeberlandes — nicht nur Hitlers fortschreitende Unterjochung Europas scharf kritisieren und „zur Vernichtung der Nazis" aufrufen, sondern zugleich vor der „Vernichtung des Kontinents selbst und aller Menschen, die ihn bewohnen" warnen, ja, für die Zeit danach, „die Erhaltung eines unabhängigen und geeinten europäischen Kontinents" fordern (op. cit., 260). Diese Haltung, die Unterscheidendes und Trennendes nicht verschleierte, sondern markierte, um von daher den versöhnenden Schritt über die gegensätzlichen Positionen hinaus in eine fruchtbare Zukunft tun zu können, charakterisierte ihn nicht nur im politischen, sondern ebenso im kirchlich-theologischen Bereich seiner Arbeit. Der Vortrag über „Die bleibende Bedeutung der katholischen Kirche für den Protestantismus" ist ein beredtes Zeugnis hierfür. Die Tatsache, daß er sowohl in den USA wie in Deutschland mehrfach publiziert wurde — dazu (1963) auch noch in einer spanischen und einer portugiesischen Übersetzung —, spricht für sich. Der Herausgeber von A hatte ihm zurecht den Satz vorangestellt: „The following article is, I believe, a significant example of genuine effort towards inter-faith understanding."

Der Wiederabdruck, zwanzig Jahre nach dem Ersterscheinen, in Harvard (= B), wo Tillich zu dieser Zeit lehrte, wird als „slightly revised from an earlier version" deklariert. Es handelt sich faktisch vor allem um stilistische Verbesserungen; wo sie auffällig sind, wird dies vermerkt. Außerdem fügt B Zwischenüberschriften ein. Der herausgeberische Vorspann bleibt unberücksichtigt.

Analoges gilt für den nochmaligen Abdruck in der neu geschaffenen Zeitschrift „Dialog", ein Jahr später (= C). Eine Fußnote besagt nur: „This article also appeared in: The Current ...". Die Zwischenüberschriften aus B werden übernommen, allerdings ohne die Numerierungen; sonst bestehen keine Unterschiede zu B.

Die deutsche Übersetzung besorgte Hildegard Behrmann — eigentlich für die GW. Der Artikel erschien jedoch als „Vorabdruck" (= D) in der Theologischen Literaturzeitung (87/1962, Sp. 641, Anm. 1), wohl, weil Tillichs Denken 1962 durch die Auszeichnung mit dem Friedenspreis des Deutschen Buchhandels nicht nur im Umkreis des Protestantismus besondere Aktualität erlangt hatte. Die Vorlage der Übersetzung ist offensichtlich A; Tillich selbst hat in ihr „zahlr(eiche) Korr(ekturen)" angebracht (GW XIV 2. Aufl., 32).

Die Publikation in GW VII (= E) ist bis auf geringfügige Abweichungen mit D identisch.

The Permanent Significance of the Catholic Church for Protestantism

Man experiences the ᵃholyᵃ in a ᵇdoubleᵇ way. It is given to him and it is demanded from him. The "holiness of being" and the "holiness of what ought to be" are elements of every religion.ᶜ The predominance ᵈof the one or the other elementᵈ determines its special type. If the holy is understood mainly in terms of what is given or of the holiness of being, we have the sacramental type of religion. If the holy is understood mainly in terms of the demand or of the holiness of what ought to be, we have the eschatological type of religion. The sacramental type is represented by the priest, the eschatological by the prophet.

ᵉThese few remarks must suffice to introduce the main proposition of this article:ᵉ Catholicism, although not lacking eschatological elements, belongs to the priestly type of Christianity. Protestantism, although not lacking sacramental elements, belongs to the prophetic type of Christianity. The permanent significance of the Catholic Church for Protestantism is its powerful representation of the priestly and sacramental elementᶠ, ᵍthe weakness of | which is the specific danger of Protestantismᵍ.

Catholicism since the early days of Christianity has step by step eliminated the tremendous tension of the apostolic time, the feeling that we live in the short but decisive period between the first and the second coming of the Christ. The ʰChurchʰ established itself as the embodiment of the present holy, of the holy which is given, ⁱinⁱ Christ first, ʲthrough him in the Church and through the Church in thoseʲ who receive the sacramental graces, distributed by the hierarchy. The priest who administers the holy has sacramental power, especially in the mass when he transforms the secular elements into a sacred ᵏrealityᵏ. The hierarchy is the visible and infallible embodiment of the given holy. No prophetic criticism against the system itself is possible, no eschatological demand and expectation transcend the Church ˡin principleˡ. It has ultimate authority not only in its own realm, but also in the different realms of secular life. For, the holy is the criterion and the judge of the secular; ᵐif the holy is present, visibly and undoubtedly present, it must be the source and the measure of everythingᵐ. This is not ordinary will power, but it is the logical consequence of the sacramental and priestly foundation of the Catholic system. Roman Catholicism is a ⁿtotalitarianⁿ system, embracing every realm of life, determining the life of the individual in every respect from birth to death, aspiring °the° ultimate control over public thinking ᵖand acting, over nations, social groups and cultural activitiesᵖ. If the holy is present and visibly embodied in an ᵠhistoricalᵠ group, the claim of this group has divine, universal, unconditional authority. Even the mystical elevation of the individual above the Church is dependent on his participation in the ʳholy reality, present in the Churchʳ. ˢThere is no personal, direct and immediate relation to the Divine besides its sacramental incorporation.ˢ There is no basis for prophetic criticism against the Church as far as its structure and its dogmatic foundations are concerned.

Protestantism is the prophetic protest against the sacramental interpretation of the Gospel. It is the prophetic challenge ᵗtoᵗ the priestly transformation of the original "assembly of God." It is the revolutionary restitution of the eschatological attitude ᵘof early Christianityᵘ with respect to Christian existence in time and history. Being this, Protestantism first of all denies the visible presence of the holy in an ᵛhistoricalᵛ | group — even the Church. Only for faith the Church is the embodiment of the holy, the manifestation of the Divine; the organized, visible churches have no divine authority, ʷcannot mediate graces; they only can preach the *one* grace, the center of which is the forgiveness of sins; and they must preach this not only to their members, but also to themselves. "The reformation continues" (Schleiermacher) and the Church has authority only as far as it permanently turns the prophetic criticism against itself. There is no priest, no hierarchy, no sacramental power as such. Everybody is layman and everybody is calledˣ to be priest. The Church as such has no authority over ʸtheʸ secular culture. State, science, economy, law are autonomous, subject only to the same prophetic criticism which the Church directs against itself. The individual Christian is in ᶻanᶻ immediate relation to the Divine which becomes manifest not in sacramental institutions but in the word of forgiveness and expectation. There are no saints, no monks, no holy degrees and powers. Everybody is always under the judgment, in an equal distance from the Divine which alone has majesty and authority and holiness.

The difference ᵃbetweenᵃ the two types is obvious. It concerns every element, even those that seem to be similar. But it is also obvious that both of them represent historical forms of Christianity which do not exhaust its full meaning. The powerful rise of Protestantism was due to the distortion and "demonization" of the sacramental and priestly structure of the Catholic Church. The powerful ᵇsurvivalᵇ of Catholicism is due to the ᶜemptyingᶜ and secularization of the eschatological and prophetic structure of Protestantism.

ᵈProtestantism needs the permanent corrective of Catholicism and the continuous influx of sacramental elements from it in order to live. Catholicism, by its very existence, reminds Protestantism of the sacramental foundation without which the prophetic-eschatological attitude has no basis, substance and creative power. Catholicism represents the truthᵉ that the "holy of being" must precede the "holy of what ought to be," that without the "mother," the priestly-sacramental Church, the "father," the prophetic-eschatological movement has no roots. ᶠIt becomesᶠ cultural activism and moral utopianism. It ceases to be prophetic and becomes political or educational or scientific. It loses its religious character and becomes a secular movement, ᵍcarriedᵍ by secular groups. This is the danger of Protestantism, especially in its American denominational ʰwayʰ. Catholicism in all its forms is the permanent ⁱchallengeⁱ, preventing Protestantism from ʲrunning down towards a shallow secularism, trimmed by religious phraseologyʲ. This refers to the early and medieval Catholicism more than to its counter-reformatory and modern ᵏtransformationᵏ. It refers to Greek more than to Roman Catholicism and it gives a high valuation to the ˡAnglo-Catholicˡ "middle way."

In all these types of Catholicism the sacramental character of the Church and — consequently — the Church as Church was affirmed. And this understanding of the nature and the meaning of the Church is ᵐwantingᵐ above all in modern Protestantism and must be rediscovered with the help of the Catholic types of Christianity. The Church antecedes individual piety, it is not a result of it. The Church is not a creation of ⁿreligious individualsⁿ, ᵒbutᵒ religious individuals are the product of the Church. ᵖNot the moral ᵠstandardᵠ of the congregation makes the holiness of the Church, but the holiness of the Church makes its members holy by pronouncing the forgiveness of their sins and drawing them into the "new being" on which the Church is constructed. Not the religious experience of the Christians creates the ʳdoctrinal foundationʳ of the Church. But the truth which is the basis of the Church is the source of a variety of religious experiences, none of which can exhaust the sourceᵖ. The importance of the doctrine of the Church is more and more emphasized in ˢProtestantism, in Europe as well as in Americaˢ. This is partly due to the collaboration of the ᵗCalvinistic-sectarianᵗ type of Protestantism with Greek Orthodoxy, Anglicanism and Lutheranism in the ecumenical movement. It is partly dependent on the community between Protestantism and Roman Catholicism in their defense against secular totalitarianism. It is partly caused by the internal weakness of all Protestant churches, and the urgent quest for a new foundation of their life and thought according to the pattern of early-catholic Christianity.

The first and basic significance of Catholicism for the Protestant churches is the fact that Catholicism has maintained the sacramental idea of the Church: The Church represents the presence of the Divine ᵘwhich is given before any individual experience and activityᵘ. This, of course, cannot mean that Protestantism must accept the Roman Catholic distortion and demonization of the sacramental idea of the Church: The identification of an organized Church with the presence of the Divine in history and the consequent claim for absoluteness by this Church. Protestantism would give up itself, its prophetic attitude and its eschatological character, if it ever accepted this claim. But Protestantism must admit the necessity of a new understanding of the sacramental foundation of the Church as it has been maintained in all Catholic traditions and never was entirely lost in the majority of the Protestant churches, especially those of Lutheran type. The main point is that the Church ʸis willingʸ, first to receive and then to act and not conversely, that ʷit receivesʷ from the "new being" on which it is based namely the final manifestation of the Divine in Jesus as the Christ and then acts according to the demands following from the "new being." The elaboration of this idea can be done only in the context of an embracing doctrine of the Church, ˣone of the most urgent needs of Protestantism.

ʸFrom theᶻ basic significance of Catholicism for the Protestant churchesᵃ — to remind them of the sacramental foundation of the Church — other points of significance followᵃ.

The historical situation of our days makes the reinterpretation of the idea of Church-authority especially important. In the struggle of the authoritarian political systems only the Roman Church represents a corresponding religious system of authority. This is due to the sacramental character of the Catholic hierarchy on the one hand, to the legal ᵇobjectivationᵇ of the hierarchical system on the other ᶜhandᶜ. The latter distinguishes the Roman Church from the other forms of Catholicism. It has not been and never can be accepted by any Protestant Church. The ᵈcanonic lawᵈ as a competitor ᵉofᵉ the State law brings the Church authority on the level of the political authority and creates that kind of political Catholicism which has shown its catastrophic consequences all through Church history up to the diplomatic attitude of the Vatican in the present world situation. This is not the way the Protestant churches can regain their authority. But they must find a way and they must win a new authority in order to face the revolutionary period of history in which we are living. Not the legal but the sacramental side of the Catholic authority must be received and rein|terpreted by Protestantism. Even the prophetic message must be supported by an authority that makes the people listen to it. In Israel the prophets could be received, although only by a small minority, because they could claim the authority of the sacramental covenant between God and the nation; outside of Israel they could not be heard. Jesus interpreted the law on the basis of the law, although transcending it. He could be understood only in a nation educated by the law and its ᶠpriestlyᶠ guardians for centuries. The sectarian movements were dependent on the Christian substance, maintained by the ᵍuniversal Churchᵍ, although they split away from it. Luther's reinterpretation of the justification by faith had meaning only for those educated by the ecclesiastical law, ʰimposed on the Germanic and ⁱRomanicⁱ nations by the Churchʰ. The sacramental and priestly authority of the Church was the presupposition ʲfor the authorityʲ of the eschatological and prophetic movements directed against it.

The problem of authority is most difficult and most urgent for the Protestant churches. The masses, created by the industrial era, deprived of security, of symbols, and of an understandable meaning of life, strive towards new authorities and take them wherever they can find them. This is the ᵏchanceᵏ of all authoritarian systems, including Roman Catholicism. The question is whether in this era of revolutionary transformation the non-authoritarian Protestantism has lost any ˡchanceˡ. This question must be answered; the remaining chance — if there is one — must be shown and used in a Protestant way. ᵐThe constructive and uniting power of the Protestant principle must be rediscovered after its critical and separating power has prevailed for a long timeᵐ. And in this task Catholicism can be — not a leader — but a reminder and a sign — Protestantism cannot accept the ⁿuntouchableⁿ authority of a hierarchy. ᵒIt must dare to learn essentially from history and to change essentially in historyᵒ. But, at the same time, it must be able to represent its unchangeable basis, the new being in such a way — ᵖinᵖ symbols and personalities — that it becomes a new authority for masses and individuals.

ᵠThe disintegration of the masses in our period is manifest in the fact that there are no more uniting and ʳobligingʳ symbols. The power of the Christian symbols has decreased from decade to decade. Both churches are responsible for it; the Catholic, because it has interpreted the symbols in ˢmagicˢ terms; the | Protestant, because it has deprived them of their ᵗmystical meaningᵗ in orthodox as well as liberal theology. Beyond this Protestantism has devaluated and ᵘexpelled the largest part of the symbols in which Catholicism livesᵘ. In some types of Protestantism this anti-symbolism has transformed the Church into a school or a humanitarian enterprise. Without trying to ᵛrepristinateᵛ outworn symbols Protestantism must rediscover ʷthe realistic meaning of symbolsʷ, must denounce the misinterpretation of symbols as mere signs, must attempt to discover the germs of a new symbolism in our present life. This refers not only to cult and doctrine but also to the whole practical life of the Church. Perhaps it is not too much to state that Protestantism already has started a movement towards a new understanding of the great symbols of the early Church, the ritual as well as the doctrinal, ˣmany of which are saved by the Catholic traditionˣ. It is extremely significant for Protestantism that ʸthe reality of the Catholic cult and system of symbols still impresses, in spite of repulsive magic, superstitions and hierarchical traits — the mindsʸ of innumerable people who experience there the sacramental spirit which has been lost in many Protestant churches (especially in their serving of the remaining sacraments). The presence of the holy in the Catholic cult creates a continuous influx of priestly substance into Protestantism and humanism, directly and indirectly. The ᶻartsᶻ and literature of the last centuries are the main witnesses for this extremely significant process.

Keenly related to the Catholic symbolism is Catholic mysticism. ᵃThe presence of the Divine, ᵇdistinguishedᵇ from any concrete manifestation, is the principle of mysticism^a. It is not by chance that the moralistic ^c distortion^c of Christianity in theological Kantianism was connected with a ^d heavy fight^d against all kinds of mysticism. Neither is it by chance that the alliance between Protestantism and empiricism in the ^e Anglo-Saxonian^e world ^f entailed an increasing replacement of mysticism by activism^f. Even the Neo-orthodox trend of the so called dialectical theology expresses strong anti-mystical ^g feelings^g. Protestantism because of its prophetic-eschatological character becomes anti-mystical as soon as it is touched by rationalism.

But it is not anti-mystical in itself. It cannot be because the "mystical" is an essential and general category of religion as such ^h(besides being a special religious type)^h. There was and is Protestant mysticism as a | special form of Protestantism. And there was and is the mystical element in all forms of Protestantism which have preserved their religious character. In both respects the refutation of mysticism as non-Protestant is wrong and ^i even destructive^i. No religion can be alive if the presence of the Divine is completely denied^j for the sake of emphasizing the distance between the Divine and the human. Even ^k in order to^k pronounce the distance in religious terms — as the prophets did — the presence is necessary. You cannot speak of the majesty of God without having been grasped by this majesty and having experienced its inescapable presence. This is mysticism in the sense of the general religious category. Beyond this, mysticism means a special methodical way to reach union with the Divine. In this sense mysticism is "work" and contradicts the main doctrine of Protestantism, the justification by faith. But not every mystical attitude is "method and work." A Protestantism which ^l has no more place^l for meditation and contemplation, for ecstasy and "mystical union" has ceased to be religion and has become an intellectual and moral system in traditional religious terms. ^m It is favorable^m that the mystical "silence" of the Quakerservice has conquered large groups of Protestantism, conquered at least as a ritual form. ^n But the important thing is^n that the silence is filled with ^o real^o mystical content; and for this reason the immense reservoir of Catholic mysticism must be opened for the Protestant people who under the pressure of activism and moralism have lost the approach to the depth of their souls and try to find it with the help of psycho-analytic and -therapeutic methods, thus showing what is wanting in the Protestant care of souls.

^p All this seems to indicate that the significance of Catholicism for the Protestant churches lies in the ^q non-rational^q elements of religion. But this impression is wrong. Although Protestantism has more fundamental relations to the humanistic and autonomous trends of modern civilization than ^r Catholicism, the latter represents a rationality in theory and practice which is missing very often in Protestant dogmatics and ethics. It is ^s firstly^s the formal clarity, consistency and philosophical strictness of Catholic systematic theology from which Protestant theology ^t with its inclination to vagueness, popularity and arbitrariness should learn^t. It is secondly — and much more important — ^u the attempt of Catholic thought to correlate "revelation" and | "reason" which

Protestant theology should take as seriously as the old Church did, in apologetics as well as in ethics". Of course, Protestantism cannot accept the heteronomous solution of later Catholicism according to which the Roman Church is the final judge of metaphysics and philosophical ethics. This solution is a necessary consequence of the sacramental absolutism of Roman Catholicism and ᵛits rejection is a necessary consequence of the eschatological self-criticism of the Protestant churchesᵛ. But Protestantism never has developed a solution of its own. It either has cut off revelation from reason thus creating an undisturbed orthodoxy on the one hand, an undisturbed and autonomous civilization on the other hand; or it has dissolved revelation completely into reason thus creating a religious idealism and humanism, in which the contrasts of human existence were ignored. This has contributed very much to the weakness of Protestantism in face of the theoretical and practical problems of a secular world. ʷCatholicism is not stronger in its solutionʷ but it is stronger in understanding the weight of the problem. A method of correlating theology and philosophy must be found by the Protestant churches. Otherwise they will have no word to say to the present world. ˣThey must learn the problem, not the solution from the Catholic ʸtheologyʸ.ˣ

ᶻThe prophetic type of Christianity cannot live in the long run without the priestly type, nor the eschatological without the sacramental: This is the general answer to the question of the permanent significance of the Catholic Church for Protestantism.ᶻ

Anmerkungen

23	a–a	In C: Holy (immer Großschreibung).
	b–b	In B und C: two-fold.
	c	In B und C eingefügt: and
	d–d	In B und C: of one or the other elements.
	e–e	In D und E: Das führt zu den Hauptthesen der folgenden Abhandlung.
	f	In D und E eingefügt: während es im Protestantismus nur schwach zum Ausdruck kommt.
23 f.	g–g	In B und C: an element whose weakness constitutes the specific danger facing Protestantism.
24	h–h	In C immer Kleinschreibung.
	i–i	In D: in; in E: im.
	j–j	In D und E: dann in der Gemeinschaft des Geistes, dann in jedem Einzelnen.
	k–k	In D und E: Substanz.
	l–l	Fehlt in D und E.
	m–m	In D und E: Wo das Heilige sichtbar gegenwärtig ist, da ist es die Quelle und das Maß alles Menschlichen.
	n–n	In B und C: authoritarian.
	o–o	In B und C: to.
	p–p	In D und E: in allen sozialen und kulturellen Gruppen.

	q–q	Fehlt in D und E.
	r–r	In D und E: heiligen Gemeinschaft.
	s–s	In D und E: Nur die sakramentale Vereinigung ermöglicht eine persönliche, direkte und unmittelbare Beziehung zum Göttlichen.
	t–t	In B und C: of.
	u–u	Fehlt in D und E.
	v–v	In D und E: sozialen.
25	w	In B und C eingefügt: they.
	x	In B und C eingefügt: upon.
	y–y	Fehlt in B und C.
	z–z	Fehlt in B und C.
	a–a	In B und C: of.
	b–b	In D und E: Existenz.
	c–c	In B und C: diminuition.
	d	In B und C zuvor Zwischenüberschrift eingefügt: The Sacramental Foundation.
	e	In D und E eingefügt: des Faktums.
	f–f	In D und E: sonst artet er leicht ... aus in.
	g–g	In B und C: carried on.
26	h–h	In B und C: form.
	i–i	In D und E: Bedrohung.
	j–j	In B und C: deteriorating into a shallow secularism with trimmings of religious phraseology.
	k–k	In D und E: Form.
	l–l	In D und E: anglikanischen.
	m–m	In B und C: lacking.
	n–n	In D und E: Frommen.
	o–o	In B und C: rather.
	p–p	In B und C: The holiness of the Church is not created by the moral standard of the congregation, but by pronouncing the forgiveness of the sins of the members and drawing them into the "new being" on which the Church is constructed. It is not the religious experience of the Christians which creates the doctrinal foundation of the Church, but the faith which is the basis of the Church and is the source of a variety of religious experiences, none of which can exhaust the source.
	q–q	In D und E: Vollkommenheit.
	r–r	In D und E: Lehre.
	s–s	In B und C: European Protestantism as well as American.
	t–t	In D und E: calvinistisch beeinflußten.
	u–u	In D: die gegeben ist — noch ehe der Einzelne das Göttliche erfährt — im persönlichen Erleben und Handeln. In E: die gegeben ist, noch ehe der Einzelne Gott erfährt im persönlichen Erleben und Handeln.
27	v–v	In B und C: must be willing.
	w–w	In B und C: it should receive.
	x	In B und C eingefügt: — and such a doctrine is.
	y	In B und C zuvor Zwischenüberschrift eingefügt: The Importance of Authority.
	z	In D und E eingefügt: hier dargestellten.

	a–a	In B und C: — the reminder to them of the sacramental foundation of the Church — other factors can also be shown.
	b–b	In D und E: Struktur.
	c–c	Fehlt in B und C.
	d–d	In B und C: Canon law.
	e–e	In B und C: to.
28	f–f	Fehlt in D und E.
	g–g	In D und E: Großkirche.
	h–h	In D und E: — die germanischen und romanischen Völker.
	i–i	In B und C: Roman.
	j–j	Fehlt in D und E.
	k–k	In B und C: risk.
	l–l	In B und C: opportunity.
	m–m	In B und C: After the critical and separating power of the Protestant principle has prevailed for so long a time, its constructive and uniting power must be rediscovered.
	n–n	In D und E: unfehlbare.
	o–o	In D und E: Er muß ernsthaft von der Geschichte lernen und fähig sein, sich in der Geschichte zu wandeln.
	p–p	In B und C: through.
	q	In B und C zuvor Zwischenüberschrift eingefügt: Symbols and Mysticism.
	r–r	In B und C: obligatory.
	s–s	In B und C: magical.
29	t–t	In D und E: Geheimnisses.
	u–u	In B und C: discarded the larger number of the symbols on which Catholicism lives.
	v–v	In B und C: resuscitate.
	w–w	In B und C: their realistic meaning.
	x–x	In D und E: und hat dabei die katholische Tradition, in der sie bewährt (D) / bewahrt (E) sind, als Unterstützung.
	y–y	In B und C: in spite of objectionable magic, superstitions and hierarchical traits, the reality of the Catholic cult and system of symbols still impress the minds ...
	z–z	In B und C: art; in D und E: Kunst.
	a–a	In D und E: Das Prinzip der Mystik ist ein Erlebnis des Göttlichen jenseits der speziellen religiösen Symbole.
	b–b	In B und C: detached.
	c–c	In D und E: Verständnis.
	d–d	In B und C: strong struggle.
	e–e	In B und C: Anglo-Saxon.
	f–f	In D und E: dem wachsenden Aktivismus der technisierten Welt Vorschub leistete und die mystischen Elemente des Christentums verbannte.
	g–g	In D und E: Züge.
	h–h	In D und E: die von der großen Mystik als einer speziellen Ausformung des Religiösen unterschieden werden muß.
30	i–i	In D und E: gefährlich.
	j	In D und E eingefügt: wie es häufig geschieht.
	k–k	In D und E: wenn.

Anmerkungen

	l–l	In B und C: no longer has place.
	m–m	In B und C: It is a favorable sign.
	n–n	In D und E: Um (aber) religiös fruchtbar zu sein.
	o–o	Fehlt in D und E.
	p	In B und C zuvor Zwischenüberschrift eingefügt: Philosophy.
	q–q	In B und C: irrational.
	r	In B und C eingefügt: does.
	s-s	In B und C: first.
	t–t	In B und C: should learn, in view of its inclination to vagueness and arbitrariness.
30 f.	u–u	In B und C: Protestant theology should take as serious as the old church did the attempt of Catholic thought to correlate "revelation" and "reason" — in apologetics as well as in ethics.
31	v–v	In B und C: its rejection by Protestantism is a necessary consequence of its eschatological self-criticism.
	w–w	In B und C: Here, Catholicism is stronger, not in its solution.
	x–x	In B und C: It is the problem, not the solution, that they must learn from Catholic theology.
	y–y	In D und E: Kirche.
	z–z	In B und C: In the final analysis, the prophetic type of Christianity cannot live without the priestly type, nor the eschatological without the sacramental. This I believe is the general answer to the question of the permanent significance of the Catholic Church for Protestantism.

17. The Two Types of Philosophy of Religion (1946)

A. *Druckvorlage: Union Seminary Quarterly Review, Vol. 1, No. 4, N.Y., 1946, S. 3–13.*
B. *P. Tillich, Theology of Culture, ed. R. C. Kimball, N.Y. 1959, S. 10–29.*
Zur Textgeschichte von G.W. V, S. 122–137 vgl. G.W. XIV, S. 45f., 47 und 165.
Die englische Fassung aus Union Seminary Quarterly Review ist gegenüber der deutschen, Zwei Wege der Religionsphilosophie. Natur und Geist. Festschrift für Fritz Medicus, H. Barth und W. Rüegg (Hrsg.), Zürich, 1946, S. 210–219, die ursprünglichere; vgl. dazu G.W. XIV, S. 45ff. und Religion and Culture. Essays in Honor of Paul Tillich, W. Leibrecht (ed.), N.Y., 1959, S. 381. Obwohl: „Tillich selbst konnte nicht mehr sagen, in welcher Sprache er den Aufsatz konzipiert hatte" (G.W. XIV, S. 45).

[a]In an article entitled "Estrangement and Reconciliation in Modern Thought" I have[a] [b]distinguished[b] two ways of approaching God, the way of overcoming estrangement and the way of meeting a stranger. [c]On[c] the first way man discovers *himself* when he discovers God; he discovers something that is identical with himself although it transcends him infinitely, something from which he is estranged, but from which he never has been and never can be separated. [d]On[d] the second way man meets a *stranger* when he meets God. The meeting is accidental. Essentially they do not belong to each other. They may become friends on a tentative and conjectural basis. But there is no certainty about the stranger man has met. He may disappear, and only *probable* statements can be made about his nature.

The two ways symbolize the two possible types of philosophy of religion: the ontological type and the cosmological type. The way of overcoming estrangement symbolizes the ontological method in the philosophy of religion. The way of meeting a stranger symbolizes the cosmological method. It is the purpose of this essay to show: (1) that the ontological method is basic for every philosophy of religion, (2) that the cosmological method without the ontological as its basis leads to a destructive cleavage between philosophy and religion, and (3) that on the basis of the ontological approach and with a dependent use of the cosmological way, philosophy of religion contributes to the reconciliation between religion and secular culture. These three points shall be discussed on the basis of extensive references to the classic expressions of the two types of philosophy of religion in the 13th century.

I. The world historical problem

In two developments Western humanity has overcome its age-old bondage under the "powers", those half religious, half magical, half divine, half demonic, half superhuman, half subhuman, half abstract, half concrete, beings who are the genuine material of the mythos. These powers were conquered *religiously* by their subjection to [e]one[e] of them, the god of the prophets of Israel; his quality as the god of justice enabled him to become the universal God. The powers were conquered *philosophically* by their subjection to a principle more real than all of them; its quality as embracing all qualities enabled it to become the universal principle. In this process the "powers" lost their sacred character and with it their hold on the human consciousness. All holiness was transferred to the absolute God or the absolute principle. The gods disappeared and became servants of the absolute God, or appearances of the absolute principle. But the powers, although subjected and transformed, were not extinguished. They could and can return and establish a reign of superstition and fear; and even the absolute God can become *one* power beside others, perhaps the highest, but not the absolute. It is one of the tasks of the philosophy of religion to protect religion as well as | the scientific interpretation of reality against the return of the "powers" who threaten both at the same time.

The problem created by the subjection of the powers to the absolute God and the absolute principle is *"the problem of the two Absolutes"*. How are they related to each other? The religious and the philosophical Absolutes, *Deus* and *esse* cannot be unconnected! What is their connection from the point of view of being as well as of knowing? In the simple statement: "God *is*" the connection is achieved; but the character of this connection is *the* problem in all problems of the philosophy of religion. The different answers given to this question are milestones on the road of Western religious consciousness; and this road is a road towards ever increasing *loss* of religious consciousness. Philosophy of religion, although not primarily responsible for this development, must ask itself whether, according to its principles this was an unavoidable development and whether a reversal is possible.

II. The Augustinian solution

Augustine, after he had experienced all the implications of ancient scepticism, gave a classical answer to the problem of the two Absolutes: They coincide in the nature of truth. *Veritas* is presupposed in every philosophical argument; and *veritas* is God. You cannot deny truth as such because you could do it only in the name of truth, thus establishing truth. And if you establish truth you affirm God. "Where I have found the truth, there I have found my God, the truth itself," Augustine says. The question of the two Ultimates is solved in such a way that the religious Ultimate is presupposed in every philosophical question, including the question of God. *God is the presupposition of the question of God:* This is the ontological solution of the problem of the philosophy of religion. God can never be reached if he is the *object* of a question, and not its *basis.*

The Franciscan school of 13th century scholasticism, represented by Alexander of Hales, Bonaventura and Matthew of Aquasparta developed the Augustinian solution into a doctrine of the principles of theology, and maintained, in spite of some Aristotelian influences, the ontological type of the philosophy of religion. Their whole emphasis was on the immediacy of the knowledge of God. According to Bonaventura "God is most truly present to the very soul and immediately knowable"; he is knowable in himself without media as the one which is common to all. For he is the principle of knowledge, the first truth, in the light of which everything else is known, as Matthew says. As such he is the identity of subject and object. He is not subjected to doubt, which is possible only if subjectivity and objectivity are separated. Psychologically, of course, doubt is possible; but logically, the Absolute is affirmed by the very act of doubt, because it is implied in every statement about the relation between subject and predicate. *Ecce tibi est ipsa veritas. Amplectere illam.* (Thine is truth itself; embrace it.) These ultimate principles and knowledge of them are independent of the changes and relativities of the individual mind; they are the unchangeable, eternal light, appearing in the logical and mathematical axioms | as well as in the first categories of thought. These principles are not created functions *of* our mind, but the presence of truth itself and therefore of God, *in* our mind. The Thomistic method of knowledge through sense perception and abstraction may be useful for scientific purposes, but it never can reach the Absolute. Anticipating the consequent development Matthew says about the Aristotelian-Thomistic approach: "For even if this method builds the way of science, it utterly destroys the way of wisdom." Wisdom, *sapientia,* is the knowledge of the principles, of truth itself. And this knowledge is either immediate or it is non-existent. It is distinguished from *humana rationatio,* human reasoning, as well as from *scripturarum autoritas,* the authority of the Holy Scripture. It is *certitudo ex se ipsis,* certainty out of the things themselves, without a medium. Perceiving and accepting the eternal truth are identical, as Alexander of Hales states.

The truth which is presupposed in every question and in every doubt precedes the cleavage into subject and object. Neither of them is an ultimate power. But they participate in the ultimate power above them, in Being itself, in *primum esse.* "Being is what first appears in the intellect" *(Quod primum cadit in intellectu).* And this Being (which is not *a* being) is pure actuality and therefore divine. We always see it, but we do not always notice it; as we see everything in the light without always noticing the light as such.

According to Augustine and his followers the *verum ipsum* is also the *bonum ipsum* because nothing which is less than the ultimate power of Being can be the ultimate power of good. No changeable or conditioned good can overcome the fear that it may be lost. Only in the Unchangeable can be found the *prius* of all goodness. In relation to *esse ipsum* no difference between the cognitive and the appetitive is possible, because a separation of the functions presupposes a separation of subject and object.

The Augustinian tradition can rightly be called mystical, if mysticism is defined as the experience of the identity of subject and object in relation to Being itself. In terms of our ideas of stranger and estrangement Meister Eckart says: "There is between God and the soul neither strangeness nor remoteness, therefore the soul is not only equal with God but it is–the same that He is." This is, of course, a paradoxical statement, as Eckart and all mystics knew; for in order to *state* the identity an element of non-identity must be presupposed. This proved to be the dynamic and critical point in the ontological approach.

On this basis the ontological argument for the existence of God must be understood. It is neither an argument, nor does it deal with the existence of God, although it often has been expressed in this form. It is the rational description of the relation of our mind to Being as such. Our mind implies *principia per se nota* which have immediate evidence whenever they are noticed, the transcendentalia, *esse, verum, bonum*. They constitute the Absolute in which the difference between knowing and known is not actual. This Absolute as the principle of Being has absolute certainty. It is a necessary thought because it is the presupposition of all thought. "The divine substance is known in such a way that it cannot be thought not to be," says Alexander of Hales. The fact that people | turn away from this thought is based on individual defects but not on the essential structure of the mind. The mind is able to turn away from what is nearest to the ground of its own structure. This is the nerve of the ontological argument. But Anselm, on the basis of his epistemological realism, transformed the *primum esse* into an *ens realissimum,* the principle into a universal being. In doing so he was open to all attacks, from Gaunilo and Thomas to Kant, who rightly deny that there is a logical transition from the necessity of Being itself to a highest being, from a principle which is beyond essence and existence to something that exists.

But even in this insufficient form the meaning of the ontological answer to the question of the two Absolutes is visible. *Deus est esse,* and the certainty of God is identical with the certainty of Being itself: God is the presupposition of the question of God.

III. The Thomistic dissolution

The ontological approach as elaborated by Augustine and his school had led to difficulties, as they appeared in the Anselmian form of the ontological argument and in the theological use of it by the great Franciscans. Here the criticism of Aquinas starts. But this criticism in Thomas himself and more radically in Duns Scotus and William of Occam, goes far beyond the abuses and difficulties. It has, for the larger part of Western humanity, undermined the ontological approach and with it the immediate religious certainty. It has replaced the first type of philosophy of religion by the second type.

The general character of the Thomistic approach to the philosophy of religion is the following: The rational way to God is not immediate, but mediated. It is a way of inference which, although correct, does not give unconditional certainty; therefore it must be completed by the way of authority. This means that the immediate rationality of the Franciscans is replaced by an argumentative rationality; and that beside this rational element stands non-rational authority. In order to make this step, Thomas had to dismiss the Augustinian solution. So he says: "There are two ways in which something is known: by itself and by us. Therefore I say that this proposition 'God is' is known by itself insofar as He is *in* Himself, because the predicate is the same as the subject. For God is his own being.... But since *we* do not know about God, what He is, that proposition is ᶠ*not*ᶠ known by itself, but must be demonstrated through those things which are more known with respect to us, that is, through His effects." In these words Aquinas cuts the nerve of the ontological approach. Man is excluded from the *primum esse* and the *prima veritas*. It is impossible for him to adhere to the uncreated truth. For the principles, the transcendentalia, are *not* the presence of the divine in us, they are *not* the "uncreated light" through which we see everything, but they are the created structure of our mind. It is obvious that in this way the immediate knowledge of the Absolute is destroyed. *Sapientia,* the knowledge of the principles, is qualitatively not different from *scientia*. As a student of music has to accept the propositions of the mathematicians, even if he does not understand their full meaning, so man has to accept the propositions of that science which God has of himself and which the angels fully understand. They are given us by authority. "Arguing out of authority is most appropriate to this doctrine (theology)," Thomas says. The Bible, consequently, becomes a collection of true propositions, instead of being a guide book to contemplation as in Bonaventura. And while the Franciscans, especially Alexander, distinguish beween (a) those doctrines which belong to the eternal truth and are immediately evident, (as for instance God as *esse, verum, bonum*) and (b) those doctrines which are secondary, embodying the eternal truth in temporal forms, and are contingent and not evident, (as for instance the Incarnation and the doctrine of the Church); Thomas puts all theological statements on the same level, namely that of authority. This has the consequence that *credere* and *intelligere* are torn asunder. According to Thomas the same object cannot be the object of faith and of knowledge; for, faith does not imply an immediate contact with its object. Faith is less than knowledge. "So far as vision is lacking to it, faith falls short of the order of knowledge which is present in science," says Thomas; and vision, according to him, is not possible in our bodily existence. Here are the roots of that deteriorization of the term "faith" by which it is understood as belief with a low degree of evidence and which makes its use today almost impossible. The separation of faith in the sense of subjection to authority, and knowledge in the sense of science, entails the separation of the psychological functions which in Augustine are expressions of the same psychic substance. The intellect is moved by the will to accept contents which are accidental to the intellect; without the command of the will, assent to the transcendent science cannot be reached. The will fills the gap which the intellect cannot bridge, after the ontological immediacy has been taken away.

For Thomas all this follows from his sense-bound epistemology: "The human intellect cannot reach by natural virtue the divine substance, because, according to the way of the present life the cognition of our intellect starts with the senses." From there we must ascend to God with the help of the category of causality. That is what the philosophy of religion can do, and can do fairly easily in cosmological terms. We can see that there must be pure actuality, since the movement from potentiality to actuality is dependent on actuality, so that an actuality, preceding every movement, must exist. The ontological argument is impossible, not only in its doubtful form, but in its very substance. Gilson puts it this way: "It is indeed incontestable that in God essence and existence are identical. But this is true of the existence in which God subsists eternally in himself; not of the existence to which our finite mind can rise when, by demonstration, it establishes that God is." It is obvious that this second concept of existence brings God's existence down to the level of that of a stone or a star, and it makes atheism not only possible, but almost unavoidable, as the later development has proved.

The first step in this direction was taken by Duns Scotus, who asserted an insuperable gap between man as finite and God as the infinite being, and who derived from this separation that the cosmological arguments as *demonstrationes ex finito* remain within the finite and cannot reach the infinite. They|cannot transcend the idea of a selfmoving, teleological universe. Only authority can go beyond this rational probability of God which is a mere possibility. The concept of being loses its ontological character; it is a word, covering the entirely different realms of the finite and the infinite. God ceases to be Being itself and becomes a particular being, who must be known, *cognitione particulari*. Occam, the father of later nominalism, calls God a *res singularissima*. He can be approached neither by intuition nor by abstraction; that means not at all, except through an unnoticeable habit of grace in the unconscious which is supposed to move the will towards subjection to authority. This is the final outcome of the Thomistic *dis*solution of the Augustinian *solution*. The question of the two Ultimates is answered in such a way that the religious Absolute has become a singular being of overwhelming power, while the philosophical Absolute is formalized into a given structure of reality in which everything is contingent and individual. Early Protestantism was rather wise when under these philosophical presuppositions it restrained itself from developing any philosophy of religion, and elaborated in the power of its religious experience a concept of faith in which the disrupted elements of later scholasticism entered a new synthesis. For this was the gain of the Thomistic turn, that the nature of faith was thoroughly discussed and the naive identification of immediate evidence with faith was overcome, so that the contingent element in religion became visible.

IV. Conflicts and mixtures of the two types in the modern philosophy of religion

The material which could be collected under this heading is immense. But its originality, in comparison with the classical answers, is small. These answers return again and again, separated or in mixture. While the general trend is determined by the cosmological type and its final self-negation, ontological reactions against it occur in all centuries and have become more frequent in recent years. [g]Since I am unable to use even a part of the material I have looked through, and which itself is an infinitely small part of the whole material, I restrict myself to justifying the assertion that the two classical types are still the decisive types and that little new has been added.[g]

It has often been said that the moral type of philosophy of religion (which follows Kant's so-called moral argument for the existence of God) represents a new type.

But this is not the case. The moral argument must either be interpreted cosmologically or ontologically. If it is understood cosmologically, the fact of moral valuation is the basis of an inference, leading to a highest being who guarantees the ultimate unity of value and perfection or to the belief in the victorious power of value-creating processes. If the moral argument is interpreted in the ontological way, the experience of the unconditional character of the moral command is immediately, without any inference, the awareness of the Absolute, though not of a highest being. It is interesting to notice in this connection that even the ontological argument can be formulated cosmologically, as, for instance, when Descartes, following Duns Scotus, makes an inference from the idea of an infinite being in our mind to his existence as the cause of | this idea. This is the basic difference between the Augustinian and Cartesian starting point; it is rooted in the removal of the mystical element of Augustine's idea of ultimate evidence, by Descartes' concept of rationality.

Obviously German idealism belongs to the ontological type of the philosophy of religion. It was not wrong in reestablishing the *prius* of subject and object, but it was wrong in deriving from the Absolute the whole of contingent contents, an attempt from which the Franciscans were protected by their religious positivism. This overstepping of the limits of the ontological approach has discredited it in Protestantism, while the same mistake of the neo-scholastic ontologists has discredited it in Catholicism.

No new type has been produced by the so-called empirical or experimental philosophy of religion. Most of its representatives belong to the cosmological type. They argue for God as "the best explanation of man's general experiences" or for "the theistic hypothesis" as the "most reasonable belief", etc. in innumerable variations; adding to it, as the cosmological type always must, remnants of the Old-Protestant idea of personal faith, which remain unrelated to the cosmological probabilities. Often, however, an idea of religious experience is used which has little in common with an empirical approach, and uses Franciscan terms and assertions. If the idea of God is to be formulated "in such a way that the question of God's existence becomes a dead issue" (Wieman); if Lyman speaks of "the innermost center of man which is in kinship with the Deepest Reality in the Universe"; if Baillie denies the possibility of genuine atheism; if the concept of vision is used again and again, for our knowledge of God; we are in an ontological atmosphere, although the ontological approach is not clearly stated and its relation to the cosmological approach and to faith is not adequately explained.

More consciously ontological are philosophies of religion like that of Hocking, who emphasizes the immediate experience of "Wholeness" as the *prius* of all objective knowledge with respect to being and value, or of Whitehead who calls the primordial nature of God the principle of concretion, or of Hartshorne, who tries to reestablish the ontological argument and to combine it with the "contingent" in God. With respect to genuine pragmatism hI would say thath it belongs to the ontological line insofar as it clearly rejects the cosmological argumentation and refuses to accept the cleavage between subject and object as final. It is, however, not free from remnants of the cosmological type, as James' Scotistic doctrine of the "will to believe", and the widespread assumption that the end of the cosmological way is the end of any rational approach to religion, indicate.

The systematic solution ⁱwhich I am going to suggestⁱ is stated in a merely affirmative and constructive form. The arguments on which this systematic attempt is based are implied in the classical discussion of the two ways of a philosophy of religion and its modern repercussions. ʲI do not need to repeat them.ʲ They clearly show why, after the destruction of the ontological approach, religion itself was destroyed.|

V. The Ontological awareness of the Unconditional

The question of the two Absolutes can be answered only by the identification of the philosophical Absolute with the *one* element of the religious Absolute. The *Deus est esse* is the basis of all philosophy of religion. It is the condition of a unity between thought and religion which overcomes their, so to speak, schizophrenic cleavages in personal and cultural life.

The ontological principle in the philosophy of religion may be stated in the following way: *Man is immediately aware of something unconditional which is the prius of the separation and interaction of subject and object, theoretically as well as practically.*

Awareness, in this proposition, is used as the most neutral term, avoiding the connotations of the terms intuition, experience, knowledge. Awareness of the Unconditioned has not the character of "intuition", for the Unconditioned does not appear in this awareness as a ᵏ"Gestalt"ᵏ to be intuited, but as an element, as power, as demand. Thomas was right in denying that the vision of God is a human possibility, insofar as men in time and space are concerned. Neither should the word "experience" be used, because it ordinarily describes the observed presence of one reality to another reality, and because the Unconditioned is not a matter of experiential observation. "Knowledge" finally presupposes the separation of subject and object, and implies an isolated theoretical act, which is just the opposite of awareness of the Unconditioned. But this terminological question is not of primary importance. It is obvious that the ontological awareness is immediate, and not mediated by inferential processes. It is present, whenever conscious attention is focussed on it, in terms of an unconditional certainty.

Awareness, of course, is also a cognitive term. But awareness of the Unconditional is itself unconditional, and therefore beyond the division of the psychological functions. It was a main interest of Augustinian psychology to show the mutual immanence of the functions of the soul and the impossibility of separating them in their relation to the *esse, verum, bonum*. It is impossible to be aware of the Unconditioned as if it did not exclude by its very presence any observer who was not conditioned by it in his whole being. Thomas injured the understanding of religion when he dissolved the substantial unity of the psychological functions, and attributed to the will in isolation what the intellect alone is not able to perform. And Schleiermacher injured the understanding of religion when in his great fight against the cosmological approach of Protestant Enlightenment he cut "feeling" (as the religious function) off from will and intellect, thus excluding religion from the totality of personal existence and delivering it to emotional subjectivity. *Man,* not his cognitive function alone, is aware of the Unconditioned. It would, therefore, be possible to call this awareness "existential" in the sense in which ˡtheˡ Existential philosophy has used the word, namely the participation of man as a whole in the cognitive act. In fact, this is probably the only point where this term could adequately be used in philosophy. The reason ᵐI have not used itᵐ is the essential unity of the unconditional and the conditioned in the ontological awareness; while in the word "existential" separation | and decision are indicated. And the latter are elements of faith. While theology is directly and intentionally existential, philosophy is so only indirectly and unintentionally through the existential situation of the philosopher.

The term "unconditional" ⁿwhich is used in this paper, as in many of my writings,ⁿ needs some interpretation. Although in the historical part the phrase "the two Absolutes" is applied, in order to explain the problem, the word is replaced by "unconditional" in the constructive part. "Absolute," if taken literally, means: without relation; if taken traditionally, it connotates the idealistic, self-developing principle. Both meanings are avoided in the concept "unconditional", which implies the unconditional demand upon those who are aware of something unconditional, and which cannot be interpreted as the principle of a rational deduction. But even here wrong connotations must be prevented: Neither "The Unconditioned" nor "something unconditional", is meant as a being, not even the highest being, not even God. God is unconditioned, that makes him God; but the "unconditional" is not God. The word "God" is filled with the concrete symbols in which mankind has expressed its ultimate concern, its being grasped by something unconditional. And this "something" is ᵒjust notᵒ a thing but the power of being in which every being participates.

This power of being is the *prius* of everything that has being. It precedes all special contents logically and ontologically. It precedes every separation and makes every interaction possible, because it is the point of identity without which neither separation nor interaction can be thought. This refers basically to the separation and interaction of subject and object, in knowing as well as in acting. The *prius* of subject and object cannot become an object to which man as a subject is theoretically and practically related. God is no object for us as subjects. He is always that which precedes this division. But, on the other hand, we speak about him and we act upon him, and we cannot avoid it, because everything which becomes real to us enters the subject-object correlation. Out of this paradoxical situation the half-blasphemous and mythological concept of the "existence of God" has arisen. And so have the abortive attempts to prove the existence of this "object." To such a concept and to such attempts atheism is the right religious and theological reply. This was well known to the most intensive piety of all times. The atheistic terminology of mysticism is striking. It leads beyond God to the Unconditioned, transcending any fixation of the divine as an object. But we have the same feeling of the inadequacy of all limiting names for God in non-mystical religion. Genuine religion without an element of atheism cannot be imagined. It is not by chance that not only Socrates, but also the Jews and the early Christians were persecuted as atheists. For those who adhered to the powers, they were atheists.

The ontological approach transcends the discussion between nominalism and realism, if it rejects the concept of the *ens realissimum,* as it must do. Being itself, as present in the ontological awareness, is power of Being but not the most powerful being; it is neither *ens realissimum* nor *ens singularissimum.* It is the power in everything that has power, be it a universal or an individual, a thing or an experience.|

VI. The cosmological recognition of the Unconditioned

History and analysis have shown that the cosmological approach to religion leads to the self-destruction of religion, except as it is based on the ontological approach. If this basis is given, the cosmological principle can be stated in the following way: *The Unconditioned of which we have an immediate awareness, without inference, can be recognized in the cultural and natural universe.*

The cosmological approach has usually appeared in two forms, the first determined by the cosmological and the second by the teleological argument. After having denied radically the argumentative method applied in this kind of cosmology, we can rediscover the real and extremely productive meaning of the cosmological way in the philosophy of religion. From two points of view this can be done and has to be done, more than ever since the Franciscan period, in the last decades of our time. The one kind of cosmological recognition follows the first step of the old cosmological argument, namely the analysis of the finitude of the finite in the light of the awareness of the Unconditioned. In concepts like contingency, insecurity, transitoriness and their psychological correlates anxiety, care, meaninglessness, a new cosmological approach has developed. Medical psychology, the doctrine of man and the Existential philosophy have contributed to this negative way of recognizing the unconditional element in man and his world. It is, p according to my experience,p the most impressive way of introducing people into the meaning of religion–if the fallacious inference to a highest being is avoided.q The other kind of cosmological recognition is affirmative and follows the first step of the teleological argument, namely, the tracing of the unconditional element in the creativity of nature and culture. With respect to nature this has been done in the elaboration and ultimate valuation of ideas such as "wholeness", *"elan vital",* "principle of concretion", *"Gestalt",* etc., in all of which something unconditional, conditioning any special experience, is implied. With respect to culture this has been done, r(and here I feel myself more certain and more responsible)r by a religious interpretation of the autonomous culture and its development, a "theology of culture" as it could be called. The presupposition of this many-sided attempt is that in every cultural creation–a picture, a system, a law, a political movement (however secular it may appear)–an ultimate concern is expressed, and that it is possible to recognize the unconscious theological character of it.

This, of course, is possible only on the basis of the ontological awareness of the Unconditioned, i.e. on the basis of the insight that secular culture is essentially as impossible as atheism, because both presuppose the unconditional element and both express ultimate concerns.

VII. Ontological certainty and the risk of faith

The immediate awareness of the Unconditioned has not the character of faith but of self-evidence. Faith contains a contingent element and demands a risk. It combines the ontological certainty of the Unconditioned with the uncertainty about everything conditioned and concrete. This, of course, does not mean that faith is belief in something which has higher or lower degrees of probability. The risk of faith is not that it accepts assertions about God, man and World, which cannot be fully verified, but might be or might not be in the future. The risk of faith is based on the fact that the unconditional element can become a matter of ultimate concern only if it appears in a concrete embodiment. It can appear in purified and rationalized mythological symbols like God as highest personal being, and like most of the other traditional theological concepts. It can appear in ritual and sacramental activities for the adherents of a priestly and authoritarian religion. It can appear in concrete formulas and a special behaviour, expressing the ineffable, as it always occurs in living mysticism. It can appear in prophetic-political demands for social justice, if they are the ultimate concern of religious and secular movements. It can occur in the honesty and ultimate devotion of the servants of scientific truth. It can occur in the universalism of the classical idea of personality and in the Stoic (ancient and modern) attitude of elevation over the vicissitudes of existence. In all these cases the risk of faith is an existential risk, a risk in which the meaning and fulfilment of our lives is at stake, and not a theoretical judgement which may be refuted ˢearlierˢ or later.

The risk of faith is not arbitrariness; it is a unity of fate and decision. And it is based on a foundation which is not risk: the awareness of the unconditional element in ourselves and our world. Only on this basis is faith justified and possible. There are many examples of people of the mystical as well as of the prophetic and secular types who in moments (and even periods) of their lives experienced the failure of the faith they had risked, and who preserved the ontological certainty, the unconditional element in their faith. The profoundest doubt could not undermine the presupposition of doubt, the awareness of something unconditional.

Although faith is a matter of fate and decision, the question must be raised whether there is a criterion for the element of decision in faith. The answer is: The unconditional of which we are immediately aware, if we turn our minds to it. The criterion of every concrete expression of our ultimate concern is the degree to which the concreteness of the concern is in unity with its ultimacy. It is the danger of every embodiment of the unconditional element, religious and secular, that it elevates something conditioned, a symbol, an institution, a movement as such to ultimacy. This danger was well known to the religious leaders of all types; and ᵗI would say thatᵗ the whole work of theology can be summed up in the statement, that it is the permanent guardian of the unconditional against the aspiration of its own religious and secular appearances.

ᵘMay I close with the expression, not of a certainty and not of a faith, but of a firm conviction: Thatᵘ the ontological approach to philosophy of religion as envisaged by Augustine and his followers, as reappearing in many forms in the history of thought, if critically reinterpretated by us, is able to do for our time what it did in the past, both for religion and culture: to overcome as far as it is possible by mere thought the fateful gap between religion and culture, thus reconciling concerns which are not strange to each other but have been estranged from each other.

Anmerkungen

a–a Fehlt in B.
b–b In B: One can distinguish.
c–c In B: In.
d–d In B: In.
e–e In B nicht kursiv.
f–f In B nicht kursiv.
g–g Fehlt in B.
h–h Fehlt in B.
i–i In B: here suggested.
j–j Fehlt in B.
k–k In B kursiv.
l–l Fehlt in B.
m–m In B: it is not used here.
n–n Fehlt in B.
o–o In B: not just.
p–p Fehlt in B.
q In B hier Absatz.
r–r Fehlt in B.
s–s In B: sooner.
t–t Fehlt in B.
u–u Fehlt in B.

18. The Problem of Theological Method (1947)

Druckvorlage: The Problem of Theological Method II, Journal of Religion, Vol. 27, No. 1, Chicago, 1947, S. 16–26, vgl. G.W. XIV, S. 165; in deutscher Übersetzung in G.W. Erg. Bd. IV, Korrelationen, unter dem Titel „Das Problem der theologischen Methode", S. 19–35.

Tillichs Aufsatz erschien zusammen mit "The Problem of Theological Method I", E. A. Burtt, a.a.O., S. 1–15. Beide Autoren hatten ihre Artikel auf der Frühjahrsversammlung der American Theological Society in New York vorgelegt. Zu Burtt findet sich, a.a.O., S. 1, folgende Anmerkung des Hrsg.: "Edwin A. Burtt, professor of philosophy at Cornell University, has taught at Chicago, Stanford and Harvard universities. He is the author of Metaphysical Foundations of Modern Physical Science (1925), Principles and Problems of Right Thinking (1928), and Types of Religious Philosophy (1939)."

I. Method and reality

Method is the systematic way of doing something, especially of gaining knowledge. No method can be found in separation from its actual exercise; methodological considerations are abstractions from methods actually used. Descartes's *Discours de la méthode* followed Galileo's application of the method of mathematical physics and brought it to general consciousness and philosophical definiteness. Schleiermacher's method, as used in the *Glaubenslehre*, followed the mystical-romantic reinterpretation of religion and established a methodology of inner experience. The methodological remarks made in this paper describe the method actually used in my attempts to elaborate a theology of "self-transcending Realism" *(gläubiger Realismus)*, which is supposed to overcome supra-naturalism as well as its naturalistic counterpart.

It is not a sound procedure to borrow a method for a special realm of inquiry from another realm in which this method has been successfully used. It seems that the emphasis on the so-called "empirical" method in theology has not grown out of actual theological demands but has been imposed on theology under the pressure of a "methodological imperialism," exercised by the pattern of natural sciences. This subjection of theology to a strange pattern has resulted in an undue extension of the concept "empirical" and the lack of a clear distinction between the different meanings of "experience" in the theological enterprise. For some it is the general human experience on the basis of which they try to approach inferentially the religious objects; for others it is the religious experience of mankind, empathically interpreted. Sometimes it is the religious experience of the theologian and the group to which he belongs that gives the material for an "empirical" theology. Sometimes an ontological intuition is called "experience." Certainly, every concrete reality is open to many methods, according to its different "levels" or "functional potentialities." And each of the ways mentioned (besides some others) can contribute something to the investigation of a phenomenon as complex as religion. But the confusing term "empirical" should not be imposed on all of them; nor should the attempt be made to establish a methodological monism which includes chemistry as well as theology. Reality itself makes demands, and the method must follow; reality offers itself in different ways, and our cognitive intellect must receive it in different ways. An exclusive method applied to everything closes many ways of approach | and impoverishes our vision of reality. A world construed according to the model of classical mechanics or Hegelian dialectics or behavioristic protocols is not the cognitive fulfilment of the potentialities of reality. In this respect a genuine pragmatism which refuses to close any door is much more realistic than a dogmatic empiricism with which it is sometimes confused–even by its own followers.

We encounter reality–or reality imposes itself upon us–sometimes in a more complex way, sometimes in definite and distinguishable elements and functions. Whenever we encounter reality in the one or the other way, it challenges our cognitive power and brings it into action. The way in which the cognitive power works is dependent on three factors: its own structure, the structure of the reality it encounters, and the relation of the two structures. In a methodical approach these three factors are noticed, analyzed, and evaluated. But the *prius* of all this is the encounter itself; and nothing is more destructive for knowledge than the establishment of methods which, by their very nature, prevent the actual encounter or prejudice its interpretation. (It is my opinion that the term "encounter" is more adequate for our pre-theoretical relation to reality than the term "experience," which has lost so much of its specific meaning that it needs to be "saved," namely, restricted to a theoretically interpreted encounter.)

The presupposition of theology is that there is a special encounter with reality–or a special way in which reality imposes itself on us–which is ordinarily called "religious." And it is the presupposition of this paper that "having a religious encounter with reality" means "being ultimately concerned about reality."

II. Theology and Philosophy of Religion

The ultimate concern or the religious encounter with reality can be considered in two ways. It can be looked at as an event beside other events, to be observed and described in theoretical detachment; or it can be understood as an event in which he who considers it is "existentially" involved. In the first case the philosopher of religion is at work, in the second the theologian speaks. The philosopher of religion notices the ultimate concern, which he cannot help finding in the history of religion as a quality of practically all representative personalities, symbols, and activities that are called "religious." But in his dealing with this characteristic of religion he himself is only theoretically, but not existentially, concerned. The religious concern is not his concern in so far as he is a philosopher of religion. He points to it, he explains it, but his work is not an expression of the religious encounter with reality. This is different in the theologian. He applies his ultimate concern to everything, as an *ultimate* concern demands–even to his theoretical interpretation of the religious encounter. For the theologian the interpretation of the ultimate concern is itself a matter of ultimate concern, a *religious* work.

But this distinction is not unambiguous. There is an element in every philosophy (not only in every philosopher) which is "existential," i.e., which has the character of an ultimate decision about the meaning of reality. The less technical and the more creative a philosophy is, the more it shows, at least implicitly, an ultimate concern. No creative philosophy can escape its religious background. This is the reason for the tremendous influence that philosophy has had not only on theology but also on the history of religion and vice versa; for, as the philosopher cannot escape his theological background, so the theologian cannot escape his philosophical tool. Those who try to do so deceive themselves: their language, which is shaped through philosophy, betrays them (as even Barth has admitted).

Nevertheless, the distinction between theology and philosophy of religion is valid and cannot be obliterated without dangerous consequences. It is very unfortunate that the so-called "Continental" theology has brought into disregard the function of an independent philosophy of religion, thus creating an intolerable theological absolutism; and it is equally unfortunate that American (nonfundamentalistic) theology was not able to protect itself from being dissolved into a general philosophy of religion, thus producing a self-destructive relativism.

Theology is the existential and, at the same time, methodical interpretation of an ultimate concern. The interpretation of an ultimate concern is "existential" if it is done in the situation of concern. The interpretation of an ultimate concern is methodical if it relates the concern rationally to the whole of experience. Theology, literally and historically, unites these two elements. Theological propositions, therefore, are propositions which deal with an object in so far as it is related to an ultimate concern. No object is excluded from theology if this criterion is applied, not even a piece of stone; and no object is in itself a matter of theology, not even God as an object of inference. This makes theology absolutely universal, on the one hand, and absolutely definite, on the other hand. Theology has to deal with everything, but only under the theological criterion, the ultimate concern.

The concept "ultimate concern" is itself the result of a theological procedure. It expresses two sides of the religious experience: (1) The one side is the absolute or unconditional or ultimate element in religious experience. Every religious relation, attitude, symbol, and action is unconditionally *serious; decisive* in an absolute sense; *transcending* any preliminary, transitory, and dependent value. The whole history of religion confirms this side of religious experience. Where there is a living religion, it makes an absolute claim; it claims the "whole heart"; it does not admit anything ultimate besides itself. (2) The other side is the dynamic presence of the "ultimate" as a continuous, never ceasing, concrete, and universal concern, always demanding and giving, always threatening and promising. As an actual concern it expresses itself in the actualities of life, qualifying every section of existence and using every section of existence for its own embodiment in symbols and actions; for the religious or ultimate concern refers to the ultimate foundation of our being and the ultimate meaning of our existence. Therefore, we can formulate the abstract criterion of every theological work in this way: Those propositions are theological which deal with a subject in so far as it belongs to the foundation of our being and in so far as the meaning of our existence depends on it.

III. The positive element in the theological method

The ultimate concern is a concrete concern; otherwise it could not be a concern at all. Even mysticism lives in concrete traditions and symbols in order to express, in action and thought, that which transcends everything concrete. Theology, therefore, must interpret the totality of symbols, institutions, and ideas in which an ultimate concern has embodied itself; theology is, first of all, *positive*. It works on the basis, in the material, and for the purpose of an actual religion. The participation in a religious reality is a presupposition of all theology. You have to be within the circle of a concrete religion in order to interpret it existentially. This is the "theological circle" which theology cannot (and never should try to) escape. This circle is not vicious, but its denial is dishonest, for it could be denied only in the name of an assumedly higher ultimate, which immediately would establish the same circle.

Traditionally, the theological circle has been expressed in the assertion that faith is the precondition of theology. (*Pistis* precedes *gnosis,* as the Alexandrians said; *credo ut intelligam,* as Anselm, following Augustine, formulated it.) Faith, in this context, means a convinced and active participation in the life of a religious group, its traditions, its tensions, its activities. It is not the individual belief of the theologian to which they refer (as we are inclined to misinterpret the *credo ut intelligam*); but it is the spiritual substance out of which a theologian must create, even if he is aware of the weakness of his personal faith (otherwise there would be no honest theologian).

The ultimate concern out of which *we* are working as theologians is embodied in Christianity. If a Christian theologian says that for him Christianity is one among other elements in the religion he intends to interpret, this can mean two things—either that he is not a theologian but a philosopher of religion or that he belongs to a new religious synthesis which is, like everything concrete, inclusive and exclusive at the same time and which therefore establishes a theological circle, just as Christianity does. Since such a concrete synthesis has not yet appeared within my own theological circle and since I am convinced that Christianity is able to take all possible elements of religious truth into itself without ceasing to be Christianity, I am going to speak now about Christian theology, as the only one which is within my existential reach.

Christian theology is a work of the Christian church. The theological function is one of its essential functions, which never can be lost so long as there is the church. Christian theology, moreover, cannot be carried on except by the church. The positive character of the ultimate concern makes "individual theology" impossible. The individual theologian can and should find more adequate methods of interpretation. But he cannot find that which he is asked to interpret. Concretely speaking:

Christian theology is the interpretation of the message that Jesus is the Christ, and of the symbols and institutions based on this message. Theology is the methodical self-interpretation of the Christian church (1) in the direction of its foundation, the "new reality" which has become manifest in Jesus as the Christ, and (2) in the direction of the life, past and present, which is determined by this new reality. The original document of the new reality is the Bible; the expression of the life determined by this new reality is the Tradition.

IV. The theological method with respect to bible and tradition

Bible and Tradition give the material in which the theologian works. The Bible implies three elements which have different impacts on the theological method. First, and basically, it contains the decisive manifestation of what concerns|us ultimately, in the picture of Jesus as the Christ. This is the criterion of all Christian theology, the criterion also of the theological use of the Bible, for the Bible contains, second, the reception of this manifestation in the original church. Every biblical writer is, at the same time, a witness to the new reality in Jesus as the Christ and a witness of the way in which he and the group to which he belongs have received the new reality. In the latter sense they have started the Tradition. In the first sense they point to that which judges the Tradition, including their own contribution to it. (This is the meaning of Luther's statement that the Bible is the "Word of God" in so far as it *Christum treibet;* in the power of this criterion he himself judged the canon.) From this it follows that not the Bible as such, as a part of the history of religion, is the norm of Christian theology but the Bible in so far as it is the genuine witness to the new reality. It is the permanent task of Christian theology (in unity with the developing religious and historical understanding of the Bible) to elaborate the norm of Christian theology out of the whole of the biblical material and to apply the norm equally to Bible and Tradition. The third element in the biblical literature that is important for theological method is the preparation for the decisive manifestation of the new reality and for its reception by the church. In the Old as well as in the New Testament we find in language, rites, and ideas a large element of general revelation as it has occurred and continuously occurs within human religion generally. Our eyes have been opened to this element by the work of the *religionsgeschichtliche Schule* in historical theology. So far as method goes, this means that in every theological statement we must take into consideration the religious substance which is transformed and purified in the prophetic and apostolic message. Only in this sense, but in this sense definitely, the *history of religion* belongs to the positive element in Christian theology. The universality of the Christian claim implies that there is no religion, not even the most primitive, which has not contributed or will not contribute to the preparation and reception of the new reality in history. In this sense the theologian always must be a "pagan" and a "Jew" and a "Greek" (humanist) and bring their spiritual substance under the criterion of the theological norm. For instance, the terms "Son of Man," "Messiah," "Son of God," "Kyrios," "Logos," appear in the history of religion;

and, if they are used for the interpretation of the new reality, they contribute to it with their previous connotations, but in such a way that their meaning is judged and saved at the same time. This method of *judging and saving the history of religion* is exercised by all the biblical writers. It must be done methodically and creatively by the theologian.

Methodologically, the Tradition (the beginning of which is the biblical literature) is not normative but *guiding*. This is a rejection of the Roman Catholic point of view; just as the subordination of the biblical literature to the theological norm implied in it is a rejection of orthodox Protestantism. Tradition cannot be normative in Christian theology because there is always an element in Tradition which must be judged and cannot be the judge itself. But Tradition can and must be guiding for the theologian, because it is the expression of the continuous reception of the new reality in history and because, without tradition, no theological existence is possible. It is rather a naïve illusion of some Prot|estants to believe that by jumping over two thousand years of Christian tradition they can come into a direct and existential (more than philological) relation to the biblical texts. The guiding function of the Tradition has a positive and a negative side. Positively, the Tradition shows the questions implied in the Christian message, the main possibilities of answers, and the points in which Christians have agreed and have disagreed. Negatively, the Tradition shows answers which have generally been avoided and, above all, answers which have been characterized by the church as "heretical." He who takes the Tradition seriously must take heresies seriously. He knows that a heresy is supposed to be, not a deviating opinion, but an existential attack on, or a distortion of, the theological norm in the name of theology. He will not easily–not without the consciousness that he risks his participation in the new reality–promote a view which has been characterized as heretical by the church as a whole. This, of course, should not prevent anyone from following his theological conscience (as Luther did in Worms); but it should sharpen that conscience.

The positive element in theological method is historically given. But nothing is more ambiguous than the concept "historical." When the Anglican church accepted the apostolic succession as one of its basic doctrines, it meant to emphasize the historical continuity of the manifestation of the new reality in history. In this sense the doctrine emphasized the historical element in church and theology. But when Anglican theologians, answering Roman attacks, tried to justify the apostolic character of their episcopate by an 8,000 to 1 documentary probability that there was a real apostolic succession, they introduced another meaning of "historical," namely, the probabilities (which never can become religious certainties) of historical research. In that moment their religious position was scientifically undermined because they confused the two meanings of "historical." The same is true of biblical criticism. If the Christian faith is based even on a 100,000 to 1 probability that Jesus has said or done or suffered this or that; if Christianity is based on possible birth-registers of Nazareth or crime-registers of Pontius Pilate, then it has lost its foundation completely. Then the historical event, that a new reality has appeared in mankind and the world (a reality which is reflected in the picture of Jesus as the Christ), has become a matter of empirical verification, ideally through a competent reporter, armed with a camera, phonograph, and psychograph. Since such a reporter, unfortunately, was not available in the year A.D. 30, we have to replace him by more or less probable conjectures. But this is not the historical character of Jesus as the Christ. It is regrettable that one of the greatest events in the history of religion–the radical criticism of the holy legend of Christianity by Christian theologians, which destroyed a whole system of pious superstition–has been abused for the purpose of giving a pseudo-scientific foundation to the Christian faith. The historical foundation of theological method does not mean that the theologian has to wait, with fear and trembling, for the next mail which may bring him a new, more critical, or more conservative statement about some important facts of the "life of Jesus" according to which he has to change his faith and his theology. But it does mean that his theology is determined by the event of the appearance of the new reality in history, as reflected in | the *full* biblical picture of Jesus as the Christ and as witnessed by all biblical writers and by the whole tradition of Christianity.

V. *The element of immediacy in the theological method*

The positive element in theology, as discussed above, gives the *content* of theological work; the rational element, to be discussed later, gives the *form* of theological work; and the element of immediacy, to be discussed now, gives the *medium* of theological work. Without participation in the reality within which theology speaks, no theology is possible; it is the air in which theology breathes. We call this participation "experience" in the larger sense of the word, in which it covers the mere encounter as well as the cognitively conscious encounter. "Experience" in both senses is the medium, the element in which theology lives. But the religious experience of the theologian is not a positive source and not a norm of systematic theology. Everybody's religious experience is shaped by the denominational group to which he belongs. The education in his own church opened the door to religious reality for every theologian. Later he has personal experiences which confirm or transform his earlier ones. But his intention should never be to make his earlier or later experiences the content of his theology; they certainly will enter into it, but this is an event, not an intention. It is the function of the medium to mediate, not to hold fast. It was the danger of Schleiermacher's theology that his concept of "religious consciousness" became confused with "experience." But it contradicts the basic principle of the Reformation to look at one's self instead of looking beyond one's self at the new reality which liberates man from himself. Our experience is changing and fragmentary; it is not the source of truth, although without it no truth can become *our* truth.

It might be said that the whole history of religion, including the biblical religion and the development of Christianity, is the reservoir of man's religious experience and that the positive element of theology is identical with the contents of this experience. Such a statement is correct, but ambiguous. A content, e.g., of the experience of the prophet Isaiah, is the paradoxical acting of God in history. This divine acting transcends every immediate experience. It has become manifest to the prophet in a situation which we should call "revelation." Of course, the prophet is aware of this situation, and to that extent it is an "experience." Not the experiential side, however, is significant for the prophet and for the theologian, but the revelatory side. The word "revelation" has been distorted into "supra-natural communication of knowledge"; it is hard to save the word (and many others) from this state of corruption into which it has been brought by both supra-naturalism and naturalism. Nevertheless, "revelation" points to something for which no other adequate word is available–certainly not "religious experience." Revelation is the manifestation of the ultimate ground and meaning of human existence (and implicitly of all existence). It is not a matter of objective knowledge, of empirical research or rational inference. It is a matter of ultimate concern; it grasps the total personality and is effective through a set of symbols. Revelation is not restricted to a special period of history, to special personalities or writings. It occurs wherever it "wills." But we can speak of it only if it has become revelation *for us,* if we have ex|perienced it existentially. Not experience, but revelation received *in* experience, gives the content of every theology.

There is, however, one point (which is only a point, without length or breadth) in which medium and content are identical, because in this point subject and object are identical: It is the awareness of the ultimate itself, the *esse ipsum,* which transcends the difference between subject and object and lies, as the presupposition of all doubts, beyond doubt; it is the *veritas ipsa,* as Augustine has called it. It is wrong to call this point "God" (as the ontological argument does), but it is necessary to call it "that in us which makes it impossible for us to escape God." It is the presence of the element of "ultimacy" in the structure of our existence, the basis of religious experience. It has been called "religious *apriori*"; but if we use this phrase (in the sense of *anima naturaliter religiosa),* we must remove every content from it and reduce it to the pure potentiality of having experiences with the character of "ultimate concern." Every content of such an experience is dependent on revelation, namely, on the special way, form, and situation in which this potentiality is actualized by a concern which is concrete and ultimate at the same time. While the certainty of the pure ultimacy is ultimate, conditioned by nothing, its concrete embodiment in symbols and acts is a matter of destiny and venturing faith. Whenever we speak of religious experience, it is important to distinguish these (inseparable) elements: (1) the "point" of immediate awareness of the unconditional which *is* empty but unconditionally certain; and (2) the "breadth" of a concrete concern which is full of content but has the conditional certainty of venturing faith. Theology deals with the second element, while presupposing the first and measuring every theological statement by the standard of the ultimacy of the ultimate concern.

VI. *The element of rationality in the theological method*

Theology is the rational "word" about God; it is the methodical interpretation of our ultimate concern. The rational element is not a source of theology. It does not give the content. But it gives the form; and the relation between form and content is extremely complex and demands careful analysis.

Theology is often identified with systematic theology. Although this terminology is bad, because it excludes historical and practical theology from their full part in the whole world of theology, it indicates that theology is essentially systematic. The word "system" has a narrower and a larger meaning. In its narrower sense the word points to the ideal of a deductive method in which a whole of interdependent presuppositions is derived from highest principles. Attempts have been made to develop such a system in the history of Christian thought. But the positive element in theology utterly resists a "system" in this sense; it includes openness and undermines a closed system. But "system" has also a larger sense. It designates a whole of propositions which are consistent, interdependent, and developed according to a definite method. In this sense all classical theology was systematic, and no theology, however fragmentary its actual work may be, can surrender the systematic idea. Every meaningful fragment is an implicit system, as every system is an explicit fragment; for man, and especially the theologian, lives in fragments, in reality as well as in thought.

It is obvious that the positive character of theology excludes a rational or natural theology, if these terms mean that, without existential participation in an ultimate concern, a detached analysis of reality can produce theological propositions. Even the rational substructure on which, according to scholasticism, the revealed superstructure is built, has convincing power only in the situation of faith. Even if (with Thomas and against Duns Scotus) the logical necessity and correctness of the arguments of natural theology are acknowledged, their existential significance without revelation is not asserted.

The terms "natural religion" or "natural revelation" or "natural theology" are extremely misleading. If religion is the state of being grasped by an ultimate concern, "natural religion" can only mean that the ultimate concern is experienced in an encounter with nature. This, of course, is not only possible and real, but it is a necessary part of every ultimate concern; but it cannot be separated from other elements which also belong to every ultimate concern, such as personal and social elements. The concepts "natural revelation" and "natural theology" are often used for a knowledge of God which is inferentially derived from the structure of reality. But, whether such conclusions are valid or not, in neither case have they the character of "revelation," and they should not be called "theological," for there is no meaningful speaking of God if he is taken as an object which is not, at the same time, the ground of the speaking about him. There is no meaningful speaking of God except in an existential attitude or in the situation of revelation. In any other attitude the religious word "God" is used after it has been deprived of its genuine, namely, its religious, meaning. So we can say: There *is* revelation through nature; but there is no natural (rational) revelation. And there *is* theology dealing with nature; but there is no natural theology. Reason elaborates but does not produce theological propositions.

But the question arises as to whether the "elaboration" of the positive element in theology does not introduce a rational element into the substance itself. The urgency of this question is obvious when we look at the large number of philosophical concepts which have been used for theological purposes throughout the whole history of Christian thought.

It is possible to make a distinction between two types of theology, the *kerygmatic* and the *apologetic* type. In the kerygmatic type the kerygma–the message–is reproduced, interpreted, and organized either in predominantly biblical terms or in terms taken from the classical tradition. In the apologetic type the kerygma is related to the pre-philosophical and the philosophical interpretations of reality. An apology "makes answer"–answers the questions asked of, and the criticism directed against, a concrete religion. But an answer is possible only if there is a common ground between the one who asks and the one who answers. Apologetic theology presupposes the idea of a universal revelation, to which reference can be made because it is acknowledged by both sides. Here the rational element in theological method becomes most important and most intimately connected with the positive element. The way in which this connection has been and should be carried through can be called the "method of correlation."

VII. The method of correlation

Wherever theology is understood in "existential" terms, all theological statements have the character of "correlation." Luther has expressed this principle very often and very strongly: "As you believe, so you have." This does not mean that the belief produces its contents; such an idea would have been utterly blasphemous for Luther. But it does mean that the objective and the subjective side of faith are interrelated, for faith is the expression of the impact of an ultimate concern on the human personality; it is the expression of an "existential situation" and not the acceptance of an objective assertion. Therefore, it is always subjective and objective in a strict interdependence. It is the beginning of a process of disintegration in theology if the objective side is isolated as a quasi-scientific assertion and the subjective side as an emotional "will to believe" in spite of a lack of evidence. The problem of truth in theology cannot be solved in terms of objective evidence. It can be solved only in terms of existential criteria. In the prophetic, as well as in the mystical, literature one criterion always appears: The unconditional character of the unconditional. Symbolically, it is called the "majesty of God"; or his exclusiveness against all finite claims (idols) or the unconditional dependence of every power on the divine power; or the "justification by grace alone." Every genuine heresy is an attack on the divinity of the divine. It gives to something finite infinite validity. It conditions the unconditional, for instance, by human morality or rationality. The "truth" of the Reformation theology against the canons of the Council of Trent is its emphasis on the ultimacy of the ultimate concern; it is not a "scientific" superiority of the Protestant over the Catholic propositions. It is an "existential," not an "objective," truth. This is the reason why the struggle of theologians is significant. They discuss, at least in principle, questions of "to be or not to be."

The method of correlation is especially the method of apologetic theology. Question and answer must be correlated in such a way that the religious symbol is interpreted as the adequate answer to a question, implied in man's existence, and asked in primitive, pre-philosophical, or elaborated philosophical terms. For instance, the question implied in human finitude is answered in the symbols which constitute the idea of God; or the symbol of revelation answers the questions which drive reason to its own boundary; or the question implied in man's existential disruption and despair is answered in the symbol of the Christ and his appearance under the conditions of existence; or the idea of the divine Spirit is interpreted as the answer to the question implied in the tragic ambiguities of life, especially man's spiritual life; or the problems of the meaning of history are answered in the symbol of the Kingdom of God. In all these cases the method of correlation establishes a mutual interdependence between questions and answers. The questions implied in human existence determine the meaning and the theological interpretation of the answers as they appear in the classical religious concepts. The form of the questions, whether primitive or philosophical, is decisive for the theological form in which the answer is given. And, conversely, the substance of the question is determined by the substance of the answer. Nobody is able to ask questions concerning God, revelation, Christ, etc., who has not already received some answer. So we can say: With respect to man's ultimate concern the questions contain the substance of the answers, and the answers are shaped by the form of the questions. Here the rational element in theological method has a de|termining influence on theological propositions–not on their substance but on their form. But there is no way of saying a priori how much substance is hidden in the form. This can be said only in the process of theological work, and never fully. The reception of the "new reality" is always conditioned by the "old reality," which is conquered and fulfilled by it. This is the reason why early Christianity formulated the doctrine of the Logos, who has appeared in a unique way in Jesus as the Christ and is, at the same time, the universal principle of revelation in religion and culture. In this way the old reality can be considered as preparation for the new one; and the philosophical form is ultimately related to the substance of the theological answer instead of being alien to it. It seems to me that, without some form of a Logos doctrine (even if the term "Logos" is not used), no theology–certainly no apologetic theology–is possible.

A few examples may suffice to give a concrete impression of the method of correlation. If the question implied in human finitude is the question of God and the idea of God is the answer to this question, then modern existential analysis of human finitude becomes extremely valuable for the theological treatment of the idea of God. God becomes the correlate to human anxiety and contingency. He becomes the symbol of a "transcendent courage," in which the characteristics of finitude, as essential insecurity, loneliness, having to die, etc., are overcome. In this way the idea of God receives existential significance. The meaningless and self-contradictory question about the "existence of God" is replaced by an intensely meaningful question concerning our participation in an infinite communion, security, power, and meaning in the divine life.

In the same way the question implied in the self-destructive trends of man's personal and social life is to be understood as the question to which the central Christian statement that Jesus is the Christ gives the answer. If Christology is treated on the basis of this correlation, it interprets the picture of Jesus Christ as the ultimate manifestation of saving power in life and history, as the appearance of a "new reality," a power of wholeness and reconciliation conquering the "demonic" mechanisms in personal and social existence. Then our recent rediscovery of the contradictory structures in soul and community determines the form of our christological answer and makes this answer existential for our time. The method of correlation liberates Christology from a historism which tries to base the Christian faith in the new reality on doubtful historical probabilities, and it also liberates Christology from the "alchemy" of the doctrine of two natures, interpreting its meaning as a statement of the paradox of the victorious maintenance of the divine-human unity in a personal life against all the disruptive attacks of man's existential situation.

The method of correlation, as these examples show, is at no point forced into the vicious debate between naturalism and supra-naturalism. It describes things as they show themselves to the religious consciousness in the light of the human situation, the questions implied in it, and the answers given to it by the Christian message. Theology has rediscovered its correlative and existential character. It has overcome a theology of objective statements and subjective emotions. It has become again a way of giving answers to the questions which are our ultimate concern.

19. Biblical Religion and the Search for Ultimate Reality (1955)

Druckvorlage: Paul Tillich, Biblical Religion and the Search for Ultimate Reality, Chicago, 1955.
Zum Text in G.W. V, S. 138–184 vgl. G.W. XIV, S. 48 und S. 177.
Zum Anlaß des Textes vgl. das mitabgedruckte Vorwort des Autors.

Preface

This book is a slightly extended version of the James W. Richard Lectures which I delivered a the University of Virginia in the fall of 1951. The subject of the book is a central problem of systematic theology, and it is an especially urgent question of my own theological thought. The philosophical language I am using in my theological work has often been critically contrasted with the concrete imagery of the biblical language. The larger part of this book describes the contrast in its most radical form. But I do not draw the consequence, expressed by some of my critics, that theology has to restrain itself from using philosophical terms. It is my conviction that this is neither possible nor desirable and that the attempt to do it leads to self-deception or primitivism. In contrast to such attempts, I try to show that each of the biblical symbols drives inescapably to an ontological question and that the answers given by theology necessarily contain ontological elements. A development of the answers, of course, would have been beyond the scope of these lectures; a full devel|opment can be done only within a theological system. This is the reason for the relative brevity of the last chapters.

I want to express my thanks to the University of Virginia and to the Richard Lecture Foundation for the invitation to give the lectures; to the University of Chicago Press, which made this publication possible; and to my friend and colleague John Dillenberger (to whom the book is dedicated), who has–as so often in the past–revised the text of my manuscript in a most helpful way.

New York City, June 1955|

I. Basic Concepts

1. The Meaning of "Biblical Religion"

The title "Biblical Religion and the Search for Ultimate Reality" itself may have raised a number of skeptical questions. This skepticism may be increased when I say that, in spite of the tremendous tension between biblical religion and ontology, they have an ultimate unity and a profound interdependence. In reaction to such a statement some will certainly ask: Is not the very nature of biblical religion opposed to philosophy? Does not biblical religion destroy the strongholds of human thought by the power of the divine revelation to which it gives witness? Was not the great theological event of the last decades Karl Barth's prophetic protest against the synthesis between Christianity and humanism? Did not Barth reinterpret for our time the radical dissociation of Christianity and philosophy found in Kierkegaard a century ago? Is not the conviction that the advancement and the application of the gospel are served in the attempt to relate philosophy and biblical religion an unfortunate return to the theological situation at the turn of the century? These are among the questions which will concern us throughout this analysis.

The term "biblical religion" poses some problems. If the Bible is considered to be the document of God's final self-manifestation, in what sense can one speak of biblical religion? Religion is a function of the human mind; according to recent theologians, it is the futile attempt of man to reach God. Religion moves from man toward God, while revelation moves from God to man, and its first work is to confound man's religious aspirations. There are many students of theology, especially in Continental Europe, who contrast divine revelation not only with philosophy but also with religion. For them religion and philosophy stand under the same condemnation, since both are attempts of man to be like God; both are demonic elevations of man above his creatureliness and finitude. And, of the two, religion is the more dangerous, because philosophy, at least in principle, can be restricted to the technical problems of logic and epistemology. If this were true, a confrontation of philosophy and biblical religion would be impossible, because there would not be such a thing as biblical religion. And philosophy would be either harmless logical inquiry or demonic *hubris*. The adjective "biblical" would demand "revelation" and not "religion" as its noun.

We must take this argument seriously. It may be surprising to Americans to know that I have been strongly criticized by German readers of my books because the word "religion" appears frequently in them. Although these critics are in sympathy with my general point of view, they cannot understand that a modern theologian would use the word "religion" in a positive sense. For them, the greater part of what we call "religion" is the devil's work. To speak of "biblical religion" is to deprive the Bible of its revelatory character and to consider it a work of men or, even worse, a demonic creation.

But, in saying this, these people show that they too have a religion. They forget that revelation must be received and that the name for the reception of revelation is "religion". They forget that revelation becomes more revealing the more it speaks to man in his concrete situation, to the special receptivity of his mind, to the special conditions of his society, and to the special historical period. Revelation is never revelation in general, however universal its claim may be. It is always revelation for someone and for a group in a definite environment, under unique circumstances. Therefore, he who receives revelation witnesses to it in terms of his individuality and in terms of the social and spiritual conditions in which the revelation has been manifested to him. In other words, he does it in terms of his religion. This makes the concept "biblical religion" meaningful. Every passage of the Old and New Testaments is both revelation and religion. The Bible is a document both of the divine self-manifestation and of the way in which human beings have received it. And it is not that some words and sentences belong to the former and others to the latter but that in one and the same passage revelation and the reception of revelation are inseparably united. He who gives an account of divine revelation simultaneously gives an account of his own religion. The basic error of fundamentalism is that it overlooks the contribution of the receptive side in the revelatory situation and consequently identifies *one* individual and conditioned form of receiving the divine with the divine itself. But there are other forms. Even in the Bible we find differences between the priestly and the prophetic writings, between early and late traditions in the Four Gospels. We find them, too, in the classics of church history and in the denominational interpretations of the Bible today. These different ways characterize the religious side of the biblical and church tradition; they are receptacles of revelation.

Revelation cannot be separated from them. Those who ignore this situation are forced to deny the differences on the receptive side and to confuse their own form of reception with an assumedly undiluted and untransformed revelation. But there is no pure revelation. Wherever the divine is manifest, it is manifest in "flesh," that is, in a concrete, physical, and historical reality, as in the religious receptivity of the biblical writers. This is what biblical religion means. It is itself a highly dialectical concept.

2. The Meaning of Philosophy

This character of biblical literature makes possible and necessary the confrontation of biblical religion with philosophy. But a confrontation would be impossible if philosophy were logical analysis and epistemological inquiry only, however important may be the development of these tools for philosophical thought. Yet philosophy, "love of wisdom," means much more than this. It seems to me that the oldest definition given to philosophy is, at the same time, the newest and that which always was and always will be valid: Philosophy is that cognitive endeavor in which the question of being is asked. In accordance with this definition, Aristotle summarized the development of Greek philosophy, anticipating the consequent periods up to the Renaissance and preparing the modern ways of asking the same question. The question of being is not the question of any special being, its existence and nature, but it is the question of what it means to *be*. It is the simplest, most profound, and absolutely inexhaustible question–the question of what it means to say that something *is*. This word "is" hides the riddle of all riddles, the mystery that there is anything at all. Every philosophy, whether it asks the question of being openly or not, moves around this mystery, has a partial answer to it, whether acknowledged or not, but is generally at a loss to answer it fully. Philosophy is always in what the Greeks called *aporia* ("without a way"), that is, in a state of perplexity about the nature of being. For this inquiry I like to use the word "ontology," derived from *logos* ("the word") and *on* ("being"); that is, the word of being, the word which grasps being, makes its nature manifest, drives it out of its hiddenness into the light of knowledge. Ontology is the center of all philosophy. It is, as Aristotle has called it, "first philosophy," or, as it was unfortunately also called, "metaphysics," that which follows the physical books in the collection of Aristotelian writings. This name was and is unfortunate, because it conveys the misconception that ontology deals with transempirical realities, with a world behind the world, existing only in speculative imagination. In all areas of theology–historical, practical, systematic–there are theologians who believe that they can avoid the confrontation of philosophy and biblical religion by identifying philosophy with what they call "metaphysical speculation," which they can then throw onto the garbage heap of past errors, intellectual and moral. I want to challenge as strongly as possible all those who use this language to tell us what they mean by metaphysics and speculation and, after they have done so, to compare their description with what the classical philosophers from Anaximander to Whitehead have done. *Speculari,* the root of the word "speculation," means "looking at something." It has nothing to do with the creation of imaginary worlds, an accusation which the philosophers could make against the theologians with equal justification. It is infuriating to see how biblical theologians, when explaining the concepts of the Old or New Testament writers, use most of the terms created by the toil of philosophers and the ingenuity of the speculative mind and then dismiss, with cheap denunciations, the work from which their language has been immensely enriched. No theologian should be taken seriously as a theologian, even if he is a great Christian and a great scholar, if his work shows that he does not take philosophy seriously.

Therefore, to avoid the "black magic" of words like "metaphysical speculation," let us speak of ontology as the basic work of those who aspire to wisdom (*sophia* in Greek, *sapientia* in Latin), meaning the knowledge of the principles. And, more specifically, let us speak of ontological *analysis* in order to show that one has to look at things as they are given if one wants to discover the principles, the structures, and the nature of being as it is embodied in everything that is.

On the basis of such an ontological analysis, philosophy tries to show the presence of being and its structures in the different realms of being, in nature and in man, in history and in value, in knowledge and in religion. But in each case it is not the subject matter as such with which philosophy deals but the constitutive principles of being, that which is always present if a thing participates in the power to be and to resist nonbeing.

Philosophy in this sense is not a matter of liking or disliking. It is a matter of man as man, for man is that being who asks the question of being. Therefore, every human being philosophizes, just as every human being moralizes and acts politically, artistically, scientifically, religiously. There are immense differences in degree, education, and creativity among different human beings in the exercise of these functions, but there is no difference in the character of the function itself. The child's restless question, "Why is this so; why is that not so?" and Kant's grandiose description, in his critique of the cosmological argument, of the God who asks himself, "Why am I?" are the same in substance although infinitely distinguished in form. Man is by nature a philosopher, because he inescapably asks the question of being. He does it in myth and epic, in drama and poetry, in the structure and the vocabulary of any language.

It is the special task of philosophy to make this question conscious and to elaborate the answers methodologically. The prephilosophical ways of putting and answering the question of being prepare the philosophical way. When philosophy comes into its own, it is not without a long prehistory. Without Homer's poetry, the Dionysian festivals, and the Solonic laws, and, above all, without the genius of the Greek language, no Western philosophy as we have it now would have developed. And everyone who participates in the language and the art and the cult and the social life of a culture is a collaborator in the creation of its philosophy. He is a prephilosophical philosopher, and most people are in this situation even after a methodical philosophy has been born. But one thing has changed since this birth: not only does prephilosophy determine philosophy but also philosophy determines prephilosophy. The language in nonphilosophical literature and common usage, which is a form of prephilosophy too, is determined by previous philosophical usage. Nor do those who are antiphilosophical escape this. Even the despiser of philosophy is not only a collaborator with, but also a pupil of, the subject of his contempt. This interdependence between prephilosophy and philosophy is also true of the biblical and all other religious and theological literature, even if written under a strong, antiphilosophical bias. The fundamentalist minister who said to me, "Why do we need philosophy when we possess all truth through revelation?" did not realize that, in using the words "truth" and "revelation," he was determined by a long history of philosophical thought which gave these words the meaning in which he used them. We cannot avoid philosophy, because the ways we take to avoid it are carved out and paved by philosophy.

II. Human Existence and the Question of Being
1. Man and the Question of Being

One can rightly say that man is the being who is able to ask questions. Let us think for a moment what it means to ask a question. It implies, first, that we do not have that for which we ask. If we had it, we would not ask for it. But, in order to be able to ask for something, we must have it partially; otherwise it could not be the object of a question. He who asks has and has not at the same time. If man is that being who asks the question of being, he has and has not the being for which he asks. He is separated from it while belonging to it. Certainly we belong to being–its power is in us–otherwise we would not be. But we are also separated from it; we do not possess it fully. Our power of being is limited. We are a mixture of being and nonbeing. This is precisely what is meant when we say that we are finite. It is man in his finitude who asks the question of being. He who is infinite does not ask the question of being, for, as infinite, he has the complete power of being. He is identical with it; he is God. And a being which does not realize that it is finite (and in our actual experience that is every being except man) cannot ask, because it cannot go beyond itself and its limits. But man can and must ask; he cannot avoid asking, because he belongs to the power of being from which he is separated, and he knows both that he belongs to it and that he is separated from it.

We have called our subject "biblical religion and the search for ultimate reality." This gives an excellent interpretation of what is meant by being in the sense of the ontological question. The word "ultimate" here points to a reality which is only preliminary. Both words, "ultimate" and "preliminary," are temporal metaphors, but they express a way in which we encounter our world. Everything we encounter appears to us as real, as true being. But we soon notice that its reality is only transitory. It was, but now it is no more. Nonbeing has swallowed it, so to speak. Or we notice that it is different from what it seemed to be, and we distinguish between its surface and its deeper, more real level. But soon these levels also prove to be surface, and they try to penetrate into still deeper levels, toward the ultimate reality of a thing. No thing, however is isolated from all other things. And, the deeper the levels into which we enter, the less possible it is to consider them in separation from each other and from the whole of reality. In the ordinary encounter of man with man, each appears as an isolated individual. Yet, if we enter the levels of personal existence which have been rediscovered by depth psychology, we encounter the past, the ancestors, the collective unconscious, the living substance in which all living beings participate. In our search for the "really real" we are driven from one level to another to a point where we cannot speak of level any more, where we must ask for that which is the ground of all levels, giving them their structure and their power of being. The search for ultimate reality beyond everything that seems to be real is the search for being-itself, for the power of being in everything that is. It is the ontological question, the root question of every philosophy.

The preceding considerations enlarge our understanding of the human situation. We philosophize because we are finite and because we know that we are finite. We are a mixture of being and nonbeing, and we are aware of it. We have seen that we encounter a world to which we belong and which, in our encounter with it, shows the same mixture of being and nonbeing as does our human predicament. Therefore, we must say: It is our finitude in interdependence with the finitude of our world which drives us to search for ultimate reality. This search is a consequence of our encounter as finite beings with a finite world. Because we stand between being and nonbeing and long for a form of being that prevails against nonbeing in ourselves and in our world, we philosophize. If this is a true description of the human situation, there can be no doubt that the philosophical question is as genuine and inescapable as the religious question and that the confrontation of ontology and biblical religion is a necessary task.

2. Philosophical Objections

Before turning to those characteristics of biblical religion which are relevant for such a confrontation, we must deal with possible objections to our understanding of the nature of philosophy. Everybody will agree that only philosophy can decide what philosophy shall be, since there is no cognitive sphere above it which could make the decision. Yet it is neither fair to other philosophies nor adequate to the confrontation of philosophy and biblical religion if only *one* understanding of philosophy is brought to such a confrontation. But the crucial question is whether the definition of the ontological question is the mark of only one type of philosophy or whether it is something universally human and in its methodological elaboration something universally philosophical? Before answering this question, we must settle two problems. The first is the question of whether it is meaningful to define a term which has a very long and rich history in a way which completely contradicts this history. Some representatives of modern logic, while rejecting the whole of philosophy before the rise of logical positivism and semantic analysis, nevertheless are willing to use the term "philosophy" for their own endeavors. For them the ontological question is meaningless and without cognitive value. It belongs to the realm of emotion and can, at best, lead to an aesthetic expression of feelings. If they are right, the confrontation of what *they* call philosophy with biblical religion would be as absurd as the confrontation of electro-physics and biblical religion. However, some of their representatives have become aware of the limitations of their work and have admitted that there are significant statements outside the realm of pure and applied logical calculus. Some of them might even admit that an ontological statement could be significant. And they should admit it, for their own statements about the relation of knowledge and reality are significant ontological assertions, even if they are not true. And, if ontological statements are considered at all significant, their relation to religious expression is a genuine problem.

The second problem is raised by ontologists themselves. They question the term "being" from the standpoint of the philosophy of process. Being seems to point to a static world, a block reality, whereas reality irrefutably has the character of becoming. One must agree that a definition of ontology which gives preference to the static over the dynamic elements in reality not only is prejudiced and mistaken but also has serious consequences for the confrontation of philosophy and biblical religion. A static ultimate and the living God are obviously incompatible. But being-as-such has neither static nor dynamic implications. It precedes any special qualification. It points to the original fact that there is something and not nothing and to the power of that which is to resist nonbeing. Obviously, this resistance has a dynamic character, and the power of being is actual in many centers of power. But they all participate in the power of being, in being-itself.

This also answers a third objection, coming from an empiricist philosophy. Here the ontological question is not denied, but it is interpreted as the question of the most general structures and relations of reality and the methods of their analysis. Concepts like being-itself or the power of being seem to be idealistic or mystical–in any case, beyond empirical confirmation. Here it is my aim to show that the ontological question underlies even this type of philosophy. As in the two previous arguments, this is the case. In terms of the history of philosophy, it is a nominalistic ontology which has determined philosophical empiricism from the high Middle Ages to the present moment. Being, according to this vision of reality, is characterized by individualization and not by participation. All individual things, including men and their minds, stand alongside each other, looking at each other and at the whole of reality, trying to penetrate step by step from the periphery toward the center, but having no immediate approach to it, no direct participation in other individuals and in the universal power of being which makes for individualization. The immense historical significance of this philosophy as well as the limits of its view of reality cannot be discussed here. But one thing must be emphasized. It is a view of reality as a whole. It assumes a structure of being, though different from other possible assumptions of being, as that of medieval realism, which today is called "idealism." It is an ontology of a special type, but it does not change the basic understanding of philosophy. Even if it resists ontology, it presupposes an answer to the ontological question–the question of being.

3. The Philosophical Attitude

A last consideration may conclude this discussion of the meaning of philosophy. It is the question of the philosophical attitude. A description of the way in which the ontological problem arises out of the human situation universally implies that in every genuine philosophy two functions of the human mind are effective. One of them is usually called "theoretical"; the other, "existential." The philosopher faces reality with that astonishment which is the beginning of all knowledge. He makes discoveries, states them, and rejects them on the basis of new discoveries. He enters into conversations with others who are grasped by the same desire for knowledge. Through "Yes" and "No," errors are overcome and reality discloses itself to the mind. Successful research leads to the establishment of methods and criteria which can be used for many objects of inquiry. Ways of verification are sought and found. Some all-pervading principles are discovered and distinguished from the continuous flux of things and events. For thousands of years every philosopher has tried to define these principles, usually called "categories," and their relation to mind and reality. And, finally, he transcends even them and tries to reach being-itself, the ultimate aim of thought. He does this, not in order to define it–which is impossible, since it is the presupposition of every definition–but to point to that which is always present and always escaping. All this is done with the same strictness, the same logical and methodological rationality, with which a mathematician or a physicist or a historian works. But the philosopher is driven from one step to another and to the last step, the question of being-itself, by something else, the existential element. This "something else" can be called with Plato the *eros* for the idea, or with the Stoics the desire for wisdom, or with Augustine the longing for the truth-itself, or with Spinoza the intellectual love of the substance, or with Hegel the passion for the absolute, or with Hume the liberation from prejudice, or with Nietzsche the will to participate in the creative and destructive life-processes. It is always a driving force in the depths of his being that makes the philosopher a philosopher. The question of ultimate reality is produced not by a theoretical interest in abstraction from the totality of man's being but by this rare union of passion and rationality. This combination makes the philosopher great. His existence is involved in his question; therefore, he asks the question of ultimate reality–the question of being-itself. On the other hand, the existential element does not swallow the theoretical. In contrast to the saint, prophet, and poet, the philosopher's passion for the infinite pours into his cognitive function. He wants to *know;* he wants to know what being means, what its structures are, and how one can penetrate into its mystery. He is a philosopher.|

III. The Foundation of Biblical Personalism

1. The Personal Character of the Experience of the Holy

In the first chapter we attempted an elucidation of the two basic concepts, ontology and biblical religion, and discussed the nature and the necessity of the search for ultimate reality. We now turn to an analysis of the character of biblical religion and to the questions raised by its confrontation with ontology. In doing so, we are aware of what has been discussed in the first chapter–that the term "biblical religion" stands for two things: divine revelation and human reception.

As human reception, biblical religion belongs to the whole of the history of religion. Everyone who knows something about the historical settings of biblical religion knows how much they were influenced by the surrounding religions and how many analogies can be drawn between biblical and other religions. But this does not affect the Christian judgment that in the biblical forms of human re|ception which belong to the history of religion revelation is present, not merely as one revelation among others, but as the criterion of all other revelations, past and future.

It is my intention to present some traits of biblical religion (and implicitly of revelation) in their radical and uncompromising character. They will not be watered down to the point where it is easy to unite them with the search for ultimate reality. In fact, I want to give a picture of those traits of biblical religion which inescapably drive toward a conflict with ontology. The center of the antiontological bias of biblical religion is its personalism. According to every word of the Bible, God reveals himself as personal. The encounter with him and the concepts describing this encounter are thoroughly personal. How can these concepts be brought into a synthesis with the search for ultimate reality? This is the central question.

There is no type of religion which does not personify the holy which is encountered by man in his religious experience. In every religion the experience of the holy is mediated by some piece of finite reality. Everything can become a medium of revelation, a bearer of divine power. "Everything" not only includes all things in nature and culture, in soul and history; it also includes principles, categories,| essences, and values. Through stars and stones, trees and animals, growth and catastrophe; through tools and houses, sculpture and melody, poems and prose, laws and customs; through parts of the body and functions of the mind, family relations and voluntary communities, historical leaders and national elevation; through time and space, being and nonbeing, ideals and virtues, the holy can encounter us. Everything that is, really or ideally, has become a medium of the divine mystery sometime in the course of the history of religion. But, in the moment in which something took on this role, it also received a personal face. Even tools and stones and categories became personal in the religious encounter, the encounter with the holy. *Persona,* like the Greek *prosopon,* points to the individual and at the same time universally meaningful character of the actor on the stage. For person is more than individuality. "Person" is individuality on the human level, with self-relatedness and world-relatedness and therefore with rationality, freedom, and responsibility. It is established in the encounter of an ego-self with another self, often called the "I-thou" relationship, and it exists only in community with other persons. These basic characteristics of personal being include others, such as the possibility of asking and receiving an|swers, as previously described. When we speak of "personification" in the religious experience, we attribute all these characteristics to the bearers of the holy, although they do not actually have them. Neither a stone nor a virtue is self-related and has freedom and responsibility. In what sense, then, can we attribute personal qualities to a-personal beings? We can do this if we consider them not objects of a cognitive approach but elements of an encounter, namely, the encounter with the holy. They are parts of this encounter, not as things or values, but as bearers of something beyond themselves. This something beyond themselves is the holy, the numinous presence of that which concerns us ultimately. Man can experience the holy in and through everything, but, as the holy, it cannot be less than he is; it cannot be a-personal. Nothing that is less than we, nothing that encounters less than the center of our personality, can be of ultimate concern for us. It is meaningless to ask whether the holy *is* personal or whether its bearers *are* personal. If "is" and "are" express an objective, cognitive assertion, they certainly are *not* personal. But this is not the question. The question is what becomes of them as elements of the religious encounter? And then the answer is clearly that they become personal. Perhaps one should not speak of| "personification," literally "making personal," because this seems to imply the fabrication of something untrue and artifical as a necessary concession to the primitive mind. The personal encounter in religious experience is as real as the encounter of subject and object in the cognitive experience or the encounter of vision and meaning in the artistic experience. In this sense religious personalism expresses reality, namely, reality within the religious encounter.

Wherever the holy is experienced, the person-to-person character of this experience is obvious. It is easy to show that this is the case in the so-called "primitive religions" and their personal divinities, however subhuman they may be. One deals with them as one deals with persons. It is equally easy to show the personal character of the encounter with the holy in the great mythological religions. All the gods of the myths are personal; they all are "thou's" for a human ego. Man can pray to them and influence them by sacrifice or moral behavior. Mysticism tries to transcend the ego-thou relation between God and man and does so successfully in the great mystics, at least in ecstatic moments. But the religions out of which mysticism has arisen, in India, China, Persia and Europe, are personalistic. They have per|sonal gods who are adored, even if one knows that beyond them there is the transpersonal *One,* the ground and abyss of everything personal. An Indian Brahman with whom I had a conversation about this point made it very clear to me that he stood in the transpersonalistic thinking of India's classical tradition but that, as a religious Hindu, he would say that the Brahman power makes itself personal for us. He did not attribute the personal element in religion only to man's subjectivity. He did not call it illusion; he described it as an inner quality of the transpersonal Brahman power. In every religion the holy is encountered in personal images.

2. The Special Character of Biblical Personalism

The personalism of biblical religion must be seen against the background of universal religion, representing it and, at the same time, denying it in a unique way. In the I-thou structure of the religious encounter the personalism of the Bible is like the personalism of any other religion. But it is different from the personalism of any other religion in its creation of an idea of personal relationship which is exclusive and complete. Every religion calls its God "thou," for instance, in a prayer. Biblical religion does the same, but it excludes elements from the prayer which would transform it into a person-thing relation; for instance, the "do-ut-des" or bargain relationship which makes of the divine "thou" a means for one's ends. In fighting against such an attitude, biblical religion has discovered the full meaning of the personal. It is the unconditional character of the biblical God that makes the relation to him radically personal. For only that which concerns us in the center of our personal existence concerns us unconditionally. The God who is unconditional in power, demand, and promise is the God who makes us completely personal and who, consequently, is completely personal in our encounter with him. It is not that we first know what person is and then apply the concept of God to this. But, in the encounter with God, we first experience what person should mean and how it is distinguished from, and must be protected from, everything a-personal.

If biblical religion is not only personal but the source of the full meaning of *person,* how can the a-personal concept "being" be of ultimate concern and a matter of infinite passion? Is this first confrontation not also the last, namely, the end of all attempts to achieve a synthesis between ontology and biblical religion? Is not God in the religious encounter *a* person among others, related to them as an *I* to a *thou,* and vice versa? And, if so, is he not *a* being, while the ontological question asks the question of being-itself, of the power of being in and above all beings? In the ontological question, is not God himself transcended?

For the present we shall leave the question in this radical form and turn to some special expression of the personalism of biblical religion.

IV. Personalism and the Divine-Human Relationship

1. The Reciprocal Character of the Divine-Human Relationship

Every relation between persons is based on free reciprocity. If one of the two in a relationship is not able to act *as* a person, an ego-thing relation replaces the ego-thou correlation. Although, in biblical religion, God is the one who gives and man the one who receives, reciprocity is always present in the divine-human relationship and expressed without any fear that it might limit the absolute divine supremacy. God reacts differently to different human actions. Logically, this means that he is partly dependent upon them. He would have reacted differently if man had acted in another way than he did act. This cannot be otherwise, because in a person-to-person relationship a personal action of the one side provokes a personal reaction on the other side. A reaction is personal if it originates in the free, responsible, and deciding center of the person. In the realm of a-personal objects, every reaction is determined by the action producing it by the nature of the object acted upon, and by the universal context within which the action occurs. This is also partly so in the personal realm. But one new factor is added: the object acted upon is not fully determined because it is essentially subject. It is free to decide what it shall do; it is personal. Therefore, its reaction is only partly calculable and ultimately undetermined. This creates the living reciprocity of a person-to-person relationship. We act or speak, but we never know with certainty beforehand how we will react to the action of the other one. Every moment of a living relationship is characterized by an element of indeterminacy. This free reciprocity between God and man is the root of the dynamic character of biblical religion. God commands; man obeys or disobeys. God plans; man co-operates or contradicts. God promises; man believes or disbelieves. God threatens; man reacts with fear or arrogance or change of heart. And God's attitude changes accordingly. The threatening, wrathful God becomes a loving, merciful God. The judging and condemning God becomes a forgiving, saving God. Man prays, and God hears or does not hear. Man tries hard, and God rejects. Man waits, and God accepts. Man hates, and God answers with love. It is a free, personal reciprocity, subject to no pre-established rule. It is real life with all the unexpected, irrational, intimate qualities of a living relationship.

Nothing seems to contradict the ontological concept of "being" more than this reciprocity between God and man. How can a being act upon being-itself, how can being-itself be mutually related to any particular being? How can a being influence the ground of being in which and out of which it lives? How can being-itself change if, by definition, it trancends the categories of change, such as time, space, causality, and substance? Is not the God of free reciprocity subject to the categories which being-itself must transcend? Does not ontology dissolve all the relations of free reciprocity in which the biblical God stands? Is it not the deathblow for living religion and, above all, for biblical religion?

2. Biblical Personalism and the Word

A person-to-person relationship is actual through the word. One is related to a person in speaking to him, and one remains in relation to him only if he answers. Under certain conditions, signs and gestures can be substituted for the spoken word. But they have meaning only in reference to words, to the spoken language. Biblical personalism is most conspicuously manifest in the significance of the word in biblical literature. The Word of God, the words of the prophets, the words of Jesus, and the words of the apostles and preachers appear on every page of the Bible. Theological biblicism usually takes the form of a "theology of the word." It took this form in the Reformation, and it does so in the neo-Reformation theology of today. In the light of biblical personalism this is easy to understand. The word is directed to that in man which makes him a person, his rational, responsible, deciding center. The word mediates meaning which must be understood, judged, accepted, or rejected in a free interpretation and a free decision. All this is performed by man as a person. The word is addressed to the personal center. Revelation through the word respects man's freedom and his personal self-relatedness. Man is asked to listen, but he is left free to decline. He is not supposed to be overpowered by the word, as in sorcery, where the word is used as a physical cause, or in magic, where the word is used as a psychic cause, or in suggestive talk, where the word is used as an emotional cause. These uses of the word are possible, but they eliminate the essence of the word, its quality as the bearer of meaning. They appear in the Bible as in the whole history of religion, but they are opposed, reduced in importance, and almost annihilated in the biblical religion. The word as the bearer of meaning has an impact on all sides of man's spiritual life, on the whole personality. It is addressed to the intellect; it informs man about his situation, his actual and ideal relation to God, the world, and himself. It is addressed to the will, and this is foremost in the Old Testament and decisive in the New. The Word of God is, above all, the command of God, the expression of his will and purpose, the means of creating and ordering the universe, of legislating and directing nations and individuals, of ruling and fulfilling history as a whole. And the word is addressed to the heart of man in threat and promise, in wrath and love, in rejection and acceptance. The word speaks to the person as a whole, to the free, responsible, and deciding center of the person.

Ontology thinks in other categories. Being-itself is present in everything that is, and everything that is participates in being. We speak *to* somebody, but we participate *in* something. Ontological participation gives immediate awareness of something of which we are a part or which is a part of us. Listening to the spoken word gives mediated knowledge of the hidden thought and will of a person from whose centered self we are excluded. Whereas revelation through the word keeps him who reveals himself apart from him who receives revelation, ontology tries to penetrate into the power of being which we encounter when we meet ourselves. Subject and object, in ontological research, are, so to speak, at one and the same place. They do not speak to each other. It seems as though ontology takes the word away from the God of revelation and makes him silent. Here again we leave the question in its most radical form and turn to other elements of biblical religion.

V. Personalism and the Divine Manifestations

1. Personalism and Creation

According to biblical religion, all divine manifestations are manifestations through the word. This refers first of all to creation. Biblical personalism is most obviously distinguished from the personalism of other religions by the doctrine of creation. This doctrine was the point at which the early church fought a life-and-death struggle against the religious movements of the later ancient world. It was the point at which the church held to the Old Testament as its own presupposition. The doctrine of creation is the one on which the doctrines of the Christ, of salvation and fulfilment, depend. Without it, Christianity would have ceased to exist as an independent movement. The doctrine of creation has two main functions. First, it emphasizes the dependence on God of everything created and, consequently, the essential goodness of creation. It protects the Christian interpretation of existence against a dualistic split between a good and an evil god. It preserves the personal unity of the one God. Second, it emphasizes the infinite distance between the Creator and the creature. It places the created outside the creative ground. It denies any participation of the creature in the creative substance out of which it comes. It is the doctrine of creation through the word which makes especially sharp the distance between the Creator and creation. It was correct and proper when later Jewish and Christian theologians spoke of creation out of nothing. This is an implication of creation through the word. It means that there is no substance, divine or antidivine, out of which finite beings receive their being. They receive it through the word, the will of God and its creative expression. The doctrine of creation through the word denies any substantial participation of man in God. It replaces substantial identity by personal distance.

Ontology speaks of being-itself as the ground of everything that is. It speaks of the one substance out of which all finite beings are made. It speaks of the identity of the infinite with the finite. It speaks of the finite mind through which the Absolute Mind wills and recognizes himself. It seems as though ontology dissolves the infinite into the finite or the finite into the infinite. Ontology seems to deprive God of his creative Word. It falls either into metaphysical dualism or into metaphysical monism. In both cases it removes the distance between God and man which is so powerfully expressed in biblical religion.

2. Personalism and Christology

Biblical personalism comes to its fulfilment in the message that the divine Word was incarnate in a personal life, in the life of Jesus, who for this reason is called the Christ. Biblical religion in the Old and New Testaments is a religion of personalities who, in the power of the Spirit of God, mediate the will of God and preserve the covenant between God and Israel, between God and mankind. The God who is encountered as a person acts in history through persons and their inner experiences. Indeed, there are many nonpersonal elements in the religion of the Old as well as the New Testament: communal traditions, ritual laws, legal orders, sacramental activities, scriptures, and hierarchies. Without these religious objectifications biblical religion could not have lived, survived, and produced an uninterrupted series of personalities. On the other hand, these objectifications are dependent on and transformed by the great personalities. Their experiences and struggles and messages created the spirit of biblical religion. But in all of them the revelation mediated through them can still be separated from their persons. It is the revealing word, received by prophet or apostle, which makes him the medium of the divine self-manifestation, though he could not have received it without a personal life, open to the divine Word. But it is not this personal life as such which is revelatory; it is not his being but something mediated through his being. Jesus also used the prophetic words. But, beyond this, his words are expressions of his being, and they are this in unity with his deeds and sufferings. Together, they all point to a personal center which is completely determined by the divine presence, by the "Spirit without limit." This makes him Jesus the Christ. The Word appears *as* a person and only secondarily in the words of a person. The Word, the principle of the divine self-manifestation, appearing as a person, is the fulfilment of biblical personalism. It means that God is so personal that we see what he is only in a personal life. God can become man, because man is person and because God is personal. And, on the other hand, when God appears in a person, it becomes manifest what person should be. The limits of man's personal existence are overcome; the a-personal elements which try to enter and to disrupt personal existence are removed. The personal center rules the whole man because it is united with the personal center of the divine life.

The ontological question, the question of being, in and beyond everything that is, seems to depersonalize reality. The Logos, who for biblical religion can reveal the heart of divinity only in a concrete personal life, is, for ontology, present in everything. Ontology generalizes, while biblical religion individualizes. The search for ultimate reality seems to by-pass that concrete reality in which the ultimate is personally present. The universal Logos seems to draw into itself and to swallow the Logos who became flesh, that is, historical reality, in the personal life of an individual self. And the question arises: Is there any possibility of uniting ontology with biblical religion, if ontology could not accept the central assertion of biblical religion that Jesus is the Christ?

3. Personalism, History, and Eschatology

Biblical religion has a historical view of reality. The stories of the Old Testament are not only legends of the past history of Israel. This they are, too; but, beyond this, they are reports about the deeds of God who *works* for his ultimate aim, the establishment of his rule over Israel and over all mankind. The ideas of the covenant between Yahweh and his people, the ideas of the remnant and the messianic age, the message of Jesus that the rule of the heavens is at hand, the feeling of the early Christians of standing between two eras (i.e., between fulfilled and unfulfilled eschatology) – all this is a historical interpretation of history. And not only of history, for the whole universe is seen in historical perspective. The covenant symbol is applied not only to the relation between God and the nation but also to the relation between God and nature. The orders of nature are analogous to the order of the moral law. Nature cannot break them, and God will not break them. Man alone can break and has broken the covenant with God. But even then God will not break it; he will carry it through in history. Cosmic beginning and cosmic end are in this way drawn into the historical vision of reality. They are not cosmological necessities in the sense in which the Stoics speak of the burning of the world at the beginning and the end of every period. They are prehistorical but not unhistorical conditions of history. The historical vision of biblical religion makes even the universe historical.

In this cosmic frame the history of salvation occurs. History is the history of salvation in biblical re|ligion. From the prehistorical fall of Adam to the posthistorical reunion of everything in God there is one straight line, starting with Noah and Abraham and ending with the second coming of the Christ. History is neither the expression of man's natural potentialities nor the tragic circle of man's growth and decay; history creates the new. In Christ a new Being has appeared within the world process; history has received a meaning and a center.

Corresponding to the transhistorical-historical beginning of the world process, biblical religion expects its historical-transhistorical end. Biblical religion is eschatological. It thinks in terms of a complete transformation of the structure of the new earth, the renewal of the whole of reality. And this new reality is the goal toward which history runs, and with it the whole universe, in a unique, irreversible movement.

Again we ask: How can this be united with the search for ultimate reality? Is not ontology the attempt to analyze the immovable structures of reality? And is not the concept of being-itself, in which everything that is participates, necessarily unhistorical? Does not the ontological interpretation of reality inescapably exclude the historically new? Does it not, particularly, interpret human sin and divine grace as ontological necessities, thus depriving sin of| its character as a free, responsible act of man's personal center, and grace of its character as the free, personal act of the divine mercy? Are sin and grace, if taken into an ontological frame of reference, still sin and grace? And, further, if the new in history is excluded, can one speak of a purpose of the world process? Can one maintain the eschatological world view, the transcendent origin and the transcendent end of everything that is? Does not ontology undercut the meaning of hope in biblical religion?

We have discussed biblical personalism in some of its main doctrinal expressions, but we have omitted one whole side of biblical religion: its understanding of man and his situation. This will be the first task of the next chapter. Yet, if we look at the results of this chapter, it seems that no further chapter is possible. The confrontations of biblical religion and its personalism with the impersonalism of ontology seem to rule out any attempt at a synthesis. It will be the task of a part of the following chapter and of the last to show that this is not so and that each side needs the other for its own realization. But this relation is by no means to be found on the surface. It is necessary to penetrate deeply into both the nature of biblical religion and the nature of ontology in order to discover their profound interdependence.|

VI. Man in the Light of Biblical Personalism

1. Biblical Personalism and Man's Ethical Existence

The confrontations of biblical religion and ontology, in our second chapter, were restricted to the objective side of religion, to the doctrinal contents of biblical faith, and to the conceptual forms of ontological thought. We have not yet touched on the situation of man in the state of faith and, correspondingly, on the situation of man in the state of asking for ultimate reality. It is now necessary to analyze the subjective side of biblical religion and to confront it with the subjective side of the ontological task. This confrontation, however, will bring us to the point where the positive relation between biblical religion and ontology comes to light for the first time. It will be the turning point from the preliminary confrontation to a strong and final one. The latter will be worked out in opposite order, starting with the subjective side of biblical religion and returning in the last chapter to the objective side, until we have reached that with which we have begun: the idea of God in its relation to the ultimate reality for which ontology asks.

Man's existence in relation to God, in view of biblical religion, is, above all, ethical existence. In the first chapters of Genesis this is abundantly expressed and with tremendous emphasis. Man is put into paradise with a commandment and a prohibition. He experiences temptation and decides against the commandment; he loses his innocence and the unity with nature and other men. New temptations arise, and man becomes the killer of his brother. The anxiety of guilt drives him from place to place. Moral depravity spreads and brings the flood over mankind. The covenant between God and the elected nation has as its "Magna Carta" the Mosaic law, including the Decalogue. The prophetic wrath turns against those who use the covenant for injustice, and the whole history of Israel is determined by the problem of obedience and disobedience of leaders and people alike. John the Baptist makes the kinship with Abraham dependent on the fulfilment of the law. Jesus reinterprets the law, shows its radical implications, and sums it up in the commandment of love. All the New Testament books, Paul's epistles as well as that of James, are full of ethical material. The writer of the Johannine literature, in spite of his mystical and ontological tendencies, is especially emphatic about the law of love, the disregard of which destroys the relation of God.

All this is well known; but sometimes we should expose ourselves to the overwhelming weight of ethical material in biblical religion. And, if we do so, we should be aware of the way in which biblical personalism deals with ethics. Man is always put before a decision. He must decide for or against Yahweh, for or against the Christ, for or against the Kingdom of God. Biblical ethics is not a system of virtues and vices, of laws and counsels, of rewards and punishments. All this is not lacking, but it appears within a framework of concrete, personal decisions. Every decision is urgent; it has to be made now. When it has been made, it has far-reaching consequences. It is always an ultimate decision–a decision of infinite weight. It decides man's destiny. It decides the destiny of nations, the selected one as much as the others. Every generation in every nation has to decide for or against righteousness, for or against him who is the God of righteousness. And in every nation, including the selected one, the decision against righteousness means self-destruction. No sacramental activity, even if it is done in God's name, can save the violator of the law of justice from the wrath of God. The ethical decision determines the destiny of the individual: his eternal destiny depends on his decision for or against the Christ. But the decision for or against the Christ is made by people who do not even know his name. What is decisive is only whether the act for or against the law of love, for which the Christ stands. Acting according to it means being received in the unity of fulfilment. Acting against it means being excluded from fulfilment and being cast into the despair of nonbeing. This is biblical ethics. It has little to do with the middle-class ethics of avoiding a few things which are supposed to be wrong and doing a few things which are supposed to be right. Biblical ethics means standing in ultimate decisions for or against God. Biblical ethics makes us persons, because it places us before this decision.

What has the ontological question, even if it were a matter of ultimate concern, to do with the situation of ethical decision in biblical religion? Is not the a-personal character of the ontological principle opposed to the appeal to decide ethically? Is not the cognitive *eros* of the philosopher indifferent to the demands of the God of love? Does not the ultimate principle of ontology disregard the contrast between good and evil? Is not the religious background of | ontology mystical participation, whereas biblical religion presupposes the distance of ethical command and ethical obedience? Does not ontology deprive biblical religion of its unconditional ethical passion? Is not Kierkegaard right when he accuses Hegel of sacrificing the ethically deciding person to the aesthetic distance of theoretical intuition?

Does this not mean that the confrontation has reached a point at which a synthesis between ontological thought and biblical religion has proved to be not only impossible but ethically dangerous and objectionable?

2. Biblical Personalism and Man's Social Existence

What has been said about man's ethical existence is confirmed also in man's social existence. God calls families, nations, groups within the nation, the group which transcends all nations, the "assembly of God," the church. And God's purpose in history is to save individuals, not as individuals, but as participants in his kingdom, in the unity of all beings under God. Therefore, the message of the prophets and apostles is given to groups. They are called individually, but their message is destined for the nation to which they belong or for the church of which they are members. They are not strangers in the | group to which they give judgment and promise. They live and think and talk within the experiences and traditions of their people. They use their symbols and deal with their problems. This is the reason for the conservative attitude of the Old Testament prophets toward the religion of the past, of Jesus and the apostles toward the Old Testament, and, to anticipate later biblicistic movements, of the Reformers toward the early church. The prophet does not leave the community, though he may be thrown out of it; but he turns one element of the tradition against a distorted tradition in which this element has been forgotten. The prophet does not intend to create a new community, and just for this reason he often does it against his will. The prophet needs solitude, not the loneliness of separation, but the solitude of him who takes the group spiritually with him into his solitude in order to return to it bodily. Biblical religion speaks frequently of the solitude of the "men of God" but seldom of their loneliness and separation from the group which rejects them.

The ontological question is raised in loneliness, even if the lonely thinker participates in the life of the group as an ordinary member. The loneliness of the philosopher was experienced by many of them. It was experienced by Heraclitus, whom it drove into bitterness and arrogance. It was experienced by Socrates, who accepted it and gave an example of the courage which takes such loneliness upon one's self. It was experienced by the Stoics, who in the midst of political activities felt lonely as the bearers of wisdom in a world of fools. It was the experience of Spinoza, whose philosophical loneliness was akin to the loneliness of the mystic. It was the experience of the ancient skeptics who went into the desert never to return. It was the experience of those modern skeptics who hid themselves under many masks from intolerance in periods of dogmatism. It cannot be otherwise, for the first step of the creative philosopher is radical doubt. He questions not only the traditions and symbols of the community to which he belongs but also what is called the "natural world view," the common-sense presuppositions of "everybody." He who seriously asks the question: "Why is there something, why not nothing?" has experienced the shock of nonbeing and has in thought transcended everything given in nature and mankind. He has dissolved (usually without intending to do so) the ties with any community of belief. Again one may ask: Is it not impossible to unite the solitude of the prophet which binds him to the community with the loneliness of the philosopher which separates him from the community? And does not every one of us, whether bound by biblical religion or driven to radical doubt, experience something of the destiny of the prophet and the philosopher within himself, although perhaps in a less extreme form?

It is this conflict which underlies the present discussion about *eros* and *agape*. Biblical religion demands and gives that kind of love which the New Testament calls *agape*. Philosophy, from Plato on, praises the *eros* which carries the soul in its search for ultimate reality. If *agape* and *eros* exclude each other, the case for a synthesis between biblical religion and ontology is hopeless. *Agape* seeks that which is concrete, individual, unique, here and now. *Agape* seeks the person, the other one who cannot be exchanged for anything or anyone else. He cannot be subsumed under abstractions. He must be accepted in spite of the universals which try to prevent his acceptance, such as moral judgment based on general norms, or social differences justifying indifference or hostility, or psychological characteristics inhibiting a full community with him. *Agape* accepts the concrete in spite of the power of the universal which tries to swallow the concrete. *Eros*–a word which is not used by biblical religion–intuits the universals, the eternal essences (ideas), of which the concrete is only a weak imitation. *Eros* drives beyond the individual things and persons. It uses the concrete as a starting point. But then it transcends it and dissolves it into the universal. The fulfilment of *eros* is the mystical union with the one, in which all concreteness has disappeared. Ontological passion has the character of *eros*. The affirmation of the other one in his concreteness is *agape*. Is a union possible between these two? Does not the search for ultimate reality contradict not only hope and faith but also love? And how can something which denies love be united with biblical religion?

3. Faith and Sin in Biblical Religion

Man's ethical and social existence in the Bible is based on his religious existence. The biblical word for religious existence is "faith." Only in this sense will it be used here and in the following lecture. Faith is the state of being grasped by an ultimate concern. And, since only that which is the ground of our being and meaning should concern us ultimately, we can also say: Faith is the concern about our existence in its ultimate "whence" and "whither." It is a concern of the whole person; it is the most personal concern and that which determines all others. It is not something that can be | forced upon us; it is not something which we can produce by the will to believe, but that by which we are grasped. It is, in biblical terminology, the divine Spirit working in our spirit which creates faith. Such a concept of faith has little to do with the popular concepts of faith as the belief in something unbelievable, as the subjection to an authority in which we trust, or as the risk of accepting something as highly probable but not certain. Such concepts, for which the theologians are as much responsible as popular misunderstanding, lie beneath the level on which the confrontation of ontology and biblical religion must take place. It would be good if philosophers and scientists stopped accusing religion of what is the most frequent distortion of religion–the intellectualistic and voluntaristic misconception of faith. However, if the concept of faith is so frequently and so radically distorted, and if even theologians and, one must add, much ordinary preaching and teaching of the church are responsible for it, is there not an element in the biblical concept of faith which drives almost irresistibly to its misconception? And is not the personalistic character of the biblical concept of faith precisely the cause of this situation? And, finally, is it not just this situation which definitely prevents a synthesis between biblical faith and autonomous reason? |

Faith, in the biblical view, is an act of the whole personality. Will, knowledge, and emotion participate in it. It is an act of self-surrender, of obedience, of assent. Each of these elements must be present. Emotional surrender without assent and obedience would by-pass the personal center. It would be a compulsion and not a decision. Intellectual assent without emotional participation distorts religious existence into a nonpersonal, cognitive act. Obedience of the will without assent and emotion leads into a depersonalizing slavery. Faith unites and transcends the special functions of the human mind; it is the most personal act of the person. But each function of the human mind is inclined to a kind of imperialism. It tries to become independent and to control the others. Even biblical religion is not without symptoms of these trends. Faith sometimes approaches the point of emotional ecstasy, sometimes the point of mere moral obedience, sometimes the point of cognitive subjection to an authority.

Biblical faith is the faith of a community, a nation, or a church. He who participates in this faith participates in its symbolic and ritual expressions. The community unavoidably formulates its own foundations in statements which reveal its difference from other groups and protect it against distortions. He who joins the community of faith must accept the | statement of faith, the creed of the community. He must assent before he can be received. This assent may be the expression of a genuine personal surrender, but it can become a merely intellectual assent and support the tendency to reduce faith to a cognitive act. At the same time the term "faith" may change its meaning. Instead of designating the state of being grasped by an unconditional concern, it may designate a set of doctrines, as it does in phrases like the "Christian faith," the "faith of the church," the "preservation of our faith," or, in classical terms, *fides quae creditur* ("the faith which is believed"). Biblical religion is not without tendencies in this direction. It could not be otherwise, because it was the religion of a community, the early church.

But, if this is the case, how can there be a synthesis with the radical doubt and the radical search for truth which characterize ontology? Is not the destruction of faith, the withdrawal from the believing assent to anything whatsoever, the condition of an honest philosophizing? And is ontology not developed in the power of human reason, in an attitude of criticism and detachment, which is just the opposite of acceptance and personal surrender? Does not ontology request an attitude of depersonalized objectivity, which contradicts biblical personalism in this as in all other respects? And, if ontology replaces faith, does it not replace the whole biblical religion? One central concept of biblical religion, sin, has been only briefly mentioned. It is a religious concept designating the opposite of faith. The essence of sin is disbelief, the state of estrangement from God, the flight from him, the rebellion against him, the elevation of preliminary concerns to the rank of ultimate concern. Man is bound to sin in all parts of his being, because he is estranged from God in his personal center. Neither his emotion, his will, nor his intellect is excepted from sin and, consequently, from the perversion of their true nature. His intellectual power is as distorted and weakened as his moral power. Neither of them is able to produce reunion with God. According to biblical religion, intellectual endeavor can as little attain the ultimate truth as moral endeavor can attain the ultimate good. He who attempts it deepens the estrangement. This was the message of Paul, Augustine, and Luther. Only he who in the state of faith participates in the good and the true can act according to the norms of truth. Participation precedes action and thought, for participation gives a new being in which sin, or estrangement, is conquered. And participation in that which is of ultimate concern is faith. This means that the faith which conquers sin, by receiving reconciliation and a new being, must precede the search for ultimate reality, for the truth itself. Only in the new state of things can being itself be reached.

Ontology uses man's rational power. It does not ask the question of sin and salvation. It does not distinguish between original and distorted reason, nor does it envisage a renewed reason. It starts where it is and goes ahead toward being-itself. The Bible often criticizes philosophy, not because it uses reason, but because it uses unregenerated reason for the knowledge of God. But only the Spirit of God knows God and gives knowledge of God to those who are grasped by him, who are in the state of faith. As in the beginning, so we must ask at the end of this confrontation: Is there any way to unite the opposite ways of ontology and biblical religion? The answer seems to be that the conflict is insoluble. Point after point (first in the objective and then in the subjective side of biblical religion) showed a seeming incompatibility with the ontological attempt. Many people never go beyond this confrontation and draw the consequences in the one or the other direction. It is understandable that some reject biblical religion completely because they are called in the depth of their being, in their intellectual and | moral conscience, to ask the radical question–the question of being and nonbeing. They become heretics or pagans rather than bow to a religion which prohibits the ontological question. It is equally understandable that many faithful Christians shy away from the dangers of the ontological question which makes doubtful that which is most sacred and of infinite significance for them. Neither of these ways is acceptable to some of us, and I believe that neither of them is a service to truth and consequently to God. But, if we try a third way, we must be prepared for the reaction of people who doubt that a third way is possible.

Since the breakdown of the great synthesis between Christianity and the modern mind as attempted by Schleiermacher, Hegel, and nineteenth-century liberalism, an attitude of weariness has grasped the minds of people who are unable to accept one or the other alternative. They are too disappointed to try another synthesis after so many have failed. But there is no choice for us. We must try again! And we want to try by asking the question: Do the attitudes and concepts of biblical religion have implications which not only allow but demand a synthesis with the search for ultimate reality? And, conversely, does not ontological thought | have implications which open it for the concern of biblical religion?

4. Faith, Doubt, and the Ontological Question

With these questions in mind, we turn to an analysis of the relation of faith and doubt. Here the first, and in some sense all-determining decision must be sought.

A preparation for this decision has already been given in the first chapter in the discussion of the two elements in the attitude of the philosopher, the theoretical and the existential. We spoke of a union of rationality and passion, of detachment and involvement. There is man standing between being and nonbeing, realizing both his finitude and the infinite to which he belongs, asking the question of being. He is infinitely concerned about being, since his very existence is involved in this question. Faith also, as we have seen, is a matter of infinite interest; it is the state of being grasped by the ultimate concern. The man who asks the question of ultimate reality and the man who is in the state of faith are equal with respect to the unconditional character of their concern.

But we must go a step further. Two ultimate concerns cannot exist alongside each other. If they did, | the one or the other or both would not really be ultimate. Actually, the one comprises the other. The ultimate concern of the believer is concern about that which is really ultimate and therefore the ground of his being and meaning. He implicitly asks the question of ultimate reality; he must assume, as every Christian believer must, that in the symbols of his ultimate concern the answer to the question of ultimate reality is implied. As a believer, he is not concerned with ontological research; but he is concerned with truth, and this means with ultimate reality. Only if God is ultimate reality, can he be our unconditional concern; only then can he be the object of surrender, obedience, and assent. Faith in anything which has only preliminary reality is idolatrous. It gives ultimacy to a preliminary concern. Faith includes the ontological question, whether the question is asked explicitly or not. The church, from earliest times, was aware of this fact and made the question explicit in the moment in which it met the ontological concern in the Hellenistic world. This is the reason why we should not accept the type of biblicism which has been expounded by Ritschl and Harnack. They accused the early church of having betrayed biblical religion by relating it positively to the search for ultimate reality. What Harnack has called the Hellenization of the gospel was actually the acceptance of the ontological question on the basis of biblical religion. This was inescapable not only because of the necessity of introducing the gospel into the Hellenistic world but also because the discovery of the ontological question by the Greek mind is universally relevant. It is an expression of the human situation as such. On this point, the early church was right, however questionable its concrete solutions may have been, and its nineteenth-century critics were wrong, however great our gratitude for their courageous and successful analysis of the traditional dogma may be.

Faith comprises the ontological question. But is not ontology like a strange body within the body of faith, and, if it is made explicit, does it not destroy faith with its most powerful weapon, namely, doubt? Should not faith keep ontology within its womb, never giving birth to it? Or, in a nonmetaphorical expression, must not the church keep the search for ultimate reality within the limits of its authority–as the Roman church actually does?

This is the fundamental question of the relation of faith and doubt. Faith and doubt do not essentially contradict each other. Faith is the continuous tension between itself and the doubt within itself. This tension does not always reach the strength of a struggle; but, latently, it is always present. This distinguishes faith from logical evidence, scientific probability, traditionalistic self-certainty, and unquestioning authoritarianism. Faith includes both an immediate awareness of something unconditional and the courage to take the risk of uncertainty upon itself. Faith says "Yes" in spite of the anxiety of "No." It does not remove the "No" of doubt and the anxiety of doubt; it does not build a castle of doubt-free security–only a neurotically distorted faith does that–but it takes the "No" of doubt and the anxiety of insecurity into itself. Faith embraces itself and the doubt about itself. Therefore it comprises itself and the ontological question, whose precondition is the radical doubt. Such a faith does not need to be afraid of the free search for ultimate reality. It does not need to keep ontology in ecclesiastical seclusion. It is Protestant by nature, whether it appears in Protestant or in biblical religion.

The philosopher is in a situation which also unites a "No" and "Yes." As we maintained in the first chapter, asking presupposes both a having and a not-having. One cannot ask the ontological question without having at least a prephilosophical knowledge of what "being" means. Everyone participates in being, and everyone experiences being when he encounters beings: persons, things, events, essences.

And everyone participates in nonbeing and experiences it in disintegration and in death, in guilt and in doubt. It is this concrete situation in which the philosopher searches for ultimate reality. Like the believer, he lives in a definite world of experiences and symbols. He is not bound to them, but neither is he separated from them. He doubts what he knows, but he does so on the basis of something else he knows; for there is no "No" without a preceding "Yes." *The philosopher has not and has; the believer has and has not.* This is the basis on which ontology and biblical religion find each other. The last chapter will relate the various points of confrontation from this perspective.|

VII. The Ontological Problems implied in the Subjective Side of Biblical Religion

1. Total and Intellectual Conversion

The third chapter led us to the turning point of this whole book: the problem of faith and doubt in biblical religion and ontology. It disclosed a structural identity of the two, whereas in the preceding chapters only the conflict was shown in its radical and shocking character. In the discussion of faith and doubt, definite analogies of structure between the conflicting sides became visible for the first time. In both biblical religion and ontology an ultimate concern is the driving force; in both of them the "No" of doubt is taken into the "Yes" of courage; in both of them a participation in concrete experiences and symbols gives content to question and answer; in both cases an ultimate trust in the power of being makes human surrender and search possible. This analogy of structure keeps one side open for the other. Both stand on the boundary line between| "Yes" and "No," between being and nonbeing. The ultimate concern about truth which drives toward the search for ultimate reality is a part of the ultimate concern about one's existence as a person, as a being who is able to ask the question of his being and of universal being.

On the basis of this analysis of faith and doubt in biblical religion and ontology, we will now re-examine what seemed to be irreconcilable conflicts in our first confrontation. We will go backward from a confrontation of the biblical view of the human situation to confrontations of the main characteristics of biblical personalism with ontology.

Reason, according to the theological view, not only is finite and therefore unable to grasp the infinite but is also estranged from its essential goodness. Reason stands, like everything in man, under the bondage of estrangement. There is no part of man that is excepted from the universal destiny of sin. For the cognitive function of man's spiritual life this means that reason is blinded and has become unable to recognize God. The eyes of reason must be opened by the revelatory presence of the divine Spirit in the human spirit. Only when this happens can truth be received by human reason.

There is a surprising analogy to this idea in the his|tory of philosophy. Some of the greatest of those who have searched for ultimate reality spoke in a way that is very similar to the way in which the Bible speaks. The term "blindness" for the ordinary state of mind is used in all periods of philosophical thought. The experience of being awakened out of the sleep of the natural world view, the sudden awareness of the light of the ontological question, the breaking-through the surface on which one lived and moved before–these events are described like a religious conversion. Those who are awakened to the light ask passionately the question of ultimate reality. They are different from those who do not. As Plato described it, they are no longer bound to the shadows of the cave; they are liberated and able to see true reality. They have experienced a saving transformation and an illuminating revelation. Only because this has happened to them can they seriously and successfully ask the question of ultimate reality. Ontology presupposes a conversion, an opening of the eyes, a revelatory experience. It is not a matter of detached observation, analysis, and hypothesis. Only he who is involved in ultimate reality, only he who has encountered it as a matter of existential concern, can try to speak about it meaningfully. In this sense one must say that there is faith in the philosopher, not a faith that believes in given doctrines (this is not faith but belief), but faith as the state of being grasped by ultimate reality. If the term "philosophical faith" can be used at all, it should be used in the sense of "faith in ultimate reality," the genuine object of the love of wisdom.

Certainly philosophical conversion and philosophical faith are not identical with conversion and faith in biblical religion. The latter are related equally to all functions of man's spiritual life, to his whole personality. There is no preponderance of the cognitive function as it is in philosophical conversion and philosophical faith. But even philosophical conversion and philosophical faith are not restricted to the cognitive function, for this function, if it is existentially moved, cannot be separated from the other functions. Philosophical conversion changes not only the thinking of the philosopher but also his being. But his being remains in the background, while in religious conversion it is in the foreground. Religious conversion, therefore, is more embracing. It includes the possibility of philosophical conversion, just as religious faith includes the possibility of ontological awareness. Not in everyone–actually only in a few–does this possibility become actuality. But in everyone it is a possibility.

2. Ethics of Grace and Ethics of Decision

When we first confronted ontology with the ethical character of biblical religion, there were two sides of man's ethical existence in which the conflict seemed to be insoluble: the situation of decision and the distance between God and man. The Bible is aware of the intrinsic problems of them both. We decide, we believe that we are able to decide, and after the decision we realize that it was not our own power but a power which decided through us. If we make a decision for what we essentially are, and therefore ought to be, it is a decision out of grace. If it is a decision contrary to what we essentially are, it is a decision in a state of being possessed or inhabited by demonic spirits. As Luther expressed it, man is like a horse, ridden either by God or by the devil. But neither the Bible nor the Reformers believe that this situation takes away man's responsibility and his freedom of decision. It includes, however, a profound ontological problem–that of freedom and destiny. A theologian who explains the way in which Paul combines his emphasis on God working everything in the process of our salvation with his appeal to us to work out our own salvation uses the categories "freedom" and "destiny," although he does not employ these words. But he who uses these categories even implicitly must know their genuine meaning; he must describe the ontological structure to which they belong. In the third chapter it seemed that freedom is an ethical concept, while destiny is an ontological one. But now the religious concept of grace has shown that this is not so – that the concepts both of freedom and of destiny belong to ontology as well as to ethics and that both are transcended and united in the religious symbol of sin and grace. This refers not only to individuals, but, in a more limited way, to groups also and, finally, to the whole of world history.

The other main point of conflict between ontology and the ethical character of biblical religion is that between participation and obedience. Ontological awareness of the ground of being presupposes participation. The ethical situation demands obedience involving the separation between him who commands and him who obeys. In biblical religion this problem is recognized and dealt with in terms of the "law of love." This term contains in itself the tension between participation and distance. It is a law; and the law stands above me and possibly against me. But it is the law of love, and love is the power that unites that which is separated. Biblical, classical, and mystical Christianity agree in the assertion that the moral act, in order to be perfect or even possible, must follow from the union of God and man in the love toward God, which is the answer to God's love toward man. He who is united with the will of God voluntarily acts and does more than any law commands. He acts out of participation, not out of the relation of command and obedience. He who does not participate in the being of God, which is the being of love, cannot act according to God's being. He who does not participate in the good itself cannot be good. Again, Paul makes this participation dependent upon the divine Spirit, and the divine Spirit is nothing other than God dynamically present in us. Without this participation neither the knowledge of God nor the love of God is possible. The union of participation does not fall upon the ontological side and the distance of obedience on the ethical side. Both sides are ontological and ethical, and both are united and transcended in the concept of love. Therefore, we need not only an ethics of love but, following Augustine, also an ontology of love. Whoever attempts to explain the relationship of love and law employs the basic ontological categories of participation and individualization, and he presupposes the ontological conflict between essential and existential being (without which there would be no law which stands against us). As a theologian, one should not be unaware of the categories one uses even if one tries to avoid philosophical terms.

3. Solitude and Love in Biblical Religion and Ontology

We have confronted the loneliness of the philosopher with the social relatedness of the prophet and the *eros* which drives toward the search for ultimate reality with the *agape* of biblical religion. But this is not the last word about the problem. First of all, the prophet and every religious man knows not only the solitude of withdrawal but also the loneliness of the ultimate situation. There are moments (descriptions of which fill the pages of religious literature) in which the religious man feels deserted by man, by God, and by himself. The traditions and symbols of the community to which he belongs have become meaningless to him. He realizes the finitude, the limits of participation, the unreality of his world. He experiences the loneliness of his having to die and of his personal guilt. On the other hand, the philosopher does not remain in loneliness. He returns to the group from which he has intentionally separated himself through his radical asking. All classical philosophers have tried to mediate their insights to the group from which they came. They criticized myths and morals, conventions and prejudices, often as passionately as did the prophets. The search for ultimate reality did not make them insensitive to the predicament of those with whom they lived. Often they reacted to the situation of their contemporaries with prophetic wrath, prophetic despair, and prophetic hope. And some of them became martyrs like the prophets. He who speaks out of the situation of faith and he who speaks out of the search for ultimate reality both have the experience that the people to whom they speak have ears and do not hear and eyes and do not see. Ontology, as much as biblical religion, is a stumbling block for the people who go along the ordinary way of theoretical and practical conventions. And both the ontological and the religious messages bring burdens and dangers to those who have to pronounce them.

The relation of ontology and biblical religion to man's social existence is being discussed implicitly under the heading: *"eros and agape."* Where *agape* (the biblical term for "love") is put into an absolute contrast to *eros* (the Platonic term for "love"), no positive relation of biblical religion to ontology is seen. But this presupposes a distortion of the meaning both of *agape* and of *eros*. The New Testament does not use the term *eros*, because *eros* had received at that time an anti-Platonic, exclusively sensual meaning. But the New Testament teaches explicitly and implicitly that participation in the divine Spirit or Logos means both having love and having truth. The desire for God is both the desire for him as love and the desire for him as truth. If the desire for him as love is called *agape*, the desire for him as truth should be called *eros*. And this would correspond with the genuine meaning of *eros* (e.g., in Plato's *Symposium*). *Eros* drives the soul through all levels of reality to ultimate reality, to truth itself, which is the good itself. In later antiquity the unity of love and the quest for ultimate reality are expressed in the threefold meaning of the word "gnosis" as knowledge, sexual intercourse, and mystical union. Certainly *agape* adds a decisive element to the ancient idea of love, but it does not deny the drive for cognitive union with ultimate reality. *Agape* reaches down to the lowest, forgiving its estrangement and reuniting it with the highest. But *agape* does not contradict the desire for the highest; and a part of this desire is cognitive *eros*.

VIII. The Ontological Problems implied in the Objective Side of Biblical Religion

1. The Divine Manifestations and the Search for Ultimate Reality

We have confronted three symbols of the divine self-manifestation (creation, the Christ, the *eschaton*) with some ontological concepts and have found seemingly insuperable contradictions between them. Again I want to show that such contradictions are not necessary and that each of these symbols demands and has received ontological interpretation.

Creation by the Word out of nothing describes the absolute independence of God as creator, the absolute dependence of creation, and the infinite gap between them. The ontological question arises immediately at several points. One must ask how the eternal Logos, the principle of God's self-manifestation, is related to the contents of the world process. The classical answer, that the essences or potentialities of the world are eternal in the divine "mind," must either be accepted or be replaced by another one – and every answer is necessarily ontological.

Theology has rightly insisted that the "nothing" out of which the world is created is not the *me on* of the Greeks, that is, the matter which receives and resists the creative act. But, if the answer of a dualistic ontology is rejected, one must seek for another answer to the question: What does this "nothing" mean? How is it related to the divine, which as life presupposes nonbeing? Can one perhaps say in a highly symbolic phrase that the divine life is the eternal conquest of the nonbeing which belongs to him? Whatever the answer may be, it is ontological.

If we ask about the relation of the divine creation to the divine preservation and answer with Augustine that preservation is the permanent creativity of God in everything that is, we have reached the ontological metaphor "ground of being." And if we ask about the meaning of the ever repeated assertion that God is both *in* and *above* the world and question the use of the spatial metaphors "in" and "above," we have asked an ontological question. If we then answer that the relation of God and the world is not spatial but must be expressed in terms of creative freedom, an ontological answer is given, but an answer in terms of freedom. The freedom of the creature to act against its essential unity with God makes God transcendent to the world.

Such ontology of freedom does not deprive existence of its sinful character, as an ontology of necessity would do. But, at the same time, it states the universality of the fall in terms of the concept of destiny which stands in an ontological polarity with the concept of freedom.

The christological confrontation has led to the question: Is there a necessary conflict between the universal Logos and the Logos who is present in the personal life of Jesus as the Christ? The early church and, following it, the church in most periods did not believe in such an unavoidable conflict. The Logos (i.e., the divine self-manifestation) is actively present in everything that exists, because everything is made through it. But only the ultimate divine self-manifestation shows what Luther has called the heart of divinity, God for man, eternal God-manhood in its very center. The Logos universal and the Logos as the power of a personal life are one and the same Logos. Only against the background of the universal Logos is the incarnate Logos a meaningful concept. Biblical religion has shown the ontological implications of one of its fundamental assertions in the prologue of the Fourth Gospel. Ontology is able to | receive the christological question–the question of the place in which the universal Logos manifests itself existentially and unconditionally; the universal Logos appears in a concrete form. Every philosophy shows the traits of its birthplace. Every philosophy has concrete existential roots. To say that Jesus as the Christ is the concrete place where the Logos becomes visible is an assertion of faith and can be made only by him who is grasped by the Christ as the manifestation of his ultimate concern. But it is not an assertion which contradicts or is strange to the search for ultimate reality. The name "Jesus the Christ" implies an ontology.

The third manifestation of God which we have confronted with ontological categories is history, running toward an end, the historical-eschatological element in biblical religion.

Here again the first answer to the question is that only special kinds of ontology make the historically new impossible, for examble, circular interpretation of the temporal processes. If time is symbolized as a circle, the new is excluded; everything repeats itself. The same is true of mechanical determinism in which a given state of things has necessary consequences, calculable in principle for all following states. But such ontologies do not represent ontology | as such. The philosophies of life and process which have roots in men like Augustine and Duns Scotus have emphasized the openness of reality toward the future and have made a place for the contingent, the new, the unique, the irrepeatable. And no theologian who interprets the Bible through Greek terms like "history" can escape the profoundly ontological question: how history is related to nature; how all history is related to the small section of world historical events with which biblical religion deals; how the events in which man is involved are related to the events in the whole universe.

And there is another, even more difficult, question which demands an ontological answer implied in the historical-eschatological view of biblical religion. It is the meaning of the *eschaton* or the relation of the temporal and the eternal. If one identifies the eternal with the temporal continuation of life after death, one has made an ontological statement, and a very poor one, by confusing eternity with endless temporality. If one, in opposition to this, says that eternity is the simple negation of temporality, one has also made an ontological statement, also a very bad one, by confusing eternity with timelessness. There is, however, a third answer, also ontological, which does justice to the meaning both of time and of | eternity. Eternity transcends and contains temporality, but a temporality which is not subject to the law of finite transitoriness, a temporality in which past and future are united, though not negated in the eternal presence. History then runs toward its end in the eternal, and the eternal participates in the moments of time, judging and elevating them to the eternal. Such statements are ontological in a half-symbolic gown. No theologian can escape them. And those who use a primitive-mythological language deceive themselves if they do not realize that the phrase "life after death" contains an ontology of a highly questionable character.

2. The Divine-Human Relationship and the Search for Ultimate Reality

God speaks to man in biblical religion. The *word*, literally taken, is a spoken sound or a written sign, pointing to a meaning with which it is conventionally connected. But it is obvious that the God of the Bible does not speak or hear in this way. His Word is an event created by the divine Spirit in the human spirit. It is both driving power and infinite meaning. The Word of God is God's creative self-manifestation and not a conversation between two beings. Therefore, the Word is one of the aspects of God himself; it is God manifesting himself to himself. It is an expression of God as living and, as trinitarian thinking has always realized, an element in the power of being itself. It is ontological in its implications, although it is a genuinely religious symbol. This makes the doctrines of creation and salvation through the Logos possible and necessary, and it should make it impossible to confuse a theology of the Word with a theology of talk. The Word is an element in ultimate reality; it is the power of being, expressing itself in many forms, in nature and history, in symbols and sacraments, in silent and in spoken words. But it is not bound to spoken words. The nature of the word is a problem as old as ontology, and the divine Word is a symbol as old as religion. Without knowing something about the nature of the word, without an ontology of the Logos, theology cannot interpret the speaking of God, the divine Word. But, if theology uses this insight into the ontological nature of the word, it can teach meaningfully about the nature of the divine Word, the Logos who is with God.

The most devastating conflict between biblical religion and ontology appears to be the conflict between reciprocity and participation in the divine-human relationship. Ontology seems to remove the living interdependence between God and man, and it seems to remove the meaning of prayer, especially of the prayer of supplication.

The problem is present within biblical religion itself in the tensions between the unconditional emphasis on God's working in everything, even evil, sin, and death, and human responsibility for good and evil. A divine determinism often seems to conquer biblical personalism, and in men like Augustine, Thomas, Luther, and Calvin this determinism reaches sharpest expression. But at no point do these men and the biblical writers allow their emphasis on the divine activity to destroy the divine-human reciprocity. This can be understood only through the ontological polarity of freedom and destiny and through a distinction between the levels of being, namely, between the ground of being, which transcends all polarities, and finite being, which is subjected to them.

The divine determinism of biblical thought does not make the prayer of supplication impossible. No religious act expresses more obviously the reciprocity between God and man. Withouth the presupposition that the prayer changes the will of God in some respect, whether he hears or rejects the prayer, no prayer of supplication seems to be meaningful. But the early theologians, whose prayers underlie most of the Christian liturgies, emphasized the unchange|ability of God against all paganism. God, the immovable, the transcendent One, was the first object of their theology. They were thoroughly ontological, and their relation to God was thoroughly reciprocal and full of prayer, including the prayer of supplication. This was and is possible because every serious prayer includes surrender to the will of God. It is aware of the ultimate inadequacy of words, the literal meaning of which is the attempt to move the divine will into the direction of one's own will. In every true prayer God is both he to whom we pray and he who prays through us. For it is the divine Spirit who creates the right prayer. At this point the ontological structure which makes God an object of us as subjects is infinitely transcended. God stands in the divine-human reciprocity, but only as he who transcends it and comprises both sides of the reciprocity. He reacts, but he reacts to that which is his own act working through our finite freedom. He never can become a mere object. This is the limit of the symbols of reciprocity. This makes the ontological question necessary.

3. God as the Ground of Being in Ontology and Biblical Religion

Our confrontation of biblical religion and the search for ultimate reality started with the doctrine | of God. And our attempts to show the ultimate unity of ontology and biblical personalism must return to the doctrine of God. It is the beginning and the end of all theological thought. There is an element in the biblical and ecclesiastical idea of God which makes the ontological question necessary. It is the assertion that God *is*. Of course not everyone asks what this word "is" in relation to God means. Most people, including the biblical writers, take the word in its popular sense: something "is" if it can be found in the whole of potential experience. That which can be encountered within the whole of reality is real. Even the more sophisticated discussions about the existence or nonexistence of God often have this popular tinge. But, if God can be found within the whole of reality, then the whole of reality is the basic and dominant concept. God, then, is subject to the structure of reality. As in Greek religion, fate was above Zeus, determining him and his decisions, so God would be subject to the polarities and categories of reality as constituting his fate. The fight against this dangerous consequence of biblical personalism started in the Bible itself and continued in all periods of church history. The God who is *a* being is transcended by the God who is Being itself, the ground and abyss of every being. And the God | who is *a* person is transcended by the God who is the Personal-Itself, the ground and abyss of every person. In statements like these, religion and ontology meet. Without philosophies in which the ontological question we have raised appears, Christian theology would have been unable to interpret the nature of the being of God to those who wanted to know in what sense one can say that God *is*. And the question is asked in prephilosophical, as well as in philosophical, terms by very primitive and very sophisticated people.

This means that *being* and *person* are not contradictory concepts. Being includes personal being; it does not deny it. The ground of being is the ground of personal being, not its negation. The ontological question of being creates not a conflict but a necessary basis for any theoretical dealing with the biblical concept of the personal God. If one starts to think about the meaning of biblical symbols, one is already in the midst of ontological problems.

Religiously speaking, this means that our encounter with the God who is a person includes the encounter with the God who is the ground of everything personal and as such not *a* person. Religious experience, particularly as expressed in the great religions, exhibits a deep feeling for the tension between the personal and the nonpersonal element in the encounter between God and man. The Old as well as the New Testament has the astonishing power to speak of the presence of the divine in such a way that the I-thou character of the relation never darkens the transpersonal power and mystery of the divine, and vice versa. Examples of this can be found in the seemingly simple words of Jesus about the hairs on our head, all of which are counted, and the birds which do not fall without the will of God. These words imply that no single event among the infinite number of events that happen in every infinitely small moment of time happens without the participation of God. If anything transcends primitive personalism, it is such a saying. And it is only a continuation of this line of biblical religion when Luther, who was very suspicious of philosophy, speaks of God as being nearer to all creatures than they are to themselves, or of God being totally present in a grain of sand and at the same time not being comprehended by the totality of all things, or of God giving the power to the arm of the murderer to drive home the murderous knife. Here Luther's sometimes unreflective biblical personalism is transcended, and God as the power of Being in everything is ontologically affirmed.

The correlation of ontology and biblical religion is an infinite task. There is no special ontology which we have to accept in the name of the biblical message, neither that of Plato nor that of Aristotle, neither that of Cusanus nor that of Spinoza, neither that of Kant nor that of Hegel, neither that of Lao-tze nor that of Whitehead. There is no saving ontology, but the ontological question is implied in the question of salvation. To ask the ontological question is a necessary task. *Against* Pascal I say: The God of Abraham, Isaac, and Jacob and the God of the philosophers is the same God. He is a person and the negation of himself as a person.

Faith comprises both itself and the doubt of itself. The Christ is Jesus and the negation of Jesus. Biblical religion is the negation and the affirmation of ontology. To live serenely and courageously in these tensions and to discover finally their ultimate unity in the depths of our own souls and in the depth of the divine life is the task and the dignity of human thought.

20. Das Neue Sein als Zentralbegriff einer christlichen Theologie (1955)

A. *Druckvorlage: Das Neue Sein als Zentralbegriff einer christlichen Theologie, in: Olga Fröbe-Kapteyn (Hg.): Mensch und Wandlung (Eranos-Jahrbuch 23), Zürich 1955, S. 251–274.*

B. *The Importance of New Being for Christian Theology, in: Man and Transformation (Papers from the Eranos Yearbooks; Bollingen Foundation), New York 1964, pp. 161–178.*

C. *Das Neue Sein als Zentralbegriff einer christlichen Theologie, in: GW VIII (1970), S. 220–239.*

Zur Textgeschichte

Ins Jahr 1951 fiel das Erscheinen des ersten Bandes der „Systematischen Theologie", als „Ereignis in der theologischen Welt gefeiert" (Pauck, 245). Im Winter 1951/52 gewährte das Union Theological Seminary dem Verfasser als besonderes Entgegenkommen ein „sabbatical semester". Tillich nutzte es vor allem zur Arbeit am zweiten Band der „Systematischen Theologie". Gleichzeitig formulierte er die Grundgedanken der weiteren, noch unveröffentlichten Teile seines opus magnum für die „Gifford Lectures" an der Universität Aberdeen, zu denen er für November 1953 und November 1954 eingeladen worden war (cf. EGW V, 326 ff.; auch Pauck, 247 f.). Vor diesen Aufenthalten in Schottland lagen jeweils ausgedehnte Vortragsreisen durch mehrere Länder Europas. Im Sommer 1954 hielt Tillich den hier wiedergegebenen Vortrag auf der Eranos-Tagung in Ascona. Schon im Jahr zuvor war er Gast bei der seit 1933 alljährlich in der zweiten Augusthälfte stattfindenden Eranos-Tagung gewesen. Die Idee dieses von Olga Fröbe-Kapteyn ins Leben gerufenen „Gartens aller Hochschulen", der sich vor allem der Vermittlung westlicher und östlicher Geistigkeit widmete, war Tillich wie auf den Leib geschrieben. So machte er im Rahmen des Jahresthemas 1954: „Mensch und Wandlung" bewußt den Kern seiner christo-ontologischen Theologie zum Thema des Beitrages, der ein Jahr später im Jahrbuch dieser Tagung publiziert wurde (= A).

Die Bollingen Foundation in den USA, so benannt nach dem Schweizer Wohnsitz des Mitbegründers und langjährigen geistigen Mitträgers der Eranos-Tagungen, Carl Gustav Jung, gab von Zeit zu Zeit eine Auswahl der Tagungsvorträge in englischer Übersetzung heraus. In dem auf diese Weise entstandenen Sammelband von 1964, der als Titel das Jahresthema von 1954 trug, ist Tillichs Vortrag aufgenommen (= B). Die Übersetzung weicht allerdings in einigen Passagen inhaltlich von A ab; wer sie besorgte, ist nicht bekannt. Die griechischen Begriffe sind hier kursiv wiedergegeben.

Für die GW VIII (= C) wurde die ursprüngliche deutsche Fassung zugrunde gelegt, allerdings „mit einz(elnen) Korr(ekturen)" von Renate Albrecht (cf. GW XIV 2. Aufl., 61). Diese sind in der Regel sprachlich-stilistischer, ab und zu sachlicher

Art; lediglich letztere werden vermerkt. Auch C bringt die griechischen Begriffe im Kursivdruck; darüber hinaus enthält der Text die eine oder andere Sperrung, die nur dann vermerkt ist, wenn sie eine Sinnänderung bewirkt.

ªDas Neue Sein als Zentralbegriff einer christlichen Theologieª

I.

In dieser Reihe von Rednern, die den Vorteil haben, ein historisches Referat vorlegen zu können, fühle ich mich ein wenig als Fremdling. Im Unterschied zu ihnen soll ich eine ᵇsystematische Vorlesung haltenᵇ, bei der die Hilfe eines gegebenen Materials nicht vorliegt. Meine einzige Hoffnung ist, daß sich manche von denen, die hier historisch geredet haben, vielleicht zum Teil in diesem Fremdling selber wiederfinden, weil es keinen Historiker gibt, der nicht — zumindest im verborgenen — ᶜSystematikerᶜ ist. Was ich tun möchte, das ist, diese verborgene Systematik ans Licht zu bringen für Zustimmung und Widerspruch.

Das Thema könnte so verstanden werden, als ob ich meinte, das Neue Sein *ist* der Zentralbegriff der Theologie. Aber das wäre eine unhaltbare Behauptung. Ich kann nur sagen: das Neue Sein *soll* der Zentralbegriff der Theologie *werden*; und ich will versuchen zu begründen, warum ich glaube, daß er es werden soll. Man kann systematische Theologie auch auf andere Art durchführen, aber ich glaube, die Möglichkeit, die ich hier vorlegen will, hat den Vorteil, zugleich auch für unsere gegenwärtige Situation eine Antwort zu geben.

Zu jeder Theologie gehören drei Elemente. Das erste ist *theos*, Gott, das heißt Gott, sofern er sich mitteilt, das Offenbarungselement. Das zweite ist *logos*, das vernünftige Wort über das, was Gott mitteilt, wenn er sich mitteilt. Und das dritte ist *kairos*, der richtige Zeitmoment, in dem der Theologe zu seiner jeweiligen Gegenwart sprechen muß. In keiner systematischen Theologie dürfen diese Elemente fehlen. Wenn das Theos-Element, das Offenbarungselement, fehlt, dann haben wir es nicht mit Theologie, sondern vielleicht mit Religionsphilosophie zu tun. Wenn das Logos-Element fehlt, das vernünftige Wort, dann haben wir nicht Theologie, sondern entweder Ekstase oder Unsinn oder beides. Wenn das dritte Element, das Kairos-Element fehlt, dann haben wir die tote Tradition, wie sie uns so oft in systematischer Theologie dargeboten wird.

Im folgenden werde ich erst die beiden Begriffe „das Sein" und „das Neue" behandeln, begründen und, was die Hauptsache ist, verteidigen. Denn ein solcher Versuch, einen Zentralbegriff wie das Neue Sein in der Theologie durchzuführen, stößt naturgemäß auf heftigen Widerstand und scharfe Kritik.

In einem zweiten Teil will ich einige Andeutungen geben — mehr kann es nicht sein^d —, die zeigen, wie diese beiden Begriffe innerhalb der systematischen Theologie durchgeführt werden können.

Wenn immer der Seinsbegriff ^eeingeführt wird^e, dann wird eine universale Frage aufgerissen, die Frage nach dem Verhältnis von Theologie und Philosophie. Von der theologischen Seite kann gegen den Seinsbegriff sowohl von der Methode als auch vom Inhalt her der Angriff geführt werden. Wenn er die Methode betrifft, sagt man: Sein ist ein philosophischer Begriff, geschaffen durch menschliches Werk, das Werk des Denkers, und nicht empfangen durch Offenbarung, in jener ekstatischen Erfahrung, die die Selbsterschließung Gottes für das menschliche Bewußtsein bedeutet. ^fWenn aber menschliches Werk einen Begriff schafft, dann steht dies im Widerspruch zu der Unmöglichkeit, durch irgendein menschliches Werk Gott zu erreichen.^f

Darauf ist meine Antwort: Theologie ist der Logos der Offenbarung, ist das vernünftige Wort über das, was in der Offenbarung erscheint. ^gDas vernünftige Wort^g, der Logos, ist rationales Werk, und dies rationale Werk findet sich in jeder Theologie, auch der antiphilosophischen.

Die andere Antwort, die ich gebe, geht tiefer. ^hIch glaube, daß eine angemessene rationale Darstellung der Selbsterschließung Gottes grundsätzlich darin gegeben ist, daß der Charakter der göttlichen Selbstmitteilung Logos ist.^h Logos ist Vernunft, nicht Verstand. Der Verstand analysiert, die Vernunft vernimmt. In dem Augenblick freilich, wo diese Beziehung umgekehrt wird, wo es der Verstand ist, der durch Argumente an das Göttliche heran will, ist der Sinn des Logosgedankens verzerrt. Und darum ist jede Theologie Wagnis und dem Irrtum ausgesetzt — selbst wenn ihre Resultate durch Synoden und andere Autoritäten bestätigt sind. Und trotzdem: man darf rationale Begriffe gebrauchen, man muß sie gebrauchen, ^iund man kann sie sogar^i mißbrauchen. Dies ist das menschliche Element in dieser Situation, und es ist unvermeidlich.

Aber man kann den Seinsbegriff nicht nur von der Methode her verneinen, sondern auch vom Inhalt her. Sein steht jenseits von Ding und Person. Die biblische Religion aber, die Offenbarungsreligion überhaupt, ist personalistisch, ist begründet auf ein Ich-Du-^jErlebnis^j zwischen Gott und Mensch. Der Seinsbegriff macht das Verständnis eines solchen ^jErlebnisses^j unmöglich. Dieser Angriff erfolgt mit besonderer Schärfe von der Seite der biblischen Theologen.

Hier ist meine Antwort die folgende: In dem Personalismus der biblischen Religion findet sich auch immer ein ontologischer Seinsbegriff und ein ontologischer Weltbegriff. Auch die biblische Religion muß sagen, daß Gott ist. Was bedeutet das, wenn man sagt, daß Gott ist, daß die Welt ist? Haben wir ein Recht, das Wörtchen „ist", das das ontologische Geheimnis in sich schließt, für beides zu gebrauchen, für Gott und Welt, für uns und die Dinge? Diese Frage ist in jeder religiösen Aussage eingeschlossen. Und kein Theologe, so antiphilosophisch er sich auch gebärden mag, kann dieser Frage entrinnen. Der Unterschied ist nur, ob er sie unbewußt beantwortet, oder ob er sich diese Frage bewußtmacht. Diese Frage sich bewußtzumachen, auf die er auf alle Fälle eine unbewußte Antwort geben muß, ist aber die Pflicht des Theologen. In dem Augenblick, in dem der Theologe sagt „Gott ist", wird er zum Ontologen. Er kann Gott niemals verstehen als ein Seiendes.

Hier wird auf philosophischer Seite sehr oft ein Fehler gemacht. Im Alten Testament gibt es die berühmte Definition des Namens Jahwe: „Ich bin, der ich bin." Manche Philosophen und manche Mystiker berufen sich darauf und sagen: da haben wir mitten im Alten Testament eine bewußte ontologische Aussage, da steckt der Grieche Parmenides | im Alten Testament. Das ist Unfug. Die Stelle heißt: „Ich werde sein, der ich sein werde", ich bin der, auf den man sich verlassen kann, der sich nicht ändert. Und das ist, nebenbei gesagt, der alttestamentliche Wahrheitsbegriff. Es ist nicht der Begriff des Unverborgenen, der griechischen *aletheia*, des aus der Verborgenheit Herauskommenden; sondern es ist der Begriff dessen, was feststeht, was ein Versprechen hält, was seine Drohung ausführt, was schließlich seine Verheißung erfüllt.

Wenn wir von Ontologie im Alten Testament reden, wollen wir dies nicht ᵏäußerlichᵏ exegetisch begründen, sondern ˡin der Tatˡ gestehen, daß die biblische Religion durch und durch personalistisch ist und daß der griechische Seinsbegriff als solcher nicht vorkommt. Zugleich aber müssen wir sehen, daß er implizite da ist und niemals vermieden werden kann, wenn wir das vernünftige Wort, den Logos, ᵐüberᵐ Theos gebrauchen wollen. Da aber die Frage nach dem Sein unvermeidlich ist, sollte man sie nicht nur beantworten, sondern den Seinsbegriff zentral werden lassen, wie er ⁿin der Theologieⁿ des Mittelalters war.

Es gibt aber auch einen philosophischen Angriff auf den Seinsbegriff, mit dem wir uns auseinandersetzen müssen. Dieser Angriff kommt von einer anderen Fassung des Seinsbegriffs, als ich sie eben voraussetzte, °nämlich von dem Verständnis des Seins als Daseinsurteil oder, wie es auch genannt wird, Existentialurteil°. Es ist die nominalistische Kritik am Seinsbegriff, die von der Philosophie her die Verwendung des Seinsbegriffes für die Theologie ausschließen will. Sie sagt: Das Sein ist ein Name (*nomen*), der etwas Gemeinsames bezeichnet für alle Dinge, der aber selbst keine ontologische Realität hat.

Demgegenüber lautet meine Antwort: Die nominalistische Kritik ist berechtigt, sofern man das Sein als höchste Abstraktion versteht, sofern man sagt, daß eins, nämlich das Sein, übrigbleibt, wenn man ᵖvon allem abstrahiertᵖ. Diese Voraussetzung aber ist der Fehler des Nominalismus. Das Sein ist nicht die höchste Art des Seienden, sondern ist das, was Seiendes überhaupt erst möglich macht. Darum kann das Sein nicht definiert, sondern nur umschrieben werden. Und ich umschreibe es als Macht des Seins, als das Urpositive, das dem Negativen, dem möglichen Nicht-Sein, entgegensteht. Dieser Begriff der Macht des Seins ist nicht | durch Abstraktion gefunden und daher nicht der nominalistischen Kritik unterworfen. Er wird vielmehr gedacht und erlebt in der Angst möglichen Nichtseins. Nur wenn der Seinsbegriff aus der Angst möglichen Nichtseins verstanden wird, hat er seine wirkliche Gewalt. Und das ist derjenige Seinsbegriff, der immer in der klassischen Theologie für das ꟼSein-Selbstꟼ, das Göttliche, verwendet wurde.

Der philosophische Angriff kann jedoch noch von anderer Seite kommen. Der Seinsbegriff kann mit dem Werdensbegriff konfrontiert werden. Man kann sagen: Warum nicht zuerst Werden, warum zuerst Sein? Und man kann sagen, daß der Werdensbegriff der vollere, der dynamischere Begriff ist. Dem könnten die Theologen mit Freuden zustimmen: Wenn man vom lebendigen Gott spricht, soll man besser nicht vom Sein, sondern eher vom Werden sprechen.

Auch dazu möchte ich eine Antwort geben. Das Sein, die Macht des Seins, ʳdie in der Angst möglichen Nichtseins entdeckt wirdʳ, ist jenseits von Statik und Dynamik. Dieses Sein ist das, was im Mittelalter „Transcendentale" genannt wurde, das was alle abstrakten Begriffe übersteigt. ˢDas Sein-Selbst, die Macht des Seins-Selbst vollzieht sich an etwas, was in gewisser Weise dauernd sein muß, weil es sonst nicht einmal als Werden erkannt werden könnte.ˢ Oder, um es mythisch auszudrücken, das Werden ist jünger als das Sein, wie das Sein auch älter ist als der Wert. (Und damit kann, dies nur als Anmerkung, die Wertphilosophie aus den Angeln gehoben werden.) ᵗSein als Seinsmächtigkeit ist jenseits von statisch oder dynamisch.

Oder man kann sagen: Es ist statisch, es ist das ewig Dauernde, und es ist zur selben Zeit das, was in einer ständigen Äußerung seiner Seinsmächtigkeit das Nichtsein überwindet.ᵗ Und darum ist dieser Seinsbegriff und seine Bejahung eine Sache des Mutes.

So bleibt nach dieser theologischen und philosophischen Kritik der Seinsbegriff als der vornehmste Begriff bestehen, als das, was mehr ist als ein Begriff, und kann als solcher zum Zentralbegriff einer Theologie werden.

Nun komme ich zu dem anderen Begriff, dem des Neuen. Die Frage ist nicht, ob der Begriff des Neuen religiös möglich ist – religiös ist er | sehr real –, sondern die Frage ist, ob er philosophisch erlaubt ist. Der Mythos ist voll von Kategorien des Neuen. In ihm erscheint das Neue in drei Richtungen: das Neue als Schöpfung, das Neue als Wiederherstellung, das Neue als Erfüllung.

Das Neue als Schöpfung kann in doppeltem Sinn gebraucht werden. Der eine Sinn ist Urschöpfung, demgegenüber das Chaos „die alte Nacht" genannt wird, wie es im Faust so schön ausgedrückt ist. Die Nacht ist älter als der Tag, der Tag ist das Neue, und da es immer wieder Nacht "ist"ᵘ, so ist jeder Tag etwas Neues. Das leitet über zu dem zweiten Gedanken, nämlich dem Gedanken der kontinuierlichen Schöpfung. Das Neue ist das, was im Lebensprozeß neu produziert wird. Das können Arten sein, es kann auch das Individuell-Einmalige sein. „Einmalig" kann ein Einzelding, eine Situation genannt werden. Man kann das Sein verstehen als den Prozeß, in dem eine Folge wechselnder einmaliger Situationen gezeigt wird, wie es etwa Whitehead gesagt hat. Aus all dem folgt: das Schöpferisch-Neue ist das Neue im

Prozeß, und der Prozeß ist nichts als ᵛdiesᵛ. Die Form des Prozesses ist die Zeit, und die erinnerte Zeit ist Geschichte. Und darum können wir den Prozeß in einem allgemeinsten Sinn Geschichte nennen. Das Neue im Sinn des Schöpferischen macht das Universum geschichtlich; ʷund so geschieht es im Mythos allenthalbenʷ. Aber das ist nur ein erweiterter Begriff von Geschichte. Der Grundbegriff von Geschichte muß mit dem ˣPhänomen desˣ Menschen in Zusammenhang gebracht werden.

Das führt uns zu dem zweiten Begriff des Neuen, nämlich dem Neuen der Wiederherstellung. Der Mensch hat die Freiheit der Entscheidung und die Freiheit des Entwurfs. Beides bedeutet, daß er falsch entscheiden und falsch entwerfen kann. Falsch heißt wesenswidrig, das heißt entgegen unserem eigenen Wesen und entgegen dem Wesen der Situation und ihrer Forderung. Wahr und gut sind nur andere Worte für erfüllte ʸWesensforderungʸ, falsch und böse ist das Verfehlen von Wesensforderungen. Menschliche Geschichte ist eine ständige Mischung von Erfüllung und Verfehlung von Wesensforderungen im Erkennen und im Handeln. In dieser Mischung das eine wirklich vom anderen zu trennen, ist niemals möglich. Jede Wirklichkeit ist zweideutig, und es gibt keinen einzigen Lebensprozeß, bei dem wir einfach schwarz-weiß malen könnten. Diese Mischung von Wesenserfüllung und Wesensverfehlung ist das, was Existenz ausmacht und ihr den Charakter der Zweideutigkeit gibt.

Ihr gegenüber sprechen wir vom Neuen der Wiederherstellung. Das klingt paradox: wiederhergestellt. Das heißt ja, zurück zu Altem! Aber das bedeutet es gerade nicht. Wir haben analoge Begriffe für dasselbe Phänomen: Erlösung, Befreiung des gefangenen Wesens, *redemption* = Loskaufen des in Sklaverei gefallenen Wesens, *salvation*, was im Ursprung Heilung bedeutet. Diese Symbole bezeichnen die Grenzen für die Neuheit des Neuen. Es ist nicht absolut neu — es gibt etwas Altes, das nicht veraltet, es gibt etwas Altes, das das Neue allererst möglich macht. Und dies Alte, das das Neue möglich macht, ist das Wesen. Aber das Wesen selbst ist nicht das Neue. Das Neue steht ebenso wie das, was veraltet ist, in der Geschichte. Das Wesen hat zwar teil an der Geschichte, aber es steht nicht in der Geschichte, sondern macht Geschichte möglich. Damit verstehen wir, was das Neue der Wiederherstellung ist. Es ist dasjenige Geschichtliche, das die Wesensverfehlung überwunden hat. Es ist *in* der Geschichte, es ist neu als Wiederherstellung, und es hat das überwunden, was Verfehlung bedeutet. Diese Überwindung der Wesensverfehlung ist nicht die Wiederherstellung des Geschichtlich-Alten. Das Geschichtlich-Alte *ist* veraltet, denn es stand in jenem Prozeß, in dem immer auch Wesensverfehlung vorliegt, und es gibt keinen Moment dieses Prozesses, in dem es keine Wesensverfehlung gibt. Damit ist die rückwärts gewandte Utopie ausgeschlossen. Das Paradies, das Goldene Zeitalter sind Symbole für das Wesen, das noch nicht Realität geworden ist. Nur wenn es nicht Realität wird, erhält sich das Wesen rein, aber dann bleibt es Möglichkeit und wird nicht Wirklichkeit. Das Neue, das in der Geschichte geschaffen wird, ist nicht Rückkehr zu einer Möglichkeit. Wiederherstellung ist nicht Rückkehr, denn das Neue, das in der Geschichte geschaffen wird, hat Aktualität, hat in sich überwundene Verfehlung.

Ein besonders starkes Symbol dafür ist das Symbol der Wiedergeburt — *anakainosis*, Regeneration, neue Kreatur, auch Renaissance, rinascimento, Reformation, all diese Worte meinen ein und dasselbe. Was | zum Beispiel bedeutet Renaissance, dieser Begriff, den wir so "alltäglich" gebrauchen? Er wurde ursprünglich wie das Wort Reformation gebraucht und bedeutete Wiedergeburt aus den Quellen, nicht aber Wiederholung des Veralteten. Er bedeutet genau das, was ich hier als das Neue der Wiederherstellung meine. Sowohl die Menschen, die die Renaissance trugen, als jene, die die Reformation trugen, taten es aus dem Gefühl heraus, daß das Zeitalter neu geboren ist. Sie benutzten diesen Begriff der Wiedergeburt, um das Ereignis, das sie erlebten, verständlich zu machen. Wiedergeburt in diesem Sinn ist das ªNeue in der Geschichteª, das einerseits bestimmt ist von der vorhergehenden Geschichte und andererseits von der Wesensforderung.

Das Neue der Wiederherstellung hat in sich die Problematik, daß es, obgleich es Wiederherstellung ist, sich im Prozeß befindet und damit immer wieder der Zweideutigkeit verfällt, der Mischung der Wesensverfehlung mit der Wesenserfüllung. Eine neue Realität ist verkündigt, ein Neues Sein ist gegeben, aber das Alte scheint unerschüttert zu sein, sowohl im individuellen, wie im historischen und im kosmischen Leben. Und darum geht der Gedanke darüber hinaus zu dem Neuen der Erfüllung und blickt auf einen neuen Himmel und eine neue Erde als den Zustand der ungemischten Erfüllung. In diesem Falle ist die Essentialstruktur, das Wesen, das vorher nur Potentialität, ᵇnur Möglichkeitᵇ war, wirklich geworden und doch nicht abgefallen von sich. Die eschatologische, die letzthinnige Erwartung ist Erwartung einer vollen Einigung des Essentiellen mit dem Existentiellen. Aber wie ist das zu denken? Wir können es nicht denken; alle Versuche, dem neuen Himmel und der neuen Erde einen konkreten Inhalt zu geben, enden in wuchernder Phantastik, und dies hat den Nachteil, daß sie nichts sind als eine Intensivierung von Wunschelementen des alten Veralteten und keineswegs das Neue ausdrücken.

Damit ist ungefähr geschildert, was im religiösen Mythos der Gedanke des Neuen besagt: das Neue der Schöpfung des Individuellen und alles dessen, was immer neu aufspringt aus dem Grund des Seins; das Neue der Wiederherstellung, in dem nicht nur zurückgegangen wird; und das Neue der Erfüllung, das über die Grenzen von Zeit und Raum hinausgeht. |

Der Begriff des Neuen ist genau so wie der des Seins schärfster Kritik ausgesetzt. Ich beginne mit der mystischen Kritik. Die Mystik spricht in all ihren Formen auch von dem Neuen der Wiederherstellung; es wird aber aufgefaßt als die Verneinung des Neuen der Schöpfung. Schöpfung und ᶜVerfallᶜ werden identisch gesetzt. Das hat den großen Vorteil, daß es das Bewußtsein von der Phantastik jenseitiger Utopien befreit. Aber dies ist nicht die Theologie, die die westliche Welt geschaffen hat. Wir müssen uns darüber klar sein, daß eine Theologie, die den Begriff des Neuen in den Mittelpunkt stellt, verschieden ist von allen Formen der Mystik. Und nichts ist entscheidender für die Würdigung des Verhältnisses von Ost und West als der Begriff des Neuen, als das Neue Sein, ob man es verwirft oder annimmt, ob man, was das gleiche bedeutet, die Geschichtlichkeit der Geschichte bejaht oder verwirft. Ich halte diesen Begriff des Neuen Seins deshalb für so wichtig, weil er eine Grenze gegen eine Mystik zieht, die den Prozeß des Seins selbst verwirft und die Wiederherstellung in der Verneinung des Prozesses sieht.

Der Begriff des Neuen ist ebenso wie der Seinsbegriff auch philosophischer Kritik ausgesetzt. Da ist zunächst die deterministische Kritik, die sagt, daß das Neue eine Konstellation der immer schon gegebenen Elemente ist, deren Bewegung durch ihr Anfangsstadium und die Bewegungsgesetze determiniert ist. Diese Bewegung ist letztlich kreisförmig.

Darauf ist zu antworten: Der Determinismus vollzieht im Grund einen Trick. Er muß alles Neue in ein Anfangsstadium legen, das aber völlig imaginär ist. In diesem imaginären Anfangsstadium ist sozusagen alles potentiell vorhanden. Damit ist aber das alte Schema von Potentialität und Aktualität heimlich in den Determinismus aufgenommen, womit er sich im Grunde selbst widerlegt hat. Durch das Symbol des Anfangsstadiums, das nicht zu vermeiden ist, wird das Neue eingeschmuggelt. Nachdem es einmal eingeschmuggelt ist, hat man es leicht, alles Folgende streng deterministisch abzuleiten und alle Relationen der Dinge als berechenbar zu behandeln. Auf diese Weise wird eine Abstraktion, nämlich die Abstraktion der berechenbaren Relationen, über die Wirklichkeit geworfen wie ein Netz, in dem alles Konkrete gefangen werden soll. | Aber das Konkrete zerreißt das Netz und hat es sogar in der Physik zerrissen.

Die anderen Angriffe gegen den Begriff des Neuen kommen teils vom Naturalismus, teils vom Idealismus. Sie wenden sich gegen das Neue der Wiederherstellung und der Erfüllung. Naturalismus wie Idealismus verneinen die Entfremdung der Existenz von der Essenz, die fundamentale und universale Wesensverfehlung und damit das fundamental ᵈNeueᵈ der Wiederherstellung. Der Naturalismus sieht die Wesensverfehlung als natürlich an und hebt daher den Verfehlungsbegriff selber auf; der Idealismus erkennt zwar partiell Wesensverfehlung, aber sieht die Geschichte als eine prozessuale Überwindung der Wesensverfehlung an. ᵉBeide sind in einem Punkt mit dem Mythos und dem Begriff des Neuen in seinen drei Formen verbündet. Der Naturalismus — den ich für theologisch wahrer halte als den Idealismus — ist imstande, die Wirklichkeit des Menschen wahr zu sehen, aber nicht imstande, die Unterscheidung zwischen Essentiellem und Existentiellem zu machen. Der Idealismus sieht zwar den essentiellen Charakter, aber er sieht nicht den Zwiespalt zwischen Existentiellem und Essentiellem.ᵉ Daher sind wir in der Philosophie, aber auch als Theologen dem Existentialismus zu großem Dank verpflichtet — jener Bewegung, die etwa mit Pascal beginnt, im 19. Jahrhundert in einigen prophetischen ᶠVorwegnahmenᶠ wie Schelling, Kierkegaard, Marx erscheint und im 20. Jahrhundert die gesamte Literatur, Kunst und Philosophie beherrscht. Der Existentialismus sieht wie die Theologie die menschliche Situation als die Entfremdung der Existenz vom Wesen. Mit Hilfe des Begriffs des Neuen, wie er durch den radikalen Freiheitsbegriff des Existentialismus formuliert ist, und der Sicht des Menschen in seiner Endlichkeit, seiner Sinnlosigkeit, seiner Schuldhaftigkeit hat die Theologie die Möglichkeit, die Fragen neu zu stellen, oder neugestellt zu übernehmen, auf die die religiösen Begriffe die Antwort geben.

Was heute in der Theologie getan werden muß — und das ist ein Strukturelement meiner eigenen Arbeit —, ist nichts anderes, als daß wir die Existentialanalysen, die so reichhaltig in der existentialistischen Literatur (zu der ich auch die Tiefenpsychologie rechne) stecken, als die Fra|gen übernehmen, auf die die theologischen Symbole die Antwort sind. Ein theologisches System hat daher heute die Aufgabe, diese ᵍKorrelation derᵍ Fragen, die in jeder Existentialanalyse gegeben sind, darzustellen. Letztlich sind diese Fragen viel älter als selbst die eben genannte Linie — ich weise auf den platonischen Mythos und auf den Mythos überhaupt hin —, sie sind aber heute in neuer Form gegeben. Die Theologie hat die Aufgabe, diese Situation zu benutzen und erneut klarzumachen, daß die religiösen Symbole und ihre theologische Ausformung einmal Antworten auf wirkliche Fragen der Menschen waren. Wie die Entdeckung der Mathematik, nach Kant, ein Glücksfall für die Vernunft war, so glaube ich, daß die Entdeckung der Existentialanalyse ein Glücksfall für die Theologie ist.

II.

Nachdem der Begriff des Seins und der Begriff des Neuen begründet und, ʰwie ich hoffe,ʰ verteidigt worden sind, möchte ich auf ihre Anwendung im theologischen System eingehen. Dabei muß ich mich hier selbstverständlich auf Gesichtspunkte beschränken — nicht einmal ein vierstündiges Kolleg eines ganzen Jahres könnte eine systematische Theologie erschöpfen. Und ich kann nicht verheimlichen — dies zur Existentialanalyse der Endlichkeit gehörige Geständnis muß ich im voraus machen —, daß ich hier nicht von Theologie überhaupt spreche, sondern von protestantischer Theologie, und zwar von meiner protestantischen Theologie.

Ich werde in drei Teilen ⁱüber die Anwendung des Begriffesⁱ des Neuen Seins reden: seine Anwendung auf den Gottesgedanken, seine Anwendung auf den Erlösungsgedanken, seine Anwendung auf den Erfüllungsgedanken, also entsprechend der ʲDreiheit der Richtungʲ, in denen der Mythos den Begriff des Neuen verwendet.

Wir hatten Sein als Macht des Seins umschrieben, um zu verhindern, daß Sein als höchste Abstraktion aufgefaßt und vom Nominalismus zerstört wird. ᵏVon der Macht des Seinsᵏ sagt eine klassische Formulierung — und ich nehme diese Aussage an —, daß das Sein jenseits von Essenz und | Existenz steht, jenseits von Potentialität und Aktualität. Das Sein ist die erste Aussage, die theologisch über Gott gemacht werden muß. ¹Wenn man sagt: Gott ist, und wenn man dann fragt: ist Gott? dann müßte diese Frage sofort beseitigt werden.¹ Denn sie legt die Voraussetzung nahe, daß Gott ein Seiendes ist. Aber die Grundaussage über Gott, nämlich daß er das Sein-Selbst oder die Macht des Seins ist, schließt aus, daß er ein Seiendes ist. Und damit ist ungeheuer viel ausgeschlossen: der Götzendienst. Götzendienst kann sich genau so gut im Monotheismus wie im protestantischen Theismus wie im Judentum und überall finden. Er ist nicht gebunden an Vielgötterei. Es kann auch ᵐ*ein*ᵐ Gott sein, der ein Götze ist, nämlich ein Gott, der ein Seiendes neben anderem Seiendem ist und nicht das Sein-Selbst, umschrieben als die Macht des Seins oder der Grund oder der Sinn des Seins, oder wie immer wir es umschreiben wollen.

Das ist die erste und fundamentale Aussage über Gott. Ohne diese fundamentale Aussage verliert alles andere seine theologische Qualität. Meine ganze Bemühung zu Anfang dieses Vortrags, den Seinsbegriff gegen theologische und philosophische Angriffe zu schützen, war begründet in diesem Satz, daß Gott das Sein-Selbst ist und nicht ein Seiendes, und daß damit alles andere, was wir über ihn aussagen, überhaupt erst seine „numinose" Qualität erhält. Andernfalls machen wir nur eine Aussage über ein kosmisches Ding neben anderen. Das heißt also, Gott ist jenseits von Essenz und Existenz, er ist der Grund beider und als solcher auf beide bezogen, und er ist bezogen auf beide nicht in der Form der Identität, sondern der des Teilhabens. Dieser Begriff der Teilhabe, der bei Plato vorkommt, wenn er über das Verhältnis der Ideen zu den Einzeldingen spricht, scheint mir einer der Begriffe zu sein, mit deren Hilfe wir dem Nominalismus entgehen, der unser aller Erbe ist und zur Folge hat, daß der Erkenntnisakt, der Akt der Gemeinschaft, der Liebesakt unverständlich werden. Deshalb ist es überaus wichtig, den Begriff der Teilhabe wieder zu betonen und einzuführenⁿ. Wenn wir sagen: Gott hat teil als Grund von Essenz und Existenz an beiden, dann ist es klar, daß er der schöpferische Grund aller Essentialstruktur ist, alles dessen, was im Wesen steht und möglich ist; aber er hat auch eine Beziehung zur | Existenz und hat teil an der Existenz, nicht nur an der Potentialität, sondern auch an der Aktualität, an dem Widerspruch, in den die Menschheit mit sich selbst und ihrem Grund gefallen ist. Wenn man das aber durchdenkt, dann muß man einen weiteren Satz sagen. Wenn das, was jenseits von Essenz und Existenz ist, an der Existenz teilhat, dann kann es daran nur teilhaben in der Form, daß es den Zwiespalt von Essenz und Existenz überwindet. Die Art, wie das Göttliche an der Existenz teilhat, ist die Überwindung der Entfremdung, die Schaffung des Neuen Seins. Hier sind wir wieder bei unserem Zentralbegriff. °Mögliche Teilhabe° an der Existenz ist Schaffung des Neuen Seins. Gott kann nicht anders an ihr teilhaben, weil er nicht an der Entfremdung teilhat. Und er kann auch ᵖnicht nichtᵖ teilhaben, weil er der Grund ist, der die Existenz überhaupt erst möglich macht. Wenn wir von Gott sagen, daß er der Grund des Seins ist, sagen wir zugleich, daß er als Kraft des Neuen Seins das ist, was das Neue der Wiederherstellung schafft.

Damit ergibt sich eine weitere theologische Aussage, ᵠnämlich daß die Heilsgeschichte die Entstehung des Neuen Seins ist, und daß diese Heilsgeschichte der Kern und das Innerste der Geschichte selbst ist. Die Geschichte selbst ist universale Wiederherstellung,ᵠ das Neue im Sinn der Heilung, der Befreiung, des Loskaufs, der Erlösung. Aber auf der anderen Seite ist Geschichte immer konkret, undʳ ganz konkret, und sucht, wie es Aristoteles schon wußte, als *telos*, als Ziel, das Individuelle und nicht das Allgemeine.

Damit kommen wir zu dem Kern der christlichen Botschaft, daß das Sein im Konkreten universal sein kann. Der Titel für das, was man im Judentum als das Konkret-Universale erwartet hat und noch erwartet, und was im Christentum als schon erschienen bezeichnet wird, ist Messias oder Christus. Vom Standpunkt des Neuen Seins aus ist es möglich, viel Absurdes und Flaches — das sind immer die beiden ˢSeitenˢ — vom Christusgedanken fernzuhalten. Absurd ist jeder wörtlich verstandene Mythos, und damit stelle ich mich ganz auf die Seite des berühmt gewordenen Entmythologisierungsprogramms meines Kollegen und Freundes Bultmann. Die dreigeteilte Welt der biblischen Anschauung, die Teilung in göttliche, dämonische und menschliche Sphäre, die | Welt, in der Götter und Dämonen herauf- und herniedersteigen, in die ein Sohn Gottes ᵗim spezifischen Sinnᵗ in einem feierlichen Akt geschickt wird, in der der Teufel ᵘverfolgtᵘ wird — all dies ist absurd, wenn es wörtlich genommen wird. All dies ist Symbol des Neuen Seins, wenn es verstanden wird. Und das scheint mir heute in der Tat eine unentbehrliche Aufgabe der Theologie zu sein, neu zu verstehen, was die Symbole bedeuten. Meine Kritik an der Barthschen Theologie — von der ich viel in ihren prophetischen Anfängen gelernt habe — ist, daß sie keinen methodischen Weg gefunden hat, das Mythische von dieser Absurdität des ᵛWörtlichenᵛ freizuhalten. Darin unterscheidet sich grundsätzlich meine theologische Bemühung von der seinen. Aber wir haben auf der anderen Seite genau so die Flachheit in Bezug auf das christologische Denken abzulehnen. Flach ist jede gesetzliche oder lehrhafte Deutung der Erscheinung Jesu. Hier ist der Quellpunkt, aus dem mir selbst ursprünglich der Gedanke des Neuen Seins entstanden ist. Er ist ursprünglich der Versuch, christologisch zu denken. Wenn man Christus als neuen Lehrer oder Gesetzgeber betrachtet, kann man ihn annehmen oder ablehnen. Es gibt kein Gesetz, dem ich mich unterwerfen müßte, selbst wenn es von einem Gott kommt, ʷder ein Seiendes istʷ. Ein Gott, der ein Seiendes ist, ist ein Tyrann, der mich vielleicht vernichten, der aber nicht Gehorsam fordern kann. Wenn dagegen ˣdas zentrale neue Ereignis der Existenz Sein istˣ, dann ist es nicht ein fremdes Gebot, das mir gegenübersteht, sondern dann ist es die Realität des ʸSeins-Selbstʸ, in der ich stehe. Und das ist etwas völlig anderes.

Dann erscheint das Neue als Mittelpunkt der Geschichte und als Mittelpunkt der Heilsgeschichte, und es erscheint in der paradoxen Weise, daß hier das

Essentielle des Menschseins unter den Bedingungen der entfremdeten Existenz erscheint und diese entfremdete Existenz überwindet. Infolgedessen ist ᶻdiesᶻ Sein nicht sein Reden, nicht sein Handeln, nicht sein Leiden, sondern das Sein, dessen Ausdruck und Erscheinung diese dreifachen Äußerungen sind. Von da aus haben wir eine Möglichkeit für das Verständnis dieses ᵃsonstᵃ durch die Kirchengeschichte verdunkelten Phänomens. Der Begriff des Neuen Seins kann Licht werfen auf dieses Phänomen, das unverständlich bleiben muß, solange es ge|deutet wird in wörtlich genommenen Mythen oder ᵇmit der liberalen Theologieᵇ in einem neuen Gesetz oder einer neuen Lehre oder einem magischen Blutopfer oder ähnlichem, wo immer die Polarität zwischen Absurdität und Flachheit auftritt. Das Ziel der Theologie muß sein, beide fernzuhalten. Wenn ich sage, es ist das Sein des Christus und nicht irgend etwas, was er tut, leidet oder sagt, dann meine ich mit dem Sein das Ganze; ich meine nicht ein psychologisches inneres Leben, wie gewisse liberale Theologen, sondern das ganze Sein einschließlich des sogenannten Unbewußten, des Körperlichen, des Sozialen, alles dessen, was das Sein eines vollen Menschen ausmacht. Das Bild, das sich seinen Anhängern eingeprägt hat, über dessen historische Exaktheit wir weder etwas wissen noch wissen müssen, ist das Bild eines realen persönlichen Lebens, das diejenigen, die an ihm teilhaben, neu macht, in die Sphäre des Neuen hineinzieht.

Das einzige Argument für die Wahrheit dieser Botschaft vom Neuen Sein ist, daß die Botschaft sich selbst wahr macht. Die historische Kritik kann diese Gewißheit weder widerlegen noch bestätigen. Und so war es immer in der Geschichte der Kirche, daß das Teilhaben das Zeugnis ermöglicht, daß hier Neues Sein geschehen ist.

ᶜNunᶜ, das ist eine Andeutung, und wie ich glaube, eine sehr zentrale Andeutung. Ich kann Ihnen bekennen, daß für mich Christologie überhaupt erst möglich geworden ist, nachdem mir der Begriff des Neuen Seins den Schlüssel ᵈgegeben hat. Bis dahin oszillierte ich wie wohl alle jüngeren Theologen in den Jahren ᵉmeiner Entwicklungᵉ zwischen der Plattheit einer sich liberal nennenden Theologie und der Absurdität einer sich behauptenden Orthodoxie. Der Begriff des Neuen Seins als Schlüssel der Christologie — das ist eine der entscheidenden Funktionen, die dieser Begriff auszuüben hat.

In welcher Weise nun ᶠvollzieht sichᶠ die Teilhabe? Die Teilhabe vollzieht sich nicht im Befohlensein und nicht im Belehrtsein, sondern im ᵍErgriffenseinᵍ. Ergriffensein ist eine Seinsrelation. Befehle erhalten und befolgen, Lehren erhalten und anerkennen, sind Sollensrelationen. Hierbei ist wieder der Begriff des Neuen Seins von entscheidender Bedeutung. Er befreit uns von ʰSollensrelationenʰ und damit überhaupt. | ⁱDenn das, von dem wir befreit werden müssen, ist unser essentielles Sein, das gegen uns steht als Forderung und das wir, weil es uns gegenübersteht, nicht erfüllen können.ⁱ Denn das Gesetz ist nicht eine von außen her gegen uns gestellte Forderung, sondern unsere eigene Essentialstruktur, von der wir entfremdet sind und die, weil wir entfremdet sind, uns nun als Gesetz gegenübersteht. Da wir aber entfremdet sind, können wir sie nicht erfüllen, denn wir sind ja den ʲzerstörerischenʲ Strukturen der Existenz unterworfen. Hier haben wir eine weitere entscheidende Konsequenz des Begriffs des Neuen Seins. Wir begreifen, daß es sich in der Religion um ᵏSeinsrelationenᵏ handelt, daß die ˡSollensrelationenˡ sekundär sind. Sie sind nicht ausgeschlossen — und wo sie ᵐeintretenᵐ müssen, darauf werde ich noch hinweisen —, sie dürfen aber niemals das Primäre sein. Sind sie es, dann entsteht der ganze psychologische Ablauf, bei dem die Forderung den Widerstand erweckt und nicht die ⁿHeilungⁿ bringt.

Teilhabe, Ergriffensein — das sind Begriffe, bei denen Protestantismus und Mystik zusammengehen können. Ich formulierte vorhin beim Schöpfungsgedanken, bei der Schaffung des Neuen, den Unterschied bestimmter, besonders asiatischer Formen der Mystik von der Theologie des Neuen Seins. Hier kann ich das mystische Element hereinnehmen in die Beschreibung dessen, was ich als Ergriffensein oder Teilhabe bezeichnen würde. Die paulinische Geistlehre, das Zentrum seiner Theologie, verbindet das Personale und das Mystische. Wenn Paulus den Begriff der Teilhabe implizite sehr deutlich gebrauchte — daß man „in Christus" sein muß —, dann meint er damit, daß man teilhat an dem Neuen Sein, und das ist wiederum keine Sollensrelation. Was ist dann Geist? Für Paulus, für die christliche Kirche ist er die Gegenwart Gottes unter den Bedingungen der Existenz, durchbrechend durch die Entfremdungsstruktur der Existenz und die Wesensstruktur wiederherstellend. Eine andere Formulierung, die ebenso deutlich auf Seins- und nicht Sollensrelationen hinweist, findet sich im vierten Evangelium, wo von Christus gesagt wird: er ist die Wahrheit — nicht: er hat die Wahrheit, °er sagt die Wahrheit°, sondern: er ist die Wahrheit. Und es gibt Menschen, die „aus der Wahrheit sind" und die infolgedessen an ihr | teilhaben. Dieser Wahrheitsgedanke ist durch und durch ontologisch und keineswegs eine ᵖSollensrelationᵖ, bei der die wahre Struktur des Seins unserem Denken gegenübertritt, so daß wir sie annehmen *sollen*. Vielmehr nehmen wir teil an einer Realität, die an und für sich die Wahrheit *ist*, das wahre Sein, in der die Entfremdung aufgehoben ist. Geht man mit diesem Schlüssel des Neuen Seins an die Bibel heran, so wird man sich wundern, wie wenig Sollensrelationen und wieviel ᑫSeinsrelationenᑫ in ihr vorliegen und wie immer die Seinsrelationen, auch wenn Sollensrelationen da sind, als die fundamentalen und die Sollensrelationen als die abgeleiteten angesehen werden.

Das Neue Sein in diesem Sinne ist Wiederherstellung. Diese Wiederherstellung ist Wiedergeburt, Geburt des Neuen. Dies Phänomen kann in drei Schritten beschrieben werden. Der erste Schritt ist die Gewißheit, daß das Essentielle und das Existentielle in uns, die einander entfremdet sind, ʳschonʳ im Neuen Sein versöhnt sind. Das heißt, der erste Schritt des Neuen Seins in jedem Menschen ist die Anerkennung, daß er angenommen ist. „*Accepting acceptance*" habe ich es im Englischen genannt, was schwer zu übersetzen ist — „das Annehmen, daß man angenommen ist". Damit ist der erste Schritt, ein fundamentaler Schritt zur Heilung, geschehen. Ohne diesen fundamentalen

Schritt gäbe es keine Heilung⁵. Hier berufe ich mich wieder auf die tiefenpsychologische Einsicht. Man darf dem Patienten nicht als Fordernder gegenüberstehen, er muß „angenommen" werden, ᵗwirklich rezipiert werdenᵗ; es genügt nicht, daß der Analytiker nur den Eindruck erweckt, als ob er den Patienten annimmt, und in Wirklichkeit voller Forderungen ist. ᵘ„Dasᵘ ist noch nicht ᵛechtᵛ. Wirklich echt ist die Annahme unter dem ʷ„Obwohl"ʷ. Obwohl die Entfremdung da ist, die Existenz im Widerspruch zur Essenz steht, ist man angenommen und infolgedessen fähig, sich selbst anzunehmen. Damit sind wir an einem Zentralpunkt ˣaller religiösen Heilungsphänomene: die Möglichkeit, ja zu sich selbst zu sagenˣ. Es gibt eine Möglichkeit, ja zu sich zu sagen, die sehr einfach ist, nämlich, daß man mit sich zufrieden ist. Es gibt eine andere Möglichkeit, und das ist ʸdie schwersteʸ, daß man sich im inneren Spiegel sieht und dennoch ja zu sich sagt. Wenn man das | kann, dann ist das Neue Sein schon in einem mächtig, und das ist der erste Schritt.

Und nun der zweite Schritt. Er wird im Hebräischen *schub* genannt und im Griechischen *metanoia*, was „Wechsel der Richtung" bedeutet. ᶻEsᶻ wird irreführend mit Reue oder ähnlich übersetzt. In Wirklichkeit handelt es sich um etwas Fundamentaleres als eine Emotion. Eine Emotion ist oft überhaupt nicht dabei; ᵃes ist sogar schlimmᵃ, wenn solche Emotionen künstlich zum Zwecke der Bekehrung produziert werden. Vielmehr ist es eine fundamentale Änderung der Richtung auf das, was in ᵇallem Seiendenᵇ die ursprüngliche Einheit von Essentiellem und Existentiellem darstellt. Es ist nicht eine Wegkehr von allem Seienden — darin unterscheidet es sich grundsätzlich von der Askese —, sondern eine Hinkehr zu dem, was in allem ᶜSeiendenᶜ jenseits der Spaltung von Essenz und Existenz steht, zum Sein-Selbst, das zugleich die Prädikate „das Gute" und „das Wahre" hat. Das sind keine Werte, sondern das Sein-Selbst und die Macht des Seins, und kann nur sekundär für uns Wert werden.

Was ist damit eigentlich konkret gewonnen, wenn man von solch einem Wechsel der Richtung spricht? Darauf gibt es nur eine Antwort, die leicht zu sein scheint und die doch eine unendlich schwierige Antwort ist: das Wort Liebe. Der Wechsel der Richtung ist die Wiederherstellung der Liebesrelation, die in der Essenz da ist, jedoch nur potenziell oder, wie ich manchmal sage, als träumende Unschuld, ᵈaber noch nicht wirklich, das heißt in der Aktualitätᵈ. ᵉDas ist der zweite Schritt.ᵉ

Lassen Sie mich hier ein paar Worte über Liebe sagen, weil sie zum Begriff des Neuen Seins so sehr gehört, daß man das Neue Sein auch als das Sein der Liebe bezeichnen kann. Liebe ist der Drang nach Wiedervereinigung des Entfremdeten. Wenn man die Liebe so auffaßt, dann ist die Liebe ein ontologisches Phänomen und kein emotionales. Das Emotionale ist dann etwas, was mitschwingt, was aber nicht fundamental ist. Das ist das erste, was man vom Standpunkt des Neuen Seins über die Liebe sagen muß: das Emotionale schwingt mit, das Fundamentale aber, das im Sein-Selbst wurzelt, ᶠist der Drang, der Triebᶠ oder auch der Wille zur Wiedervereinigung dessen, was entfremdet ist. Da wir alle | demselben Sein angehören und durch den Prozeß der Entfremdung einander und dem Grund des Seins entfremdet sind, bedeutet dies, daß wir alle essentiell zueinander gehören. Wenn wir zu einem anderen Menschen kommen oder zu Gott oder zu uns selbst, ist es daher nicht das Finden eines Fremden durch ein Fremdes, sondern ein Wiederfinden von etwas, das entfremdet ist, aber in der Wesensstruktur ᵍzueinander gehörtᵍ. Dieser Liebesbegriff ist jenseits der falschen Scheidung, die von gewissen protestantischen Theologen zwischen Eros und Agape, der „irdischen" und der „himmlischen" Liebe vorgenommen worden ist. Eine Agape, in der kein Eros ist, hat keine Wärme. Ein Eros, in dem keine Agape ist, hat kein Kriterium. Sie gehören zusammen und können nicht auseinandergerissen werden. Gegen ihre Trennung müssen wir ebenso Front machen wie gegen die Trennung von Theologie und Philosophie.

Und nun komme ich zu dem dritten, dem ʰErgriffenseinʰ, das ins Zentrum der Persönlichkeit übergeht. Hier entstehen alle die Probleme, die man im weitesten Sinn mit ⁱaktuellerⁱ Heilung bezeichnen kann. Hier entsteht das Problem, das heute auch in Amerika stark diskutiert wird und viele Äußerungen gefunden hat, nämlich das Problem, wie sich tiefenpsychologische Heilung und religiöse Heilung zu einander verhalten. Der Heilungsprozeß hat eine psychologische und eine ontologische Seite. Die Persönlichkeit in ihrem Zentrum kann in Zersetzungsvorgänge aufgelöst sein, die als solche genauso ein Heilen durch den Arzt verlangen wie physische Zersetzungsvorgänge. Durch die psychologische Heilung kann erreicht werden, daß das persönliche Zentrum von begrenzten Überwältigungen durch bestimmte ʲkompulsorische Elementeʲ freigemacht wird. ᵏPsychologische, tiefenpsychologische Heilungᵏ kann zur Freisetzung führen, aber ˡHeilungspsychologieˡ kann als solche nicht das Persönlichkeitszentrum retten; sie kann nicht im absoluten Sinne erlösen oder heilen. Sie kann nicht ᵐdie Wiedervereinigung des Entfremdeten erzeugenᵐ, und zwar deswegen nicht, weil sie aus endlichen Relationen herkommt. Im Heilen der Persönlichkeit selbst müssen sich das Psychologische und das Ekstatische durchdringen.

Ich hatte von Liebe gesprochen und möchte hier, wieder von der On|tologie des Seins her, ein Wort über „Selbstliebe" sagen. Es gibt kaum ein Wort, das mehr mißbraucht wird. Es sei erwähnt, daß schon Augustin zwei Arten von Selbstliebe unterschied, eine, die er geordnet, und eine, die er ungeordnet nennt. Ich schlage vor, daß wir das Wort Selbstliebe vermeiden, weil es nicht zu retten ist — es gibt Worte, die so krank sind, daß sie nicht mehr zu retten sind. Statt dessen möchte ich, was in dem Wort Selbstliebe in konfuser Weise vermischt ist, in drei Begriffe auflösen. Der erste ist die natürliche Selbstbejahung (liebe deinen Nächsten wie dich selbst), die jedes lebende Wesen hat und die nichts ist als der natürliche Mut zum Sein und damit die Wurzel alles Lebendigen. ⁿDer zweite ist die Selbstsucht — dies deutsche Wort ist sehr viel ausdrucksvoller als das englische *selfishness*, da der „Sucht" das Getriebensein unterliegt.ⁿ Und Selbstsucht ist immer verbunden mit Selbstverachtung oder gar Selbsthaß, und ist keineswegs Selbstliebe. Und dann der dritte Begriff: im

Englischen *self-acceptance*, °das besser ist als im Deutschen „Selbst-Annahme"°; nämlich Selbst-Annahme, obgleich man sich im Spiegel gesehen hat, obgleich man den Ekel, selbst den Haß an sich selber erlebt hat. Und diese drei Begriffe könnten, wenn man sie statt der (in Predigten vor allem) unendlich mißbrauchten „Selbstliebe" verwendet, die Bedeutung des Neuen Seins in ganz anderer Weise zum Ausdruck bringen.

Das Neue Sein ist aber nicht nur im Individuum, sondern auch in der Gemeinschaft wirklich, und als Gemeinschaft ist es das, was wir Kirche nennen. Man hört gelegentlich von jemand sagen, daß er „nicht gegen Religion oder Theologie" sei, sondern „nur gegen Kirche". Hier kann uns wieder der Begriff des Neuen Seins helfen. Kirche heißt ursprünglich „ᵖVersammlungᵖ Gottes" oder „Versammlung Christi", das heißt Versammlung derer, die vom Neuen Sein ergriffen sind. Diese Versammlung kann überall sein, in jeder Form sich äußern. Sie kann latent oder manifest sein. In der organisierten Kirche ist sie manifest, in den nichtorganisierten Gruppen von Menschen, die vom Neuen Sein ergriffen sind, ist sie latent. Aber beide Seiten gehören zusammen. Die latente Kirche ist der ständige Kritiker und Richter der manifesten Kirche, und die manifeste Kirche ist das Ziel, zu dem implizite die latente Kirche | immer hinstrebt. Wenn wir sagen, daß die Kirche in diesem weitesten Sinne die Gemeinschaft des Neuen Seins ist, dann verstehen wir, was Augustin gesagt hat, nämlich daß sie die Gemeinschaft der Liebe ist, die Gemeinschaft der Liebe in dem Sinne, daß hier, wo immer wirklich Kirche ist, manifest oder latent, eine Wiederherstellung, eine ᵠWiedervereinigungᵠ des Entfremdeten vorliegt.

Wie verhält sich nun diese latente oder manifeste Verwirklichung des Neuen Seins in einer Gemeinschaft zu der ʳWeltgeschichteʳ, zu den großen Gruppen, Organisationen und Nationen, die die Weltgeschichte ausmachen? Gibt es so etwas wie Heilung der Nationen? — ein Wort, das aus biblischer Literatur stammt. Die Antwort ist: Zunächst einmal darf man die Analogie zwischen persönlichem und sozialem Leben nicht übertreiben. Man darf keine soziale Gruppe wie eine Person behandeln, denn jeder sozialen Gruppe fehlt, was die Person besitzt, die Einheit der ˢEntscheidungsmöglichkeitˢ. Sagt man: das ist die Regierung, so ist das eine vage Metapher, nichts weiter. Denn die Regierung ist nicht nur der Repräsentant der Gruppe, sie ist zugleich eine spezielle Gruppe, die vielleicht gegen die Gesamtgruppe steht — und in sehr vielen Fällen es auch wirklich tut. Darum darf man diesen Mythos der Personhaftigkeit von Gruppen nicht anerkennen (er war eine gefährliche Waffe des Faschismus). Aber wenn das so ist, dann folgt daraus etwas sehr Wesentliches: Die Heilung einer sozialen Gruppe ist nicht in dem Sinne möglich, in dem die Heilung des einzelnen möglich ist, nämlich als eine fundamentale Richtungsänderung, ein fundamentales Schuldbewußtsein, ein fundamentales Versöhnungsbewußtsein.

Daraus ergibt sich nun — bisher hatte ich die rückwärts gewandten Utopien bekämpft — die ᵗUnmöglichkeitᵗ der vorwärtsgewandten Utopie, nämlich die

Unmöglichkeit, einen sozialen Zustand in Zeit und Raum zu benennen, in dem das Neue Sein die geschichtliche Wirklichkeit bestimmt. Das Neue Sein in der Geschichte muß man sich immer als kämpfend vorstellen. Und je stärker und machtvoller das Neue Sein ist, desto machtvoller können, nach einem tiefen ontologischen Gesetz, auch die Verzerrungen des Neuen Seins sein, die wir die dämonischen nennen. Für die Zukunft der Geschichte ergibt sich daraus, daß in ihr kein Sta|dium der Erfüllung vorkommen kann. Wir könnten übermorgen zugrunde gehen durch die Waffen, die wir haben, und doch wäre damit der Sinn der Geschichte nicht verloren. Denn alles, was geschieht, hat eine unmittelbare eschatologische Beziehung zu dem, was jenseits von Raum und Zeit steht.

Nun komme ich zum Schluß und kann auch hier nur Andeutungen geben. Erfüllung ist nicht nur vom Einzelnen ausgesagt und nicht nur von der Gemeinschaft, wenn auch niemals im fortschrittlichen, sondern immer im fragmentarischen Sinn, sondern es gibt auch so etwas wie kosmische Erfüllung, in die die individuelle und geschichtliche Erfüllung einbegriffen ist. Damit komme ich zurück auf eine Frage, die ich im ersten Teil stehen ließ. Was bedeutet es, daß der religiöse Mythos einschließlich des biblischen von kosmischer Erfüllung spricht, daß er das Universum geschichtlich macht und damit auf ein Ziel "losgehen" läßt, das symbolisch bezeichnet wird als neuer Himmel und neue Erde? In Amerika gibt es kaum eine theologische Frage, die zu behandeln so außerordentlich schwer wäre, wie diese Frage, wegen der calvinistischen und cartesianischen Trennung des Menschen von der Natur. Diese Trennung ist in Amerika so radikal, daß der Versuch, diesen Mythos der Teilnahme des Universums, und das heißt der Natur an dem Neuen Sein, verständlich zu machen, fast hoffnungslos ist. Trotzdem versuche ich es, und vielleicht wird es mit Hilfe der Dinge, die in unserem Denken neu geworden sind, auch in Amerika möglich werden — vielleicht wird mit Hilfe der ᵛPsychologie des Unbewußtenᵛ, insbesondere mit dem Begriff des Kollektiv-Unbewußten, mit Hilfe der psychosomatischen Medizin und noch vieler anderer Dinge, die die Natur im Menschen sehen und infolgedessen wieder den Menschen in der Natur sehen, für diese Symbolik eine neue Basis gefunden. Das ist meine Hoffnung. Ich weiß, daß es ein Kampf gegen zwei mächtige Traditionen ist, die calvinistische und die cartesianische. Gewinnen wir diesen Kampf nicht, wird es unmöglich sein, das Neue Sein als Erfüllung zu unterscheiden von einem Bild, das ich einmal von einem repräsentativen amerikanischen Theologen gezeichnet bekam. Danach besteht das Neue Sein darin, daß unsere unsterblichen Seelen weiter soziale Fürsorge treiben. Das ist natürlich | eine Karikatur. ʷ"Was der Amerikaner sagte, war symbolisch gemeint."ʷ Aber solch ein Symbol widerspricht allem Mythos und allem tiefen Verständnis von Leib und Seele, Individuum und Natur. ˣDarum stehe ich auf dem Boden des Mythos, der das Neue Sein universal nimmt.ˣ

Wir können vielleicht folgendes Positive sagen (und wir können nur unendlich wenig Positives sagen): Die Geschichte läuft nach vorn, sie läuft unausweichbar und kann nicht zurück. Aber dies „Vorn" ist nicht ein Vorn in der Zeit, dies Vorn ist wie eine Kurve, die, wenn sie sich zeitlich verwirklicht, ʸimmer nach oben hin angezogen wird und in die Ewigkeit übergehtʸ. Das Ewige ist nicht das Zeitlose, aber auch nicht das immer sich wiederholende Zeitliche. In dem Augenblick aber, in dem wir über Zeit und Ewigkeit sprechen, können wir immer nur sagen, was wir *nicht* denken sollen, aber nicht, was wir denken sollen, sonst kommen wir in ᶻPhantastereienᶻ. Ich kann sagen: Das Neue Sein als Erfüllung ist die Ewigkeitsdimension der Geschichte, in der die Zweideutigkeit der Geschichte aufgehoben ist. Diese Ewigkeitsdimension wirkt hinein in die Geschichte und schafft Neues Sein in der Geschichte, aber wird wieder und wieder verzerrt durch das Dämonische in der Geschichte. Die christliche Hoffnung ist nicht die Hoffnung auf eine Fortsetzung des Lebens nach dem Tode — das ist kein Neues Sein, es ist eine höllenartige Wiederholung des alten Seins. Sondern die Ewigkeit ist das Hineinnehmen in eine andere Dimension, von der wir symbolisch reden müssen, weil wir ja „zeitlich" reden müssen. Und in dieser Einheit sehe ich die Erfüllung der Geschichte, und nicht nur der Geschichte im menschlichen Sinn, sondern auch der Geschichte im kosmischen Sinn. Nicht nach vorn allein — das „nach vorn" muß immer wieder umgebogen werden in ein „nach oben". Aber auch nicht nur nach oben, wie die Mystik will, sondern zugleich auch nach vorn, indem das Neue Sein sich immer wieder durchsetzt und ᵃdamit den Sinn des Ewigen schafftᵃ. Vielleicht kann man es auch so ausdrükken: Das Ewige oder das Reich Gottes, das Symbol der Bibel, ist die Einheit und Wahrheit, das Unzweideutige aller Elemente, die in der Geschichte stehen. Nichts ist in der Erfüllung, was nicht in der Geschichte ist, aber niemals ist die Erfüllung in der Geschichte selbst. |

Und nun lassen Sie mich zuletzt auf die Zeitsituation von heute kommen. Ich glaube, daß der Begriff des Neuen Seins eine Antwort auf die Zeitsituation sowohl im Psychologischen wie im Historischen ist. Das alte Sein erweist sich als alt — selbst in einem neuen Land wie Amerika zerbrechen psychologisch die Dinge, die sinngebend waren für Generationen. Die ungeheure Resonanz, die zur Zeit in diesem angeblich neuen Erdteil die tiefenpsychologische Arbeit gefunden hat, bedeutet, daß ein Sinnentleerungsprozeß stattgefunden hat, daß Altes sich als veraltet erwiesen hat und daß Neues nicht da ist. Und das Neue kann ja auch nicht von der horizontalen Linie kommen. Wenn nicht von der Vertikalen her das Ewige, das Essentiale einbricht, kann das Neue sich nicht erfüllen. So ist es auch weltgeschichtlich. Die tellurische Schizophrenie, in der wir leben, die Spannung zwischen Ost und West, produziert unendliche Schizophrenien in den Einzelnen, den Völkern, im Aufbau der Nationen. Infolgedessen entsteht auch hier die Frage nach dem Neuen Sein, was es vielleicht rechtfertigt, wenn wir sagen: Nicht nur aus systematischen, sondern auch aus Gründen unserer Situation kann das Neue Sein der Zentralbegriff einer neuen Theologie werden. |

Anmerkungen

251	a–a	In B: The Importance of New Being for Christian Theology.
	b–b	In B: set forth philosophical ideas.
	c–c	In B: philosopher (so auch im folgenden).
252	d	In B eingefügt: in the time at my disposal.
	e–e	In B: a theologian mentions.
	f–f	In B: In brief, God cannot be attained through the work of man, and concepts are the work of man.
	g–g	Fehlt in B.
	h–h	In B: God communicates himself through the logos, and this, it seems to me, implies fundamentally that his self-revelation can be expounded rationally.
253	i–i	In B: even at the risk of; fehlt in C.
	j–j	In B: relationship.
254	k–k	Fehlt in B.
	l–l	Fehlt in C.
	m–m	In B: in connection with.
	n–n	Fehlt in B.
	o–o	Fehlt in B.
255	p–p	In B: abstract all the attributes of things.
	q–q	In B: essential Being.
	r–r	Fehlt in B.
	s–s	In B: Essential Being (Sein-Selbst) implies the static element in so far as it must be conceived of as that which endures eternally; it implies the dynamic element in the perpetual manifestation of its power to overcome non-Being.
	t–t	Fehlt in B.
256	u–u	In C: wird.
	v–v	In C: das Schaffen des Neuen.
	w–w	In C: so wie es der Mythos allenthalben beschreibt.
	x–x	Fehlt in B.
	y–y	In B: essential need (so auch im folgenden).
258	z–z	In B: so often; in C: landläufig.
	a–a	In B: new history.
	b–b	Fehlt in B.
	c–c	In B: passing away.
260	d–d	In B: nature.
	e–e	Fehlt in B.
	f–f	In B: figures.
261	g–g	Fehlt in C.
	h–h	Fehlt in C.
	i–i	In C: über den Begriff.
	j–j	In B: threefold sense.
	k–k	Fehlt in B.
262	l–l	In B: Once we say "God is", we can no longer raise the question of God's existence.
	m–m	In C nicht kursiv.
	n	In B eingefügt: in philosophical discussion.

	o–o	In B: The possibility of God's participation.
263	p–p	In C: nur.
	q–q	In B: namely, that New Being as restoration is the origin of the history of salvation.
	r	In C eingefügt: zwar.
	s–s	In B: extremes; in C: Versuchungen.
264	t–t	Fehlt in B.
	u–u	In B: combated.
	v–v	In C: Buchstäblichen.
	w–w	In B: whose existence is accepted; in C: sofern er ein Seiendes ist.
	x–x	In B: a central event of existence is New Being.
	y–y	In B: New Being.
	z–z	Fehlt in B.
	a–a	In C: so oft.
265	b–b	In C: (wie in der liberalen Theologie).
	c–c	Fehlt in C.
	d	In C eingefügt: dazu.
	e–e	In C: zu Anfang unseres Jahrhunderts.
	f–f	In B: does mean.
	g–g	In B: I am carried away, enraptured.
	h–h	In B: strictures of the ought (richtig wohl: structures).
266	i–i	Fehlt in B.
	j–j	In B: negative.
	k–k	In B: Being.
	l–l	In B: the ought.
	m–m	In C: auftreten.
	n–n	In B: release.
	o–o	Fehlt in B.
	p–p	In B: ethical relation (so auch im folgenden).
	q–q	In B: ontological relation.
267	r–r	Fehlt in B und C.
	s	In B eingefügt: or salvation.
	t–t	Fehlt in B; in C: wirklich akzeptiert werden.
	u–u	In C: Diese Annahme.
	v–v	In B: adequate.
	w–w	In C: trotzdem.
	x–x	In B: all processes of salvation, of religious healing: the need for self-acceptance.
	y–y	In B: more difficult.
268	z–z	In C: Metanoia.
	a–a	In B: it is not desirable.
	b–b	In B: all of us.
	c–c	In B: living creatures.
	d–d	Fehlt in B.
	e–e	Fehlt in C.
	f–f	In B: the drive.
269	g–g	In B: we are one.
	h–h	In B: ecstasy.

Anmerkungen 365

	i–i	Fehlt in B.
	j–j	In B: compulsion mechanisms; in C: zwangshafte Elemente.
	k–k	In B: psychology, depth psychology.
	l–l	In B: psychological therapy.
	m–m	In B: overcome alienation.
270	n–n	In B: The second is selfishness, though the German word Selbstsucht (lit.: ·craving for self) is more expressive for to crave is to suffer a compulsion; in C: ... da in der ‚Sucht' das Getriebensein liegt.
	o–o	Fehlt in B.
	p–p	In C: Gemeinde (so auch im folgenden).
271	q–q	In B: recovery.
	r–r	In B: history (so auch im folgenden).
	s–s	In B: decision.
	t–t	In B: absurdity.
272	u–u	In C: hinstreben.
	v–v	In B: depth psychology.
273	w–w	In B: but there is a meaning behind it.
	x–x	In B: For this reason I take New Being in a mythical, universal sense; in C: ... auffaßt.
	y–y	In B: tends always upward in the direction of eternity.
	z–z	In B: irresponsible fantasies.
	a–a	In B: so carrying out the design of Eternity.

21. Existential Analyses and Religious Symbols (1956)

A. *Druckvorlage: Existential Analyses and Religious Symbols, in: Harold A. Basilius (Ed.): Contemporary Problems in Religion, Detroit 1956, pp. 35—55.*
B. *Existenzanalyse und religiöse Symbole, in: Paul Tillich: Symbol und Wirklichkeit (Kleine Vandenhoeck-Reihe 151), Göttingen 1962, S. 12—28.*
C. *Existenzanalyse und religiöse Symbole, in: GW V (1964), S. 223—236.*

Zur Textgeschichte

Am 1. Juli 1955 wurde Tillich als Professor am Union Theological Seminary New York pensioniert, wo er mehr als 22 Jahre gewirkt hatte; die Pensionierung war wegen der Belastung durch die „Gifford Lectures" vom regulären Termin um ein volles Jahr verschoben worden. Aber Tillichs akademische Laufbahn war damit keineswegs zu Ende. Auf Empfehlung einflußreicher Kollegen wurde er vom Herbst 1955 an als „University Professor" an die Harvard Universität berufen, eine Position, die es dort seit 1936 gab und die von dem seit 1954 amtierenden Präsidenten der Universität, Nathan A. Pusey, nach und nach an sechs hervorragende Gelehrte vergeben wurde, „deren Forschungen interdisziplinären Interessen dienen konnten" (Pauck, 256; cf. auch EGW V, 337). Die Berufung mußte jährlich erneuert werden, was grundsätzlich bis zur Vollendung des 75. Lebensjahres möglich war und im Falle Tillichs auch geschah. In einem Rundbrief bezeichnet er diese außergewöhnliche Ehrung und neue Tätigkeit als „etwas für uns überaus Wichtiges", wofür er „unendlich dankbar" sei (EGW V, 330). Verständlich, daß er nun auch nicht mehr bereute, die intensiven Bemühungen der Universitäten Marburg und Hamburg ausgeschlagen zu haben, nach seiner Pensionierung dort eine Professur zu übernehmen (cf. EGW V, 329; auch Pauck, 255). Als „University Professor" war Tillich völlig frei, zu lesen und zu forschen worüber und in welcher Fakultät er wollte. Er machte davon regen Gebrauch und hielt Lehrveranstaltungen bei den Wirtschaftswissenschaftlern und Medizinern, Philosophen und Theologen. Daneben war er „fast jedes Wochenende während des Semesters auf Vortragsreisen" und hatte „in steigendem Maße Anfragen von Rundfunk, Fernsehen und Presse" zu bewältigen (EGW V, 337). Daß die meisten seiner Ansprachen und Artikel in diesen Jahren eine Beziehung zur „Systematischen Theologie" aufweisen, seinem „letzten Anliegen" (Pauck, 242), ist verständlich und wird nicht zuletzt durch die beiden Beiträge erwiesen, die in dieser Ausgabe den nachstehend abgedruckten Vortrag (= A) umrahmen. Dieser selbst stellt insofern eine Besonderheit dar, als er als Modell der Grundgedanken des opus magnum oder als dessen „Fabel" (O. Bayer) bezeichnet werden könnte. Tillich hielt ihn anläßlich der „Leo M. Franklin-Lectures in Human Relations" an der Wayne University Detroit bereits im Jahr 1954. Diese Vorlesungsreihe vereinigte fünf Fachgelehrte unter dem Gesamtthema: „The Role of Religion in Human Relations", darunter den damaligen

Inhaber des „Leo M. Franklin Memorial Chair", Harold A. Basilius, Professor für Germanistik, der den Band mit den Vorträgen zwei Jahre später herausbrachte.

Eine erste deutsche Übersetzung (= B) erschien — zusammen mit drei anderen Aufsätzen Tillichs — in dem Bändchen „Symbol und Wirklichkeit" (Kleine Vandenhoeck-Reihe 151), rechtzeitig zur Verleihung des Friedenspreises des Deutschen Buchhandels an Tillich (1962). Die Genehmigung dazu hatte aus diesem Anlaß das Evangelische Verlagswerk Stuttgart erteilt, bei dem zu diesem Zeitpunkt die Publikationsrechte lagen. Der deutsche Text stammt von Nina Baring; Eberhard Amelung hat ihn durchgesehen (cf. Symbol und Wirklichkeit, 70; auch GW XIV 2. Aufl., 45). Zahlreiche Änderungen gegenüber dem Original, die hier vermerkt werden, sind ziemlich sicher mit Tillich abgesprochen worden. Gleichwohl erstaunt, daß die schon im englischen Text uneinheitliche Terminologie Tillichs betreffend die zentrale Begrifflichkeit zur „Existentialanalyse" in der Übersetzung wiederkehrt. Überdies fügt B einige Kursive ein.

Für die wenig später erfolgte Veröffentlichung in den GW V (1964) hat Eberhard Amelung den Text der deutschen Erstveröffentlichung „in Zusammenarbeit mit P(aul) T(illich)" noch einmal durchgesehen; nach der letzten Korrektur einzelner Stellen mittels Briefen erhielt diese Fassung (= C) den Vermerk: „autorisiert von Prof. Tillich" (cf. GW XIV 2. Aufl., 45). Der seltene Zusatz erweist das Gewicht, das Tillich selbst dem Aufsatz beimaß. Die wenigen Änderungen gegenüber B betreffen im wesentlichen stilistische Aspekte; die in B hinzugefügten Kursive sind wieder getilgt.

Existential Analyses and Religious Symbols

[a]Existential analyses are older than existential philosophy.[a] It is a familiar event in the history of philosophy that a special philosophy opens one's eyes to a special problem which was not unknown to former philosophers but which was not the center of their attention. If they or their followers then assert that this problem is nothing new for them, they are both right and wrong. They are right because most problems and perhaps even most types of solutions are as old as man's asking of the philosophical question. They are wrong because the movement of human thought is driven by the intensity with which old problems are seen in a new light and brought out of a peripheral significance into a central one. [b]This is just what has happened to the existential problems.[b] They were pushed into the background after the Renaissance and Reformation, definitely so following the victory of Cartesianism and theological rationalism. [c]It was the function of the Existentialist movement[c] to rediscover the significance of the [d]existentialist[d] questions and to reformulate them in the light of present day experiences and insights.

The thesis of this paper is that in the period during which the existential questions were pushed aside or forgotten, the cognitive approach to religious symbolism was largely blocked, and that the turning of many representatives of twentieth century philosophy, literature and | art to existential questions has once again opened the approach to religious symbols. For religious symbols are partly a way of stating the same situation with which existential analyses are concerned; partly they are answers to the questions implied in the situation. They are the former when they speak of man and his predicament. They are the latter ᵉwhen they speak of God and his reaction to this predicamentᵉ. In both cases, existential analysis makes the religious symbols understandable and a matter of possible concern for our contemporaries, including contemporary philosophers.

In order to define the nature of an existential analysis we must distinguish it from an essential analysis. The terms "existential" and "essential" analyses shall be used here as grammatical abbreviations for analyses of existential structures and analyses of essential structures, while the terms "essentialist" and "existentialist" shall be used for ᶠthe movements and attitudesᶠ of the one or the other character.

Since the analysis of existential structures is ᵍpredominantlyᵍ an analysis of the human predicament, the best way of distinguishing existential and essential analyses is to do so with respect to their doctrines of man. There is a large group of problems concerning man which have been investigated and discussed throughout the history of philosophy in purely ʰessentialistʰ terms. They all deal with the question, What is the "nature" of man? What is his *ousia*, that which makes him what he is, in every exemplar who deserves the name man? Neither nominalism nor process philosophy, neither philosophical empiricism nor even existentialism can escape this question. Attempts to describe human nature in its essential structures, be it | in more static or in more dynamic terms, can never cease to be a task of human thought.

The ⁱexistentialist philosopherⁱ, for example, asks the question of the *differentia specifica* between man and non-human nature. If he answers the question ʲwith Aristotleʲ, that man is *animal rationale*, this may not be specific enough, or the nature of the rational may not have been defined sufficiently, but the method itself is correct and clearly essentialist. There are theologians who react violently against the ᵏAristotelianᵏ definition, not in order to amend it in this or that direction, but in order to deny the method in the name of an assumedly existentialist analysis of man's nature. They point to man's existential relation to God and consider this relation as the nature of man, misinterpreting for their purpose the Biblical phrase that man is the image of God. In the Biblical view, man is and always remains the image of God because of his bodily and spiritual qualities which give him control over nature in spite of his estrangement from his essential being. This is an important point because its negation was one of the ways by which neo-orthodox theology cut off all relations with essentialist philosophy and surrendered all rational criteria for theological thought.

The question of man's essential nature leads by itself to the mind-body problem. If we discuss the several monistic and dualistic answers given to this ever-present question and try to find a solution to it, we do an essentialist analysis. And we should reject theologians who interfere in this discussion out of an existential interest. They are aware of man's finitude and the question of the infinite which is implicit in his finitude. And they try to give an answer in terms of an essentialist psychology which includes an immortal part of man. This is the | key to the failure of Thomas Aquinas when he tried to combine the essentialist Aristotelian doctrine of the soul as a form of the body with the ¹Platonic-Christian dualism¹ of the immortal soul and the mortal body. ᵐBy this attempted combination, Aquinas injected existentialist analysis.ᵐ

A third problem discussed in ⁿessentialist analysesⁿ of human nature is the relation of man as individuality and man as community. Again, the Aristotelian definition of man as a °political animal° is truly essentialist and remains valid, however it is enlarged upon or ᵖrefinedᵖ. Today the discussion of the problem is presented in Martin Buber's famous phrase, "the I-Thou relationship." This phrase *can* be understood in essentialist terms and can be used as a descriptive feature, showing how the ᑫegoᑫ becomes an ʳegoʳ only in the encounter with another ego in which it finds its limit and is thrown back upon itself. Therefore, man's ethical and cultural life is possible only in the community in which language is created. In this sense the ego-thou interdependence is a piece of essential analysis. Yet it was an existentialist invasion when Buber tried to remove ˢthe universalsˢ from the encounter between ego and thou, and to make both speechless, because there are no words for the absolute particular, ᵗthe other egoᵗ. "And it was a distortion of communal being when Heidegger referred to the problem as an escape into the non-authentic form of being, the being as a *"man"* (German), as an *"on"* (French), as a general "one." The political body of which Aristotle speaks is not the result of an escape into unauthentic being. Essentialism is right in rejecting this as an invasion."ᵘ

A last example is man's ethical structure. Essentialist analysis has described it either in terms of the formal | categories which constitute the ethical realm, as, for example, Kant did, or in terms of the ethical character and its virtues, as, for example, in the manner of Aquinas, or in terms of the embracing social structures, as, for example, according to Hegel. Kierkegaard has accused Hegel of neglecting man's ethical situation, namely, that of the individual who has to make the ethical decision. But although Hegel obviously neglects the structures which make the singular person as such a moral subject, he cannot be accused of excluding in his essentialist analyses the existentialist question, the question of the anxiety ofᵛ decision to which Kierkegaard refers. If neo-orthodox theologians deny that the Bible has essentialist ethical material in the manner of Aristotle and the Stoics, they can be refuted not only by the partly Stoic elements of the Pauline letters, but also by the fact that the content of the ethical law never has been denied in the New Testament. Only its character as law is denied for those ʷwho are reconciled unto themselvesʷ. There can be no ethics without an essentialist analysis of man's ethical nature and its structures.

We have given examples of essentialist analyses of man's nature ˣas they have been performed in all periods of philosophical thoughtˣ. At the same time, we have drawn attention to existentialist attacks on this kind of philosophizing ʸand to the necessity on our part of rejecting these attacksʸ. In doing so, we have given first indications of what an existentialist analysis is, namely, a description of man's anti-essential or estranged predicamentᶻ. ᵃWe have also indicated that the existentialist attacks to which we have referred have continuously interfered with the essentialist task.ᵃ

If we now turn to a more direct characterization of | ᵇexistentialᵇ analyses, we find that in contrast to essentialism they concentrate on the human situation and that their point of departure is the immediate awareness man has of his situation. Both characteristics follow from what an existential analysis is supposed to do, namely, to describe those elements within experience ᶜwhich express being in contrast to what it essentially isᶜ. ᵈThis experience is not a matter of objectifying observation from outside the situation. It can be understood only as an immediate awareness from inside the situation. It has, for example, the character of finitude itself in contrast to a finitude which I see objectively if something comes to an end.ᵈ One may think here of the difference between the observed death of someone else and the anticipation of one's own death. In the first experience, ᵉthe material of an essential analysis is givenᵉ; in the second experience, one's existential situation is manifested in anxiety. Another example is the experience of guilt. It is an ᶠessentialist analysis if types of law-breakers are described or the degree of guilt in a criminal action is discussed. But guilt becomes an existentialist concept if it ᵍis the expression ofᵍ one's own deviation from what one essentially is and therefore ought to be. Guilt in this sense is connected with the anxiety of losing ʰone's true beingʰ.

A third example is provided by the experience of meaninglessness. We often have the more or less adequate impression that somebody lives an empty and meaningless life, without being fully aware of his doing so. Quite different from such ⁱan essential descriptionⁱ is the experience of feeling oneself cut off from any meaning of life, of being lost in a desert of meaninglessness and of feeling ʲthe anxiety implicit in this situationʲ.

In each of these examples, to which others will be added | later on, I alluded to what I suggest calling "existential anxiety." This points to the fact that the concept of anxiety has played a decisive role in all existentialist thinking since Augustine and Pascal. I assume that the frequently discussed distinction between anxiety and fear is known and largely accepted. The main point is that fear has a definite object ᵏand is, as such, an object of essentialist philosophyᵏ, while anxiety has no definite object ˡand is a matter of existential analysisˡ. With this thought in mind, I want to draw your attention to some symbols of anxiety in literature. Dante's descriptions of the Inferno must be understood as structures of destruction in man's existential experience of estrangement, guilt and despair. They symbolize modes of despair as external punishments. Taken literally, they are absurd as are the symbols in Kafka's novels *The Castle* and *The Trial*. In the first instance, symbols of the anxiety of meaninglessness are given; in the second case, symbols of the anxiety of guilt. Conceptualized or symbolized, the description of anxiety is central for the existential attitude.

In order to give further examples of existential analyses, I want to reverse the procedure which I first used: that is, I shall cite essentialist criticisms of existential analyses and then the existential defense against the criticisms.

Essentialism critizes the existentialist emphasis on anxiety and related concepts by denying that there is a qualitative difference between them and other internal experiences. The so-called existential analyses, are, so it is said, essential analyses of a predominantly psychological character. Experienced anxiety is like experienced anger or sadness or joy, an object of the psychology of emotions, a part of the general ᵐdescription of human nature. It is claimed that nothing verifiable in ⁿexistential analysesⁿ is | included in any essentialist description. If these arguments are valid, the existentialist claim has been refuted. But they are not valid. For there is a sharp qualitative difference between two kinds of affections (in the Cartesian-Spinozistic sense of affections). The one kind belongs to man's essential nature and embraces the totality of those affections which respond to stimuli coming from the universe of objects in the temporal-spatial continuum. Most of the affections discussed in ancient and modern philosophy have this character. °They are objects of essentialist psychological descriptions°.

ᵖBut there is another kind, namely, those which respond to man's existence as existence and not to any stimuli coming from the contents man encounters within existence.ᵖ ᑫBeing aware of existenceᑫ, experiencing it as existence, means being in anxiety. For existence includes finitude, and anxiety is the awareness of one's own finitude.

I have already pointed to the difference between fear and anxiety, the first having an object, the second not having one. But we must go one step further. Anxiety is the more fundamental affection because the fear of something special is ultimately rooted in the fact that as finite beings we are exposed to annihilation, to the victory of non-being in us. In this sense, anxietyʳ is the foundation of fear. ˢTheir ontological relation is differentˢ; for anxiety has an ᵗontologicalᵗ precedence; it reveals the human predicament in its fundamental quality, as finitude.

The relation of anxiety to fear is representative of similar relations in which two partly synonymous concepts point to something qualitatively different, the one to ᵘan essential structureᵘ, the other to an ᵛexistential characteristicᵛ.

Since a comprehensive treatment of existential analysis is obviously impossible on this occasion, I shall restrict | myself to those aspects of it which are especially useful as keys to the meaning of religious symbols.

ʷMan in his existential anxiety feels estranged from that to which he properly belongs. Although created by Hegel ˣin order to make the fact of nature understandable from the point of view of the absolute mind˟, the term soon acquired an existentialist meaning and has, since then, been used against Hegel. Man feels estranged from what he essentially is; he experiences a permanent conflict within himself and a hostility towards the world. This must be distinguished, ʸthough not separatedʸ, from the feeling of strangeness which every living being, animal as well as man, has for most of the other beings and often for himself. The emotions of strangeness and its opposite, familiarity, belong to the realm of essential relationships between finite beings. But estrangement is a ᶻnegationᶻ of essential belongingness. It has an existential character.

Existential estrangement expresses itself in loneliness, which should be clearly distinguished from essential solitude, the correlate of which is essential community. Loneliness is an expression of anti-essential separation from that to which one belongs. This loneliness can express itself in the flight from solitude into the "*on*," the "*man*."

Finitude includes insecurity. There is essential insecurity, the correlate to essential security, in the biological, social, and psychological realm. ᵃIn all these spheres risk and chance are at work, but also law and certainty.ᵃ The contrast to that is the ultimate insecurity of existence which is experienced in anxiety and described as being homeless and lost in one's world, and as being anxious about tomorrow, in German, *sorgen*. The distinction between being anxious and taking care, between *Sorge* | and *Vorsorge*, is again linguistic support for the distinction between an essentialist and an existentialist concept. Essential insecurity may provoke the feeling of ultimate insecurity; but conversely, in an externally secure situation, existential insecurity may come as a sudden shock as it breaks into the world of the finite relations.

The anxiety of estrangement has the color of existential guilt. We have already spoken of "guilt" as an example of the difference between an essential and an existential analysis. This distinction must be carried through in several directions. The first is the establishment of the existentialist concept of risk or of daring decision. In every decision a risk is implied; the risk to win or to lose something or someone. This belongs to man's essential character or finite freedom. He deliberates and then risks a decision. He may even risk his life. But there is another risk which belongs to man which is the cause of guilt and estrangement, namely, the risk of actualizing or non-actualizing himself, and in doing so to lose himself, namely, his essential being. This situation can be observed in every moment ᵇin which innocence is put before the decision either to remain in a state of non-actualized potentialities or to trespass the state of innocence and to actualize themᵇ. In both cases, something is lost; in the first, a fully actualized humanity; in the second, the innocent resting in mere potentiality. The classical example is the sexual anxiety of the adolescent.

As myth and experience tell, mankind as a whole risks its self-actualization and is consequently in the state of universal, existential estrangement. This produces the situation of tragic guilt in which everyone, in spite of his personal responsibility, participates. An early philosophical expression of this experience of being involved by | destiny in a universal situation for which one is at the same time responsible seems to be the fragment of Anaximander, which, however one interprets particulars, combines separation, finitude, and guilt in a cosmic vision. ^cThis certainty transcends an essentialist analysis of responsible or irresponsible actions between persons.^c It ^djudges^d the predicament of man and his world as such.

^eThe last confrontation of an essentialist and an existentialist concept concerns man's cognitive estrangement from his essential being, as it is manifest in the situation of doubt. Doubt in the form of finite freedom is an essential element in the cognitive task of man.^e Essential doubt is the condition of all knowledge. The methodological doubt of Descartes was the entering door for the modern scientific consciousness. Quite different from it is the existential doubt, the doubt about the meaning of one's being ^fin man's existential situation^f. Essential doubt is an expression of courage; existential doubt is a cause and an expression of despair. It is doubt neither of special assertions nor of all possible assertions, but it is the doubt about the meaning of being. ^gIt^g is the doubt concerning the being of him who doubts. It turns against itself and against the doubter and his world. And since it wrestles with the threat of meaninglessness, ^hit cannot be answered by any of those assertions which have methodological certainty, probability, or improbability^h.

These are examples of existential analyses which seem to me sufficient to show the qualitative difference and independent standing of existential concepts and which may also be used as keys for the interpretation of religious symbols.

The examples we have given to show the difference between existential and essential analyses have provided | us with the material necessary to interpret the basic religious symbols. It ⁱisⁱ almost a truism to assert that religious language is symbolic. But it is less of a truism to assert that for this reason religious language expresses the truth, the truth which cannot be expressed and communicated in any other language. And it is far from a truism to say that ^jmost^j errors in religion and ^jmost^j attacks on religion are due to the confusion between symbolic and literal language. This confusion, which must remain a chief concern of everyone who takes religion seriously, is not only a failure of the intellect, but also a symptom of the ^kidolatrous^k distortion which is found in all religions and which makes the divine an object amongst objects to be handled by man as subject, cognitively and practically.

Once this fact is understood, one can easily see the relation between existential analyses and religious symbols. Existential analyses express conceptually what the religious myth has always said about the human predicament. And in doing so they make all of those symbols understandable in which the answer^l to the question implied in the human predicament is given: the symbols and myths which center around ^mthe idea of God^m.

Existential analysis deals with man's finitude as it is experienced in anxiety. ⁿThe mythological symbol for this experience is man as a creature.ⁿ Man and his world are creatures. Some forms of this symbol can be found in every religion. Man is not by himself. He has not what God has in °classical° theology, *aseitas*. He is a mixture of contrasting elements, divine and demonic, spiritual and material, heavenly and earthly, being and non-being. This is true of Eastern as well as Western religions, although the difference between the two appears immediately if one asks for the meaning of creaturely existence. The | answer given in the East is negative and non-historical. Creaturely existence is something which should not be and from which one desires to be saved. In the West, the answer is positive and historical. There should be creaturely existence, but it must be saved not from itself as creature, but from its self-estrangement.

The consequence of the Western attitude is that creation has a positive side[p], answering the question implied in the experience of creatureliness. The answer is not a story according to which once upon a time a divine or half-divine being decided to produce other things. But creation[q] expresses symbolically the participation of the finite in its own infinite ground; or, more existentially expressed, the symbol of creation shows the source of the courage to affirm one's own being in terms of power and meaning in spite of the ever present threat of non-being. In this courage, the anxiety of creatureliness is not removed but taken into the courage. And in it, the loneliness of the estranged individual is taken into a unity which does not remove the threat of loneliness and its correlate, the flight into the *"man,"* the *"on,"* but which instead is able to create genuine solitude and genuine communion. And in the symbol of creation, existential insecurity is taken into a certitude which does not remove the insecurity of having no definite time and no definite space but which instead gives the security of participation in the ultimate power of being. Symbols like omnipotence, omnipresence, and providence corroborate this meaning. They become absurdities and contradictions if taken literally. They radiate existential truth if opened up with the key of existential analysis.

In the center of the ʳsymbolismʳ of many religions we find the contrast of the fall and salvation together with a | large group of corroborating symbols. The key to existential analysis is able to open them up even for those who have a special strong resistance against this kind of symbolism.

The symbolism of temptation has already been mentioned in connection with the analysis of the anxiety of existential decisions. Temptation is possibility, and the anxiety of having to decide is the awareness of possibility. There are many myths and legends of temptation of which probably the most profound is the Biblical story in which the situation of man, symbolized by Adam and Eve, is clearly the decision between remaining in the dreaming innocence of Paradise and achieving self-realization in knowledge, power, and sex. Man chooses self-realization and falls into the state of estrangement, and with him his world also falls. Understood in this way, the myth of the fall, for which there are analogies in most religions, represents a very particular case of the transition from the innocence of potentiality to the tragic guilt of self-actualization. It is a genuine description of man's predicament here and now and should not be vitiated by the absurdities of literalism.

The traditional term for man's status of estrangement is "sin," a term whose meaning has undergone more distortions and has consequently been the object of more protest than almost any other religious notion. Sin, in the light of existential analysis, is man's estrangement from his essential being, an estrangement which is both tragic necessity and personal guilt. The extremely questionable terms s"original sin" and "hereditary sin"s express the tragic and actual sin, the personal element[t]. I suggest that we drop the terms "original sin" and "hereditary sin" completely. They seem to be beyond salvation. And cer|tainly some words, especially theological and philosophical ones, need salvation. The term u"original sin"u should be replaced by existential descriptions of the universal and tragic character of man's estrangement. But the term can and should be saved by being reinterpreted as the stage of estrangement for which, in spite if its[v] tragic character, we are personally responsible and out of which the concrete acts of estrangement from ourselves, from others, and from the meaning of our being, follow. If we use the term "sin," it should not be used in the plural but in the singular, without the article, as Paul does: sin, the power of estrangement.

The state of estrangement is the state in which the anxiety of guilt is amalgamated with the anxiety of finitude. The predominant religious symbols of this anxiety are, as already indicated in relation to Dante's poem, judgment, condemnation, punishment, and hell. They usually appear in a dramatic framework with a divine being as judge, demonic powers as executors, and a special place reserved for long-lasting or everlasting punishment. Although this imagery is largely recognized as such[w] even x"in the average membership of the Christian churches"x, it is good to apply here also the keys of existential and depth-psychological analyses. It seems that in people like Peter Brueghel this was already a conscious situation. yHis highly existential pictures of the demonic realm are understandable only in the light of an existential analysis of the anxiety of guilty. Seen in this light, the divine law, according to which judgment is executed, is obviously the law of one's essential being, judging us because of the estrangement from ourselves. Only because of this situation has the law as law an unconditional character, however the content of the law may change. Seen in this light, zcon|demnationz and punishment are obviously not things which judge us from above, but symbols of the judgment we inescapably make against ourselves, of the painful split within ourselves, of the moments of despair in which we want to get rid of ourselves without being able to, of the feeling of being possessed by a"structures"a of self-destruction, in short, of all of that which the myth calls demonic.

The question and perhaps the passionate quest included in this situation[b] is mythologically expressed in symbols such as salvation, redemption, regeneration, and justification, or in personal symbols such as savior, mediator, Messiah,

Christ. Such symbols are common to most of the great religions, although the description of the way of salvation is ᶜimmenselyᶜ different.

Existential analyses have given decisive keys for the understanding of this symbolism, the dramatic frame of which corresponds to the dramatic frame ᵈof the symbolsᵈ of estrangement. ᵉSome of these keys merit special mention.ᵉ The first is connected with a semantic reflection by means of which salvation makes a whole of something which is split. *Salvus* and *saos* mean whole and healed. Salvation is the act in which the cleavage between man's essential being and his existential situation is overcome. It is the religious answer to the innumerable ᶠanalysesᶠ which can be summed up in the title of Menninger's book *Man Against Himself*. The second key is equally prepared by existential analysis, namely, the insight that the situation of existence cannot be overcome in the power of this situation. Every attempt to do so strengthens this situation, which can be summed up in the title of Sartre's play, *No Exit*. That is how the religious symbols which point to saving powers in non-personal and personal embodiments must be understood. The tragic bondage of | estranged existence produces the quest for that which transcends existence although it appears within it, creating a new being. ᵍThis and this alone is the religious paradoxᵍ and not simply a logically "nonsense-ical" statement. ʰThe third key which has been successfully used is the understanding of reconciliation in the light of the experience of methodological as well as poetic-intuitive psychology.ʰ It is the idea that the most difficult thing for a human being is to accept himself and that the basic step in the process of healing is to give man the feeling that he *is* accepted and therefore can accept himself. ⁱNobodyⁱ understands today what justification by faith means. Everyone understands what it means to accept oneself as accepted.

In the analysis of existential doubt, in contrast to essential doubt, we touched on the concept of despair, literally, of hopelessness. Existentialist thinking, especially at one period of its development, devoted a great deal of work to the problem of nihilism, meaninglessness, nothingness, etc. The wide spread of this feeling is confirmed by many witnesses in ʲthis countryʲ as well as in Europe. Its analysis gives a key to a long neglected part of religious symbolism, the symbols of hope. Most religions are full of mythological, usually very fanciful, images of hope. Taken literally in any sense, they appear as pale but beautified images of our daily experienced world. Taken as ᵏhighlyᵏ symbolical, they express the conviction that in the realities of our daily experience, in spite of their seemingly ˡmeaningless transitoriness and ultimate emptinessˡ, there is a dimension of meaning which points to an ultimate or external meaning in which ᵐtheyᵐ participate here and now. This is the key to the symbol of eternal life which can be more easily used in such an interpretation ⁿbecause it is less open to literalism than more dramatic but danger|ously inadequate symbols such as life after death, immortality, reincarnation, heavenⁿ. Eternal life means that the °joy of today° has a dimension which gives it trans-temporal meaning.

In each of our attempts to open up a religious symbol with the help of an existential analysis, we open up implicitly the basic and all-embracing symbol of religion, namely the symbol of God. In relation to creation, He is creator; in relation to salvation, He is savior; in relation to fulfillment, He is the eternal. We lead from different points and with different keys to the central symbol. ᵖBut we do not start with it.ᵖ This is an ᑫimplicationᑫ of the existential method, which, I believe, is adequate to ʳreligionʳ, because religion is a matter of man's existential situation. We must start from below and not from above. We must start with man's experienced predicament and the questions ˢimplied in itˢ, and we must proceed to the symbols which claim to contain the answer. But we must not start with the question of the being of God, which, if discussed in terms of the existence or non-existence of God, is in itself a lapse into a ᵗdisastrous literalismᵗ.

Following the method which goes from below to above, we reach an idea of God which avoids ᵘliteralismᵘ and which, just for this reason, establishes the reality of that which answers the questions implied in human existence. God, in the light of this question, is the power of being itself, prevailing over against non-being, overcrowding estrangement, providing us the courage to take the anxiety of finitude, guilt, and doubt upon ourselves. This experience is expressed in innumerable ᵛlargelyᵛ personal symbols describing the ʷideaʷ of God. Symbols are not signs. They participate in the power of what they symbolize. They are not true or false in the sense of cognitive judgments. But | they are authentic or inauthentic with respect to their rise; they are adequate or inadequate with respect to their expressive power; they are divine or demonic with respect ˣto their relation to the ultimate power of beingˣ.

The vast problem of symbols, however, lies beyond the scope of the present discussion. My task was to show that existential analysis has made it more difficult for the modern mind to dispose of religous symbols by first taking them literally and then properly rejecting them as absurd. Any attack on symbolism must be conducted on a much deeper level, namely that of symbolism itself. Genuine symbols can be overcome only by other genuine symbols, not by criticism ʸof their literalistic distortionsʸ.

Anmerkungen

37 a–a Fehlt in B und C.
    b–b In B und C: Genau das ist mit (in C: bei) dem Problem der Existenzphilosophie geschehen.
    c–c In B und C: Erst die moderne Existenzphilosophie hatte die Möglichkeit.
    d–d In B und C: existentiellen.
38 e–e In B und C: wenn sie sich auf die Antwort Gottes auf die Fragen beziehen, die sich aus der menschlichen Situation ergeben.
    f–f In B und C: Philosophien.
    g–g Fehlt in B und C.
    h–h In B und C: essential (so öfters, jedoch uneinheitlich).
39 i–i In B und C: Essentialphilosophie.

	j–j	Fehlt in B und C.
	k–k	In B und C: diese.
40	l–l	In B und C: platonischen Trennung.
	m–m	Fehlt in B und C.
	n–n	In B und C: Essentialanalysen (so öfters, jedoch uneinheitlich).
	o–o	In B und C: zoon politicon.
	p–p	In B und C: vervollkommnet.
	q–q	In B und C: Einzelne.
	r–r	In B und C: Selbst (so auch im folgenden).
	s–s	In B und C: Essenzen.
	t–t	Fehlt in B und C.
	u–u	In B und C: Es ist auch eine Verkehrung des Sinnes von Gemeinschaft, wenn Heidegger sie weitgehend als eine „uneigentliche" Form des Daseins darstellt, als Leben im „man". Das Gemeinschaftsleben der Gruppe ist nicht das Ergebnis einer Flucht in „uneigentliches" Sein. Die Essentialphilosophie hat recht, wenn sie derartige Gedanken als einen Einbruch der Existentialphilosophie in ihre Domäne auffaßt.
41	v	In B und C eingefügt: richtige.
	w–w	In B und C: in denen die existentielle Entfremdung überwunden ist.
	x–x	Fehlt in B und C.
	y–y	In B und C: und die Verwechslung beider Methoden zurückgewiesen.
	z	In B und C eingefügt: und seiner Welt.
	a–a	Fehlt in B und C.
42	b–b	In B und C: existentialistische (so öfters, jedoch uneinheitlich).
	c–c	In B und C: in denen der Gegensatz zwischen dem, was der Mensch wesenhaft ist, und dem, was er in seinem aktuellen Dasein ist, zum Ausdruck kommt.
	d–d	In B und C: Die Existentialanalyse spricht z. B. von der Endlichkeit, die nur im unmittelbaren Gewahrwerden innerhalb der Situation selbst erfaßt werden kann. Sie (in C: Die Endlichkeit) ist z. B. die Erfahrung *meiner* Endlichkeit im Gegensatz zu einer Endlichkeit, die ich objektiv wahrnehme.
	e–e	In B und C: handelt es sich um eine objektivierende Erfahrung.
	f	In B und C eingefügt: objektivierende.
	g–g	In B und C: von innen her erlebt wird als.
	h–h	In B und C: das eigene Sein.
	i–i	In B und C: objektivierende Aussage.
	j–j	In B und C: die Angst dieses Zustandes.
43	k–k	Fehlt in B und C.
	l–l	Fehlt in B und C.
	m	In B und C eingefügt: üblichen.
	n–n	In B und C: Existenzanalysen.
44	o–o	Fehlt in B und C.
	p–p	In B und C: Daneben gibt es die Affekte, die nicht auf aus der Objekt-Welt stammende Reize antworten, sondern die in der Existenz des Menschen gründen.
	q–q	Fehlt in B und C.
	r	In B und C eingefügt: der Endlichkeit.
	s–s	In B und C: Die Bedeutsamkeit beider Affekte ist nicht gleichartig.

	t–t	In B: psychologisch; fehlt in C.
	u–u	In B und C: rein psychologischer Struktur.
	v–v	In B und C: Existential.
45	w	In B und C eingefügt: Ein solcher Grundbegriff ist die Entfremdung.
	x–x	In B und C: um den Übergang des absoluten Geistes zur Natur verständlich zu machen.
	y–y	Fehlt in B und C.
	z–z	In B und C: Zerreißung.
	a–a	Fehlt in B und C.
46	b–b	In B und C: wenn der Mensch vor die Entscheidung gestellt ist, entweder im Stand nicht-verwirklichter Möglichkeiten zu bleiben oder aber sich selbst zu überschreiten, um Möglichkeiten zu verwirklichen.
47	c–c	In B und C: Diese Sicht geht weit über jede essentialistische Beschreibung von Verantwortlichkeit in der Beziehung zwischen Einzelnen hinaus.
	d–d	In B und C: bezieht sich.
	e–e	In B und C: Als letztes Beispiel der Gegenüberstellung eines gleichzeitig essentialistischen und existentialistischen Begriffs sei der Zweifel genannt, ein Beispiel aus der Erkenntnisfunktion des Menschen. Die Entfremdung des Denkens wird im Zweifel offenbar. Zweifel gehört zur endlichen Freiheit und ist ein essentielles Element im Akt des Erkennens.
	f–f	Fehlt in B und C.
	g–g	In B: Es; in C: Er.
	h–h	In B und C: Da er mit der drohenden Sinnlosigkeit kämpft, kann er nicht durch wissenschaftliche Argumente aufgehoben werden.
48	i–i	In B: sei; in C: ist.
	j–j	In B und C: viele.
	k–k	In B und C: dämonische.
	l	In B und C eingefügt: in religiöser Form.
	m–m	In B und C: Beziehung zu Gott.
	n–n	Fehlt in B.
	o–o	In B und C: mittelalterlichen.
49	p	In B und C eingefügt: und bejaht werden muß.
	q	In B und C eingefügt: und „Geschaffensein".
	r–r	In B und C: Mythologie.
50	s–s	In B und C: „Erbsünde" (so auch im folgenden).
	t	In B und C eingefügt: in dieser Verflochtenheit von tragischer Notwendigkeit und persönlicher Schuld.
51	u–u	In B und C: „Sünde".
	v	In B und C eingefügt: ursprünglich.
	w	In B eingefügt: nämlich als ein Symbol; in C eingefügt: nämlich ein Symbol.
	x–x	In B und C: von vielen älteren Theologen.
	y–y	In B und C: Brueghels Bilder aus dem dämonischen Bereich sind nur verständlich, wenn man sie existentiell versteht, d. h. als Ausdruck und Folge der Schuldangst.
51 f.	z–z	In B und C: Urteil.
52	a–a	In B und C: Mächte.
	b	In B und C eingefügt: und die Antwort darauf.
	c–c	Fehlt in B und C.

	d–d	In B und C: des Symbols.
	e–e	Fehlt in B und C.
	f–f	In B und C: Formen der entfremdeten Existenz.
53	g–g	In B und C: Dies und dies allein: *in der Existenz und doch darüber hinaus*, ist der religiöse Sinn des Begriffs „Paradox".
	h–h	In B und C: Auch das Verständnis des Begriffs der Versöhnung wird von der Existenzanalyse her erleichtert.
	i–i	In B und C: Nur noch wenige Menschen.
	j–j	In B und C: Amerika.
	k–k	Fehlt in B und C.
	l–l	In B und C: Sinnlosigkeit, Vergänglichkeit und Leere.
	m–m	In B und C: das Dasein.
53 f.	n–n	In B und C: als andere, die zwar dramatischer, aber auch gefährlicher sind, denn sie sind einer unangemessenen wörtlichen Auslegung eher ausgesetzt als das Symbol des „Ewigen Lebens". Mißverständliche Symbole sind: Leben nach dem Tod, Unsterblichkeit, Reinkarnation, Himmel.
54	o–o	In B und C: irdische Seligkeit.
	p–p	Fehlt in B und C.
	q–q	In B und C: notwendige Folge.
	r–r	In B und C: Theologie.
	s–s	In B und C: in ihr ihren Grund haben und aus ihr entstehen.
	t–t	In B und C: unsymbolische, dinghafte Interpretation.
	u–u	In B und C: absurde Elemente.
	v–v	Fehlt in B und C.
	w–w	In B und C: Wesen.
55	x–x	In B und C: auf den letzten Grund des Seins.
	y–y	In B und C: an den Absurditäten wörtlichen Verständnisses.

22. The Word of God (1957)

Druckvorlage: Ruth Nanda Anshen (ed.), Language. An Enquiry into its Meaning and Function, N.Y., 1957, 122–133.
Zum Text in G.W. VIII, S. 70–81, vgl. G.W. XIV, S. 65 und 185.
Der Band "Language" erschien in der "Science of Culture Series". Diese Reihe verfolgt nach Worten der Herausgeberin "... the integrity of the intellectual life, its moral and spiritual meaning...". Weitere Beiträge stammen von K. Goldstein, N. H. Tur-Sinai, J. Maritain, G. Boas, R. Jakobson, W. H. Auden, Ch. W. Morris, E. Fromm, R. P. Blackmur, u.a.

1.

The term, "Word of God," whether written or spoken, should never be used without quotation marks. This warning is especially needed in such a discussion of man and his language as this volume contains. For if we leave out the quotation marks, we may encourage the idea that God has a language of his own and that the holy writings of religion are translations of the divine words into the words of a human dialect. Or if such an absurdity is avoided, it is still possible to insist that there are circumscribed places in man's oral and written traditions where the "Word of God" may be found to the exclusion of all other places. An example of this insistence can be seen in theological fundamentalism and primitive Biblicism where the sum of words contained between the two covers of a book is identified with the "Word of God."

Against such literalistic misinterpretations it must be emphatically stated that the term "Word of God," like everything else man says about God, has symbolic character. Using words, having language, is a basic function of the human mind. Without exaggeration it can be said that language makes man man. With his language are given his reason and his freedom. Through the word man grasps the structures of reality; through the word he expresses and communicates the hidden depths of his personality. The word makes community between men possible, and it is only in community that man creates the word and becomes a man–a rational and free personality.

A god who did not have the word would be less than man. But God as the creative ground of man and his world cannot be less than his creature. He must be the ground of word and reason and freedom and personality. Therefore, the ancient world, Greek, Jewish, and Christian, attributed divine character to the *Logos*, the *debar*, the *verbum*, which belongs to God. Man's experience of himself as having the word became the material for the symbol "Word of God." To say that "Word of God" is a symbol does not diminish the truth and the significance of the term. For a genuine symbol, in contrast to a sign, participates in the reality of that which it symbolizes. "Word of God" is reality, but it is not the reality indicated by the literal understanding of the term. God is not a person who speaks to himself and to his creatures in words which grasp an object and reveal a subject. But God manifests himself in ecstatic experiences, and those who have these experiences express them in words which point to the divine self-manifestation. These words, and the divine self-manifestation which they express, are the "Word of God." The ground of our being is not silent, but he does not speak the language of finite beings, even of those who are called his images, namely, men. He does not speak their language, but he speaks to them through their language. He is manifest to them, and they use the word given to them symbolically, in order to grasp and communicate his manifestations. "Word of God" is the necessary and adequate symbol for the self-manifestation of the ground of being to man.

2.

The symbolic interpretation of the "Word of God" is supported by the religious and theological tradition and its manifold use of the term. We can distinguish six different ways in which the "Word of God" is applied symbolically to the divine self-manifestation. We can order these six meanings in a hierarchy, starting with the mystery of the divine life, which is the mystery of being itself, and ending with the daily conversation between men, which ordinarily hides but sometimes reveals the mystery of being.

"Word of God" can be and has been understood as the inner word which God speaks to himself, and in which he becomes manifest to himself. Such a statement is highly symbolic, but it can be understood in terms of the Parmenidean sentence that where being is, there is also the *logos* of being, the "word" in which being grasps itself. This is the basis for the Christian doctrine of the Trinity which also describes in symbolic terms the outgoing of God from himself and the reunion of God with│himself. It is a description of life in its duality of dynamics and form, and it underlies philosophies like that of Schelling, Whitehead, and Heidegger in their later periods. It means, in most simple terms, that being is not only hidden but also manifest, and that it is first of all manifest to itself. The "Word of God" in this sense is the symbolic expression of that element in the ground of being which breaks its eternal silence and makes life and history possible.

This leads to the second use of the symbol "Word of God." It is the manifestation of God which underlies the existence of a finite universe–the Word of creation. When the Gospel of John says that all things are made through the Logos, who is eternally with God, it points to the transition from God's self-manifestation within himself to his manifestation in the universe. It is the same "Word" which is effective in both manifestations. The world is made by the "Word of God." This symbolic statement means that the structure of the universe is dependent on the divine self-manifestation, on its eternal or primordial form. But the statemant that the world is created by the "Word" has still another implication. It points to the spiritual character of the relation of the ground of being to all beings. This relation does not have the character of a natural emanation of the universe out of a divine or demonic substance, or out of both, but it has the character of a spiritual affirmation of the finite by its infinite ground. The symbol "Creation by the Word" guarantees the freedom of the creature from its creative ground, the freedom of man for good and evil, for fall and salvation. It is the basis of the historical thinking of the Christian Occident.

The third use of the term "Word of God" is dependent on this historical interpretation of the universe. The Word by which the world is created appears in history. It appears in two forms: as inspiration and as incarnation. It inspires the prophets, whose words express in human language what they have received from the divine Logos, the divine self-affirmation in human history. Inspiration does not mean divine dictation. It does not mean that those who are inspired receive words under divine authority so that their words are the words of God. But inspiration means the ecstatic experience of the ground of our being breaking into our ordinary consciousness, driving it beyond itself without destroying its natural structure. This experience is what the Old Testament describes as the speaking of Yahweh into the ears of the prophets. The words subsequently spoken and written by the prophets are not inspired words, but words resulting from inspiration.

The other form in which the "Word of God" appears in history is incarnation. In paganism this means the self-manifestation of a divine being in a finite form, subhuman or human. In Christianity it means the unique, divine self-manifestation in the man Jesus of Nazareth, who for this reason is called the Word Incarnate. In contrast to the prophetic experiences of inspiration, his being as such is the divine Word. Not the words of Jesus but he himself is the "Word of God." His words are one of several expressions of his being, which is the bearer of the Word, the principle of the divine self-manifestation. One of the most frequent misinterpretations of Christianity is the identification of its message with the words of Jesus and of the words of Jesus with the "Word of God." But for classical Christianity, Jesus as the Christ *is* the "Word of God," and this includes his actions and sufferings as much as his sayings. Nothing shows the symbolic character of the term "Word of God" more convincingly than its identification with a human being.

3.

The three levels of the meaning of "Word of God" which we have discussed constitute a unity. They symbolize the transcendent foundation of what is called "Word of God." There are three other levels of meaning of the term which also constitute a unity. They symbolize divine self-manifestation through the human word. In connection with the discussion of inspiration and incarnation we have already touched these levels from the point of view of the divine self-manifestation. We must now consider them from the standpoint of human reception and expression of the divine self-manifestation. The term "Word of God" is used in Biblical literature for the preaching of the Christian message and for every word and event which can become "Word of God" for someone in a special situation.

In some church services the minister concludes his reading of the Bible with the sentence, "May God bless this reading of His holy Word." For a thoughtful congregation, nothing could be | more misleading than this sentence, for it identifies the "Word of God" with the Scripture. It reduces the different meanings of "Word of God" to one, and it blurs the difference between the divine Word given to the prophets and apostles in their state of inspiration and the human words in which they expressed their ecstatic experience. The Biblical words are human words, created by the development of languages under many different influences. The Biblical language is neither a divine language nor a divinely dictated human language. The Biblical language is the human expression of the state of revelatory ecstasy which the Biblical writers have experienced. They express their experience in a human way, each in his own language. And each of these languages is shaped by its history and the innumerable influences which determine every historical reality. God speaks through human words in the books of the Bible. But these words are at the same time "Word of God" in so far as they are received by men as the divine self-manifestation. This is true of both forms of the divine self-manifestation in history–inspiration and incarnation. The Biblical writings are based on the experiences of inspiration of prophets and apostles. The New Testament is based on the "Word Incarnate," to which it is the first and determining witness. It is the document of the appearance of the "Word of God," manifest not in an inspiring experience but in a personal life. This makes the New Testament the "Word of God" in an outstanding sense for all those who accept its message that Jesus is the "Word Incarnate." But even for them it is not divine dictation that makes the Bible the "Word of God" but its content, namely, the witness to the event Jesus the Christ.

It is this message, too, which makes the preacher's words the "Word of God." The minister, when he enters the pulpit, intends to give "Word of God" to the congregation. Taken in this sense, the term can be interpreted objectively and subjectively. It can mean that the preacher, by giving the Christian message, gives the "Word of God," whatever the effect of the sermon may be on the congregation. If he gives the message without distortion, if he is able to express the doctrine purely, wholly, and without deviation, he preaches the "Word of God." In Protestantism it is identical with the message contained in the Bible; in Catholicism, with that contained in the Bible and in tradition. Such an interpreta|tion of the "Word of God preached" is in line with classical orthodoxy. It is completely objectivistic. The other interpretation of the "Word of God preached" is subjective in the sense that the sermon must *become* "Word of God" for someone who listens to it. According to this understanding, the objective content of the sermon does not make it "Word of God." It must speak to the listener as God's self-manifestation to him. It must grasp the listener "existentially" in order to become "Word of God" for him. This means that a sermon or any other expression of the Church *can* become "Word of God" for someone but that this does not necessarily happen.

This subjective interpretation of "Word of God preached" leads to the last step in the whole analysis. If any sermon, independent of its content, can become the "Word of God" for someone, the boundary line between the speaking of the Church and any other speaking has disappeared. Every word, and also every event, can become "Word of God" for someone in a special situation. If it is experienced as divine self-manifestation it *is* "Word of God" for him who experiences it. This makes the whole of nature and culture a possible bearer of the "Word of God." Someone may experience ultimate meaning in a casual conversation, in the encounter with a human being, in a philosophical text, in a piece of art, in a political event. If this happens, he has heard the "Word of God" through these media.

4.

In view of this large application of the subjective meaning of "Word of God" we must ask: What is the relationship of this subjective meaning to what was described before as objective meaning–the Word of inspiration and the Word Incarnate, the Biblical Word and the message of the Church? If everything can become the "Word of God" for someone in a special situation, why should there be the objective side at all? One can support this question by pointing to the doctrine of the "inner Word of God"–God can speak to man immediately, directly, and independently of any objective manifestation. In Christianity this was the attitude of the enthusiastic movements of a spiritual and mystical character. In this they followed a wider tradition, namely, of those who understood "Word of God" as the "inner Word," the immediate experience of the divine presence in the innermost center of the soul. They described it in terms similar to the terms used for the external "Word of God," as "Voice," "inspiration," "logos." But they added other terms, such as "seed," "Spirit," "castle," "spark" in the soul. In the Reformation period especially, the struggle between those who emphasized the "inner Word" and those who rejected it was heated and led first to a suppression of the doctrine of the "inner Word" and its adherents. But slowly the situation changed. The "inner Word" of the enthusiasts of the Reformation period was more and more secularized and became the principles of Reason in the Enlightened philosophy and theology of the eighteenth century. According to the teaching of this time, there is an inner "Word of God" in every man: the rational structure of his mind, in the power of which he can know the ultimate principles of being and develop a rational theology, ethics, and logic.

However, since the victory of empiricism and positivism in the nineteenth century, even this secular use of the symbol "Word of God" disappeared. Neither the "outer" nor the inner "Word of God" had any reality for the typical representatives of the nineteenth-century mind. This was not only a terminological change; it was also a progress in secularization beyond the eighteenth and early nineteenth centuries. As long as the logical and ethical principles with which the mind encounters reality were accepted in their validity, they had something of the authority and holiness which was invested in the term "inner Word." But any relation to the "Word of God" disappeared when the immediate validity of those principles was replaced by methods of scientific verification. Now man was completely on his own. Nothing was given to him, nothing was said to him, nothing was invested in him. According to this thinking, man produced by experience and argument the norms of his thinking and acting, which remained tentative and questionable.

It is understandable that in reaction to this attempt to reinterpret the term, "Word of God" became antirational, supranatural, transcendent. This is what happened when, in the 1920's, immediately after the First World War, a theology arose which disregarded or rejected not only modern positivism but, even more, any form of rationalism and, most passionately, the doctrine of the "inner Word." It is the so-called neo-orthodox theology, connected above all with the name of Karl Barth, which made the attempt to create a new theology of the "Word." In contrast to the teachers of the inner "Word," these theologians insisted on the transcendent, supranatural, and unique character of the "Word of God." It comes to us, it speaks against us, it transcends all human possibilities. The place where it is to be found is the Bible, and its content is the message of the Christ. The "Word of God" is again identified with the inspired Word of the Bible, not necessarily with the Biblical words, but with the message of the Bible–Jesus as the Christ. The theologians of this school call their position "theology of the Word." They are suspicious of the theologies of the sacrament; they reject mysticism and humanism. The Word which God speaks is spoken against man. It has no point of contact in man. It must be accepted or rejected. One of the negative consequences of this interpretation of "Word of God" is that in the practice of the Protestant churches, the theology of the Word often becomes a "theology of words." If "Word of God" is identified with the spoken word of the Bible and the Church, instead of being understood as the symbolic expression of all divine self-manifestations, this distortion is almost unavoidable.

5.

We must now ask, what is the quality of that which is called "Word of God?" Only on the basis of this consideration can the question connected with the idea of the inner "Word of God" be answered. In the Biblical literature the "Word of God" has a power which no other word has. It penetrates into the depth of the soul, it judges where no human judge can decide, it drives to despair and gives certainty, it threatens and promises, it condemns and saves. Whenever it is heard, the "Word of God" is of ultimate concern to him who hears it. It has been compared with lightning, a sword, a burning fire, an earthquake. It turns ordinary human existence upside down. Nobody can say when and where it will happen. It is not bound to any situation, but it cuts into every situation.

The "Word of God" does not aim to give information, but its aim is to effect a transformation. Of course, like everything spiritual, it has cognitive elements. It reveals something about man and his world, and the relation of man to the ground of his being. But the word of revelation does not mediate theoretical truth, separated from its shaking and transforming power. The "Word of God" answers existential questions existentially; it does not tolerate theoretical detachment. He who receives a "Word" from God is involved in its truth with his whole existence. And if he rejects it, it is not theoretical rejection on the basis of arguments but an existential rejection, a resistance against or a turning away from the content of the "Word." Theoretical criticism is possible and necessary wherever the cognitive element in the revelatory "Word" is expressed in a doctrinal form. For the doctrinal expression is secondary to the "Word of God" itself.

These considerations provide an answer to the question of the objective criterion of the "Word of God." The answer is both simple and inexhaustible: "Word from God" is always also a word about God. The "of" in "Word of God" can be understood not only as a word coming *from* God but also as a Word *concerning* God. No word about man and his world as such can be a "Word of God." No assertion concerning nature as such, its laws and structure, no assertion concerning history as such, its facts and processes, no assertion concerning man as such, his biological and psychological nature, can be a "Word of God." But assertions about nature, history, and man can be "Word of God" if they relate these realities to ultimate reality. Nature created by God, history directed by God, man judged and saved by God–these are assertions which can appear as "Word of God." Therefore, the "Word of God" never interferes with rational knowledge. Only if it is identified with the human word, through which it expresses itself, such as the words of the Bible, are conflicts unavoidable. The historical and scientific (or prescientific) assertions of a religious text are the material used by those who have received a "Word of God," but they are not parts of the "Word" itself. The "Word of God" speaks out of and into another dimension than that of rational observation and analysis. This excludes, in principle, a conflict between them.

However, a conflict is unavoidable if the claims of different groups or individuals to have received the "Word of God" contradict each other. In this case, the question of the objective criteria of what a "Word of God" is becomes urgent. It is an obvious consequence of the existential character of "Word of God" that such a criterion cannot be taken from outside the revelatory experience. There is no "neutral observer" of the self-manifestation of God. The criteria by which a claim to have "Word of God" is made are parts of the "Word" itself for those who receive it. From this it follows that no religious claim can refute another except by applying criteria which are acknowledged by the other religion too. But if such is the case, then not rejection but union under the common criterion is possible. Christianity believes that it has this universal criterion and that therefore the union of all religions under its criterion, the "Word Incarnate," is possible. This, however, is not a matter of argument and definition but a matter of world-historical developments which the risk of faith can anticipate but not verify.

6.

If the "Word of God" necessarily includes a word about God, its linguistic form must be the symbol; for every statement about God is unavoidably symbolic. God, in revealing himself, creates symbols and myths in which he is manifest and through which he can be approached. "Word of God" itself is such a symbol, the central symbol for the way of the divine self-manifestation. The religious symbol is the form of speaking about God. Certainly words about God are only one element in the "Word of God." There are also the words spoken to man which use the non-symbolic language of commandments, threats, promises. But even in them the symbolic background never disappears. The fact that God is thought of as speaking produces a symbol-laden atmosphere. It is *God* who threatens and promises. This elevates empirical materials such as threats and promises into the sphere of ultimate reality and unconditional concern. And if they are elevated into the sphere of the divine they receive symbolic character. Symbol is the form into which every expression that enters the realm of the holy is transformed. A prophetic word threatens a city with destruction. "Destruction of a city" is an event in ordinary experience. But "destruction of a city" seen in the light of a divine threat is a symbol, because it introduces a special divine causality into the situation, and because the application of the category of causality to God is a symbolic way of speaking.

It is not possible to develop at this point a complete theory of religious symbolism. But since symbol is the religious form of expression and since the "Word of God," if expressed in religious language, has symbolic character, a few points about symbolism must be made.

Symbols are figurative; they point beyond themselves to something for which they stand. In this they are not different from signs. But there is a basic difference between symbols and signs. Symbols participate in the power and meaning of what they symbolize and signs do not. Symbols of the holy themselves have holiness. From this it follows that symbols cannot be replaced arbitrarily or according to expediency, as signs can be. They grow and die but they are not invented or abolished. The symbolic language of religion is an expression of man's actual relation to that which concerns him ultimately. If the character of this relation changes, the symbols also change, and these two processes are often interdependent. Changed symbols express as well as effect a changed relation to the holy.

Symbols, therefore, are safe from criticism by nonsymbolic language. "Stories of the gods" (myths) can be criticized in terms of other myths born out of another relation of man to the divine sphere, but they cannot be criticized because of their miraculous-fantastic character. They cannot be criticized as contradicting natural laws or historical facts. Such criticism is a confusion of language and, since language expresses reality, a confusion of dimensions of reality.

It is the function of symbols to open up levels of being and levels of the soul which symbols alone can open. This is true of all realms in which symbols appear. As an example, let us look at artistic symbolism. It is not the so-called symbolistic school of art to which I refer. This school's productions are questionable. But I refer to the realistic schools of art and affirm that they create symbols in so far as they create art. They express levels of reality which remain hidden in our ordinary encounter with reality. In relation to these levels they are symbolic even if they try to be as naturalistic as possible. The tree in a picture by Ruysdael is symbolic for treehood, but it is not the beautiful copy of a possibly real tree. It is the impression of a level of experience which may be provoked by an actual tree. But the picture does not depict the actual tree. It transforms it into a symbol.|

Religious symbols point to ultimate reality, the deepest level of being, the level of "the ground of being" which is not *a* level but the creative ground in all levels. They open up this "level" and they alone can do it. Discursive language (for instance, arguments for the existence of God or similar nonreligious activities) is unable to open up ultimate reality, the level of the holy. And discursive language does not express the ground of the soul in which the holy is experienced.

The religious symbol uses materials of ordinary experience. But it never takes the material in its literal meaning. It says Yes and No to the material it uses. It says Yes to it as a necessary and adequate material. It says No to it if it claims to be more than material. In ancient theology a distinction was made between positive and negative theology. Positive theology says what God is; negative theology shows that he is not that which is said of him. God transcends everything that can be said about him, and therefore it must be denied in the moment in which it is said. Symbolic language unites positive and negative theology. The symbol is the language of religion.

The symbol is true if it expresses adequately the relation of man to God out of which it is born. The symbol is absolutely true if it expresses the relation of man to God in terms which are adequate to the human situation in relation to God universally. It is the claim of Christianity that this is the case with him who is called symbolically the Christ or the "Word of God Incarnate." Whether this claim is true is a matter of daring faith and never-ending experience, for the "Word of God" is not a collection of propositions, but a symbol for the dynamic, ever-changing encounter between man and what concerns him ultimately.

23. The Impact of Psychotherapy on Theological Thought (1960)

A. Druckvorlage: The Impact of Psychotherapy on Theological Thought. Issued by Academy of Religion and Mental Health. New York 1960, S. 3–11.

B. The Impact of Pastoral Psychology on Theological Thought. In: Pastoral Psychology (Great Neck/ New York), vol. 11, No. 101, 1960, S. 17–23.

C. Der Einfluß der Pastoralpsychologie auf die Theologie. In: Neue Zeitschrift für Systematische Theologie und Religionsphilosophie, Jg. 2, 1960, S. 128–137 (Übersetzung von B).

D. Der Einfluß der Psychotherapie auf die Theologie. In: GW VIII, S. 325–335 (Übersetzung von B), abgedruckt in: Psychotherapie und Seelsorge (Wege der Forschung; 454). Hg. von Volker Läpple. Wissenschaftliche Buchgesellschaft, Darmstadt 1977, S. 259–271.

Vortrag, gehalten auf der Ersten Jahresversammlung der Academy of Religion and Mental Health, Hotel Bittmore, New York, am 14. Januar 1960. Für die Veröffentlichung in B wurden der Titel der Erstveröffentlichung sowie der einleitende Abschnitt geändert.

I am glad to speak at the First Annual Meeting of the Academy of Religion and Mental Health; however, it would be difficult for me to participate in the many discussions which deal with the presence of religious factors in mental health and disease. It seems preferable to turn the question around and ask, what significance do psychotherapeutic insights have for theology? It is my conviction that their significance is great and should not be ignored by anyone who thinks about the problems of systematic theology. But if this can be shown, the other side also is obvious—that the theology which underlies pastoral counseling should be one which itself has been influenced by the insights of psychotherapy, not only in the questions it asks, but also in the formulation of the answers in correlation with the questions.

Doctrine of Man

Naturally, the most direct influence of pastoral psychology on systematic theology concerns the doctrine of man. For psychology, (in spite of the importance of animal psychology for certain dimensions of man's psychosomatic nature) is predominantly "doctrine of man." And pastoral psychology, even if using the insights of general psychology, deals with man both in his *essential* potentialities and his *existential* actualities. If we ask what are these insights of psychotherapy which systematic theology must introduce into its own constructive endeavor, then the first and most fundamental point is the rediscovery of the truth of the doctrine of man's predicament as professed by Augustine and the Reformers. Original Pelagianism, as well as semi-Pelagianism of Roman Catholic theology emphasized the partial freedom of man in relation to God. The obedience or disobedience to the commandment of love is a matter of man's conscious decision. They did not deny the distortions of man's created nature and the necessity of grace in cooperation with man's freedom. But their understanding of sin and grace weakened the valuation both of the hidden power of sin and the unconditional power of that grace which reconciles man with God, and consequently with himself and his world.

Present-day Protestantism has combined a basically Pelagian doctrine of man—if not in official theology, certainly in the popular understanding of its message—with a serious emphasis on morals, individual as well as social. The most conspicuous symbolic expression of this attitude is the idea of a progressive actualization of the Kingdom of God on earth by the "men of good will," (with the secret and sometimes open claim that the men of good will are "we" and those who belong to us).

The Impact of Psychology

All these forms of open and hidden Pelagianism are undercut by contemporary psychology and the experience of everyone who does pastoral counseling. When a "pillar" of a suburban community, outstanding in moral and social activity, admits having suicidal tendencies, or if the mother of a happy family reveals, voluntarily and involuntarily, hatred against her children—then a Pelagian interpretation of these situations and any appeal to "free will" breaks down. The only thing the helper can do is to mobilize the healing powers, the forces of grace which are still working in the counselee and which may be strengthened by the way in which the counselor accepts him without moral demands. Such behaviour in the pastoral situation follows the Augustinian-Reformation type of theology and is equally opposed to the Roman-legalistic as to the Protestant-moralistic attitude. It is an astonishing fact that Protestant theology had to rediscover its own tradition about what man is and about what healing powers are through the impact of the psychology of the unconscious. To the degree in which the unconscious motivations were discovered, even in our fully conscious acts, the appeal to "free will" became impossible. The question now had to be: How can unconscious motivations be changed? And the answer was: By forces which enter the unconscious even if the entering door is consciousness. So the search for these forces started, producing a new climate in all theological disciplines, but especially in systematic theology.

The Idea of God

A presupposition for any answer to the question of healing in the sense of salvation is a reformulation of the idea of God. If asked whether the experiences of pastoral counseling and its theoretical support, psychotherapy, had any influence on the idea of God, I would say, profoundly so; just as Augustine's awareness of the labyrinths of sin and guilt and his experience of saving forces in the community of the Church influenced his idea of God. In the same way, Luther's experience of the | breakdown of the will to be good and the hearing of the message of forgiveness affected his idea of God; and as Kierkegaard's feeling of despair about the combination of finitude and infinity in his centered self and of the necessity of the leap of faith influenced his idea of God. In all these cases, basic insights into the human situation led to basic insights into the inexhaustible depths of the idea of God. Perhaps the contention will be made that it was not the insight into the human predicament which has produced new interpretations of the idea of God, but that it was a new experience of God which produced new insights into the nature of man. Yet such an objection is only verbal, because no statement about God can be made which is not rooted in the correlation between man's self-awareness and the experience of the divine presence. Every change on one side of this correlation changes the whole correlation. With this understanding in mind, we can speak about a change in the idea of God which is at least partly dependent on the psychotherapeutic insights of our period and on the use made by them in pastoral counseling.

One can say that psychotherapy has replaced the emphasis on the demanding yet remote God by an emphasis on his self-giving nearness. It is the modification of the image of the threatening father—which was so important in Freud's attack on religion—by elements of the image of the embracing and supporting mother. If I were permitted to express a bold suggestion, I would say that psychotherapy and the experience of pastoral counseling have helped to reintroduce the female element, so conspicuously lacking in most Protestantism, into the idea of God.

The impact of psychotherapy and the experiences of pastoral counseling on the idea of man and of God necessarily have consequences for an understanding of the relation between God and man. This is manifest in two doctrines which seem to be in quite different fields but which actually belong together, the doctrine of divine acceptance and the doctrine of the religious symbol.

Divine Acceptance

The doctrine of divine acceptance, traditionally called the doctrine of "justification by grace through faith," is the central doctrine of Protestantism. In fact, the Reformers called it the article by which the church stands or falls. But it has been almost completely lost in average Protestant preaching and teaching. Even when the doctrinal formulation was preserved, as in Lutheranism largely, the spirit of the doctrine—the good news that he who feels unworthy of being accepted by God can be cer|tain that he is accepted—had been buried under doctrinal rigidity and aridity. In many denominations with Calvinistic and Evangelistic traditions, however, it is not the doctrinal but the moral legalism which has nullified the message of acceptance. For instance, the words of Jesus were not interpreted as expressing a new reality in which the law is conquered, but as a collection of moral prescriptions, called the "teachings of Jesus." In some cases, as in the fundamentalist groups of this country, the burden of the doctrinal law was added to the burden of the moral law. It is understandable that many people broke down under these burdens which are the opposite of the words of Jesus about the "light burden" and the "easy yoke" he imposes on his followers. The tremendous growth of mental disturbances on Protestant soil is at least partly caused by the legalistic distortion of the Protestant message. In vain, Biblical theologians emphasized the precedence of the "Covenant" between God and man over the law in the Old Testament, and the precedence of the "new eon" over moral commands in the New Testament, and of forgiveness of sins over the good works in the Reformation. They were not understood because these symbols did not fit the state of mind in the period of victorious industrial society. But when mental disturbances became a mass phenomenon, hampering both war effort and business progress, and when the disturbed theological students, together with many other disturbed active members of the congregations sought help, not from a minister, but a psychoanalyst, the churches began to realize that something was wrong in their preaching and teaching.

This awareness expressed itself in theological attempts to understand in a new way the good news of the Christian message, the doctrine of acceptance. The psychoanalytic pattern of a non-judging and non-directing acceptance of the mentally disturbed became the model for Christian counseling, and through counseling, for teaching, and through teaching, for theological inquiry. Present theology can say again that acceptance by God of him who is not able to accept himself is the center of the Christian message and the theological foundation of preaching and pastoral counseling. However, since every effect is the result of many causes, it would be an exaggeration to say that all this is produced by the impact of psychotherapy alone. There is the existentialist movement in all its branches and there is the theology of crisis; and above all, there is the crisis itself, the world wars, the schizophrenic East-West split of mankind, and the threat of atomic self-destruction. But in spite of these contributing causes, the impact of the psychotherapeutic ideas and experiences on the theological interpretation of the Christian message is considerable. One can say that in spite of Freud's own anti-religious assertions, the transformation of the intellectual climate by him was the greatest intellectual support for a rediscovery of the central Christian message, the goods news of acceptance.

A New Valuation of the Religious Symbol

The other way in which theology reacted to the psychology of the unconscious was a new valuation of the religious symbol. Here also other causes were at work, especially epistemological and semantic considerations. But the decisive factor was the breakdown of the belief in the power of reasoning to determine the direction of the will. Intellectual and moral preaching fail to reach those levels of the personal life which can, however, be opened by authentic symbols—symbols which themselves have roots in the unconscious depths of individuals and groups. The impact of symbols on the totality of the personal life gives them revealing as well as healing power. Sectarian and radical political movements were conscious of this fact, and in the churches the traditional symbols never completely disappeared. But they were judged as imperfect words and increasingly replaced by words and concepts. The Protestant emphasis on preaching, united with the humanist emphasis on teaching, emptied and reduced the realm of symbolic expressions. Liturgical and sacramental symbols lost their significance.

The situation is today different: Sacramental thinking has gained strength, the great liturgical traditions are being rediscovered and introduced into the life of the churches, artistic and religious symbols are seen in convergence. Important in all these movements is the spirit in which it is done. It is not done for "enrichment" or "enjoyment"–this may be a consequence, yet it is not the intention–but it is done as a "means of grace" in alliance with, not in subordination to, the word. The impact of the world of symbols on the unconscious is recognized.

Symbols of the Unconscious

It may be helpful to ask here the question of how artistic and religious symbols are related to the symbol-producing activity of the unconscious as it appears in dreams and free-associations. The answer seems to be that "symbols of the unconscious" reveal something about the state of a personality in dimensions of which he is ordinarily not aware; but they do not reveal anything about reality as such; while historical, artistic and religious symbols express, in a strict correlation, dimensions of the encountered world and of the encountering mind. Seen in this way the "symbols of the unconscious" are more symptoms than genuine symbols. But it may well be that many of these symptoms are derived from what Jung has called "archetypes" and that they are symbols pointing to the situation of man in his world.

Theologically, this implies that an understanding of the term "Word of God" in the sense of "words inspired by God" misses a decisive element in the relation of God and man, the impact of the divine presence on the unconscious—not magically by excluding consciousness, but totally, grasping all sides of the personal life. The theologian who speaks without qualification of the "teachings of Jesus" shows that he has learned nothing from psychotherapy and the rediscovery of the unconscious in the twentieth century.

The Meaning of Salvation

The decisive test of the influence of psychotherapy on theological thought is the theological interpretation of salvation. Salvation of men–groups and individuals–is the ultimate aim of all divine activities in time and space. According to the Christian faith, it is the work of the Christ and through him the divine creation of a New Being. While the early church understood salvation as a cosmic event in which man and his world are involved, the concept of salvation was increasingly restricted to the individual and his eternal destiny. Salvation was identical with being accepted in heaven, while condemnation was identical with being thrown into hell.

In this image of salvation the root of the word, *salvus* (being "healed and whole") is completely neglected. One consequence of this was that theology and medicine lost the intimate connection they originally had, and always should have—for saving the person is healing him. The tremendous importance which the healing stories have in the New Testament records is understandable only if one knows that the Kingdom of God was supposed to come as the healing power on earth. But the church, although reading one of these stories in almost every Sunday service, did not emphasize their healing side, but their miraculous aspect, and this in such a supranaturalistic way that the conscience of innumerable preachers was thrown into conflict between their duty to interpret prescribed texts and their honest doubt about the miraculous element in them. The rapprochment between theology and medicine in our time has brought a great liberation to such men by opening a new way for preaching about the healing stories in the New Testament: The healing power of the New Being in the Christ, and not a miraculous interference of God into the processes of nature, is the religious significance of the stories.

The task of the theologian who is influenced by psychotherapeutic insights is a thorough re-examination of the doctrines which were called "order of salvation" and "the Christian life" and which tried to describe first the way of the Christian from "conversion" to "sanctification," and then his experiences and actions as a mature Christian. The general trend of doctrinal theology was directed towards an understanding of the objective factors that determine the Christian life: the divine Spirit, the Word, the sacraments, the church as the communion of faith and love, and the attack of the demonic forces in the Christian and in his world, the images of Christian perfection, etc. All this was seen, so to speak, from the side of God and not from the side of man. An exception are the penitentials, the books advising priest-confessor about the endless variety of human predicaments, aberrations and virtues. Under the religious dimension, they anticipate much of what has been found in psychotherapeutic practice and theory. But most of it was lost by abuse, mechanization, stagnation, and above all, by the Protestant and humanist disregard of the unconscious and subsconscious elements in the dynamics of the personality. Psychotherapy is one of the factors which has forced practice and theory to take the subjective side of Christian existence as seriously as the objective side.

Today no theologian should speak about the healing powers of faith without pointing to the ambiguities of religion and the ways present in religion for escape from healing for those who do not want to be healed. Neurotic withdrawal from reality can express itself as fanatical defense of a not-completely affirmed position, or as compulsory legalism in fulfilling the assumed commands of God, or as a bundle of misplaced guilt-anxieties. This, of course, is not a plea for a so-called healthy religion which, for instance, enables a corporation-executive to adjust himself to the demands of the business community. But the theological question of Christian growth and maturity and a state of "being healed" cannot be answered without consideration of the human predicament in its ambiguous mixtures of saving and distorting forces.

The Divine Spirit and the Human Spirit

Another problem within this context is the question of the relation of the divine spirit to the human spirit. Psychotherapy makes two answers impossible: the neo-orthodox one and the humanistic one. According to the first answer, the divine Spirit never enters (a questionable spatial metaphor) the human spirit. No real union takes place: "I believe that I believe," but I am not grasped by the Spiritual Presence in moments of faith and love. It is incomprehensible how such a relation of God and man can have healing power; and a religion without healing or saving power is irrelevant. The humanist answer is equally inadequate, however. According to it, the divine Spirit is nothing but the religious function of the human spirit. If this were so, healing would be self-healing. But only something healthy can heal what is sick. The sick cannot overcome itself by itself. It only can receive healing powers from beyond itself. The very existence of psychotherapy witnesses to this fact.

But if we now say that the divine Spirit grasps the human spirit, raising it beyond itself and healing it through the creation of faith and love, the psychotherapist rightly asks: How is this event related to the facts I know about the psychosomatic disturbances of my patients? Answering this, the theologian must show how the creation of a centered self by the experience of ultimate concern spreads healing forces over a personality in all dimensions of his being. He must show this in the dimensions of the spirit, of psychological self-awareness, of bodily functions, of social relations and of historical self-realization. The general and rather empty notion of the divine Spirit must be filled with concrete material taken from man's existence under many dimensions and in many realms of life. In this way it may happen that the image of the mature Christian, which has been lost along with the image of the mature man generally, will reappear and provide an answer to the question of mature humanity as such.

Healing the Whole Person

A third problem implied in the question of the relation between the divine Spirit and the human spirit is the question of healing in the different dimensions in which man lives and through which he participates in all life. Psychotherapy presupposes that the relation of all elements of the personal life to each other has not the character of levels lying one above the other, and consequently open to mutual interference, but that these elements represent different dimensions of a unity. One can speak of the multi-dimensional unity of life as it appears in man. On this basis all functions of healing belong together: The helper must heal the whole person. There is no partial salvation. But there is fragmentary salvation under each dimension.

The divine Spirit, wherever it works, is related to the functions of the spirit as well as to those of self-awareness and bodily self-realization. It has effects on the expressions of the face, on the memory of the past and the anticipation of the future, on the moral act and cultural productivity, and above all, on religious self-transcendence. In all of these dimensions, it is healing—but fragmentarily, because we live in time and space, and under the conditions of finitude. Therefore, in a particular case, tuberculosis may be healed, but not a neurotic condition of the patient. Or compulsive withdrawal may be healed but perhaps not an arteriosclerotic condition of the heart. Or this also may be healed, but not despair about the commanding character of the moral law and the feeling of meaninglessness about the cultural contents. This also may be healed but perhaps not the doubt about the validity of the religious symbols and the feeling of profound guilt about these doubts. Or this also may be healed but not the total despair about the meaning of history and one's own historical existence. All healing is fragmentary and preliminary. Therefore, specialized helpers and healers are necessary. But there is one question which transcends all others, the question of the participation of the whole being in unambiguous or eternal life. Psychotherapy has not abolished this question, but it has related it to all other questions of the human predicament. This is one of its gifts to theology.

It seems to me that a theology which is influenced in all these directions by psychotherapy is a better one than a theology without such influence, thus, the theologian would do well to remain in contact with the psychotherapeutic movement. The counselor and minister should be aware of the fact that through his work, he not only serves individual human beings, but also theology and in this way many human beings whom he cannot reach, but who may be healed by a preaching which is based on a theology in which the results of psychotherapeutic experience and thought are effective.

24. The God above God (1961)

A. *Druckvorlage: The God above God*, in: *The Listener, Vol. 66, No. 1688, London 1961, pp. 169. 172.*

Zur Textgeschichte

Neben der Arbeit am dritten Band der „Systematischen Theologie" nahm in der zweiten Hälfte der fünfziger Jahre der Plan Gestalt an, Tillichs „Gesammelte Werke" in deutscher Sprache im Evangelischen Verlagswerk Stuttgart herauszubringen, wofür sich Renate Albrecht als Herausgeberin mit ganzer Kraft einsetzte; 1959 erschien mit den „Frühen Hauptwerken" der erste von schließlich insgesamt 14 Bänden und 6 Ergänzungsbänden. Diese „Nebenarbeiten" mit ihrer Tendenz, „Hauptarbeiten zu werden" (EGW V, 349), raubten vor allem wegen der Übersetzungsprobleme viel Zeit. Trotz nachlassender Kräfte (cf. ibid.) wollte Tillich aber auch seine Vortragstätigkeit nicht einstellen, weil er dem gesprochenen Wort und dem Gespräch großes Gewicht bei der Vermittlung seiner Gedanken zumaß. Die Zahl seiner Zuhörer ging dabei manchmal — wie zum Beispiel im Januar 1960 in Berkeley — in die Tausende (cf. Pauck, 264). Dazu kam sein wachsendes Interesse an bisher nicht besuchten Ländern und Kulturen: 1956 war er in Griechenland gewesen und stark beeindruckt heimgekehrt. „Ich werde nun wohl meine Theologie in manchem revidieren müssen. Ich sollte etwas über die Wichtigkeit der heidnischen Völker schreiben" (Pauck, 267). Im Sommer 1960 folgte er einer Einladung nach Japan zu Vorlesungen in Kyoto und Tokio, wo ihn der Dialog mit buddhistischen Priestern und der Besuch der Tempel tief ergriff; „ich werde von jetzt an keinen westlichen Provinzialismus mehr in meinem Denken und Schaffen dulden" (Pauck, 269f). Von daher ist die Veröffentlichung des knappen und prägnanten Artikels: „The God Above God" zu diesem Zeitpunkt im Londoner „Listener" (= A) kein Zufall. Die neue Weite seines Denkens — räumlich wie zeitlich gesehen — schlägt sich darin eindrücklich nieder. Gleichwohl ist es wert, daran zu erinnern, daß Tillich die Wendung „Gott über Gott" schon in seiner theologischen Frühzeit verwendete. Das vermutlich erste Vorkommen findet sich in dem unveröffentlichten Typoskript zum Thema „Rechtfertigung und Zweifel" von 1919 (S. 34), das im Besitz des Harvard-Archivs ist.

The God above God

In my book *The Courage to Be* I have used the phrase 'The God above God' within a discussion of radical doubt. The question was: what can you say to a man, for whom all expressions of religious faith have disappeared in the fire of doubt, but a doubt which is serious and not a cynical play? The answer was: you can take his seriousness as a symptom that something has not disappeared from him, namely the concern about that which concerns man ultimately and for which religion uses the term God.

In such concern the God who is absent as an object of faith is present as the source of a restlessness which asks the ultimate question, the question of the meaning of our existence. This God is not seen in a particular image by him who is in doubt about any possible image of God. The absent God, the source of the question and the doubt about himself, is neither the God of theism nor of pantheism; he is neither the God of the Christians nor of the Hindus; he is neither the God of the naturalists nor of the idealists. All these forms of the divine image have been swallowed by the waves of radical doubt. What is left is only the inner necessity of a man to ask the ultimate question with complete seriousness. He himself may not call the source of this inner necessity God. He probably will not. But those who have had a glimpse of the working of the divine Presence, know that one could not even ask the ultimate question without this Presence, even if it makes itself felt only as the absence of God. The God above God is a name for God who appears in the radicalism and the seriousness of the ultimate question, even without an answer.

A Misunderstood Term

The term 'God above God' has been misunderstood by some. It has been taken to imply the establishment of a kind of Super-God and a removal of the personal God of living faith. But God is not only the God of those who are able to pray to him — he is also the God of those who are separated from him, who do not know his name and are not able to speak to him or even about him. He is not only the God of the religious people but he is also the God of those who reject religion. He is greater than the churches and their members, he is not bound to the sphere of the holy, he is also present in the sphere of the secular. Neither sphere has an exclusive claim on him. And even more: in God himself the contrast is overcome. The separation of the holy from the secular is a symptom of man's estrangement from himself, of his predicament in time and space. Man is under the continuous threat of being overwhelmed by the power of finite and transitory things. Therefore he needs a reality which counters this threat, the sacred, in which the infinite and eternal shines through the finite and temporal. If man were inseparably united with the Ground of his Being, he would be without religion, because he would be in the divine Presence at every moment. Since there would be nothing secular, there would be nothing religious. For him God would indeed be 'the God above God'.

God above God, then, means: God above the God of the theists and the non-gods of the atheists. As a matter of fact, on this view, there are no atheists. The word itself loses its meaning. The atheists are those who deny the God of the theists, but they do not deny the God above the God of the theists —

they cannot, even if they tried seriously to do so. For their seriousness in trying to be atheists witnesses against their claim to be atheists. And those who are not serious in their denial of God, but who keep him away from themselves through unconcern or cynical irony, are not parties to a discussion about theism and atheism, they are in a preliminary state into which the concern about the ultimate meaning of life can break at any moment. At such moments the question of God will become alive for them.

Transcending Religious Images

But now it may be asked: why are the religious images of God necessary at all? Is it not better to transcend them from the beginning, even if religion is necessary in the human predicament? Would such a transcending of religion not remove the conflicts between the religions and the theologies which have been responsible for an unimaginable amount of crime and misery in the history of mankind? And would it not overcome the destructive splits in the mind of the individual between his religious traditions and his critical honesty? Let us elevate ourselves from our earliest years — so one could say — to the God above the gods of religion.

This is what many mystics have done for themselves and for their pupils; and many people in our time try to follow this road. They turn to medieval and modern Western mystics, or they turn to Hindu and Buddhist ideas; today it is particularly Zen Buddhism with the help of which they try to transcend the concrete images of God in Christianity and Judaism. The openness of Western man for this kind of Eastern way of religious experience is symptomatic of a state of mind in our present culture. It shows that the unbroken acceptance of the concrete symbols of our Western religions, especially of Christianity, has become impossible for most thinking people. They cannot accept God as an object among other objects. They reject the traditional symbols, because they do not realize that every symbol points beyond itself and that the myths must be interpreted and deprived of their mythological form in order to become understandable for our time.

In this situation the term 'God above God' can be a help, not only for those who are in radical doubt but also for those who must be assured that the Christian message is not a combination of absurdities — that in its symbolic language the whole depth of the religious dimension is effective. Christian theology is able to show in its own symbolism the truth about the 'God above God', of which the Asiatic religions have so much to say. And if this is being done adequately, it could be that the images of God in classical Christianity may receive a new affirmation, not as statements about objects but as genuine symbols in which the power of that to which they point is present. The term 'God above God' therefore is not meant as a suggestion that one should relinquish the traditional symbols and ascend directly to this transcendent God; but the term is meant as a critical protection against attempts to take the symbols literally and to confuse the images of God with that to which they point, the ultimate in Being and Meaning.

Let us look again at the situation of the man who is in radical doubt. Why are so many people in our time in doubt about the images of God and about God himself? One of the reasons is that they have never understood the truth which is implied in the paradox 'God above God'. They have tried to discover a being, called God, among other beings, and they have been unable to find him. Obviously they could not find him in this way. For God is not an object among objects. He transcends the world of objects as well as every subject. And in so far as the images of God make him into an object they must be transcended.

At this point someone may raise a question, perhaps with a serious concern: does this advice to transcend all religious images not destroy the concreteness and intimacy of the religious life? Does it not undercut the I-Thou relation to the personal God? Does not the God above God supersede the personal God of every living religion, so that no prayer is any longer possible? These are indeed serious questions; they have been asked throughout the whole history of religions, and also in the history of the Church, whenever mystical experiences or philosophical analyses of the religious facts have shown vistas beyond those in which the traditional religious life is moving.

Let me try to answer these questions: first of all, the question of the personal God. If we say 'God is a person', we say something which is profoundly wrong. If God were *a* person, he would be one being alongside other beings, and not He in whom every being has his existence and his life, and who is nearer to each of us than we are to ourselves. A person is separated from any other person; nobody can penetrate into the innermost centre of another. Therefore we should never say that God is a person. And neither the Bible nor classical theology ever did. In classical theology the Latin term *persona* applied only to the three faces of God as Father, Son, and Spirit. The application of the term 'person' to God is a poor invention of nineteenth-century theology and even more of popular talk about religion.

If, however, we say that God as the creative source of everything personal in the universe is personal himself, we are right. He cannot be less than his creation. But then we must make another assertion and say: he who is personal is also more than personal; and, conversely: he who is more than personal is also personal, namely, personal for us who are persons. This makes it possible that in our religious life we can speak to him as an ego speaks to another ego, that we can say 'Thou' to him and that he can address us, as a person addresses another person. But whenever this happens, we must remain aware of the fact that it is God to whom we speak, and it is he himself who makes it possible for us to speak to him by working as Spirit in the innermost centre of our being. The God above God and the God to whom we can pray are the same God. I say this to those who feel endangered by the term 'God above God'.

To the others, to those who are in radical doubt and to those who live in a profound uneasiness about the Christian images of God, I would say: 'Transcend the symbols; they themselves want you to do so. That is what they demand. With your doubt and your uneasiness you witness to that of which the term "God above God" is a paradoxical expression: The Ultimate, the Holy itself'.

25. Zur Theologie der bildenden Kunst und der Architektur (1961)

A. Druckvorlage: Kunst und Kirche, Jg. 24, 1961, S. 99–103.
B. Auf der Grenze. Aus dem Lebenswerk Paul Tillichs (Stuttgart: Evangelisches Verlagswerk, 1962), S. 226–239.
C. 'On the Theology of Fine Art and Architecture,' On Art and Architecture, edited and with an Introduction by John Dillenberger, in collaboration with Jane Dillenberger (New York: The Crossroad Publishing Co., 1987), S. 204–213.
Zum Text von G. W. IX, S. 345–355 vgl. G. W. XIV, S. 60 und 195. Aus den folgenden Anmerkungen wird es offensichtlich, daß die hier in G. W. angegebene Information nicht zutrifft. Während es nur sehr kleine Unterschiede zwischen B und G. W. gibt, gibt es dagegen große Unterschiede zwischen A und B. C ist eine Übersetzung von B und zitiert fälschlicherweise B als Urtext.
Es handelt sich um den Vortrag Tillichs, bei der Eröffnung der 11. Tagung für evangelischen Kirchenbau in Hamburg (am 8.–12. Juni 1961).

I

ᵃDie Ehre, an dieser Tagung den einleitenden Vortrag halten zu dürfen, verdanke ich letztlich einemᵃ Erlebnis, das sich unmittelbar nach meiner Rückkehr aus dem ersten Weltkrieg in dem Berliner Kaiser-Friedrich-Museum abspielte: Ich stand vor einem der runden Madonnenbilder von Botticelli. Und in einem Moment, für den ich keinen anderen Namen als den der Inspiration weiß, eröffnete sich mir der Sinn dessen, was ein Gemälde offenbaren kann. Es kann eine neue Dimension des Seins erschließen, aber nur dann, wenn es gleichzeitig die Kraft hat, die korrespondierende Schicht der Seele zu öffnen. Es war naturgemäß für einen Theologen, die Frage zu stellen: Wie verhält sich diese Inspiration zu dem, was in der theologischen Sprache Inspiration genannt wird? Wie verhält sich die ästhetische zu der religiösen Funktion des menschlichen Geistes? Wie verhalten sich die künstlerischen Symbole – und alle künstlerischen Schöpfungen sind Symbole (so naturalistisch ihr Stil auch sein mag) – zu den Symbolen, in denen Religion sich ausdrückt? Diese Frage gewann eine neue Dringlichkeit, als ich bald darauf von einem Freund in den deutschen Expressionismus eingeführt und zugleich ohne Einführung ein begeisterter Verteidiger des ᵇBauhaus-Stilesᵇ wurde, der heute unter dem Namen „Internationaler Stil" in zahllosen Varianten in allen Ländern zum Durchbruch gekommen ist. In der Ausdruckskraft des Expressionismus und der Sachlichkeit der neuen Architektur fand ich Kategorien geistiger Schöpfung, die auch für meine theologische Arbeit bedeutungsvoll wurden.

Und dann geschah etwas Überraschendes: Während ich in meinen Vorlesungen über Religionsphilosophie in der Universität Unter den Linden auf archaisch-griechische Statuen und den „Turm der blauen Pferde" von Franz Marc Bezug nahm, um das eine durch das andere und griechische Philosophie durch beide zu interpretieren, fand in dem gegenüberliegenden Kronprinzen-Palais, der Galerie für moderne Kunst, in dem das Bild von Marc hing, ein merkwürdiger Kampf statt: Vertreter des Kleinbürgertums, das später die ᶜKerntruppenᶜ des Nazismus lieferte, fochten gegen die neue Kunst mit Spott, Haß und in gelegentlichen Faustkämpfen. Sie empfanden als Entartung die Kunst, die ihre eigene entartete Existenz enthüllte. Sie nannten häßlich, was in der Architektur ihrem eigenen Bedürfnis nach unehrlicher Verschönerung widersprach. Sie lächelten, wenn sie nicht verstanden – ihr gutes Recht! Sie haßten, wenn sie sich enthüllt fühlten – ihre schließlich zur Selbstzerstörung führende Schuld! Es gibt wenige Vorgänge, die mit so schlagender Deutlichkeit die letzte und das heißt ins Religiöse weisende Ernsthaftigkeit der künstlerischen Symbolwelt zeigen. Solche Erfahrungen zwangen mich zum Entwurf einer Theologie der Kunst einschließlich der bildenden Kunst und Architektur. – Aus einer überwältigenden Fülle von Problemen, die damit verbunden sind, können nur einige zentrale herausgegriffen und ᵈin bezug auf den Zweck dieser Tagungᵈ diskutiert werden.

II

Ein mehr verbales als sachliches Problem ist der Begriff einer „Theologie der Kunst" selbst. Theologie als ᵉLogosᵉ, Rede von ᶠTheosᶠ, von Gott, scheint ihr Objekt in Gott zu haben; wie kann ein zweites Objekt, nämlich die Kunst oder bildende Kunst oder Architektur hinzugefügt werden? Das scheint schon grammatisch unmöglich. Aber es ist möglich, wenn Theologie nicht Rede von Gott als von einem Gegenstand neben anderen bedeutet, sondern – wie es sein muß – als Rede von der Manifestation des Göttlichen in allem Seienden und durch alles Seiende hindurch. Theologie der bildenden Kunst ist dann die Lehre von der Manifestation des Göttlichen in dem künstlerischen Akt und seinen Schöpfungen.

Ein solches Programm hat gewisse Voraussetzungen und gewisse Konsequenzen. Es setzt voraus, daß Religion im fundamentalen Sinn des Wortes nicht ein Gebiet neben anderen ist, z. B. neben der Philosophie oder Politik oder dem Recht oder – der Kunst, sondern daß sie das Erlebnis einer Qualität in all diesen Gebieten ist, nämlich der Qualität des Heiligen oder dessen, was uns unbedingt angeht. Eine Theologie der bildenden Kunst setzt voraus, daß in Bildern und Skulpturen – und mit einem spezifischen Unterschied auch in Werken der Architektur – die Manifestation letzter Wirklichkeit erkennbar ist. – Wenn das so ist, ergibt sich eine entscheidende Folge|rung, nämlich, daß Kunst nicht religiöse Gegenstände behandeln muß, um religiös zu sein. Kunst kann religiös sein, ob sie sogenannte religiöse oder sogenannte profane Kunst ist. Sie ist religiös, sofern in ihr die Erfahrung letzten Sinnes und Seins zum Ausdruck kommt. Und das allein ist entscheidend für den Aufbau einer Theologie der bildenden Kunst und Architektur.

Das Element in einem Kunstwerk, in dem die Erfahrung letzten Sinnes und letzten Seins sich ausdrückt, ist sein Stil. Stil ist das dritte Element in einem Kunstwerk neben dem frei gewählten Gegenstand und der ästhetisch bestimmten Form. Es ist das transzendierende Element neben dem freien und dem gebundenen Element; aber es liegt nicht neben ihnen, sondern wirkt in ihnen und ᵍerscheintᵍ durch sie hindurch. Der Stil bestimmt weithin die Wahl der Gegenstände und ʰer qualifiziert dieʰ Form in denjenigen Werken, die einen einheitlichen Stil aufweisen. Darum ist der künstlerische Stil jeder Epoche ein Dokument der religiösen Existenz dieser Epoche. Und es ist die Aufgabe des analysierenden Historikers, diese Dokumente zu entziffern, und des verstehenden Beschauers, ihren Sinn nachzuerleben. Wo dies geschieht, fällt ein Licht auf das Ganze und auf alle Seiten einer Kultur. Es sind in vielen Fällen die einzigen Dokumente, die wir haben. Aber auch wenn andere da sind, gibt es keine, die direkter und eindrucksvoller von dem berichten, was der Glaube eines Künstlers oder einer Schule oder einer Gesellschaft ist. Man sollte keine Geschichte der Politik oder der Philosophie oder der Religion schreiben, ohne die Dokumente der bildenden Kunst heranzuziehen und aus ihnen zu lernen, in welcher Weise die Menschen einer Epoche sich selbst und ihr Stehen im Universum verstanden haben. Das heißt: Ohne eine Theologie der Kultur gibt es keine in die Tiefe gehende Geschichte der Kultur, und ohne eine Theologie der bildenden Kunst gibt es kein Verstehen des ⁱmenschlichenⁱ Sinnes der Kunstwerke!

III

Die Zahl künstlerischer Stile ist Legion. Aber die Zahl der Grundelemente aller Stile ist begrenzt. Man kann sie ableiten von grundlegenden Begegnungsarten des Menschen mit seiner Welt, d. h. dem Ganzen des Begegnenden. In einem Akt radikaler Abstraktion, wie sie die Aufgabe des philosophischen Denkens ist, möchte ich drei Stilelemente hervorheben, die in unendlichen Mischungen in allen Stilen vorkommen, aber immer unter der Vorherrschaft eines der Elemente. Es sind dies das expressive, das idealistische und das naturalistische Element. Jedes Kunstwerk ist expressiv. Was früher Schönheit genannt wurde, sollte heute, nach dem völligen Sinnverfall des Wortes „schön", „Ausdrucksmächtigkeit" genannt werden. Wie das wissenschaftliche Erkennen nach Wahrheit strebt, so das künstlerische Anschauen nach Ausdrucksmächtigkeit. Darum ist das expressive Element in allen Stilen vorhanden. Es bringt etwas Verborgenes im Begegnenden ans Licht, es bringt eine Tiefe in den Dingen an die Oberfläche. Es ʲsuchtʲ nicht die subjektiven Erlebnisse des Künstlers auszudrücken, sondern mit Hilfe seiner Offenheit für die Dinge deren ᵏTiefenᵏ. Es ist nicht notwendig, daß diese Tiefe die letzte Tiefe der Dinge ist, ihr Stehen im schöpferischen Grunde alles Seienden. Aber wo immer Kunst geschaffen wird, da wird eine Tiefe des Seienden zum Ausdruck gebracht, die auf keine andere Weise ausgedrückt werden kann als durch die Kunst. Was ein Bild sagt, kann keine Kunstkritik, keine Kunstphilosophie, überhaupt keine Kombination von Begriffen sagen. Und wenn das Bild von dem spricht, was uns unbedingt angeht, und darum religiöse Symbole künstlerisch gestaltet, so tut es das in anschaulicher Form, was Theologie in begrifflicher Form tut. Aber keine Theologie kann ersetzen, was die Kunst tut – wie das Wort nicht das Sakrament ersetzen kann.

Das expressive Element in den Stilen zeigt, wo immer es erscheint, ähnliche Charakteristika: Da es die Tiefe in den Dingen zur Anschauung bringt, bricht es durch die Oberfläche hindurch und verändert ihre natürlichen Strukturen, sei es durch Zerstückelung und freie Wiederzusammensetzung wie im Surrealismus, sei es durch Überbetonung einzelner Elemente wie im Expressionismus, sei es durch Negation des Partikularen wie in ostasiatischen Bildern, sei es durch Auflösung der organischen Formen in ihre anorganisch-geometrischen Bauelemente wie im Kubismus, sei es durch symbolische Heraushebung von Körperteilen wie im „magischen" oder besser |numinosen| Realismus primitiver und moderner Künstler, sei es im Durchscheinen substantieller Geistigkeit durch die Körperlichkeit, insonderheit des Auges, wie es in den Mosaiken und Ikonen des ᵐByzantinismusᵐ, sei es der Versuch, durch Kombinationen von Linien und Farben, ohne gegenständliche Formen, Seinsmächtigkeit und Seinssinn auszudrücken. All das, diese überwiegende Fülle von Stilen, zeigt die Herrschaft des expressiven Elements in der bildenden Kunst – und es sind nur Beispiele.

IV

Es ist nun meine Überzeugung, gewonnen von historischen Fakten wie von anschauender Analyse, daß das Maß, in dem ein Stil von dem expressiven Element bestimmt ist, zugleich das Maß ist, in dem er fähig ist, letzte Wirklichkeit und darum Symbole der religiösen Tradition auszudrücken. Nur diejenigen Stile, die in der Darstellung jedes Gegenstandes die Tiefen-Dimension der Dinge zur Anschauung bringen, können religiöser Kunst im engeren Sinne dienen. Sie allein können den Gehalt eines spezifisch religiösen Symbols in religiös angemessener Weise ausdrücken. Darum kam die große religiöse Kunst des Westens mit Rembrandt zu einem Ende, und erst seit 1900, mit der beginnenden ⁿMacht-Entfaltungⁿ des expressiven Stils, ist religiöse Kunst wieder möglich, obwohl bisher nur in tastenden Anfängen wirklich geworden.

Wenn es richtig ist, so folgt daraus eine kritische Wertung des idealistischen und des naturalistischen Stilele|mentes vom religiösen Standpunkt. Beide Elemente fehlen nie ganz; das naturalistische nicht, da das gesamte Material der bildenden Kunst, selbst in den abstraktesten Stilen, aus der Anschauung der ᵒdurchschnittlich begegnetenᵒ Wirklichkeit stammen; und das idealistische nicht, da in jedem schöpferischen Akt Teile der begegneten Wirklichkeit in ihrem ᵖessentiellenᵖ Charakter entdeckt und in ihrer möglichen Erfüllung gezeigt werden. Schon diese vorläufigen Bestimmungen zeigen, daß das naturalistische und das idealistische Element zusammengehören und in einem gemeinsamen Gegensatz zum expressiven Element stehen. Da geschichtlich, z. B. in der griechischen und der modernen Entwicklung, die Vorherrschaft des idealistischen Elements zeitlich der des naturalistischen voranging, ist es sinnvoll, mit der Betrachtung des idealistischen Elements zu beginnen. Es wächst aus bestimmten Elementen des Expressiven hervor, z. B. aus dem Archaischen in Griechenland, aus dem Spätgotischen in Westeuropa. Dann aber tritt eine Humanisierung ein, die das Expressive dem Ideal vollkommener Natur unterwirft. Die Göttergestalten der klassischen Skulptur vereinen die substantielle Heiligkeit der archaischen Vorzeit mit den Formen humanen Maßes. Sie repräsentieren das qEssentiell Zeitloseq in der Gestalt des Vergänglichen. Darin liegt zugleich das tragische Vorzeichen, das ihre Größe rqualifiziertr und ihren Untergang ankündigt, szugleich sichtbars in ihrer vollkommenen Schönheit. In der Renaissance, die christlicher Humanismus ist, that die Form idealer Vollendung den Charakter dert Antizipation jenseitiger Erfüllung. Die Schönheit der Renaissance-Bilder nimmt – oft auch thematisch angedeutet – das wiedergewonnene Paradies vorweg. Idealismus ist antizipierte Eschatologie. Er ist Vorwegnehmen dessen, was nur als Gegenstand der Erwartung möglich ist.

Auf dieser Basis sind uungezählteu religiöse Bilder entstanden. Aber sind die Madonnen und Kreuzigungen und Auferstehungen und biblischen Geschichten der Renaissance-Maler wirkliche Schöpfungen religiöser Kunst? Sie sind es nicht! Sie sind Visionen menschlicher Vollendung; niemand kann die religiöse Dimension in dieser wie in jeder Kunst übersehen. Aber es fehlt in ihnen die Erfahrung des Geistes, der, wie es im Lied heißt, die „Grenzen unsrer Form zerbricht". Es fehlt die durchbrechende Macht des Expressiven.

Den kurzen Epochen des Übergewichts des idealistischen Elements folgten Epochen der Vorherrschaft naturalistischer Tendenzen, im Griechischen sehr bald, in der Moderne nach Überwindung verschiedener Reaktionen. Die Größe des naturalistischen Elements in der Stilgeschichte der Kunst ist der Versuch, Kunst zu schaffen in Unterwerfung unter das unmittelbar oder kritisch durchleuchtete Begegnende. Es ist diese Hinnahme des Gegebenen, die dem wissenschaftlichen Empirismus wie dem ästhetischen Naturalismus seine Tiefe gibt. In der Demut der Hinnahme zeigt sich seine religiöse Dimension. Und doch kann er keine religiöse Kunst schaffen. Religion lebt in Symbolenv; wenn diese Symbole wörtlich genommen und auf die wundurchbrochene Ebenew des Alltäglichen herabgezogen werden, ist das Ende der religiösen Kunst gekommen. Wenn Jesus, der der Christus, der Bringer des xneuenx Seins ist, zum Dorfschullehrer, zum kommunistischen Agitator oder zum sentimentalen Dulder gemacht wird, kann kein religiöses Bild entstehen. Es fehlt die Transparenz, das Drohend-Verheißende des göttlich-dämonischen Grundes der Dinge. Es fehlt, um es zu wiederholen, die durchbrechende Macht des Expressiven.

V

Und nun lassen Sie mich ein negatives ʸExempelʸ geben. Die Vorherrschaft eines jeden Stilelementes hat ihre Gefahren. Das expressive Element, durch das die ᶻTiefenᶻ der Dinge an die Oberfläche kommen ᵃsollenᵃ, kann mißbraucht werden zur Darstellung der belanglosen Subjektivität des Künstlers; und die formzerbrechende Kraft des Expressiven kann zum Vorwand für faule oder unfähige Künstler werden, sich dem Aufnehmen der ᵇFormen der Dingeᵇ zu entziehen. Aber nur der kann aus dem Zerbrechen der Form ein Kunstwerk machen, der der Form mächtig ist, die er zerbricht. – Und doch haben die letzten Jahrhunderte gezeigt, daß die Gefahr für religiöse Kunst an einer anderen Stelle liegt. Es ist die verhängnisvolle Ehe von idealistisch bestimmtem und naturalistisch bestimmtem Stil, aus der die Mißgeburt hervorgegangen ist, die als religiöse Kunst mehr als ein Jahrhundert Kirchenblätter wie Kirchengebäude verunziert hat und auch noch in der Gemeinde hier und drüben eine trübe Rolle spielt. Das naturalistische Element in dieser Ehe dient dem Wunsch der vielen, den erschütternden Durchbruch des Ewigen in das Alltägliche fernzuhalten oder in sentimentale Religiosität umzubiegen. Das idealistische Element in ᶜderᶜ Ehe dient dem Bedürfnis nach Verschönerung der Oberfläche einer sozialen und individuellen Existenz, die in Wahrheit nicht schön ist. Hier liegen die tiefsten Wurzeln des Widerstandes gegen das ᵈWiedermächtigwerdenᵈ des Elements des Expressiven in den Stilen seit 1900.ᵉ In einem monatlich tagenden Seminar, das ich vor etwa 10 Jahren als Vertreter des Protestantismus mit Vertretern des römischen und des griechischen Katholizismus, des Judentums und des Islams in New York hatte, wurde mir deutlich, daß das Ende der religiösen Kunst in allen Religionen der westlichen Welt und darüber hinaus längst gekommen war. Es war besonders eindrucksvoll zu sehen, wie der sehr bedeutende Vertreter des römischen Katholizismus einen verzweifelten Kampf zu führen hatte gegen die Schlammfluten des religiösen Kitsches, der in den Schaufenstern der Kathedralen in allen Städten der Welt zum Verkauf steht. Und man fragt sich: Was bedeutet das für die christliche Existenz in unserer Periode?

VI

Von unserer Periode können wir eins sagen: Das Erstaunliche hat sich ereignetᶠ: Das expressive Element hat in einem schnellen Vorstoß wieder die Führung übernommen. Das gibt Hoffnung für religiöse Kunst. Aber ein | schweres Hindernis steht im Wege: Die religiösen Symbole, die von der Kunst artistisch ausgedrückt und einer zweiten Symbolisierung unterworfen werden, haben weithin ihre religiöse Symbolkraft verloren. Ständig begegnet man, z. B. in Amerika, Künstlern, die religiöse Kunst schaffen wollen, aber keinen lebendigen Zugang zu den Symbolen des Christentums haben. Entweder fallen sie dann zurück in traditionell-unkritisches Akzeptieren der Symbole und damit auf das Niveau des

Kitsches, über dem sie an sich mit ihren künstlerischen Möglichkeiten stehen^g; oder sie versuchen, ihren neuen Stil auf die Symbole anzuwenden, und das ergibt ihr ehrenvolles, aber tragisches Scheitern, weil sie es nur von außen her tun können.

Eine Beobachtung scheint mir wichtig zu sein: Die neuen expressiven Stilelemente sind offenbar geeignet, das zum Ausdruck zu bringen, was im Symbol des Kreuzes enthalten ist. Aber der Gekreuzigte ist nicht der Christus, sondern ^hder Mensch^h, der Mensch schlechthin. Und darum versagt diese Kunst vor dem Symbol der Auferstehung und den verwandten Symbolen der Herrlichkeit. Denn der Mensch als Mensch, als ^ieinzelner^i und als Geschlecht, ist dem Tode verfallen. Das Symbol der Auferstehung aber deutet auf das Ewige hin, das heute kaum als Frage und sicherlich nicht als Antwort auftaucht. Und wir sollten dankbar sein, daß unsere Künstler nicht mehr sagen, als sie sagen können. Wir sollten sie nicht aus Gründen der kirchlichen Tradition dazu treiben, unehrlich zu werden. Wir müssen warten. Das expressive Element ist da. Von dort aus ist religiöse Kunst wieder möglich. Ob sie wirklich wird, ist in niemandes Hand.

An dieser Stelle aber hat der Protestantismus eine Chance, die schwerlich eine andere Religion hat: ^jEr^j hat, wie ich es einmal ausgedrückt habe, „ein Pathos für das Profane". Er liebt es, vor die Tore des Heiligtums ^k(pro fanis)^k zu gehen und dort das Göttliche zu finden. Und wir hatten gesehen, daß die Dimension, die ^lvon dem^l weist, was uns unbedingt angeht, in keiner Wirklichkeit fehlt. Ein katholischer Priester – darin protestantischer als viele Protestanten – bat den großen französischen Kubisten Braque, ihm einen Fisch, das alte Symbol des Christus, für die Kirche zu malen. Braque lehnte ab^m als einer, der außerhalb des Christentums stünde. Der Priester bestand auf seiner Bitte und forderte nichts als einen Fisch, wie ihn Braque auch sonst malen würde. Er meinte, daß in einem profan gemalten Fisch von Braque mehr religiöse Ausdruckskraft läge als in einem unehrlich an religiöse Symbolik angepaßten Bild. Der expressiv bestimmte Stil von Braque machte das möglich. Und es wäre gut, wenn in Kirchen, Sakristeien und Gemeindehäusern expressive Profanität den Kitsch religiöser Bilder verdrängte, der aus der unheiligen Ehe von idealistischen und ^nnaturalistischen Stilelementen^n hervorgegangen ist^o. Die letzten Bemerkungen haben uns schon nahe an die Probleme einer Theologie der Architektur herangebracht, die einer besonderen Behandlung bedürfen.

VII

Der Grund, warum die Architektur besonders im Titel ^pdieses Vortrags^p erwähnt ist, ist ihr doppelseitiger Charakter. Das Kirchengebäude ist Zweckbau und Symbol in einem. Diese Doppelheit hat negative und positive Konsequenzen. Die negative Konsequenz ist, daß der technische Zweck sich von dem Symbolcharakter separieren und auf sich selbst stellen kann, oder^q daß der Symbolcharakter sich gegen die technischen Erfordernisse wenden und die Reinheit der

Struktur verderben kann. Beides geschieht ständig^r; und es gehört zur Größe eines Architekten, ^sdaß^s er beides vermeiden kann. Diese Doppelheit von Zweckbau und Symbol hat aber auch positive Konsequenzen. Die Notwendigkeiten, die mit dem technischen Zweck verbunden sind, halten die Kräfte eines archaisierenden Traditionalismus im Zaum. Das ist einer der Gründe, warum unter allen visuellen Künsten die Architektur die schnellsten und eindrucksvollsten Fortschritte gemacht hat. In den meisten christlichen Ländern sind Kirchen entstanden, die mit Pseudotradition in Stil und Symbolik gebrochen haben, die aus den Möglichkeiten der Gegenwart geboren sind und von dem Kulturschaffen der Gegenwart nicht abgetrennt werden können. ^tVieles Konkrete wird in den folgenden Verhandlungen über diese Dinge gesagt werden.^t Ich möchte nur einiges Grundsätzliche hinstellen, das im Zusammenhang mit den Prinzipien steht, die in den vorhergehenden Teilen ^udes Vortrags^u herausgearbeitet sind.

Jeder Kirchenbau untersteht der Spannung verschiedener Polaritäten. Die erste und fundamentale ist die von religiöser ^vGeweihtheit^v und künstlerischer Ehrlichkeit – wie^w schon angedeutet^x in der Geschichte von Braque und dem Bild des Fisches. Religiöse ^yGeweihtheit^y herrschte in den Perioden künstlerischer Unfruchtbarkeit fast ausschließlich. Man kannte die numinose Macht der großen Tradition im Kirchenbau und imitierte sie. Die Protestanten hatten viele katholische Gebäude übernommen und hatten in ihnen numinose Erfahrungen^z trotz ihrer Unangemessenheit für protestantischen Kultus. Aber es ist etwas anderes, sich in Werke vergangener Stile einzuleben oder aus einer lebendigen Tradition heraus neu zu schaffen. Das letztere ist von dem Prinzip künstlerischer Ehrlichkeit gefordert. Es ist ^aselbst^a von einem Begriff der Tradition gefordert, der das Übergeben der Vergangenheit nicht wie das mechanische Überreichen eines wertvollen Erbstückes auffaßt, sondern als eine Aufforderung zum Schaffen des Neuen, das immer auch Verwerfung vieles Alten einschließt. Wenn wir an den früher ausgesprochenen Grundsatz denken, daß Kunst nicht religiöse Gegenstände behandeln muß, um religiös zu sein, so wird das in der Architektur bedeuten, daß ein ehrlich geschaffener, aus sachlichen Notwendigkeiten erwachsener Stil seine religiöse Qualität nicht erst durch den Bau von Kirchen erweisen muß. Er hat die religiöse Dimension in sich und kann darum für religiöse Bauten verwendet werden, ohne daß der Architekt um des numinosen Charakters willen die Ehrlichkeit seines Schaffens opfern muß. | Es gibt keinen authentischen Stil, der nicht mit der Forderung der ^bGeweihtheit^b zu vereinigen wäre. Und es scheint mir, daß eine letzte Einheit zwischen dem Prinzip der ^cGeweihtheit^c und^d der Ehrlichkeit besteht. Das künstlerisch Unwahrhaftige stößt die Menschen religiöser Sensitivität ab und hindert das Erlebnis des Numinosen. Die Überzeugungskraft eines religiösen Gebäudes stärkt die Überzeugungskraft dessen, wofür es gebaut ist.

Die Kirche ist zugleich Zweckgebäude und Symbol. Dieser Satz führt zu einer zweiten Polarität von Prinzipien, der von Symboltradition und Symbolmitteilbarkeit. Es gibt grundlegende Symbole oder besser Symbolelemente, die in aller christlichen Symbolik wiederkehren, wie das Kreuz. Aber die Art des Wiederkehrens in konkreten Symbolen ist zeitlich und räumlich bedingt, und vieles, was früher symbolkräftig war, ist bedeutungslos geworden, und neue Interpretationen der grundlegenden Symbolelemente sind gefordert. Das gilt für die Ausrichtung der Kirche nach Osten, für Rundbau oder Längsbau, für die Stellung des Turmes, für die Relation von Altar und Kanzel etc. Archaisches Geheimwissen ᵉüber dieᵉ Symbolik dieser Dinge, wie sie in neueren Vorschlägen für den Kirchenbau zum Ausdruck kommt, ist in den meisten Fällen unkommunizierbar, und es wird auch nicht kommuniziert durch gelegentliche Predigten darüber. Symbole müssen sich selbst bezeugen können, und das eine große Symbol des Kirchengebäudes ist das Gebäude selbst, das, was es unmittelbar bezweckt, wenn es von ferne auftaucht, wenn es näherrückt, wenn es den Besucher umschließt. Kaum jemand ist so unsensitiv, daß er sich dieser Kommunikation entziehen kann.

Eine neue Polarität hat sich in ᶠder letzten Entwicklungᶠ gezeigt, die zwischen Abgeschlossenheit vom Weltraum und Geöffnetheit zum Weltraum. Wie immer die Antwort lautet, hier ist Symbolik, die unmittelbar verständlich ist und zugleich Tiefe hat. Beide Lösungen teilen sich selbst mit. Vieles spricht für die Hineinnahme der Bäume, der Blumen, der Wolken, des unendlichen Raumes, in die Erhebung zum Unendlichen und Allumfassenden; mehr wohl spricht für die Abgeschlossenheit, in der das Universum sozusagen auf ᵍeinemᵍ Punkt konzentriert ist und nach dem Prinzip der Koinzidenz ganz in einem Endlichen erscheint. – Hier ist verständliche Symbolik, in der das Symbol in sich hineinzieht und nicht gelehrt erläutert werden muß.

Um eine Verbindung mit früher Gesagtem herzustellen, möchte ich etwas über Licht und Farbe sagen. Unser tieferes Verstehen des Sakramentalen und seiner Aufnahme durch das Unbewußte macht es uns möglich, auch in protestantischen Kirchen die Wunder des gebrochenen Lichtes zu erleben und uns der einseitigen Herrschaft des weißen Lichtes, d. h. der Herrschaft des Intellektes, zu entziehen. Aber wenn wir das tun, müssen wir vermeiden, die reine Kraft der Farben mit ʰerborgtenʰ Figuren der Vergangenheit oder gar, wie es im 19. Jahrhundert war, mit verschönt-naturalistischen Figuren der Gegenwart zu vermindern. Das dürfen wir nicht, und die geometrische Abstraktion ist der wichtige Beitrag des modernen Stils ⁱzu derⁱ Lenkung von Licht und Farbe in den Kirchen. – Noch manches hätte ich auf dem Herzenʲ.

Aber ich möchte mit einem Ausdruck der Bewunderung über das schließen, was der moderne Kirchenbau, nach schüchternen Anfängen, ᵏin demᵏ 20. Jahrhundert geleistet hat. Wenn die Kritik sagt, daß noch keine maßgebende Lösung gefunden ist, so hat sie recht; aber wenn das eine Verurteilung des gegenwärtigen Kirchenbaus bedeuten soll, dann geschieht großes Unrecht. Man kann sagen, daß jede neue Kirche in neuem Stil ein Versuch ist. Ohne das Risiko mißlingender Versuche gibt es keine Schöpfung. Vielleicht wird man in künftigen Zeiten auf viele mißlungene Versuche hinweisen, aber auch auf das Ungeheure, das gelungen ist: den Triumph über das Unehrliche, ˡüber das Unmittelbareˡ, das

Ängstlich-Konservative. Der neue Kirchenbau ist ein Sieg des Geistes, des schaffenden Menschengeistes und des in unsere Schwäche einbrechenden Gottesgeistes.

Anmerkungen

1. Zu Beginn von Tillichs Vortrag steht Folgendes:
Den Auftakt zur 11. Tagung für evangelischen Kirchenbau, die am 9. Juni dieses Jahres im Auditorium Maximum der Universität Hamburg eröffnet wurde, gab Professor D. Dr. Paul Tillich mit einem grundlegenden Vortrag, der nachhaltige Beachtung fand. Diese Eröffnungsrede stellen wir im vollen Wortlaut an den Anfang dieses Heftes, berichten aber dafür über den Gesamtverlauf der Tagung erst im nächsten Heft. Paul Tillich, Theologe und Philosoph, lebt und lehrt seit seiner Emigration in den USA, doch hat er während dieses Sommersemesters an der Universität Hamburg Gastvorlesungen gehalten. Da der Gelehrte am 20. August seinen 75. Geburtstag begeht, sei es gestattet, diese Vorbemerkung mit einem herzlichen Glückwunsch abzuschließen. (Die Redaktion.)

a–a In B und G.W.: Am Anfang meiner Überlegungen zur Theologie der bildenden Kunst und der Architektur steht ein
b–b In B und G.W.: Anführungszeichen.
c–c In G.W.: Kerntruppe.
d–d Fehlt in B und G.W.
e–e In G.W.: kursiv.
f–f In G.W.: kursiv.
g–g In G.W.: scheint.
h–h In B und G.W.: die allgemeine.
i–i In B und G.W.: letzten.
j–j In B und G.W.: versucht.
k–k In B und G.W.: Tiefe.
l–l In B und G.W.: Anführungszeichen.
m–m In B und G.W.: byzantinischen Stils.
n–n In B und G.W.: ohne Bindestrich.
o–o In B und G.W.: alltäglich begegnenden.
p–p In B und G.W.: wesenhaften.
q–q In B und G.W.: Essentiell-Zeitlose.
r–r In B und G.W.: einschränkt.
s–s In B und G.W.: und sichtbar ist.
t–t In B und G.W.: ist die Form idealer Vollkommenheit zugleich.
u–u In B und G.W.: zahllose.
v In B und G.W. hinter diesem Wort eingefügt: und.
w–w In B und G.W.: Oberflächen-Ebene.
x–x In B und G.W.: Neuen.
y–y In B und G.W.: Beispel.
z–z In B und G.W.: Tiefe.
a–a In B und G.W.: soll.
b–b In B und G.W.: Ding-Strukturen.
c–c In B und G.W.: dieser.

Anmerkungen 417

d–d In B und G.W.: Wieder-mächtig-Werden.
e   In B und G.W.: Hier ein Absatz.
f   In B und G.W.: Komma.
g   In B und G.W.: Punkt.
h–h Fehlt in B und G.W.
i–i In G.W.: Einzelner.
j–j In B und G.W.: ohne großen Anfangsbuchstaben.
k–k In B und G.W. (kursiv): (pro fanes)
l–l In B und G.W.: auf das.
m   In B und G.W.: Komma.
n–n In B und G.W.: realistischen.
o   In B und G.W.: Hier ein Absatz.
p–p In B und G.W.: dieser Betrachtung.
q   In B und G.W.: Komma.
r   In B und G.W.: Komma.
s–s In B und G.W.: wenn.
t–t Fehlt in B und G.W.
u–u In B und G.W.: meiner Betrachtung.
v–v In B und G.W.: Weihe.
w   In B und G.W. hinter diesem Wort eingefügt: sie.
x   In B und G.W. hinter diesem Wort eingefügt: wurde.
y–y In B und G.W.: Weihe.
z   In B und G.W.: Komma.
a–a In B und G.W.: sogar.
b–b In B und G.W.: Weihe.
c–c In B und G.W.: Weihe.
d   In B und G.W. hinter diesem Wort eingefügt: dem.
e–e In B und G.W.: von der.
f–f In B und G.W.: den letzten Entwicklungen.
g–g In G.W.: einen.
h–h In G.W.: geliehenen.
i–i In G.W.: zur.
j   In B und G.W.: kein Absatz.
k–k In B und G.W.: im.
l–l In B und G.W.: das Unbefragte.

26. Christianity and the Encounter of the World Religions (1963)

A. Druckvorlage: New York and London: Columbia University Press, 1963. Paperback ed. 1964. Deutsche Übersetzung: Das Christentum und die Begegnung der Weltreligionen. Stuttgart: EVW, 1964.
Zum deutschen Text in G. W. V, S. 51–98 vgl. G. W. XIV, S. 47, 199 und 202.
Das Buch enthält die vier „Bampton Lectures for 1962", die Tillich als fünfzehnter Bampton Lecturer in der Serie Bampton Lectures in America im Herbst 1961 (nicht 1962) an der Columbia-Universität in New York gehalten hat. Für die Drucklegung wurden nur geringfügige Veränderungen unternommen.

Preface

The four Bampton Lectures for 1962 published in this small volume were given in the fall of 1961 in the Low Memorial Library of Columbia University. The printed text is essentially the same as that of the oral delivery. Larger additions would have required more work and more time than was at my disposal, and would have changed the character and original intention of the lectures. They were not supposed to give embracing answers to the manifold problems raised in the discussion of the subject matter, but to confront the reader with some points of view which I consider decisive for every approach to the central problem. Among them are the emphasis on and the characterization of the quasi-religions, the elaboration of the universalist element in Christianity, the suggestion of|a dynamic typology of the religions, the dialogical character of the encounter of high religions, and the judgment of Christianity against itself as a religion and its ensuing openness for criticism, both from religions in the proper sense and from quasi-religions.

It is my hope that the presentation of these ideas, in spite of its briefness, will arouse critical thought not only with respect to the relation of Christianity to the world religions but also with respect to its own nature.

PAUL TILLICH

Harvard University
Spring, 1962|

I. A View of the Present Situation:
Religions, Quasi-Religions, and Their Encounters

1.

I wish to express my thanks for the honor of having been invited to give the fourteenth[1] lectureship in this important series at the university where, more than twenty-seven years ago, I gave my first philosophical lecture in this country.

On that occasion I compared the new existentialist ideas, then spreading through Continental Europe, with the already classical pragmatist ideas predominant in this country. Since that time this country and the spirit of the two great universities—Columbia, including Union Theological Seminary, and Harvard—have purged my mind of many conscious and unconscious European provincialisms without, I hope, having replaced them with American versions of the same evil. A late fruit of this process of de|provincialization is my increasing interest, both as a theologian and as a philosopher of religion, in the encounters among the living religions of today and the encounter of all of them with the different types of secular quasi-religions. From this interest has arisen my present subject; the title of which indicates my intention to discuss the subject from the point of view of Christianity.

This intention requires both justification and interpretation. One can deal with such phenomena as the encounter of the world religions either as an outside observer who tries to draw the panorama of the present situation as factually as possible, or as a participant in the dynamics of the situation who selects facts according to his judgment of their relative importance, interprets these in the light of his own understanding, and evaluates them with reference to the *telos*, the inner aim he perceives in the movement of history generally, and in particular the history of religion. The latter procedure is followed here, but it should be noted that the two types of approach are not entirely independent of each other; they coalesce to a large degree. The outside observer is always an inside participant with a part of his being, for he also has confessed or|concealed answers to the questions which underlie every form of religion. If he does not profess a religion proper, he nevertheless belongs to a quasi-religion, and as a consequence he also selects, judges, and evaluates. The theologian, on the other hand, who does this consciously from the ground of a particular religion, tries to grasp the facts as precisely as is humanly possible, and to show that there are elements in human nature which tend to become embodied in symbols similar to those of his own religion. This, in any case, is the way I, as an "observing participant," want to deal with the religious situation in a world-wide view.

2.

Where must we look if we want to draw a picture of the encounter of Christianity with the world religions? The answer to this question is by no means obvious, for the term religion is open both to limiting and to enlarging definitions, depending on the theological or philosophical position of him who defines. One can narrow the meaning of religion to the *cultus deorum* (the cult of the gods), thus excluding from the religious realm the pre|mythological as well as the post-mythological stages, the first when there were not yet gods, and the second when there were no longer gods; e.g., shamanism at the one end of the development and Zen Buddhism at the other. Or one can include these two stages; then one must give a definition of religion in which the relation to gods is not a necessary element. And one can even take the further step of subsuming under religion those secular movements which show decisive characteristics of the religions proper, although they are at the same time profoundly different. It is in the latter, largest sense that I intend to use the term religion. This is required both by the Protestant background of my own philosophy of religion and by the present religious situation as I intend here to depict it.

The concept of religion which makes such a large extension of the meaning of the term possible is the following. Religion is the state of being grasped by an ultimate concern, a concern which qualifies all other concerns as preliminary and which itself contains the answer to the question of the meaning of our life. Therefore this concern is unconditionally serious and shows a willingness | to sacrifice any finite concern which is in conflict with it. The predominant religious name for the content of such concern is God—a god or gods. In nontheistic religions divine qualities are ascribed to a sacred object or an all-pervading power or a highest principle such as the Brahma or the One. In secular quasi-religions the ultimate concern is directed towards objects like nation, science, a particular form or stage of society, or a highest ideal of humanity, which are then considered divine.

In the light of this definition I dare to make the seemingly paradoxical statement, that the main characteristic of the present encounter of the world religions is their encounter with the quasi-religions of our time. Even the mutual relations of the religions proper are decisively influenced by the encounter of each of them with secularism, and one or more of the quasi-religions which are based upon secularism.

Sometimes what I call quasi-religions are called pseudo-religions, but this is as imprecise as it is unfair. "Pseudo" indicates an intended but deceptive similarity; "quasi" indicates a genuine similarity, not intended, but based on points of identity, and this, certainly, is the situation in cases like Fascism | and Communism, the most extreme examples of quasi-religions today. They are radicalizations and transformations of nationalism and socialism, respectively, both of which have a potential, though not always an actual religious character. In Fascism and Communism the national and social concerns are elevated to unlimited ultimacy. In themselves both the national and the social concerns are humanly great and worthy of a commitment even unto death, but neither is a matter of unconditional concern. For one may die for something which is conditional in being and meaning—as many Germans did who, for national reasons, fought under Hitler for Germany while hating National-Socialism and secretly hoping for its defeat. This conflict is avoided if the driving force in a national war is the defense of the vocational idea of the nation (p. 16). But even then it is not the nation as such, but the vocational idea (e. g., justice or freedom) which is a matter of ultimate concern. Nations and social orders as such are transitory and ambiguous in their mixture of creativity and destructiveness. If they are taken as ultimates in meaning and being, their finitude must be denied. This has been done, e. g., in Germany by the use of the old eschato|logical symbol of a "thousand-year period" for the future of Hitler's Reich, a symbol which originally signified the aim of all human history. The same thing has been done in Russia in terms of the Marxian type of eschatological thinking (classless society). In both cases it was necessary to deny the ambiguities of life and the distortions of existence within these systems, and to accept unambiguously and unconditionally their evil elements, e.g., by glorifying the suppression of individual criticism and by justifying and systematizing lie and wholesale murder—as happened in Italy and Germany and in Russia under Stalin. The quasi-religious character of any such "rule of an ideology" (or "ideocracy," as one might call it) makes these consequences unavoidable. But in such extremes something becomes manifest that, in a moderate way, characterizes all ideologically conscious movements and social groups. It is the consecration of communal self-affirmation, whether this consecration happens in religious or secular symbols. It is an element in every nationalism, whether among the old Asiatic or the new African nations, whether in Communist or in democratic countries. This quasi-religious element in all nationalism gives it | its passion and strength, but also produces the radicalized nationalism which we denote here by a generalized term: Fascism. The same dialectics is true of Socialism. In it the expectation of a "new state of things" is the driving religious element, whether expressed in the Christian symbols of the end of history or in secular-utopian symbols like "classless society" as the aim of history. This quasi-religious element in all Socialism was radicalized in the revolutionary period of Communism, and was, in its victorious period, reduced to an a-personal subjection under the demands of a neocollectivistic system. But even so the quasi-religious character persisted.

At this point I may be permitted to make a remark which is both personal and of objective importance. I refer to a movement in which an early encounter of religion and quasi-religion took place—the religious-socialist movement in the 1920s in Central Europe. It was an attempt to liberate the socialist ideology from absolutism, utopianism, and the destructive implications of a self-righteous rejection of criticism from beyond itself. It was the prophetic criticism, or the "Protestant Principle," which judges all religious or quasi-religious ab|solutism, that we tried to introduce into the socialist self-interpretation—in vain for that time, completely in vain for Communist ideocracy, not quite in vain for the socialist movements of present-day Europe.

We have used nationalism with its Fascist radicalization, and socialism with its Communist radicalization, as the most conspicuous examples of quasi-religious movements in our time. One may ask whether these are the only examples or whether liberal humanism as dominant in most Western countries can be understood as a quasi-religion of equal power. This is not only a theoretical question, but may well be the question of the capability of the West to resist the onslaught of the quasi-religions in our present world. Liberal humanism and its democratic expression are fragile forms of life, rare in history, and easily undermined from within and destroyed from without. In the periods of their heroic fight against the absolutisms of the past, their quasi-religious character was obvious, as was their religious background. In the periods of their victorious and mature development, their secular character became predominant, but whenever they had to defend themselves—as in matters of scientific autonomy, educational freedom, social equality or civil rights—they showed again their quasi-religious force. It was a struggle between faith and faith; and the quasi-religious faith could be radicalized to a degreee where it undercut even its own roots, as, for example, in a scientism which deprives all nonscientific creative functions, such as the arts and religion, of their autonomy. If in the foreseeable future a total defense of liberal humanism against Communism or Fascism should be necessary, a self-defying radicalization would take place and the loss of that very liberal humanism which is to be defended would be almost unavoidable.

At this point a significant analogy between liberal humanism and Protestantism becomes visible. Both Protestantism and early Christianity can be called religions of the Spirit, free from oppressive laws and, consequently, often without law altogether. But when they had to defend themselves, early Christianity against the Roman Empire and its quasi-religious self-deification, early Protestantism against the absolutism of the Church of the Counter Reformation, and modern Protestantism against that of the quasi-religious Nazi-Fascism, both had to surrender much of their Spirituality and to accept non-Christian and non-Protestant elements of legalism and authoritarianism. Religions of the Spirit, in the encounter with centralized and legally organized religions, are as fragile as the liberal-humanist quasi-religions; and there is a deep interrelation, in many cases interdependence, between the two. Therefore, with hesitation and anxiety I feel obliged to ask the question: Is historical mankind able to stand the freedom of a Spiritual religion and of a humanist quasi-religion for more than a short period? Unfortunately, the unanimous testimony of history is that it cannot. The real danger is not that they are overwhelmed by other less fragile forms of religion or quasi-religion, but that in defending themselves they are led to violate their very nature and shape themselves into the image of those who attack them. In such a critical moment we are living today.

Up to now we have answered the question, "Where to look if one wants to see the encounter of the world religions?", by introducing the concept and the types of quasi-religions which constitute the dynamic element in and above all other encounters. We kept the consideration of the two types of religion proper—the theistic and the nontheistic—in the background. They will now appear in the panorama we are painting, but more in their role as objects than as subjects in the historical encounter. (Their full description and evaluation is discussed in following chapters.)

3.

The dramatic character of the present encounter of the world religions is produced by the attack of the quasi-religions on the religions proper, both theistic and nontheistic. The chief and always effective weapon for this attack is the invasion of all religious groups by technology with its various waves of technical revolution. Its effect was and is, first of all, a secularization which destroys the old traditions, both of culture and religion. This is most obvious in a country like Japan. The Christian missionaries there told me that they are much less worried about Buddhism and Shintoism than about the enormous amount of indifference towards all religions. And if we look at the religious situation as it prevailed in the second half of the nineteenth century in Europe, we find the same phenomenon. In a congregation of 100 000 people | in East Berlin the main service often attracted no more than 100, mostly elderly women—no men, no youth. Christianity simply was not prepared for the technological invasion and its secularizing influences, nor are the religions in modern Japan. And the same must be said of the Greek Orthodox Church in Eastern Europe and of Confucianism, Taoism, and Buddhism in China. We must also add, though with qualifications, Indian Hinduism and the African tribal religions, and with rather strong qualifications, the Islamic nations. The first time Christian leaders officially observed the threat of this situation was at the conference of the International Missionary Council in Jerusalem in 1928, but it was decades before this awareness influenced the Christian churches' view of themselves in relation to the world religions and to the international secular consciousness of mankind. Today the problems which have arisen out of this situation can no longer be neglected.

The first effect of the technological invasion of the traditional cultures and religions is secularism and religious indifference. Indifference towards the question of the meaning of one's existence is a transitory stage, however; it cannot last, and it | never lasted longer than the one moment in which a sacred tradition has lost its meaning and a new answer has not yet appeared. This moment is so short because in the depth of technical creativity, as well as in the structure of the secular mind, there are religious elements which have come to the fore when the traditional religions have lost their power. Such elements are the desire for liberation from authoritarian bondage, passion for justice, scientific honesty, striving for a more fully developed humanity, and hope in a progressive tranformation of society in a positive direction. Out of these elements which point back to older traditions the new quasi-religious systems have arisen and given new answers to the question of the meaning of life.

Secularism in the sense of a technical civilization has paved the way, often only within small upper classes, for the quasi-religions which have followed and offered an alternative to the old traditions as well as to mere indifference.

4.

Let us first look at nationalism and its ways of invading cultural and religious traditions. Nation|alism is ultimately rooted in the natural and necessary self-affirmation of every social group, analogous to that of every living being. ªThis self-affirmation has nothing to do with selfishness (though it may be distorted into selfishness). It is the "love of oneself" in the sense of the words of Jesus about loving one's neighbor "as oneself."[a] Such self-affirmation is, in presecular periods, consecrated and protected by sacramental rites and oaths; the group and its religion are indistinguishable. Nationalism in the modern sense of the word can appear only when secular criticisms have dissolved the identity of religious consecration and group self-affirmation, and the consecrating religion is pushed aside and the empty space filled by the national idea as a matter of ultimate concern. In the West this development continued after the Renaissance and the Enlightenment, symbolized in the names of Machiavelli and Hobbes and intensified by the rise of the secular state over the fighting Christian confessions and their destructive encounters.

A nation is determined by two elements, its natural self-affirmation as a living and growing power-structure, and, at the same time, the consciousness of having a vocation, namely, to represent and spread and defend a principle of ultimate significance. It is the unity of these two elements which makes the quasi-religious character of nationalism possible. The examples are abundant: the Hellenic people were conscious of representing culture as against the barbarians; Rome represented the law; the Jews the divine covenant with man; and medieval Germany the *corpus Christianum*, religiously and politically. The Italians were the nation of the rebirth *(Rinascimento);* the British represented a Christian humanism for all nations, especially the primitive ones; France represented the highest contemporary culture; and Russia the saving power of the East against the West; China was the land of the "center," which all lesser nations encircled. And America is the land of the new beginning and the defender of freedom. And now this national idea has reached almost all parts of the world and has shown both its creative and its destructive possibilities.

The basic problem is the tension between the power and the vocational elements in national life. There is no nation in which the power element is lacking, in the sense of power to exist as an organized group at a definite place at a definite time. Yet there are cases, though not very frequent, in which the vocational element is minimized by the power element. Examples are Bismarck's Germany and Tojo's Japan. Hitler felt this lack and invented the salvation-myth of the Nordic race. Present-day Japan is looking for a vocational symbol. The future of all Asiatic and African nationalism is dependent upon the character of their vocational consciousness and its relation to their will to power. If their quasi-religious claim is only a claim to national power, it is demonic and self-destructive; if it is united with a powerful vocational consciousness, imperialism can develop with a good conscience and produce empires in which creative and destructive elements are mixed. If the national consciousness is humanized and becomes aware both of its own finite validity and the infinite significance of that which it represents (though ambiguously), a nation can become a representative of the supranational unity of mankind—in religious language, of the Kingdom of God.

There are nations in which the religious-vocational element still controls the mere power element, but they all are threatened by an inner transformation under the attack of the protagonists of unrestricted power politics—even if this is done in the name of a vocation, as in present-day Russia.

5.

The "invasion" of Russia by its own Communist intelligentsia was one of the great events in the encounter of the world religions. It produced the most powerful dynamics in the struggle of quasi-religions with many religions in the proper sense. The invasion of Russia by Communism can be compared with the invasion of Eastern Christianity by Islam. The similarity lies in the identity of the invaded group and the structural analogy between the Mohammedan religion and the Communist quasi-religion. Both have decisive roots in Old Testament prophetism as well as in late Jewish legalism. Both have attacked a static sacramental system which had failed to extend its Spirituality to social criticism, as well as to criticism of its own superstitious distortions. So it could not resist the earlier nor the present onslaughts of a tremendously dynamic type of ultimate concern in which a vision of the future was the decisive element. Of course, the difference is that the religious hope is transcendent and the quasi-religious hope immanent, but the difference is much smaller from the psychological than from the theological point of view. The identification with the collective, the disregard of one's individual existence, the utopian spirit—these are equal in both.

It is this spirit which has also conquered the social ethical system of Confucianism, as well as the sacramental and mystical religions of Taoism and Buddhism, in China. With respect to the two latter, the situation was similar to that of Russian Orthodoxy: a lack of prophetic criticism derived from the ultimate religious concern, and a lack of self-criticism with respect to their mechanization and superstitious deterioration. In Confucianism, Communism encountered a system which, in spite of its cosmic-religious background, had first of all a social and ethical character, but which had lost this power with the disintegration of the hierarchy of governing officials and, at the same time, of the great-family-type of social coherence.

If we look at the invasion of the Russian satellite countries in Eastern Europe, the situation is different; here it was, in many cases, Roman Catholicism which the Communists encountered, a world organization subject to a radically centered authoritarian guidance. Yet in spite of its authoritarian character, elements of ancient thought, modern liberal humanism and religious socialism are present. The war brought external conquest to these countries, but a spiritual victory was never won by the Communist quasi-religion. The same is true of the Protestant population in Eastern Germany, which has today the most admirable Church in Protestantism. (But one must not forget that Eastern Europe, although large parts of it missed the Reformation and the Renaissance, was continuously influenced by liberal-humanist infusions from the West.)

I referred to the analogy between Islam and Communism in their attacks on Eastern Christianity. This makes it immediately understandable that Islam was and is capable of resisting Communism almost completely. The social and legal organization of the whole of Islam, as well as of the daily life of the individual, gives a feeling of social and personal security which makes it impregnable to the Communist ideology, at least for the present. But I must add that it makes it impregna|ble to Christianity also. Nevertheless, it is not closed to secularism in connection with science and technology, and it is wide open to the entrance of nationalism.

One further question with respect to the encounter of Communism with the religions of the world must be considered, namely, its encounter with the religions which are not world religions—the primitive religions which are still the ground of the newly independent African nations. Here a battle takes place in defense of their sacramental traditions, preserved not only by medicinemen, elders, and other representatives, but also by the deep anxiety of the masses who experience the breakdown of their security-providing rites and beliefs through the invasion of secularism and, following that, the invasion of foreign religions and quasi-religions, fighting with each other over the souls and bodies of the natives. If we look at the moves and counter-moves in these struggles we may find the following general situation: The very fact of their recent liberation from colonial control works in favor of a quasi-religious valuation of the national idea, but there is a limit to this loyalty. Tribes are not nations, and the present independ|ent states are based on colonial divisions without sufficient communal coherence within their political boundaries, and often with more coherence with territories beyond them. In spite of these limits the national idea is a strong barrier against the Communist quasi-religion, while, on the other hand, the poverty of the masses provides a temptation which pulls in the opposite direction. In this situation neither the chances of liberal humanism nor those of Christianity are very great, and amongst the world religions it is Islam which has the greatest impact on sub-Saharan Africa, as it had 1300 years ago on Mediterranean Africa. As the religion of a simplified law and a simplified myth without racial discrimination, it is a more adequate faith for people whose collectivistic past keeps them still far from the personal problems of sin and grace which are central in Christianity. As for the religions of Indian origin, it seems that their transmundane centeredness has no appeal for these people with their tremendous vitality even under the hardest conditions.

A riddle which will sooner or later assume world historical significance is India and the large area of Southeast Asia in which Indian, Malayan, and|Chinese influences are mixed. Here, first of all, Hinduism and Buddhism continue as the basic religious tradition. Secondly, there has been and still is the invasion of all these countries by Islam, an invasion which split India in two at the moment of her independence. In official India a limited nationalism with some influences from Christianity and liberal humanism is present in the upper classes, though the Hinduist traditions are by far the most predominant in all classes. But, as we shall see more fully later, neither Hinduism nor Buddhism gives decisive motives for social transformation, and this provides a nonpolitical opportunity for an invasion of Hinduist India and Buddhist East Asia by the Communist quasi-religion with its hope for a transformed world. The question is, however, whether India's mystical spirituality will resist such an invasion, passively or perhaps even actively.

The encounter of Communism with the West cannot be discussed here in terms of the political conflict and its possible military consequences, but we must discuss it from the point of view of the cultural and spiritual encounter. The situation is the following: Judaism, Christianity, and Islam are | comparatively immune to the Communist impact because all of them, and particularly prophetic Judaism, are the ultimate source of the revolutionary movements of the West, out of which Communism finally developed. The three religions which originated in Israel still have, despite all their secularism, nationalism, and organized injustice, the prophetic quest for justice as their essence. They were the soil in which Communism grew, but they are also the most unreceptive to their own matured and badly corrupted product, as long as the quest for justice is alive in them.

In all the encounters discussed so far, the two forms of religion which I have characterized as fragile—Spiritual Protestant religion and liberal humanist quasi-religion—played a small role, except in their power of resistance to Communism and their lack of resistance to nationalism. There is an Asiatic country (of which I have a personal knowledge) in which the encounter of these two with the Shintoist-Buddhist reality has become significant—Japan. There is hardly another Asiatic country in which the invasion of a technological civilization and of a religiously indifferent secularism has made such progress. On the other hand, | the liberal-humanist and the Christian-Protestant ideas are an important reality in Japan, not measurable by statistics. Japan has gratefully received democracy from the hands of its conqueror, but democracy needs spiritual roots as well as sociologically favorable conditions. And they are lacking. Neither Shintoism nor Buddhism—and most Japanese are adherents of both religions at the same time—has symbols or ideas which can become productive and protective for democracy. Thus it was possible for a demonically radicalized militaristic Fascism to come into power. It is now as hated in Japan as Nazism is in Germany, and the thinking people have asked themselves about the spiritual roots of democracy, and asked me to lecture on the subject. They are not afraid of a victory for Communism; the highly developed individualism of the peasants and the lower and higher middle classes of the cities make Communist neocollectivism abhorrent to them. Yet they know there is a vacuum in their culture today, and they ask consciously: What is to fill it? This question is the universal question of mankind today. |

II. Christian Principles of Judging Non-Christian Religions

1.

In the discussion of our general subject, "Christianity and the Encounter of the World Religions," we gave in our first chapter a view of the present situation, a view which was centered in the encounter of the quasi-religions with the religions proper. We discussed the encounter of nationalism (and its Fascist radicalization), of socialism (and its Communist radicalization), of liberal humanism (and its precarious situation), with the primitive sacramental religions, with the mystical religions of Indian origin, and with the ethical religions born of Israel. And we asked the question of the future of all religions in the face of the victory of secularism all over the world. We presented a panorama within which we did not give an elevated place to Christianity, but we now intend to | look at the panorama from the point of view of Christianity.

First I want to ask the question: what has Christianity, in the course of its history, thought about other religions in general and certain religions in particular? How did it meet them? To what degree will this determine the encounter of Christianity with the world religions today? And above all: what has been and what will be the attitude of Christianity to the powerful quasi-religions which are, in their modern form, something new for Christianity?

Before going into this problem empirically I want to introduce a rather general consideration concerning all religions and, even more generally, all social groups. If a group—like an individual—is convinced that it possesses a truth, it implicitly denies those claims to truth which conflict with that truth. I would call this the natural self-affirmation in the realm of knowledge; it is only another word for personal certainty. This is so natural and so inescapable that I have never found even a sceptic who did not affirm his scepticism while contradicting everybody who denied its validity. If even the sceptic claims the right to affirm his scepticism | (if he makes a statement at all), and to contradict those who doubt it, why should the member of a religious group be deprived of his "civil right," so to speak, of affirming the fundamental assertion of his group and of contradicting those who deny this assertion? It is natural and unavoidable that Christians affirm the fundamental assertion of Christianity that Jesus is the Christ and reject what denies this assertion. What is permitted to the sceptic cannot be forbidden to the Christian—or, for that matter, to the adherent of any other religion.

Consequently the encounter of Christianity with other religions, as well as with quasi-religions, implies the rejection of their claims insofar as they contradict the Christian principle, implicitly or explicitly. But the problem is not the right of rejecting that which rejects us; rather it is the nature of this rejection. It can be the rejection of everything for which the opposite group stands; it can be a partial rejection together with a partial acceptance of assertions of the opposite group; or it can be a dialectical union of rejection and acceptance in the relation of the two groups. In the first case the rejected religion is considered false, so that no communication between the two contradictory posi|tions is possible. The negation is complete and under certain circumstances deadly for the one or the other side. In the second case some assertions and actions of the one or the other side are considered false, others true. This is more tolerant than the attitude of total negation, and it is certainly an adequate response to a statement of facts or ideas some of which may be true, some false, but it is not possible to judge works of art or philosophy or the complex reality of religions in this way. The third way of rejecting other religions is a dialectical union of acceptance and rejection, with all the tensions, uncertainties, and changes which such dialectics implies. If we look at the history of Christianity as a whole, we can point to a decisive predominance of this latter response in the attitude of Christian thinking and acting towards the non-Christian religions. But it is almost impossible to discover a consistent line of thought about this problem. And even less consistent is the attitude of Christianity to the contemporary quasi-religions. This observation contradicts the popular assumption that Christianity had an exclusively negative attitude toward other faiths. Indeed, nothing is farther from the truth. In this assumption a confusion frequently takes place between the attitude of the Christian churches toward Christian heretics, especially in the late Middle Ages, and their attitude toward members of other religions. The demonic cruelty of the former is in contrast with the comparative mildness of the latter.

The indefiniteness of the attitude toward strange religions starts in the Old Testament. In the earlier prophets, the pagan gods are treated as powers inferior to the power of Jahweh, particularly in foreseeing and determining the future, in hearing prayers, and in executing justice, but they are regarded as competing realities. Of course, in the long run, their loss of power led to their loss of being; a god without ultimate power is a "nothing," as they were later called. Jahweh has superior power because he is the God of justice. Since Amos, prophecy threatened Israel, the nation of Jahweh, with destruction by Jahweh because of its injustice. The covenant between Jahweh and the nation does not give the nation a claim to Jahweh's championship; he will turn against them if they violate justice. The exclusive monotheism of the prophetic religion is not due to the absoluteness of one particular god as against others, but it is the universal validity of justice which produces the exclusive monotheism of the God of justice. This, of course, implies that justice is a principle which transcends every particular religion and makes the exclusiveness of any particular religion conditional. It is this principle of conditional exclusiveness which will guide our further inquiry into the attitude of Christianity to the world religions.

Jesus' words are the basic confirmation of this principle. In the grand scene of the ultimate judgment (Matt. 25:31ff.), the Christ puts on his right the people from all nations who have acted with righteousness and with that agape—love which is the substance of every moral law. Elsewhere Jesus illustrates this principle by the story of the Good Samaritan, the representative of a rejected religion who practices love, while the representatives of the accepted religion pass by. And when the disciples complain about people who perform works similar to theirs, but outside their circle, he defends them against the disciples. Although the Fourth Gospel speaks more clearly than the others of the uniqueness of the Christ, it interprets him at the same time in the light of the most universal of all concepts used in this period, the concept of the Logos, the universal principle of the divine self-manifestation, thus freeing the interpretation of Jesus from a particularism through which he would become the property of a particular religious group. Further, in the talk with the Samaritan woman, Jesus denies the significance of any particular place of adoration and demands an adoration "in Spirit and in Truth."

Paul is in a situation which is typical of all later developments. He has to fight on two fronts—against the legalism of Christianized Jews and against the libertinism of Christianized pagans. He has to defend the new principle revealed in the appearance of the Christ. But, as always, defense narrows down. So his first condemnations are uttered against Christian distorters of his message; anathemas are always directed against Christians, not against other religions or their members. With respect to other religions he makes the assertion, unheard of for a Jew, that Jews and pagans are equally under the bondage of sin and equally in need of salvation—a salvation which comes not from a new religion, the Christian, but from an event in history which judges all religions, including Christianity.

In early Christianity the judgment of other religions was determined by the idea of the Logos. The Church Fathers emphasized the universal presence of the Logos, the Word, the principle of divine self-manifestation, in all religions and cultures. The Logos is present everywhere, like the seed on the land, and this presence is a preparation for the central appearance of the Logos in a historical person, the Christ. In the light of these ideas Augustine could say that the true religion had existed always and was called Christian only after the appearance of the Christ. Accordingly, his dealing with other religions was dialectical, as was that of his predecessors. They did not reject them unambiguously and, of course, they did not accept them unambiguously. But in their apologetic writings they acknowledged the preparatory character of these religions and tried to show how their inner dynamics drives them toward questions whose answer is given in the central event on which Christianity is based. They tried to show the convergent lines between the Christian message and the intrinsic quests of the pagan religions. In doing so they used not only the large body of literature in which the pagans had criticized their own religions (for example, the Greek philosophers), but also made free use of the positive creations from the soil of the pagan religions. On the level of theological thought they took into Christianity some of the highest conceptualizations of the Hellenistic and, more indirectly, of the classical Greek feeling toward life—terms like physis (natura), hypostasis (substance), ousia (power of being), prosopon (persona, not person in our sense), and above all logos (word and rational structure in the later Stoic sense). They were not afraid to call the God to whom they prayed as the Father of Jesus, the Christ, the unchangeable One.

All these are well-known facts, but it is important so see them in the new light of the present encounter of the world religions, for then they show that early Christianity did not consider itself as a radical-exclusive, but as the all-inclusive religion in the sense of the saying: "All that is true anywhere in the world belongs to us, the Christians." And it is significant that the famous words of Jesus, "You, therefore, must be perfect, as your heavenly Father is perfect," (which was always an exegetic riddle) would, according to recent research, be better translated, "You must be all-in|clusive as your heavenly Father is all-inclusive."

Besides the reception of basic concepts from pagan metaphysical thought, which always means implicitly religious thought, early Christianity adopted moral principles from the Stoics, who represented both a philosophy and a way of life—a process which is already present in the Paulinian letters. The early Church shaped its ritual structure in analogy with that of the mystery religions, some of which were its serious competitors, and used the Roman legal and the Germanic feudal forms for its social and political self-realization, while on the more popular, but officially accepted, level it has, through the veneration of saints, appropriated and transformed many genuine pagan motifs and symbols.

2.

This astonishing universalism, however, was always balanced by a criterion which was never questioned, either by the orthodox or by the heretical groups: the image of Jesus as the Christ, as documented in the New, and prepared for in the Old Testament. Christian universalism was not syncre|tistic; it did not mix, but rather subjected whatever it received to an ultimate criterion. In the power of this polarity between universality and concreteness it entered the Medieval period, having to compete with no religion equal to it in either of these respects. In both the Mediterranean and the northern half of Western civilization the one all-embracing religion and the one all-embracing culture were amalgamated into a unity of life and thought. All conflicts, however severe, occurred within this unity. No external encounters disturbed it.

But in the seventh century something happened which slowly changed the whole situation. The first outside encounter took place with the rise of Islam, a new and passionate faith, fanatically carried over the known world, invading, subjecting, and reducing Eastern Christianity and threatening all Christendom. Based on Old Testament, pagan, and Christian sources, and created by a prophetic personality, it was not only adapted to the needs of primitive tribes, but also capable of absorbing large elements of the ancient culture, and soon surpassed Western Christianity in culture and civilization. The shock produced by these events can be compared only with the shock produced by the estab|lishment of the Communist quasi-religion in Eastern Europe, Russia, and China, threatening Western Christianity and its liberal-humanist quasi-religious transformation.

The victorious wars of the Islamic tribes and nations forced Christianity to become aware of itself as one religion confronted with another against which it had to defend itself. According to the law that defense narrows down the defender, Christianity became at this point radically exclusive. The Crusades were the expression of this new self-consciousness. They were the result of the first encounter of Christianity with a new world religion. (This analogy, to leap to the present for a moment, makes understandable the crusading spirit of this country against the two radicalized types of quasi-religions—Fascism on the one hand,

Communism on the other. The often irrational and almost obsessive character of this crusading spirit shows that here expressions of ultimate concern are at work, though deeply ambiguous ones. Their ambiguity shows itself also in the fact that, just as in the period of the Crusades, they conflict with sober political judgment and profounder religious insight.)

The irrational character of the crusading spirit was confirmed by the fact that the narrowed self-consciousness, created by the encounter of Christianity with Islam, produced also a changed self-consciousness with respect to the Jews. Since the period of the New Testament, and expressed most clearly in the Johannine literature, a Christian anti-Judaism has existed, based, of course, on the rejection of Jesus as the Messiah by the vast majority of the Jews. Nevertheless, they were tolerated and often welcomed in the earlier period; the Church waited for their conversion. But after the shock of the encounter with Islam the Church became conscious of Judaism as another religion and anti-Judaism became fanatical. Only after this was it possible for governments to use the Jews as political scapegoats to cover up their own political and economic failures, and only since the end of the nineteenth century did religious anti-Judaism become racial anti-Semitism, which was—and still is—one of the many ingredients in the radicalized nationalistic quasi-religion.

3.

But the encounter of Christianity with a new and an old world religion in the period of the Crusades worked not only for a fanatical exclusiveness; it also worked slowly in the direction of a tolerant relativism. In the same early thirteenth century in which Pope Innocent III gave the model for Hitler's Nürnberg laws against the Jews, there was created by Christian, Islamic, and Jewish forces the near-miracle of a tolerant humanism on the basis of current traditions at the court of Emperor Frederick II in Sicily. It took one to two centuries for similar ideas to come again to the surface, changing the Christian judgment of non-Christian religions in a radical way.

The great Cardinal and member of the Papal Court, Nicholas Cusanus, was able in the middle of the fifteenth century, in spite of his being an acknowledged pillar of the Roman Church, to write his book, *De Pace Fidei* (The Peace between the Different Forms of Faith). He tells how representatives of the great religions had a sacred conversation in heaven. The divine Logos explained their unity by saying: "There is only one religion, only one cult of all who are living according to the principles of Reason (the Logos-Reason), which underlies the different rites. ... The cult of the gods everywhere witnesses to Divinity. ... So in the heaven of (Logos-) Reason the concord of the religions was established."

The vision of Cusanus was an anticipation of later developments. Ideas appeared which renewed and even transcended the early Christian universalism, but without falling into relativism. People like Erasmus, the Christian humanist, or Zwingli, the Protestant Reformer, acknowledged the work of the Divine Spirit beyond the boundaries of the Christian Church. The Socinians, predecessors of the Unitarians and of much liberal Protestant theology, taught a universal revelation in all periods. The leaders of the Enlightenment, Locke, Hume, and Kant, measured Christianity by its reasonableness and judged all other religions by the same criterion. They wanted to remain Christians, but on a universalist, all-inclusive basis. These ideas inspired a large group of Protestant theologians in the nineteenth and early twentieth centuries. A symptom of this situation is the rise of philosophies of religion, the very term implying that Christianity has been subsumed under the universal concept of religion. This seems harmless enough, but it is not. In the periods in which the concrete element dominated and repressed the universalist element, the theologians were aware of this danger and they maintained a unique claim for Christianity by contrasting revelation—restricted to Christianity—with religion as designating every non-Christian religion. Or they called Christianity the true religion, all other religions "false religions." With the disappearance of this distinction, however, Christianity, while still claiming some superiority, stepped down from the throne of exclusiveness to which these theologians had raised it and became no more than the exemplar of the species religion. Thus Christian universalism was transformed into humanist relativism.

This situation is reflected in the way in which both philosophers and theologians, in their philosophies of religion, dealt with Christianity in relation to other religions. Kant, in his book on *Religion within the Limits of Pure Reason*, gives Christianity an exalted standing by interpreting its symbols in terms of his *Critique of Practical Reason*. Fichte uses the Fourth Gospel to exalt Christianity as a representative of mysticism; Schelling and Hegel consider it, in spite of Islam, as the fulfillment of all that is positive in the other religions and cultures; Schleiermacher gives a construction of the history of religions in which Christianity takes the highest place in the highest type of religion. My own teacher, Ernst Troeltsch, in his famous essay, "The Absoluteness of Christianity," asks most radically the question of the standing of Christianity among the world religions. He, like all the other Christian theologians and philosophers, who subsume Christianity under the concept of religion, construes Christianity as the most adequate realization of the potentialities implied in that concept. But since the concept of religion is itself derived from the Christian-humanist tradition, the procedure is circular. Troeltsch was aware of this situation and drew the consequences in his interpretation of history, in which he states no universal aim of history, but restricts himself to his own tradition, of which Christianity is an element. He calls it "Europeism"; today we would probably call it "The West." A consequence of this withdrawal was his advocation of the replacement of missionary attacks on the other world religions by "cross-fertilization," which was meant more as cultural exchange than as interreligious unity of acceptance and rejection. The resignation implied in this solution followed a general trend of nineteenth century thought, positivism in the original sense of the word, as acceptance of the empirically given without a superior criterion.

There was, however, always a majority of theologians and church people who interpreted Christianity in a particularistic and absolutistic way. They emphasized the exclusiveness of the salvation through Christ, following the main line of the theology of the Reformers, their orthodox systematizers and their pietistic transformers. In several waves the anti-universalist movements attacked the universalist trends which had become powerful in the last centuries. Every relativistic attitude towards the world religions was denounced as a negation of the absolute truth of Christianity. Out of this tradition (which is not necessarily fundamentalist in the ordinary sense) a strong particularistic turn of theology has grown. It was called in Europe crisis-theology; in America it is being called neo-orthodoxy. Its founder and outstanding representative is Karl Barth. This theology can be summed up from the point of view of our problem as the rejection of the concept of religion if applied to Christianity. According to him, the Christian|Church, the embodiment of Christianity, is based on the only revelation that has ever occurred, namely, that in Jesus Christ. All human religions are fascinating, but futile attempts of man to reach God, and the relation to them, therefore, is no problem; the Christian judgment of them is unambiguous rejection of their claim to be based on revelation. Consequently, the problem which is the subject of this book—the encounter of Christianity with the world religions—may be an interesting historical problem, but is not a theological one. Yet history itself forced the problem on Barth, not through an encounter with a non-Christian religion in the proper sense, but through a highly dramatic encounter with one of the radicalized and demoniacal quasi-religions—Nazism. Under Barth's leadership the European Christian churches were able to resist its onslaught; the radical self-affirmation of Christianity in his theology made any compromise with Nazism impossible. But, according to the law mentioned above, the price paid for this successful defense was a theological and ecclesiastical narrowness which blinded the majority of Protestant leaders in Europe to the new situation arising out of the encounters of religions and|quasi-religions all over the world. The missionary question was treated in a way which contradicted not only Troeltsch's idea of a cross-fertilization of the high religions, but also early Christian universalism, and it deserves mention that Barth and his whole school gave up the classical doctrine of the Logos in which this universalism was most clearly expressed.

The present attitude of Christianity to the world religions is as indefinite as that in most of its history. The extreme contrast between men like Barth and the theologian of missions, Kraemer, on the one side, and Troeltsch and the philosophical historian, Toynbee, with his program of a synthesis of the world religions, on the other, is symbolic for the intrinsic dialectics of the relation of Christianity to the religions proper. Implications of this dialectics for the relation of Christianity to particular religions, especially those originating in India, will be discussed in a later chapter.

4.

We must still ask the question, at least in general terms, of what the attitude of Christianity to the|quasi-religions is. The answer presupposes a discussion of the attitude of Christianity to the secular realm in general. I do not say to secularism, for there is no problem in this. Secularism, i.e., the affirmation of secular culture in contrast to, and to the exclusion of, religion can only be rejected by Christianity as well as by every other religion. But the secular realm does not necessarily affirm itself in the form of secularism; it can affirm itself as an element within an overarching religious system, as was the case in the Middle Ages. Under such conditions Christianity has used the creations of the secular realm, wherever found—in Egypt or Greece or Rome—for the building of its own life. In our own period Christianity has been able to accept the different technical and economic revolutions and, after some brief reactions, the scientific affirmations which underlie these transformations of our historical existence. The relation of Protestantism to the secular realm is the most positive, due to the Protestant principle that the sacred sphere is not nearer to the Ultimate than the secular sphere. It denies that either of them has a greater claim to grace than the other; both are infinitely distant from and infinitely near to the Divine. This | stems from the fact that Protestantism was largely a lay movement, like the Renaissance, and that in its later development a synthesis between the Enlightenment and Protestantism was possible, while in Catholic countries, even today, Christianity and the Enlightenment are still struggling with each other. The danger of the Protestant idea, of course, is that the acceptance of secularism can lead to a slow elimination of the religious dimension altogether, even within the Protestant churches. The general attitude of the Christian churches to the secular realm determines their judgment about the quasi-religions which have arisen on the basis of secularism.

First of all, it is obvious that Protestantism is more open to and, consequently, a more easy prey of the quasi-religions. The Roman Church has denied to all three types of quasi-religion—the nationalist, the socialist, and the liberal-humanist—any *religious* significance. It did not reject the nationalist or socialist idea as such; the social ethics of the Catholic Church could deal positively with both ideas under the criterion of the church tradition. More complex, and on the whole negative, is the Catholic attitude to the liberal-humanist quasi-|religion, for it is hardly possible to purge this movement of its religious implications. Totally opposed, however, is the Catholic Church to the quasi-religious radicalizations of nationalism and socialism, namely Fascism and Communism. The religious element of neither can be denied—even if this element is a dogmatic "atheism." This leads to the uncompromising rejection of Communism, and to the less passionate, but equally unambiguous, rejection of Fascism by the Catholic Church.

Its positive valuation of the secular makes the relation of Protestantism to the quasi-religions much more dialectical and even ambiguous. Protestantism can receive and transform the religious elements of the quasi-religions. It has done so in different ways with all three of them, but it has also partly—though never totally—succumbed to their radicalized forms. The Catholic Church has not been open to such reception of and subjection to the quasi-religions.

A few facts may show the ambiguous character of Protestantism in relation to the quasi-religions. The national idea was, since the reform councils of the fifteenth and the Reformation of the sixteenth centuries, a decisive tool in the fight of Christian groups against Rome. This was seen more clearly in England than anywhere else; Holland followed later, while in Germany Luther used national protests against Rome in defense of the Reformation without having a German nation behind him. Only in the late nineteenth century did the nationalism of the newly founded German Empire come into conflict with the Roman Church. When Nazism radicalized the nationalistic faith, certain Protestant groups succumbed to it, while the majority repulsed the demonic attack of the nationalistic quasi-religion. In the United States there is a kind of conservative Protestantism (religiously as well as politically) which supports, often fanatically, the nationalist quasi-religion. It is a symptom of the openness of Protestantism to the danger of what one could call nationalist apostasy.

Protestantism had, in its earlier stages, less affinity to movements for social justice than Catholicism. Its negative judgment about the human predicament made it conservative and authoritarian. Nevertheless, there were the spiritually strong (though politically weak) movements of Social Gospel and Christian Socialism, which tried to discuss and transform the religious element in the Socialist faith and to use it for Protestant social ethics. Against the Communist radicalization and demonization of Socialism, the Protestant churches were as uncompromising as the Catholic church, but there is a strong desire in many Protestant groups not only to reject, but also to understand, what is going on in one-half of the inhabited world.

Protestantism has its most intimate relation with the liberal-humanist quasi-religion. In many cases, as in all forms of liberal Protestantism, a full amalgamation has taken place. In the first chapter I called both Protestantism and liberal humanism spiritual but fragile; in the last chapter we will deal more fully with their relation.

One thing should have become clear through the preceding descriptions and analyses: that Christianity is not based on a simple negation of the religions or quasi-religions it encounters. The relation is profoundly dialectical, and that is not a weakness, but the greatness of Christianity, especially in its self-critical, Protestant form.

III. A Christian-Buddhist Conversation

1.

In the first chapter we drew a panorama of the present encounters of religions and quasi-religions in many areas. We did it with a particular emphasis on the quasi-religions, their nature and their superior historical dynamics. It was the encounter of nationalism, communism and liberal humanism with the religions proper which was at the center of our interest, because it is decisive for our present religious situation. In the second chapter Christian principles of judging non-Christian religions were discussed and the universalism of Christian theology in most centuries was shown. We illustrated with examples from the history of the Church the Christian belief that revelatory events underlie all religions and quasi-religions, but also the theological idea that the revelatory event on which Christianity is based has critical and transforming power for all religions.

On the basis of this judgment of the non-Christian religions and quasi-religions on the part of Christianity, I intend now to discuss a concrete encounter of Christianity with one of the greatest, strangest, and at the same time most competitive of the religions proper—Buddhism. The discussion of this encounter will not be merely descriptive; it will be presented in a systematic way as a dialogue about the basic principles of both religions. In order to do this it is first necessary to determine the systematic place of both Christianity and Buddhism within the whole of man's religious existence. Such an attempt is perhaps the most difficult one in the comparative study of religions, but if successful it is the most fruitful for the understanding of the seemingly incomprehensible jungle which the history of religion presents to the investigating mind. It is the attempt to erect signposts pointing to *types* of religions, their general characteristics, and their positions in relation to each other.

The establishment of types, however, is always a dubious enterprise. Types are logical ideals for the sake of a discerning understanding; they do not exist in time and space, and in reality we find only a mixture of types in every particular example. But it is not this fact alone which makes typologies questionable. It is above all the spatial character of typological thinking; types stand beside each other and seem to have no interrelation. They seem to be static, leaving the dynamics to the individual things, and the individual things, movements, situations, persons (e.g., each of us) resist the attempt to be subordinated to a definite type. Yet types are not necessarily static; there are tensions in every type which drive it beyond itself. Dialectical thought has discovered this and has shown the immense fertility of the dialectical description of tensions in seemingly static structures. The kind of dialectics which, I believe, is most adequate to typological inquiries is the description of contrasting poles within one structure. A polar relation is a relation of interdependent elements, each of which is necessary for the other one and for the whole, although it is in tension with the opposite element. The tension drives both to conflicts and beyond the conflicts to possible unions of the polar elements. Described in this way, types lose their static rigidity, and the individual things and persons can transcend the type to which they belong without losing their definite character. Such a dynamic typology has, at the same time, a decisive advantage over a one-directed dialectics like that of the Hegelian school, in that it does not push into the past what is dialectically left behind. For example, in the problem of the relation of Christianity and Buddhism, Hegelian dialectics considers Buddhism as an early stage of the religious development which is now totally abandoned by history. It still exists, but the World-Spirit is no longer creatively in it. In contrast, a dynamic typology considers Buddhism as a living religion, in which special polar elements are predominant, and which therefore stands in polar tension to other religions in which other elements are predominant. In terms of this method, for example, it would be impossible to call Christianity the absolute religion, as Hegel did, for Christianity is characterized in each historical period by the predominance of different elements out of the whole of elements and polarities which constitute the religious realm.

However, one may point to the fact that we distinguish between living and dead religions on the one hand, and between high and low religions on | the other hand, and ask: Does this not mean that some religions *did* disappear completely after the rise of higher forms, and could not Buddhism be considered, as it is with Hegel and in neo-orthodox theology, as a religion which is, in principle, dead? If this were so, a serious dialogue would be impossible. But it is not so! While specific religions, as well as specific cultures, do grow and die, the forces which brought them into being, the type-determining elements, belong to the nature of the holy and with it to the nature of man, and with it to the nature of the universe and the revelatory self-manifestation of the divine. Therefore the decisive point in a dialogue between two religions is not the historically determined, contingent *embodiment* of the typological elements, but these elements themselves. Under the method of dynamic typology every dialogue between religions is accompanied by a silent dialogue *within* the representatives of each of the participating religions. If the Christian theologian discusses with the Buddhist priest the relation of the mystical and the ethical elements in both religions and, for instance, defends the priority of the ethical over the mystical, he discusses at the same time within himself the relationship of | the two in Christianity. This produces (as I can witness) both seriousness and anxiety.

It would now seem in order to give a dynamic typology of the religions or, more precisely, of the typical elements which, in many variations, are the determining factors in every concrete religion. But this is a task which by far transcends the scope of this book, which may be considered as a small contribution to such a typology. The only statement possible at this moment is the determination of the polarities of which Christianity and Buddhism occupy the opposite poles. Like all religions, both grow out of a sacramental basis, out of the experience of the holy as present here and now, in this thing, this person, this event. But no higher religion remained on this sacramental basis; they transcended it, while still preserving it, for as long as there is religion the sacramental basis cannot disappear. It can, however, be broken and transcended. This has happened in two directions, the mystical and the ethical, according to the two elements of the experience of the holy—the experience of the holy as being and the experience of the holy as what ought to be. There is no holiness and therefore no living religion without both elements, but | the predominance of the mystical element in all India-born religions is obvious, as well as the predominance of the social-ethical element in those born of Israel. This gives to the dialogue a preliminary place within the encounters of the religions proper. At the same time it gives an example of the encounter and the conflict of the elements of the holy within every particular religion.

2.

Buddhism and Christianity have encountered each other since early times, but not much of a dialogue resulted from the encounter. Neither of the two religions plays a role in the classical literature of the other. Buddhism made its first noticeable impact on Western thought in the philosophy of Schopenhauer, who with some justification identified his metaphysics and psychology of "will" with Indian, and especially Buddhist, insights. A second influx of Indian, including Buddhist, ideas occurred in the beginning of our century when Buddhist sources were published in attractive translations, and men like Rudolf Otto, the Marburg theologian and author of the classical book, *The Idea of the Holy*, began a continuous and profound personal and literary dialogue between Christianity and the Indian religions. The discussion has been going on ever since both in the East and the West—in the East not only from the side of Indian Hinduism, but also from the side of Japanese Buddhism. This points to a third and more existential encounter, the missionary attack of Japanese Zen Buddhism on the Western educated classes, both Christian and humanist. (The reason for the success as well as the limits of this Buddhist invasion in the West will be discussed later.)

Is there a corresponding impact of Christianity on Buddhism? To answer this one must distinguish, as with respect to all Asiatic religions, three ways in which Christianity could have influenced them—the direct missionary way, the indirect cultural way, and the personal dialogical way. Missionary work has had a very slight impact on the educated classes of the Asiatic nations, although the conversion of outstanding individuals proves at least a qualitative success of the missions. But in a nation like Japan, where superior civilizing forces have shaped almost all classes of society, missionary success is very limited. In Indian Hinduism the masses are more open to Christian missionary work, as the South Indian church shows, but in the upper classes it is rather a Christian humanism which has taken hold of important individuals. For in all Asiatic religions the indirect, civilizing influence of Christianity is, for the time being, decisive, and not its missionary work. There is a third way, the dialogical-personal, of making inroads into Buddhist spirituality. It is immeasurable, quantitatively as well as qualitatively, but it is a continuous reality and the basis of the dialogical material to be given here.

If we look at the mutual influences between Christianity and Buddhism as a whole, we must conclude that they are extremely small—not comparable with the impact of Christianity on the Mediterranean and Germanic nations in the far past, and on many religiously primitive nations in the recent past, or with the impact Buddhism once had on the lower classes as well as the cultured groups of East Asia, for example in China and Japan. And, certainly, the mutual influence of the two religions cannot be compared with the tremendous influence the quasi-religions have had on both of them. So it may happen that the dialogue between them, in a not too distant future, will center on the common problems which arise with respect to the secularization of all mankind and the resulting attack of the powerful quasi-religions on all religions proper. But even so the interreligious dialogue must go on and should bear more fruits than it has up to now.

A dialogue between representatives of different religions has several presuppositions. It first presupposes that both partners acknowledge the value of the other's religious conviction (as based ultimately on a revelatory experience), so that they consider the dialogue worthwhile. Second, it presupposes that each of them is able to represent his own religious basis with conviction, so that the dialogue is a serious confrontation. Third, it presupposes a common ground which makes both dialogue and conflicts possible, and, fourth, the openness of both sides to criticisms directed against their own religious basis. If these presuppositions are realized—as I felt they were in my own dialogues with priestly and scholarly representatives of Buddhism in Japan—this way of encounter of two or more religions can be extremely fruitful and, if continuous, even of historical consequence.

One of the important points which is valid for all discussions between representatives of religions proper today is the unceasing reference to the quasi-religions and their secular background. In this way the dialogue loses the character of a discussion of dogmatic subtleties and becomes a common inquiry in the light of the world situation; and it may happen that the particular theological points become of secondary importance in view of the position of defense of all religions proper.

3.

The last remark leads immediately to the question to which all types of religions proper and of quasi-religions give an answer, whether they intend to do so or not. It is the question of the intrinsic aim of existence—in Greek, the *telos* of all existing things. It is *here* that one should start every interreligious discussion, and not with a comparison of the contrasting concepts of God or man or history or salvation. They can all be understood in their particular character if the particular character of their concept of the telos has been understood. In the telos-formula of the Greek philosophers their whole vision of man and world was summed up, as when Plato called the telos of man ὁμοίωσις τῷ θεῷ κατὰ τὸ δυνατόν (becoming similar to the god as much as possible). In the dialogue between Christianity and Buddhism two telos-formulas can be used: in Christianity the telos of every*one* and everything united in the Kingdom of God; in Buddhism the telos of every*thing* and everyone fulfilled in the Nirvana. These, of course, are abbreviations for an almost infinite number of presuppositions and consequences; but just for this reason they are useful for the beginning as well as for the end of a dialogue.

Both terms are symbols, and it is the different approach to reality implied in them which creates the theoretical as well as practical contrast between the two religions. The Kingdom of God is a social, political, and personalistic symbol.

The symbolic material is taken from the ruler of a realm who establishes a reign of justice and peace. In contrast to it Nirvana is an ontological symbol. Its material is taken from the experience of finitude, separation, blindness, suffering, and, in answer to all this, the image of the blessed oneness of everything, beyond finitude and error, in the ultimate Ground of Being.

In spite of this profound contrast a dialogue between the two is possible. Both are based on a negative valuation of existence: the Kingdom of God stands against the kingdoms of this world, namely, the demonic power-structures which rule in history and personal life; Nirvana stands against the world of seeming reality as the true reality from which the individual things come and to which they are destined to return. But from this common basis decisive differences arise. In Christianity the world is seen as creation and therefore as essentially good; the great Christian assertion, *esse qua esse bonum est,* is the conceptualization of the Genesis story in which God sees everything he has created "and behold, it was very good." The negative judgment, therefore, in Christianity is directed against the world in its existence, not in its essence, against the fallen, not the created, world. In Buddhism the fact that there is a world is the result of an ontological Fall into finitude.

The consequences of this basic difference are immense. The Ultimate in Christianity is symbolized in personal categories, the Ultimate in Buddhism in transpersonal categories, for example, "absolute non-being." Man in Christianity is responsible for the Fall and is considered a sinner; man in Buddhism is a finite creature bound to the wheel of life with self-affirmation, blindness, and suffering.

4.

It seems that here the dialogue would come to an end with a clear statement of incompatibility. But the dialogue goes on and the question is asked whether the nature of the holy has not forced both sides to include, at least by implication, elements which are predominant in the other side. The symbol "Kingdom of God" appears in a religious development in which the holiness of the "ought to be" is predominant over the holiness of the "is," and the "protesting" element of the holy is predominant over the "sacramental" one. The symbol appears in prophetic Judaism, in the synoptic type of early Christianity, in Calvinism, and in the social type of liberal Protestantism. But if we look at Christianity as a whole, including the types just mentioned, we find a large amount of mystical and sacramental elements, and consequently ideas concerning God and man which approximate Buddhist concepts. The *esse ipsum,* being itself, of the classical Christian doctrine of God, is a transpersonal category and enables the Christian disputant to understand the meaning of absolute nothingness in Buddhist thought. The term points to the unconditional and infinite character of the Ultimate and the impossibility of identifying it with anything particular that exists. Vice versa, it is obvious that in Mahayana Buddhism the Buddha-Spirit appears in many manifestations of a personal character, making a nonmystical, often very primitive relation to a divine figure possible. Such observations confirm the assumption that none of the various elements which constitute the meaning of the holy are ever completely lacking in any genuine experience of the holy, and, therefore, in any religion. But this does not mean that a fusion of the Christian and the Buddhist idea of God is possible, nor does it mean that one can produce a common denominator by depriving the conflicting symbols of their concreteness. A living religion comes to life only if a new revelatory experience appears.

This dialogue leads to the general question of whether the controlling symbols, Kingdom of God | and Nirvana, are mutually exclusive. According to our derivation of all religious types from elements in the experience of the holy, this is unthinkable, and there are indications in the history of both symbols that converging tendencies exist. If in Paul the Kingdom of God is identified with the expectation of God being all *in* all (or *for* all), if it is replaced by the symbol of Eternal Life, or described as the eternal intuition and fruition of God, this has a strong affinity to the praise of Nirvana as the state of transtemporal blessedness, for blessedness presupposes—at least in symbolic language—a subject which experiences blessedness. But here also a warning against mixture or reduction of the concrete character of both religions must be given.

The dialogue can now turn to some ethical consequences in which the differences are more conspicuous. In discussing them it becomes obvious that two different ontological principles lie behind the conflicting symbols, Kingdom of God and Nirvana, namely, "participation" and "identity." One participates, as an individual being, in the Kingdom of God. One is identical with everything that is in Nirvana. This leads immediately to a different relation of man to nature. The principle of partici|pation can be reduced in its application to such a degree that it leads to the attitude of technical control of nature which dominates the Western world. Nature, in all its forms, is a tool for human purposes. Under the principle of identity the development of this possibility is largely prevented. The sympathetic identification with nature is powerfully expressed in the Buddhist-inspired art in China and Korea and Japan. An analogous attitude in Hinduism, dependent also on the principle of identity, is the treatment of the higher animals, the prohibition to kill them, and the belief, connected with the Karma doctrine, that human souls in the process of migration can be embodied in animals. This is far removed from the Old Testament story in which Adam is assigned the task of ruling over all other creatures.

Nevertheless, the attitudes towards nature in Christianity and Buddhism are not totally exclusive. In the long history of Christian nature-mysticism the principle of participation can reach a degree in which it is often difficult to distinguish it from the principle of identity, as, for example, in Francis of Assisi. Luther's sacramental thinking produced a kind of nature-mysticism which influ|enced Protestant mystics and, in a secularized form, the German romantic movement. It is not Christianity as a whole, but Calvinist Protestantism whose attitude towards nature contradicts almost completely the Buddhist attitude. In Buddhism the controlling attitude to nature increased with the migration of

Buddhism from India through China to Japan, but it never conquered the principle of identity. Every Buddhist rock garden is a witness to its presence. The statement I heard, that these expressively arranged rocks are both here and, at the same time, everywhere in the universe in a kind of mystical omnipresence, and that their particular existence here and now is not significant, was for me a quite conspicuous expression of the principle of identity.

But most important for the Buddhist-determined cultures is the significance of the principle of identity for the relation of man to man and to society. One can say, in considerably condensed form, that participation leads to agape, identity to compassion. In the New Testament the Greek word agape is used in a new sense for that kind of love that God has for man, the higher for the lower, and that all men should have for one another, whether they | are friends or enemies, accepted or rejected, liked or disliked. Agape in this sense accepts the unacceptable and tries to transform it. It will raise the beloved beyond himself, but the success of this attempt is not the condition of agape; it may become its consequence. Agape accepts and tries to transform in the direction of what is meant by the "Kingdom of God."

Compassion is a state in which he who does not suffer under his own conditions may suffer by identification with another who suffers. He neither accepts the other one in terms of "in spite of," nor does he try to transform him, but he suffers his suffering through identification. This can be a very active way of love, and it can bring more immediate benefit to him who is loved than can a moralistically distorted commandment to exercise agape. But something is lacking: the will to transform the other one, either directly, or indirectly by transforming the sociological and psychological structures by which he is conditioned. There are great expressions of compassion in Buddhist religion and art, as well as—and here again I can witness—in personal relations with friends, but this is not agape. It differs in that it lacks the double charac|teristic of agape—the acceptance of the unacceptable, or the movement from the highest to the lowest, and, at the same time, the will to transform individual as well as social structures.

Now the problem of history comes into the foreground of the dialogue. Under the predominance of the symbol of the Kingdom of God, history is not only the scene in which the destiny of individuals is decided, but it is a movement in which the new is created and which runs ahead to the absolutely new, symbolized as "the new heaven and the new earth." This vision of history, this really historical interpretation, has many implications of which I want to mention the following. With respect to the mode of the future, it means that the symbol of the Kingdom of God has a revolutionary character. Christianity, insofar as it works in line with this symbol, shows a revolutionary force directed towards a radical transformation of society. The conservative tendencies in the official churches have never been able to suppress this element in the symbol of the Kingdom of God, and most of the revolutionary movements in the West—liberalism, democracy, and socialism—are dependent on it, whether they know it or not. There is no analogy | to this in Buddhism. Not transformation of reality but salvation from reality is the basic attitude. This need not lead to radical asceticism as in India; it can lead to an affirmation of the activities of daily life—as, for instance, in Zen Buddhism—but under the principle of ultimate detachment. In any case, no belief in the new in history, no impulse for transforming society, can be derived from the principle of Nirvana. If contemporary Buddhism shows an increased social interest, and if the sectarian "New Religions" in Japan (some of them of Buddhist origin) are extremely popular, this remains under the principle of compassion. No transformation of society as a whole, no aspiration for the radically new in history, can be observed in these movements. Again we must ask: Is this the end of the dialogue? And again I answer: Not necessarily. In spite of all the revolutionary dynamics in Christianity there is a strong, sometimes even predominant experience of the vertical line, for instance in Christian mysticism, in the sacramental conservatism of the Catholic churches, and in the religiously founded political conservatism of the Lutheran churches. In all these cases the revolutionary impetus of Christianity is repressed and the longing of all creatures for the "eternal rest in God, the Lord" approaches indifference towards history. In its relation to history Christianity includes more polar tensions than Buddhism, just because it has chosen the horizontal, historical line.

But this is not the end of the dialogue. For history itself has driven Buddhism to take history seriously, and this at a moment when in the Christian West a despair about history has taken hold of many people. Buddhist Japan wants democracy, and asks the question of its spiritual foundation. The leaders know that Buddhism is unable to furnish such a foundation, and they look for something which has appeared only in the context of Christianity, namely, the attitude toward every individual which sees in him a person, a being of infinite value and equal rights in view of the Ultimate. Christian conquerors forced democracy upon the Japanese; they accepted it, but then they asked: How can it work if the Christian estimation of every person has no roots either in Shintoism or in Buddhism?

The fact that it has no roots comes out in a dialogue like the following: The Buddhist priest asks the Christian philosopher, "Do you believe that every person has a substance of his own which gives him true individuality?" The Christian answers, "Certainly!" The Buddhist priest asks, "Do you believe that community between individuals is possible?" The Christian answers affirmatively. Then the Buddhist says, "Your two answers are incompatible; if every person has a substance, no community is possible." To which the Christian replies, "*Only* if each person has a substance of his own is community possible, for community presupposes separation. You, Buddhist friends, have identity, but not community." Then the observer asks: "Is a Japanese democracy possible under these principles? Can acceptance of a political system replace its spiritual foundation?" With these questions, which are valid for nations all over the non-Western world, the dialogue comes to a preliminary end.

IV. Christianity Judging Itself
in the Light of Its Encounter with the World Religions[2]

Under the general title, "Christianity and the Encounter of the World Religions," we gave first a view of the present situation, distinguishing between religions proper and secular quasi-religions. In drawing a map of their encounters all over the world we emphasized the fact that the most conspicuous encounters are those of the quasi-religions—Fascism, Communism, liberal humanism—with the primitive as well as the high religions, and that in consequence of this situation all religions have the common problem: how to encounter secularism and the quasi-religions based on it.

In the second chapter, under the title, "Christian Principles of Judging Non-Christian Religions," we tried to show a long line of Christian univer|salism affirming revelatory experiences in non-Christian religions, a line starting in the prophets and Jesus, carried on by the Church Fathers, interrupted for centuries by the rise of Islam and of Christian anti-Judaism, and taken up again in the Renaissance and the Enlightenment. This principle of universalism has been under continual attack by the opposite principle, that of particularity with the claim to exclusive validity, which has led to the unsettled and contradictory attitude of present-day Christianity towards the world religions. The same ambiguous attitude, we pointed out, is prevalent in the judgments of contemporary Christian leaders with respect to the quasi-religions and secularism generally.

In the third chapter, entitled "A Christian-Buddhist Conversation," we discussed, first, the problem of a typology of religions and suggested the use of a dynamic typology, based on polarities instead of antitheses, as a way of understanding the seemingly chaotic history of religions. As a most important example of such polarity Christianity and Buddhism were confronted, points of convergence and divergence shown, and the whole summed up in the two contrasting symbols, King|dom of God and Nirvana. The chapter ended with the question: How can a community of democratic nations be created without the religions out of which liberal democracy in the Western world originally arose?

The last question leads us to the subject of this chapter, "Christianity Judging Itself in the Light of Its Encounters with the World Religions," meaning both religions proper and quasi-religions.

1.

Let us consider first the basis of such self-judgment. Where does Christianity find its criteria? There is only one point from which the criteria can be derived and only one way to approach this point. The point is the event on which Christianity is based, and the way is the participation in the continuing spiritual power of this event, which is the appearance and reception of Jesus of Nazareth as the Christ, a symbol which stands for the decisive self-manifestation in human history of the source and aim of all being. This is the point from which the criteria of judging Christianity in the name of Christianity must be taken. |

The way to this point is through participation, but how can one participate in an event of the past? Certainly not by historical knowledge, although we must listen to the witnesses to what happened; certainly not by acceptance of a tradition, although only through tradition can one be in living contact with the past; certainly not by subjecting oneself to authorities past or present, although there is no spiritual life without an actual (but not principal) dependence on authorities. Participation in an event of the past is only possible if one is grasped by the spiritual power of this event and through it is enabled to evaluate the witnesses, the traditions and the authorities in which the same spiritual power was and is effective.

It is possible, through participation, to discover in the appearance of the Christ in history the criteria by which Christianity must judge itself, but it is also possible to miss them. I am conscious of the fact that there is a risk involved, but where there is spirit, and not letter and law, there is always risk. This risk is unavoidable if one tries to judge Christianity in the name of its own foundation, but *if* it is done, it gives an answer to the question implied in the general subject of these lectures, "Christianity and the Encounter of the World Religions."

In the second chapter we discussed two tensions in the Christian self-interpretation, the first decisive for the relation of Christianity to the religions proper, and the second decisive for the relation of Christianity to the quasi-religions. The first is the tension between the particular and the universal character of the Christian claim; the second is the tension between Christianity as a religion and Christianity as the negation of religion. Both of these tensions follow from the nature of the event on which Christianity is based. The meaning of this event shows not in its providing a foundation for a new religion with a particular character (though this followed, unavoidably, with consequences partly creative and partly destructive, ambiguously mixed in church history), but it shows in the event itself, which preceded and judges these consequences. It is a personal life, the image of which, as it impressed itself on his followers, shows no break in his relation to God and no claim for himself in his particularity. What is particular in him is that he crucified the particular in himself for the sake of the universal. This liberates his image from bondage both to a particular religion—the religion to which he belonged has thrown him out—and to the religious sphere as such; the principle of love in him embraces the cosmos, including both the religions and the secular spheres. With this image, particular yet free from particularity, religious yet free from religion, the criteria are given under which Christianity must judge itself and, by judging itself, judge also the other religions and the quasi-religions.

2.

On this basis Christianity has developed into a specific religion through a process of perpetuating the tradition of the Old Testament and, at the same time, of receiving elements from all the other confronted religions. As Harnack has said, Christianity in itself is a compendium of the history of religion. Although the first formative centuries were the most important in the whole development, the process has continued up to the present day. In it Christianity judged, was judged, and accepted judgment. The dynamic life it showed was nourished by the tension between judging the encountered religions in the strength of its foundation, and accepting judgment from them in the freedom its foundation gives. Christianity has in its very nature an openness in all directions, and for centuries this openness and receptivity was its glory. But there were two factors which limited more and more the freedom of Christianity to accept judgment: the hierarchical and the polemical. With the strengthening of the hierarchical authority it became increasingly difficult for it to recant or to alter decisions made by bishops, councils and, finally, Popes. The tradition ceased to be a living stream; it became an ever-augmented sum of immovably valid statements and institutions. But even more effective in this development was the polemical factor. Every important decision in the history of the church is the solution of a problem raised by conflicts in history, and a decision, once made, cuts off other possibilities. It closes doors, it narrows down. It increases the proclivity to judge, and it decreases the willingness to accept judgment. The worst consequence of this tendency was the split of the church in the period of the Reformation and the Counter Reformation. After that the glory of openness was lost to both sides. The church of the Counter Reformation was incomparably less able to encounter the other religions or quasi-religions than the early church had been, and in the Protestant churches, in spite of the freedom the Protestant principle gives, it was only the influence of secularism which again opened them to a creative encounter with other religions. One sometimes points to the skill with which missionaries, especially in Catholic orders, adapt their message and their demands to the pagan substance of a superficially converted group. But adaptation is not reception and does not lead to self-judgment. In the light of this consideration we must acknowledge the degree to which Christianity has become a religion instead of remaining a center of crystallization for all positive religious elements after they have been subjected to the criteria implied in this center. Much of the criticism directed against Christianity is due to this failure.

With this general view in mind I want now to give examples of the way in which Christianity both judged other religions and accepted judgment from them, and finally to show the inner-Christian struggle against itself as a religion, and the new vistas which open up in consequence of these struggles for the future encounters of Christianity with the world religions.

Strictly in the Jewish tradition, the early Christians judged polytheism as idolatry, or the service of demonic powers. This judgment was accompanied by anxiety and horror. Polytheism was felt to be a direct attack on the divinity of the divine, an attempt to elevate finite realities, however great and beautiful, to ultimacy in being and meaning. The glory of the Greek gods impressed the Christians as little as did the animal-shaped divinities of the "barbaric" nations. But there arose a counterjudgment: the cultivated adherents of polytheistic symbolism accused the Jews and Christians of atheism, because they denied the divine presence in every realm of being. They were accused of profanizing the world. Somehow they were themselves aware of this fact. They did not moderate their abhorrence of polytheism, but they found many concrete manifestations of the divine in the world, for instance, hypostatized qualities or functions of God like His "Wisdom" or His "Word" or His "Glory." They saw in nature and history traces of angelic and demonic powers. Further—and in this Christianity parted ways with Judaism—they affirmed a divine mediator between God and man, and through him a host of saints and martyrs—mediators between the mediator and man, so to speak. In this respect Christianity has accepted influences from the polytheistic element of religion. In a secular form the conflict is alive even today as the conflict between a romantic philosophy of nature and its religious-artistic expressions, on the one hand, and the total profanization of nature and its moral and technical subjection to man's purposes, on the other.

I have chosen this example of a most radical judgment of another religious type by Christianity, which yet did not prevent the Christians from accepting judgment from it in turn.

Although it is itself based on the Old Testament, Christianity judged and still judges Judaism, but because of its dependence upon it, is most inhibited from accepting judgment from it. Nevertheless, Christans have done so since the removal of the barriers of medieval suppression which was born of anxiety and fanaticism. For almost two hundred years Christianity, by way of liberal humanism, has received Jewish judgment indirectly and has transformed the critique into self-judgment. It was partly the resurgence of pagan elements in the national and territorial churches, and partly the suppression of the self-critical spirit in all churches, which called forth a prophetic reaction in democratic and socialist Christians.

I would like to be able to say more about judgment and the acceptance of judgment in relation to Islam, but there is little to say. The early encounter resulted only in mutual rejection. Are there possibilities for Christian self-judgment in these encounters? There are at two points—in the solution of the racial problem in Islam and in its wisdom in dealing with the primitive peoples. But this is probably all.

Another example of a radical rejection in connection with elements of acceptance was the dualistic religion of Persia, introduced into Christianity by Gnostic groups and supported by the Greek doctrine of matter resisting the spirit. The fight against dualism and the rejection of a God of darkness with creative powers of his own were consequences of the Old Testament doctrine of creation. For this Christianity fought, but the Christians were, at the same time, impressed by the seriousness with which dualism took the problem of evil; Augustine was for this reason a Manichean for ten years. There are also many Christians today who, with Augustine and his Protestant followers up to Karl Barth, accept the "total depravity" of man, a dualistic concept which was judged and accepted at the same time, and is being judged and accepted in present discussions for and against the existentialist view of man's predicament.

Christianity had encountered mysticism long before the modern opening up of India. A decisive struggle was made against Julian the Apostate's ideas of a restitution of paganism with the help of Neoplatonic mysticism. When we look at this struggle we find, on both sides, arguments similar to those used in our contemporary encounters with Indian mysticism. The Christian theologians were and are right in criticizing the nonpersonal, nonsocial and nonhistorical attitude of the mystical religions, but they had to accept the countercriticism of the mystical groups that their own personalism is primitive and needs interpretation in transpersonal terms. This has been at least partly accepted by Christian theologians who, in agreement with the long line of Christian mystics, have asserted that without a mystical element—namely, an experience of the immediate presence of the divine—there is no religion at all.

The examples could be multiplied, but these may suffice to illustrate the rhythm of criticism, countercriticism and self-criticism throughout the history of Christianity. They show that Christianity is not imprisoned in itself and that in all its radical judgments about other religions some degree of acceptance of counter-judgments took place.

3.

We have discussed the judgment of Christianity against itself on the basis of the judgment it received from outside. But receiving external criticism means transforming it into self-criticism. If Christianity rejects the idea that it is a religion, it must fight in itself everything by which it becomes a religion. With some justification one can say that the two essential expressions of religion in the narrower sense are myth and cult. If Christianity fights against itself as a religion it must fight against myth and cult, and this it has done. It did so in the Bible, which, one should not forget, is not only a religious but also an antireligious book. The Bible fights for God against religion. This fight is rather strong in the Old Testament, where it is most powerful in the attack of the prophets against the cult and the polytheistic implications of the popular religion. In harsh criticism the whole Israelitic cult is rejected by some early prophets, and so is the mythology which gives the national gods ultimate validity. The God of Israel has been "demythologized" into the God of the universe, and the gods of the nations are "nothings." The God of Israel rejects even Israel in the moment when she claims Him as a national god. God denies His being *a* god.

The same fight against cult and myth is evident in the New Testament. The early records of the New Testament are full of stories in which Jesus violates ritual laws in order to exercise love, and in Paul the whole ritual law is dispossessed by the appearance of the Christ. John adds demythologization to deritualization: the eternal life is here and now, the divine judgment is identical with the acceptance or rejection of the light which shines for everybody. The early church tried to demythologize the idea of God and the meaning of the Christ by concepts taken from the Platonic-Stoic tradition. In all periods theologians tried hard to show the transcendence of the divine over the finite symbols expressing him. The idea of "God above God" (the phrase I used in *The Courage to Be*) can be found implicitly in all patristic theology. Their encounter with pagan polytheism, i.e., with gods on a finite basis, made the Church Fathers extremely sensitive to any concept which would present God as being analogous to the gods of those against whom they were fighting. Today this particular encounter, namely with polytheism, no longer has manifest reality; therefore the theologians have become careless in safeguarding their idea of a personal God from slipping into "henotheistic" mythology (the belief in *one* god who, however, remains particular and bound to a particular group).

The early theologians were supported by the mystical element which in the fifth century became a powerful force in Christianity. The main concept of mysticism is immediacy: immediate participation in the divine Ground by elevation into unity with it, transcending all finite realities and all finite symbols of the divine, leaving the sacramental activities far below and sinking cult and myth into the experienced abyss of the Ultimate. Like the prophetical and the theological critique, this is an attack against religion for the sake of religion.

The ritual element was devaluated by the Reformation, in the theology of both the great reformers and of the evangelical radicals. One of the most cutting attacks of Luther was directed against the *vita religiosa*, the life of the *homines religiosi*, the monks. God is present in the secular realm; in this view Renaissance and Reformation agree. It was an important victory in the fight of God against religion.

The Enlightenment brought a radical elimination of myth and cult. What was left was a philosophical concept of God as the bearer of the moral imperative. Prayer was described by Kant as something of which a reasonable man is ashamed if surprised in it. Cult and myth disappear in the philosophy of the eighteenth century, and the Church is redefined by Kant as a society with moral purposes.

All this is an expression of the religious or quasi-religious fight against religion. But the forces which were fighting to preserve Christianity as a religion were ultimately stronger, in defense and counterattack. The main argument used in the counterattacks is the observation that the loss of cult and myth is the loss of the revelatory experience on which every religion is based. Such experience needs self-expression to continue, and that means it needs mythical and ritual elements. Actually they are never lacking. They are present in every religion and quasi-religion, even in their most secularized forms. An existential protest against myth and cult is possible only in the power of myth and cult. All attacks against them have a religious background, which they try to conceal, but without success. We know today what a secular myth is. We know what a secular cult is. The totalitarian movements have provided us with both. Their great strength was that they transformed ordinary concepts, events, and persons into myths, and ordinary concepts, events, and persons into myths, and ordinary performances into rituals; therefore they had to be fought with other myths and rituals—religious and secular. You cannot escape them, however you demythologize and deritualize. They always return and you must always judge them again. In the fight of God against religion the fighter for God is in the paradoxical situation that | he has to use religion in order to fight religion.

It is a testimony to present-day Christianity that it is aware of this situation. We have mentioned the opposition to the concept of religion in the philosophy of religion as one of the symptoms of this fight. We have used the word demythologize. We have used the term quasi-religion to indicate that man's ultimate concern can express itself in secular terms. We find contemporary theologians (like Bonhöffer martyred by the Nazis) maintaining that Christianity must become secular, and that God is present in what we do as citizens, as creative artists, as friends, as lovers of nature, as workers in a profession, so that it may have eternal meaning. Christianity for these men has become an expression of the ultimate meaning in the actions of our daily life. And this is what it should be.

And now we have to ask: What is the consequence of this judgment of Christianity of itself for its dealing with the world religions? We have seen, first of all, that it is a mutual judging which opens the way for a fair valuation of the encountered religions and quasi-religions.

Such an attitude prevents contemporary Christianity from attempting to "convert" in the tradi|tional and depreciated sense of this word. Many Christians feel that it is a questionable thing, for instance, to try to convert Jews. They have lived and spoken with their Jewish friends for decades. They have not converted them, but they have created a community of conversation which has changed both sides of the dialogue. Some day this ought to happen also with people of Islamic faith. Most attempts to convert them have failed, but we may try to reach them on the basis of their growing insecurity in face of the secular world, and they may come to self-criticism in analogy to our own self-criticism.

Finally, in relation to Hinduism, Buddhism, and Taoism, we should continue the dialogue which has already started and of which I tried to give an example in the third chapter. Not conversion, but dialogue. It would be a tremendous step forward if Christianity were to accept this! It would mean that Christianity would judge itself when it judges the others in the present encounter of the world religions.

But it would do even more. It would give a new valuation to secularism. The attack of secularism on all present-day religions would not appear as | something merely negative. If Christianity denies itself as a religion, the secular development could be understood in a new sense, namely as the indirect way which historical destiny takes to unite mankind religiously, and this would mean, if we include the quasi-religions, also politically. When we look at the formerly pagan, now Communist, peoples, we may venture the idea that the secularization of the main groups of present-day mankind may be the way to their religious transformation.

This leads to the last and most universal problem of our subject: Does our analysis demand either a mixture of religions or the victory of one religion, or the end of the religious age altogether? We answer: None of these alternatives! A mixture of religions destroys in each of them the concreteness which gives it its dynamic power. The victory of *one* religion would impose a particular religious answer on all other particular answers. The end of the religious age—one has already spoken of the end of the Christian or the Protestant age—is an impossible concept. The religious principle cannot come to an end. For the question of the ultimate meaning of life cannot be silenced as long as men are men. Religion cannot come to an end, and a | particular religion will be lasting to the degree in which it negates itself as a religion. Thus Christianity will be a bearer of the religious answer as long as it breaks through its own particularity.

The way to achieve this is not to relinquish one's religious tradition for the sake of a universal concept which would be nothing but a concept. The way is to penetrate into the depth of one's own religion, in devotion, thought and action. In the depth of every living religion there is a point at which the religion itself loses its importance, and that to which it points breaks through its particularity, elevating it to spiritual freedom and with it to a vision of the spiritual presence in other expressions of the ultimate meaning of man's existence.

This is what Christianity must see in the present encounter of the world religions. |

Anmerkungen

1   Tillich ist der fünfzehnte Bampton Lecturer gewesen. Die gedruckten Vorträge sind jedoch das vierzehnte Buch in der Serie, weil der Verlag vom 14ten Bampton Lecturer, der seine Vorträge im Frühjahr 1961 gehalten hatte, niemals ein Manuskript erhalten hat.

a–a Tillich hat bei der Vorbereitung des Textes für den Verlag diese zwei Sätze als Antwort auf eine Frage des Redakteurs – ob Tillich nicht „another word than self-affirmation" finden könne – eingefügt.

2   Die Vorträge sollten am 19. Oktober, 9. November, 30. November und 7. Dezember in der Low Memorial Library stattfinden. Zwischen dem dritten und dem vierten mußte Tillich jedoch unterbrechen, sodaß der letzte Vortrag im Ms. beginnt: „I want to express my regret for the necessity to have postponed the fourth and last of the Bampton Lectures for such a long time, and for the discomfort it has caused to those who came in vain at the announced date." Es folgt dann eine Wiederholung des wesentlichen Inhalts der vorangegangenen Vorträge, die in abgekürzter Form den ersten Abschnitt des Buchkapitels ausmacht.

27. The Significance of the History of Religions for the Systematic Theologian (1966)

A. *Druckvorlage: The Significance of the History of Religions for the Systematic Theologian*, in: *Jerald C. Brauer (Ed.): The Future of Religions*, New York 1966, pp. 80—94.

B. *Die Bedeutung der Religionsgeschichte für den systematischen Theologen*, in: *Werk und Wirken Paul Tillichs. Ein Gedenkbuch*, Stuttgart 1967, S. 185—203.

C. *Die Bedeutung der Religionsgeschichte für den systematischen Theologen*, in: *EGW IV (1975)*, S. 144—156.

Zur Textgeschichte

Drei Jahre lang bot die Divinity School in Chicago Tillich noch einmal eine Plattform des Lehrens, wie er sie sich besser für die neue Weite seines theologischen Denkens nicht hätte wünschen können. Vor allem die mit Mircea Eliade gemeinsam abgehaltenen Seminare vor einer großen Zuhörerschaft (cf. EGW V, 361) vertieften seine religionswissenschaftlichen Ausblicke. Eine Reise nach Ägypten und Israel im Herbst 1963, die ihm neben einigen Enttäuschungen auch die bewegende Begegnung mit Martin Buber bescherte (cf. Pauck, 271), trat hinzu. Tillich war beeindruckt vom übermenschlichen Maß der ägyptischen Bauwerke, fühlte sich aber dem menschlichen Maß griechischer Tempel verwandter. Die folgenden Monate brachten noch einmal eine Überraschung für ihn: Im März 1965 erhielt er das Angebot, im kommenden Jahr an der New School for Social Research in New York — wiederum als erster Inhaber — den Alvin-Johnson-Stiftungslehrstuhl zu übernehmen. Wohl vor allem die Nähe zu seinem Heim in East Hampton ließ ihn nach einigem Zögern annehmen, nicht ohne Jerald Brauer zu versprechen, bis Ende des Jahres, zur Hundertjahrfeier der Divinity School, in Chicago zu bleiben. Der Sommer brachte dann die unerwartete Verschlechterung von Tillichs Gesundheitszustand. Am 7. Oktober mußte er den Freunden in Deutschland seinen Besuch absagen (cf. EGW V, 371). Am 11. Oktober (cf. Pauck, 291; anders GW XIII, 384) hielt er „in voller geistiger Frische" seinen hier wiedergegebenen letzten Vortrag, verbrachte den Abend im Hause des japanischen Kollegen Kitagawa und wurde in der Frühe des andern Tages von einer Herzattacke getroffen. Am 25. Oktober 1965 verstarb Paul Tillich in Chicago. Seine Asche, zunächst in East Hampton bestattet, fand ihre letzte Ruhestätte am 29. 5. 1966 in dem von ihm 1963 eingeweihten Paul-Tillich-Park in New Harmony/Indiana. Jerald C. Brauer veröffentlichte Tillichs letzten Vortrag 1966 in einem Gedenkbuch (= A), das er, Wilhelm Pauck und Mircea Eliade einleiteten, zusammen mit drei anderen Arbeiten Tillichs. Er benutzte als Textgrundlage das Tonband (cf. GW XIV 2. Aufl., 238).

Die deutsche Übersetzung fertigte Ingeborg Henel ebenfalls für ein Tillich-Gedenkbuch an, das im Jahr darauf erschien (= B). Die zum Teil erheblichen Abweichungen gegenüber A erklärt die Übersetzerin damit, daß sie außer dem Tonbandtranskript auch noch das originale Manuskript beigezogen habe (cf. Werk und Wirken Paul Tillichs, 185). Die Gliederung des Textes wird von ihr durch drei Abschnittszahlen verdeutlicht.

Ingeborg Henel ist auch die Herausgeberin des Bandes IV der Ergänzungs- und Nachlaßbände zu den GW, der 1971 unter dem Titel: „Korrelationen. Die Antwort der Religionen auf Fragen der Zeit" erschien und den letzten Vortrag Tillichs wieder abdruckt (= C). Trotzdem unterscheidet sich dieser Text noch einmal von B, wofür es nur für eine Stelle anmerkungsweise eine Erklärung gibt. Beide Übersetzungen sind häufig recht frei; der Apparat notiert nur sachliche Unterschiede.

The Significance of the History of Religions for the Systematic Theologian

In this lecture, I wish to deal with three basic considerations. ᵃI call the first oneᵃ "two basic decisions." A theologian who ᵇacceptsᵇ the subject, "The Significance of the History of Religions for the Systematic Theologian," and takes this subject seriously, has already made, explicitly or implicitly, two basic decisions. On the one hand he has separated himself from a theology which rejects all religions other than ᶜthat of which he is a theologianᶜ. On the other hand if one accepts the subject affirmatively ᵈand seriouslyᵈ, he has rejected the paradox ᵉof aᵉ religion of non-religion, or a theology without theos, ᶠalso called a theology of the secularᶠ.

Both of these ᵍattitudesᵍ have a long history. The former has been renewed in our century by Karl Barth. The latter is now most sharply expressed in the so-called ʰtheology-without-God languageʰ. For the former attitude, either the ⁱoneⁱ religion is *vera religio*, true religion, against all others which are *religiones falsae*, false religions, or as it is expressed in modern terms, one's own religion is revelation, but the other religion is only a futile human attempt to reach God. This becomes the definition of all religion — a futile human attempt to reach God.

Therefore, from this point of view it is ʲnot worthwhileʲ to go into the concrete differences of the religions. I remember the ᵏhalf-hearted wayᵏ in which, for instance, Emil Brunner did it. I recall the theological isolation of historians of religion like ˡmy very highly esteemed friend, the lateˡ Rudolf Otto, and even | today the similar situation of a man like Friedrich Heiler. Also one recalls the bitter attacks on Schleiermacher for his use of the concept of religion for Christianity. I remember the attacks on my views when for the first time (forty years ago) I gave a seminar on Schleiermacher at Marburg. Such an approach was considered a crime at that time.

In order to reject both this old and new orthodox attitude, one must accept the following systematic presuppositions. First, ᵐone must sayᵐ that revelatory experiences are universally human. Religions are based on something that is given to a man ⁿwherever he lives. °He is given a revelation, a particular kind of experience which always implies saving powers. One never can separate revelation and salvation.° There are revealing and saving powers in all religions. ᵖGod has not left himself unwitnessed.ᵖ ᵠThis is the first presupposition.ᵠ

ʳThe second assumption states that revelation is received by man in terms of his finite human situation. Man is biologically, psychologically, and sociologically limited. Revelation is received under the conditions of man's estranged character. It is received always in a distorted form, especially if religion is used as a means to an end and not as an end in itself.ʳ

ˢThere is a third presupposition that one must accept. When systematic theologians assume the significance of the history of religions, it involves the beliefˢ that there are not only particular revelatory experiences throughout human history, but that there is a revelatory process in which ᵗthe limits of adaptation and the failures of distortionᵗ are subjected to criticism. Such criticism takes three forms: the mystical, the prophetic, and the secular.

A fourth assumption is that there may be — and I stress this, there *may* be — a central event in the history of religions ᵘwhich unites the positive results of those critical developments in the history of religion in and under which revelatory experiences are going on — an event which, thereforeᵘ, makes possible a concrete theology that has universalistic ᵛsignificanceᵛ.

There is also a fifth presupposition. The history of religions | in its essential nature does not exist alongside the history of culture. The sacred does not lie beside the secular, but it is its depths. The sacred is the creative ground and at the same time ʷa critical judgment of the secularʷ. But ˣthe religiousˣ can be this only if it is at the same time a ʸjudgment on itselfʸ, a judgment which must use the secular as a tool of one's own religious self-criticism.

Only if the theologian is willing to accept these five presuppositions can he seriously and fully affirm the significance of the history of religions for theology against those who reject such significance in the name of a new or of an old ᶻabsolutism.

On the other hand, he who accepts the significance of the history of religion must stand against the ᵃno-God-language theologyᵃ. He must reject also the exclusive emphasis on the secular or the idea that the sacred has, so to speak, been fully ᵇabsorbedᵇ by the secular.

The last of the five points, the point about the relation of the sacred and the secular, has already reduced the threat of the "God is dead" oracle. Religion must use the secular as a critical tool against itself, but the decisive question is: *Why any religions at all?* Here one means religions in the sense ᶜof a realmᶜ of symbols, rites, and institutions. ᵈCan they not be neglected by a secular theologian in the same way he probably neglects the history of magic or of astrology? If he has no use for the idea of God, what can bring him to attribute high significance to the history of religion?ᵈ

In order to affirm religion against the attack from this side, the theologian must have one basic presupposition. He must assume that religion as a structure of symbols of intuition and action — that means ᵉmyths and ritesᵉ within a social group — has lasting necessity for any, even the most secularized culture and the most demythologized theology. I derive this necessity, ᶠthe lasting necessity of religionᶠ, from the fact that ᵍspiritᵍ requires embodiment in order to become real and effective. It is quite well to say that the Holy, or the Ultimate, or the Word is within | the secular realm and I myself have done so innumerable times. ʰBut in order to say that something is *in* something, it must have at least a possibility to be *outside* of it.ʰ In other words, that which is *in* and that *in* which it is, must be distinguishable. In some way their manifestations must differ. And this is the question: *In what does the merely secular differ from that secular which would be the object of a* ⁱ*secular*ⁱ *theology?*

ʲLet me say the same thing in a well known, popular form.ʲ The reformers were right when they said that every day is the Lord's Day ᵏand, therefore, they devaluated the sacredness of the seventh dayᵏ. But in order to say this, there must have been a Lord's Day, and that not only once upon a time but continuously in counterbalance against the overwhelming weight of the secular. This is what makes God-language necessary, however untraditional that language may be. This makes a ˡserious affirmationˡ of the history of religion possible.

Therefore, as theologians, we have to break through two barriers against a free approach to the history of religions: the orthodox-exclusive one and the secular-rejective one. The mere term "religion" still produces a flood of problems for the systematic theologian, and ᵐthis is increased by the fact thatᵐ the two fronts of resistance, though coming from opposite sides, involve an alliance. This has happened and *still* happens.

Both sides are reductionistic, and both are inclined to eliminate everything from Christianity except the figure of Jesus of Nazareth. The neo-orthodox group does this by making him the exclusive place where ⁿthe word of revelation can be heardⁿ. The secular group does the same things by making him the representative of a theologically relevant ᵒsecularityᵒ. But this can be done only if the picture and message of Jesus is itself drastically reduced. He must be limited to an embodiment of the ethical ᵖcallᵖ, especially in the social direction, and this is then the only thing which is left ᵍof the whole messageᵍ of the Christ. In *this* case, of course, history of religion is not needed any longer, not even the Jewish and Christian. Therefore, in order ʳto have a valued, | evaluated, and significant understanding of the history of religionsʳ, one has to break through the Jesus-centered alliance of the opposite poles, the orthodox as well as the ˢsecularˢ.

Now I come to my second consideration: a theology of the history of religions. The traditional view of the history of religions is limited to that historyᵗ as it is told in the Old and New Testament, and enlarged to include church history ᵘas the continuity of that historyᵘ. Other religions are not ᵛqualitativelyᵛ distinguished from each other. They all are perversions of a kind of original revelation but without particular revelatory experiences of any value for Christian theology. They are pagan religions, religions of the nations, but they are not ʷ"bearers"ʷ of revelation and salvation. Actually, this principle was never fully carried through. Jews and Christians were both influenced religiously by the religions of conquered and conquering nations, and frequently these religions almost suffocated Judaism and Christianity and led to explosive reactions in both of them.

Therefore, what we need, ˣif we want to accept the title of this lecture, "The Significance of the History of Religions for the Systematic Theologian,"ˣ is a theology of the history of religions in which the positive valuation of universal revelation balances the critical one. Both are necessary. This theology of the history of religions can help systematic theologians to understand the present moment and ʸthe nature ofʸ our own historical place, both in the particular character of Christianity and in its universal claim.

I am still grateful, looking back to my own formative period of study and the time after it, to what in German is called the *religionsgeschichtliche Schule*, the School of History of Religions in biblical and church historical studies. These studies opened our eyes and demonstrated the degree to which the biblical tradition ᶻ"participates"ᶻ in the Asia Minor and Mediterranean traditions. I remember the liberating effect of the understanding of universal, human motives in the stories of Genesis, or in Hellen|istic existentialism and in Persian eschatology as they appeared in the late periods of the Old and New Testament.

ᵃFrom this point of view, all the history of religions produced symbols for savior figures which then supplied the framework for the New Testament understanding of Jesus and his work. This was liberating.ᵃ These things did not fall from heaven like stones, but there was a long preparatory revelatory history which finally, in the *kairos*, in the right time, in the fulfilled time, made possible the appearance of Jesus as the Christ. All this was done without hurting the uniqueness of the prophetic attack on religion in the Old Testament and of the ᵇunique power of Jesusᵇ in the New Testament. Later on, in my own development, as in that of many other theologians, the significance was made clear both of the religions which surrounded the Old and New Testament situation, and the importance of religions farther removed from Biblical history.

The first question confronting a theology of the ᶜhistory of Israelᶜ and of the Christian Church is the history of salvation, but the history of salvation is something within the history. It is expressed in great ᵈsymbolicᵈ moments, in *kairoi* such as the various efforts at reform in the history of the Church. In the same way, ᵉnobody would identifyᵉ history of religions and history of salvation, or revelation, ᶠbut one searches for symbolic momentsᶠ. If the history of religions is taken seriously, are there *kairoi* in the general history of religions? Attempts have been made to find such *kairoi*. There was the enlightenment of the eighteenth century. Everything for these theologians was a preparation for the great *kairos*, the great moment, in which mature reason is reached in mankind. There are still religious elements in this reason: God, freedom, ᵍimmortalityᵍ. Kant developed ʰitʰ in his famous book, *Religion Within the Limits of Pure Reason*.

Another attempt was the romanticist understanding of history which led to Hegel's famous ⁱeffortⁱ. From his point of view, there is a ʲprogressiveʲ history of religion. It progresses according to ᵏthe basicᵏ philosophical categories which give the struc|ture of all reality. Christianity is the highest and last point, and it is called "revealed religion," but this Christianity is philosophically demythologized. Such a view is a combination of Kantian philosophy and the message of the New Testament.

All earlier religions in Hegel's construction of the history of religions are *aufgehoben*, which can only be translated by two English words, ˡnamely, "taken in" and "removed."ˡ[1] In this way, therefore, that which is pastᵐ in the history of religion has lost its meaning. It is only an element in the later development. This means, for instance, that for Hegel the Indian religions are long, long past, long ago finished, and have no contemporary meaning. They belong to an early stage of history. Hegel's attempt to develop a theology of the history of religion resulted in the experiential theology which was very strong in America about thirty years ago. It was based on the idea of remaining open to new experiences of religious character in the future. Today men like Toynbee point in this direction — or perhaps look for that in religious experience which leads to a union of the great religions. In any case, it is a post-Christian era that is looking for ⁿsuch a constructionⁿ.

It is necessary to mention also Teilhard de Chardin who stresses the development of a universal, ᵒdivine-centeredᵒ consciousness which is basically Christian. Christianity takes in all spiritual elements of the future. I am dissatisfied with such an attempt. I am also dissatisfied with my own, but I will give it in order to induce you to try yourself ᵖbecause that is what one should do if he takes the history of religions seriouslyᵖ.

My approach is dynamic-typological. There is no progressive development which goes on and on, but there are elements in the experience of the Holy which are always there, if the Holy is experienced. These elements, if they are predominant in one religion create a particular religious type. It is necessary to go into greater depth, but I will only mention a tentative scheme which would appear this way. The universal religious basis is the experience of the Holy within the finite. Universally in every|thing finite and particular, ᑫor in this and that finiteᑫ, the Holy appears in a special way. I could call this the sacramental basis of all religions — the Holy here and now which can be seen, heard, ʳdealt with, in spite of its mysterious characterʳ. We still have remnants of this in the highest religions, in their sacraments, and I believe that without it, a religious group would become ˢan association of moral clubsˢ, as much of Protestantism is, because it has lost the sacramental basis.

Then, there is a second element, namely a critical movement against the demonization of the sacramental, making ᵗitᵗ into an object which can be handled. This element is embodied in various critical ways. The first of these critical movements is mystical. This mystical movement means that one is not satisfied with any of the concrete expressions of the Ultimate, of the Holy.

One goes beyond them. Man goes to the one beyond any manifoldness. The Holy as the Ultimate lies beyond any of its embodiments. The embodiments are justified. They are ᵘaccepted ᵘ but they are secondary. One must go beyond them in order to reach the highest, the ᵛUltimate itselfᵛ. The particular is denied for the Ultimate One. The concrete is devaluated.

Another element, or the third element in the religious experience, is the element of "ought to be." This is the ethical or prophetic element. Here the sacramental is criticized because of demonic consequences like the denial of justice in the name of holiness. This is the whole fight of the Jewish prophets against sacramental religion. In some of the words of Amos and Hosea this is carried so far that the whole cult is abrogated. This criticism of the sacramental basis is decisive for Judaism and is one element in Christianity. But again I would say, if this is without the sacramental and the mystical element, then it becomes moralistic and finally secular.

I would like to describe the unity of these three elements in a religion which one could call — I hesitate to do so, but I don't know a better word — "The Religion of the Concrete Spirit." And it might well be that one can say the inner *telos*, which | means the inner aim of ʷa thingʷ, such as the *telos* of the acorn is to become a tree — the inner aim of the history of religions is to become a Religion of the Concrete Spirit. But we cannot identify this Religion of the Concrete Spirit with any actual religion, not even Christianity as a religion. But I would dare to say, of course, dare as a Protestant theologian, that I believe that there is no higher expression for what I call the synthesis of these three elements than in Paul's doctrine of the Spirit. There we have the two fundamental elements: the ecstatic and the rational elementˣ united*². There is ecstasy but the highest creation of the ecstasy is love in the sense of *agape*. There is ecstasy but the other creation of ecstasy is *gnosis*, the knowledge of God. It is knowledge, and it is not ʸdisorderʸ and chaos.

The positive and negative relation of these elements[3] ᶻor motivesᶻ now gives the history of religions its dynamic character. The inner *telos* of which I spoke, the Religion of the Concrete Spirit, is, so to speak, that toward which ᵃeverythingᵃ drives. But we cannot say that ᵇthisᵇ is a merely futuristic expectation. It appears ᶜeverywhereᶜ in the struggle against the demonic ᵈresistanceᵈ of the sacramental basis and the ᵉdemonic andᵉ secularistic distortion of the critics of the sacramental basis. It appears in a fragmentary way in ᶠmanyᶠ moments in the history of religions. Therefore, we have to absorb the past history of religions, and ᵍannihilate itᵍ in this way, but we have a genuine living tradition consisting in the moments in which this great synthesis became, ʰin a fragmentary wayʰ, reality. We can see the whole history of religions in this sense as a fight for the Religion of the Concrete Spirit, a fight of God against religion within religion. And this phrase, the fight of God within religion against religion, could become the key for understanding the ⁱotherwise extremely chaotic, or at least seemingly chaoticⁱ, history of religions.

Now, as Christians we see in the appearance of Jesus as the Christ the decisive victory in this struggle. There is an old symbol for the Christ, Christus

Victor, and this can be used again in this view of the history of religions. And so it is already con|nected in the New Testament with the victory over the demonic powers and the astrological forces. It points to the victory on the cross as a ʲnegationʲ of any demonic claim. And I believe we see here immediately that this can give us a Christological approach which could liberate us from many of the dead ends into which ᵏthe discussion ofᵏ the Christological dogma has led the Christian churches from the very beginning. In this way, the continuation of critical moments in history, of moments of *kairoi* in which the Religion of the Concrete Spirit is actualized fragmentarily can happen here und there.

The criterion for us as Christians is the event of the cross. That which has happened there in a symbolic way, ˡwhich gives the criterionˡ, also happens fragmentarily in other places, in other moments, has happened and will happen even though they are not historically or empirically connected with the cross.

Now I come to a question which was very much in the center of this whole conference, namely, how these dynamics of the history of religions are related to the relationship of the ᵐreligious and of the secularᵐ. The holy is not only open to demonization and to the fight of God against religion as a fight against the demonic implications of religion. But the holy is also open to secularization. And these two, demonization and secularization, are related to each other insofar as secularization is the third and most radical form of de-demonization. ⁿNow, this is a very important systematic idea.ⁿ

You know the meaning of the term, profane, "to be before the doors of the sanctuary," and the meaning of secular, "belonging to the world." °In both cases°, somebody leaves the ecstatic, ᵖmysteriousᵖ sphere of the Holy for the world of ordinary rational structures. It would be easy to fight against this, ᑫto keep the people in the sanctuary if the secular had not been given critical religious function by itself. And this makes the problem so serious. The secular is the rational and the rational must judge the irrationality of the Holy. It must judge its demonization.

The rational structure of which I am speaking implies theʳ | moral, the legal, the cognitive and the ˢaestheticˢ. The consecration of life which the Holy gives is at the same time the domination of life by the ecstatic forms of the Holy, and the repression of the intrinsic demands of goodness, of justice, of truth and of beauty. Secularization occuring in such a context is liberation.

In this sense, both the prophets and the mystics were predecessors of ᵗthe secularᵗ. The Holy became slowly the morally good, or the philosophically true, and later the scientifically true, or the aesthetically expressive. But then, a profound dialectic appears. ᵘThe secular shows its inability to live by itself.ᵘ The secular which is right in fighting against the domination by the Holy, becomes empty and becomes victim of what I call "quasi-religions." And these "quasi-religions" imply an oppressiveness like the demonic elements of the religions. But they are worse, as we have seen in our century, because they are without the depths and the richness of the genuine religious traditions.

And here, another *telos*, the inner aim of the history of religions, appears. I call it *theonomy* from *theos* — God and *nomos* — law. If the autonomous forces of knowlegde, of aesthetics, of law and morals point to the ultimate meaning of life, then we have theonomy. Then they are not dominated[v], but in their inner being they point beyond themselves to [w]the Ultimate. In reality, there takes place another [x]dynamic[x] struggle, namely, between a consecration of life, which becomes heteronomous and a self-actualization of all the cultural functions, which becomes autonomous and empty.

Theonomy appears in what I called "the Religion of the Concrete Spirit" in fragments, never fully. Its fulfillment is eschatological, [y]its end is expectation[y] which goes beyond time to eternity. This theonomous element in the relation of the sacred and the secular is an element in the structure of the Religion of the Concrete Spirit. It is certainly progressive, as every action is. Even to give a lecture has in itself the tendency to make progress in some direction, but it is not progressivistic[4] — it doesn't imagine a temporal fulfillment once upon a time. And here I | differ from Teilhard de Chardin to whom I feel very near in so many respects.

And now my third and last consideration: the interpretation of the theological tradition in the light of religious phenomena. [z]Let me tell you about a great colleague, a much older colleague[z] at the University of Berlin, Adolph [a]Harnack. He once said that Christianity in its history embraces all elements of the history of religions. This was a [b]partially[b] true insight, but he did not follow it through. He did not see [c]that if this is so[c], then there must be a much more positive relationship between the whole history of religion and the history of the Christian Church. And so, he narrowed down his own constructive theology to a kind of high bourgeois, individualistic, moralistic theology.

I now want to return my thanks on this point to my friend Professor Eliade for the two years of seminars and the cooperation we had in them. In these seminars I experienced that every individual doctrinal statement or ritual expression of Christianity receives a new intensity of meaning. And, in terms of a kind of an [d]apologia[d] yet also a self-accusation, I must say that my own *Systematic Theology* was written before these seminars and had another intention, namely, the apologetic discussion against and with the secular. Its purpose was the discussion or the answering of questions coming from the scientific and philosophical criticism of Christianity. But perhaps we need a longer, more intensive period of interpenetration of systematic theological study and religious historical studies. Under such circumstances the structure of religious thought might develop in connection with [e]another or different[e] fragmentary manifestation of theonomy or of the Religion of the Concrete Spirit. This is my hope for the future of theology.

To see this possibility one should look to the example of the emphasis on the particular which the method of the history of religions gives to the systematic theologian. It is to be seen in two negations: against a supranatural und against a natural the|ology. First, one sees this in supranatural theology which was the way ᶠclassicalᶠ Protestant orthodoxy formulated the idea of God in systematic theology. This concept of God appears in revelatory documents ᵍwhichᵍ are inspired but were not prepared for in history. For orthodoxy these views are found in the biblical books, or for Islam in the Koran. From there, dogmatic statements are prepared out of the material of the holy books by the Church, usually in connection with doctrinal struggles, formulated in creeds or official collections of doctrines, and theologically explained with the help of philosophy. All this was done without looking beyond the revelatory circle which one calls one's own religion or faith. This is the predominant method in all Christian churches.

Then there is the method of natural theology, the philosophical derivation of religious concepts from an analysis of ʰreality encountered as a wholeʰ, and especially from an analysis ⁱof the structureⁱ of the human mind. Often these concepts, God ʲand othersʲ, are then related to traditional doctrines; sometimes they are not related.

ᵏThese are the two main methods traditionally used.ᵏ The method of the history of religions takes the following steps: first, it uses the material of the tradition as existentially experienced by those who work theologically. But since one works theologically, he must also have the detachment which is necessary to observe any reality. ˡThis is the first step.ˡ

In the second step, the historian of religions takes over from the naturalistic methodology the analysis of mind and realityᵐ to show where the religious question is situated ⁿin human experiencesⁿ both within ourselves and within our world. For instance, the experience of finitude, the experience of concern about the meaning of our being, the experience of the Holy as Holy, and so on.

Then the third step is to present a phenomenology of religion, showing the phenomena, especially that which shows itself in the history of religion — the symbols, the rites, the ideas, and the | various ᵒactivitiesᵒ. Then the fourth step consists in the attempt to point out the relation of these phenomena — their relatedness, their difference, their contradictions — to the traditional concepts and to the problems that emerge from this. Finally, the historian of religions tries to place the reinterpreted concepts into the framework of the ᵖdynamics of religious and of secular historyᵖ and ᑫespeciallyᑫ into the framework of our present religious and cultural situation. Now these five steps include part of the ʳearlier methodsʳ but they introduce that which was done by the earlier method into the context of the history of the human race and into the experiences of mankind as expressed in the great symbols of religious history.

The last point, namely, ˢputting everything into the present situationˢ leads to another advantage, or if you wish to call it so, to a new element of truth. This provides the possibility of understanding religious symbols in relation to the social matrix within which they have grown and into which we have to reintroduce them today. This is an exceedingly important step. Religious symbols are not stones falling from heaven. They have their roots in the totality of human experience ᵗincluding local surroundings, in all their ramifications, both political and economic. And these symbols then can be understood partly as in revolt against themᵗ. And in both cases, this is very important for our way of using symbols and reintroducing them.

A second ᵘpositive consequenceᵘ of this ᵛmethod is that we can use religious symbolism as a language of the doctrine of man, as the language of anthropology, not in the empirical sense of this word, but in the sense of doctrine of man — man in his ʷtrueʷ nature. The religious symbols say something to us about the way in which men have understood themselves in their very nature. The discussion about the emphasis on sin in Christianity and the lack of such emphasis in Islam is a good example. This shows a fundamental difference in the self-interpretation of two great religions and cultures, of men as men. And in this way, we enlarge our understanding of the nature of man in a way which | is more embracing than any ˣparticular technicalˣ psychology.

But now my last word. What does this mean for our relationship to the religion of which one is a theologian? Such a theology remains rooted in its experiential basis. Without this, no theology at all is possible. But it tries to formulate the basic experiences ʸwhich are universally validʸ in universally valid statements. The universality ᶻof a religious statementᶻ does not lie in an all-embracing abstraction which would destroy religion as such, but it lies in the depths of every concrete religion. ᵃAbove all it lies in the openness to spiritual freedom* both from one's own foundation and for one's own foundation.ᵃ⁵ |

Anmerkungen

80 a–a In C: Der erste betrifft.
    b–b In B: behandelt; in C: wählt.
    c–c In B und C: der eigenen.
    d–d Fehlt in B und C.
    e–e In B: der
    f–f In C: die man auch „säkularisierte Theologie" nennen kann.
    g–g In C: Richtungen.
    h–h In B: Theologie ohne Gott, in C: Gott-ist-tot-Theologie.
    i–i In B und C: eigene.
    j–j In B und C: sinnlos.
    k–k In B und C: Ängstlichkeit.
    l–l In B: meinem Freund; fehlt in C.
81 m–m Fehlt in B.
    n   In B und C eingefügt: zu allen Zeiten und.
    o–o In B nur: ..., nämlich in Offenbarungen, die immer erlösende Macht in sich haben.

	In C nur: ..., nämlich auf Offenbarungen, die immer erlösende Macht haben.
p–p	In B und C als Zitat gekennzeichnet; es handelt sich um Acta 14, 17.
q–q	Fehlt in B und C.
r–r	In B: Die zweite Voraussetzung ist, daß der Mensch Offenbarungen empfängt, indem er sie der menschlichen Situation anpaßt in biologischer, psychologischer und soziologischer Hinsicht. Indem er sich Offenbarungen aneignet, entstellt er sie; er kehrt das Verhältnis von Gott und Mensch so um, daß er Gott zum Mittel und den Menschen zum Zweck macht.
	In C: Die zweite Voraussetzung ist die Annahme, daß der Mensch Offenbarungen empfängt, indem er sie der menschlichen Situation, seinen biologischen, psychologischen und sozialen Grenzen anpaßt. Indem er Offenbarungen annimmt, entstellt er sie; er kehrt das Verhältnis von Gott und Mensch so um, daß er Gott zum Mittel und den Menschen zum Zweck macht.[1]
1	In C: Hier folgt die Übersetzung dem Manuskript.
s–s	In B: Die dritte Voraussetzung ist, daß es im Laufe der menschlichen Geschichte ...
	In C: Die dritte Voraussetzung ist die Annahme, daß es im Laufe der menschlichen Geschichte ...
t–t	In B: die Folgen der Aneignung und die Entstellung der Offenbarung.
	In C: die Ergebnisse der Aneignung und die Entstellungen der Offenbarung.
u–u	In B und C: das die positiven Elemente der verschiedenen Entwicklungen in der Religionsgeschichte in sich vereinigt und ... (Rest fehlt).
v–v	In B und C: Anspruch.
w–w	In C: die Kritik an ihm.
82 x–x	In B und C: es (das Heilige).
y–y	In C: Kritik an sich.
z	In B und C eingefügt: orthodoxen.
a–a	In B und C: Theologie ohne Gott.
b–b	In B: enthalten.
c–c	Fehlt in B.
d–d	In B und C: Sind diese für einen Theologen, der die Idee von Gott oder Göttern (die beiden letzten Worte fehlen in C) ablehnt, nicht ebenso bedeutungslos wie die Geschichte der Magie oder der Astrologie?
e–e	In B: Mythus und Ritus.
f–f	Fehlt in B und C.
g–g	In B und C: der göttliche Geist.
83 h–h	In B und C: Aber um im Profanen immanent sein zu können, muß das Heilige zumindest die Möglichkeit haben auch außerhalb seiner (in C: des Profanen) zu sein.
i–i	In C: säkularisierten.
j–j	In B und C: Um ein konkretes Beispiel zu geben.
k–k	Fehlt in B und C.
l–l	In B: positive Beurteilung; in C: positive Bewertung.
m–m	In B: diese sind umso schwerwiegender als.
n–n	In B und C: sich das Wort Gottes offenbart.
o–o	In C: Säkularismus.
p–p	In B: Botschaft; in C: Lehre.

	q–q	Fehlt in B und C.
83f.	r–r	In B und C: wir Wert und Sinn der Religionsgeschichte verstehen wollen.
84	s–s	In B: Theologie des Säkularen; in C: der säkularisierten Theologie.
	t	In B und C eingefügt: der Offenbarung.
	u–u	In B und C: die die geistige Lenkung der Menschheit fortsetzen.
	v–v	In C: wesensmäßig.
	w–w	In B und C: Vermittler.
	x–x	Fehlt in B und C.
	y–y	Fehlt in B und C.
	z–z	In B: Teil ... war; in C: mit ... verbunden war.
85	a–a	In B und C: Jene (in C eingefügt: Religionen) hatten die Symbole für die Erlösergestalten und das Drama der Erlösung geschaffen, die das Bild von Jesu Person und Werk im Neuen Testament (in C eingefügt: später) bestimmten.
	b–b	In B und C: die einmalige Macht der Erscheinung Jesu.
	c–c	In B: der jüdischen Geschichte.
	d–d	Fehlt in B und C.
	e–e	In B und C: darf nicht ... verwechselt werden.
	f–f	Fehlt in B und C.
	g–g	In B: Menschlichkeit.
	h–h	In B und C: diese Ideen.
	i–i	In B und C: System.
	j–j	Fehlt in C.
	k–k	Fehlt in C.
86	l–l	Fehlt in C.
	m	In C eingefügt: als solches.
	n–n	In B: ihre religionsgeschichtlichen Systeme; in C: ihre religionsgeschichtlichen Spekulationen.
	o–o	In B und C: auf das Göttliche gerichteten.
	p–p	Fehlt in B und C.
87	q–q	Fehlt in B und C.
	r–r	In B und C: (in C eingefügt: psychisch) erfaßt werden kann trotz seines ekstatisch-mysteriösen (in C: ekstatisch-mystischen) Charakters.
	s–s	In C: einem Verein mit rein moralischem Anliegen.
	t–t	In B und C: das Heilige.
	u–u	In B: nicht geleugnet; in C: nicht verneint.
	v–v	In B und C: Unbedingt-Eine.
88	w–w	In B und C: eines Wesens.
	x	In C eingefügt: der Religion.
	*	In B: Anmerkung des Übersetzers: Hier spricht Tillich von zwei und nicht mehr von drei Elementen. Das Sakramentale scheint vorausgesetzt zu sein, denn das ekstatische muß sich auf das mystische und das rationale auf das prophetisch-kritische Element beziehen.
	2	In C: Diese Stelle ist nicht ohne weiteres verständlich. Die Elemente des Ekstatischen und Rationalen haben nichts mit den vorher genannten Elementen zu tun, die die Religionstypen bestimmen. Ekstase ist nach Tillich die Ergriffenheit durch den göttlichen Geist und als solche Teil der religiösen Erfahrung. Sie kann jedoch die rationalen Strukturen des menschlichen

Geistes und seiner Schöpfungen zerstören und Chaos schaffen. Deshalb muß ihr durch rationale Elemente das Gleichgewicht gehalten werden, wie Tillich ein paar Seiten später zeigt. In *agape* und *gnosis* ist das ekstatische Element mit dem rationalen (der ethischen Forderung in der *agape*, der Erkenntnis in der *gnosis*) völlig vereint. Vgl. Systematische Theologie III, 137–144.

	y–y	In B und C: Auflösung.
	3	In C: Hier sind wieder die Elemente des Sakramentalen, des Mystischen und des Prophetischen gemeint.
	z–z	Fehlt in B und C.
	a–a	In B und C: die Religionsgeschichte.
	b–b	In C: die Synthese.
	c–c	In C: zu allen Zeiten.
	d–d	In B und C: Anspruch.
	e–e	Fehlt in B und C.
	f–f	In B und C: großen.
	g–g	In B: sie... überwinden; in C: die vergangenen Religionen aufheben.
	h–h	Fehlt in B und C.
	i–i	In B und C: äußerst chaotisch erscheinenden.
89	j–j	In B und C: Überwindung.
	k–k	Fehlt in B und C.
	l–l	Fehlt in B und C.
	m–m	In B und C: Heiligem und Profanem.
	n–n	Fehlt in B und C.
	o–o	In C: In der Säkularisierung.
	p–p	In C: mystische.
	q	In B und C eingefügt: im Namen der Heiligkeit des Lebens und.
	r	In B und C eingefügt: Strukturen der.
90	s–s	In B und C: Kunst (so auch im folgenden).
	t–t	In B und C: der Säkularisierung.
	u–u	In B: Das Säkulare oder Profane erweist sich als unfähig auf sich selbst zu stehen; fehlt in C.
	v	In B und C eingefügt: von dem Heiligen.
	w	In B und C eingefügt: das Heilige.
	x–x	Fehlt in B und C.
	y–y	In B und C: ihre Erwartung.
	4	In C: Tillich unterscheidet zwischen Begriff und Idee des Fortschritts; vgl. dazu „Wert und Grenzen der Fortschrittsidee" in diesem Band, S. 119 ff.
91	z–z	In B und C: Lassen Sie mich mit einer Behauptung beginnen, die ein großer, weit älterer (in C nur: großer) Theologe.
	a	In B eingefügt: von.
	b–b	Fehlt in C.
	c–c	Fehlt in C.
	d–d	In C: Erklärung.
	e–e	In B und C: einer neuen.
92	f–f	Fehlt in B und C.
	g–g	In C: von denen sie annahm, daß.
	h–h	In B: der Wirklichkeit im allgemeinen. In C: der Wirklichkeit.

	i–i	Fehlt in B.
	j–j	Fehlt in C.
	k–k	Fehlt in C.
	l–l	Fehlt in B und C.
	m	In B eingefügt: im allgemeinen.
	n–n	Fehlt in B und C.
93	o–o	In B: Funktionen.
	p–p	In B und C: der religionsgeschichtlichen Entwicklung der profanen Geschichte.
	q–q	Fehlt in B und C.
	r–r	In B und C: älteren traditionellen Theologie.
	s–s	In B und C: in dem die Religionsgeschichte die religiösen Begriffe in ihrem historischen Zusammenhang zeigt und in Beziehung zur Gegenwart stellt.
	t–t	In B und C: ... die der umgebenden Welt, der gesellschaftlichen wie der politischen, eingeschlossen. Aber sie wurzeln nicht nur in ihr, sie revoltieren auch gegen sie (in C: sie sind auch Ausdruck des Protestes gegen sie).
	u–u	In B: Folge; in C: Ergebnis.
	v	In B eingefügt: besonderen.
	w–w	Fehlt in B und C.
94	x–x	In B und C: empirischen.
	y–y	Fehlt in B und C.
	z–z	Fehlt in B und C.
	a–a	In B und C: in der geistigen Freiheit, die Freiheit sowohl *von* der Religion wie auch *für* die Religion ist.
	*	In B: In der englischen Ausgabe heißt es hier weiter: „both from one's foundation and for one's own foundation". Tillichs eigene Worte, in dem handgeschriebenen Manuskript wie im Transkript des Tonbandes, sind jedoch: „both from itself and also for itself". Da aus dem Satz nicht eindeutig hervorgeht, worauf sich „itself" bezieht, hat man an seine Stelle „one's own foundation" gesetzt. Was mit der „Freiheit von dem eigenen Fundament" gemeint ist, ist verständlich, aber ganz unklar und aus Tillichs Werken auch nicht zu erschließen ist, was „Freiheit für das eigene Fundament" bedeuten soll. Unmittelbar davor heißt es, daß die Universalität in der Tiefe einer jeden konkreten Religion liegt. Auf Religion muß sich auch der letzte Teil des Satzes beziehen. In diesem Vortrag spricht Tillich davon, daß das Studium der Religionsgeschichte befreiend wirkt: das Verständnis anderer Religionen befreit aus der Enge der eigenen Religion. Diese Erfahrung hatte Tillich auch bei seinen Gesprächen mit Vertretern des Buddhismus in Japan gemacht. Am Ende der Vorträge, die aus diesen Erfahrungen hervorgegangen sind, heißt es: „In der Tiefe jeder lebenden Religion gibt es einen Punkt, an dem die Religion als solche ihre Wichtigkeit verliert und das, worauf sie hinweist, durch ihre Partikularität hindurchbricht, geistige Freiheit schafft und mit ihr eine Vision des Göttlichen, das in allen Formen des Lebens und der Kultur gegenwärtig ist" (Gesammelte Werke V, Seite 98). Hier ist von der gleichen geistigen Freiheit die Rede wie in der Chicagoer Rede. Es ist die Freiheit von der partikularen Religion für „die Religion des konkreten Geistes", wie er die Religion jenseits der partikularen Religion in seinem letzten Vortrag nennt.

5 In C: Tillich hat in seiner Rede von „spiritual freedom both from one's own foundation and for one's own foundation" gesprochen. Und so lautet die Stelle auch in der amerikanischen Ausgabe. Im Manuskript heißt es: „freedom both from itself and for itself". Beim Vortrag muß Tillich erkannt haben, daß dieser Ausdruck zu vage ist und hat ihn mit „one's own foundation" ersetzt. Da mit dem „eigenen Fundament" die eigene Religion gemeint ist, hat die Übersetzung hier das Wort „Religion" eingesetzt und so die Bedeutung des Satzes deutlicher gemacht. Daß die Bekanntschaft mit anderen Religionen befreiend wirkt, hatte Tillich auch bei seinen Gesprächen mit Vertretern des Buddhismus in Japan erfahren. Am Ende der Vorträge, die aus diesen Erfahrungen hervorgegangen sind, heißt es, ähnlich wie in der Chicagoer Rede: „In der Tiefe jeder lebenden Religion gibt es einen Punkt, an dem die Religion als solche ihre Wichtigkeit verliert und das, worauf sie hinweist, durch ihre Partikularität hindurchbricht, geistige Freiheit schafft und mit ihr eine Vision des Göttlichen, das in allen Formen des Lebens und der Kultur gegenwärtig ist." (GW V, 98)

Personenregister

Abraham 243, 328, 329, 344
Adam 328, 375, 443
Alexander von Hales 291, 292, 293
Amos 430, 461
Anaximander 228, 230, 316, 374
Anselm von Canterbury 292, 304
Aristoteles 133, 229, 231, 290, 315, 344, 355, 369, 370
Augustinus 46, 50, 64, 66, 126, 133, 290, 291, 292, 293, 294, 295, 296, 300, 308, 320, 333, 338, 340, 341, 342, 304, 308, 359, 360, 371, 393, 394, 431, 449

Baillie, J. 295
Barth, K. 48, 64, 132, 211, 266, 267, 268, 269, 270, 271, 303, 313, 355, 388, 435, 449, 456
Bismarck, O. v. 425
Böhme, J. 91, 157, 231
Bonaventura 290, 293
Bonhoeffer, D. 452
Botticelli 407
Braque, G. 413, 414
Brueghel, P. 376
Brunner, E. 132, 133, 207, 253, 266, 456
Buber, M. 370
Buddha 193
Bultmann, R. 251, 355

Calvin, J. 126, 215, 342
Cassirer, E. 188, 190
Comte, A. 51, 52
Cusanus, N. 344, 433

Dante 371, 376
Demokrit 229
Descartes, R. 64, 66, 232, 234, 295, 301, 374
Dostojewski, F.M. 141
Duns Scotus 231, 292, 293, 294, 295, 309, 341

Eildermann, H. 196
Eliade, M. 463

Engels, F. 196
Epikur 156
Erasmus von Rotterdam 433
Eva 375

Feuerbach, L. 232, 268, 304
Fichte, J.G. 434
Franz von Assisi 443
Friedrich II., Kaiser 433
Freud, S. 146, 186, 187, 232, 395, 396

Galilei, G. 66, 301
Gaunilo 292
Gilson, É. 293
Goethe, J.W. v. 49
Gogarten, F. 48, 64, 132, 244

Harnack, A. v. 335, 447, 463
Hartlaub, G.F. 55
Hartshorne, C. 295
Hegel, G.W.F. 27, 29, 35, 36, 41, 49, 51, 52, 58, 68, 133, 201, 232, 233, 234, 242, 256, 273, 302, 320, 330, 334, 344, 370, 372, 373, 434, 438, 439, 460
Heidegger, M. 197, 240, 370, 384
Heiler, F. 456
Heim, K. 131, 132
Heraklit 229, 331
Herder, J.G. 49
Hirsch, E. 131, 198
Hitler, A. 421, 422, 425, 433
Hobbes, T. 425
Hocking, W.E. 295
Holl, K. 124, 205
Homer 228, 229, 317
Hosea 461
Hume, D. 320, 434

Innozenz III. 433
Isaak 344

Jakob 344
Jakobus 329
James, W. 296
Jesaja 308

Jesus Christus 35, 44, 61, 70, 131, 132, 135, 136, 137, 141, 145, 157, 167, 170, 193, 198, 238, 246, 248, 249, 250, 251, 252, 253, 255, 257, 258, 259, 260, 270, 272, 278, 281, 305, 306, 307, 311, 312, 326, 327, 328, 329, 330, 340, 341, 344, 355, 356, 357, 360, 377, 385, 386, 388, 391, 395, 396, 398, 411, 415, 429, 430, 431, 432, 435, 446, 447, 450, 458, 459, 461
Joachim von Floris 51
Johannes der Täufer 329
Johannes der Evangelist 384, 433, 450
Julian Apostata 450
Jung, C.G. 196, 397

Kähler, M. 248
Kafka, F. 372
Kant, I. 29, 36, 67, 93, 127, 131, 133, 157, 201, 206, 207, 231, 273, 283, 292, 294, 316, 344, 353, 370, 434, 451, 459, 460
Kierkegaard, S. 110, 248, 314, 330, 352, 370, 395
Klages, L. 200
Kraemer, H. 435

Lao-tze 344
Leese, K. 198
Leibniz, G.W. 49
Locke, J. 434
Luther, M. 35, 125, 126, 128, 129, 132, 135, 203, 204, 205, 215, 231, 281, 305, 306, 310, 333, 337, 340, 342, 344, 395, 437, 443, 451
Lyman, A. 295

Machiavelli, N. 425
Mannheim, K. 196
Marc, F. 408
Marx, K. 52, 58, 68, 177, 185, 196, 208, 352, 422
Matthäus de Acquasparta 290, 291
Meister Eckhart 196, 291
Melanchton, P. 126, 127
Menninger, K. 377
Moses 26

Natorp, P. 201
Nietzsche, F. 27, 35, 36, 63, 91, 146, 185, 186, 196, 208, 232, 320

Noah 328

Oetinger, F.C. 231
Otto, R. 69, 112, 133, 440, 456

Parmenides 229, 273, 348, 384
Pascal, B. 344, 352, 371
Paulus 125, 126, 269, 272, 329, 333, 338, 357, 376, 431, 432, 443, 450, 461
Platon 91, 133, 174, 190, 229, 234, 273, 320, 331, 337, 339, 344, 353, 354, 441
Plotin 153, 229, 273
Pontius Pilatus 306

Rembrandt 410
Rilke, R.M. 36, 198
Ritschl, A. 131, 207, 216, 335
Rosenstock, E. 211
Ruysdael, S.J. v. 390

Sartre, J.-P. 377
Scheler, M. 65, 69, 70, 233, 234, 245
Schelling, F.W.J. 34, 35, 91, 231, 232, 242, 256, 352, 384, 434
Schleiermacher, F.D.E. 29, 65, 68, 133, 216, 279, 296, 301, 307, 334, 434, 456
Scholz, H. 65, 69, 70
Schopenhauer, A. 35, 91, 440
Shakespeare, W. 159
Siegfried, T. 219, 221
Simmel, G. 33, 68
Sokrates 229, 298, 331
Solon 317
Spengler, O. 50, 197
Spinoza, B. de 67, 133, 273, 320, 331, 344
Stalin, J. 422
Strauß, D.F. 63

Teilhard de Chardin, P. 460, 463
Thomas von Aquin 291, 292, 293, 296, 309, 342, 370
Tojo, H. 425
Tolstoi, L. 36, 103
Toynbee, A. 435, 460
Traub, F. 198
Troeltsch, E. 65, 434, 435

Werfel, F. 36
Whitehead, A.N. 295, 316, 344, 349, 384
Wieman, H.N. 295
Wilhelm von Ockham 292, 294
Wittig, J. 211

Xenophanes 209

Zarathustra 45, 248
Zeus 343
Zwingli, U. 433

Sachregister

a) Deutsche Texte

Abgrund 76, 111f., 117, 128, 133, 135, 143–147, 157, 163
Absolutes 48f.
Absolutheit 89
Agape 359
Akt 74
— religiöser 29, 39, 70, 74, 192–194, 196
Aktklasse 74
Aktualität 354
Allgemeinbegriff 26, 28
Anarchismus 37
Angst 349
Annahme 357, 360
Anomie 56–58, 60
Anschauung 29, 77
— intellektuelle 131
Antinomie der Zeitlichkeit 243
Antinomismus 79
Apologetik 129, 131
Apriori, religiöses 65
Architektur 407–415
Ästhetik, klassische 141
Ästhetizismus 161f.
Atheismus 131, 198
— religiöse Funktion des 192
Auferstehung 193, 413
Aufklärung 93, 156
Ausdrucksformen 76, 114
Autobiographie 241
Autonomie 30f., 36f., 40f., 54–59, 78, 91, 115–117, 134, 136, 204, 213
— der Form 92
— der Kultur 79
— der Religion 79
— formale 87, 127
— heroische 159
— kritische 107
— profane 114
— religiöse 124
— sittliche 68

Bedeuten, transzendentes 210–213, 218–220
Bedeutung 54, 112
— unbedingte 59
Bedingtes 48–50, 53, 64, 71, 77, 169, 170f.
Begnadetheit 145, 163
Begriff 173f.
Berneuchener Buch 196
Besessenheit 145–147, 163, 232
Beunruhigung 170f.
Bewegung, religiös-soziale 48
— theokratische 91
Beweis, ontologischer 67
Bewußtsein 146, 347
— des Kairos 106, 107
— des Unbedingten 53
— autonomes 127
— profetisches 86
— religiöses 192–196
— unreligiöses 72
Bewußtseinsform 72
Bibelkritik, liberale 250
Bildung 105
Biographie 241
Böses, radikal 157
Brahman-Atman 152
Buddhismus 153

Calvinismus 99, 126
Chaos 146
Christentum 230, 234
Christologie 238–260, 356
Chronos 43

Dämon(en) 136, 142, 144, 151, 154, 172, 229
Dämonenfurcht 156
Dämonie(n) 92, 102, 104, 172, 262f.
— der autonomen Wirtschaft 161
— des Krieges 141

— heilige 141
— naturale 92
— politische 141
— politisch-soziale 107
— psychische 147
— religiöse 172
— sakramentale 92
— soziale 147
— der Gegenwart 159–163
— und Sünde 148f.
Dämonisches 88, 90f., 93, 99, 103, 105f., 130, 135, 139–163, 198
— als Verkehrung des Schöpferischen 148
— Bild des 140–142
— Dialektik des 149, 160
— Ort des 144–148
— Tiefe des 142–144
— Wirklichkeit und Wesen des 140–142
— dämonische Erfülltheit 145
— dämonische Heiligkeit 215
— Deismus 68, 73
Denken, epochales 49, 57
Determinismus/Indeterminismus 204
Deus absconditus 132, 135
Deus revelatus 132, 135
Deutscher Idealismus 157, 227
Dogma, christologisches/trinitarisches 155
Dogmengeschichte 126
Drama 158
— abendländisches 159
Dualismus 149
— manichäischer 157
— radikaler 152
Durchbruch 56, 72, 74f., 77–79, 107, 117f., 121, 126–131, 133, 136, 154, 170–172
— des Gehalts 106
— des Unbedingten 106, 134
Durchbruchsbegriff 125
Durchbruchscharakter 132
Durchbruchsprinzip 124, 125, 127
Dynamik 92

Einheit, religiöse 86
— theonome 118
— von Form und Gehalt 105
Einheitskultur 40, 41

Ekstatik 359
Ekstatisches 90
Empirisches 193, 198
Endlichkeit 353
— in sich ruhende 171
Entdämonisierung 155–159
Entfremdung 354–358
Entleerung 117
Entmythologisierung 355
Entscheidung 47
Epikuräer 229
Erbsünde 148, 157
Erbsündenlehre 159
Erfahrungswissenschaften 26,
Ergriffensein 181, 356f., 359
— unbedingtes/transzendentes 249
Erkennen 139
Erkenntnis, metaphysische 70
— philosophische 226
— religiöse 70
— theonome 242
— transzendente 212
— wissenschaftliche 70
Erlebnis, mystisches 128
— religiöses 31
Erlösung 115, 355
Eros 180, 359
Erostrieb 146, 147
Erosverhältnis 97
Eroswille, subjektiver 99
Erotik 92
Erwählung 126
Erwartung 351
Eschatologie 411
— eschatologisches Denken 211
Eschaton 196, 220
Essenz 351–356, 358
Ethik 28, 36
— ökonomische 97
— theologische 29
Ethisches 86
Ethos 86
Eucharistie 198
Eudämonismus 247
Evangelium 126
Evidenz, wissenschaftliche 200
Ewige Wiederkehr des Gleichen 239
Ewiges 361, 413
Existentialanalyse 353

Existentialismus 352f.
Existentialurteil 348
Existentielles 202
Existenz 175, 177, 231, 234, 350, 352–354, 357f.
Existenzialität der Dinge 143
Expressionismus 34, 407, 410

Forderung, unbedingte 86
Form 31–37, 85, 156
— der Gegebenheit 77f.
— der Gnade 129
— absolute 64
— autonome 55f., 78, 79, 87, 92f., 105
— ewige 174
— gehaltlose 98
— leere 44, 78, 93
— organische 140
— paradoxe 72, 79
— rationale 157
— reine 158, 166
— symbolische 54, 56
— unbedingte 90f.
Formalismus 77, 91
— wissenschaftlicher 174
Formalprinzip 124
Formgebung, schöpferische 91
Formkultur 32
Formleere 113
Formschöpfung 85
Formwidriges 140f., 151
Formzerstörerisches 144
Fortschritt 150, 251
Fortschrittsgedanke 51
Freiheit 94, 144f., 148, 154, 157f., 203, 205, 226f., 233–235, 240, 245–247, 250, 252, 350, 353
— Jenseits von 204, 209, 210, 211, 213, 215, 218
— und Notwendigkeit 227
Freiheitsbewußtsein 58
Funktion, geistige 86
— psychische 29
— religiöse 86

Gefühl 29
— subjektives 85
Gegen-Positives 141, 160
Gegenwart 247

Gehalt 31–36, 38, 40, 56, 85
— der Gemeinschaft 98
— eines Unbedingt-Wirklichen 78
— göttlicher 91
— religiöser 37, 104
— sakramentaler 87
— theonomer 102, 160
— unbedingter 86
Gehaltskultur 32
Geist 27, 29, 41, 43f., 61, 72f., 105, 144–147, 166, 170, 173–176, 178f., 181, 200–204, 209
— der Profetie 86
— autonomer 58, 66
— göttlicher 416
— kritisch-rationaler 85
— menschlicher 416
— jenseits von 201–204
— sinnerfüllender 95
Geistesform 74
Geistesfunktionen 37, 65, 68, 74, 78, 92
Geistesgeschichte 69, 79f., 115, 118
Geiteshaltung, sakramentale 87
Geisteslage 77, 124f.
— sakramentale 85, 90, 92f., 95f., 101, 115
— theokratische 116
— theonome 55, 57, 107
Geistesleben 71, 74, 77, 109
Geisteswissenschaft, normative 235
Geistigkeit, theonome 105
Gelten/Geltung 55, 74
Gemeinde 217
Gemeinschaft 106, 112, 116
— heilige 88, 103, 119
— rechtssetzende 101
— rechtssuchende 101
— rechtstragende 103
— theonome 104f.
Gerechtigkeit 200
— transzendente 212
Gericht 263
Geschehen 46, 49, 54
— schöpferisches 44
Geschichte 44, 46, 48f., 51, 54, 135, 137, 177, 219, 232f., 241, 243, 350f., 355, 361f.
— Anfang/Ende 243
— Aufhebung der 244

Sachregister 477

— Epochen der 45
— Jenseits der 250
— Mitte der 242–244, 249, 251–253
— Sinn der 242, 246–248
— Träger der 244–246
— empirische 118
— sinnerfüllte 232
— und Christologie 238
— Universalgeschichte 58, 243f.
— Weltgeschichte 243
Geschichtlichkeit 352
Geschichtsbewußtsein 43–47, 52f., 58f.
Geschichtsdeutung 46, 50, 53, 238–260
— absolute 52
Geschichtsmetaphysik 86
Geschichtsphilosophie 27, 43, 51, 60, 77, 78
— absolute 49
— dialektische 52
— indifferent-absolute 49
— religiös-absolute 46
Geschichtsunbewußtheit 44f., 48, 52, 55, 85
Gesellschaft 98f., 110, 113, 115–120, 147
— bürgerliche 207, 232
Gesetz 126, 251, 356
— und Evangelium 125
Gestalt 143, 144, 174, 200, 206, 207, 217
— Jenseits der 200
— heilige 215
— lebendige 209, 213
— rationale 212, 219
— religiöse 209
— vitale 208
Gestalterkenntnis 94
Gewißheit 71, 89
— des Ich 64
— des Unbedingten 64, 77, 129
— unbedingte 67
Glaube 133, 134, 179, 180, 181, 201, 215, 250, 252
— ohne Werke 205
Glaubensakt 112, 242
Gnade 72, 76, 125f., 145, 203, 205f., 214, 229
— autonome Profanisierung der 214
— Gestalt der 209–220

— katholische Vergegenständlichung der 217
— Paradoxie der 149
— der Theonomie 107
Gnadenlehre, katholische 205
Gnadenoffenbarung 137
Gott 65–68, 70, 73, 77, 80, 111, 117, 127–129, 132, 156, 191, 195f., 205, 346f., 349, 353f.
— Dämonisierung 149
— Eigenschaften 192
— Göttlichkeit 149
— Herrschaft 87
— Klarheit 152
— Selbsterschließung/Selbstmitteilung 347
— Wesen und Handlungen 192
— des Lichtes 152
— eifersüchtiger 153
— exklusiver 154
— leidender 154
— göttliche Erfülltheit 145
— göttliche Klarheit 155, 163
— göttliche Tiefe 155
Gott über Gott 111
Gottesanschauung 128
Gottesbegriff 66
Gottesbeweis, moralischer 67, 68
— theoretischer 129
Gottesbewußtsein 64, 131
Gottesgedanke 127, 195
Gottesgewißheit 64, 67, 72, 125, 131
Gottesreich 46
Gottferne 135
Göttliches 88, 90, 130, 135, 143, 145f., 151, 155, 157f.
— Klarheit des 157
— und Dämonisches 195
Götze 48
Griechentum 153
Grund 111, 133, 135
— des Seins 351, 354, 359
— irrationaler 90
— schöpferischer 91, 92
Grundoffenbarung 130, 131, 132, 133, 134, 135, 136, 137

Haltung 95
— profetische 85f.

— rational-geschichtskritische 84f.
— religiöse 112
— sakramental-geschichtsunbewußte 84
— theonome 55
— weltliche 112
Heidentum 152, 157, 214, 262
Heil 128
heilig 112, 117, 118
— und profan 110
Heiliges 54, 110, 116, 133, 151, 182, 200, 210, 212, 408
— Gehalt des 114
— und Profanes 218
Heiligkeit 113f., 170, 215
— Idee der 216
Heilsgeschichte 150, 178, 247, 355f.
Heilsgewißheit 128
Heilsglaube 134f., 137
Heilsoffenbarung 131, 134–136
Heilung 350, 355, 357, 359f.
Heteronomie 30f., 56–79, 115, 117, 204
— dämonische 106, 114, 159
Historischer Jesus 238
Humanismus 127, 136, 204, 411
— christlicher 230
Humanitas 176

Ich-Du 347
Ideal 200, 206, 208f.
— konkretes 209
— kulturtheologisches 39f.
Idealismus 69, 174, 176, 180, 352
— kritischer 190f., 196
Idee 165f., 232, 234
— List der 233
— und Existenz 234
Ideenwelt, statische 232
Identität 354
Identitätsphilosophie 133
Ideologie 174, 185, 208
— Blut- und Rassenideologie 262
Individualethik 35
Inhalt 32
Inhaltskultur 32
Inspiration 74, 407
Intellektualismus 160–163
Intention 72, 74, 134
— metaphysische 105

Intuition 35, 38, 78, 113
Irrationales 90
Islam 412

Jugendbewegung 59, 85
Judentum 99, 194, 252, 412, 354, 355

Kairos 43f., 46–53, 56–60, 86f., 91, 121, 205, 207, 219f., 234f., 346
— erster/zweiter Ordnung 51
— Idee des 106
— gegenwärtiger 92
— übergeschichtlicher 58f.
Kairos-Bewußtsein 53
Kantianer 68
— Theologische 127
Kantianismus 231
Kapitalismus 60, 161–163
Katholizismus 119, 126, 210, 214, 216, 220, 263, 412
— katholische Vergegenständlichung 214
Kausalität, geschichtliche 52
— historische 52
— seelische 241
Kirche 37, 40, 109f., 113, 115–121, 136, 155, 181, 204f., 210f., 214, 218f., 360
— katholische 155
— manifeste/latente 360
— unsichtbare/sichtbare 211
Kirchenbau 414
Kirchengeschichte 126
Kirchentheologie 38–40
Klassenkampf 99f., 262
Konfessionskunde 184
Konkretes 352, 355
Korrektiv 126
Korrelation 353
Kosmologie 246
Kosmos 136, 361
Kreatürlichkeit 170
Kreissymbol 239
Kreuz 413f.
Krisenbewußtsein 59
Krisis 48f., 52, 201, 206
Kritik 214, 217, 220
— atheistische 193
— calvinistische 198
— historische 193

— kritizistische 206
— prophetische 200–206, 209, 210–221
— protestantische 203–206, 231
— rationale 200–209, 212–215, 218, 221
— religiöse 195
— soziale 203
— wissenschaftliche 195
Kritizismus 206–208, 213
Kultur 29, 33, 37, 73, 88, 109–112, 117f., 120f., 133, 172, 204, 409
— autonome 187, 201, 216–218, 220, 220
— profane 212
— religiöse 212, 217
Kulturbewußtsein, autonomes 89
Kulturformen, autonome 89
Kulturfunktionen 29, 37, 73
Kulturgeschichte 65
Kulturkritik 59
Kulturmorphologie 186f.
Kulturprotestantismus 89
Kulturschöpfung/kulturschöpferisch 26, 32
Kulturseele 187
Kulturwissenschaft 28
— normative 27
— systematische 26
Kultus 114–116, 133, 181
Kunst 34, 180, 191, 407–415
— der Primitiven und Asiaten 140
— griechische 158
— religiöse 194

Lage, geistesgeschichtliche 110
— geschichtsunbewußte 49
Leben 78, 91, 111, 200f.
— geistiges 78
— Jenseits des 201
— Zweideutigkeit des 201
Leben-Jesu-Forschung 193
Lebensfunktion 53
Lebensphilosophie 200
Lebenssinn 127f., 166
Lebenstiefe 166
Liberalismus 92
Libido 146, 196
Liebe 36, 91, 358

Liebesmystik 37
Logos 136, 234f., 249, 346–348
Lutherrenaissance 124, 125
Luthertum 126

Macht 91, 101, 174
— des Seins 353f., 358
— unbedingte 182
Machttrieb 146f.
Machtwille 91, 177, 185f.
— subjektiver 99
Maschine 97
— Idee der 175
Materialprinzip 124
Materie 153, 156f.
Maya-Welt 153
Medium 71, 74, 112
Meinen 74
Mensch 175–177, 244f.
Menschenrechte 96, 98f.
Metaphysik 35, 92, 161, 197
— rationale 231
— schöpferische 190
— skeptische 231
Metaphysisches 86, 230
Methode, intuitive 77
— kritische 70, 77f.
— kritisch-intuitive 77f.
— metalogisch-dynamische 94
— rationale 70
Misologie 201
Mitte, Kategorie der 243
Mittlergott 154
Monotheismus, exklusiver 252
— monarchischer 151
Mysterium/Mysterien 74f., 154
Mystik 76, 117, 127f., 130, 135, 189, 211, 351f., 357, 362
— abendländische 153
— asketische 141, 152–154, 157
Mythisches 158
Mythologie 188, 190
Mythos 114–116, 133, 186, 188–191, 194, 197, 205, 349f., 351, 353, 361
— abstrakter 189f.
— ungebrochener 190
— vom Fall der Engel 148
— von der Schlange 148
— und Geschichte 149–151

Nationales 101
Nationalismus 161f.
— polytheistischer 252
Nationalsozialismus 262f.
Natur 37, 44, 66, 87, 136f., 175, 238, 361
Naturalismus 75, 94, 352
Naturphilosophie 91
Naturrecht 46
Naturwissenschaft 45, 175
Negation, reine 157
Negatives 156
Neues 245f., 345–352
— Sein 251, 345–362, 411
— Begriff des 239
Neukantianismus 68
Neuplatonismus 153, 229
Neuschöpfung 48
Nichts 156
— Abgrund des 179
Nichtseiendes 153, 229f.
Nichtsein 348f.
Nirvana 153
Nominalismus 348, 353
Nomismus 79
Normbegriff 26, 28
Notwendigkeit 94, 227, 233, 245
— transzendente 226f.
Numinoses 69, 414

Objekt 63, 71
Obligatum religiosum 88f.
Offenbarung 31, 65f., 75, 92, 114, 117f., 125, 130f., 230, 347
— als Begriff 166
— Dämonisierung der 172
— Idee der 165–172
— Profanisierung der 172
— natürliche 167, 171
— übernatürliche 167, 171
— vollkommene 172
— überhaupt 171
Offenbarungsgeschichte 69
Okkultes 168
Okkultismus 193
Ontologie 347f., 359
— der Freiheit 245
— des Neuen 245
— idealistische 197

— ontologisch 347
Opfer 147
Optimismus, metaphysischer 201
Orthodoxie, protestantische 155, 210

Pädagogik 60
Pantheismus 68, 73
Paradox 36, 72, 78, 110, 130
— Methode des 78
Paradoxie 34, 37, 53, 63, 73f., 78, 127, 132–134
— als Paradoxie 79
— systematische 71
Parsismus 247
Pazifismus 103, 162
Person 96–98
Personalismus 347
— protestantischer 220
Persönlichkeit 35, 79, 95, 97, 112, 144–147, 158f., 359
— autonome 95, 104
— freie 99
— heilige 88
— sittliche 70, 131, 200, 216
— unbedingte 131
Persönlichkeitsideal, humanistisches 215
Persönlichkeitsidee, ethisch-kulturelle 71
Pessimismus, metaphysischer 157, 201
— spätantiker 167
Philosophie 226–235
— des Vitalen 200, 201
— griechische 228f., 231, 239
— negative/positive 242
— und Schicksal 226–235
Physik, mathematische 235
Pietismus 127
Plastik, griechische 158
Politik 102, 180
Politisches 160
Polytheismus, sakramentaler 252
Positivismus 231
Potentialität 351f., 354
Potenz, religiöse 29, 39
Prädestination 76, 205, 249
— doppelte 135
Praktisches 29
Praxis 174
Predigt 217
Prinzip, der Geschichte 55

— der Geschichtsphilosophie 47
— der Identität 133
— protestantisches 213, 219f.
— religiöses 29, 38f.
— theologisches 33f.
Produktionsprozeß 97
profan/Profanes 112–114, 117f., 182, 408, 413
Profanisierung 155–159, 215
Profanität 157f., 217f., 413
Profetie 85f.
— jüdische 154
Protest, antisakramentaler 116
— prophetischer 218
Protestantismus 93, 117, 119f., 126f., 135, 157, 180, 194, 262f., 357, 412f.
— als gestaltendes Prinzip 206–221
— als kritisches Prinzip 200–206
— Geist des 239
— Prinzip des 137
— autonomer 88
— protestantische Gestaltung 214–221
Psychoanalyse 186
Psychologie 233
Pythagoräer 229, 231

Qualität, religiöse 74

Rationales 158
Rationalismus 92
Rationalität, reine 162
Raum 239–242, 252
Realisierung 48f., 125–127
Realisierungsformen 126
Realismus, gläubiger 173–182, 301
— historischer 177–179
— mystischer 175, 179
— ökonomischer 176f.
— technischer 176–179
— transzendenter 191
— ungläubiger 180
Realität 31, 77
— religiöse 32
— unbedingte 75
Realitätsbegriff, ökonomischer 177
Realitätsbeziehung 74
— unbedingte 71
Realitätserfassung 71
Realitätserlebnis 35f.

Realitätsgrund 72
Recht 98, 103
Rechtfertigung 124–126, 133, 203–205
— des Denkens 234
— des Sünders 134
— des Zweiflers 129, 134, 136
Rechtfertigungsgewißheit 131
Rechtfertigungsglauben 124
Rechtfertigungslehre 125, 132
Rechtfertigungsprinzip 133
Rechtsform, reine 98
Reflexion 38, 85
Reformation 205, 351
Regulativ 127
Reich Gottes 262, 362
Religion 29f., 41, 54, 64f., 68, 70f., 73, 75, 77f., 80, 88–90, 111, 120f., 125, 130f., 136, 151, 172, 180, 188–190, 209, 249
— Aufhebung der 117
— Dialektik der 75f.
— autonome 190, 196
— biblische 347
— gegengöttliche 90
— innerhalb der bloßen Vernunft 201
— Offenbarungsreligion 347
Religionsbegriff 30, 64–71, 74f.
Religionsgeschichte 65, 69, 126, 151–155
Religionsphilosophie 27, 63, 66, 71, 77, 80, 110
— empirische 66
— kritische 67–69
— phänomenologische 69–71
— rationale 66f.
Religionspsychologie 209
Religionswissenschaft 27, 32
— normative 27, 40
Religiöses 160
Renaissance 93, 157, 175f., 204, 411, 351
Reservatum religiosum 88f.
Ritualismus, jüdischer 154

Sache 96–98
Sachlichkeit 161
Sakrales 147
Sakrament 410
sakramental/Sakramentales 415

Sakramentalismus 92, 96
Satanisches 141–143
Schauervolles 90
Schicksal 94, 107, 158f., 178, 226–235, 247
— dämonisches/dämonisiertes 229f.
— göttliches/dämonisches 234
— historisches 179–181, 243
— transzendentes 249
— und Gnade 106
Schicksalsbewußtsein 58
Schöpferkraft, geschichtliche 55
Schöpfung/schöpferisch 27, 33, 349, 351, 357
— individuelle 84
— kulturelle 88
Schöpfungsgedanke 156, 230
Schrift 214, 217
Schuld 159
Schuldbewußtsein 136
Seelentiefe 232
Seiendes 91
— als Kreatur 154
— Entdämonisierung des 228
— heilige Tiefe des 166
— Macht des 180
— Mächtigkeit des 177
— Sinnlosigkeit des 242
— wahre Seinsmacht des 177
— Zweideutigkeit des 231
— wahrhaft 176
Sein 112, 143, 170, 201f., 205, 209, 213, 226, 235, 251, 347f., 352
— als solches 203
— Entleerung des 161
— Erkenntnis des 226
— Gestaltcharakter des 143
— Jenseits des 210, 213
— Jenseits von 201–204, 209–211, 213, 215, 218
— Macht des 174–179
— Ohnmachtsschichten des 177
— unbedingte Macht des 180
— unbedingte Mächtigkeit des 181
— Unendlichkeit des 143
— Unerschöpflichkeit des 143
— reines 228
— sinnerfülltes 251
— transzendentes 170, 209, 213

— unbedingtes 152, 213
— und Erkennen/Erkenntnis 226, 235
— und Freiheit 213
— und Geist 212, 216
— und Geschehen 238–242
Sein-an-sich/Sein-für-uns 191
Seinsbegriff 348f., 354
Seinsberaubung 145
Sein-Selbst 349, 354f., 358
Seinsentleerung 161f.
Seinsfülle 143
Seinsgestalt 143, 213, 219
Seinsgrund der Dinge 143
Seinslosigkeit 143
Seinsmacht 176
Seinsmächtigkeit 174f., 410
Seinsminderung/-mehrung 239
Seinsohnmacht der Dinge 174
Seins-Sinn 112
Selbstgewißheit 64, 71
— des Bedingten 77
Selbstmächtigkeit 235
Sinn 32, 41, 77, 111f., 238, 241f., 245f.
— Begriff des 112
— der Geschichte 57
— konkreter 111
— letzter 181
— transzendenter 234, 249
— unbedingter 88, 92f., 111f., 114
Sinnabgrund 111f., 114, 117, 130, 134
Sinnakt 111f., 114
Sinndeutung der Geschichte 43, 58
Sinnentleerung 145
Sinnerfüllung 136, 245
— praktische 112
— schöpferische 94
— theoretische 95, 112
Sinnformen 112–114, 116f., 153
— Einheit der 116
Sinnfunktion 94, 112
Sinngebendes 78
Sinngebung, bedingte 92
Sinngehalt 93
Sinngrund 111, 113–115, 117, 119, 128–131, 133–135
— unbedingter 112
Sinnhaftigkeit 111
Sinnleere 113, 128, 135
Sinnlosigkeit 143, 161, 163

Sachregister 483

— letzte 242
Sinnverlust 161
Sinnvollzug 111
Sinnwidriges/Sinnwidrigkeit 93, 135, 151f., 154, 242, 246f.
Sinnwirklichkeit 30
Sinnzusammenhang 111, 114
Skepsis 166
— spätantike 167
Skeptiker 229
Sollens-Sinn 112
Sophistik/Sophisten 166, 229
Sozialethik 36
Sozialfunktionen 99
Sozialisierung 100
Sozialismus 40, 45, 59, 107, 263
— politischer 107
— religiöser 59, 61f., 84–99, 102–107, 202, 204, 219f.
— romantischer 58
Soziologie 186, 233
Soziologismus 227
Spannung, absolute 46, 48f., 52f., 57f.
— Begriff der 239f.
— relative 53
— unbedingte 59
Spinozismus 68
Staat 101–103, 110
Standpunkt 26–28, 32, 40, 48
— religiöser 87
Stil 187
Stoa 136
Stoff 156
Stoiker 156, 229
Subjekt 63, 71
Subjektivität 412
Substanz, religiöse 89f.
Sünde 113, 130, 148f.
Supranaturalismus 75, 167
Symbol(e) 53, 57, 91, 93, 95, 105, 107, 112, 114, 119–121, 146, 150f., 207, 351, 355, 407, 412–415, 410f.
— einer theonomen Gemeinschaft 95
— Anerkanntheit des 184
— Anschaulichkeit des 183
— Arten des religiösen 191–194
— Dämonisierung der 195, 198
— Kriterium der Wahrheit eines 193
— kritisch-idealistische Theorie des 188

— Merkmale des 183f.
— negative Theorien des 185
— positive Theorien des 186
— Profanisierung der 195, 198
— Selbstmächtigkeit des 183
— Theorien des religiösen 185–191
— Uneigentlichkeit des 183
— Werden und Vergehen der religiösen 194–196
— dämonische 160, 193
— heilige 84
— mythische 188
— religiöses 89, 150, 183–198
— unfundierte 187
— depotenzierte Gegenstandssymbole 194
— religiöse Gegenstandssymbole 191–194
— religiöse Hinweissymbole 191, 194, 198
— Vatersymbol 186
Symbolisierung 412
Symbolwahl 146, 185, 186, 197
Symbolzerfall 183
Synthese/Synthesis 27, 33, 68, 73
— Form der 79
— konkrete 87
— schöpferische 87
System 84, 353

Technik 175–177
Teilhabe 354, 356f.
Telos 241, 355
Theokratie/theokratisch 36, 90, 101, 103f., 116
Theologie 27, 31, 40, 110, 180, 202
— der Architektur 413
— der Kultur/Kulturtheologie 29, 31–35, 37, 39f., 409
— der Kunst 408f.
— des Staates 36
— dialektische 110, 125, 198, 202, 207, 210, 249, 250
— liberale 198, 250, 356
— neu-protestantische 204
— nominalistische 205
— protestantische 167
— radikal-protestantische 180
— scholastische 204

theonom 54
Theonomie 30f., 41, 56, 58, 79f., 87–89, 91, 105, 118–120
— im Erkennen 94
— Ideal der 90
— mittelalterliche 102
— werdende 106
Theoria/Theorie 29, 174
Thomismus 219
Tiefe 143, 150, 409–412
Tiefengeschichte 118
Tiefenpsychologie 146, 186, 208, 353, 359, 362
— religiöse 220
Tiefenschicht 175, 177
Tradition 245, 414
Tragödie 159
— griechische 158
Transzendenz 179, 238, 243, 249
— religiöse 194
— unbedingte 157, 189, 195, 201
Traum 186
Typologie 32
Typus 240

Übermächtiges 90
Übernatürliches 66
Überseiendes 76, 153
Umwendung 171f.
unbedingtes Angehen 202
— was uns/mich unbedingt angeht 165, 169, 408, 410
Unbedingtes 43, 48–50, 53–56, 58, 60f., 63f., 67f., 71–73, 75–77, 79, 89, 112, 153, 160, 169, 170, 180, 186, 193, 195, 197, 227
— als Abgrund des Nichts 149
— als ganz Eigenes 169
— als ganz Fremdes 169
— Bedingtheit des 79
— Erfahrung des 30
— Gegenwart des 86
— Gehalt des 95
— Problem des 78
— Richtung auf das 41, 88, 95
— unbedingte Freiheit des 233
— unbedingte Mächtigkeit des 179f.
— Verwirklichung des 95
— Wesensforderung des 116

Unbedingt-Eigenes 170f.
Unbedingt-Fremdes 168
Unbedingt-Mächtiges 179–181
Unbedingt-Offenbares 168
Unbedingt-Persönlichen 112
Unbedingt-Seiendes 153
Unbedingt-Sinngebendes 238
Unbedingt-Transzendentes 155, 183f., 186f., 190–195
Unbedingt-Verborgenes 168–170, 172
Unbedingt-Wirkliches 78, 179–181
Unbedingtheit 66, 73f., 135, 168, 189
— des Göttlichen 110, 129
— göttliche 131
— offenbarerische 118
Unbewußtes 146, 186, 356, 361, 415
Unbewußt-Transzendentes 187
Unendliches 129
Unerschöpflichkeit 112
Ungegenständlichkeit 131
Unglaube 129f., 179, 181
Universalismus, protestantischer 136f.
Universum 361, 415
Unmittelbarkeit, religiöse 128
— sakramentale 90
Urchristentum 126
Urparadoxie 63
Urständliches 73
Urteil, theoretisches 72
Utopie 60, 86, 150, 176, 251, 351, 360f.
— diesseitige 87
— jenseitige 87
— rationale 88
Utopismus 59, 106

Verantwortlichkeit 159
Vergangenheit 247
Vernunft 116, 203f.
— autonome 166
— historische 69
— reine 166
Versuchung 148
Verzweiflung 113, 128
Voluntarismus 91
Vorsehungsglaube 233
Vorwegnahme 211

Wahrheit 61, 127–129, 226, 232, 234, 348, 415

— schöpferische 134
— und Schicksal 232–235
Wahrheitserkenntnis 129, 136
Wahrheitsgewissen 137
Wahrheitsgewißheit 131
Wahrheitsglaube 134f., 137
Welt 111f., 170f.
Weltbegriff 65f.
Weltbewußtsein 127
Weltreich 46
Werden 349
Wert/Wertphilosophie 74, 349
Wesenserkenntnis 234
Wesensverfehlung 350–352
Wesenswidriges/Wesenswidrigkeit 113, 150
Wiedergeburt 134, 351, 357f.
Wiederherstellung 350f., 357f.
Wiedervereinigung 358f.
Wille 113
— freier 203f.
— irrationaler 231
— unfreier 156
— zur Macht 91
Willkür 247, 250–252
Wirkliches, wahrhaft 174, 176f., 179
Wirklichkeit 173f.

— Tiefe der 178f.
— heilige 193
Wirtschaft 97, 101, 176
— autonome 99, 162
— kapitalistische 100
Wirtschaftshaltung, theonome 98, 100
Wirtschaftsproblem 98
Wissenschaft 161, 189–191
— autonome 190
Wissenschaftssystematik 92
Wort 410
— Gottes 181

Zeichen 183f., 194
— bloßes 195
Zeit 239–242, 252
— /Ewigkeit 361
Zeitmoment, erfüllter 86
Zufall 94
Zukunft 247
Zweck 176
Zweideutigkeit 150, 219, 251f., 350f.
Zweifel 125, 127–130, 133, 135, 171
— radikaler 128
Zweifler 128–130, 132, 136
Zyniker 229

a) Englische Texte

Absolute 291, 292, 293, 296, 297
— philosophical/religious 290, 294, 296
Abstraction 291, 294
Abyss of human reason 273
Acceptance 395f., 444
Actualize/actualization/actuality 293, 373, 393
Agape 331, 338f., 430, 444, 461
Analysis, existential/essential 367–396
Anglicanism 280
Anima naturaliter religiosa 308
Anti-Judaism 433, 446
Antinomies of time and eternity 254
Anxiety 371, 372, 375, 376, 439, 449
Apriori 308
Arbitrariness 257, 258
Archetype 397
Aseitas 375

Atheism 294, 297, 298, 299
Authority 293, 294
— priestly 281
Awareness 308, 309, 325, 335, 337, 338, 372, 394, 395
— of the Absolute 295
— immediate 298, 299
Axioms, logical/mathematical 291

Being 294, 315–321, 343f.
— as such 292, 319
— itself 291, 292, 294, 298, 319f., 323, 326, 343, 378, 384
— principle of 292
— question of 317–321, 323, 334
— infinite 295
Believe, will to 296
— reasonable 295

Bible   293, 305, 313–344, 369, 375, 385, 386, 450
Bonum   292, 296
Bonum ipsum   291
Brahma   421
Buddhism   403, 424, 426, 427, 437–445

Canonic law   281
Cartesianism   368, 372
Categories of thought   291
Category of causality   293
Catholicism   259, 278, 295, 306, 386, 426, 436f., 448
— political   281
— Roman   282, 280
Catholic church   278–284
— mysticism   282
— symbolism   282
Certainty   291
— absolute   292
Christianity   304, 313, 403, 419–435
Christian message   304f., 396, 403
— socialism   437
Christology   306f., 311f., 326f., 340f., 461f.
— Greek   256
Church   279, 280, 304f., 333, 335, 387, 396, 396, 398
— doctrine of the   293
— Catholic   278–284
— Roman   284
— church-authority   281
Communism   421–428, 437
Community   370, 445
Concreteness   315, 443, 453
— principle of   298
Consciousness   397, 460
Content/form   307, 309
Contingent   295
Conversion   336f., 398, 452
Correlation   272, 284, 395
— method of   301–312
Cosmological approach   297, 298
— argument   294, 316
— recognition   298–300
— type/method   294, 295, 296, 289
Cosmology   256
Creator/creation   268, 325f., 340, 342, 375, 378, 384f.

Credere   293
Cross   462
Culture, secular   279, 289, 299
— autonomous   298
— cultural activism   280

Decision   257, 299, 337f
Deduction, rational   297
Democracy   428, 444, 445
Demon(s)   256, 267, 268
Demonic   258, 259, 267, 312, 376, 384, 398, 425, 430, 448, 461
Demonization   279, 280, 462
Demythologization   450, 452, 458, 460
Depth   320, 334, 395f., 403
Depth psychology   318
Despair   395, 445
Deus est esse   292
Dialectics   302, 438
Dialogue, interreligious   437–445, 452
Divine   259, 280, 281
— authority   279
— commandments   269
— determinism   342
— life   311, 327, 344
— manifestation   325
— order   268
— revelation   273
— spirit   311, 332, 343, 399f.
— word   342
— presence of the   283
— divine-human reciprocity   342f.
Doubt   291, 299, 334–336, 374, 377, 400, 401–405

Ecstasy   273, 461
Elan vital   298
Empiricism   283, 302
Encounter   302, 318, 321f., 323, 344, 372, 387, 391, 419–453
Enlightenment   257
— Protestant   297
Ens realissimum   292, 298
Ens singularissimum   298
Eros   330, 331, 338f.
Eschatological character   281
— demand   278
— movement   282
— self-criticism   284

— type   278, 284, 287
Eschatology   327f., 341
Esse   292, 296
Esse ipsum   291, 308, 442
Esse qua esse bonum est   442
Essence   271, 294
Essential analysis   367–396
— philosophy   367–396
Essentialism   371f.
Estrangement   333, 371–377, 457
Eternity   341
Eternal forms   271
— life   400, 443, 450
— truth   293
Ethics   328–331, 337f.
— philosophical   284
— of decision   337
— of grace   337
Evidence, immediate   292, 294
Existence   271, 294, 310f.
Existential freedom   273
— analysis   367–396
— philosophy   297, 298, 367–396
— reality   271
Existentialism   368f., 420
Experience   296, 301, 302, 307, 308, 321
— of the holy   439, 443, 460, 464

Faith   257, 273, 293, 294, 295, 299, 304, 310f., 332–336
— risk of   299, 300
Fall   442
Fascism   421f., 423, 428
Fate   257, 299
— historical   257
Feeling   268
Finite/finiteness   273, 294
Finitude   311, 314, 318, 339, 371, 372, 373, 374, 378, 395, 464
Form/content   307, 309
Franciscans   292, 293, 295
Freedom   255, 256, 271, 338, 340, 393f., 465
Future   257, 259

German idealism   295
Gnosis   461
God   267, 268, 271, 272, 289, 290, 291, 292, 295, 297 299, 308f., 311, 314, 317, 321–336, 343f., 378, 383–391, 394f., 401–405, 421, 442, 449, 450
— as creator   325f., 340, 342, 375, 378, 384f.
— as esse, verum, bonum   293
— as ground of being   340, 343, 384, 385, 402
— acting of   308
— being of   378
— certainty of   292
— concept of   464
— doctrine of   343
— existence of   292, 294, 297
— idea of   311, 329, 374, 378, 394f., 443, 451
— image of   268
— knowledge of   290, 295, 333
— majesty of   283
— question of   311
— rational way to   292
— similarity to   268
— estrangement from   333
— natural argument for   268, 269, 271
— of revelation   325
— against religion   451, 452
— who works   327
— word (about/of)   305, 308, 309, 324f., 327, 342f., 383–391, 398
— absolute   290
— almighty   272
— personal   404
— universal   290
— God-language   458
God above God   401–405, 451
Goodness   291
Grace   268, 328, 337f., 394
Greek Orthodoxie   280
Guilt   268, 272

Healing   394, 397, 398
History   269, 271, 273, 327f.
— of religion(s)   271, 305f., 447, 455–465
— of salvation   260, 459
— bearers of   255, 256
— center of   254, 258, 259, 260
Historical Jesus   260
Holiness   290

— of being/of what ought to be 278, 280
Holy 278, 279, 282, 322, 391, 402, 405, 439, 443, 458, 460, 462
Holy Scripture 291
Holy Spirit 269
Human existence 273
— intellect 293
— language 270
— mind 269
— nature 266, 267, 268
— reason 266, 272
Humanism 282, 311, 388, 422, 426, 427, 437, 440, 449
— humanistic Christianity 270

Idealism 271
Identity 268, 291, 443, 445
— of subject and object 291
— point of 297
— principle of 443f.
Ideology 268
Idolatry 268
Immediacy 307f., 451
Impersonalism 328
Incarnation 293, 385
Indifference 424
Individual 370, 445
Infinite/infinity 273, 294
Inspiration 385, 386
Intelligere 293
Intuition 266, 267, 268, 294, 296, 301
Islam 426f., 432, 434, 446, 449, 452, 465

Judaism 403, 428, 442, 449, 459, 461
Justice 428, 430, 437
Justification 310, 376, 395
— of faith 281, 283

Kairos 459, 462
Kingdom of God 259, 311, 330, 394, 398, 425, 441, 443, 444
Knowledge 293, 296

Law 281
Legalism 395f., 398, 423
Libido 268
Life 396, 398, 423

— unity of 400
Logos 311, 327, 340, 342, 383, 384, 385, 430, 431, 433, 435
Loneliness 331, 373
Love 338f., 430
— intellectual 273
Lutheranism 259, 280
— lutheran type 281

Man 255, 271, 328–336, 369, 393–394, 442
— doctrine of 393f., 465
Meaning 255, 256, 257, 260
— of being 374, 464
Meaninglessness 256, 257, 258, 260, 371, 377
Message 304f., 396, 403
Metaphysics 273, 284, 316
Method of correlation 301–312
— of dynamic typology 439
— of history of religions 464
— of theology 301–312
Monism, methodological 271
Monotheism 259, 260
Moral(s) 272
— argument 294, 295
— experience 254
— type 294
— utopianism 280
Mysticism 269, 272, 291, 297, 299, 322, 388, 428, 434, 443, 445, 450, 451
— principle of 283
— Protestant 283
Mystical 457
— element 283, 295
Mythos 289

Nationalism 259, 421f., 424–426, 437
Natural religion 265–275
— religions 309
— revelation 309
— theology 266, 268, 269, 270, 271, 272, 273, 309
— natural/supernatural substructure 273
Naturalism 301, 308, 312
Necessity 255
— essential 271, 273
— logical 266
— mathematical 266

— natural   255, 271
Negation   447
Neo-orthodox   283
Neo-scholastic ontologists   295
New, the   255, 256
New creation   256
— /old creature   269
— reality   311
— being   280, 281, 282, 285, 328, 397
Nirvana   443, 445
Nominalism   294, 298, 369
Nonbeing   318f., 372
Non-identity   268, 291
Nothingness, absolute   442

Old Testament   272
One, the   273, 421
Ontology   313–344, 442
Ontological analysis   316
— approach   296, 298, 300
— argument   292, 293, 295
— awareness   296–298, 299
— certainty   299, 300
— principle   296
— question   318, 319
— reaction   294
— statement   319
— type/method   289, 290

Paganism   269
Paradox   377, 456
Participation   304, 311, 325, 326, 333, 338, 375, 400, 443, 444, 446f.
Past   257, 259
Pastoral counseling   393–426
Pelagianism   393
Person   322f., 327, 343f., 399–400, 404, 445
Personalism   321–336, 450
Personality   308, 332, 397, 432
Philosophy   297, 315–321, 335f.,
— of existence   273
— of life   341
— of nature   449
— of process   319, 341, 369
— of religion   269, 273, 289–300, 302f., 420, 421, 434, 452
— essential   367–396
— existential   297, 298, 367–396

Picture of Jesus as the Christ   305–307
Polytheism   259, 260
Positivism   319, 387, 434
Potentiality   293, 302, 308, 373, 375, 393
Power(s)   289, 290, 425, 442
— of being   297, 298, 378
— cognitive   302
— saving   457
— spiritual   447
Pragmatism   295, 420
Prayer   323, 342f., 336, 338, 404
Preaching   396, 397, 398, 400
Present   257
Priest   278, 279
Priestly religion   272, 299
— substance   282
— type   284, 287
Prima veritas   293
Primum esse   291, 292, 293
Principia per se nota   292
Process philosophy   319, 341, 369
Profane   462
Prophet   278
Prophetic   457
— attitude   281
— criticism   270, 278, 279
— movement   282
— protest   279
— type   284, 287, 278
— world   272
— prophetic-eschatological attitude/character   280, 283
Prophecy   260
Protestant principle   282, 422, 436, 448
Protestantism   266, 278–284, 294, 295, 306, 386, 394, 436f., 423, 426, 442, 443, 448, 460
— Calvinistic-sectarian type of   280
Provincialism   420
Psychoanalysis   268
— psycho-analytic methods   283
Psychology   394
Psychotherapy   393–400
— psycho-therapeutic methods   283

Quaker-service   283
Quasi-religions   419–428, 432, 440f., 446, 462

Rational/ rationality 292, 295, 308f., 320, 462
Rationalism 267
Realism 298
— epistemological 292
— medieval 320
— self-transcending 301
Reality 301–303, 444
Reason 283, 284, 309, 336, 433
— reasonable belief 295
Redemption 350, 376
Reflexion 266, 267
Reformation 307, 310, 324f., 368, 387, 393, 394, 395, 396, 435, 437, 448, 451
Religion(s) 289, 298, 419–435
— of the concrete spirit 461, 463
— of the Jewish 272
— of the Spirit 423
— concept of 420f., 434
— negation of 447
— non-rational elements of 283
— phenomenology of 464
— types of 422f., 438
— authoritarian 299
— biblical 313–344
— ethical 429
— high/low 439
— living/dead 439
— mystery 432
— mystical 429, 439, 450
— natural 265–275, 309
— new 445
— priestly 272, 299
— primitive 427, 429
— proper 439, 441, 446, 447
— rational 266
— revealed 265–275, 460
— sacramental 429
— spiritual 423
— supernatural 273
— true/false 456
— Quasi-religions 419–428, 432, 440f., 446, 462
— tribe-religion 270
— World religions 419–435
Religious certainty 268
— experience 270, 271, 272, 280, 285, 294, 295
— language 269
— positivism 295
— principle 453
— ultimate 290
— socialism 422, 426
Renaissance 315, 368, 425, 436, 451
Revelation 267, 269, 270, 271, 272, 273, 283, 284, 308f., 314f., 321, 325, 326, 456, 457, 459
— at all/for us 272
— natural 309
— original 458
— universal 434, 459
Revelatory circle 464
— experience 441, 456–458
— history 459
— situation 315

Sacrament 398, 460
Sacramental 426, 439, 443, 460, 461
— authority 281
— character 280, 281
— element 278, 280
— spirit 282
— type 284, 287, 278
Sacramentalism, pagan/unhistorical 259
Salvation 257, 267, 268, 342, 350, 376, 377, 394, 397–399, 400, 431, 435, 441, 457, 459
Sanctification 398
Sapientia 293
Scepticism, ancient 290
Scholasticism 294
Scientia 293
Secular 402, 436, 456, 457, 458
Secularism 280, 421, 424, 427, 436, 446, 448, 452
Secularization 279, 424, 440, 462
Self 267
Self-affirmation 422, 424, 425, 429, 435, 442, 446
Self-awareness 395, 400
Self-criticism 450, 452, 457
Self-estrangement 375
Self-evidence 299
Self-manifestation 314, 340, 342, 384–389, 439
Self-realization 400
Self-transcendence 400

Sense perception 291
Sign 282
Sin 268, 332–334, 376, 394–396, 427, 465
Socialism 421f.
— Christian 437
— religious 422, 426
Solitude 338f., 373
Space 254
Spirit of God/divine 311, 326f., 332, 333, 338, 343, 399f., 433
— doctrine of 461
— concrete 461
— human 399
Spirituality 426, 440
Subject/object 295, 296, 297
Substance/form 311
Supra-naturalism 301, 308, 312
— supernatural 265, 266
Superstition 267
Symbol 282, 297, 299, 311, 302, 342, 367–378, 383, 389–391, 396f., 403, 442, 457, 464, 465
Symbolism 368, 375, 378, 390, 403
Synthesis 304, 330, 332, 333, 334, 435
System 309

Teleological argument 298
Telos 420, 441, 461, 463
Theology 297
— method of 301–312
— of culture 298
— of (historical) revelation 267, 270, 272, 273
— of the secular 456, 458
— of the word 324f., 388
— American 303
— apologetic 310f.
— concrete 457
— continental 303
— dialectical 267, 283
— experiential 460
— individual 304
— kerygmatic 310f.
— liberal 260, 267, 282
— natural 266, 268, 269, 270, 271, 272, 273, 309
— neo-orthodox 369, 388, 435, 439
— neo-reformation 324

— no-God-language 457
— natural/supranatural 309, 464
— orthodox 267, 282
— Roman-Catholic 393
— supernatural 270, 271, 273
— theology-without-God-language 456
— crisis-theology 435
— theological Kantianism 283
— theological liberalism 271
Theonomy 463
Thomistic method of knowledge 291
Time 253, 254
— ambiguity of 258
Totalitarianism, secular 280
Tradition 305f.
Transcendentalia 292, 293
Transcendentalism 267, 270
— theological 270
Transpersonal 322, 442
Trinity 384
Truth 291
— nature of 290
— itself 291
— existential/objective 310
Type/typology 419, 438
— dynamic 439

Ultimacy 308, 309, 313–344, 421
Ultimate 294, 442, 445, 451, 458, 460, 461, 463
— criterion 270, 272
— evidence 295
— meaning 304, 403, 452, 453
— perfection 259
— power 291
— question 402
— reality 320, 328, 329, 334, 338f., 340–344
Ultimate itself 308, 461
Ultimate concern 297, 299, 302–304, 308, 310, 312, 313–344, 388, 399, 421, 426, 452
Unchangeable 291
Unconditional 296–298, 299, 308, 310, 323
— certainty 292
— concern 390, 421
— meaning 258, 259
Unconditioned 298–300

Unconscious 396, 397, 398, 318
Universalism 434, 435, 438, 446
Universality 465
Utopianism 259
— moral 280

Veritas 290

Verum 292, 296
Verum ipsum 291

Wholeness 295, 298
Will to believe 296
Wisdom 291

Zen Buddhism 403, 420, 440, 445

In der Reihe „de Gruyter Texte" ebenfalls lieferbar

Friedrich Schleiermacher
■ **Kurze Darstellung des theologischen Studiums zum Behuf einleitender Vorlesungen (1811/1830)**
Herausgegeben von Dirk Schmid
2002. 260 S. Br. ISBN 978-3-11-017395-6

Schleiermachers *Kurze Darstellung*, ähnlich wie die Glaubenslehre in zwei verschiedenen Auflagen in den Jahren 1811 und 1830 erschienen, fasst seine „ganze dermalige Ansicht des theologischen Studiums" zusammen. Sie entfaltet in den vier großen Teilen (Einleitung, Philosophische, Historische und Praktische Theologie) Schleiermachers Gesamtverständnis von Theologie als einer universitären Wissenschaft einschließlich ihrer Teildisziplinen. Die *Kurze Darstellung* zeigt Schleiermachers große systematische Kraft und ist für das Studium seines Theologieverständnisses grundlegend.

Friedrich Schleiermacher
■ **Über die Religion**
Reden an die Gebildeten unter ihren Verächtern (1799)
Herausgegeben von Günter Meckenstock
2001. 194 S. Br. ISBN 978-3-11-017267-6

Das klassisch gewordene Jugendwerk Schleiermachers zur Religionsthematik, mit dem der Theologe seine schriftstellerische Wirksamkeit begann, wird hier in einer Studienausgabe der maßgeblichen kritischen Edition vorgelegt.
Die Studienausgabe präsentiert die Erstauflage von Schleiermachers Reden (1799) in der Textgestalt der Kritischen Gesamtausgabe (KGA I/2). Sie wird durch eine ausführliche „Historische Einführung" des Herausgebers eingeleitet.

de Gruyter
Berlin · New York

www.degruyter.de

DE GRUYTER

Friedrich Schleiermacher
■ Pädagogik
Die Theorie der Erziehung von 1820/21 in einer Nachschrift
Hrsg. v. Christiane Ehrhardt und Wolfgang Virmond
07/2008. VI, 283 S. Br. ISBN 978-3-11-020525-1
(de Gruyter Texte)

Zum ersten Mal ist es möglich, Schleiermachers Pädagogik-Vorlesung von 1820/21 im Ganzen kennen zu lernen. Dies ist einer unlängst aufgetauchten studentischen Nachschrift zu verdanken, die hier veröffentlicht wird. Der jetzt vollständige Vorlesungstext belegt, dass Schleiermachers Theorie der Erziehung weit über den Themenkomplex „Gegenwirkung, Strafe und Zucht" hinausgeht. Unter diesem Titel war die Vorlesung von 1820/21 bisher bekannt, da für die erste Ausgabe 1849 lediglich Auszüge hauptsächlich zu diesem Thema zusammengestellt worden waren. Die Textgrundlagen sind seitdem verloren. Mit der neu aufgefundenen Nachschrift kann nun die gesamte Vorlesung mitsamt der Stundeneinteilung (und dem jeweiligen Datum) geboten werden.

Friedrich Schleiermacher
■ Der christliche Glaube
Nach den Grundsätzen der evangelischen Kirche im Zusammenhange dargestellt. 2. Aufl. (1830/31)
Hrsg. v. Rolf Schäfer
09/2008. 1192 S. Br. ISBN 978-3-11-020494-0
(de Gruyter Texte)

Grundlage der kritischen Edition von Schleiermachers Hauptwerk, der *Glaubenslehre* (erschienen 2003 in zwei Teilbänden 13/1 und 13/2 der Schleiermacher Kritischen Gesamtausgabe, 1. Abt.), ist der Originaldruck von 1830/31, der erstmals mit dem 1980 wieder aufgefundenen eigenhändigen Manuskript Schleiermachers verglichen wurde. Diese kritische Edition mit ihren über 1000, manchmal signifikanten Verbesserungen gegenüber der Redeker-Ausgabe ist die zukünftig allein maßgebliche. Sie wird in der nun vorliegenden Studienbuchausgabe, versehen mit einem neuen Vorwort von Rolf Schäfer, als handliche, einbändige Broschurausgabe dem interessierten Fachpublikum und vor allem Studierenden zugänglich gemacht.

de Gruyter
Berlin · New York

www.degruyter.de

www.ingramcontent.com/pod-product-compliance
Lightning Source LLC
Chambersburg PA
CBHW051202300426
44116CB00006B/407